工商管理经典译丛 BUSINESS ADMINISTRATION CLASSICS

ORGANIZATIONAL BEHAVIOR

EIGHTEENTH EDITION

组织行为学

第18版

[美] 斯蒂芬·罗宾斯（Stephen P. Robbins）
蒂莫西·贾奇（Timothy A. Judge） 著
孙健敏 朱曦济 李 原 译
孙健敏 校

中国人民大学出版社
·北京·

工商管理经典译丛

出版说明

随着中国改革开放的深入发展，中国经济高速增长，为中国企业带来了勃勃生机，也为中国管理人才提供了成长和一显身手的广阔天地。时代呼唤能够在国际市场上搏击的中国企业家，时代呼唤谙熟国际市场规则的职业经理人。中国的工商管理教育事业也迎来了快速发展的良机。中国人民大学出版社正是为了适应这样一种时代的需要，从1997年开始就组织策划“工商管理经典译丛”，这是国内第一套与国际管理教育全面接轨的引进版工商管理类丛书，该套丛书凝聚着100多位管理学专家学者的心血，一经推出，立即受到了国内管理学界和企业界读者们的一致好评和普遍欢迎，并持续畅销数年。全国人民代表大会常务委员会副委员长、国家自然科学基金会管理科学部主任成思危先生，以及全国MBA教育指导委员会的专家们，都对这套丛书给予了很高的评价，认为这套译丛为中国工商管理教育事业做了开创性的工作，为国内管理专业教学首次系统地引进了优秀的范本，并为广大管理专业教师提高教材甄选和编写水平发挥了很大的作用。其中《人力资源管理》（第六版）获第十二届“中国图书奖”；《管理学》（第四版）获全国优秀畅销书奖。

进入21世纪后，随着经济全球化和信息化的发展，国际MBA教育在课程体系上进行了重大的改革，从20世纪80年代以行为科学为基础，注重营销管理、运营管理、财务管理到战略管理等方面的研究，到开始重视沟通、创业、公共关系和商业伦理等人文类内容，并且增加了基于网络的电子商务、技术管理、业务流程重组和统计学等技术类内容。另外，管理教育的国际化趋势也越来越明显，主要表现在师资的国际化、生源的国际化和教材的国际化方面。近年来，随着我国MBA和工商管理教育事业的快速发展，国内管理类引进版图书的品种越来越多，出版和更新的周期也在明显加快。为此，我们这套“工商管理经典译丛”也适时更新版本，增加新的内容，同时还将陆续推出新的系列和配套参考书，以顺应国际管理教育发展的大趋势。

本译丛选入的书目，都是世界著名的权威出版机构畅销全球的工商管理图书，被世界各国和地区的著名大学商学院和管理学院所普遍选用，是国际工商管理教育界最具影响力的教学用书。本丛书的作者，皆为管理学界享有盛誉的著名教授，他们的这些著作，经过了世界各地数千所大学和管理学院教学实践的检验，被证明是论述精辟、视野开阔、资料丰富、通俗易懂，又具有生动性、启发性和可操作性的经典之作。本译丛的译者，大多是国内各著名大学的优秀中青年学术骨干，他们不仅在长期的教学研究和社会实践中积累了丰富的经验，而且具有较高的翻译水平。

本丛书的引进和运作过程，从市场调研与选题策划、每本书的推荐与论证、对译者翻译水平的考察与甄选、翻译规程与交稿要求的制定、对翻译质量的严格把关和控制，到版式、封面和插图的设计等各方面，都坚持高水平和高标准的原则，力图奉献给读者一套译文准确、文字流畅、从内容到形式都保持原著风格的工商管理精品图书。

本丛书参考了国际上通行的MBA和工商管理专业核心课程的设置，充分兼顾了我国管理各专业现行通开课与专业课程设置，以及企业管理培训的要求，故适应面较广，既可用于管理各专业不同层次的教学参考，又可供各类管理人员培训和自学使用。

为了本丛书的出版，我们成立了由中国人民大学、北京大学、中国社会科学院等单位专家学者组成的编辑委员会，这些专家学者给了我们强有力的支持，使本丛书得以在管理学界和企业界产生较大的影响。许多我国留美学者和国内管理学界著名专家教授，参与了原著的推荐、论证和翻译工作，原我社编辑闻洁女士在这套书的总体策划中付出了很多心血。在此，谨向他们致以崇高的敬意并表示衷心的感谢。

愿这套丛书为我国MBA和工商管理教育事业的发展，为中国企业管理水平的不断提升继续做出应有的贡献。

中国人民大学出版社

译者序

经过不懈努力，本书第 18 版终于要付印了。

作为工商管理领域久负盛名的组织行为学用书，《组织行为学》英文版两年更新一次。细心的读者不难发现，中文版是四年更新一次，也就是我们选择偶数版进行更新。一方面考虑到内容的连贯性，另一方面也考虑到尽量减轻读者的经济负担。

四年里这个世界发生了很多变化，组织管理也出现了新的趋势。这些变化和趋势已体现在第 18 版里。例如，第 1 章增加了就业的内容，第 5 章增加了“人格、求职和失业”一节，这在组织行为学教学用书中是不多见的。其他经典章节也有一些变化，例如第 7 章增加了“公正理论 / 组织公平”和“工作投入”两节，第 8 章增加了“工作再设计”和“替代性工作安排方案”两节。第 18 版还增加了创建学习型组织、激发创新文化等内容。显然，这些内容是当前乃至未来组织管理面临的重要问题。作者对这些热点问题的讨论，不仅丰富了经典组织行为学的内容，也让我们开阔了视野。

本版的更多变化体现在每章开篇和结尾的案例上，大部分案例都更新了，更好地反映了组织行为学与当前组织管理的关联性。

作者保持了一贯的写作风格，娓娓道来，深入浅出。通过引用最新学术研究成果，在保证本书可读性和趣味性的同时，继续保持了其科学性和严谨性。

中央财经大学朱曦济老师和他的团队承担了本版新增内容的翻译工作，并更正和修改了上一版翻译中存在的纰漏。朱曦济老师的加入，使得翻译过程更加高效，全书的译文更加顺畅。

本书是集体劳动的结晶。参与本书初稿翻译的还有石伟、徐世勇、于坤、毛畅果、王宏蕾、周健武、阎欣、周琰喆、马茜、闫晓旭、曲智尧、林冰婕、王崇峰、张雨奇、单田田、王震、金露芸、梁倍源、曾雨薇、王璇、曾梦婷、邱百慧。最后由我校对和统稿。

感谢使用本书的老师和同学们对我们的支持和理解，感谢中国人民大学出版社对我们的信任。

敬请各位不吝指教。

孙健敏

前 言

欢迎阅读《组织行为学》(第 18 版)！本书一直被看作所有组织行为学教学用书的权威标准，这一版也延续了以往的特色——简洁的写作风格、最前沿的内容、引人入胜的教学方法。与此同时，我们对第 18 版的内容进行了更新，以体现组织行为学领域的最新研究成果。我们相信这一版反映了最前沿的组织行为学研究成果以及组织、管理者和员工正面临的重要议题。

第 18 版的主要变化

每章新的就业技能矩阵为学生提供了一个指南，以支持开发雇主们正在寻找的当今毕业生必须具备的技能，帮助学生从一开始就看到课程与职业目标的相关性。

每章引入了新的开篇案例，介绍当前的商业趋势和前沿事件。

每章新增的内容反映了最新的组织行为学研究进展，包括以下主题：

- 外派人员调整。
- 工作丰富化。
- 越轨和反生产工作行为。
- 不同的声音。
- 虐待性监督。
- 客户满意度。
- 执行董事会组成。
- 情绪劳动。
- 氛围。
- 正念。

- 高绩效工作系统。
- 失业 / 求职。
- 人力资本资源。
- 行为伦理。
- 睡眠不足。
- 义务论。
- 恢复精力。
- 第三方不公平模型。
- 工作需求。

部分章节实质性修改或更新了章末材料，以将最具时代感的思想带入学生的视野。

每章都更新了参考文献。

教学和学习支持

在 https://www.pearsonhighered.com/sign-in.html 上，教师可以获得本书的多种教学资源。教师可以轻松注册，以获得各种资源的访问权限。如有需要，技术支持团队非常乐意帮助你。请登录 https://support.pearson.com/getsupport，以获得常见问题的解答以及免费的用户服务热线电话号码。

本书还提供如下资源：

- 教师手册。
- 试题库。
- 考试编制软件。
- PPT 材料。

目录
CONTENTS

CONTENTS

CONTENTS

第 I 篇

简　介

第 1 章 什么是组织行为学

What Is Organizational Behavior ?

学习目标

学完本章后，你应该能够：

1. 阐释人际技能在工作场所中的重要性。
2. 界定组织行为学是什么。
3. 解释系统研究对于组织行为学的价值。
4. 了解对组织行为学有贡献的其他主要行为科学分支。
5. 阐释为什么组织行为学中没有绝对的真理。
6. 描述管理者在应用组织行为学的概念时面临的主要挑战和机遇。
7. 比较本书提到的组织行为学模型的三种分析水平。
8. 描述通过学习组织行为学所获得的适用于其他专业或未来职业的关键就业技能。

公路战士

洛根·格林（Logan Green）对于在南加利福尼亚州旅行困难非常苦恼。上大学时他把车留在了家里，依靠 Craigslist 上的公共交通工具和搭车出行，却发现经常要等很长时间，有时还会无车可搭。被这些问题困扰多年后，洛根在前往津巴布韦的一次毕业旅行中产生了灵感："在这里有一个众包交通网络，任何人都可以成为司机，并且可以设定自己的路线。"令洛根感到困惑的是，津巴布韦是一个资源极少的国家，为何却拥有比南加州更好的交通网络呢？这次旅行经历促使洛根创建了 Zimride——一个拼车服务平台。

后来，Zimride 引起了康奈尔大学毕业生约翰·齐默（John Zimmer）的注意。他住在纽约市，在雷曼兄弟（Lehman Brothers）担任分析师。令华尔街的同事非常惊愕的是，约翰在完成为期两年的分析师项目后表示不喜欢现在的工作，决定离开雷曼以寻求成为 Zimride 的合伙人。在康奈尔大学就读时，约翰在课程中接触过可持续交通的概念，之后一直被其吸引。对约翰而言，问题在于目前的交通系统是不可持续的："70% 的汽车座椅被闲置，70% 的公路基础设施效率低下。"

约翰和洛根一起设想了一场交通革命以彻底改变人们的出行方式。基于这一共同愿景，两人创办了 Lyft——一个基于应用程序的共享乘车平台。目前，Lyft 在美国数百个城市运营，估值达 55 亿美元，是 2015 年估值的两倍多。约翰和洛根的成长环境非常不同：洛根是一个内向的人，成长背景也非主流。在他就读的高中，学生们会将汗水小屋（sweat lodge）作为班级旅行目的地以发现自我。约翰在康涅狄格州的一个中产阶层家庭长大，外向、自信。尽管性格不同，但他们合作得非常愉快，Zimride 和 Lyft 发展迅猛。

Lyft 发展非常快，但约翰和洛根并没有忘记处于 Lyft 基层的司机和员工。他们努力营造一种为员工欣赏和认可的文化和氛围。洛根指出："一家公司拥有的员工越多，每个人受到关注的可能性就越小。当员工不觉得自己对公司的成功负有责任时，工作效率就会降低。"为了帮助员工体会被认可的感觉，Lyft 为每个团队定制奖励方案以祝贺团队和员工取得的成就。Lyft 在新闻简报和博客中称赞司机，将他们送到总部以听取反馈和意见，确保司机也有被认可的感觉。

约翰和洛根想强调，Lyft 带给顾客的体验完全是基于社区、充满乐趣和积极的。他们认为，粉红色的小胡子（即所谓的"车胡子"）是最好的选择。当一位顾客抬头看向一辆正驶过来的 Lyft 汽车时，可能会看到粉红色的胡子附着在汽车的前部。胡子通常会发光。Lyft 的司机也经常在乘客上车时以碰拳的方式打招呼，以此来强调顾客应该对自己的乘坐体验感到放松和快乐。

虽然 Lyft 发展迅速，但 Zimride 的员工仍对未来有不确定感，也怀疑自己是否有机会为 Lyft 做贡献。Zimride 有 150 多名付费客户，约翰和洛根不得不谨慎地处理这一情况。他们做出了重组的决定，将 Zimride 90% 的员工雇用到 Lyft 工作。他们最终还是把 Zimride 卖给了 Enterprise 的货车拼车业务部门。直到今天，Lyft 一直是新的共享交通行业的强大参与者，面临着属于它的挑战、挫折和成功。

资料来源：Based on L. Buchanan, "Lyft's CEO on Creating a Great Company Culture," *Inc.*, June 2015, http://www.inc.com/magazine/201506/leigh-buchanan/logan-green-onemployee-recognition.html; D. L. Cohen, "Former Lehman's Banker Drives Startup Zimride," Reuters, September 15, 2010, http://www.reuters.com/article/us-column-cohen-zimrideidUSTRE68E3KN20100915; K. Kokalitcheva, "Lyft Raises $1 Billion, Adds GM as Investor and Partner for Driverless Cars," Fortune, January 4, 2016, http://fortune.com/2016/01/04/lyft-funding-gm/; R. Lawler, "Lyft-Off: Zimride's Long Road to OvernightSuccess," TechCrunch, August 29, 2014, https://techcrunch.com/2014/08/29/6000-words-about-a-pink-mustache/.

洛根和约翰关于 Lyft 的合作细节反映了组织增长的复杂度和速度，并且强调了试图理解组织行为的人感兴趣的几个问题，包括动机、公正、道德、转变、情感、个性和文化。在本书中，你将了解组织通常会如何挑战横跨这些领域，而这正是本书和你的课程中采用系统方法非常重要的原因。

1.1 人际技能的重要性

20 世纪 80 年代末之前，商学院的课程一直都在强调管理的技术方面，关注的主要领域为经济学、会计学、金融学和定量技术。有关人类行为和人际技能的课程往往被忽视。然而从那时起，商学院已经意识到理解人的行为对管理有效性的重要作用。实际上，一项针对 20 多个行业 2 100 多名首席财务官的调查显示，缺乏人际技能是一些员工未能晋升的首要原因。[1]

将组织行为学的原则融入工作场所可以产生许多重要的组织成果。首先，那些被认为是最佳工作场所的公司，例如 Adobe、领英（LinkedIn）、Fast Enterprises、World Wide Technology、贝恩公司（Bain & Company）、谷歌、波士顿咨询集团（Boston Consulting Group）和脸书[2]都创造了卓越的财务业绩。[3]其次，管理者人际技能的开发还有助于组织吸引和留住高绩效的员工。这一点很重要，因为优秀的员工总是供不应求，更换成本也很高。再次，工作关系的质量和员工的工作满意度、压力和离职之间存在很强的关联。一项针对上百家企业约 20 万名职场人士的大规模调查显示，与同事及上级间的社会关系与总体工作满意度之间高度相关。积极的社会关系往往伴随着较小的工作压力和较低的离职意愿。[4]更多研究表明，积极的工作关系有助于员工发展，进而提高工作和生活满意度，增加工作中的积极情绪，认为工作有意义。[5]最后，增加组织中的组织行为学要素能够培养社会责任意识。因此，许多大学开始将社会创业教育纳入课程，以培养未来的领导者，解决他们的组织中存在的各种社会问题。[6]这一点尤其重要，因为了解企业在履行社会责任的过程中所采取的措施及其结果的需求日益增加。[7]

我们意识到，在当今竞争日益激烈、要求日趋提高的工作环境中，管理者单凭技术与技能是不可能取得成功的，他们还需要具备良好的人际技能。本书的目的正是帮助管理者以及潜在的管理者提高这种人际技能，获得理解人类行为所需的知识。

1.2 管理和组织行为学

首先，我们要界定两个概念：管理者以及组织。**管理者**（manager）最显著的特点是通过他人来完成工作。他们通过做决策、分配资源、指导他人的活动来实现工作目标。有时管理者被称为行政管理者（administrator），尤其是在非营利组织中。管理者在**组织**（organization）中完成他们的工作。组织是人们有目的地组合起来的一种社会单元，由两个或两个以上的个体组成，在一个相对连续的基础上运作，以实现一个或一系列共同目标。根据这个定义，制造工厂或服务公司是组织，学校、医院、教堂、军队、零售店、警察局以及地方、州和联邦政府机构等也都是组织。

新员工及其他没有受过良好的管理培训或不具一定经验的员工被安排到管理岗位的情况比过去任何时候都要多。一项大规模调查显示，超过 58% 的管理者表示没有接受过任何训练，25% 的管理者承认他们在担任管理者时还没有做好领导别人的准备。[8]令挑战更为艰巨的是，这项工作的要求还提高了：平均每个管理者有 7 个直接管理对象（过去的正常情况是 5 个），但用于直接监督他们的时间比以前少了。[9]盖洛普（Gallup）的一项民意调查发现，82% 的情况下组织在管理职位上选择了错误的候选人。[10]考虑到这一点，我们的结论是，对人和如何管理人了解越多，就越有可能成为一个合格的候选管理者。组织行为学将帮助你实现这一目标。让我们从确定管理的主要活动开始。

可以将管理者的工作分为四种不同的活动：计划、组织、领导和控制。**计划**（planning）职能包括：确定组织的目标；制定达成这些目标的总体战略；将计划划分层级，以便对不同的活动进行整合和协调。有证据表明，对计划的需要增加了管理者从低级管理层向中级管理层晋升的可能性。[11]

组织（organizing）即管理者设计他们的工作单元的结构。组织职能包括：决定要完成什么样的任务；谁来承担这些任务；如何对任务进行分类；谁向谁报告工作以及在什么地方做出决策。

每个组织都由人组成，指导和协调这些人员也是管理者的工作，这就是**领导**（leading）职能。当管理者激励下属，指导别人的活动，选择最有效的沟通渠道并解决成员之间的冲突时，他们就是在履行领导职能。

为了保证各种事项按部就班地进行，管理者必须对组织的绩效进行监控。他们需要将实际的绩效与预期目标进行比较，如果出现重大偏离，管理者的工作就是要使组织回到正确的轨道上来。这种监控、比较以及对可能的错误进行纠正的活动就是所谓的**控制**（controlling）职能。

1.2.1 管理者的角色

著名管理学学者亨利·明茨伯格（Henry Mintzberg）在他职业生涯的早期对几位高层管理人员进行了一项细致的研究，以确定这些管理者在工作中都做些什么。基于对这些高管的观察，明茨伯格得出结论：管理者扮演着 10 种不同但高度相关的角色，或者说表现出 10 种不同的工作相关行为，从而在组织中发挥着关键作用。[12] 如图表 1－1 所示，这 10 种角色可以归纳为人际角色、信息传递者角色以及决策角色。尽管自明茨伯格提出这一模型以来职场已经发生了很大的变化，但研究表明这些角色的变化非常小。[13]

图表 1－1　明茨伯格界定的管理者的角色

角色	描述
人际角色	
头面人物	象征性的首脑，需要完成法律或社交的例行工作
领导者	负责激励和指导下属
联络人	建立并维护一个与外部保持联系的社交网络，这个网络可以提供各种支持和信息
信息传递者角色	
监控者	获取各类信息，作为组织内外部信息的神经中枢
传播者	把从外部或下属那里获得的信息传递给组织中的其他成员
发言人	向外界发布与组织的计划、政策、行动和结果相关的信息，以行业专家身份出现
决策角色	
创业者	从组织和环境中寻找机会，推行能够带来变革的方案
混乱处理者	当组织面临意外的重大混乱时，负责采取正确的行动
资源分配者	做出或批准组织中的重大决策
谈判者	在重要谈判中代表组织

资料来源：H. Mintzberg, *The Nature of Managerial Work*, 1st ed., © 1973, pp. 92–93. Reprinted and electronically reproduced by permission of Pearson Education, Inc., New York, NY.

人际角色　所有的管理者都要承担某些实质上是纪念性或象征性的责任。当大学校长在毕业典礼上为学生颁发毕业证书时，当厂长带领一群中学生参观工厂时，他们就在扮演头面人物的角色。所有管理者的另一个关键角色是领导者。这种角色负责员工的招聘、培训、激励和处分。第三种人际角色是联络人，或者说接触或培养那些能为管理者提供有价值的信息的人。例如，销售经理从公司质量控制部经理那里获得信息，这是一种内部联络人角色；当他通过营销贸易协会与其他公司的销售经理接触并获取信息时，这就属于外部联络人角色。

信息传递者角色 在某种程度上，所有的管理者都要从其他组织或机构中收集一些信息。通常，他们通过浏览新闻媒介和与别人交谈来了解大众消费品位的变化以及竞争者可能正在做的事情。明茨伯格称其为监控者角色。管理者也会像信息渠道那样向组织成员传递信息，这是传播者的角色。另外，当管理者代表组织与外界交往时，他扮演的是发言人的角色。

决策角色 最后，明茨伯格定义了四种与解决问题和做出决策有关的角色。在创业者角色中，管理者激发并监督那些能改善组织绩效的新方案。作为混乱处理者，管理者要对意料之外的问题迅速做出反应并采取正确的行动。作为资源分配者，管理者要负责分配人力、物力和财力资源。最后，管理者在扮演谈判者的角色时，要与其他部门（内部的或外部的）协商和谈判，以为自己的部门争取利益。

1.2.2 管理者的技能

我们还可以通过另一种方法来分析管理者做什么，考察管理者为了成功实现目标需要具备哪些技能或能力。研究者已经找到了不少能将有效管理者与无效管理者区分开来的技能。[14] 这些技能中的每一项都很重要，而且是成为一个全面和有效的管理人员所必需的。

技术技能 **技术技能**（technical skill）包括应用专业知识或技术的能力。当我们考察像土木工程师、口腔科医生这种专业人员的技能时，一般都会关注他们的技术技能。通过接受大量的正规教育，他们掌握了特定领域中的专业知识和技能。当然，专业技术人员在技术技能上并不具有垄断性，这些技能也并非只有通过学校教育或正规培训才能获得。所有的工作都需要一定的专业知识，许多人的技术技能是在工作中培养出来的。

人际技能 **人际技能**（human skill）指无论是独自一人还是在群体中，都具备的理解他人、与他人沟通、激励他人、支持他人的能力。许多人可能在技术上颇为出色，在人际技能方面却有所欠缺。例如，他们可能不善于倾听，难以理解别人的需要，或者缺乏管理冲突的技能。由于管理者需要通过他人来完成工作，所以他们必须具有良好的人际技能。

概念技能 管理者必须具备足够的心智能力去分析和判断复杂的情况，这些任务要求他们具备**概念技能**（conceptual skill）。例如，决策的制定需要管理者能够识别问题，找出解决问题的各种备选方案，评估备选方案，选定一个最佳方案。在管理者选择了行动方案后，他们必须能够制定一个行动计划并加以执行。对今天的管理者来说，将新观念与现有程序整合在一起并对工作进行创新的能力也是关键的概念技能。

1.2.3 有效的管理活动与成功的管理活动

弗雷德·卢桑斯（Fred Luthans）和同事从另一个角度探讨了“管理者做什么”。[15] 他们提出这样一个问题：在组织中，晋升最快的管理者与工作最出色的管理者从事的活动和强调的重点一样吗？你也许会认为答案是肯定的。然而，事实并非如此。

卢桑斯和他的同事研究了450名管理者，发现这些管理者都从事以下四类管理活动。

1. 传统的管理：决策、计划和控制。
2. 沟通：交换日常信息、处理文案工作。
3. 人力资源管理：激励、处罚、冲突管理、人员配置和培训。
4. 社交：社会活动、政治活动以及与外部的交往。

在他们的研究中，管理者平均把32%的时间花在传统的管理活动上，29%的时间用于沟通，20%的时间用于人力资源管理活动，19%的时间用于社交。只是不同的管理者花在这四种活动上的时间和精力相差甚远。如图表1-2所示，成功的管理者（根据他们在组织中的晋升速度来衡量）在社交方面的用时最多，在人力资源管理方面的用时最少。有效的管理者（根据他们工作绩效的数量和质量以及下属的满意程度和承诺程度来界定）在沟通方面所用的时间占比最大，社交的时间占比最小。其他在不同国家（澳大利亚、以色列、意大利、日本和美国）进行的研究进一步证实了管理者的社交活动与他们在组织中的成功之间的关联性。[16] 沟通活动与有效管理者之间的关系同样很明显，那些从同事和员工那里收集信息（即使这些消息被证明是负面的）并且向他人解释自己的决策的管理者是最有效的管理者。[17]

图表1-2 各种活动的时间分配

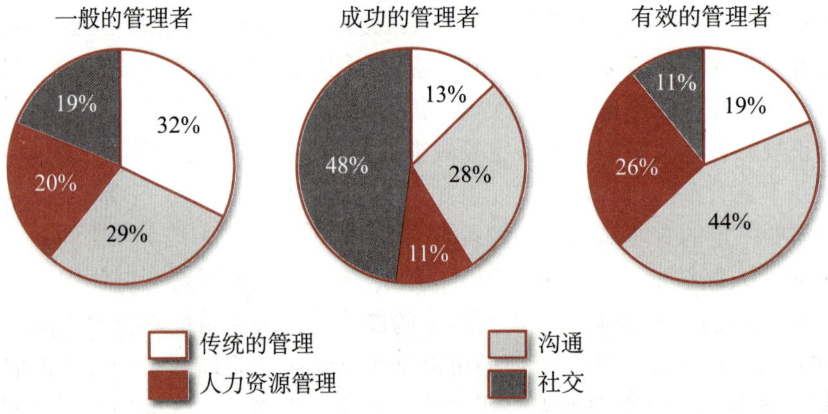

资料来源：Based on F. Luthans, R. M. Hodgetts, and S. A. Rosenkrantz, *Real Managers*（Cambridge, MA: Ballinger, 1988).

这项研究给我们提供了一些重要启示。有效的管理者强调沟通、人力资源管理、传统的管理和社交。相比之下，（在晋升方面）成功的管理者的关注点几乎恰恰相反。这一发现向我们一直信奉的“晋升以工作绩效为基础”这一假设提出了挑战，它生动地展示了这样一个事实：社交和政治技能对组织内部的升迁起着重要作用。

现在我们已经确定了管理者在做什么事，那么我们需要进一步研究如何最好地做这些事。组织行为学（organizational behavior，OB）是一个研究领域，它探讨个体、群体以及结构对组织内部行为的影响，目的是应用这些知识改善组织绩效。这个定义看起来很烦琐，我们可以将它分解开来。

组织行为学是一个研究领域，这就意味着它是由共同知识体系构成的一个独立的专业知识领域。那么它研究什么呢？它研究决定组织中行为的三类因素：个体、群体和结构。另外，组织行为学把通过研究个体、群体和结构对行为的影响所获得的知识加以运用，使组织的运作更为有效。

总的来说，组织行为学关注的是人们在组织中做什么以及这些行为如何影响组织的绩效。由于组织行为学尤其关注与雇佣有关的情境，所以这一领域强调的是与工作、岗位、缺勤、离职、生产率、工作绩效和管理有关的行为。虽然至今仍存在着孰轻孰重的大量争论，但显然人们对于组织行为学包括的核心课题基本达成了共识：

- 动机；
- 领导行为和权力；
- 人际沟通；
- 群体结构与过程；
- 态度形成与知觉；
- 变革过程；
- 冲突和谈判；
- 工作设计。[18]

1.3 用系统研究完善直觉

不知道你以前有没有认真思考过这个问题：实际上人们几乎一生都在“解读他人”，观察他人的言行举止，并试图解释自己所看到的内容。或者你还会试图预测他人在不同条件下如何行动。在解读他人时，一些肤浅的做法常常导致错误的预测，而系统方法的使用能够提高你的准确度。

这种系统方法建立在这样的理念基础上：行为不是随机发生的，相反，我们可以找到所有人的行为当中存在的一些共性，然后加以修正来反映个体间的差异。

这些共性是非常重要的，因为它们能帮我们预测人的行为。行为总体上是可预测的，对行为进行系统性的研究是做出精确预测的一种方法。当我们使用**系统研究**（systematic study）这个术语时，指的是通过对事物之间关系的考察试图解释其中的原因和结果，并把结论建立在科学论证的基础之上。也就是说，我们在经过控制的条件下收集数据，并采用严谨的方式对数据进行测量和解释。

循证管理（evidence-based management，EBM）是对系统研究的补充，它以最佳可用的科学证据为基础做出管理决策。例如，我们希望医生基于最新可用的证据为病人制定治疗方案。EBM 认为管理者应该做同样的事情，才能在考虑管理问题时更加科学严谨。例如，一位管理者可能会提出一个问题，寻找最佳可用的证据，然后将相关信息应用于手头的问题或者案例。你也许会质疑什么样的管理者会不根据证据做决策，但相当多的管理决策是在匆忙中做出的，很少甚至完全没有对现成证据进行系统性的研究。[19]

对于“人们做事的动机”这一问题，系统研究和 EBM 可以完善我们的**直觉**（intuition）

或者说“本能”。当然，你以非系统的方式所形成的观念未必是错误的。通用电气公司前CEO杰克·韦尔奇（Jack Welch）指出：“秘诀就是知道什么时候可以依赖你的直觉。”但是，如果仅靠直觉和本能来做所有的决策，我们很可能会在不完整的信息条件下工作——就像仅仅依据一半的数据来做一个投资决策。

依赖直觉有可能会带来更严重的问题，因为我们倾向于高估自己所知的准确性。对人力资源管理者的调查还表明，许多管理者对于有效管理有一些所谓的常识观点，然而这些观点已被实证研究明确否定。

在向商业媒体和大众媒体寻求管理智慧时，我们发现存在同样的问题。商业媒体倾向于被潮流主导。正如《纽约客》（*The New Yorker*）的一位作者所说，“每隔几年，就有新兴企业获得成功，它们会被系统研究以揭示其成功背后的真相。但是，往往并不存在幕后真相；企业只是恰好在正确的时间处于正确的位置”。[20] 尽管我们努力回避，但可能还是会掉入这一陷阱。这并不是说商业媒体报道的故事都是假的，而是说如果没有系统的方法，就很难去其糟粕、取其精华。

传言还是科学　走动式管理是最有效的管理

通常来说，这个观点是一个神话。走动式管理（management by walking around，MBWA）是惠普公司在20世纪70年代首创的一种管理方式，随着1982年《追求卓越》（*In Search of Excellence*）一书的出版逐渐为人熟知——换句话说，它早就过时了。多年来的研究表明，“走动式管理”并没有产生有效的管理实践。但直到今天，许多企业仍会按照惯例要求各级管理人员到各个部门走动，与员工交流，倾听他们的意见。

这些要求管理人员和高管定期到各部门走动的公司认为，增加基层员工的参与可以帮助公司从管理方面深入了解问题。一项为期3年的研究表明，经过改进的走动式管理可能会显著提高组织的安全性。这是因为当监管人员经常观察或监督时，基层员工会更加遵守管理程序。

尽管走动式管理听起来很有效，但它的局限性表明，以建立信任和关系为重点的现代管理实践的效果更好。走动式管理的局限性体现在以下方面。

1. 可用小时数

管理者需要负责计划、组织、协调和控制。然而即便是CEO——最能掌控自己时间的管理者——也在报告中称，在每周55小时的工作中，有53%用于浪费时间的会议。

2. 注意力

通过走动式管理，管理者将注意力集中到员工关心的问题上。这虽然有一定的好处，但也有局限性。领英CEO杰夫·韦纳（Jeff Weiner）指出：“管理时间的关键之一在于挤出时间来思考，这与不断采取行动是相悖的。思考的时候，不但要有战略性、前瞻性、长远性，还要区分哪些是紧迫的、哪些是重要的。”韦纳和其他一些CEO认为，过多的会议分散了他们的注意力。

3. 实际应用

走动式管理背后的原理是管理者越了解员工，管理就越有效。这个原理并非永远（甚至连经常都算不上）正确。正如我们将在第6章介绍的，由于我们的内部决策是主观的，知道（或自以为了解）某件事不一定能帮助我们做出正确的反应和决策。我们需要客观的数据来做出最有效的管理决策。

管理者需要在业务的管理和增长上花更多的精力，客观的绩效衡量标准已被证实是有效的，由此看来，走动式管理时代已经结束了。但有一点需要注意：管理者应该很了解他们的员工。Greer 实验室的 CEO 里克·拉赛尔（Rick Russell）指出："和你的副手建立密切联系是取得成果的关键。你必须组建你的队伍。你无法通过备忘录来做这件事。"因此，管理者不应该用四处走动来代替真正的管理。

资料来源：Based on G. Luria and I. Morag, "Safety Management by Walking Around (SMBWA): A Safety Intervention Program Based on Both Peer and Manager Participation," *Accident Analysis and Prevention* (March 2012): 248–57; J. S. Lublin, "Managers Need to Make Time for Face Time," *The Wall Street Journal*, March 17, 2015, http://www.wsj.com/articles/managers-need-to-make-time-for-face-time-1426624214; and R. E. Silverman, "Where's the Boss? Trapped in a Meeting," *The Wall Street Journal*, February 14, 2012, B1, B9.

1.3.1 大数据

至少从 1749 年开始，数据就被用于评估行为。而在那时，"统计"一词还仅仅被认为是一种"对状态的描述"。[21] 当时的统计学被用于统治管理，但由于数据的采集方法过于笨拙和简单，因此得到的结论也同样笨拙而简单。在计算机发展到足以存储和运行大量的信息之前，大数据——对统计和分析的广泛使用——是不可能实现的。商业大数据的应用基础起源于在线零售商的营销部门。接下来我们将了解有关内容。

背景 让人难以置信的是，在不久之前，企业还仅仅将网上购物视为一种虚拟的销售体验：买家匿名浏览网站，而卖家只追踪顾客的购物信息。然而，在线零售商逐渐开始追踪和处理用户偏好信息。通过网上购物记录采集的数据要远远优于通过零售店收集的简单的交易数据，这能让他们更好地制定具有针对性的营销策略。图书销售行业就是一个例子：在线销售还未兴起时，实体书店只能收集图书销售方面的数据，以此预测消费者的兴趣和购买趋势。随着亚马逊的出现，突然之间涌现出大量可供参考的客户偏好信息：消费者买了什么，浏览了什么，浏览了哪些网站，以及他们是如何被影响的（如促销、评论和页面展示）。亚马逊当时面临的挑战是识别哪些统计数据具有持续性，可以在长时间内提供较为稳定的结果；哪些数据具有预测性，可以在投入和产出之间得出相对稳定的因果关系。公司利用这些数据来开发算法，并通过这种算法来预测客户接下来想读的书。随后，亚马逊可以依据客户提供的反馈来制定批发采购决策。这些反馈既可以来自上述被动收集方法，也可以通过征求对即将推出的图书的建议来获得。

当前应用 无论数据公司能够收集多少 TB 的数据，或者拥有多少数据来源，进行数据分析的原因都是不变的，包括：预测事件，从购买图书到宇航服故障；检测风险，从火灾风险到贷款违约风险；防止灾难，从飞机失事到商品积压。[22] 通过大数据，美国国防承包商 BAE 系统使自己免受网络攻击；旧金山西部银行（Bank of the West）利用客户数据创建了分层定价系统；伦敦的 Graze.com 通过分析客户偏好来挑选随订单附送的零食样品。[23]

谷歌和脸书等科技公司自然也一直在利用大数据。它们都依靠广告来获得收入，因此需要对用户的行为进行预测。与此相似，尽管网飞（Netflix）和优步（Uber）等公司主要通过服务订购来获得收入，但它们也需要利用大数据来预测客户想使用其服务的时间和地点。保险公司通过对客户行为进行预测，评估交通事故可能性等风险，以确定客户的保费。即便像纽约所罗门·R. 古根海姆博物馆（Solomon R.Guggenheim Museum）、达拉斯艺术博物馆（Dallas Museum of Art）和明尼阿波利斯艺术博物馆（Minneapolis Institute of Arts）这样的博物馆也会分析来自传媒、报刊亭或调查的数据，以满足付费客人的需求。[24]

诸如 eBay 和亚马逊这样通过在线平台销售有形产品的在线零售商，也会依赖大数据来预测销售情况。尼尔森控股（Nielson Holding）是一家负责跟踪电视收看和电台收听情况的机构。对于这样的机构来说，它们销售的产品就是数据分析的结果。此外，还有一些机构会收集大数据，但并不直接使用。在线业务通常不是这些机构的主要业务。美国食品杂货连锁店克罗格（Kroger）从 5 500 万持有会员积分卡的客户那里收集电子信息，并将这些信息卖给其供应商。[25] 有时科技公司只是简单地出售它们的数据，如推特每天会向四家数据收集公司出售 5 亿条推文。[26]

新趋势 数据的可获得性提高了机构预测人类行为趋势的能力。使用大数据来理解、帮助和管理人员仍属于相对较新的应用，前途光明。事实上，一项针对 1 万名在中国、德国、印度、英国和美国工作的员工的研究表明，员工们预计，下一次工作方式的转变将更多地依赖技术进步，而不是人口变化等其他因素。[27] 组织也开始更多地关注快速数据，强调可用于实时指导业务决策的可操作数据的持续流入。[28]

研究者、媒体和企业领导已经发现了数据驱动型管理和决策的潜力。这对于企业的未来是个好消息。通过使用数据来确定目标、发展因果理论并对理论进行检验，管理者可以确定哪些员工活动与目标相关。[29] 大数据对于纠正管理假设和增加正面绩效成果有影响，还会越来越多地用于有效决策的制定（第 6 章）和人力资源管理（第 17 章）。大数据在人员管理方面的最佳应用可能会出现在组织行为学和心理学的研究中。在这些研究中，大数据甚至可以帮助患有精神疾病的员工监测和改变他们的行为。[30]

局限性 大数据技术处理能力的提高带来了隐私问题。当数据收集使用了监测仪器时，这种问题更加明显。以纽约布鲁克林的一项实验为例，该实验原本旨在改善居民的生活质量，但研究人员能从红外相机、传感器和智能手机 Wi-Fi 信号中收集到海量的数据。[31] 利用类似的监控方法，一家银行呼叫中心和一家制药公司发现，员工的工作效率随着社交活动的增加而提高。因此，它们改变了休息时间的规定，让更多的人可以一起休息。规定改变后，它们的销售额增加了，离职率有所下降。得克萨斯州达拉斯的 Bread Winners Café 通过监控设备持续监测餐厅的所有员工，并利用这些数据来提升或处罚服务员。[32]

以上这些大数据策略或其他大数据策略可能会产生效果——研究表明，电子监控至少在短期内改善了任务绩效和公民行为（指帮助他人的行为）。[33] 但批评人士指出，弗雷德里克·泰勒（Frederick Taylor）于 1911 年引入监视分析技术，通过监控和反馈控制提高生产率，不过这一技术已经被艾尔弗雷德·斯隆（Alfred Sloan）的管理控制技术超越。后者通过为员工提供有意义的工作在管理方面取得了更大的成功。[34] 这带来了一个更大的问题：当人们就是大数据的来源时，他们会怎么看待大数据呢？使用大数据的组织会冒着得罪人的风险，而这些人恰恰就是它们想要影响的人：员工以及顾客。正如奥尔德曼·鲍勃·菲奥雷蒂（Alderman Bob Fioretti）所说，芝加哥的街道上安装了 65 个传感器，“这种入侵是一个非常危险的斜坡”。[35]

我们必须记住，大数据在预测事件、检测风险和防止灾难方面总是有局限性的。与大数据分析所获得的可重复的结果相比，人类的行为往往反复无常，并且需要基于无数变量来预测。否则，我们的决策现在早就被人工智能取代了。但这永远不会成为一个有价值的目标[36]，因为管理不仅仅是数据的总和。

因此，我们不是建议你完全放弃直觉。在和人打交道时，领导者常常会依靠直觉，有时也会取得很好的结果。但在其他时候，人类的倾向性会成为阻碍。麻省理工学院著名的数据科学家亚历克斯·彭特兰（Alex Pentland）提出了一门名为社会物理学的新学科。这门学科基于对思想和行为的传播方式的改进。社会物理学的研究将使得数据收集和分析的形式更为精细，而不是如前文所述的更具侵扰性的监控方法，同时还可以告诉管理者如何帮助员工集中精力。[37] 在谨慎使用大数据的同时，对人类行为的倾向性有所理解，有助于我们做出正确的决策和减少天然的偏见。我们的建议是，要尽可能多地利用证据来确认你的直觉和经验判断。这就是组织行为学的作用。

1.4 对组织行为学有贡献的学科

组织行为学是一门应用性的行为科学，它是在众多行为学科分支的基础上建立起来的。对它有主要贡献的领域包括心理学、社会心理学、社会学、人类学。通过下面的内容我们将了解到，心理学的贡献主要在于个体和微观的分析水平上，而其他几个学科的贡献在于帮助我们理解一些宏观的概念，如群体过程和组织。图表 1－3 概括了对组织行为学研究做出贡献的主要学科。

1.4.1 心理学

心理学（psychology）是一门对人和动物的行为进行测量和解释，有时还包括对行为进行改变的科学。心理学中的学习理论家、人格理论家、咨询心理学家，还有最重要的工业和组织心理学家，都是组织行为学的知识贡献者。

早期的工业和组织心理学家的研究主要集中在疲劳、厌倦和其他与工作条件有关的因素上，因为这些因素会妨碍工作的有效性。近来他们的研究已经扩展到学习、知觉、人格、情绪、培训、领导有效性、需要和激励、工作满意度、决策过程、绩效评估、态度测量、员工甄选、工作设计和工作压力等方面。

1.4.2 社会心理学

社会心理学（social psychology）属于心理学的领域，但它是心理学和社会学相结合的产物，关注人与人之间的相互影响。社会心理学家研究较多的一个领域是变革——怎样实施变革以及如何减少变革的阻力。在以下一些领域中，社会心理学家也做出了巨大贡献：态度的测量、理解和改变，沟通模式的确认，信任的建立。社会心理学家还对组织行为学中群体行为、权力和冲突的研究做出了重要贡献。

图表 1-3　对组织行为学做出贡献的学科

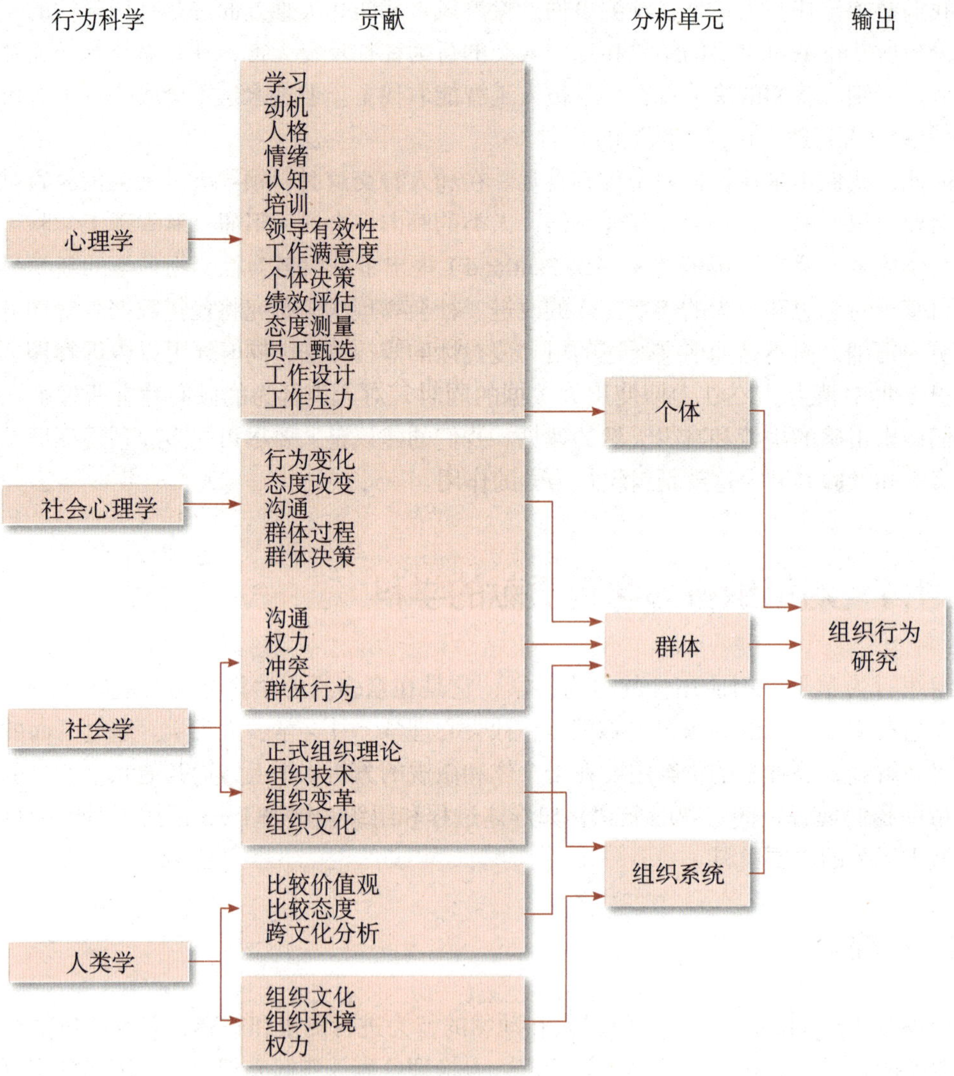

1.4.3 社会学

心理学关注的是个体。**社会学**（sociology）研究的是与社会环境或文化相联系的人。具体地讲，社会学对组织行为学的最大贡献是关于组织中群体行为的研究，特别是正式和复杂的组织。社会学家为组织行为学诸多领域提供了有价值的信息，包括：组织文化、正式组织的理论与结构、组织技术、沟通以及权力和冲突。

1.4.4 人类学

人类学（anthropology）对社会进行研究，以了解人类及其活动。人类学家对于文化和环境的研究有助于我们了解不同国家和不同组织中的人在基本价值观、态度和行为方面的差异。我们现在对组织文化、组织氛围和民族文化差异的认识大多来自人类学家的研究结果，或是采用人类学方法得到的研究结果。

1.5 组织行为学中没有绝对的真理

自然科学如化学、天文学、物理学等存在定律，这些定律是稳定一致的，适用范围很广。它们使得科学家能够计算出地心引力，或充满信心地把宇航员送到太空中。而人类是复杂的，几乎没有简单而普适的原理能够解释组织行为，因为我们各不相同，很难总结出简单、准确而且广泛适用于我们自身的定律。在同样的情境中，两个人的表现常常大不相同；同一个人在不同的情境下的行为也会发生变化。例如，并非每个人都追求金钱，人们在宗教仪式上的行为和他们在聚会中的行为相去甚远。

当然，这并不意味着我们无法针对人类行为给出合理准确的解释，或做出有效的预测。相反，它的意义在于，组织行为学的概念或理论必须反映情境或权变条件。我们可以说 x 导致 y，但只能是在 z（z 是**权变变量**（contingency variable））所限定的条件下。组织行为学是通过把一般性的概念和理论加以调整，再应用到特定的情境、个人和群体中而发展起来的。例如，组织行为学家会避免这样的说法：每个人都喜欢复杂且具有挑战性的工作（一般性理论）。为什么？因为并不是每个人都渴望富有挑战性的工作，有的人喜欢常规、简单的工作胜过多变、复杂的工作。换句话说，一项工作对一个人有吸引力，对另一个人却未必如此。因此，某项工作的吸引力是因人而异的。通常，我们既能发现一般性规律（金钱确实有影响我们大多数人的一定能力），也能发现偶然性（我们中有些人比其他人更容易受到金钱的激励，有些情况下更多地受金钱而不是其他人的激励）。当我们意识到一般性规律和影响的偶然性在通常情况下是如何引导行为的时候，我们才能更好地理解组织行为学。

1.6 挑战与机遇

对管理者来说，理解组织行为学从来没有像现在这样重要。只要看一眼目前组织中正在发生的巨大变化，就很容易接受这个观点。例如，“典型的员工”年龄越来越大；劳动力正变得越来越多元化；全球竞争要求员工更加灵活，并学会适应迅速变化的环境。

诸如此类的变化使得劳动者在就业选择方面有了更多的机会。图表 1－4 详细展示了几种类型的就业选择：组织会向个人提供这些选择，个人也可以就这些选择与组织进行协商。在每一类下，你都会发现有一组选择，你可以从中挑选一个或将它们结合起来。比如，在某个时期，你希望自己可以在本地一家没有工会的私人企业中得到一份坐办公室的全职工作，领取固定的薪水和奖金；而在另一个时期，你可能又希望自己能有弹性工作时间从事虚拟性质的工作，可以选择在海外办公，领取工资并获得额外带薪假期。

图表 1－4 就业选择

就业状况	就业类型	就业地点	就业条件	就业薪酬
就业	全职	固定（办公室/隔间）	本地	薪水
未充分就业/未充分利用	兼职	非固定（共享/空间）	外派	时薪
再就业	弹性时间	虚拟	短期受托人	加班费
失业/无业	工作分担	灵活	短期外派	奖金
创业	劳务派遣	在家办公	国际出差	合约金
退休	独立合同工		签证员工	休假
求职	临时工		工会/非工会员工	福利
暂时被解雇	限时工			
被解雇	实习			

资料来源：Based on J. R. Anderson, E. Binney, N. M. Davis, G. Kraft, S. Miller, T. Minton-Eversole, ... and A. Wright, "Action Items: 42 Trends Affecting Benefits, Compensation, Training, Staffing and Technology," *HR Magazine* (January 2013): 33; M. Dewhurst, B. Hancock, and D. Ellsworth, "Redesigning Knowledge Work," *Harvard Business Review* (January–February 2013): 58–64; E. Frauenheim, "Creating a New Contingent Culture," *Workforce Management* (August 2012): 34–39; N. Koeppen, "State Job Aid Takes Pressure off Germany," *The Wall Street Journal*, February 1, 2013, A8; and M. A. Shaffer, M. L. Kraimer, Y.-P. Chen, and M. C. Bolino, "Choices, Challenges, and Career Consequences of Global Work Experiences: A Review and Future Agenda," *Journal of Management* (July 2012): 1282–1327.

简言之，今天的管理者在运用组织行为学概念时会面临很多挑战和机遇。在本节中，我们来回顾一下管理者所面临的关键问题，组织行为学可以为这些问题提供答案，至少可以提供一些有意义的启示。

1.6.1 经济压力

2008 年当美国陷入长时期的经济大衰退时，全球其他大型经济体都跟着衰退。裁员和失业蔓延，那些在裁员计划中幸存下来的员工往往被迫接受减薪。当形势不好，例如面临经济衰退时，管理者将和员工一起站在最前线：他们会被迫减薪，对自己的未来充满担忧，有时甚至会被解雇。管理上的好坏之分是盈利和亏损的差别，最终则是企业生存和倒闭的差别。

实现良好的员工管理无论在形势艰难还是形势良好的时期都很困难——形势艰难时期只会更困难。在繁荣时期，了解如何奖励和留住员工是十分重要的。在艰难时期，如何处理压力、做出决策和积极应对则更为重要。

1.6.2 持续全球化

组织不再受到国界的制约。韩国最大的商业集团三星将其大部分产品销售给了其他国家的组织；汉堡王现在归英国公司所有；麦当劳在全球超过 118 个国家和地区销售汉堡包。可以说最具有美国个性的美国企业——苹果公司在美国境外雇用的员工人数甚至是美国境内的两倍。所有大型汽车生产商都在海外生产轿车。例如，本田汽车在俄亥俄州生产，福特汽车在巴西生产，大众汽车在墨西哥生产，奔驰和宝马汽车在美国和南非生产。

世界变成了地球村。在这个过程中，管理者的工作发生了变化。高效的管理者会预测并调整他们的方法，以适应我们接下来要讨论的全球问题。

日益增多的海外任务 你会发现自己有可能要承担海外工作任务，可能被调到国外的分公司或合资企业工作。一旦到了那里，你就不得不管理一群新员工，他们在需求、爱好和态度方面与你在国内管理的员工完全不同。为了提高效率，在实践备选方案之前，你需要了解关于新地方的文化和员工队伍的一切信息，并证明你的文化敏感性。

与具有不同文化背景的人一起工作 即使是在自己的国家，你也会发现与自己共事的上司、同事和下属是在不同文化中成长的。能够调动你工作积极性的因素对他们来说可能并不奏效。你的沟通风格可能是直截了当和开诚布公的，但这种风格可能会令他们觉得不舒服，甚至是受到了威胁。为了与这些人有效地共事，你就必须弄清并理解文化和背景如何塑造了这些人，并学会调整你的管理风格以适应这些差异。

关注低劳动力成本国家的就业趋势 发达国家的最低工资可能高达 16.88 美元 / 小时，而发展中国家的劳动力成本低得多。[38] 对发达国家的管理者来说，与拥有低成本劳动力资源的公司竞争日趋艰难。尽管劳工团体、政治家和地方社区领导都认为工作机会的外迁破坏了发达国家的就业市场，但在全球化的经济浪潮中，那些能为商业公司提供低成本比较优势的地区更容易创造就业机会。作为一名管理者，必须处理好平衡组织利益与社区责任这一棘手的工作。

适应不同的文化和监管规范 为了提高效率，管理者需要知道每个国家的员工在工作时的文化规范。例如，在某些国家，大部分的劳动者享有长假。还要考虑到国家和地方性的法规。国外子公司的管理者需要了解“客户公司”在金融和法律方面需要遵守的规定，否则就会有违规风险。违规行为不但会对公司在该国的业务造成影响，还会影响国家之间的政治关系。管理者需要认识到他们与该国竞争对手在法规方面的差异；了解法律更多时候会导致成功而不是失败。例如，在了解当地银行法的情况下，一家跨国公司——中国银行——从所有者印度酒店集团撒哈拉（Sahara）的手中取得了伦敦格罗夫纳大厦（Grosvenor House）的控制权。撒哈拉的管理部门解释称，这与他们对纽约另一处房产的误解导致了贷款违约有关。[39] 全球化可能变得越来越复杂。

1.6.3 劳动力人口特征

劳动力总是会和经济、寿命与出生率、社会经济条件以及其他影响广泛的变化相适应。人们会为了生存而去适应，组织行为学将研究这些适应对个人行为的影响。例如，尽管 2008 年的全球经济衰退已经结束了，但当年的一些趋势仍在持续：有些长期失业的人完全离开了劳动力市场 [40]，有些人则身兼几份工作 [41]，或选择了按需工作。[42] 接受过教育的年轻人偏好的其他选择包括：大学毕业后接受专门的职业培训 [43]、接受较低层次的全职工作 [44]，以及创办自己的公司。[45] 作为组织行为学的学习者，我们可以调查是什么因素导致员工做出了不同的选择，以及他们的经历如何影响他们对工作场所的看法。这种理解可以帮助我们预测组织的成果。

寿命和出生率同样改变了组织的动态。全球人的寿命在很短的时间内（自 1990 年以来）延长了 6 年[46]，而许多发达国家的出生率在下降。这些趋势结合在一起导致了一个劳动力高龄化的持续转变。组织行为学的研究有助于解释这对于态度、组织文化、领导力、结构和沟通意味着什么。社会经济条件的变化对劳动力的人口特征有着深远的影响。在某些文化中，预期女性会待在家里已经成为一种回忆。而在另一些文化中，女性在进入劳动力市场时会面临严重的阻碍（见组织行为民意调查）。我们对于这些女性在工作场合的表现以及如何改善她们的工作条件感兴趣。这只是关于文化和社会经济变化如何影响工作场所的众多例证之一。我们将在本文中讨论组织行为学如何能够提供对劳动力问题的理解和洞见。

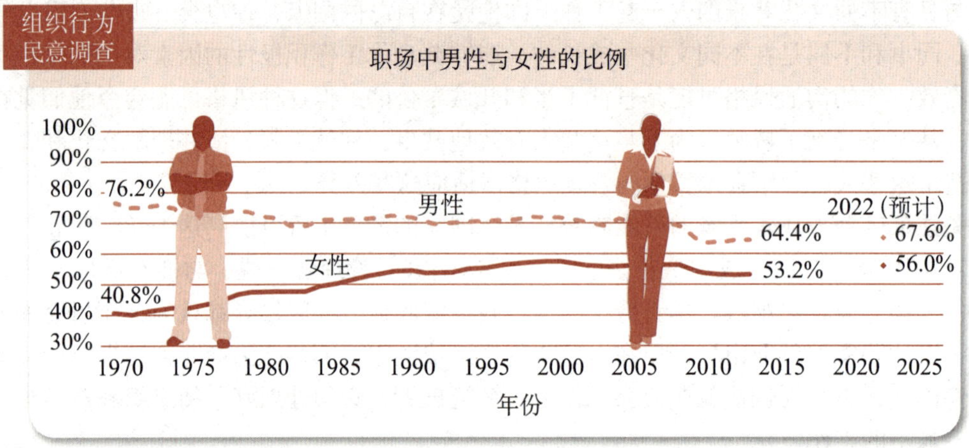

资料来源：Based on U.S. Bureau of Labor Statistics, "Women in the Labor Force: A Datebook," 2014, www.bls.gov/opub/reports/cps/women-in-the-labor-force-adatabook-2014.pdf; and U.S. Bureau of Labor Statistics, "Economic News Release," 2013, http://www.bls.gov/news.release/ecopro.t02.htm.

1.6.4 劳动力多元化

组织当前面临的最重要的挑战之一即劳动力的多元化。这一趋势使得组织在员工的性别、年龄、种族、民族、性取向以及其他方面变得越来越多元化。这种多元化的管理是全球关注的问题。虽然我们会在第 2 章谈到更多有关劳动力多元化的内容，但我们在这里首先要说明，劳动力多元化为所有国家的管理者和员工提供了巨大的机会，也提出了一系列具有挑战性的问题：我们怎样平衡组织内的差异以获得竞争优势？我们应该对所有的员工一视同仁吗？我们应该识别个体和文化差异吗？每个国家的法律规定是什么？多元化有意义吗？

1.6.5 顾客服务

服务类员工包括技术支持代表、快餐店工作人员、销售人员、护士、汽车维修技术人员、顾问、理财规划师和乘务员等。他们工作的共同点就是要与组织的客户进行大量的互动。组织行为学可以阐释员工的态度和行为是如何影响客户满意度的，从而帮助管理者提高与顾客互动的成功率。

很多企业之所以失败，是因为它们的员工难以令客户满意。因此，管理层需要建立一种回应顾客需要的文化。组织行为学可以提供大量的指导原则，帮助管理者建立一种文化。在这种文化中，员工可以和客户建立融洽的关系，让客户感到放松，展示出真诚的兴趣，并且对顾客的个人情况保持敏感。[47]

1.6.6 人际交往技能

随着你对本书的学习，我们会不断提供新的概念和理论，帮助你解释和预测工作中个人的行为。你也会获得一些人际交往技能，并将其运用到工作中。例如，你将学会一些方法去设计能够激发员工积极性的工作，学到一些提高管理技能的方法，学会一些建设高效团队的途径。

1.6.7 网络化组织

在网络化的组织中，人们即使相隔千里也能够相互沟通，一起工作。借助这种组织，人们得以成为独立的合同工。他们通过电脑进行远程办公，当对他们的服务要求改变时，也可以跳槽。软件工程师、平面设计师、系统分析师、技术协调员、图片研究员、媒体编辑、医学录写员（这里提到的只是这类工作的几个例子），都可以在家里或其他非传统办公地点办公。

网络化组织中管理者的工作是不同的，通过"在线"的方式激励和领导人们、做群体决策等都需要不同的技术，这与和别人面对面处理问题有所不同。随着越来越多的员工通过网络完成工作，管理者需要开发新的管理技能。组织行为学可以为开发和完善新技能提供一些真知灼见。

1.6.8 社交媒体

我们将在第 11 章讨论，社交媒体将继续在商业世界中存在。社交媒体随处可见，很多组织仍在努力解决员工在工作场合使用社交媒体的问题。2015 年 2 月，得克萨斯州一家比萨店在一名雇员第一天上班前将其解雇，只因此前她在推特上对自己未来的工作发表了不满的评论。2014 年 12 月，诺德斯特龙（Nordstrom）解雇了俄勒冈州的一名雇员，只因他曾经在脸书上发表了一条疑似鼓吹针对白人警察的暴力行为的个人评论。[48] 这些例子表明，对于现在的管理者来说，社交媒体是一个难题。它对于组织行为学来说既是一个挑战，也是一个机会。例如，人力资源部门关注应聘者的社交媒体达到什么程度？负责招聘的管理者应该浏览应聘者推特上的推文或快速浏览其在脸书上的个人资料吗？我们稍后讨论这一问题。

当员工开始工作后，许多组织对工作中访问社交媒体都有相应的规定——何时、何地以及出于什么目的。但社交媒体对员工幸福感有什么影响呢？最近的一项研究发现，那些醒来时情绪积极且随后访问了脸书的受访者经常发现自己的情绪在白天会有些低落。那些在两周内经常浏览脸书的受访者报告说，他们对自己生活的满意度下降了。[49] 管理者以及组织行为学都在努力提高员工满意度，从而改善组织的绩效。我们将在第3章和第4章进一步讨论这些问题。

1.6.9 员工工作幸福感

20世纪六七十年代的典型员工形象是：周一至周五出现在特定的工作场所，工作时间明确地界定为8～9个小时。然而，如今有很大一部分员工已经远非如此，因为工作场所已经延伸到了任何有电脑或智能手机的地方。哪怕员工是在家中或相距很远的地方弹性工作，管理者依然需要考虑他们在工作中的幸福感。

维持员工幸福感面临的最大挑战之一就是在新形势下，许多员工始终无法摆脱虚拟的工作场所。电信技术使得很多员工可以在家里或者在塔西提岛的海滩上办公，但这也意味着许多人感觉他们不是团队的一员。卡普兰大学的埃伦·拉伊内里（Ellen Raineri）说："归属感对于虚拟员工而言是一个很大的挑战。他们仿佛是在网络空间里孤军奋战。"[50] 另一项挑战是如今的组织要求员工工作更长的时间。一项研究显示，1/4的员工表现出倦怠的迹象，2/3的员工感受到高压和疲劳。[51] 这样的比例也许低估了现实情况，因为员工们反映，经理会通过电子邮件和信息联系他们，而他们需要保持"随叫随到"。由于工作之外的负担，员工的幸福感受到严重影响。例如，许多单亲家庭和需要赡养父母的员工在平衡工作和家庭责任上面临更大的挑战。

由于职场内外的负担加重，员工希望可以在工作中灵活安排时间，从而更好地处理工作与生活的冲突。[52] 事实上，最近一项研究表明，56%的员工认为，工作与生活能否平衡决定了事业的成功与否，这比金钱、认可以及自主权更重要。[53] 大多数在校大学生说，在工作与个人生活之间保持平衡是他们首要的职业目标。除了工作，他们还要生活。无法帮助员工实现工作与生活平衡的组织会发现，它们越来越难以吸引并留住绝大多数有能力和有积极性的员工。

在后面几章你会看到，组织行为学会提供大量建议来指导管理者设计工作场所和工作岗位，从而帮助员工处理工作与生活的冲突。

1.6.10 积极的工作环境

组织行为学研究中获得真正发展的一个领域是**积极组织学术研究**（positive organizational scholarship）（也称为积极组织行为），主要研究组织该如何发展人力优势，培养活力和适应力，以及释放潜力。该领域的研究者指出，太多的组织行为学研究和管理实践把目标指向识别组织和员工存在的问题。为此，他们试图研究组织和员工好的一面。[54] 积极组织行为研究中的一些关键主题包括参与、希望、乐观和对紧张的适应力。研究人员希望帮助实践者为员工创造积极的工作环境。

积极组织行为学者研究了一个被称为"反射性最佳自我"（reflected best-self）的概念——为了解怎样开发员工的长处，他们请员工思考什么时候处于最佳自我状态。这个观点就是，我们都有自己擅长的领域，然而我们常常关注改善自身的不足，却几乎没有思考怎样去开发我们的长处。[55]

尽管积极组织学术研究没有否认消极因素的价值（如批评性反馈），但它确实给研究者带来了挑战——要用一个新的视角来看待组织行为学，并促进组织开发员工优势，而不是详述他们的不足。组织文化是积极的工作环境的一个方面，这是第 16 章的主题。组织文化对员工行为的影响如此之大，以至于组织开始聘用文化官来塑造和保持公司的个性。[56]

1.6.11 道德行为

在以削减开支、期望提高员工生产率和市场竞争激烈为特征的组织世界中，不少员工抄近路、走捷径、违反规则，或卷入其他不正当的活动中也就不足为奇了。组织成员日益发现自己面临着**道德困境**（ethical dilemma）和**道德抉择**（ethical choice），即他们需要对哪些是正确的行为、哪些是错误的行为进行界定。例如，如果他们在组织中发现了违规行为，是否应该揭发？他们是否应该遵从自己不认可的命令？为了自己在组织中的晋升，能否要一些政治手腕？

一直以来，对于什么是符合道德的行为并没有明确的定义。近年来，正确和错误的界限更加模糊不清。我们亲眼看见身边的人卷入不道德的活动中——公众选出的政府官员编造费用账单或行贿受贿；公司高层夸大利润，利用股票期权套现。当一名成功的教练鼓励拿奖学金的运动员选修容易的课程以确保顺利毕业时，甚至在北卡罗来纳大学教堂山分校使用虚假课程的虚假成绩的案例中，大学的行政人员都只是睁一只眼闭一只眼。[57] 当这些教练受到批评时，他们总会为自己找借口："大家都这样做""你必须抓住每一个有利的机会"。

在全球经济中，判定哪些行为方式符合道德对管理者和员工而言都很困难，因为不同的文化对特定的道德问题有不同的视角。[58] 比如，在经济衰退时，关于如何公平地对待员工在不同的文化下差异很大。我们会在第 2 章看到，对宗教、种族和性别多元化的感知在世界各地也不相同。

今天的管理者需要为员工创造一种符合道德标准的氛围，在这样的气氛中，员工可以全力从事自己的工作，尽量减少那些难以判断行为对错的模糊情境。倡导更多道德使命、鼓励员工的诚信行为、提供强有力的道德领导的公司，能够影响员工做出符合道德标准的行为。[59] 在持续提供培训课程的情况下，道德方面的课堂训练被证明有助于对员工的选择所造成的影响保持较高水平的认识。[60] 在接下来的几章里我们会继续讨论，管理者可以通过若干活动来创建一个健康的氛围，并帮助员工对道德上的模糊情境进行分类和筛选。

道德抉择

我一直想要的假期

为生活而工作，还是为工作而生活？如果你认为我们有权做出选择，那么你也许错了。Kelton Research 针对 1 000 名受访者的一项调查显示，有 1/3 的人同意这种观点，即高强度的工作是他们无法享受规定假期的原因之一。就拿 Alexian Brothers Health System 公司的总监肯·华尔兹（Ken Waltz）来说，他已经积攒了 500 小时（将近 3 个月）的休假时间，却并不打算使用。"每天要 24 小时待命，你不往上爬，就意味着被淘汰。"他指的是如今已经缩水的劳动力市场。"这么做的不只是我，整个高管层都是这样……所有人都这样。”

无论是否说出口，很多人对在假期一直工作感到有压力。雇主希望员工可以用最少的资源干最多的活，给员工压力，迫使他们用尽一切可用资源——主要是他们的时间——以实现预期目标。鉴于如今的经济状况，员工随时可能被取而代之，因此，许多员工不惜一切代价也要在管理者面前保持良好的表现。

对雇佣者和被雇佣者来说，休假问题是一个道德抉择。很多组织会有假期“不用作废”的政策，如果员工没有使用这一年积攒的带薪休假，就会丧失这些假期。丧失休假时间会令员工超负荷工作而最终身心俱疲。放弃休假会使你感到疲惫，从而导致对工作产生负面情绪，成就感随之大大降低。也许你会发现自己旷工的频率越来越高，开始考虑辞掉工作，并且越来越不愿意帮助别人（包括你的管理者）。尽管这些负面结果对你的雇主和你个人都存在，但你作为员工更需要控制局面。以下是一些可以让你保持幸福感和工作效率的办法。

1. 正视你的感受

我们首先要正视问题的存在，否则就无法解决问题。ComPsych公司一项涉及2 000名员工的研究显示，2/3的人认为自己承受着高压，容易情绪失控，并感到极度疲惫。

2. 在累垮前提早发现这一趋势

一项针对2 089名员工的调查发现，新员工和刚换工作的人最容易出现筋疲力竭的情况。疲惫感的增加在两年之后会逐渐趋平，但每个人对压力的感受是不一样的。

3. 说出压力的来源

托马斯·多诺霍（Thomas Donohoe）专门研究工作与生活之间的平衡关系。他建议我们多与值得信任的朋友和家人聊聊天。工作的时候，通过适当的方式讨论一下给你造成压力的因素能帮你减少超负荷工作。

4. 投入到高强度的体育活动中

有研究发现，工作倦怠感（以及抑郁）的加剧在那些不进行规律性体育活动的员工当中最明显，经常进行体育活动的员工几乎不存在这种情况。

5. 短暂的休息

专家的建议是，上班族每小时至少站立1～2分钟，以减缓每天久坐的压力。多诺霍还建议人们吃些零食、散散步或者打个盹，以补充精力。

6. 休假

研究表明，想要摆脱压力，员工需要真正地远离工作，不为与工作相关的事务所累。这意味着要告诉你的管理者，休假期间你将不看邮箱，关掉手机。

员工很难不去理会迫在眉睫的截止日期。但为了最大限度地发挥你的长期生产率，避免在工作上筋疲力竭、积劳成疾——这些对雇主实现业务目标和员工的职业发展都是不利的——你不该向缺假综合征屈服。让管理你的人明白这一点，你的老板会为此感谢你。

资料来源：Based on B. B. Dunford, A. J.Shipp, R. W. Boss, I. Angermeier, and A. D. Boss, “Is Burnout Static or Dynamic? A Career Transition Perspective of Employee Burnout Trajectories,” *Journal of Applied Psychology* 97, no. 3 (2012): 637–50; E. J. Hirst, “Burnout on the Rise,” *Chicago Tribune*, October 29, 2012, 3-1, 3-4; B. M. Rubin, “Rough Economy Means No Vacation,” *Chicago Tribune*, September 3, 2012, 4; and S. Toker and M. Biron, “Job Burnout and Depression: Unraveling Their Temporal Relationship and Considering the Role of Physical Activity,” *Journal of Applied Psychology* 97, no. 3 (2012): 699–710.

➡ 1.7 变得有吸引力：开发组织行为学模型

最后，我们给出一个界定组织行为学的总体模型作为本章的结束。在这个模型中我们标出了组织行为学的参数、概念和关系。通过学习这个模型，你将会对本节的各个论题如何为你处理问题和机遇提供方法有较深入的了解。

1.7.1 概览

模型（model）是对现实的一种抽象概括，是对真实世界中某些现象的简化表征。图表 1－5 给出了我们的组织行为学模型的基本框架。这个模型指出，组织行为学有三种类型的变量（输入、过程和输出）和三个层次的分析水平（个体、群体和组织）。在接下来的章节中，我们将从个人层面（第 2 章到第 8 章）、群体行为（第 9 章到第 14 章）、组织系统（第 15 章到第 18 章）三个层次展开论述。这一模型表明，输入导致过程，过程导致输出。我们将在各个层次的分析中分别讨论这些相互关系。需要注意的是，这一模型还表明，输出也可能影响未来的输入。这一点突出了组织行为方案对组织的未来可能产生的广泛影响。

图表 1－5　组织行为学的基本模型

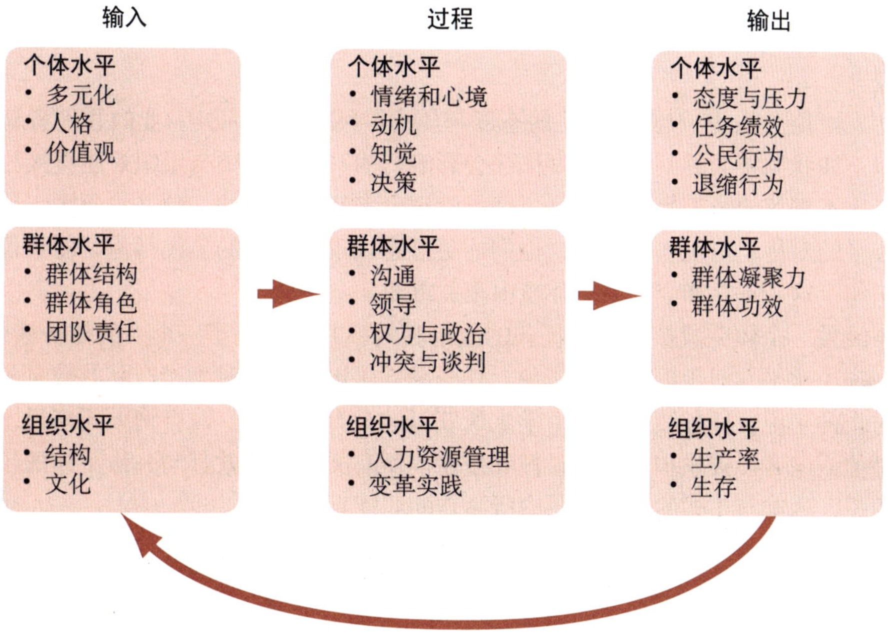

1.7.2 输入

输入（input）是指诸如人格、群体结构、组织文化等能够引起过程的变量。这些变量决定了接下来组织中会发生什么。很多变量都是在雇佣关系存在前确立的。比如，个体多元化特征、人格以及价值观是由个体的基因遗传以及成长环境共同塑造的。群体结构、群体角色、团队责任通常会在群体形成前后立刻形成。组织通过多年的发展和变革适应环境，建立习俗和规范，形成组织结构和文化。

1.7.3 过程

如果输入是组织行为中的名词，那么**过程**（process）就是动词。过程是个体、群体以及组织参与的活动，由输入引起，最终带来一定的输出。在个体水平，过程包括情绪和心境、动机、知觉以及决策。在群体水平，过程包括沟通、领导、权力与政治以及冲突与谈判。在组织水平，过程包括人力资源管理和变革实践。

1.7.4 输出

输出（outcome）是你想要解释或预测的关键变量，关键变量会受到其他变量的影响。组织行为学中主要的结果是什么？学者们强调了在个体水平上的结果，比如态度与压力、任务绩效、公民行为、退缩行为。在群体水平上，凝聚力和功效是因变量。在组织水平上，我们需要关注总体的生产率和组织的生存状况。这些结果在以后的章节中都要介绍，在此我们先简要介绍一下，以帮助你了解组织行为学的目标。

态度与压力 员工的态度即员工对人、事、物的积极或消极的评价。比如，如果有人说"我觉得自己的工作棒极了"，这就是积极的工作态度；"我的工作真无聊，糟糕透了"则是消极的工作态度。**压力**（stress）是一种心理体验，通常是对环境中的压力源做出的一种反应。

有些人可能会认为，"影响员工的态度与压力"纯粹是废话，专业的管理者对此是不屑的。但正如我们将会看到的，态度往往会影响行为，而行为则与组织效能直接相关。满意的员工比不满意的员工生产率更高，这是管理者多年来信奉的一项基本原则。只有当员工受到公平的对待，对工作更满意，他们才更愿意表现出更多的公民行为，而不仅仅是完成本职工作，这一点在如今的商业环境中至关重要。

任务绩效 个体完成核心工作任务的效果和效率共同反映了一个人的**任务绩效**（task performance）水平。对工厂的工人来说，任务绩效可以由每小时生产产品的数量和质量来衡量。对教师来说，任务绩效主要由学生所获得的教育来衡量。对咨询顾问来说，任务绩效可以是他们向客户提供报告的及时性和质量。所有类型的绩效都与一份工作的核心任务和责任相关，通常与正式的职位说明中所涵盖的职能直接相关。

显然，对提高组织的有效性来说，任务绩效是最重要的一种人力输出，所以在接下来的每一章中，我们会投入大量的时间来详细说明任务绩效是如何受各种因素影响的。

组织公民行为 **组织公民行为**（organizational citizenship behavior，OCB），或者说公民行为，是一种员工自觉从事的行为，它不包含在员工的正式工作要求中，但这种行为会给工作场所的心理和社会环境带来有利的影响。成功的组织拥有那些在完成本职工作之外投入更多精力的员工——他们的绩效水平往往超出预期。如今的动态工作场所有两个特点：一是工作任务日益需要在团队中完成；二是灵活性尤为关键。表现出"好公民"行为的员工往往愿意帮助团队中的其他成员，主动多做工作，避开不必要的冲突，恪尽职守，并能从容应对工作中偶尔发生的不愉快和小麻烦。

组织希望并需要员工主动从事那些职位说明中没有规定的内容。有证据表明，拥有这种员工的组织业绩更出色。因此，组织行为学将公民行为视为一种输出变量。

退缩行为 我们已经提到超出任务要求的行为，但未能满足任务要求的行为又是什么呢？**退缩行为**（withdrawal behavior）是员工采取的一系列脱离组织的行为。退缩的表现有多种形式，从迟到、不参加会议，到缺勤、离职，都属于退缩行为。

员工的退缩行为会给组织造成严重的影响。单是员工离职这一项就足以给组织造成不小的损失，即便是较为初级的职位。缺勤也会给组织造成大量的金钱和时间损失。例如，最近的一项调查显示，计划外的缺勤给美国雇主平均造成的直接损失为工资的 8.7%。[61] 在瑞典，任何时候都有平均 10% 的员工因病缺勤。[62]

很显然，如果员工不能按时上班，组织就很难顺利运营下去，也就难以达成目标。工作流程会中断，重要的决策可能会被推迟。对那些主要依赖流水线生产的组织来说，缺勤不仅仅会使工作中断，还会极大地降低产出质量，甚至导致工厂倒闭。对于任何组织来说，只要缺勤率超出正常标准，组织的效果和效率就会受到直接影响。较高的员工流失率会破坏组织的有效运转，如果具备专业知识和经验的人员流失，就必须找到可以代替他们的人来承担相应的职责。研究表明，员工流失对组织绩效有明显的危害。[63]

职业目标　我该对我的离职说些什么？

我被炒了！未来的雇主发现这一点时就再也不会雇用我了。我能说些什么来扭转这个局面吗？

——马特

亲爱的马特：

乌云之下总会有一线希望。首先，几乎每个人在职业生涯中至少会遭遇一次辞退或者非自愿离职；其次，全世界都缺少技术工人。你可能会惊讶地发现，从历史经验来看，18 ～ 44 岁的人在他们的早期职业生涯中平均会换 11 次工作。事实上，你很可能会从事一份工作不足 3 年，这意味着你一生中会有很多份工作。

因此，你不应该感到绝望，你可能很快就会找到下一份工作。万宝盛华（Manpower Group）对 42 个国家的 3.7 万名雇主进行的一项调查发现，36% 的组织存在人才短缺的问题，这是 7 年来最高的比例。

尽管如此，我们也明白你对于应该如何向潜在雇主陈述你的非自愿离职这一事实的担忧。如果你能如实、简短地说明你离职的原因，就能够很好地给自己定位。以下是一些建议：

记住，你的软技能很重要。事实上，软技能在所有行业的雇主的要求中最为重要。根据求职公司 WorkOne 的公关经理查克·克内布尔（Chuck Knebl）的说法，你应该通过简历、求职信、面试和感谢信来展示你的沟通技巧。雇主称他们都在寻找具有团队合作意识、正面积极、有责任感和守时等特点的员工，所以要利用每一个机会来展示这些特点。

你的软技能很重要，但不要忘了你的技术能力，雇主认为二者同等重要。克内布尔建议你在简历中列出你的技术能力，并详细说明。如果你还需要更多的技能，职业培训对你会有帮助。有时大学和失业办公室会免费提供职业培训。

强调你正在接受的培训和教育，尤其是和新技术有关的培训和教育；表现最好的人被认为是持续学习者。此外，如果你能跟上社交媒体上的最新潮流，大胆展示出来，不过不要谈论你的朋友给蕾哈娜的推文。

祝你成功！

资料来源：Based on Bureau of Labor Statistics, United States Department of Labor, Employment Projections, http://www.bls.gov/emp/ep_chart_001.htm; G. Jones, "How the Best Get Better and Better," *Harvard Business Review* (June 2008): 123–27; ManpowerGroup, "The Talent Shortage Continues/2014," http://www.manpowergroup.com/wps/wcm/connect/0b882c15-38bf-41f3-8882-44c33d 0e2952/2014_Talent_Shortage_WP_US2.pdf?MOD=AJPERES; J. Meister, "Job Hopping Is the 'New Normal' for Millennials: Three Ways to Prevent a Human Resource Nightmare," *Forbes* (August 14, 2012), http://www.forbes.com/sites/jeannemeister/2012/08/14/job-hopping-is-the-new-normal-formillennials-three-ways-to-prevent-a-humanresource-nightmare/; and N. Schulz, "Hard Unemployment Truths about 'Soft' Skills," *The Wall Street Journal*, September 19, 2012, A15.

当然，所有组织都存在一定的人员流失。不同国家的人员流失率区别很大，这在一定程度上反映了各国的经济状况。在美国，2014 年的人员流失率约为 40%，平均每个月的人员流失率约为 3%。[64] 这是好事还是坏事？为了回答这一问题，我们需要知道为什么会有人员流失。人员流失包括：员工自愿离职（辞职），被雇主无故非自愿离职（裁员和解雇），以及其他离职情况，如因故非自愿离职（辞退）。2014 年，辞职的年平均比例约为 20%，裁员和解雇的平均比例约为 14%，其他离职情况的平均比例约为 4%。因此，大约一半的人员流失是因为员工辞职，大约 35% 是由于裁员和解雇；其余为其他原因，包括辞退。

尽管高人员流失率经常会损害组织实现其目标的能力，但辞职不全是坏事。事实上，美联储主席珍妮特·耶伦（Janet Yellen）曾经讨论过人员流失对经济的积极意义：人们辞职是因为他们对自己在公司外的前景持乐观态度。[65] 如果表现不佳的人离开组织，可能会对组织产生积极影响。组织可以雇用具备更高技能和工作动机的人，给其提供更多的晋升机会，并获得更多新的想法。在如今不断变化的职场中，合理范围内的员工流失可以提高组织的灵活性与员工的独立性，并减少管理层主动发起裁员的需要。虽然我们可以合理地得出这样的结论：高人员流失率往往意味着较高的员工退缩行为（进而对组织绩效有负面影响），但是人员流失率为零不一定是我们的目标。对组织来说，评估哪些员工要离职及其原因也是很重要的。

员工为什么会在工作中表现出退缩行为，例如生产效率低下或者离职？我们会在本书后面的章节中对此进行说明，其中的原因包括消极的工作态度、情绪、心境，以及与同事和主管之间的消极互动。

群体凝聚力 尽管在我们的模型中许多结果都可以视为个体层面的现象，但有些还与群体的运作紧密相关。**群体凝聚力**（group cohesion）指的是群体成员间的相互支持和认可。换言之，具有凝聚力的群体会比较团结。如果员工之间相互信任，为了共同的目标而努力，这就是一个具有凝聚力的群体；如果员工之间存在嫌隙，追求的目标不同，并且彼此之间不够忠诚，这个团队就没有凝聚力。

大量证据表明，具有凝聚力的群体更高效。[66] 无论是在实验室严格控制的情境下，还是在实际的工作团队中都是如此。这也与我们的直觉判断相符，在拥有共同目标的群体中，人们会更加努力地工作。企业试图通过各种方式增强凝聚力，如短暂的破冰会议，以及野餐、派对、团队户外冒险等社交活动。我们将在本书中评估这些方法是否真的可以提高群体的凝聚力。我们也会考虑如何在一开始就挑到合适的人加入团队，这也是提高凝聚力的一种有效方式。

群体功效 积极的工作态度与高水平的任务绩效相关联。同样，群体凝聚力也能带来积极的群体功效。**群体功效**（group functioning）指的是一个群体工作的数量和质量。一支运动队的表现不是简单地把每个运动员的个人表现加起来，与之相似，组织中的群体功效也不仅仅是把个体的任务绩效简单相加。

什么样的群体功效才算得上是有效的？对一些组织来说，有效的群体就是要专注于核心任务，完成每一项目标。其他一些组织需要能够合作完成工作、提供优秀客户服务的团队。还有一些组织更看重群体的创造力，以及灵活适应环境的能力。无论是以上哪一种，都需要通过不同类型的活动来最大限度地发挥团队的作用。

生产率 组织行为学中最高层次的分析是将组织作为一个整体。如果组织以最低成本的投入将输入转化成输出实现其目标的话，组织的生产率就是高的。因此，**生产率**（productivity）要求组织既有**效果**（effectiveness）又有**效率**（efficiency）。

医院的效果体现在成功地满足了客户群的需求。如果能以较低的成本实现这一点，则同时具有了效率。如果医院设法利用现有的员工，通过减少病患卧床的天数或者增加员工与病人之间的联系来实现更高的输出，我们就可以说这家医院具有生产效率。如果一家企业实现了销售或市场份额方面的目标，它就是有效果的，但它的生产率还取决于实现这些目标时的效率。较为常见的衡量组织效率的方式包括投资回报率、每一美元的销售利润，以及每小时的劳动产出。

服务组织在评估其有效性时必须考虑到客户的需求和要求。为什么？因为从员工的态度与行为，到客户的态度和盈利能力，这中间存在一条明确的因果链条。例如，最近一项对某国 6 家酒店进行的研究表明，消极的员工态度降低了客户满意度，并最终损害了公司的盈利能力。[67]

生存 我们要考虑的最后一个输出是**组织生存**（organizational survival）问题，也就是表明组织能够长期存在并发展下去的证据。一个组织的生存不仅取决于组织的生产率，还取决于组织对环境的适应能力。如果一个公司非常高效，但是生产的产品和提供的服务不太具有市场价值，那么这家公司是不可能长期生存下去的。所以，组织生存同样依赖于对市场的准确预知、在正确的时间以正确的方式抓住机会，以及管理变革以适应新业务状况。

在回顾了输入、过程和输出模型后，我们把这个图表稍做修改，按照个体、群体、组织三种研究水平，将各个话题重新组合。正如你在图表 1－6 中看到的，我们根据三种分析水平来处理与输入、过程和输出相对应的各个因素。我们将各章节分组是为了与这些领域的传统研究范式相对应。例如，在统一的框架中了解人格如何影响动机、动机又是如何影响绩效的要比在各个分析水平上转换更容易理解。每一种水平都建立在它前面的水平基础之上，按照顺序分析一遍，你就可以了解组织中的人是如何运作的。

图表 1－6 本书结构

个体	群体	组织
输入 • 组织中的多元化（第2章） • 人格与价值观（第5章）	输入 • 群体结构（第9~10章） • 群体角色（第9~10章） • 团队责任（第9~10章）	输入 • 结构（第15章） • 文化（第16章）
过程 • 情绪与心境（第4章） • 动机（第7~8章） • 知觉与个体决策（第6章）	过程 • 沟通（第11章） • 领导（第12章） • 权力与政治（第13章） • 冲突与谈判（第14章）	过程 • 人力资源管理（第17章） • 变革实践（第18章）
输出 •态度（第3章）与压力（第18章） • 任务绩效（全书） • 公民行为（全书） • 退缩行为（全书）	输出 • 群体凝聚力（第9~10章） • 群体功效（第9~10章）	输出 • 生产率（全书） • 生存（全书）

1.8 就业技能

与组织行为学相关的挑战几乎会发生在企业的每一个职能部门，从财务部门和会计部门，到管理部门和营销部门。毫无疑问，在你职业生涯的某个阶段，你会遇到一个很大程度上取决于组织中人的行为的问题。一项对大多数企业面临的巨大挑战的回顾研究表明，组织行为学是解决许多问题的关键所在。这些问题涉及管理诚信 / 社会责任、资源管理、企业间的竞争、增强客户和员工忠诚度、减少不确定性、遵守政府法规、管理风险和找到合适的员工。企业会在增加收入和增加利润时遇到所有这些问题。[68]

但是，组织行为学不仅仅与商科专业相关。无论对什么专业的学生而言，它都很重要。例如，微生物专业的大学生乍一看不需要学习组织行为学的课程。但当这个学生毕业后会发生什么呢？了解组织行为学的原理和概念，难道不会对他成功申请 Battelle 的生物技术员岗位有帮助吗？对于一位具有护理学位并在梅奥医学中心（Mayo Clinic）工作的学生呢？对于一个即将在思科工作的计算机科学专业的学生呢？组织行为学的原则对所有专业的学生都很重要。它有助于提高在工作场所的就业技能和人际交往技能。当你与其他同学和你的教授互动时，这些技能甚至可以帮助你在课堂上取得成功。显然，压力管理、变革、态度、情感以及动机等组织行为学概念的知识可以帮助你在继续学习的过程中更好地和你的同学进行互动。

人类连同他们的行为、差异、态度、情感、情绪、个性、价值观、意图、思想和动机，都和工作场所的生活有着千丝万缕的关系。正如本杰明·施耐德（Benjamin Schneider）所说的，“人决定地方”。[69] 这些员工在工作组、部门、团队和组织的内部或之间进行互动和沟通，以帮助实现组织的目标。这些组织的领导者连同员工一起寻求实现变革，建立起一种组织文化，并制定政策和程序。这些过程都不可避免地涉及领导、政治、冲突和谈判。考虑到组织行为学在组织生活中的普遍性，新入职的员工和已经工作的专业人员都会因为具有扎实的组织行为学基础技能而受益。这些技能包括：沟通、合作、批判性思维、解决问题、社会责任以及知识应用与分析。

在这一部分中，我们将会探讨职业就业技能。组织行为学的课程能够为各种专业——从英语到工学到政治学——的人扩展这些技能。

1.8.1 适用于各种专业的就业技能

在本书中，你将学习并实践很多技能。负责招聘的管理者认为，这些技能对于在各种商业环境（包括大小型企业、非营利组织和公共服务机构）中的成功非常重要。如果你计划自己创业，它们也会很有用。这些技能包括：

- 批判性思维是一种有目的和目标导向的思维，用来确定和解决问题，并就某种特定情况或一系列情景做出决定或形成判断。批判性思维涉及认知、元认知和性格因素，并且在特定的情况下可能会有不同的应用。
- 沟通在不同的背景下被定义为如下技能：为了多种目的（如告知、指导、激励、说服和分享想法）而有效使用口头、书面或非语言交流技能；有效的倾听；利用技术进行沟通；评价沟通的有效性。
- 合作这一技能包括以下内容：个体可以积极地共同完成一项任务，通过对话和谈判构建群体的意义和知识，最终形成一个能够反映他们共同的、相互依赖的行动的产品。
- 知识应用与分析被定义为学习一个概念，然后在其他环境中恰当地应用该知识，以达到更高的理解水平的能力。
- 社会责任包括与商业伦理和企业社会责任有关的技能。商业伦理包括一套指导原则。它影响个人和组织在社会中的行为方式。企业社会责任是一种道德行为，它要求组织理解、识别并消除不道德的经济、环境和社会行为。

本书中的每一章都将从我们所说的就业技能矩阵（employ-ability skills matrix，ESM）开始。正如你看到的，这一框架将我们定义的五种就业技能和每一章的特殊栏目联系到了一起。这些栏目包括“传言还是科学”“职业目标”“道德抉择”“观点碰撞”“体验练习”“道德困境”“案例分析”。你将为运用批判性思维做准备，并运用你的知识来考虑特殊情况和概念。你还将学习如何提高你的合作与沟通技能，学习在特定情况下应该说些什么或做些什么，以便于积极有效地在工作环境中开展工作。你将面对道德困境，在这些困境中，你将会对工作场所中的特定行为进行道德考量。我们建议你在阅读各章前先复习和思考就业技能矩阵，以便更好地了解你将从该章中学到的技能。这五项技能是在组织行为学及其他专业的相关事业中取得成功的关键。在接下来的章节中，你将参与各种活动并接触到多个案例。在这些案例中，你的这些技能将能够得到发展。

就业技能矩阵

	传言还是科学	职业目标	道德抉择	观点碰撞	体验练习	道德困境	案例分析1	案例分析2
批判性思维				✔	✔	✔	✔	✔
沟通	✔	✔	✔		✔		✔	✔
合作	✔	✔			✔	✔		✔
知识应用与分析		✔		✔	✔	✔	✔	✔
社会责任			✔		✔	✔	✔	

本章小结

管理者要想有效地工作，就必须提高人际技能。组织行为学就是这样一个研究领域：它探讨个体、群体和结构对组织内部行为的影响，然后运用这些知识使组织的运作更有效。

对管理者的启示

- 不要过分依赖归纳，虽然有些可以帮助你了解人类的行为，但有很多是错误的。要去了解这个人，弄清事情的背景。
- 利用指标而不是直觉来解释因果关系。
- 加强人际交往能力，提高你的领导潜能。
- 通过培训和了解组织行为学当前的趋势（如大数据和高速数据等），来提高你的技术技能和概念技能。
- 组织行为学会告诉你应该如何赋予员工权力，设计并实施变革计划，提高客户服务水平，并帮助你的员工解决生活和工作中的冲突，从而提高员工的工作质量和生产率。

复习题

1. 在工作场所中，人际技能有多重要？
2. 组织行为学的定义是什么？
3. 系统研究对于我们理解组织行为学有何帮助？
4. 对组织行为学有贡献的主要行为科学都有哪些？
5. 为什么组织行为学几乎没有绝对的真理？
6. 管理者在应用组织行为学的概念时面临的主要挑战和机遇有哪些？
7. 本书中组织行为学模型的三种分析水平是什么？

观点碰撞

学术研究还是商业书籍？

正方

随便走进附近一家大书店，你都能发现一排排关于管理学的图书。书名告诉我们一些显然需要知道的主题：

- The Secret（Blanchard & Miller，2014）

- Turn the Ship Around！（Marquet，2013）
- The Way You Do Anything Is the Way You Do Everything（Evans，2014）
- Leadership Safari（Iannucci，2014）
- Business Is a Baby（Noh，2014）
- Think Like a Freak（Dubner & Levitt，2014）
- Spiraling Upward（Wallbridge，2015）
- Refire！ Don't Retire（Blanchard & Shaevitz，2015）
- Top Dog（Bronson & Merryman，2015）

组织行为学方面的畅销书往往都有一个吸引眼球的书名，读起来也相当有趣，但这些书把人员管理这项工作描述得就像只需要一个好口号和五个简单的步骤。如果你仔细研读这些书，就会发现此类图书大多数都是基于作者自身的观点，而非大量的实际研究。这些图书之所以受欢迎，部分原因是人们在很大程度上同意他们所读到的观点，并喜欢作者的写作风格。作者通常是演讲者或顾问，他们真正的业务是向你传递想法。当作者是一位来自商界的老手时，一个人的经验是否真的适用于所有人并转变成有效的管理实践值得怀疑。即使作者是以数字为导向，如同"像疯子一样思考"的史蒂文·莱维特（Steven Levitt）和斯蒂芬·杜布纳（Stephen Dubner），他们对管理学的结论也并不基于管理学研究。我们只要稍下一点功夫，就能得到组织行为学中货真价实的知识，这些都是从成千上万的科学研究中总结出来的。既然如此，为什么还要把我们自己的管理哲学建立在这些书的基础上呢？

组织行为学是一门复杂的学科，几乎没有普遍适用的简单理论。也许你从关于《星球大战》（*Star Wars*）或者《绝命毒师》（*Breaking Bad*）等书中学到一些领导知识，但你会用这些知识来管理21世纪的软件工程师吗？当然不会。当领导见解并不是建立在针对我们的工作场景类型的研究基础之上时，我们不应尝试运用。

反方

人们总是想要了解管理学——好的、坏的以及丑陋的。有经验的人或很感兴趣的人写下让读者感兴趣的主题，出版商从中选出最好的。当书籍变得流行的时候，我们知道，大家正在向它们学习，并通过运用作者的管理思想寻求良好的结果。这样的书可以告诉读者其他人通过经验积累的管理秘诀。此外，向身在企业中的人学习管理的实战经验总比从学术界获取晦涩难懂的参考文献要好得多。然而，我们在生活中获得的许多真知灼见未必来自严谨的调查研究。

没有帮助的管理指南有时候确实会被出版，偶尔还会十分流行，但也没有每年学术期刊上发表的那些晦涩难懂的研究报告多吧？差得远呢。有时候，每一本流行的商业书籍似乎都对应众多学术期刊文章。在工作场所，很多文章未被阅读——它们被埋在学术图书馆里，充斥着奇怪缩写和业内术语，很少涉及实际应用。它们通常适用于特定的管理场景，因此通用性很差。比如，2015年发表的一些关于管理和组织行为学的研究文章的标题如下：

- "Transferring Management Practices to China：A Bourdieusian Critique of Ethnocentricity"（Siebers，Kamoche，& Li，2015）
- "Cross-Cultural Perceptions of Clan Control in Korean Multinational Companies：A Conceptual Investigation of Employees' Fairness Monitoring Based on Cultural Values"（Yang，2015）
- "The Resistible Rise of Bayesian Thinking in Management：Historical Lessons from Decision Analysis"（Cabantous & Gond，2015）

- “A Model of Rhetorical Legitimation：The Structure of Communication and Cognition Underlying Institutional Maintenance and Change”（Harmon，Green，& Goodnight，2016）

我们并不是要嘲弄这些研究报告，我们想表达的是，所有创造知识的方法都是可批评的。如果说商业书籍有时只需浅显阅读，那么学术文章可能就内容深奥且不相关。畅销书籍可以增进我们对于人们是如何工作的以及如何最好地管理他们的理解。我们不应该认为它们没有价值。既然学习组织中人员管理的科学艺术没有唯一正确的方法，聪明的管理者会从多个方面取经：自己的经验、调查结果、他人的见解，当然还有畅销商业类出版物。作者和学者都扮演着重要角色。谴责那些把书名起得吸引人的商业图书是不公平的。

体验练习

采取组织行为学的方法

将班级成员分组，每组约 4 人。分组后，各个小组应考虑以下场景：你们将扮演一家大型制药公司的地区管理者特别委员会的角色。委员会将开会对一些问题进行讨论，公司设立的流程如下：

1. 每一位委员会成员应首先自行评估问题，并就可能采取的行动提出独立意见。
2. 在会议开始时，每名成员应在小组中发言一分钟。

在会议期间，委员会必须就每个问题的最佳解决方案及其支持理由达成共识。如何做到这一点完全由委员会成员决定。但你们必须拿出一个协商一致的决定，而不是通过投票来获得一个多数人同意的意见。

委员会将要考虑的问题如下：

公司没有关于个人面部仪容的具体规定。汤姆是一名医药销售代表，有一年多的工作经验，销售业绩处于平均水平，但正在下滑。他蓄了一把又长又不整齐的胡须，明显有损他的形象。他的爱好是在一支业余蓝草乐队中弹奏贝斯。他认为，留不整齐的胡须是表演所需。汤姆说，他的胡子是和他的个人自由有关的时尚宣言。

顾客（包括医生和药剂师）对汤姆的外表多有不满。管理者已在多个场合和他讨论过他的外貌可能对销售产生的影响，但是汤姆依然留着胡子。

管理者担心汤姆的销售业绩下降以及销售队伍在医学界的专业形象。汤姆说，他的销售业绩下降和他的胡子无关。然而，该地区其他区域的销售情况都明显比去年要好。

当小组形成协商一致的决定时，我们可以将下列问题作为课堂讨论的基础：

1. 你认为公司对汤姆的胡须有什么样的顾虑？公司应该关注他的外貌吗？
2. 对于汤姆的胡须问题，你们小组一致的决定是什么？
3. 假设汤姆告诉你，胡须是他个人信仰的一部分。你认为汤姆的这种声明会改变你和他讨论这个问题的方式吗？

道德困境

你的汤里有架无人机

假设现在无人机无所不在。多年以来，阿里巴巴的四轴飞行器一直在为北京、上海和广州的客户递送特别的姜茶；亚马逊的八轴飞行器能在30分钟内在大多数大城市内完成包裹的最终递送，而不会撞倒行人；各地的大学生都欢迎由塔可贝尔的塔可飞行器送来的深夜玉米片。室内无人机仍处于探索阶段——个人爱好者正在打造微型版本，但还没有大规模的商业投入来解决室内实用无人机的问题。而这一切将要改变。

你在一家跨国科技公司工作，总部园区占地25英亩，有一栋大型建筑和四栋略小的建筑，办公面积达200万平方英尺。室内空间的主管是你的老板，你是“思考新事物”团队的领导者。在和你的团队召开的一次会议上，你的老板说：“我刚从Right To Drones Too（R2D2）的朋友那里听说，他的团队已经完善了内部无人机。它小而轻，但载重可达10磅，由一个照相机、一个扬声器和一个录音机组成。”

你的团队感到惊讶，没有人知道内部实用无人机正在开发中，而世界各地的政府仍在就无人机的法规讨价还价。你的老板继续热情地说：“我见过这些小型无人机，我想应该会让你们印象深刻——它们不仅可以在园子里快速移动，还可以从桌子上拿东西，给我送拿铁咖啡，帮我参加会议，检查你们正在做什么……什么都可以！它们精准、敏捷，还超级安静，你几乎不会发现它们在附近。我的朋友想免费赠送给我们100架无人机，他愿意明天就送过来。我想我们可以随意分发，当然，每个人都会有一个。”

你的老板坐在那里，微笑着等待掌声。你看了一眼你的团队成员，看到了他们脸上的疑虑和犹豫，松了一口气。

“听起来，呃，太好了。”你回答，“但我们今天下午来制定一下基本的规则怎么样？”

◆ **问题**

1. R2D2无人机如何影响员工的行为？你认为它们会使人们的行为道德增加还是减少？为什么？

2. 谁应该先得到无人机？你如何才能在道德上证明你的决定是正确的？应该给这些人怎样的使用限制？你认为，员工（包括得到无人机的和没得到无人机的员工）对这一变化会有什么反应？

3. 你的组织将如何处理对无人机的破坏和误用？一架R2D2无人机价值2 500美元。

4. 很多组织已经对员工使用电子监控，包括对网页访问和电子邮件通信进行筛查。通常员工并不直接了解这些信息。对员工来说，无人机监控在哪些方面可能比对网页或电子邮件活动的秘密电子监控更好或更坏？

案例分析 1

苹果的全球化之路

不久前，全世界辨识度最高的电子产品品牌苹果的所有生产流程还是在美国完成的，但如今情况已经发生了变化，每年售出的大约7 000万部iPhone、3 000万台iPad以及5 900万件苹果的其他产品都是在海外生产的。这一改变意味着，仅美国就直接失去2万多个工作机会，更不用说提供给亚洲和欧洲等外国公司的70多万个工作机会。这种损失并不是暂时的，正如苹果联合创始人史蒂夫·乔布斯对时任美国总统奥巴马所说的，“这些工作回不来了”。

从表面上看，工作机会从一个地方转移到另一个地方的决定性因素似乎是薪酬的差异，但苹果的案例证明，这种看法过于简单。事实上有些人说，如果按照美国的工资标准支付薪酬，每部 iPhone 只需要多收 65 美元就够了，而每部苹果手机的平均利润足有数百美元。但苹果的领导层更在乎的是他们在中国雇用的劳动力所具备的内在特性——灵活、勤奋，技术均优于美国劳动力。苹果的高管们经常说，中国工厂交货快，生产时间短，这已成为公司的传奇。“它们的速度和灵活度简直不可思议，”一位高管说，“没有哪家美国工厂可以跟它们相比。”另一位高管说：“我们雇用中国工人，不应受到批评。因为美国已经无法给我们提供具备这些技能的工人。”

由于苹果经常被全球其他公司效仿，它对海外劳动力更有利的这种看法应该对美国劳动力市场起到警醒作用，美国劳动者需要更好的领导、更好的训练、更有效的管理，也需要更有上进心、主动性和灵活性。如果美国（以及西欧）的劳动者在主动性和适应性上没有竞争力，将给未来的美国劳动力市场带来相当大的麻烦。

苹果产品从 100% 美国制造变成了只有 10% 美国制造，这或许反映了一个公司走向全球化的必经之路。如今，苹果手机的设计主要还是在美国完成（苹果在美国有 43 000 名员工），手机部件在韩国、中国、新加坡、马来西亚、日本、欧洲以及其他地区制造，最后在中国完成组装。全球 247 家供应商都要靠苹果每季度 301 亿美元的订单支撑。同时我们不应该忘记，苹果在 2015 年第一季度从中国获得 161 亿美元的收入，相比 2014 年第一季度增长了 70%。这一增长的部分原因可能是在中国制造为苹果公司提供了支持。

作为电子产品市场最尖端、最受推崇的生产商，也许苹果不该被视为单一国家支持某一企业的失败案例，而应该被当作全球智慧结晶的最佳案例。

◆ **问题**

1. 苹果的全球化给当地及海外劳动力市场带来的利弊是什么？

2. 你认为在此案例中苹果得出的结论是否正确？为什么？你觉得公司高管发表这样的观点对公司有利还是不利？

3. 管理者应该如何提高工人的灵活性和勤奋度从而提高工厂的竞争力？你会给出怎样的建议？

资料来源：Based on B. X. Chen, “iPhone Sales in China Bolster Apple Earnings,” *The New York Times*, January 27, 2015, http://www.nytimes.com/2015/01/28/technology/apple-quarterly-earnings.html?_r=0; C. Duhigg and K. Bradsher, “How U.S. Lost Out on iPhone Work,” *The New York Times*, January 22, 2013, A1, A22–A23; H. Gao, “How the Apple Confrontation Divides China,” *The Atlantic*, April 8, 2013, www.theatlantic.com/china/archive/2013/04/how-the-apple-confrontation-divides-china/274764/; and A. Satariano, “Apple Slowdown Threatens $30 Billion Global Supplier Web,” *Bloomberg*, April 18, 2013, www.bloomberg.com/news/2013-04-18/apple-slowdown-threatens-30-billion-global-supplier-web-tech.html.

案例分析 2

人人可用的大数据

你需要大数据吗？也许这个问题应该表述为：你能承担不用大数据的后果吗？大数据时代已经到来，忽视大数据会承担错失机会的风险。

一项对全球 2 200 名管理者的调查显示，那些使用大数据的组织正迅速获得回报。有 71% 的受访者认为，使用大数据的组织将获得巨大的竞争优势。这些管理者也看到了对大数据的需求：58% 的受访者称他们从未、很少或只是有时候才会有足够的数据来做出关键业务决策。他们见证了大数据的好处：67% 的受访者认为大数据帮助其组织进行了创新。为什么只有 28% 的受访者在过去一年内对有用数据的访问有显著增长？

埃米·布雷弗曼（Amy Braverman）是对NASA航天器数据进行分析的首席统计学家。根据她的说法，问题在于对我们能够收集到的新种类和大量的数据的解释。她说："这种机会主义式的数据收集方式导致了全新类型的数据。这些数据并不适合现有的统计和数据挖掘方法。"信息技术领域和商界的领导者同意这一说法，在最近的一项调查中，"确定如何获得价值"被认为是对大数据的头号挑战。

为了实现大数据的可用性，企业亟须跨过这道高门槛。一家公司应该如何开始使用大数据？雇用人才。但并不是每一家公司都会这么做。在招聘数据专业人员时可以考虑以下几点：

1. 寻找在分析 / 统计方面有很强的社会背景的应聘者。你想要的是一个比你更了解数据处理的人。

2. 理想的候选人应具有在你所在的行业或相关行业的从业经历。安永（Ernst & Young）高管安迪·鲁斯纳克（Andy Rusnak）说："当你把所有博士都放在一个房间里时，不一定会发生奇迹，因为他们可能并没有商业能力。"

3. 从在大数据方面更先进的行业领先组织中寻找潜在候选人。

4. 沟通技巧是必要的。SAP 首席数据科学家戴维·金斯伯格（David Ginsberg）认为，要寻找一位"能把博士学位翻译成英语"的候选人，"这样的人是最难找到的"。

5. 寻找被证明曾经从一大堆数据（包括来自可疑来源的数据）中找到有用数据的候选人。你想要的是一位善于分析和有洞察力的人。

6. 寻找能以 8 周或 10 周为周期进行思考的人，而非只能进行长期思考的人。大部分数据项目都有一个短期的重点。

7. 测试候选人在实际问题上的专业知识。网飞的算法总监会询问候选人："这些数据来自我们的用户，你如何用来解决特定问题呢？"

◆ **问题**

1. 假设你在一个大都市的一家大型连锁百货商店工作。你的管理者让你负责一个团队，看看每天多营业一小时能否增加利润。哪些数据可以用于你的决策过程？什么数据对你的决策很重要？

2. 我们在组织行为学的应用中可能需要哪些类型的数据？

3. 正如布雷弗曼所指出的，大数据的一个问题是如何让数据变得有意义。更好地理解心理学将如何帮助你筛选数据？

资料来源：Based on M. Taes, "If I Could Have More Data ...," *The Wall Street Journal*, March 24, 2014, R5;S. Thurm, "It's a Whole New Data Game," *The Wall Street Journal*, February 10, 2015, R6; and J. Willhite, "Getting Started in 'Big Data,' " *The Wall Street Journal*, February 4, 2014, B7.

注 释

第 II 篇

个体

第2章 组织中的多元化

Diversity in Organizations

学习目标

学完本章后，你应该能够：

1. 描述工作场所多元化的两种主要形式。
2. 说明工作场所中的歧视如何降低组织有效性。
3. 描述关键的传记特征与组织行为之间的关系。
4. 解释其他差异特征是如何影响组织行为的。
5. 论证智力能力与体质能力与组织行为之间的关系。
6. 描述组织如何有效管理多元化。

就业技能矩阵

	传言还是科学	职业目标	道德抉择	观点碰撞	体验练习	道德困境	案例分析 1	案例分析 2
批判性思维		✔	✔	✔	✔	✔	✔	✔
沟通	✔	✔			✔		✔	
合作					✔		✔	
知识应用与分析			✔	✔	✔	✔	✔	✔
社会责任		✔	✔	✔	✔	✔	✔	✔

"食品企业家"联合起来！

在加利福尼亚州旧金山市，一个位于传教区的商业厨房可能是该市最重要的食品组织。La Cocina（在西班牙语中是厨房的意思）是这个社区的支柱，使不同族裔背景的低收入女性能够正式建立并发展自己的食品企业。La Cocina为这些多元化的企业家提供了她们能负担得起的厨房空间（约为旧金山市场价格的1/3）、食品行业的专业知识以及业务发展的机会，让这些女性可以做她们喜欢做的事情，同时培养出一个包容、充满活力，因为热爱食物而团结在一起的旧金山。

为什么La Cocina对于旧金山市如此重要呢？首先，旧金山市正在发生根本性的变化。它曾经是一个极其多元化的城市。随着生活成本的上升，其种族构成急剧变化。受当地经济繁荣和科技产业发展的影响，富有的商人和工程师纷纷涌向该地区。旧金山周边地区有很多科技和社交媒体巨头，包括脸书、谷歌、优步、特斯拉、推特和苹果等。La Cocina及其倡导的精神可能对该地区起到非常重要的作用：它保护了该地区独有的文化遗产和多样性，这可能会“被证明是保持旧金山本色的关键”。截至2015年，La Cocina已经和具有不同背景的33位企业家合作。这些妇女中有91%是有色人种，60%是移民，70%已为人母。

如果没有La Cocina，许多人要在食品行业取得成功将是一件困难的事。进入食品行业存在很大的障碍，而La Cocina使得这些妇女能够克服这些障碍。首先，食品行业是由男性主导的行业。2013年，近75%的食品企业为男性所有，他们的平均收入比女性高24%。其次，旧金山市不断上升的生活成本导致了一场文化外逃。La Cocina执行董事凯莱布·齐加斯（Caleb Zigas）说：“在这个城市要找到过去的食物越来越难了。从食品消费者的角度来看，作为在一个城市生活了一辈子的人，最可怕的事情之一就是看着自己喜欢的食物移到郊区去了。”

La Cocina的成功使得许多女性开始了她们喜欢的事业，一些人有了自己的餐馆，包括El Huarache Loco的韦罗妮卡·萨拉查（Veronica Salazar）和Sabores del Sur的吉赛尔·奥索里奥（Guisell Osorio）。她们的一些产品在全美各地的商店如全食（Whole Foods）销售。妇女自主创业倡议是20世纪90年代后期一个相对较小的社区厨房概念，之后从一个年收入40万美元、有2名雇员的组织变成了一个年收入200万美元、有17名雇员的组织。这一概念的成功激励了很多人在其他城市效仿。例如，由于缺乏负担得起的厨房空间，索菲娅·张（Sophia Chang）的冰激凌生意倒闭了。随后她在加利福尼亚州的奥克兰创立了Kitchener，“Kitchener很大程度上受到La Cocina的启发”，如果在20世纪80年代她的母亲从中国移民到美国时就有这个组织，他们的生活就会完全不同，不会“30年来养家糊口过得艰难”。

资料来源：Based on La Cocina, https://www.lacocinasf.org/, accessed February 20, 2017;D. Kopf, “San Francisco’s Diversity Numbers Are Looking More and More Like a Tech Company’s,” *The Atlantic* (May 9, 2016), https://www.theatlantic.com/business/archive/2016/05/san-francisco-diversity-migration/481668/; P. Lucchesi, “A Success Story for Women:La Cocina’s Kitchen Incubator,” *San Francisco Chronicle* (May 13, 2015), http://www.sfchronicle.com/food/article/A-success-story-for-women-La-Cocina-s-kitchen-6253539.php; and A. Wunderman, “These Organizations Are Bringing Diversity to the Restaurant Business,” *Paste* (January 30, 2017), https://www.pastemagazine.com/articles/2017/01/la-cocina-entrepreneurship.html.

与旧金山市的移民或女性一样，这些群体往往面临巨大的障碍和困难。他们证明了为什么多元化对组织如此重要。La Cocina的故事以及它对全美食品行业所产生的影响描述了一个从不同群体中汲取力量的企业孵化器。在本章中，我们将探讨如何使多元化劳动力在组织中的潜在贡献最大化。我们每个人在很多方面与其他人不同，因此我们认为多元化也会有许多不同的形式。我们还展示了个人能力的差异如何影响员工在组织中的行为和效率。

2.1 多元化

我们每个人都是独特的。这一点再明显不过了，但管理者有时会忘记，他们需要认识员工的个体差异来运用他们独特的力量。在这一章，我们将学习诸如年龄、性别、民族、种族和能力等个体特征是怎样影响员工绩效的。我们还将了解管理者如何培养对这些特征的意识，并有效地管理他们的多元化劳动力。首先，让我们来考虑一下不断变化的劳动力的概况。

2.1.1 人口统计学特征

占据优势的白人男性劳动力已经被性别平衡、多种族的劳动力替代。例如，在 1950 年，美国只有 29.6% 的劳动力是女性。[1] 但在 2016 年，女性劳动力的比例已经上升到 46.8%。[2] 无论是在美国还是在全球，今天的女性都比以前更有可能成为全职员工，接受高等教育，并获得和男性相当的工资（见组织行为民意调查）。[3] 此外，在过去的 50 年里，美国的白人与其他民族以及种族群体的薪酬差异明显减小，部分原因是劳动力中的少数群体人数不断上升。拉丁裔将从 2014 年的 13% 增加到 2044 年的 25.1%，非裔将从 12% 增加到 12.7%，亚裔将从 5% 增加到 7.9%。[4] 无论是在美国还是在全球，年龄超过 55 岁的员工在劳动力中的比例越来越大。在美国，55 岁及以上者将从 2010 年的 19.5% 增加到 2020 年的 25.2%。[5] 这些变化越来越多地反映在管理和专业职位的构成上。这些改变同样意味着组织必须把多元化管理作为其政策和实践的核心。

组织行为民意调查

男性与女性收入差距不断缩小但仍然存在

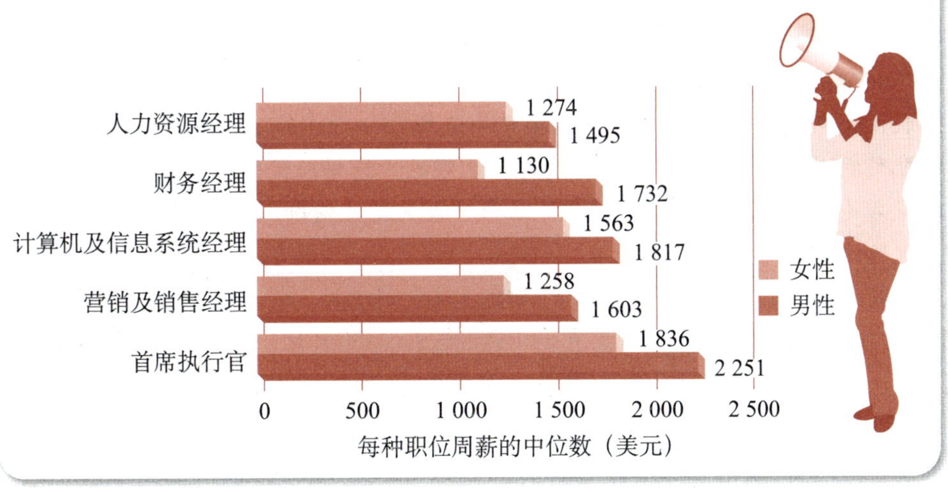

资料来源：US Bureau of Labor Statistics, *Highlights of Women's Earnings in 2015* (Report No. 1604, November 2016): https://www.bls.gov/opub/reports/womens-earnings/2015/pdf/home.pdf.

2.1.2 多元化的层次

尽管针对年龄、民族、性别、种族、宗教和残疾状况多元化的讨论已经有很多，但专家们意识到，这些人口统计学特征不过是冰山一角。[6] 这些特征主要反映了**表层多元化**（surface-level diversity），而非想法和感觉，这会导致员工对来自特定人口背景的其他人产生刻板印象和假设。然而有证据显示，如果他们认为相互之间有更多相同的重要特征，比如人格和价值观（这些内容代表了**深层多元化**（deep-level diversity）），他们就不会那么关注人口统计因素上的差异了。[7]

为了解表层与深层多元化的差异，让我们来看一个例子。路易斯和丽萨是管理者，看起来两人几乎没有任何共同点。路易斯是一名初入职场的年轻男职员，他来自邻近迈阿密的西班牙语社区，拥有商科学位。丽萨年纪稍长，来自堪萨斯州的偏远地区，刚来时是一名高中毕业生，从客户服务实习生一步步晋升到现在的位置。一开始，两个人可能会注意到他们之间不同教育背景、种族、宗教和性别的表层差异。然而，随着相互理解的加深，他们可能会发现，大家都格外照顾自己的家人，对重要的工作问题有着相同的思考方式，比如喜欢合作，对国际事务感兴趣。这些深层的相似性可以盖过他们表层的差异性。研究表明，他们很适合在一起工作。[8]

在本书中，我们将会遇到各种环境下深层和表层的多元化差异。多元化是组织行为学中的一个重要概念。因为个体差异会影响人们的奖赏偏好、沟通风格、对领导的反应、谈判风格以及组织行为的其他许多方面。遗憾的是，多元化的增加也可能意味着歧视行为的增加。我们接下来将讨论这一点。

道德抉择 失业退伍军人的平权运动

失业的退伍军人振作起来，沃尔玛需要你！零售业巨头在这一历史性举措中做出了承诺：它会雇用所有向它申请工作的美国退伍军人。截至2014年年中，沃尔玛聘用了超过4.2万名退伍军人。到2018年，沃尔玛雇用的退伍军人总数约为10万人。其他一些企业也采取了相似的举措。例如，“十万就业使命”联盟预计在2020年前雇用10万名退伍军人。该联盟最初包括11家公司，现在由几乎涵盖每个行业的230家公司组成。截至2017年，已雇用的退伍军人达395 261人。这一数字的快速增长促使联盟承诺将目标提升至雇用100万名美国退伍军人，并将联盟更名为“老兵就业使命”。这是所有企业都应该效仿的合乎道德的选择吗？

大多数人认为美国退伍军人面临的困境应该受到重视。许多退伍军人会说，雇主不想雇用他们。前空军技术兵哈坎·杰克逊（Hakan Jackson）说：“很多公司都声称愿意雇用退伍军人，但退伍军人实际的失业率与此相矛盾。”的确如此：退伍军人的失业率一直高于普通人。

一些退伍军人认为，他们在劳动力市场上没有足够的竞争力。埃里克·休厄尔（Erik Sewell）称，退伍军人的就业率之所以低，是因为老兵们不懂得如何在劳动力市场上推销自己，也不懂得向潜在的雇主展示自己在技能上的灵活性。布赖森·德特伦特（Bryson De Trent）曾在美国警卫队服役12年，他认为，一些老兵找不到工作，主要是因为他们没有努力去找，宁愿领取失业救济金。然而，他也发现，公司不愿意雇用退伍军人，尤其是美国警卫队的退伍人员，因为担心这些人被重新召回服役。除此之外，心理和情绪健康也是一个令人关注的问题。雇主们担心退伍军人可能患有创伤后应激障碍（PTSD）。尽管存在担忧，一些管理者认为退伍军人的职业道德、团队观念以及接受培训的能力比一般人要强。

有时，不管是根据配额比例、配额数量雇用人，还是雇用目标群体中的所有人，平权运动都可以给这些处于不平等地位的劳动者提供成功的机会，但要冒把不合格的人招进来的风险，而且会把那些具备能力却不属于这一目标群体的人拒之门外。这可能意味着雇用一名不合格的老兵，而不是一个合格的普通人。

资源永远是缺乏的，可供分配的工作数量也是有限的。既要出于道德考虑推进平权运动，又要承担提高组织劳动力水平的职责，管理者必须在这两点之间找到平衡。

资料来源：Based on "100,000 Jobs Mission Hires Over 200,000 Veterans," *Veteran Jobs Mission* press release (February 9, 2015), https://www.veteranjobsmission.com/press-releases/750; D. C. Baldridge and M. L. Swift, "Withholding Requests for Disability Accommodation: The Role of Individual Differences and Disability Attributes," *Journal of Management* (March 2013): 743–62; "Walmart Celebrates More Than 40,000 Hires in First Year of Veterans Commitment," Walmart Foundation press release (May 21, 2014), http://news.walmart.com/news-archive/2014/05/21/walmart-celebrates-more-than-40-000-hires-in-firstyear-of-veterans-commitment; B. Yerbak and C. V. Jackson, "Battling to Get More Vets in the Work Force," *Chicago Tribune* (October 28, 2012), http://articles.chicagotribune .com/2012-10-28/business/ct-biz-1028-vets-20121028_1_train-veterans-unemployment-rate-war-zone; and "Veterans Unemployment Drops but Remains High," *HR Magazine*, February 2013, 16.

2.2 歧视

尽管多元化为组织提供了许多机会，但多元化管理还包括努力消除不公正的歧视。**歧视**（discrimination）有辨别和区分之义，是指注意到事物之间的差异，这本身未必是坏事。注意到一个员工更适合某份工作对做出招聘决策是必要的，注意到另一个员工非常出色地承担起领导职责对做出晋升决策也是必要的。不过，通常，当我们谈论歧视的时候，指的是我们的行为被人们的刻板印象所影响。**刻板印象**（stereotyping）是指根据我们对某人所属群体的认知来判断某人。用机器来类比的话，你可以认为刻板印象是为“歧视引擎”提供动力的燃料。刻板印象可能是有潜在恶果的，因为它不仅可能影响歧视的实施者，还可能会影响潜在受歧视者对自己的看法。

2.2.1 刻板印象威胁

假设你坐在一家餐馆里，等待着同事为你安排的相亲对象。为了让对方在拥挤的房间里找到你，你认为你的同事会如何向这个人描述你呢？现在考虑一下，如果你们在约会前通过电话，你将如何向这个新认识的人描述自己？为了让你的约会对象能在餐馆认出你，你会提到哪些可以被识别出来的群体特征？

你很有可能会提到你的种族，有时还会提到有关你的性别的内容（例如你的着装方式），你的年龄，也许还有你的谋生方式。如果你很高或很矮，你可能还会提到你的身高。如果你足够坦率，你可能会提到你的身材（大块头，小个子，或者中等个头）。总的来说，你会强调自己一些特别的或突出的特征来给你的相亲对象提供线索。你向别人描述自己的方式代表了你对自己的看法。正如我们对他人有刻板印象一样，我们对自己也会有刻板印象。

刻板印象威胁（stereotype threat）描述了我们内心对于我们的群体的消极刻板印象的赞同程度。随之而来的是，当我们被自己所属群体的负面内涵所定义时，我们就会害怕被评价。当我们作为少数群体时，这种情况就有可能发生。例如，一名年纪较大的工人和其他主要是千禧一代的劳动力同时申请一份工作时，他可能会假设面试官认为他与当前的潮流脱节。造成刻板印象威胁的并不是这位工人是否真的跟不上潮流，而是他内心是否认为高龄工人（用来定义他的群体）已经过时（刻板印象）。

当人们感受到刻板印象威胁时，他们就会成为自己最大的敌人。讽刺的是，首先他们可能会无意识地夸大这种刻板印象。比如，一名年龄较大的求职者可能会谈到衰老，在对话中漫无边际地闲聊，并且透露出太多的信息。[9] 其次，员工可能会自我设限而不去努力。这样他们就可以把自己可能的失败归咎于其他原因，比如压力或运气。[10] 最后，人们可能会过度补偿他们感受到的刻板印象威胁，或者努力避免刻板印象被证实。一名西班牙裔的员工试图在工作时尽可能地忙碌并在办公室里以奔跑引人注目时，他可能是在试图克服西班牙人慢速的刻板印象。即使在工作场合中有很多少数族裔的员工，这种情况仍然可能发生。因为少数族裔对彼此有成见。[11] 刻板印象威胁可能导致员工的"脑力流失"，耗尽他们用于工作的记忆力，使他们在就业测试或培训中表现不佳。[12]

刻板印象威胁对于工作场合有严重的影响。在职前测试评估、绩效评估以及日常工作场合的交流过程中都可能出现刻板印象威胁。对经历这一威胁的员工而言，它可能导致员工在测试、绩效评估、培训练习、谈判以及与他人的日常互动中表现不佳，并产生不合群、工作态度不好、拒绝寻求反馈等负面结果。[13] 在工作场合中，我们可以把员工视为个人而不是强调群体差异，从而弱化刻板印象。以下这些组织改变可以成功地减少刻板印象威胁：提高对刻板印象可能会持续存在的认识，尤其是在制定政策和实践时；通过客观评估减少差别待遇和优惠待遇；和对少数群体的"微冒犯"对抗，采取能体现所有员工价值的透明做法。[14]

2.2.2 工作场合中的歧视

让我们来回顾一下，不公平的歧视假设群体中的每一个人都是相同的，而不去关注群体中每个个体的特征。正如我们之前所讨论的那样，这种歧视通常会对员工非常不利，对组织也是如此。

图表 2－1 给出了歧视的定义和一些组织中歧视形式的例子。尽管许多行为是法律禁止的，组织的官方政策中也不会包含这样的内容，但这样的做法依然存在。每年仍有成千上万雇佣歧视的事件，未披露的还有很多。在法律监督和社会谴责之下，仍有歧视行为发生，大部分公开的歧视已经消失了，但这可能导致更隐蔽的歧视，如粗鲁或排外不断增加，尤其是在领导者没有进行监督的情况下。[15]

图表 2-1 歧视的形式

歧视的种类	定义	组织中的案例
歧视性的政策或做法	组织拒绝提供平等的工作机会或者给予不公平的业绩奖励	老员工也许会成为裁员的目标，因为他们薪水较高且享有丰厚的福利
性骚扰	性侵犯，以及其他口头及身体上带有性意味的行为，造成不友好或者冒犯性的工作环境	公司花钱让一名销售员去脱衣舞俱乐部，将脱衣舞娘带回办公室来庆祝升职，并且无孔不入地制造性谣言
恐吓	针对特定员工群体的成员进行公开威胁或欺辱	一些企业的非裔美国员工发现他们的工作场所悬挂着用来捆绑奴隶的套索
嘲弄和侮辱	玩笑或负面的刻板印象，有时玩笑开得过头	阿拉伯裔美国员工曾被问及他们是否带着炸弹上班或者他们是不是恐怖组织的成员
排斥	在工作机会、社交活动、讨论或者非正式的指导上排斥某些人；有时是无意识的行为	金融行业的许多女性声称自己总被安排去做一些无关紧要的工作，或者工作量过小，不利于升职
言行粗鲁	对人缺乏尊重，包括挑衅、打断别人的谈话，或者忽视别人的观点	女律师称男律师经常会打断她们，或者不够重视她们的意见

资料来源：Based on J. Levitz and P. Shishkin, "More Workers Cite Age Bias after Layoffs," *The Wall Street Journal*, March 11, 2009, D1–D2; W. M. Bulkeley, "A Data-Storage Titan Confronts Bias Claims," *The Wall Street Journal*, September 12, 2007, A1, A16; D. Walker, "Incident with Noose Stirs Old Memories," *McClatchy-Tribune Business News*, June 29, 2008; D. Solis, "Racial Horror Stories Keep EEOC Busy," *Knight-Ridder Tribune Business News*, July 30, 2005, 1; H. Ibish and A. Stewart, *Report on Hate Crimes and Discrimination against Arab Americans: The Post-September 11 Backlash*, September 11, 2001–October 11, 2001 (Washington, DC: American-Arab Anti-Discrimination Committee, 2003); A. Raghavan, "Wall Street's Disappearing Women," *Forbes*, March 16, 2009, 72–78; and L. M. Cortina, "Unseen Injustice: Incivility as Modern Discrimination in Organizations," *Academy of Management Review* 33, no. 1 (2008): 55–75.

正如你所看到的，歧视存在于方方面面，它所产生的影响也是多种多样的，这取决于组织环境以及组织成员的个人偏见。某些形式的歧视（如排斥他人或言行粗鲁）尤其难以根除，这些行为之所以发生往往是因为行为者没有意识到自己的行为。就像刻板印象威胁那样，对雇主来说，实际的歧视会导致负面结果的增加，包括降低生产率，减少组织公民行为，产生更多冲突，提高离职率，甚至会增加冒险行为。[16] 不公正的歧视也意味着把合格的求职者挡在了最初招聘和晋升的选择范围之外。因此，即使企业从未有过关于雇佣歧视的诉讼案，也可以编写一个有影响力的商业案例来努力排除不公正的歧视。

无论是公开的还是隐蔽的，有意的还是无意的，歧视都是阻碍多元化的主要因素之一。另外，对多元化机会的识别可以产生一个有效的多元化管理方案，并最终使组织变得更好。多元化是一个宽泛的术语，“工作场所多元化”可以指代使人们不同于彼此的任何特征。接下来我们将会介绍一些重要的表层特征，用于区分工作场所中的不同员工。

2.3 传记特征

传记特征（biographical characteristic），如年龄、性别、种族以及残疾，是用于区别员工的一些最明显的方式。我们先从一些易于界定和获取的因素（这些因素大部分可以直接从员工的人事档案中得到）入手进行分析。表层特征间的差异可能会成为歧视员工的根源，所以，我们要了解这些变量与工作结果之间到底存在什么样的联系。一般来说，许多传记特征差异对于实际工作结果来说并不重要，相对于传记特征不同的群体之间存在的差异，拥有共同特征的群体内部的差异常常大得多。

传言还是科学　光头男人事业强

令人惊讶的是，在工作场合，光头似乎对男性更有利。有研究表明，剃光头的男人比头发较长或头发稀疏的男人更具阳刚气概，更有支配能力和领导潜力。他们认为，稀疏的头发是最没有权力感的体貌特征。其他研究发现，男性秃发（即头顶上残留着少量毛发）对形象是不利的。这是为什么呢？

从某些方面来看，报告中所指的"光头会让人看起来更年轻"和我们的直觉并不相符。因为人们在年轻的时候往往头发更浓密，在现代文化中，年轻是一个在工作场合受欢迎的特征（如果你对这一点有所怀疑，请看本章关于年龄的讨论）。如果光头被当作一个显著的不利因素的话，人们更容易理解。但媒体中那些最有权力的男人往往以光头形象示人——军队中的英雄、体育冠军以及动作明星。难怪参与研究的人认为，同一个男人，光头的时候看起来比有头发的时候要高 1 英寸，且强壮 13%。

光头还成了某些著名的商业领袖的标志，尤其是亚马逊的杰夫·贝佐斯（Jeff Bezos）、高盛（Goldman Sachs）的劳埃德·布兰克费恩（Lloyd Blankfein）、网景（Netscape）的马克·安德森（Marc Andreessen）和"鲨鱼坦克"（Shark Tank）的投资者戴蒙德·约翰（Daymond John）。这些剃光头的男人声称，无论是否显年轻（这一点有待讨论），光头都会使他们在商业上占据优势。心理学家卡洛琳·基廷（Caroline Keating）称，较老的银背大猩猩"通常是社会群体中最有权力的成员"，在办公室里也一样，光头也许会传递"谁是主管并具有潜在危险"的信号。迈克尔·坎宁安（Michael Cunningham）教授同意这一观点，并认为光头"以大自然物竞天择的方式告诉其他人，你是最强壮的幸存者"。光头的男人还会传递出侵略性、争强好胜且独立的特点。你会加入那 13% 的行列，把自己剃成光头吗？时间会给你答案。虽然我们不希望由于这个原因而主张男人剃光头，但它确实证明了我们依然以肤浅的特征来评价人是多么偏颇。时间将会告诉我们，这种情况是否会得到改善。

资料来源：Based on D. Baer, "People Are Psychologically Biased to See Bald Men as Dominant Leaders," *Business Insider* (February 13, 2015), http://www.business insider.com/bald-men-signals-dominance-2015-2; J. Misener, "Men with Shaved Heads Appear More Dominant, Study Finds," *The Huffington Post* (October 1, 2012), www.huffingtonpost.com/2012/10/01/bald-men-dominant-shaved-heads-study_n_1930489.html; A. E. Mannes, "Shorn Scalps and Perceptions of Male Dominance," *Social Psychological and Personality Science*, (2012), doi: 10.1177/1948550612449490; and R. E. Silverman, "Bald Is Powerful," *The Wall Street Journal* (October 3, 2012), B1, B6.

2.3.1 年龄

由于多种原因，在未来的 10 年里劳动力的年龄问题可能会日益受到重视。首先是因为全球大多数发达国家的劳动力逐渐老龄化。[17] 预计 2014—2024 年，54 岁以上劳动力的年平均增长率将达到 1.8%，是劳动力整体增长率的三倍多。[18] 在美国劳动力中，55 岁及以上人员的占比为 22%，而且还在增加。[19] 美国已经立法禁止强制退休，无论是出于何种意图。美国和澳大利亚等国家都有禁止年龄歧视的法律。[20] 今天，很多美国劳动者即使到 70 岁也可以不退休，并且在 45 ～ 60 岁的劳动者中，62% 的人计划延迟退休。[21]

人们对于年长员工落后、脾气暴躁以及缺乏灵活性的刻板印象正在改变。管理者经常能够看到年长员工所具备的许多优良品质，如富有经验、有判断力、较强的工作伦理以及质量意识。新加坡公用事业局（Public Utilities Board）报告称，由于年长员工带来了劳动力的稳定性，其 27% 的劳动力年龄在 55 岁以上。[22] 卫生保健和教育行业、政府及非营利组织等往往欢迎年长员工。[23] 但与此同时，许多组织仍然会觉得年长的员工适应性较差，学习新技术的积极性也比较低。[24] 所以，当组织寻求那些可以接受变革和培训的个体时，与年龄相关的负面认知令年长员工的受聘机会明显减少，并且在企业裁员时，他们被打发走人的可能性更大。

现在，让我们来看看这方面的研究证据。年龄到底对员工的离职、缺勤、生产率和工作满意度有何影响？就离职而言，人们年龄越大，就越不愿意离开现有的工作岗位。[25] 首先，员工年龄越大，可供选择的工作机会就会越少，因为他们的技能越来越专业化。其次，在组织内部，年长的员工的任职时间一般较长，也就意味着他们享受更高的薪水、更长的休假，以及其他可能使他们和雇主捆绑在一起的福利。

表面上看似乎年龄与缺勤之间存在正相关，但事实并非如此。大多数研究表明，年长员工的缺勤率比年轻员工低。[26] 此外，年长员工的心理问题和身体健康问题都比年轻员工要少。[27]

根据生命周期发展和老年学研究所（Institute for Life-Span Development and Gerontology）所长哈维・斯滕斯（Harvey Sterns）所说，大多数研究表明，“年龄与工作表现之间几乎没有任何关系”。[28] 事实上，一些研究表明，年长的人工作表现会更好。马赛瓦斯・韦斯（Matthias Weiss）是针对慕尼黑 3 800 名梅赛德斯－奔驰员工进行的为期 4 年的研究项目的学术协调员。他表示，研究发现“年纪较大的员工似乎更知道如何避免严重的错误”。[29] 在工作表现方面，有一种观点认为创造力会随着年龄的增长而减少。戴维・加伦森（David Galenson）研究了创造力的巅峰年龄。他发现，通过实验进行创作的人“在他们 40 多岁、50 多岁及 60 多岁的时候做出了最伟大的作品”。这些艺术家依靠的是智慧，而智慧随着年龄的增长而增加。[30]

那么年龄和满意度之间的关系呢？关于生活满意度，我们将在后面的章节中进一步讨论。事实上，一项针对 18 ～ 94 岁的成年人的研究发现，积极的情绪会随着年龄的增长而增加。研究人员劳拉・卡斯滕森（Laura Carstensen）说：“人们普遍认为青年是生命中最美好的时刻。但恰好相反，情感生活的高峰可能要等到第 7 个十年才会出现。”[31]

工作满意度是第 3 章的重要话题。关于这一话题，回顾 800 多项研究后我们发现，年长员工往往对自己的工作更满意，与同事的关系更好，对自己组织的承诺度更高。[32] 还有一些研究则发现，随着年龄的增长，人们的工作满意度在中年以前一直上升，在中年后开始下降。然而，当我们把不同职业类型的结果分开考察时发现，在专业技能组，满意度随着年龄增长而持续增加；而在非专业技能组，到中年时，满意度水平出现下降，之后又有所回升。

总之，我们可以看到，员工年龄的表层特征是一个毫无根据的歧视依据。劳动力的年龄多元化对于一个组织而言是有利的。

2.3.2 性别

在所有问题中，争论最为激烈、观点也最五花八门的要数下面这个问题了：女性能否把工作做得和男性一样好？

对于这个话题，首先我们要认识到一点，即男性与女性在工作方面几乎不存在会影响工作绩效的差异。[33] 虽然可能男性的数学能力稍强，女性的语言能力稍强，但差异比较小。在解决问题、分析技能或学习能力方面，男女之间并没有显著的差异。[34] 一项针对工作绩效的元分析发现，女性在绩效上的表现要略微优于男性。[35] 另一项针对 95 项领导力研究的元分析发现，女性和男性被认为是效率相当的领导者。[36]

然而，偏见和刻板印象依然存在。管理者在选择某些职位的应聘者时，还是会受性别偏见的影响。[37] 例如，在男性占主导地位的职业进行招聘时，尤其是当由男性来进行招聘时，男性会更容易被优先考虑。[38] 一旦开始从事某项工作，尽管男性和女性员工能够得到同样多的发展机会，但女员工不太可能被男性管理者安排到具有挑战性的职位上，而具有挑战性的工作往往可以帮助员工在组织中获取更高的职位。[39] 尽管男性和女性是效率相当的领导者，但男性更有可能被选为领导角色。例如，一项对西班牙的 20 个组织的研究表明，男性通常会被选作需要处理组织危机的领导角色。[40] 根据招聘公司 Korn Ferry 在多元化方面的高级合伙人内奥米 · 萨瑟兰（Naomi Sutherland）的说法，“有意或无意地，公司仍然不愿冒险去找一个看上去和他们的标准领导形象不符的人”。[41]

性别歧视具有普遍的负面影响。有一点需要注意，同样的职位，即便是传统意义上的女性角色，女性仍然比男性赚得少。[42-43] 此外，根据 97 项涉及近 40 万人的研究，两性之间在晋升、奖金和薪水方面的差异是他们在表现评价上的差异的 14 倍。[44] 职场中的妈妈们要面临雇主的“母亲偏见”，这意味着她们在有了孩子之后往往不会被分配新的职务。那些需要照顾家庭的员工，无论男女，都会面临一定的歧视。[45] 如果有偏见的管理者给予女性较少具有挑战性的任务或发展机会，那么这些女性的管理愿望将被压制。[46] 在工作场合中，果敢有冲劲的女性往往不那么受人喜欢，也更不容易被聘用。[47]

我们已经看到了对于男性和女性员工存在的诸多误解和矛盾。值得庆幸的是，包括澳大利亚、英国和美国在内的许多国家都制定了禁止性别歧视的法律。比利时、法国、挪威、西班牙等国家正在通过法律来提高女性在董事会中的比例，以提高性别多元化水平。[48] 虽然性别偏见和性别歧视依然严重，但有迹象表明这种情况正在改善。

2.3.3 种族和族群

种族是社会和组织中一个充满争议的话题。本书把种族（race）定义为：人们用于识别和认同自己的遗传因素；族群（ethnicity）则是另一套文化特征，它经常会与种族部分重叠。我们通常会把种族和生物学联系起来，把族群和文化联系起来，然而在很长一段时间里，人们会同时根据这两种分类来进行自我认同。包括澳大利亚、英国和美国在内的很多国家都已经有禁止种族和族群歧视的法律生效。[49]

组织行为学中已有一些关于种族、族群的研究，因为它们与雇佣结果（包括雇用决策、绩效评估、薪酬、工作场所歧视等）相关。当面临绩效评估、晋升决策及加薪等问题时，员工可能会帮助同种族的同事，但这样的差异并不是始终存在，特别是当采用高度结构化的决策方法时。[50] 同样，某些行业的种族多元化不如其他行业。比如，美国的广告和媒体行业在管理层中缺乏种族多样性，尽管这些公司的客户群在种族构成上日益多元化。[51]

少数族裔在职场中受到的歧视更多。[52] 非裔美国人通常比白人在雇佣相关决策中表现得更差（这一发现在美国之外可能并不适用）。他们在求职面试中得到的评分更低，工作表现的评价更差，薪资更少，晋升机会也会更少。[53] 这些现象并不一定能证明存在明显的种族歧视。然而，非裔美国人即使在控制实验中也经常受到歧视。例如，一项关于低收入工作的研究发现，没有犯罪记录的非裔美国人得到的工作机会依然比有犯罪记录的白人申请者要少。[54]

正如我们之前所讨论的，任何形式的歧视都会提高员工离职率，这对组织绩效是有害的。我们希望组织中所有种族群体都能得到更好的对待，尽管这是一个长期目标。组织中拥有少数族裔身份的人如果感受到组织的包容度，即**积极且多元化的氛围**（positive diversity climate），离开组织的可能性就会大大降低。[55] 积极且多元化的氛围会带来销售额、投入和回报的增长，这表明减少种族歧视可以提高组织的业绩。[56]

我们应该如何减少歧视带来的破坏？答案在于理解彼此的观点。有证据表明，有些人在与其他种族的人接触时会有不舒服的感觉，除非他们的行为能够得到明确的指导。[57] 因此，设立专注于共同目标的多元化工作小组可能会有所帮助，同时也会形成积极的多元化氛围。

2.3.4 残疾

各国对于身体或精神残疾的人都有不同的职场政策，既有官方的，也有根据情况制定的。澳大利亚、美国、英国和日本等国都有专门的法律来保护残疾人。这些法律使得有身体或精神障碍的人能得到更多的接纳和照顾。[58] 例如，随着 1990 年《美国残疾人法案》（Americans with Disabilities Act，ADA）的通过，美国劳动力中残疾人所占比例迅速增长。[59]《美国残疾人法案》要求雇主对工作场所做出合理的布置，使生理或者精神上残疾的个体可以顺利出入工作场所。

美国平等就业机会委员会（Equal Employment Opportunity Commission，EEOC）是负责执行就业歧视法律的联邦机构。它对残疾人的定义是：任何具有生理或者精神缺陷且一种或多种主要日常活动受到限制的人。《美国残疾人法案》中，最有争议的一个方面是要求雇主对精神残疾者做出合理安置。[60] 被认定的残疾包括四肢不健全、患有癫痫症、患有唐氏综合征、失聪、患有精神分裂症、酗酒，患有糖尿病、抑郁症与慢性背痛。这些状况几乎没有共同特点，所以，各种状况和雇佣之间存在什么样的关系难以总体概括。

研究者从各种不同的视角探讨了残疾对雇佣结果的影响。一方面，当假想候选人的残疾状态被人为控制后，人们会认为残疾的候选人拥有更优秀的个人品质，如可靠性。[61] 另一方面，有文献表明，尽管残疾员工有着更好的绩效表现，但他们往往会遭遇较低的绩效期望，并且不太可能被雇用。[62] 这些负面影响对精神残疾者来说更明显。精神残疾相比生理残疾更不利于达到绩效标准：患有抑郁症和焦虑症这类常见精神疾病的个体缺勤率更高。[63]

如何消除对残疾劳动力的歧视一直都是个问题。例如，欧洲的激励雇主政策未能提高残疾员工的劳动参与率，而德国、法国和波兰的直接配额制度甚至适得其反。[64] 然而，对残疾人的才能和能力的认可产生了积极的影响。此外，科技和工作场所的进步极大地扩大了各类残疾人的就业范围。管理者需要协调每项工作的真正需求，并使个人的技能与之相匹配，并在需要时提供便利。但是，如果员工不透露他们的残疾，会发生什么情况呢？我们接下来将讨论这个问题。

2.3.5 隐性残疾

正如我们之前提到的，诸如四肢不健全、需要使用轮椅的疾病以及失明等残疾会有可观察到的特征。而其他一些残疾可能并不明显，至少在一开始是这样的。对于一种不容易被观察到的残疾而言，除非个人决定透露，否则员工有权利隐瞒。这些残疾被称为隐性残疾或不可见残疾。隐性或不可见残疾一般可以分为感官残疾（如听力受损）、自身免疫性疾病（如类风湿性关节炎）、慢性疾病或疼痛（如腕管综合征）、睡眠障碍（如失眠）和心理问题（如创伤后应激障碍）。[65]

根据最近对 2008 年《美国残疾人法案修正案》（Americans with Disabilities Act Amendments Act，ADAAA）的修改，美国组织必须为有多种缺陷的员工提供便利。然而，员工必须向雇主透露自己的情况，以具有获得职场便利和就业保护的资格。许多员工不愿意透露他们的隐性残疾，因此他们无法获得所需的职场便利，也就难以在工作中得到发展。研究表明，患有隐性残疾的人害怕，如果他们在工作场所向其他人透露他们的残疾情况，会因此受到侮辱和排斥。他们同时认为，透露残疾情况后，管理者会认为他们的工作表现较差。[66] 此外，就自己之前没有出现的情况接受诊断也是一项挑战，和更年轻时就接受诊断的员工相比，其担忧会更加严重。[67]

在某些方面，隐性残疾并非真的不可见。例如，一个未公开的孤独症患者仍然会表现出该疾病的行为特征，如语言交流困难或缺乏适应能力。[68] 你可能会观察到一些使你怀疑某人患有隐性残疾的行为，但你可能会把这种行为归咎于其他原因。例如，你可能会错误地把同事讲话缓慢、语无伦次归咎于酗酒，而非中风的长期影响。

研究表明，对于员工而言，公开隐性残疾的情况对所有人，包括当事人、其他人以及组织，都有帮助。情况公开可以提高个人的工作满意度和幸福感，得到他人理解，帮助当事人在职场获得成功，使组织适应这种情况，从而使员工和组织达到最佳表现。[69]

2.4 其他区别特征

最后，我们来看一下其他的区别特征，包括任职时间、宗教、性取向、性别认同和文化认同。这些特征体现了深层次的差异。只要克服了歧视，这些差异就能为工作场所的多元化提供机会。

2.4.1 任职时间

除了性别与种族差异，恐怕人们误解最多、思考最多的一个问题就是资历和任职时间的影响。资历和任职时间表示一个人在某个工作、组织或领域中所花费的时间。

大量研究探讨了资历与生产率之间的关系。[70] 有证据表明，组织任职时间（即员工在组织里待了多久）与工作表现之间呈正相关。因此，组织任职时间可以说是员工表现的一个良好的预测指标。然而，有一些证据表明这种关系不是线性的：组织任职时间的差异对工作表现的影响对于那些新手或经验不足的员工来说更为重要，对于那些工作时间较长的员工则影响较小。用美国国家橄榄球联盟（National Football League，NFL）来打个比方，一名第二年的四分卫相对于一名新手，比起一名第十年的四分卫相对于一名第九年的四分卫来说，相对优势要更大。另外，工作任职时间（即员工从事同一份工作多久）对于员工工作结果只有微弱且缺乏一致性的影响。这一影响体现为，员工可能会失去对进一步的职业发展的期望。

2.4.2 宗教

有信仰者和无信仰人士会质疑彼此的信念体系，通常，不同的宗教信仰也会产生冲突。几乎所有国家的工作场所都存在宗教问题。因此，包括澳大利亚、英国和美国在内的许多国家的法律禁止雇主因为员工的宗教而歧视他们。[71]

伊斯兰教是世界上最受欢迎的宗教之一，也是许多国家的主流宗教。然而在美国，穆斯林是一个正在增长的少数群体。根据皮尤研究中心（Pew Research Center）的数据，美国有将近 300 万穆斯林，预计这一数字在 2030 年将翻一番，届时他们将占美国总人口的 1.7%。到那个时候，美国的穆斯林人口将和犹太教教徒和圣公会教徒一样多。[72] 然而有证据表明，即使在工作场合，人们也会因其信仰而受到歧视。例如，与一般人相比，穿着带有伊斯兰教特征服饰的求职者在申请虚拟零售工作时得到的面试时间较短，评价也较为负面。[73] 基于员工自己的宗教信仰可以预测其在目睹宗教歧视时是否会进行干预。[74]

当宗教信仰禁止或鼓励某种行为的时候，信仰可能会成为与雇佣相关的一个问题。对于行为的期望可以是非正式的，比如员工在平安夜提前下班；也可以是系统性的，如周一到周五的工作日制度符合基督徒在周日不工作的传统，也符合传教的犹太人在周六不工作的传统。

在美国，关于宗教歧视的申诉越来越多，部分原因是这些问题很复杂。最近，萨曼莎·埃劳夫（Samantha Elauf）以宗教歧视为由提起了诉讼。她说："我了解到我因为戴着头巾而没有被 Abercrombie 雇用。这在我的信仰中是谦逊的象征。"之前她并不知道该组织禁止戴头巾的规定，面试时也没有提到她戴头巾的理由。雇主应当推断出应聘者为什么这么穿着并保护他们吗？即使是最高法院对于这一问题也并不确定。[75]

2.4.3 性取向和性别认同

虽然状况已经有了很大的改善，但全面接受并公平对待女同性恋、男同性恋、双性恋、变性者以及疑性恋（lesbian，gay，bisexual，transgender，and questioning，LGBTQ）员工仍然是一个有待解决的问题。美国哈佛大学的一项研究把一份看上去很真实其实是虚构的简历分别投给 1 700 个空缺的初级岗位。投递出去的求职简历只有一处不同：其中一半提到大学时参加过同性恋组织，另一半则没有提及。没有提及这一点的简历收到的回复要比提到这一点的多 60%。[76] 一项研究表明，女性实际上会认为男 / 女同性恋比异性恋候选者更值得雇用。这表明这种偏见是复杂而微妙的。[77]

也许是由于感受到了歧视，很多 LGBTQ 员工并没有透露他们的身份。例如，英国石油（British Petroleum，BP）前首席执行官约翰·布朗（John Browne）一度隐瞒了自己的性取向，直到媒体在他 59 岁时威胁要披露他是同性恋。由于担心这件事会给公司带来混乱，他辞职了。布朗最近写道："自从我 2007 年出柜以来，世界各地的很多团体为了接纳男 / 女同性恋、双性恋或变性人做了许多事情。但商界还有很长的一段路要走。"[78]

虽然美国有 29 个州和 160 多个城市已经禁止对员工性取向的歧视，但联邦法律并没有予以禁止。在那些保护公民免受性取向歧视的州和城市，与性取向歧视相关的举报大致与性别及种族歧视的举报一样多。[79] 其他一些国家则更为进步：例如，澳大利亚制定了禁止歧视性取向的法律，英国也有类似的关于性取向的法律。[80] 然而，这些法律的区分范围可能还不够广泛。研究人员认可了一个新的缩略词 QUILTBAG，用来描述酷儿 / 疑性恋（queer/questioning）、未决定的人（undecided）、间性恋（intersex）、女同性恋（lesbian）、变性者（transgender）、双性恋（bisexual）、无性恋（asexual）或男同性恋（gay）。[81]

作为美国迈出的第一步，联邦政府目前已经禁止针对政府雇员的性取向歧视。平等就业机会委员会依据 1964 年的《民权法案》（Civil Rights），将针对女同性恋、男同性恋、双性恋的标签化刻板印象认定为性别歧视。[82] 即使在没有联邦立法的情况下，许多组织也实施了相应的政策和程序来保护雇员的性取向。IBM 曾以要求所有的员工必须穿白衬衫打领带著称，如今已经改变了它极其保守的环境。前公司副总裁特德·蔡尔兹（Ted Childs）说："IBM 要确保那些为其全球业务服务的男同性恋、女同性恋、双性恋或变性员工在公司内有安全感，要让他们知道，他们在公司内是受欢迎且受重视的人群。同性恋和变性员工对公司的贡献直接增加了公司的收入，并确保公司业务顺利进行。"[83]

这样做的公司不止 IBM。调查显示，超过 90% 的《财富》500 强公司都有专门针对性取向的保护政策。而对于性别认同问题，公司开始采取一些政策来规范组织对待变性员工的方式。2001 年，《财富》500 强中只有 8 家公司有与性别认同相关的政策，现在已经超过了 250 家。

然而，在《财富》1 000 强中，一些知名的公司目前还没有提供同性恋员工伴侣福利，或者专门的反歧视条款。这当中包括《财富》美国最大公司排行榜上位居第 4 位的伯克希尔·哈撒韦公司（Berkshire Hathaway）。[84] 一些公司声称，由于宗教原因，它们不需要提供同性恋员工福利。最近，美国最高法院允许零售工艺品连锁店 Hobby Lobby 由于其创始家族的宗教反对而不必提供避孕保险。很多人担心这一裁决将为各组织公开歧视同性恋者铺平道路。[85] 一些声称自己具有包容性的组织实际上并没有做到这一点。例如，最近一项针对意大利 5 个社会合作组织的研究表明，这些所谓的包容性组织实际上希望个人对自己的状况保持沉默。[86]

因此，虽然时代已经改变，但有独特性取向和性别认同的人群依然存在着个体差异。各个组织必须处理这些差异以消除歧视和促进多元化。

职业目标　我应该在工作中出柜吗？

我是一个男同性恋，但在我工作的地方没人知道。我应该说出实情吗？我想确保有机会获得公司的重要职位。

——瑞安

亲爱的瑞安：

不幸的是，你的担忧是对的。以下是一些建议。

- 寻求一种包容的公司文化。苹果首席执行官蒂姆·库克（Tim Cook）说："我有幸在一家热爱创造和创新的公司工作。我知道，只有当你接纳人们的差异时，创造和创新才会蓬勃发展。但并不是每个人都能如此幸运。"最近的研究着重于发现新的方法来与美国、英国和澳大利亚的歧视文化做斗争。
- 选择你的道德立场。你觉得你有责任"出柜"来帮助社会变革吗？你有权利对自己的私生活保密吗？如何去权衡是你个人的决定。美国人权运动组织（U.S. Human Rights Campaign）的一项研究显示，全美范围内只有一半的 LGBT 员工透露了自己的身份。
- 考虑你在最高管理层的未来。公司层级的领导者会被敦促对同事和员工进行公开。正如安永全球副主席贝丝·布鲁克（Beth Brooke）谈到她几十年来的"柜中"状态时所说的，如果你对你的同性恋身份保密，那么你保持"真实"的压力就会持续加码。
- 衡量你的选择。高层人士，包括已出柜的和未出柜的，所说的话各不相同。布鲁克在视频中公开了自己的身份，随后表示"生活确实变得更美好了"。美银美林（Bank of America Merrill Lynch）副董事长马克·斯蒂芬兹（Mark Stephanz）对此表示赞同，他表示，"大部分人对待你的方式仍与以往一样"。然而，美国最大的 LGBT 民权组织副主任迪娜·菲达斯（Deena Fidas）称，在工作场所作为一个同性恋依然"并非'不成问题'"。
- 了解国际法和国内法。可悲的是，一些国家和州对 LGBT 是不包容的。你需要研究法律，以确保当你透露身份时不会受到影响。

所以，你需要从道德和自身利益两方面来考虑你的决定。你所选择的时机不仅取决于你认为什么是你的道德责任，还取决于你的环境——你在哪里工作，你所在组织的文化，以及组织成员的支持。值得庆幸的是，全球化正使世界变得更加包容和平等。

祝你事业顺利！

资料来源：Based on M. D. Birtel, "'Treating' Prejudice: An Exposure-Therapy Approach to Reducing Negative Reactions Toward Stigmatized Groups," *Psychological Science* (November 2012): 1379–86; L. Cooper and J. Raspanti, "The Cost of the Closet and the Rewards of Inclusion," Human Rights Campaign report (May 2014), http://hrc-assets.s3-websiteus-east-1.amazonaws.com//files/assets/resources/Cost_of_the_Closet_May2014.pdf;

N. Rumens and J. Broomfield, "Gay Men in the Police: Identity Disclosure and Management Issues," *Human Resource Management Journal* (July 2012): 283–98; and A. M. Ryan and J. L. Wessel, "Sexual Orientation Harassment in the Workplace: When Do Observers Intervene?" *Journal of Organizational Behavior* (May 2012): 488–509.

2.4.4 文化认同

我们知道，人们有时会根据种族和族群来定义自己。很多人还会有强烈的文化认同，这是他们与家族文化之间的纽带，无论在哪里生活，都会伴其一生。人们可以选择自己的文化认同，也可以选择在多大程度上遵守文化认同中的各项规范，这些规范会对职场产生影响。有时不同的文化之间还会产生冲突，组织必须适应这一点。

职场中的各项实践正好与一个人的文化认同相符，这样的事在几年前还很常见，因为当时的社会变化没这么快。人们会在离老家近的地方找工作，组织会根据大多数人的要求来规定节日、纪念仪式、实践和习俗。组织通常不需要照顾到每一个个体的喜好。

由于全球一体化和劳动力市场的变革，如今的组织开始更深入地理解并尊重员工的文化认同，不论是群体还是个体。比如，一家美国公司想要在拉丁美洲开展业务，就应该知道这里的员工需要更长时间的暑假。如果在此期间要求员工工作，公司会遇到很强烈的抵触情绪。

想在员工文化认同方面保持敏感，组织不仅要去迎合多数群体的诉求，还要尽可能创造出不同的方法去适应不同个体的习惯和习俗。管理者可以采取提高工作场所灵活性的措施以同时满足组织目标和个人需求。

2.5 能力

与我们在学校中所接受的教育相反，事实上，人们生来并不平等。因此，无论你有多么强烈的动机，你也许都不会成为莱昂纳多·狄卡普里奥（Leonardo DiCaprio）那样的演员，勒布朗·詹姆斯（LeBron James）那样的篮球运动员，或者罗琳（J. K. Rowling）那样的作家。当然，我们每个人在能力方面各有强项和弱项，这使得个体在从事某项具体工作或活动时相比其他人来说可能更有优势或者更为不利。从管理的角度来看，挑战在于理解差异，然后尽可能帮助特定员工更好地从事工作。

"能力"一词到底是什么意思？当我们把它作为一个专业术语时，**能力**（ability）指的是个体成功完成工作中各项任务的可能性。一个人的总体能力可以分为智力能力和体质能力两大类。

2.5.1 智力能力

智力能力（intellectual ability）即从事诸如思考、推理和解决问题等智力活动所需要的能力。在大多数社会中，人们都很重视智力因素，这是合乎情理的。例如，聪明的人一般会赚更多的钱，接受更高水平的教育。聪明的人也更容易脱颖而出，成为群体的领导者。然而，评估和测量智力能力有时并不简单。智商（IQ）测试是为了确定一个人的一般智力能力，但其起源、影响因素和实施过程还存在争议。[87] 美国大学入学考试 SAT 和 ACT，商学院研究生入学考试 GMAT，法学院研究生入学考试 LAST，医学院研究生入学考试 MCAT，也属于这种类型的测试。提供这些测试的公司并没有明确说明它们的测试能够评估个人的智力水平，但是专家确定这些测试确实可以。[88]

能力的构成包括 7 个经常被引用的维度，即算术、语言理解、知觉速度、归纳推理、演绎推理、空间视知觉以及记忆力。[89] 图表 2－2 列出了这 7 个维度。

图表 2－2　智力能力维度

维度	描述	工作范例
算术	快速准确的运算能力	会计：计算一系列物品的营业税
语言理解	理解读到和听到的内容，理解词汇之间关系的能力	工厂管理者：推行企业聘用政策
知觉速度	迅速准确地辨认视觉上异同的能力	火灾调查员：鉴别纵火责任的证据和线索
归纳推理	确定一个问题的逻辑后果，以及解决这一问题的能力	市场调查员：对未来一段时间内某一产品的市场需求量进行预测
演绎推理	运用逻辑来评估某种观点的价值的能力	主管：在员工提供的两个不同建议中做出抉择
空间视知觉	当物体的空间位置变化时，能想象出物体形状的能力	室内装饰师：对办公室进行重新装饰
记忆力	保持和回忆过去经历的能力	销售人员：回忆顾客的姓名

智力能力的各维度是呈正相关的，因此，如果你的语言理解维度分数很高，你在空间视知觉维度上的分数也可能很高。这种相关性并不能百分百地表明人们确实有一些特殊能力一定适合从事某项工作。然而，由于这当中的相关性足够高，研究者能识别出智力能力的一般因素，从而得出**一般心理能力**（general mental ability，GMA）。[90] 有证据表明，智力能力的结构与测量在不同文化之间是共通的。例如，在智力的构成上，委内瑞拉人或苏丹人与美国人和捷克人没有什么差别。有些证据表明，智商测验的得分在不同文化之间会有一定的差异，但考虑到各地区在教育和经济上的差异，这种分数上的差异会变小。[91]

不同的工作要求员工运用不同的智力能力。研究普遍发现，认知能力和任务绩效之间存在相关性。其实，在很多工作中，员工的任务具有高度常规性，很少有机会表现出差异。此时，高智商对能否出色完成工作的影响并不大。但这并不是说，在传统的复杂程度低的工作中，高智商的人就无用武之地。[92]

或许你会惊奇地发现：招聘中广泛应用的智力测验仅需 12 分钟就能完成。这就是温德利认知能力测验（Wonderlic Cognitive Ability Test）。这个测验有很多套问卷，每一套都按相同的结构设置 50 道题目。下面是两个例子，供读者尝试：

- 绳子的价格为 0.1 美元 / 米，那么 0.6 美元能买几米？
- 下面三个命题中，假设前两个都是真命题，请问第三个是真命题、假命题还是不确定？

a. 男孩子打棒球。

b. 所有打棒球的人都戴帽子。

c. 男孩子戴帽子。

由于温德利测验既测速度（几乎没有人能在规定的时间内答完所有题目），又测能力（随着答题的深入，问题越来越难），因此这一测试的平均分相当低，大约为 21 分（满分为 50 分）。但由于它能够以低廉的价格（5 ~ 10 美元 / 人）提供有效的信息，很多组织在招聘过程中会采用温德利测验，如大众（Publix）超市、万宝盛华人员配置系统、BP 和 Dish 卫星系统。[93] 大多数公司并不是用这一人事测验代替其他招聘工具，如求职申请表、面试等。相反，它们将之作为一种信息来源的渠道，因为温德利测验能够提供与求职者智力水平相关的有效信息。

虽然智力因素对更好地完成工作有很大帮助，但它并不能让人感到快乐或提高人们的工作满意度。[94] 实际上，研究表明，那些在工作中认知能力更强的人反而可能会因为嫉妒和社会比较而受到同龄人的伤害、欺凌和虐待。[95]

2.5.2 体质能力

尽管工作性质的改变使得智力能力对许多工作来说越来越重要，但**体质能力**（physical ability）一直很有价值，而且这种价值会持续下去。研究人员对上百种不同的工作要求进行了调查，最后确定，体力活动包括 9 种基本能力。[96] 图表 2 - 3 列出了这些内容。如果某一工作对这 9 种能力的要求程度与从事此工作的员工所具备的能力水平相匹配，无疑会提高工作绩效。

图表 2 - 3 9 种基本的体质能力

力量因素	
1. 动态力量	不断重复或持续运用肌肉力量的能力
2. 躯干力量	运用躯干肌肉（尤其是腹部肌肉）以达到一定肌肉强度的能力
3. 静态力量	产生力量阻止外部物体的能力
4. 爆发力	在一项或一系列爆发活动中产生最大能量的能力
灵活性因素	
5. 广度灵活性	尽可能远地移动躯干和背部肌肉的能力
6. 动态灵活性	进行快速、重复的关节活动的能力
其他因素	
7. 躯体协调性	躯体不同部位同时活动时相互协调的能力
8. 平衡性	受到外力推拉时，保持身体平衡的能力
9. 耐力	当需要延长出力时间时，持续保持最高出力水平的能力

总而言之，组织愈发意识到，只有将各种类型的人包括进来，并且不因个人特征就自动排除任何一个人，员工团队才会具有最佳的生产率。多元化对于有远见的管理者而言能

带来巨大的潜在收益。例如，软件公司 SAP 在德国、印度和爱尔兰的一个试点项目发现，自闭症员工在调试软件等强调精准的任务上取得了出色的成绩。[97] 当然，如何将各种各样的人整合成一支生产率得到优化的员工团队是需要技巧的。稍后我们将讨论如何把多元化的劳动力人才汇聚到一起。

2.6 多元化管理策略

我们已经讨论了人与人之间的各种差异，现在我们来看一看管理者可以或应该如何处理这些差异。**多元化管理**（diversity management）使每个人对他人的差异和需求都更有意识、更敏感。这个定义强调了这样一个事实：多元化涉及每个人，且对每个人都有意义。当我们把多元化视为与每个人都息息相关的事时，多元化管理就更有可能获得成功。

2.6.1 吸引、选择、开发和留住多元化员工

提高劳动力多元化的一种方法是有针对性地把招聘信息定位于劳动力中未被充分代表的特殊人群。这意味着，在公开刊物上刊登的广告应该适合这些人群；与拥有大量少数族裔的学院、大学和其他机构合作，就像微软为了鼓励女性从事技术研究所做的那样[98]；与一些协会建立合作关系，比如女工程师协会（Society of Women Engineers）或全国少数族裔供应商发展委员会（National Minority Supplier Development Council）。

有研究表明，女性和少数族裔对招聘信息中强调多元化承诺的雇主更有兴趣，而对女性和少数族裔在组织中的领导地位不予强调的多元化广告会在组织多元化氛围方面传递出消极信息。[99] 当然，为了彰显多元化，组织必然会切实在管理队伍中加入多样性。

有些公司一直致力于在未被充分代表的群体中招聘员工。在线零售商 Etsy 会举办工程师培训班，为有志从事此项工作的女性提供资助，并会雇用其中表现较好的。[100] 麦肯锡、贝恩、波士顿咨询和高盛同样会积极招收那些曾经为了照顾家庭而暂时离开职场的女性，为她们提供阶段性的工作计划以及其他各种福利。[101]

2.6.2 群体中的多元化

如今，职场中的人们需要通过群体从事大量工作。当人们在团队中工作时，他们需要建立一个共同的方式来对待和完成主要任务，也需要经常相互交流。如果他们在群体里缺乏归属感和凝聚力，整个群体就很容易受到影响。

在有些情况下，人格特质的多元化会损害团队绩效，但有时候，它们可能对绩效起到促进作用。[102] 多元化团队或同质化团队哪个更有效，取决于它们本身关注的焦点。尽管管理队伍中的种族多样性在适当的情况下可能会提高组织的业绩，但总的来说，人口统计学特征的多元化（性别、族群和种族）似乎既无助于也无损于团队绩效。[103]

在团队中，高智商、勤勉且对工作感兴趣的团队成员更有效率。因此，在这些变量上要求实现多元化似乎并不是件好事，因为没有人会试图将低智商、缺乏责任心或对团队合作没有兴趣的人组成一个队伍。而有些时候，多元化也可能成为一种优势。拥有不同技术

专长和教育背景的成员的团队比同质团体更有效率。同样，如果一个团队全部由过分自信、掌控欲强的人组成，或者一个团队的成员都只想受别人的领导，那么与那些既有领导者也有追随者的团队相比，前者的效率更低。

无论团队的构成如何，差异都可以被利用以实现更好的绩效。最重要的因素是要强调成员之间的相似性。[104]

2.6.3 外派员工的调整

2013 年，全球咨询公司美世（Mercer）进行了一次调查。调查显示，70% 的跨国组织希望增加短期国际任务，55% 的组织希望增加长期任务。这些公司表示，这样做是为了提供在当地无法获得的技术技能和管理技能，提供事业和领导力发展的机会，保证知识的转移，以及实现特定的项目需求。[105] 掌握移居到其他国家后适应新的文化、人际交往以及与工作相关的规范和经验，对外派员工（即被派去执行国际任务的员工）及东道国居民来说都十分重要。适应方面的问题如果未得到妥善处理，可能会导致员工不满、工作表现不佳、偏见以及误解。[106]

为了确保调整过程的顺利进行，下面几个因素应该被重点关注。例如，一项研究发现，赋权感以及与其他文化互动的动力与适应的容易程度、满意度的提高以及提前离开的意愿的减少相关。[107] 虽然对于所有外派人员而言，适应程度随着时间的推移都会呈现曲线上升的趋势，然而，那些具有特定文化背景的工作经历以及自尊和自我效能感更高的员工往往会适应得更快，也会更快得到提升。[108] 一项对近 9 000 名外派员工进行的 66 项研究的总结表明，还有其他一些因素会影响不同的适应类型，包括语言能力、人际关系技能、组织支持以及家庭的支持。[109] 这些研究表明，各个组织应该选择能够迅速适应的员工执行国际任务，并确保他们得到所需的支持。

2.6.4 有效的多元化项目

组织可以在招聘和甄选政策以及培训和开发活动中运用各种多元化项目。在鼓励多元化方面，有效的、整合的劳动力项目包括三个部分。第一部分帮助管理者了解平等就业机会的法律框架，并倡导平等对待所有人，无论这些人的人口统计学特征如何。第二部分教导管理者，多元化的劳动力如何更好地服务于顾客和客户的多元化市场。第三部分推进那些能够帮助劳动者提升技术和能力的个人发展活动，并强调观点上的差异可以成为提高绩效的一种有效方式。[110]

人们之所以反对雇佣歧视，是因为这种歧视行为是不公平的。无论种族和性别是什么，人们普遍赞成与多元化相关的项目，包括平权行动项目（affirmative action program，AAP），以增强少数群体的代表性，并保证每个人都有公平的机会展现自己的技术和能力。

组织的领导者应该时常观察劳动力的构成，以判断某些目标群体是否得到充分利用。如果高级管理层中某一群体的员工没有占到相应的比例，管理者应该找出潜在的晋升障碍。管理者通常可以改善招聘活动，制定更透明的遴选系统，并为那些在过去并未充分展现自己多元化一面的员工提供培训机会。组织还应该清楚地向员工宣传其政策，这样员工就会明白为什么要遵守某些特定的规则，以及如何去遵守。组织中的交流应该尽可能放在员工的能力和工作绩效上，如果过分强调某些群体更需要帮助有可能会适得其反。

研究同时表明，国际组织需要采取有针对性的做法。例如，通过对芬兰跨国公司TRANSCO的研究，我们发现，开发一套全球适用的多元化管理策略并不是不可能的。然而，各国在文化和法律上的差异迫使这家企业在每个国家都要制定出一套与当地文化和法律框架相符的政策。[111]

本章小结

本章从多个角度介绍了多元化。我们尤其关注三个变量：传记特征、能力和多元化项目。多元化管理必须是持续性的，并且要贯穿组织的各个层面。改善组织多元化氛围的政策是有效的，多元化管理也是可以学以致用的。

对管理者的启示

- 充分了解组织的反歧视政策，并与所有员工分享。
- 评估和反思你对刻板印象的看法，以此提高你的客观性。
- 在决定是否雇用某个人时，不以个体的传记特征来评定，只考量个体的能力；保持开放并鼓励个人透露自己的隐性残疾。
- 充分评估残疾人入职后需要得到的安置，然后根据这个人的能力安排适宜的工作。
- 努力理解并尊重每一个员工独特的传记特征；知道公平而个性化的方式将帮助组织获得最佳绩效。

复习题

1. 工作场所多元化的两种主要形式是什么？
2. 工作场所中的歧视如何降低组织有效性？
3. 与组织行为相关的关键传记特征有哪些？
4. 其他差异特征如何影响组织行为？
5. 智力能力和体质能力与组织行为的关系是什么？
6. 组织如何能有效管理多元化？

观点碰撞

平权法案已经失效了吗？

正方

美国最高法院法官索尼娅·索托马约尔（Sonia Sotomayor）理论上可以算得上法院中最坚定的平权运动支持者了。在一起支持密歇根州禁止州立大学在招生过程中对代表性不足的种族实施平权运动的案件中，索托马约尔法官拒绝使用“平权法案”一词。她说，这个词具有“只基于种族的特意优待”的内涵。是的，确实如此，这不就是重点吗？

我们需要平权法案来开启工作场所多元化的进程，但这是很久以前的事情了。目前亚利桑那州、加利福尼亚州、佛罗里达州、密歇根州、内布拉斯加州、新罕布什尔州、俄克拉何马州以及华盛顿州已经通过法律禁止这种做法，因为这一做法虽然提高了少数族裔的比例，却并没有创造良好的多元化环境。原因如下：

- 平权法案降低了对所有人的衡量标准，因为它把录用标准从经验、受教育程度和能力转变成由种族或其他与能力表现无关的特点来决定的配额。组织的绩效标准随之大幅降低。那些没有从中得到好处的群体会因此愤恨不满，进而可能导致工作场所中的歧视。被"帮助"进入组织的个人也会受到不良印象的影响，包括低自我能力认知（"我不知道如果没有平权法案我是否还会在这里"）和刻板印象威胁（"我害怕别人会因为我是凭平权法案进来的而看不到我的能力"）。
- 调查显示，少数族裔在接受高等教育时并没有从平权法案中得到帮助。事实上，大量研究表明，法律专业的少数族裔学生中，就读学校的录取分数线和自己实际分数最相符的学生比所就读学校录取分数线高于自己实际分数的学生表现更优异，这一点足以说明，没有必要实施平权法案。
- 平权法案在一些国家的实施导致了冲突。例如，斯里兰卡的平权法案使得泰米尔人和希纳尔人进一步两极分化，成为内战的部分原因。在非洲，旨在帮助黑人的配额制度导致种族津贴以及对印第安人的边缘化。事实上，大多数国家都在努力应对平权法案政策带来的问题。

平权法案在创造多元化方面已经不再有用，是时候让它退出舞台了，应重新以能力为基础来评判成就，实现真正的平等。

反方

平权法案的颁布是为了确保平等，这在今天仍然是必要的。1965年，林登·约翰逊总统在致力于解决黑人民权问题时说："你怎么能先把一个人用锁链束缚那么多年，然后解放他，把他带到起跑线上，对他说'你现在自由了，可以跟别人赛跑了'，你竟然还以为自己是绝对公平的。"马丁·路德·金博士认为，为了创造平等的机会，只要还有人身处弱势，就该有相应的积极措施来确保他得到平等待遇。因此，我们的问题是：少数族裔的处境已经和多数族裔一样了吗？不，从任何一个方面来说都是否定的。

南非通过《平等就业法》(Equal Employment Act）来对黑人实施平权法案；中国通过优惠政策要求少数民族和女性在政府中担任职务；以色列有一项基于阶层的平权法案，用以提拔女性、阿拉伯人、黑人以及残疾人；印度的保留政策是一种针对代表性不足的种姓的平权法案；斯里兰卡制定了"标准化"平权法案以帮助教育水平较低的地区的居民；马来西亚的新经济政策为作为多数群体而收入较低的马来人提供了优势；巴西、芬兰、法国、新西兰和罗马尼亚有教育平权法案；德国的基本法为女性和残疾人设置了平权法案；俄罗斯为女性和少数族裔设置了配额；加拿大的《就业平等法》(Employment Equity Act）为女性、残疾人、原住民和少数族裔提供了平权法案。

需要明确的一点是，对公平的判断因人而异。平权法案提供的是机会，但之后需要个人依靠自己的努力来达到学校或雇主的预期标准。正如博主伯恩纳塔·海恩斯（Berneta Haynes）所写，"我并不羞于承认，如果没有平权法案的帮助，我不知道自己还能不能像现在一样从事法律工作。身为一个来自贫困家庭的非裔美国女性，我不否认平权法案帮助我进入大学，获得学位，注册成为法学院研究生"。

如果我们需要改变平权法案，那也应该是扩大它的影响范围，直到那些未享受充分服务的群体所取得的成就可以与那些长期处于优势地位的多数群体完全匹配。

资料来源：Based on D. Desilver, "Supreme Court Says States Can Ban Affirmative Action: 8 Already Have," Pew Research Center *Thinktank* (April 22, 2014), http://www.pewresearch.org/fact-tank/2014/04/22/supreme-court-says-states-can-ban-affirmative-action-8-already-have/; B. Haynes, "Affirmative Action Helped Me," *Inside Higher Ed* (March 12, 2013), www.insidehighered.com/views/2013/03/12/affirmative-action-helped-me-and-benefits-society-essay; D. Leonhardt, "Rethinking Affirmative Action," *The New York Times* (October 13, 2012), www.nytimes.com/2012/10/14/sunday-review/rethinking-affirmative-action.html?pagewanted=all; L. M. Leslie, D. M. Mayer, and D. A. Kravitz, "The Stigma of Affirmative Action: A Stereotyping-Based Theory and Meta-Analytic Test of the Consequences for Performance," *Academy of Management Journal* 57, no. 4 (2014): 964–89; and B. Zimmer, "Affirmative Action's Hazy Definitions," *The Wall Street Journal* (April 26–27, 2014), C4.

知识应用和就业力

各种形式的多元化对于组织行为学在工作场所的应用具有重要意义。首先，工作场所中的歧视可能会降低一个组织的效率，导致许多不良后果。除了传记特征以外，智力能力和体质能力等其他因素对组织行为也很重要。组织行为学中关于多元化的知识可以帮助你和你的组织有效地管理多元化，并且可以帮助你和在各个方面与你不同的同事一起工作。在本章中，通过了解外表上的微小因素（如光头）会如何影响工作场所中的感知、决定是否应该在工作中出柜时所要考虑的因素以及平权法案的有用性和道德性，你提高了自己的批判性思维技能并学习了处理社会责任问题的各种方法。接下来，你将有更多的机会发展这些技能，包括：认识你和同学之间的差异和相似之处，思考"道德许可"和"象征性雇佣"在组织中的运作方式，确定多元化培训的有效性，以及对所谓的返场就业进行研究。

体验练习

差异

指导者随机将班级分为四组。重点在于，小组成员不能通过座位、友情或偏好来决定，而需要真正随机决定。在讨论前，每个小组成员首先在纸上写出以下问题的答案。

1. 讨论前，你认为你的小组多元化程度如何？以 1 ～ 10 分的形式打分，其中 1 分代表非常不同，10 分代表非常相似。

每个人收起自己的纸，和小组成员分享以下问题的答案：

- 你年轻的时候喜欢玩什么游戏 / 玩具？
- 你认为你最神圣的价值观是什么？说明原因。
- 你整体上是高尚的吗？
- 给大家介绍一下你的家庭。
- 地球上你最喜欢的地方是哪里？为什么？

然后，每个小组成员在纸上写出以下问题的答案。

2. 讨论后，你认为你的小组多元化程度如何？以 1 ～ 10 分的形式打分，其中 1 分代表非常不同，10 分代表非常相似。

各个小组分别计算讨论前后的平均评分，讨论各小组的平均评分之间的差异，并回答以下问题。

3. 讨论后，你个人给出的评分提高了吗？你们小组的平均评分提高了吗？

4. 你认为如果有更多的讨论时间，你们小组的平均评分会提高吗？

5. 你认为表层多元化和深层多元化对群体接受个体差异的作用是什么？

道德困境

废除歧视

1947年4月15日，杰基·罗宾逊（Jackie Robinson）成为首位为布鲁克林道奇队效力的非裔美国人。布鲁克林道奇队是美国职业棒球大联盟（Major League Baseball，MLB）的一支球队。罗宾逊是一名优秀的全能型球员，最终选入棒球名人堂。作为联盟球队中的第一位黑人，罗宾逊不得不应对加入白人主导的联盟的各种挑战，克服由于肤色而遭遇的偏见。

在工作场所中，"象征性雇佣"指少数群体由于与其他成员不同而被雇用来担任某一职位。这样做有时是为了证明该组织或群体并不歧视少数群体。一旦这些人员走上岗位，就会被分配到基于刻板印象认为适合其人口统计学特征的工作中去。例如，女性可能会被赋予刻板印象中的"女性任务"，而不是她们完全有能力去完成的其他任务。通过采取象征性雇佣的做法，组织可能会沦为道德许可效应的牺牲品，即当雇主本意是希望以道德上可被接受的方式行事时，反而更有可能采取有偏见或不道德的行为（例如，认为选择或包含一名少数群体成员就是该团队不存在歧视的"证明"）。

◆ **问题**

1. 你能想出工作场所出现象征性雇佣的其他例子吗？描述这些例子。

2. 组织通过使用不同的管理策略使员工对其他人的需求更了解、更敏感。你是否认为这些做法可能会有意（或无意）导致象征性雇佣或道德许可？说明你的理由。

3. 你认为可以采取哪些措施来限制组织和工作团队的象征性雇佣行为？

资料来源：Based on I. Blanken, N. van de Ven, and M. Zeelenberg, "A Meta-Analytic Review of Moral Licensing," *Personality and Social Psychology Bulletin* 41, no. 4 (2015): 540–558; Z. Clay, "Tokenism and Black America," *Clutch: News & Opinion*, April 2013, https://www.clutchmagonline .com/2013/04/dealing-with-tokenism-in-black-america/; R. Kanter, *Men and Women of the Corporation* (New York: Basic Books, 1977); and L. Zimmer, "Tokenism and Women in the Workplace: The Limits of Gender-Neutral Theory," *Social Problems* 35, no. 1 (1988): 64–77.

案例分析 1

组织可以进行多元化培训吗？

在路易斯安那州的卡温顿，两名警官获得了文化多元化培训员的资质。通过担任这一角色，他们承诺将与警方其他成员合作，帮助改善警察与周围社区之间的关系，以拯救生命。在俄克拉何马州的诺曼，杰克·莱曼（Jake Lehman）中士和凯文·柯林斯（Kevin Collins）侦探通过种族智能培训与参与（Racial Intelligence Training & Engagement，RITE）学院成为注册指导员。RITE旨在帮助警官以学习的方式了解他们的偏见，通过专注于情感和社交能力提高沟通能力，最终设法提高缓解紧张气氛的能力。警察局长蒂姆·伦茨（Tim Lentz）指出："我们希望尽量缓解事态的恶化，进而减少武力的使用。"

围绕警察对少数族裔过度使用武力的全国性争论促使美国各地的许多警察和公共安全部门重新推动多元化培训项目的实施或改进。例如，美国司法部和密苏里州弗格森市达成了一项正式协议，要求聘请一名监督员来对逮捕和武力使用的模式、警察的多元化培训以及随身相机的使用进行分析。这些变化是在一位手无寸铁的 18 岁黑人男子迈克尔·布朗（Michael Brown）2014 年被枪杀之后发生的。

总体而言，多元化培训可以有多种方法和形式，但是它在增进对多元化的理解以及减少偏见方面的效果如何呢？对 250 多项独立研究的总结发现，受训人员对多元化培训有积极的反应。培训似乎对改善受训人员对多元化的看法相当有效，但对行为的影响较小。如果多元化培训能辅以其他注重多元化技能发展和认知的多元化管理方法，并且随着时间的推移持续实施而不只是一次性的培训活动，效果就能达到最好。很多研究发现，最有效的项目会让人致力于实现多元化目标，增加不同人口统计学群体之间的联系，并鼓励人们互相帮助。

不少研究似乎对多元化培训的有效性并不认可。例如，部分研究指出了一个需要克服的巨大障碍：我们生来就会快速进行解释并自动做出判断。知名行为经济学家丹尼尔·卡内曼（Daniel Kahneman）说："即使经过训练，试图在个人层面上克服偏见也是一件愚蠢的事。我们本质上都过分自信……因此我们会快速进行解释和自动做出判断。"一些多元化项目之所以会失败，是因为它们试图控制管理者和员工的行为。相反，很多研究主张通过改变决策背景和环境以及改变多元化政策和氛围，使员工更能意识到自己的偏见，从而做出不歧视他人的决定。

无论是哪种方式，不同行业和环境中的管理者都被鼓励在其组织中实施多元化管理活动，以促进员工之间的公平以及积极互动。

◆ **问题**

1. 如果你要为组织制定多元化培训计划，你会怎么做？为了使培训计划能够发挥作用，其中必须包括哪些部分？

2. 许多行业都有由于对多元化缺乏理解而造成的独特问题。你发现哪个行业正努力解决缺乏多元化导致的问题？如何为这些行业制定多元化培训计划？

3. 你认为多元化培训有效吗？如果有，效果如何？如果没有，你会做些什么来改善组织的多元化效果？

资料来源：Based on "Midwest, Missouri: Deal to Reform Ferguson Police Is Approved [National Desk]," *The New York Times*, April 20, 2016, A12.; K. Bezrukova, C. S. Spell, J. L. Perry, and K. A. Jehn, "A Meta-Analytical Integration of over 40 Years of Research on Diversity Training Evaluation," *Psychological Bulletin* 142, no. 11 (2016): 1227–74; L. Burrell, "We Just Can't Handle Diversity: A Research Roundup," *Harvard Business Review*, July 2016, 70–4; K. Chatelain, "2 Covington Police Officers Become Certified Diversity Trainers," *The Times-Picayune*, January 27, 2017, http://www.nola .com/crime/index.ssf/2017/01/2_covington_cops_become_certif.html; F. Dobbin and A. Kalev, "Why Diversity Programs Fail and What Works Better," *Harvard Business Review*, July 2016, 52–60; G. Morse, "Designing a Bias-Free Organization: It's Easier to Change Your Processes Than Your People: An Interview with Iris Bohnet," *Harvard Business Review*, July 2016, 63–7; and Racial Intelligence Training & Engagement [About Page], http://riteacademy.com/.

案例分析 2

返场就业

近一个世纪以来，医学的发展增加了人类的活力并延长了人类的寿命，劳动力的平均年龄随之不断提高。正如我们在本章中讨论过的，很多人的工作时间都会超过此前规定的退休年龄，在劳动力构成中增长最快的是55岁以上的人群。

遗憾的是，年长的员工在职场中面临各种各样的歧视。研究人员仔细查阅了100多种关于年龄歧视的出版物，以找出哪些类型的刻板印象最普遍。他们发现，最常见的刻板印象是年龄大的员工工作表现差。然而，研究证明事实并非如此，企业也逐渐认识到这些不可或缺的员工给企业带来的利益。

越来越多的专业管理人员开始积极招聘年长的员工。工程公司Stanley Consultants的人力资源主管戴尔·斯维尔（Dale Sweere）正是其中之一。斯维尔说："年长的员工通常能更快进入状态，也能很好地融入公司。"他们给公司带来多年积累的经验以及更高的技能水平，他们熟知行业历史，并且了解年长消费群体的需求。

这本该是个好消息，可许多年长的劳动者仍处于失业状态。GEMS Group咨询公司总裁科妮莉亚·加姆勒姆（Cornelia Gamlem）说，政府承包商、金融公司以及咨询公司一直都在寻找年长的员工，她自己也在招收年长的员工。然而，美国劳工统计局的报告却显示，55岁以上失业的劳动者找到一份工作平均需要56周，其他的失业劳动力只需38周。

返场就业即所谓的不退休。越来越多年龄较大的人找不到满意的工作岗位，正在寻求传统工作岗位以外的选择。越来越多的人开始接受客户服务岗位等在家办公的灵活工作。例如，71岁的奥尔佳·霍华德（Olga Howard）在结束职业生涯后，签约成为一名独立承包商，每周通过Arise公司的虚拟平台工作25～30小时来为一家金融软件公司处理问题。其他人也在开启新的事业。克里斯·法雷尔（Chris Farrell）是《不退休》（*Unretirement*）一书的作者，他说："老年人创业的人数比其他年龄段的人要多。"有一些人则进入非营利组织。这些组织给出的薪酬可能和他们的挣钱能力并不匹配，但会令他们有强烈的使命感。Encore.org首席执行官马克·弗里德曼（Mark Freedman）说："他们需要钱，也需要意义。"还有一些人正接受进一步的教育。例如，日本的"银发企业家"就从国家为年长员工培训提供的税收减免中受益。

开启"第二事业"的人通常会表示他们很有成就感。然而，年长员工离开他们的长期职业可能并不是人们期望的。人力资源管理协会（Society for Human Resource Management，SHRM）基金执行董事马克·施米特（Mark Schmit）表示："在知识经济时代，年长员工的保留让雇主能够继续利用这一代的知识和技能从而拥有竞争优势。"他还表示："人力资源专业人士以及雇主必须要更新思维才能聘用和挽留年长员工，否则，这些组织最有价值的资产就会流失。"

◆ 问题

1. 随着人口的老龄化，雇佣关系可能发生怎样的变化？
2. 年龄结构的日益多元化会给管理者带来新的挑战吗？你认为最大的挑战是什么？
3. 组织该如何应对职场中由于年龄歧视而产生的分歧？年长的员工能做些什么？

资料来源：Based on N. Eberstadt and M. W. Hodin, "America Needs to Rethink 'Retirement'," *The Wall Street Journal*, March 11, 2014, A15; S. Giegerich, "Older Job-Seekers Must Take Charge, Adapt,"

Chicago Tribune, September 10, 2012, 2–3; R. J. Grossman, "Encore!" *HR Magazine*, July 2014, 27–31; T. Lytle, "Benefits for Older Workers," HR Magazine, March 2012, 53–58; G. Norman, "Second Acts after 65," *The Wall Street Journal*, September 24, 2014, A13; D. Stipp, "The Anti-Aging Revolution," Fortune, June 14, 2010, 124–30; R. A. Posthuma and M. A. Campion, "Age Stereotypes in the Workplace: Common Stereotypes, Moderators, and Future Research Directions," *Journal of Management* 35 (2009): 158–88; and P. Sullivan, "Older, They Turn a Phone into a Job," *The New York Times*, March 25, 2014, F3.

注 释

第 3 章 态度与工作满意度

Attitudes and Job Satisfaction

学习目标

学完本章后，你应该能够：

1. 区分态度的三种成分。
2. 总结态度与行为之间的关系。
3. 对主要的工作态度进行比较。
4. 界定工作满意度。
5. 总结影响工作满意度的主要原因。
6. 指出工作满意度带来的三个后果。
7. 指出员工在不满意时的四种反应方式。

就业技能矩阵

	传言还是科学	职业目标	道德抉择	观点碰撞	体验练习	道德困境	案例分析 1	案例分析 2
批判性思维		✔	✔	✔	✔	✔	✔	✔
沟通	✔	✔	✔		✔	✔		
合作			✔	✔				
知识应用与分析	✔	✔			✔		✔	✔
社会责任	✔		✔	✔		✔	✔	✔

咖啡师的馈赠

咖啡师扮演着十分重要的角色。正如 Square Mile Coffee Roaster 的詹姆斯·霍夫曼（James Hoffmann）所说，咖啡师有双重角色："咖啡师工作的一个方面是准备咖啡，将供应链上所有人的辛勤劳动转化为一种令人愉快的宝贵体验。这一方面的工作和技能、实践及对制备工艺的理解有关。咖啡师工作的另一个方面是担任销售员、顾问、主人以及经验丰富的策展人。这一方面的工作是关于顾客服务的。”显然，正确的知识、技能和能力对于成功准备和提供咖啡十分重要。然而，咖啡师需要在和顾客互动上花费大量时间。考虑到这一点，他们对工作的满意度、对咖啡的承诺度以及对工作的敬业度可能意味着带给顾客的是新一天的好开始还是坏开头。

管理者能做些什么来提升咖啡师的积极态度和工作满意度呢？方法之一是从高层做起，打造一种使员工的敬业精神得以增强的文化和坚实基础。这一方法的关键是确保领导者的参与。例如，星巴克首席执行官霍华德·舒尔茨（Howard Schultz）尽一切努力确保员工和顾客都被放在首位："咖啡是我们销售的一种产品，并不是我们从事的业务。我们做的是‘人’的生意，我们对人与人之间的关系充满激情。”霍华德这种专注改善员工体验的愿景源自 1961 年他对自己许下的承诺。霍华德的父亲是一名送尿布的快递员，曾在冰上滑了一跤，导致全身多处骨折，没法继续工作。他没有医疗保险、员工赔偿或其他维持生计的方法。因此，霍华德发誓，如果他以后手握权力，将努力照顾人们的生活。

星巴克已经证明，关心员工满意度和敬业度不仅会给员工带来积极的结果，还会给企业带来积极的结果。星巴克目前在世界各地经营着 6 000 多家分店。咖啡店是一个员工流失率很高的行业，美国咖啡连锁店的离职率一般为 150% ～ 400%，而星巴克每年的离职率接近 65%。星巴克采用了最先进的测量方法来评估员工的敬业度和态度，以保持自身的主动性。星巴克拉丁美洲分公司人力资源经理伊莎贝尔·蒙茨（Isabel Montes）说："（我们）所做的是在员工下班打卡的软件里加入两到三个问题。这些问题是随机的，内容都是关于员工在店里的工作体验，可能是具体的问题，也可能比较笼统。”虽然星巴克并不完美，但它尽一切努力实施各种政策、方法和规程，以培养咖啡师更积极的工作态度。例如，星巴克的兼职员工在工作大约 3 个月后可以购买公司的医疗保险计划。星巴克还提供学费报销和升职机会。它使用预测分析软件来确定合适的员工人数，从而确保每家分店都不会出现工作人员不足的情况。考虑一下会有多少事件可能会威胁到工作态度，例如工作人员不足、业绩、市场压力等，就能理解对工作态度持续进行评估的必要性。

资料来源：Based on C. Comaford, “The One Mistake Leaders Make That Kills Employee Engagement,” *Forbes* (April 16, 2016), https://www.forbes.com/sites/christinecomaford/2016/04/16/the-one-mistake-leaders-make-that-kills-employee-engagement/#7633d3bf6b1d; C. Gallo, “How Starbucks CEO Howard Schultz Inspired Us to Dream Bigger,” *Forbes* (December 2, 2016), https://www.forbes.com/sites/carminegallo/2016/12/02/how-starbucks-ceo-howard-schultz-inspired-us-to-dream-bigger/#325734dde858; L. Kubota, “Important or Self-Important: The Role and Influence of a Barista,” *The Specialty Coffee Chronicle* (October 17, 2011), https://scaa.org/chronicle/2011/10/17/important-or-self-important-the-role-and-influence-of-a-barista/; N. Scheiber, “Starbuck’s Vow on Shift Work Is Falling Short, Its Workers Say,” *The New York Times* (September 24, 2015), B1; A. Verasai, “A Starbucks Turnaround Success Story,” *The HR Digest* (December 25, 2014), https://www.thehrdigest.com/starbucks-turn-around-success-story/; “Starbucks’s Secret Ingredient Is Its People,” *World City* (July 5, 2016), https://www.worldcityweb.com/starbucks-secret-ingredient-is-its-people/.

俗话说，一个快乐的员工就是一个有生产率的员工。然而，正如本章开头的小故事所表明的那样，促进工作态度发展的因素是多种多样的，而且随着时间的推移还可能会发生变化。除了组织文化、领导力和基础建设以外，还有什么因素会影响工作态度？[1] 拥有一份满意的工作真的很重要吗？在解决这些重要问题之前，重要的是先明确我们所说的态度，尤其是工作态度的含义。

3.1 态度

态度（attitude）是个体针对物体、人物和事件的评价性陈述，这种陈述可以是正面的，也可以是负面的，它反映了一个人对某一对象的内心感受。比如，“我喜欢我的工作”就是在表达对工作的态度。态度具有复杂性。如果询问人们对宗教、Lady Gaga或者某个组织的态度，你也许会得到一个很简单的答案，但答案背后的原因或许颇为复杂。为了全面理解态度，我们必须从态度的基本组成成分入手。

研究人员通常认为，态度主要由三部分组成：认知、情感、行为。[2]“我的薪水很低”这种陈述构成了态度的**认知成分**（cognitive component），这种态度是对事物的一种描述或看法。它为态度另一个更为关键的成分——**情感成分**（affective component）奠定了基础。情感是态度中的情绪或感受，它在下面这个陈述中可以得到反映：“我对我的工资如此之少感到气愤。”情感能够导致行为结果。态度中的**行为成分**（behavioral component）指个体以某种方式对某人或某事采取行动的意向，如“我要去找一份薪水更高的工作”。

把态度看成由三部分（认知、情感、行为）组成有助于我们理解态度的复杂性，以及态度与行为之间的潜在联系。设想一下，如果你刚刚意识到有人对你不公平，当你意识到这一点的时候难道你不会有瞬间的感觉吗？因此，认知和情感是密切相关的。

图表3-1向我们展示了态度的三个组成部分的相互关系。在这个案例中，一名员工没有得到期望的晋升机会。我们可以从三个组成部分来看一看他对主管的态度：他认为他应该获得这次晋升机会（认知），他非常讨厌他的主管（情感），他已经表达了不满并且采取了行动（行为）。

图表3-1　态度的组成部分

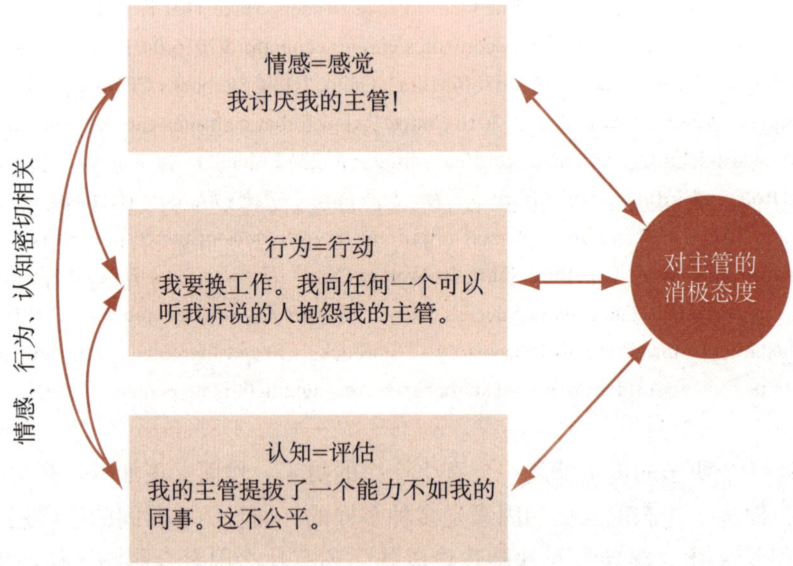

在组织中态度很重要，因为它会影响工作行为。例如，如果员工的组织承诺程度各不相同，而承诺可能会影响他们是留下还是离职，那么我们应该设法了解承诺是如何形成

的，以及如何改变员工的承诺程度。荷兰的一些研究表明，通过组织承诺，过去的认知和行为都会产生影响，但这些因素往往很难分开。[3]

3.2 态度和行为

有关态度的早期研究做出了这样的假设：态度是引发行为的原因。也就是说，人们的态度决定了他们所做的事。然而，研究人员利昂·费斯廷格（Leon Festinger）提出，行为决定态度。而其他的研究人员认为态度可以预测未来的行为。[4]

你是否注意过这样的情况，人们为了避免与自己的行为互相矛盾，有时会改变自己的言辞？也许你的一位朋友坚持认为她的公寓比你的好，直到和你住在同一公寓的另一个朋友请她搬来一起住。一旦她搬到你所在的公寓，你就会注意到她对她以前的公寓变得更加挑剔。“行为决定态度”的各种实例阐明了**认知失调**[5]（cognitive dissonance）产生的影响，即个体察觉到的自身行为和态度之间的不一致。

人们会在他们的态度之间或态度与行为之间寻求稳定的一致性。[6]任何形式的不协调都会令人不安，因此个体会试图减少这种不一致。当产生认知失调时，他们要么改变态度或行为来使失调状态最小化，要么使自相矛盾更加合理。例如，研究发现，如果员工在完成挑战性很大的工作后，如果能和其他同事聊一聊自己的经历，原本不满的态度会得到改善。社交性的分享可以帮助这些员工调整自己对行为预期的态度。[7]

没有人可以完全避免失调的状态。你知道边走路边发短信是不安全的，但你还是会这样做，并且安慰自己不会发生什么意外。你可能会给别人一些建议，而这些建议却是你自己很难做到的。减少失调的意愿受三个因素的影响，包括引发失调的因素的重要性、个体对这些因素的控制程度以及不协调所带来的回报。如果高失调意味着高回报，那么失调本身给人造成的不安就会得到缓解（如果失调意味着可以得到某些好处，比如工资涨幅超出预期，失调就不会那么令人痛苦了）。当人们认为自己的态度很重要，或者认为失调的程度在可控范围内时，人们更有动力减少这种不协调。

人们发现在态度与行为之间的关系方面，最有力的调节变量即为态度的重要性、态度与行为的一致性、态度的可提取性、社会压力的存在以及个体对于这种态度是否有直接经验。[8]重要的态度是基本价值观、自我利益的反映，或者反映了一个人对于自己看重的个体或群体的认同。那些被个体认为是很重要的态度，往往会与行为表现出高度的相关性。然而，当社会压力在某种程度上非常强大时，态度与行为之间更可能出现差异。大多数组织都具有这些特点。你更有可能记住的是那些频繁表达的态度，而越容易被我们记住的态度就越有可能影响我们的行为。如果个体对于态度所关乎的事件有直接经验，则态度和行为之间的关系也可能会更显著。

3.3 工作态度

每个人都有成千上万种态度。但组织行为学只聚焦于很有限的几种态度。这些态度塑造了员工对工作环境的积极或消极的评价。大多数研究都集中在这三种态度上：工作满意度、工作卷入和组织承诺。[9]其他的重要态度包括组织支持感和员工敬业度。

3.3.1 工作满意度和工作卷入

当人们谈及员工态度时，通常指的是**工作满意度**（job satisfaction），即人们对工作特点进行评估后而产生的对工作的积极态度。如果一个人拥有较高的工作满意度，则说明他对工作持积极态度；满意度水平较低的人则对工作持消极态度。组织行为学家认为工作满意度非常重要，我们将在后面的内容中细致地讨论这种态度。

道德抉择　　办公室交谈

设想你正在小隔间里平静地工作，这时你的同事入侵你的空间，坐在你的桌子上，还差点打翻你的咖啡。当她开始谈论上午的会议时，你会停下手头的事情听她讲话，还是解释你正在做一个项目，请她另找时间再来和你交谈？

你的回答可能反映了你对办公室交谈的态度，而这一态度受参与对话是否符合道德的引导。有时候，办公室交谈可以帮助员工处理信息，找到问题的解决方案。办公室交谈也可能对每个人都是有效的。我们将从两个角度来看待这一场景：过度分享和发泄。

在一项针对514名专业人员的调查中，超过60%的人表示他们经常遇到过度分享自己信息的人。根据心理学家艾伦·希尔弗（Alan Hilfer）的说法，有些人以自我为中心，非常自恋，而且"认为你想知道他们生活的所有细节"。

尽管过度分享的人有这些缺点，但他们也可能贡献巨大。皮具制造商Royce Leather的市场总监比利·鲍尔（Billy Bauer）就是一个过度分享的人。他吹嘘自己的最新销售业绩——这可能会促使其他员工更加努力地工作。当员工分享与组织目标相关的个人故事时，他们可能也是在为团队合作做出贡献。

现在让我们从另一个角度来看这一场景。耶鲁大学教授埃米·沃泽涅夫斯基（Amy Wrzesniewski）认为，那些发起办公室交谈的人往往是认为组织做出了错误决定的"第一个被冒犯的人"。他们可能会变得情绪化、有挑战倾向，并对自己的观点直言不讳。如果意见没有被接受，他们发泄或退缩的程度可能会增加。

然而，这些人可能是表现最好的员工：他们往往是高度投入、鼓舞人心且强大的团队成员，比其他人更有可能努力工作。发泄挫折感有助于他们恢复积极的态度，保持高水平的表现。研究表明，向同事发泄也可以建立友谊。

在当今开放、个人化和透明的时代，就办公室谈话建立可接受的准则几乎是不可能的。因此你必须决定什么样的办公室谈话是合乎道德标准且富有成效的。弄清是谁在找你谈话、为什么来找你、可能谈些什么，以及如何才能使讨论富有成效和合乎道德，这些思考都有助于你决定是选择参与谈话还是放过自己。

资料来源：Based on S. Shellenbarger, "Office Oversharers: Don't Tell Us about Last Night," *The Wall Street Journal*, June 25, 2014, D2; A. S. McCance, C. D. Nye, L. Wang, K. S. Jones, and C. Chiu, "Alleviating the Burden of Emotional Labor: The Role of Social Sharing," *Journal of Management* (February 2013): 392–415; S. Shellenbarger, "When It Comes to Work, Can You Care Too Much?" *The Wall Street Journal*, April 30, 2014, D3; and F. Gino, "Teams Who Share Personal Stories are More Effective," *Harvard Business Review*, April 25, 2016, https://hbr.org/2016/04/teams-who-share-personalstories-are-more-effective.

与工作满意度相关联的一个概念是**工作卷入**（job involvement）。工作卷入用于测量一个人从心理上对其工作的认同程度以及认为他的工作绩效水平对自我价值的重要程度。[10] 工作卷入度高的员工对他们所做的工作有强烈的认同感，并且很在意自己从事的工作。与工作卷入密切相关的一个概念是**心理授权**（psychological empowerment）。心理授权是指员工关于自己能对工作环境产生影响、工作能力、工作意义及工作自主性的信念。[11]

研究表明，心理授权对工作态度和工作压力有很大的影响，对工作表现有中等的影响。一项涵盖 43 项研究和 15 000 多名员工的元分析发现，如果我们把影响力（impact）、能力（competence）、意义（meaningfulness）和自我决定（self-determination）四种信念放在一起考虑（而不是分开考虑），心理授权往往会有更大的影响。然而，也有一些证据表明，在考虑了其他因素后，关于工作意义的心理授权对态度和压力仍有很大的影响。[12]

3.3.2 组织承诺

如果一个员工认同他的组织及目标，并且希望继续作为该组织的成员，就说该员工具有较高的**组织承诺**（organizational commitment）水平。员工对组织的情感依恋以及对其价值观的认同是衡量员工组织承诺的“黄金标准”。[13]

对组织做出承诺的员工即便感到不满，也不太可能怠慢自己的工作，因为他们出于对组织的依赖感和忠诚感而认为自己应该努力工作。他们没有其他选择，或者很难离开。[14] 即便员工对自己当前的工作不满意，只要他们对组织做出足够多的承诺，仍会决定在组织工作。

3.3.3 组织支持感

组织支持感（perceived organizational support，POS）指的是员工对组织在多大程度上重视他们的贡献、关心他们的福祉的看法。研发工程师约翰·格林（John Green）就是一个具有极高组织支持感的员工的好例子。在格林被诊断出患有白血病后，Salesforce.com 的 CEO 马克·贝尼奥夫（Marc Benioff）以及公司的 350 名员工帮他支付了所有治疗费用，并在格林身体恢复期间始终与他保持联系。毫无疑问，这样的故事是 Salesforce.com 得以入围《财富》杂志 2017 年前 25 位最佳雇主的原因之一。[15]

如果员工认为他们的报酬是公平的，他们能够参与决策，主管能给他们提供支持，就会认为组织具有支持性。[16] 组织支持感是一个很强的预测因素，但这一点也会受到文化的影响。在权力距离较低的国家，组织支持感十分重要。所谓的**权力距离**（power distance），就是人们对机构和组织中权力分配不平等情况的接受程度。在权力距离较低的国家，人们更有可能把工作看作一种交换而不是一种道德上的义务。因此，员工会为了感受组织的支持而寻找理由。而在高权力距离的国家，员工所感受到的组织支持感并不完全建立在公平、支持和鼓励的基础之上。[17]

3.3.4 员工敬业度

员工敬业度（employee engagement）指员工对工作的卷入度、满意度及工作的热情。

为了评估员工的敬业度，我们可以询问：他们是否有资源和机会学习新技能；是否认为他们的工作很重要、很有意义；他们对于与同事或上级的互动是否满意。[18] 敬业度高的员工对工作充满激情，并与公司联系密切；不敬业的员工虽然在工作上花了时间却没有倾注太多的精力与注意力。对于大多数组织来说，敬业度已经成为要解决的一个实际问题，因为调查显示，只有 17% ～ 29% 的员工对工作敬业。

敬业程度是许多可衡量的产出的决定因素。对员工敬业度研究的总结表明，员工敬业度与员工表现和组织表现中度相关。一项针对 36 家公司近 8 000 个经营单元的研究发现，员工敬业度高的单元，客户满意度、生产效率和利润也比较高，同时离职率和事故发生率都比较低。[19] 比如，摩森康胜公司（Molson Coors）发现，不敬业的员工发生的安全事故是敬业员工的五倍，就算发生事故，敬业员工的事故严重程度也要低得多，损失也较小（平均事故损失为 63 美元，前者则为 392 美元）。卡特彼勒公司（Caterpillar）着手提高员工敬业度后，员工的抱怨和不满减少了 80%，同时非常满意的顾客增加了 34%。[20]

这些很有说服力的发现使员工敬业度成为许多商业组织和管理咨询公司积极追捧的对象。然而，人们对这个概念的有效性仍然存在较大的争议，这在一定程度上是由于工作敬业度的影响难以从相关结构中分离出来。例如，一些研究提到，员工敬业度在不同的时候会用来指代不同的组织现象，包括心理状态、个性特征和行为。“无论是对于理论研究者，还是对于与客户沟通时涉及这个术语的实践者，员工敬业度的含义都是模糊不清的。”另一位评论者将员工敬业度称为“任何人都可以随意使用的一个流行术语”。[21] 另一项研究发现，衡量员工敬业度时所用的许多问题与衡量满意度、承诺度和卷入度时所用的问题相似。[22] 其他元分析研究的结果表明，员工敬业度和工作态度之间的关系十分密切，以至于人们会怀疑他们测量的是不是不同的概念。[23] 总体而言，研究表明员工敬业度能够对重要的结果产生影响。然而截至目前，所积累的研究同样让人怀疑这一因素和其他工作态度有多少不同。因此，研究人员仍然有许多工作要做。

3.3.5 这些工作态度有区别吗?

你也许会疑惑，这些工作态度是否真的有区别？如果一个人将工作视为其存在的核心（工作卷入度高），不就意味着他喜欢自己的工作（工作满意度高）吗？如果一个人认为他所在的组织具有支持性（组织支持感强），难道他会对组织没有承诺（组织承诺水平高）？ 如同我们在之前提到的，有证据表明，这些态度之间高度相关，对此我们或许会一头雾水。

这些态度之间的确有差异，但是它们重叠的内容也很多。引起重叠的原因很多，包括员工的人格。一般而言，如果你知道一个人的工作满意度水平，你差不多也就知道这个人对组织的看法了。接下来，我们会考虑工作满意度以及工作不满的含义。

3.4 工作满意度

前面我们简要讨论了工作满意度。在这里，我们想对这个概念进行更仔细的剖析。我们主要讨论以下几个问题：如何测量工作满意度？哪些因素导致员工高水平的工作满意度？满意的员工对组织有什么影响？在你回答这些问题之前，不妨先看看图表3-2列出的2016年工作满意度最低的十种工作。可能令你惊讶的是，它们并不都是低收入的工作。

图表 3-2　2016年满意度最低的十种工作*

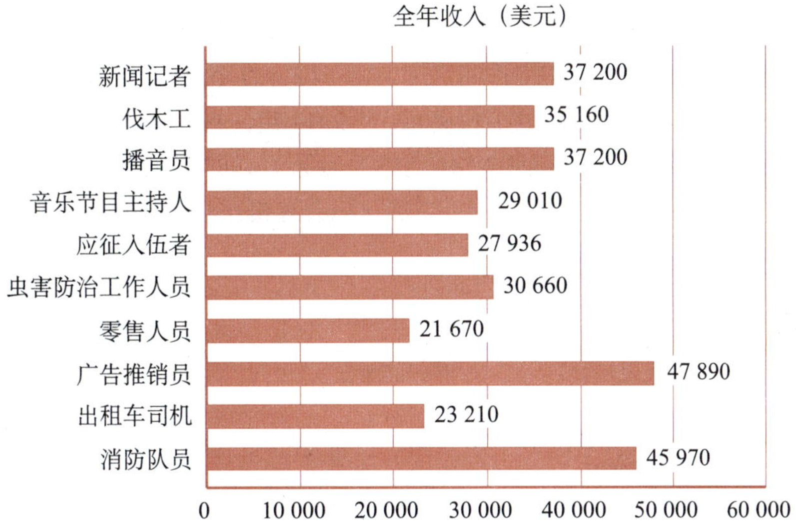

* 基于实际需求、工作环境、收入、压力和雇佣前景。

资料来源：Based on CareerCast.com (2016), http://www.careercast.com/jobs-rated/worst-jobs-2016.

3.4.1　测量工作满意度

我们把工作满意度定义为：针对工作特点进行评估而产生的对工作的积极感觉。很显然，这是一个很宽泛的定义，但这种界定是恰当的。一个人的工作不仅仅包括处理文件、撰写方案、等待客户、驾驶卡车等显而易见的活动。任何工作都需要与同事和上司互动、遵守组织的规章制度、决定权力结构、达到绩效评价标准、忍受与理想有差距的工作环境、适应新技术，等等。这意味着，员工对自己的工作是否满意，常常是对大量不同工作要素综合概括后的结果。那么，我们如何测量这个概念呢？

有两种方法经常使用。单一整体评估法只要求个体回答一个问题，如“如果把所有要素考虑在内，你对自己的工作满意吗？”要求受访者从1～5所代表的分数等级中选出一个符合自己情形的数字，从“非常满意”到“非常不满意”共5种等级。工作要素综合评价法更复杂一些。它首先需要确定工作中的关键要素，典型的要素包括：工作类型、所需技能、监督控制、当前收入、晋升机会和同事关系。受访者在标准化的量表上评估这些要素，数据累加起来就得到工作满意度的总分。

两种测量方法哪一种更好呢？从直觉来看，综合性的考量似乎能够使工作满意度的评估更为精确。然而，研究结果并非如此。[24]“简单的方式与复杂的方式同样有效”，这样的例子并不多，但在这里，这两种方法的有效性是等同的，即这两种方法都是有效的。单一整体评估法耗时短，而综合评价法能够帮助管理人员找到问题的根源，也有助于管理人员更快、更准确地解决问题。

3.4.2 员工对工作有多满意？

大多数人对自己的工作满意吗？在回答这一问题之前，你可能需要考虑如下组织行为民意调查。工作满意度在一段时间内可以保持在相当一致的水平。例如，1972—2006年，美国的平均工作满意度一直很高。[25] 然而，经济形势往往会影响工作满意度。由于2007年末开始的经济危机，平均工作满意度急剧下降，直至2010年达到最低点：当时仅有42.6%的美国工人表示对自己的工作满意。[26]2014年，约有47.7%的美国工人表示对自己的工作满意[27]，但这一反弹后的比例仍然远远低于1987年的61.1%。[28] 工作满意度在世界各地的不同文化中往往是不同的。当然，总会有相互竞争的衡量标准能够提供不同的视角。

组织行为民意调查

快乐的地方

168 000名员工对“你在工作中开心吗？”这一问题回答“开心”的比例

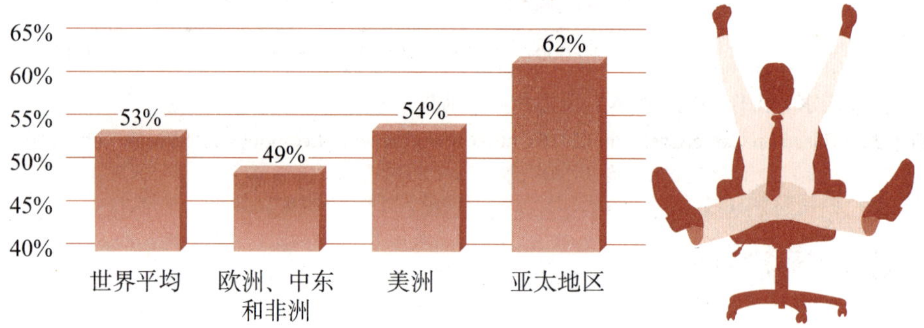

资料来源：Based on Statista (2013), http://www.statista.com/statistics/224508/employee-job-satisfaction-worldwide/; Kelly Services Group (2012), http://www.kellyocg.com/uploadedFiles/Content/Knowledge/Kelly_Global_Workforce_Index_Content/Acquisition%20and%20Retention%20in%20the%20War%20for%20Talent%20Report.pdf.

工作满意度各方面的水平可以有很大的不同。如图表3－3所示，人们通常对总体状况、工作本身、他们的主管和同事有比较高的满意度，对薪酬和晋升机会的满意度则没有那么高。我们还不太清楚，相对于其他方面，人们为什么对薪酬和晋升机会感到不满。

工作满意度存在着一定程度的文化差异。图表3－4呈现了针对全球15个国家工作满意度调查的结果。其中墨西哥和瑞士的工作满意度最高。是因为这两个国家的员工有更好的工作，还是因为他们更积极（较少自我批评）？得分最低的是韩国。韩国的文化中自治水平较低，企业层级结构严格。这是造成工作满意度低的原因吗？[29] 我们很难将对分数有影响的所有因素都厘清，但想一想企业如何应对全球化带来的挑战，也许可以帮助我们找到一些线索。

图表 3-3　平均工作满意度

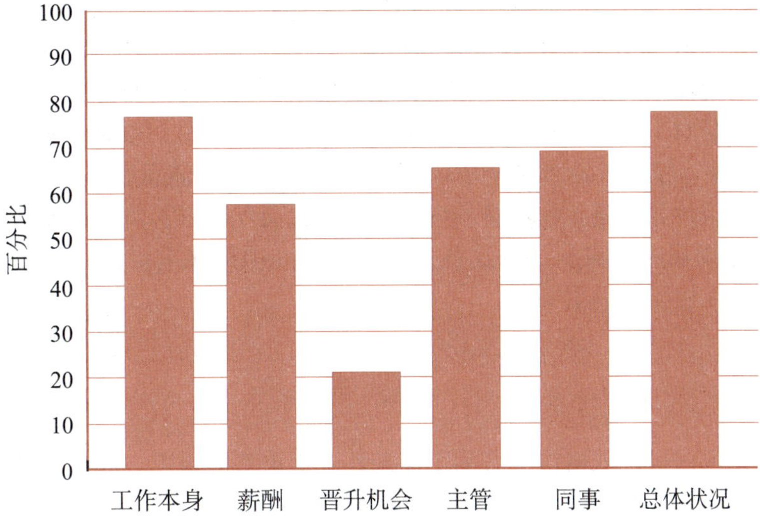

图表 3-4　各国员工工作满意度平均水平

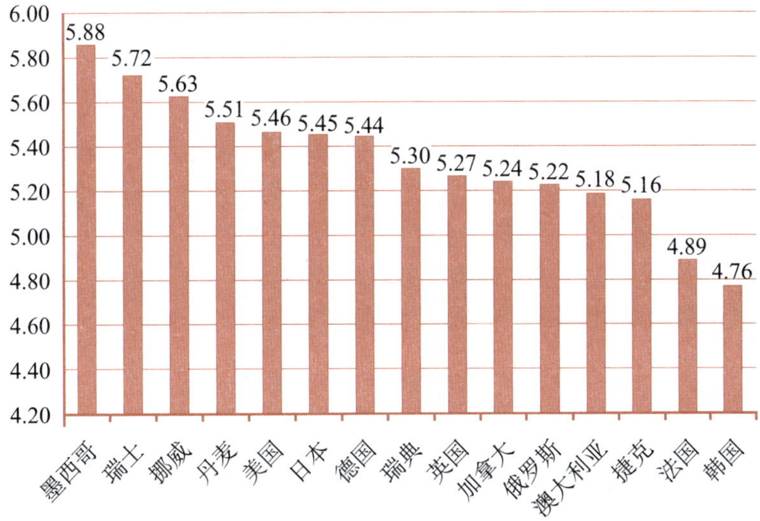

资料来源：Based on J. H. Westover, "The Impact of Comparative State-Directed Development on Working Conditions and Employee Satisfaction," *Journal of Management & Organization* 19, no. 4 (2013): 537–54.

3.5 哪些因素会带来工作满意

想一想迄今为止最令你满意的一份工作。让你满意的因素有哪些？这些因素彼此间可能有很大差异。让我们先从工作条件入手，讨论一些可能影响工作满意度的特征。

3.5.1 工作条件

一般而言，一份能够提供培训、具有多样性、允许独立完成且拥有控制权的有趣工作能够使大多数员工感到满意。即使考虑了工作本身的特点，相互依赖、反馈、社会支持、工作场所之外与同事的互动仍与工作满意度高度相关。[30] 正如你可能已经猜到的那样，管理者对员工的工作满意度也有着重要的影响。一项对 23 个国家近 70 000 名员工的调查发现，与更偏向集体主义的亚洲文化相比，在更偏向个人主义的西方文化中，领导者及员工之间的交流质量与工作满意度的关系会更密切。[31] 然而，另一项元分析表明，在更偏向集体主义的文化中，领导者的情绪智力（详见第 4 章）与工作满意度的关系更密切。[32]

因此，工作条件尤其是工作本身的内在性质、社交互动以及监督管理是员工满意度和员工幸福感的重要影响因素。尽管这些条件中的每一项都很重要，且相对价值因员工而异，但工作的内在性质是最重要的。[33]

3.5.2 人格

就工作满意度而言，人格扮演着和工作条件一样重要的角色。具有积极**核心自我评价**（core self-evaluation，CSE）的人——相信他们的内在价值和基本能力的人——与那些具有消极核心自我评价的人相比，对自己工作的满意度更高。在重视集体主义的文化里，那些核心自我评价高的人可能会具有特别高的工作满意度。[34]

3.5.3 薪酬

或许你已经注意到，关于工作满意度的讨论总会涉及薪酬。对于很多人来说，薪酬确实与工作满意度和整体幸福感相关。但是，一旦个人薪酬达到平均水平，薪酬带来的影响就会变小。图表 3 - 5 揭示了平均薪酬水平与工作满意度的关系，正如你所看到的，它们并不存在太多的相关性。金钱对人们确实有激励作用，这一点我们会在第 6 章进行讨论，但是能对我们产生激励作用的因素未必会让我们幸福。

图表 3 - 5 平均薪酬与工作满意度的关系

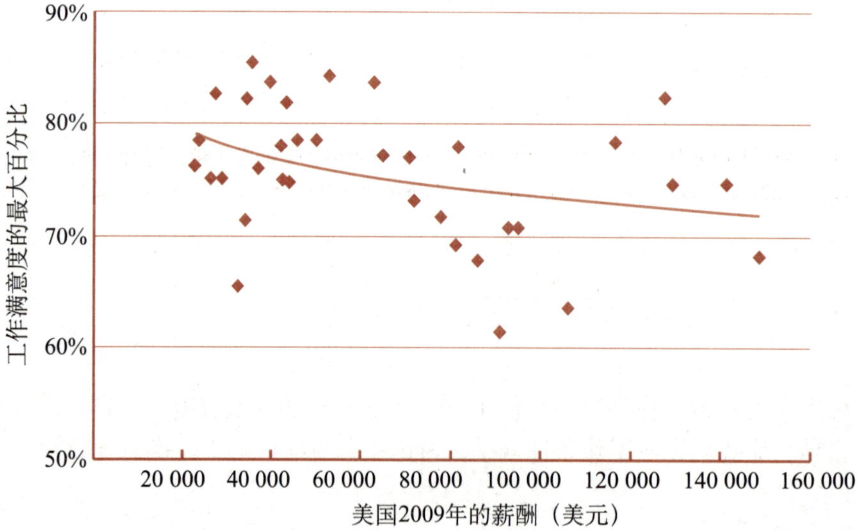

资料来源：Based on T. A. Judge, R. F. Piccolo, N. P. Podsakoff, J. C. Shaw, and B. L. Rich, "The Relationship between Pay and Job Satisfaction: A Meta-Analysis of the Literature," *Journal of Vocational Behavior* 77, no. 2 (2010): 157–67.

3.5.4 企业社会责任

在一个有明确社会福利使命的组织和在一个没有这种使命的组织工作，你的幸福感会一样吗？**企业社会责任**（corporate social responsibility，CSR）指的是企业为了使社会或环境受益而采取的超出法律要求的自我调节行为。组织对此的承诺对员工的工作满意度有着越来越大的影响。组织可以通过多种方式实践企业社会责任，包括环境可持续性倡议、非营利性工作以及慈善捐赠。

企业社会责任可以给地球和人类带来好处。研究表明，在美国和澳大利亚，个人价值观与所在组织的企业社会责任更匹配的员工往往会有更高的满意度。[35] 事实上，在被调查的 59 个大大小小的组织中，有 86% 表示它们的企业社会责任项目提升了员工的幸福感。[36]

企业社会责任与工作满意度之间的关系对于千禧一代来说尤为显著。慈善公司 Givelocity 的创始人苏珊·库尼（Susan Cooney）表示："新一代的员工正在寻求注重三重底线——人类、地球和收入——的雇主。"[37] 企业社会责任使得员工可以为更崇高的目标服务或为使命做出贡献。根据研究员埃米·沃兹涅夫斯基的说法，将自己的工作视为更远大目标的一部分的人，往往会获得更高的工作满意度。[38] 然而，一个组织对企业社会责任做出的努力必须得到良好的管理。为了获得长期的工作满意，其措施必须是可持续的。[39]

尽管企业社会责任和工作满意度之间的联系正在加强，但并不是所有员工都认为企业社会责任是有价值的。[40] 因此，为了提高有效性，组织需要解决几个问题。首先，虽然并不是所有项目对每个人的工作满意度都同样有意义，但有时组织会期待所有员工都能参与进来。例如，世界上最大的律师事务所之一 DLA Piper 的合伙人莉萨·杜威（Lisa Dewey）说："事务所的所有律师和工作人员都被鼓励参加公司的无偿服务和志愿者项目。"[41] 对于那些非自愿参加志愿者活动的员工而言，这些活动的开展可能会降低他们的总体工作满意度。

其次，有些组织会要求员工以规定的方式做出贡献。例如，咨询公司 entreQuest 的首席执行官乔·梅克林克斯（Joe Mechlinksi）要求员工参加"回馈日"活动。该活动包括在贫民施食处服务、建造"人道栖息"房屋或指导儿童。这些选择可能并不符合每个人对企业社会责任的看法。通过做作的方式向人们施加"变得高尚"的压力会使他们对以后的企业社会责任项目感到筋疲力尽[42]，并降低他们的工作满意度。当企业社会项目为组织提供了直接利益（如正面新闻报道）时，情况尤为如此。[43] 人们希望企业社会责任是真诚且真实的。

最后，企业社会责任的措施看起来似乎与员工的实际工作脱节[44]，因而并没有提高工作满意度。毕马威咨询公司（KPMG）在"超越极限"宣传片中自夸参与了纳尔逊·曼德拉（Nelson Mandela）的选举和种族隔离的终结、美国宇航局第一座空间站的发射以及解救在伊朗的美国人质。观看视频后，一位员工对自己的工作提出了质疑："如果我真的想要做出改变，为什么我还坐在这里呢？"[45]

总之，企业社会责任是问责制与服务的一种必要而积极的趋势。如果管理得当，它也能大大提高员工的工作满意度。

3.6 工作满意度的结果

在讨论了工作满意度的一些原因后，现在我们来讨论它带来的一些具体结果。

3.6.1 工作绩效

快乐的员工更有可能是高效的员工，曾经有研究者认为工作满意度与工作绩效之间的关系只是管理学中的一则谣言。但针对300项研究进行的元分析表明，二者具有很强的相关性。[46] 工作满意度较高的人表现更好，员工满意度高的组织比员工满意度低的组织更高效。

3.6.2 组织公民行为

工作满意度是员工的组织公民行为（或称公民行为）的一个决定因素，这种说法似乎是符合逻辑的，对此第1章已有讨论。[47] 组织公民行为包括以积极的心态谈论所在组织、帮助他人以及完成超出一般期望的工作。有证据表明工作满意度与组织公民行为有中等程度的相关性；对工作更满意的人更容易表现出组织公民行为。[48]

为什么工作满意度会导致组织公民行为？原因之一是信任。在18个国家进行的研究表明，管理者会以自己信任的行为来对员工的组织公民行为进行反馈。[49] 和那些与同事有敌对关系的人相比，感觉得到同事支持的人更倾向于做出有利于他人的行为。[50] 人格也很重要。拥有某些人格特质（如外向和责任心，见第5章）的个体会对自己的工作更为满意，因此他们愿意表现出更多的组织公民行为。[51] 从同伴那里得到关于组织公民行为积极反馈的人，更有可能继续做出组织公民行为。[52]

3.6.3 客户满意度

客户满意度是服务行业的关键结果，那么员工的满意度与积极的客户结果之间有关系吗？对于那些定期与客户打交道的员工来说，这个答案似乎是肯定的。工作满意度高的员工和管理者似乎可以提高客户的满意度和忠诚度。[53] 最近的研究表明，员工满意度和客户满意度是相互关联的。客户满意度对员工满意度的内在影响可能比员工－客户本身的关系还要强。[54]

很多公司都以此作为行事准则。在线鞋业零售商 Zappos 致力于寻找那些对工作满意的员工来为客户服务。Zappos 甚至会在培训结束后给员工提供2 000美元，让那些对工作最不满意的员工拿着钱离开。[55] 公司赋予员工“创造欢乐、古灵精怪”的权力，以确保客户满意。这些做法确实有用：在该公司超过2 400万客户中，有75%是回头客。对于 Zappos 来说，员工满意度对客户满意度有直接的影响。

3.6.4 生活满意度

截至目前，我们一直把工作满意度和生活满意度分开对待，但它们之间的关系可能比你想象的要更密切。[56] 欧洲的研究表明，工作满意度和生活满意度呈正相关关系。你的生活态度和经历会渗透到你的工作方法和经历中。[57] 德国的研究表明，当人们失业时，生活满意度会下降，而原因并不仅仅是收入上的损失。[58] 对大多数人而言，工作是生活的重要组成部分，因此，我们的总体幸福感在很大程度上取决于我们在工作中的幸福感（即我们的工作满意度），这是有道理的。

职业目标 **我应该如何让我的工作变得更好？**

实话实说，我讨厌我的工作，但我也有留下来的理由：这是我大学毕业后的第一份工作，薪水很高，而且这将影响我的职业生涯。我还有希望吗？还是说除非我离职，否则我就注定完蛋？

——泰勒

亲爱的泰勒：

你并非注定完蛋！你可以用你的态度来改善你的经历，或者找到一个积极的视角。换句话说，如果你能把“我讨厌我的工作”转变为“这是我为了让自己的情况变得更好所做的事情”，那么你的工作满意度可能会提高。以下是一些可以尝试的建议：

- 写下你讨厌的所有工作。但你需要等到有几天假期的时候再写，这样才能得到更客观的观点。要写得具体一点，写完后追问自己原因，例如“为什么我不喜欢我的同事”。此外还可以思考一下自己的过去：这份工作一直都有问题吗？还是说情况可能已经改变了？
- 现在写下你喜欢的所有工作。再说一遍，要写得具体一点。想想环境、人和工作。尽量找到一些积极的东西，哪怕只是休息室里的咖啡。
- 对比上述清单，找出你的态度和工作满意度的线索。寻找提到工作或者人的地方。和其他因素相比，工作满意度通常更多地取决于你工作的趣味性。人，尤其是你的上司，对于你的工作态度来说也很重要。
- 向几个值得信赖的朋友大声朗读你的清单（你不会想对你的同事抱怨老板）。让他们帮你处理委屈。是否存在骚扰之类的不可容忍的根本问题？
- 决定是否和你的管理者聊聊此事。《华尔街专业人士生存指南》（*The Wall Street Professional's Survival Guide*）一书的作者罗伊·科恩（Roy L.Cohen）说：“思考一下，是只有你遭受这样的对待，还是你的同事也是如此？”如果每个人都有同样的问题，特别是当问题在于你的老板的时候，你可能不应该接近你的管理者。然而，大部分情况下你是可以做出改变的。

根据你的怨气来源以及在工作场所做出改变的能力，你可以选择解决问题，或者为下一份工作发展技能。敷衍的表现和抱怨只会伤害你自己，所以不要做出这些行为。相反，你应该寻求积极的支持，加入专业组织或成为志愿者。快乐的员工会更加健康。你理应成为他们中的一员。

资料来源：Based on "Employee Engagement," *Workforce Management* (February 2013): 19; A. Hurst, "Being 'Good' Isn't the Only Way to Go," *The New York Times*, April 20, 2014, 4; R. E. Silverman, "Work as Labor or Love?" *The Wall Street Journal*, October 18, 2012, D3; H. J. Smith, T. F. Pettigrew, G. M. Pippin, and S. Bialosiewicz, "Relative Deprivation: A Theoretical and Meta-Analytic Review," *Personality and Social Psychology Review* 16 (2012): 203–32; and A. Tugend, "Survival Skills for a Job You Detest," *The Wall Street Journal*, April 7, 2012, B5.

对大多数人来说，工作是生活的重要组成部分，因此我们的总体幸福感很大程度上取决于我们的工作（工作满意度）。

3.7 工作不满的影响

当员工不喜欢他们的工作时会发生什么？退出—建言—忠诚—怠工，这一理论框架将有助于我们理解不满意所带来的后果。图表 3－6 按照建设性 / 破坏性和积极性 / 消极性两个维度对员工的四个反应进行了区分和说明。

图表 3－6 对工作不满意的反应

	建设性	破坏性
积极性	建言	退出
消极性	忠诚	怠工

这四个反应的界定如下[59]：

- **退出**（exit）。即直接离开组织。包括寻找新的工作岗位或者辞职。为了衡量这种不满反应所带来的影响，研究人员考察了个体离职、集体离职以及组织在员工知识、技能、能力和其他特征方面的总体损失。[60]
- **建言**（voice）。即付出建设性的努力来改善工作条件。包括提出改进建议，与上司讨论问题以及开展工会活动。
- **忠诚**（loyalty）。即被动但乐观地等待环境有所改善。包括面对外部批评时站出来为组织说话，相信组织及管理层会做"正确的事"。
- **怠工**（neglect）。即被动地放任事态变得越来越糟。包括长期缺勤或迟到、降低努力程度和失误率上升。

退出和怠工行为和生产率、缺勤率和流动率等绩效变量相关。但这一模型补充了员工的其他反应方式，如建言和忠诚。这些建设性行为可以帮助个体容忍不愉快的情境或者改善工作条件。这一模型有助于我们理解各种情境。例如，工会成员经常通过劳资调解委员会的申诉程序或正式的劳资契约谈判等形式来表达他们的不满。这些建议机制使他们得以继续从事自己的工作，同时又能够通过行动去改善处境。

这一理论框架不但很有用，还具有普遍性。接下来我们将讨论反生产工作行为——一种对工作不满的行为反应。

3.7.1 反生产工作行为

滥用办公用品、偷盗、过度社会化、闲聊、旷工和迟到都是损害组织的行为的例子。它们都是一种被更广泛地称为**“反生产工作行为”**（counterproductive work behavior，CWB）的症候群的指标。这种症候群也可称为工作场所异常行为，或者简称为员工退缩（见第1章）。[61] 和我们之前讨论的其他行为一样，反生产工作行为并不是突然发生的。这些行为往往伴随消极的、有时长期存在的态度出现。因此，如果我们能识别出反生产工作行为的预测因子，就可以降低它造成影响的概率。

一般来说，工作上的不满会带来反生产工作行为。对自己的工作感到不满的人会变得沮丧，进而影响他们的表现[62]，使他们更容易表现出反生产工作行为。[63] 然而一些研究也表明，由于男性往往进取心更强而对冲动的控制力更弱，因此这种关系对男性来说可能比对女性要更强。[64] 我们的直接社交环境也很重要。德国的一项研究表明，直接工作环境的规范会把我们推向反生产工作行为。例如，高缺勤率的团队里的个人也更有可能缺勤。[65] 反生产工作行为也可能是对管理者滥用监督权的回应，这反过来增加了监督权的滥用，从而开启了恶性循环。[66]

传言还是科学

员工快乐，企业获利

虽然有例外的情况，但这一说法基本上是正确的。看看《财富》杂志评选出的“最佳工作场所”榜单，其中许多是有名的高利润公司：谷歌、斯堪的纳维亚航空公司（SAS）、爱德华·琼斯（Edward Jones）投资公司、REI户外用品公司等。然而，并不是所有的快乐都有功效。

比如，尽管某员工会因团队成员完成了团队项目的大部分工作而感到快乐，但这种快乐并不一定会使她更努力工作。为了让员工更快乐而采用的一些方式看上去与利润的增长没有直接关系，比如谷歌的保龄球馆和爱尔兰酒吧、脸书的免费巧克力午餐、Salesforce.com的破纪录派对。传统的福利计划也不一定能带来更高的工作满意度、生产率和利润。调查表明，员工非常重视带薪休假，也非常看重401（k）养老金计划以及更低的医疗保险费。虽然许多公司会给员工提供这样的福利，但它们与《财富》500强企业的利润差距还是相当大的。

事实证明，保持快乐带给公司的益处可能体现在员工的敬业度上。就像咨询公司韬睿惠悦（Towers Watson）总经理朱莉·加保尔（Julie Gebauer）所说，“并不仅仅是为了让他们快乐——这跟公司业务没关系。提高他们的敬业度才是目的”。快餐品牌Jack in the Box的执行副总裁马克·布兰肯希普（Mark Blankenship）写道，对工作的敬业度“即员工对工作的投入……要看他们愿意为工作付出多少努力”。工作敬业度高且快乐的员工更愿意努力工作，也更能令顾客满意，且会一直留在公司——这三点在很大程度上影响了公司的利润。一篇对300多项研究进行汇总的文献综述显示，工作中的不良态度或较低的敬业度会引起员工流动率上升，最终导致组织绩效越来越差。

这篇文章的主旨就是：在职场中，你希望如何被对待，就应该如何对待他人。这只是一笔很好的生意。

资料来源：Based on M. H. Blankenship, “Happier Employees + Happier Customers = More Profit,” *HR Magazine*, July 2012, 36–38; A. Edmans, “The Link between Job Satisfaction and Firm Value, with Implications for Corporate Social Responsibility,” *Academy of Management Perspectives* (November 2012): 1–19; “Getting Them to Stay,” *Workforce Management* (February 2013): 19; J. K. Harter et al., “Causal Impact of Employee Work Perceptions on the Bottom Line of Organizations,” *Perspectives on Psychological Science* (July 2010): 378–89; T.-Y. Park and J. D. Shaw, “Turnover Rates and Organizational Performance: A Meta-Analysis,” *Journal of Applied Psychology* (March 2013): 268–309; and J. Waggoner, “Do Happy Workers Mean Higher Profit?” *USA Today*, February 20, 2013, B1–B2.

感到不满的员工往往会由于特殊因素而产生一种或多种特定反生产工作行为。这也是反生产工作行为的一个重要特点。有的员工可能辞职，有的可能在工作时间上网，有的可能把公家的东西挪为私用。简言之，那些对工作感到不满的员工会用不同方式进行“报复”。由于这些方法可能极具创造性，仅仅控制某种行为（例如实施缺勤控制政策），并不会消除这种行为的真正根源。要想有效控制员工因对工作不满而导致的不良后果，雇主应当消除问题的根源，而不是竭力控制员工表现不满的各种方式。

一些研究表明，反生产工作行为有时是对不公平感的一种情绪反应，也是员工试图恢复公平交换感的一种方法。[67] 例如，有人从办公室里为他的孩子拿了一盒记号笔回家，这样做符合道德吗？有些人会认为这是偷窃，而其他人在做决定前可能会考虑该员工对组织的贡献等因素：这个人是否慷慨地为组织付出了额外的时间和努力，却很少得到感谢或补偿？如果是这样的话，他们可能会把反生产工作行为看作尝试“扯平”的一种行为。

作为一名管理者，你可以采取措施来减少反生产工作行为。例如，你可以调查员工的态度，找出工作场所中需要改进的地方，尝试对反生产工作行为进行衡量。一些研究表明，在反生产工作行为的可观察性方面，员工对自身反生产工作行为的汇报和来自同事或主管的汇报一样有效。[68] 建立强大的团队、整合团队内部的监管、提供正式的团队政策以及引入基于团队的激励措施可能会减少反生产工作行为的传播。而这种传播可能会降低团队的标准。[69]

缺勤 我们发现，满意度和缺勤之间存在稳定的负相关关系，但这种相关为中低程度。[70] 当有大量的工作机会可供选择时，不满意员工的缺勤率较高；但是当他们别无选择的时候，他们的缺勤与满意的员工一样低。[71] 组织在病假方面提供慷慨的福利待遇，实际上就是在鼓励所有的员工（包括那些满意度很高的员工）去休病假。即便你觉得对工作很满意，也仍然愿意多休息几天，享受一个连续3天的周末，只要这些假期是带薪的，而且不会受到任何惩罚。

离职 工作满意度和离职的相关性比工作满意度和缺勤的相关性更高。[72] 一般而言，工作满意度下降很可能意味着有离开的打算。离职也与工作场所的环境相关。如果员工所在的工作场所总体的工作满意度较低进而导致离职，就会出现传染效应。这表明，管理者在把员工安排到某个岗位上的时候，应该考虑到同事的工作满意度（和离职）之间的这种影响模式。[73]

满意度与离职的关系会受到可供选择的工作机会的影响。如果员工接受了其他的工作机会，工作不满意度对离职的预期作用就要大打折扣，此时员工更可能因为“拉力”（其他工作的诱惑）而不是“推力”（当前工作的不足之处）而离开。同理，当其他就业机会很多时，工作不满意度很可能转换成离职。当员工拥有高“人力资本”（高学历、能力强）时，工作不满意度更可能转化成离职，因为他们拥有或者他们觉得自己拥有许多可选择的工作机会。[74]

一些因素可能会降低工作不满意与离职之间的相关性。员工的嵌入度指员工与工作和社区的联系。它可以减小离职的可能性，尤其是在集体主义文化中。[75] 嵌入度高的员工似乎更不可能考虑换一份工作。

3.7.2 管理者通常“没有真正注意员工满意度问题”

从我们刚刚回顾的一些证据来看，工作满意度会影响企业的盈亏。一家管理咨询公司做了一项研究，它将一些大型组织分成斗志旺盛（超过 70% 的员工表现出整体工作满意度）、斗志中等和斗志低落（不到 70%）三种类型。斗志旺盛组的公司股票价格上升了 19.4%，而斗志中等组或斗志低落组只上升了 10%。除此之外，很多管理者并不关注员工的工作满意度。其他一些管理者把员工的满意度估计得过高，所以出现问题时他们也不以为然。在一项针对 262 位大老板的研究中，86% 的高级管理人员认为他们的组织对员工不错，但只有 55% 的员工认同这种说法。另一项研究发现，55% 的管理者认为他们组织的斗志良好，但持相同看法的员工仅占 38%。[76]

定期的统计调查可以缩小差距，这个差距来自管理者认为的员工感受与员工的真实感受。无论是大公司还是小企业，这种理解上的差距都会对盈亏产生影响。休斯敦肯德基餐厅的经理乔纳森·麦克丹尼尔（Jonathan McDaniel）每三个月就会对他的员工做一次统计调查。他会根据某些结果做出改变，比如在哪个工作日可以休息的问题上给予员工更大的发言权。麦克丹尼尔相信这个过程本身也是有价值的。“他们非常乐意说出自己的意见，”他说，“他们有发言权，而且有人倾听，这是最重要的。”统计调查并不是解决一切问题的万金油，但如果工作态度就像我们认为的那样重要的话，我们就需要想尽一切合理的办法来改善工作态度。[77]

本章小结

管理者应该关心员工的态度，因为态度会影响员工的行为，而且可以预示潜在的问题。创造令人满意的工作场所并不能保证组织获得高的绩效水平。但是，有确凿的证据表明，管理者为改善员工态度所做出的努力都可能产生积极的成果，包括更强的组织有效性、更高的客户满意度和利润的增长。

对管理者的启示

- 请记住，在工作满意度、工作卷入、组织承诺、组织支持感和员工敬业度等主要的工作态度中，员工的工作满意度是预测行为的最佳单一因子。
- 关注员工的工作满意度，将其看作绩效、离职、缺勤和退缩行为的决定因素。
- 定期衡量员工的工作态度，以判断员工是如何对他们的工作做出反应的。

- 为了提高员工满意度，将每个员工的工作兴趣与其工作内容相匹配，使他们的工作既有挑战性又有趣。
- 仅靠高薪无法营造出令人满意的工作环境。

复习题

1. 态度包括哪三个主要成分？
2. 态度始终决定行为吗？
3. 工作态度的主要类型有哪些？
4. 怎样衡量工作满意度？
5. 哪些因素会影响工作满意度？
6. 工作满意度的三个后果是什么？
7. 员工对工作满意度有何反应？

观点碰撞　雇主与员工之间的忠诚已经过时了

正方

"忠诚"这个词早就过时了。雇主雇用员工一辈子的时代早已不复存在，同样，员工不会再把自己的职业生涯与一家公司绑定。

琳达·格拉顿（Linda Gratton）教授说："忠诚已死——消灭它的是越来越短的工作合同、越来越多的业务外包、自动化以及多重职业发展趋势。面对长达50年的职业生涯，谁想把那么多时间全耗在一家公司？"许多雇主认可这一观点。有59%的雇主在调查中觉得自己对员工是忠诚的，只有32%的雇主认为员工对自己是忠诚的。

双方能给彼此的忠诚都很脆弱。这一点在很大程度上是有根据的：为什么要留住那些表现不佳的员工呢？这只是一个雇主要以尊重的态度来对待员工忠诚的问题。然而，违反这一准则的行为时有发生。比如，雷诺公司以不实的商业间谍指控终止了员工米歇尔·巴尔塔扎（Michel Balthazard）（以及其他两名员工）长达31年的职业生涯。在这一错误指控被公之于众后，雷诺敷衍了事地提出这些人可以重新回去工作，并毫无诚意地道歉说："雷诺感谢他们为公司所做的高质量工作，并祝他们在未来一切顺利。"

至于员工对雇主的忠诚，更是一文不值。德勤会计师事务所的一名经理说，如今员工的态度是："我要走了，我在这里收获了宝贵的经验，我会带着收获离开。"雇主本身也没有对员工的忠诚度抱有很大期望。实际上，研究表明，在刚大学毕业的人群中，只有9%的人会在不喜欢一份工作的情况下继续工作一年以上。但这没什么不对。一名留在组织但是对工作不满的"忠诚"员工可能会带来很大的损害。在最好的情况下，这个人只是工作效率比较低。而在最坏的情况下，这个人可能会长期采取破坏性的反生产工作行为。对员工而言，一直留在一个组织会限制他们的职业前景和收入前景。

越早看清职场的本质（大多是过渡性的或者中短期的工作）越好。职场可不是做忠诚的白日梦的地方。

反方

我方同意，对雇主和员工而言，"忠诚"这个词已经过时了。但这一基本概念在工作场所中依然是有效的，只是我们现在会用组织信任或组织承诺等更精细的标准来衡量忠诚。互不忠诚的雇主和员工当然存在，但这并不是应有的常态。

管理大师汤姆·彼得斯（Tom Peters）说："忠诚是底线，非常重要。不管是过去、现在还是未来，都是如此。"密歇根大学的戴夫·乌尔里克（Dave Ulrich）说："对那些信奉忠诚度的领导者来说，理想的员工不但要对工作全身心投入，还要能从工作中找到意义。"承诺、敬业、信任，这些都是忠诚的基石。

如今的雇佣关系确实发生了变化。比如，（基本上）再也不会有雇主愿意单方面全额支付养老金。但情况真的有那么糟吗？很多雇主依然会帮助员工管理他们的退休计划。

并不是说忠诚不复存在，只不过雇主所忠于的员工和以前不一样了。雇主不再不好意思开除那些一辈子守着铁饭碗却能力不足的老员工。这是一件好事，因为这些员工会降低工作效率和士气。在一个全球化的世界里，客户有很多选择，因此那些不把没有贡献的员工清除出去的组织将不会有竞争力。相反，公司会忠于那些工作能力出色的员工，本就应该如此。

简单来说，当组织及其成员的行为恰当时，员工就会变得忠诚，即在信任、敬业和承诺方面表现优秀。拥有更好的管理者并且给员工赋权的雇主可以获得较高的忠诚度。和员工在组织中工作多年以换取组织优待的模式相比，这种真正的互惠关系是一种更强大的商业模式。信任和忠诚的纽带取决于个人之间的关系。职场心理学家宾纳·坎多拉（Binna Kandola）观察发现："职场虽然改变了，但忠诚是不灭的——人与人之间的这种纽带太强大了。"

资料来源：Based on "If You Started a Job and You Didn't Like It, How Long Would You Stay?" *USA Today*, June 11, 2012, 1B; O. Gough and S. Arkani, "The Impact of the Shifting Pensions Landscape on the Psychological Contract," *Personnel Review* 40, no. 2 (2011): 173–84; "Loyalty Gap Widens," *USA Today*, May 16, 2012, 1B; P. Korkki, "The Shifting Definition of Worker Loyalty," *The New York Times*, April 24, 2011, BU8; I. Macsinga, C. Sulea, P. Sarbescu, and C. Dumitru, "Engaged, Committed and Helpful Employees: The Role of Psychological Empowerment," *Journal of Psychology* 149, no. 3 (2015): 263–76; M. Top, M. Akdere, and M. Tarcan, "Examining Transformational Leadership, Job Satisfaction, Organizational Commitment and Organizational Trust in Turkish Hospitals: Public Servants versus Private Sector Employees," *International Journal of Human Resource Management* 26, no. 9 (2015): 1259–82; and "Is Workplace Loyalty an Outmoded Concept?" *Financial Times*, March 8, 2011, www.ft.com/, accessed July 29, 2015.

知识应用和就业力

正如我们在本章开篇关于咖啡师的讨论中提到的，你的知识、技能和能力决定了你在工作场所的表现，你的工作态度也很重要。工作满意度、工作卷入、员工敬业度、组织承诺和组织支持感都会影响你、你的同事以及你的老板在工作场所的行为和表现。首先，你的工作单位的工作态度会影响盈亏——态度会影响客户服务以及销售业绩。其次，工作态度和满意度可以通过多种方式进行评估，以对组织的员工持续"把脉"。再次，了解工作态度的形成原因和工作态度的结果/后果可以帮助你制定政策、实践和确定程序（当你身处监管岗位时）；或帮助你卷入行为（当你是员工时），进而帮助你改善工作场所的态度。在本章中，你提高了自己的批判性思维能力，考虑了和工作场所的社会责任相关的各种情况，包括：快乐的员工是否会提高利润率、如何在讨厌自己的工作时保持前进、办公室交谈和发泄带来的陷阱与好处，以及员工忠诚是否已经过时。接下来，你将继续提高自己的批判性思维技能，并应用你在工作态度方面的知识反思你在当前或以前的工作中持有的态度，检查员工上树洞网站的道德规范，并仔细评估自助服务站和工作重塑对工作态度的影响。

体验练习

工作态度情景面试

每个班级成员都要考虑在工作场所中让自己感到满意或不满意以及有承诺感或无承诺感的事件。即使学生从未被雇用过，他们也可以想象。每个学生在纸条上尽可能详细地写下这段经历。完成后，每个学生与另一个学生交换自己的纸条。学生们将根据需要轮流询问并记录以下问题的答案。

1. 你当时有什么感觉？这件事发生时你在想什么？你是否想过在那一刻做点什么？

2. 你的感觉和想法所针对的目标是什么？例如，它们是否针对你的组织、工作、同事、工资和福利？

3. 是什么让你在那一刻产生了满足感和承诺感？

4. 根据你的经历，你实际上做了什么？结果如何？

然后，学生们可以重新组成班级，分享大家的发现，并讨论以下问题。

1. 你认为工作态度中的情感、认知或行为成分有可能相互冲突吗？为什么？

2. 工作态度能针对不同的目标吗？为什么？这将如何影响满意和承诺所带来的行为结果？

3. 你相信工作态度会随着时间的推移而改变吗？还是说每个人都有自己对每一份工作所表现出的典型工作态度？

道德困境

树洞网站

一位员工匿名写道："傲慢、卑鄙、可恨……这些特质描绘了网飞里最好的人。"可口可乐公司的一位市场开发经理写道："管理令人害怕……好的老男孩俱乐部。"此类评论在网站上层出不穷。Glassdoor 是允许任何人对雇主进行评价的网站之一，在该网站上，可口可乐公司有 1 600 条员工评论，有些公司如谷歌的评论是其两倍。

像 Glassdoor 这样的网站正在蓬勃发展，越来越多的员工加入论坛，似乎很享受自由发言。应用程序 Memo 声称在大约 3 个月内获得了 1 万名新成员。Memo 允许用户发布、评论和共享链接。Memo 还允许上传照片和文件，而这将引起各个组织对安全方面的关注。

Memo 母公司 Collectively 的首席执行官瑞安·詹森（Ryan Janssen）表示，Memo、Yik Yak 和 Whisper 等应用程序可以让老板获得他们原本无法得到的坦诚反馈。詹森说："（当管理者直接要求反馈时）员工自然而然的反应是说出你想听的话。"这是有道理的——研究表明，员工会在老板面前"装出一副快乐的样子"。他说，当知道帖子不是匿名的时，"人们会戴上奇怪的专业假面"。

组织知道，当人可以被识别时，说话会小心翼翼。由于这个原因，许多组织会采用匿名方式进行工作态度调查。尽管如此，与匿名网站的反馈相比，这些调查中的评价往往更偏向赞扬，而且不够详细。因此，一些组织改变了调查的频次和范围，以获得更深入的结果。另一些公司则利用自己的内网平台来收集关注的问题和投诉。

在网上发布对个人或组织的刻薄批评，即与世界分享你不会在私下里分享的细节。这一行为除了涉及个人层面的不道德以外，还涉及组织道德问题。维萨、波音和惠普等公司一直试图阻止员工匿名在网站和应用程序上泄密，但这样的要求可能会侵犯员工的言论自由权。匿名帖子能匿名到什么程度？Glassdoor和其他论坛上的帖子会隐藏个人的名字，难道这样老板就不确定是哪个下属发布评论了吗？世界各地的管理者都需要决定什么程度的管理调查是合乎道德的，如果可以的话对下属的匿名发帖怎样处理。

通过每周若干次的民意调查，芝加哥一家数字营销机构的联合创始人格兰特·沃多里（Grant Vodori）成功地从他的员工那里获得了坦率的答案。他问自己："结果有时候有点吓人。我是真的想知道这个问题的答案吗？"

◆ **问题**

1. 你认为员工有权在网上而不是私下里表达他们对组织的看法吗？

2. 如果你了解到一位员工对你这名经理发表了耿直坦率的评论，你会有什么反应？如果员工发表了关于你个人的负面评论，你的反应会有什么不同吗？

3. 你认为匿名发表评论可以接受，还是人们应该署名？为什么？

资料来源：Based on L. Gilman, "Memo App Lets Workers Vent Anonymously about the Boss," *The Wall Street Journal*, January 21, 2015, B7; Glassdoor.com; A. S. McCance, C. D. Nye, L. Wang, K. S. Jones, and C. Chiu, "Alleviating the Burden of Emotional Labor: The Role of Social Sharing," *Journal of Management* (February 2013): 392–415; R. E. Silverman, "Are You Happy in Your Job? Bosses Push Weekly Surveys," *The Wall Street Journal*, December 3, 2014, B1, B4; and R. E. Silverman, "Workers Really Do Put on a Happy Face for the Boss," *The Wall Street Journal, January* 29, 2015, D4.

案例分析 1

自助服务站：从人到机器人

黛比·洛夫威尔－塔克（Debbie Lovewell-Tuck）是《员工福利》（*Employee Benefits*）杂志的编辑。她回忆起自己在一家大银行实习的经历。"世界上第一家机器人酒吧"在附近开了一家店，店中有一位名叫Cynthia的机器人酒吧女招待。机器人的菜单里有近60种不同的鸡尾酒，这些鸡尾酒的制作有时相当不可靠。黛比在回忆中指出，在研究以机器人或自动化过程取代人的趋势时，应该考虑诸多问题。

然而，许多组织，特别是服务行业的组织（如温迪快餐连锁店、Panera Bread连锁店等）正迅速采用自动化解决方案。例如，总部设在圣迭戈的一家快餐连锁店Jack in the Box使用自助售货亭大获成功。到目前为止，它已在近1/5的门店中应用了自助售货亭。Johnny Rockets也在测试将自助服务站用于处理其澳大利亚商店的外卖订单。这些服务站初步取得成功。服务站软件与当前的订购软件结合得很好，提供了一种新的、舒适的用户体验，并使得品牌形象焕然一新。许多注重快捷和轻松的公司注意到，这种自动化有助于提高客户服务的一致性，使客户能够掌控和定制他们自己的体验，并使员工能够专注于其他任务，如餐厅清洁、食物准备和客户服务，进而缩短下单时间。一些组织指出，它们发现培根、奶酪、鳄梨等高热量食品的销售有所增加，还有一些组织一直在使用这项技术来推动更健康的结果。例如，Tin Drum Asia Café 的史蒂文·陈（Steven Chan）设计了商店的服务站，顾客若“选择‘降低血压’，智能菜单就会引导他们去品尝更健康的菜肴”。

对于这些自助服务站，人们的反应一般是积极的。在大学生中，60% 的人使用过自助服务站，但对于所有年龄的用户来说，这一比例要低得多。不过，自动化服务的扩展对这些组织中的员工工作态度有什么影响？一些研究表明，低技能工人倾向于对机器人自动化做出更消极的反应，将其视为对工作安全感的威胁。高技能工人则不会这样，他们往往更积极地看待这些问题。工作不安全感不仅源于对裁员的恐惧，而且源于工作所需技能的变化、获得完成工作所需资源的途径的变化以及给予雇员的决策自主权的减少。在自动化流程增加导致裁员后，那些被“落下”的员工可能会认为这些流程是不公平和不公正的。他们的态度会受到负面影响。考虑到基于服务站的自动化服务形式迅速扩展，这一新的技术发展似乎将持续下去。

◆ 问题

1. 你认为自助服务站最终会改善还是恶化员工的态度？为什么？

2. 你认为哪些类型的工作态度会因改用自助服务站而受到影响？你认为顾客的态度也会受到影响吗？为什么？

3. 组织可以做些什么来缓和向自助服务站过渡时引发的问题，并保持员工的工作态度？在引入自助服务站时，能否在客户态度和员工态度的改善之间找到平衡？

资料来源：Based on G. Blau, D. S. Tatum, K. McCoy, L. Dobria, and K. Ward-Cook, “Job Loss, Human Capital Job Feature, and Work Condition Job Feature as Distinct Job Insecurity Constructs,” *Journal of Allied Health*, 2004, 33(1): 31–41; G. T. Chao and S. W. J. Kozlowski, “Employee Perceptions on the Implementation of Robotic Manufacturing Technology,” *Journal of Applied Psychology*, 1986, 71(1): 70–76; S. Coomes, “Smooth Operators: Chains Share Their Tips for Improving Speed, Site Selection, and Sales,” *Nation’s Restaurant News*, 2012, 46(14): 20; C. Gilder, “Self-Order Kiosks Gain Fans among Restaurants, Consumers,” *Fast Casual* (September 19, 2016), https://www.fastcasual .com/blogs/self-order-kiosks-gain-fans-among-restaurants-consumers/; E. Maras, “Johnny Rockets Tests Self-Order Kiosks in Moving to a QSR Format,” *Fast Casual* (December 14, 2016), https://www.fastcasual.com/articles/johnny-rockets-tests-self-order-kiosks-in-moving-to-a-qsr-format/; D. Lovewell-Tuck, “Coming to Terms with the Rise of the Robots,” *Employee Benefits* (February 1, 2017): 3; B. J. Petzall, G. E. Parker, and P. A. Stoeberl, “Another Side to Downsizing: Survivor’s Behavior and Self-Affirmation,” *Journal of Business and Psychology*, 2000, 14(4): 593–603.

案例分析 2

工作重塑

法蒂玛（Fatima）是一名企业中层管理者，工作表现相当不错。她总能按时完成目标，与同事关系良好，高层认为她很有潜力。但她对自己的工作并不满意。例如，她更感兴趣的是如何把社交媒体运用到组织的各种营销工作中，但她的工作不允许她实践这个想法。她想辞职，然后找一份能让自己更有激情的工作，但鉴于目前个人的经济状况，这不是明智的选择，所以她决定主动重塑现在的工作。

法蒂玛采取的这种方式要求个人慎重地重新安排自己的工作，使这份工作更符合个人的动机、长处和兴趣。那么法蒂玛是如何重塑自己的工作的？她首先注意到，自己花太多的时间监督团队绩效和解答疑问，没有把足够多的时间花在能够激发创造性的项目上。随后，她思考了如何调整与团队的关系，确保她的工作既能让她对社交媒体保持热情，又能让团队工作更多地集中到新市场开拓上。她还挑选出那些也许可以帮她实施新策略的团队成员，并主动与这些人交流，使大家朝着她的新目标努力。结果，她对工作的投入度提高了，她的新想法也得到了广泛认可，并在组织内推行。总之，她发现积极主动地审视自己的工作后，可以将工作塑造成真正让她满意的样子。

你可能注意到，法蒂玛表现出的是一种积极主动的个性——她非常渴望践行自己的选择，并为自己找到可供利用的资源。主动的人往往会自我授权，感到不满的时候，他们更可能去寻找可行的解决方案。通过研究我们相信，法蒂玛在为自己量身定制的工作中必然发挥出色，而她也将体验到更强烈的幸福感。因此，所有员工都应该从中受到鼓舞，尽可能积极主动地为自己创造最佳的工作环境。

◆ **问题**

1. 组织是否应该努力创造让员工满意的工作岗位？
2. 这里所描述的重塑工作的原则与你的工作或学习相关吗？为什么？
3. 工作重塑有哪些潜在的弊端？如何使这些弊端最小化？

资料来源：Based on A. B. Bakker, M. Tims, and D. Derks, “Proactive Personality and Job Performance: The Role of Job Crafting and Work Engagement,” *Human Relations* (October 2012): 1359–78; A. Wrzesniewski, J. M. Berg, and J. E. Dutton, “Turn the Job You Have into the Job You Want,” *Harvard Business Review* (June 2010): 114–17; A. Wrzesniewski and J. E. Dutton, “Crafting a Job: Revisioning Employees as Active Crafters of Their Work,” *Academy of Management Review* 26 (2010): 179–201; and G. R. Slemp and D. A. Vella-Brodrick, “Optimising Employee Mental Health: The Relationship between Intrinsic Need Satisfaction, Job Crafting, and Employee Well-Being,” *Journal of Happiness Studies* 15, no. 4 (2014): 957–77.

注 释

第4章 情绪与心境

Emotions and Moods

学习目标

学完本章后，你应该能够：

1. 区分情绪和心境。
2. 识别情绪与心境的来源。
3. 描述情绪劳动对员工的影响。
4. 描述情感事件理论。
5. 描述情绪智力。
6. 了解情绪调节策略。
7. 将关于情绪和心境的概念应用到组织行为的具体问题中。

就业技能矩阵

	传言还是科学	职业目标	道德抉择	观点碰撞	体验练习	道德困境	案例分析 1	案例分析 2
批判性思维			✔	✔	✔	✔	✔	✔
沟通	✔	✔		✔			✔	
合作	✔	✔		✔			✔	
知识应用与分析			✔	✔	✔	✔	✔	✔
社会责任		✔	✔	✔		✔		

持续反对

达拉普林（Daraprim）是一种用于治疗弓形虫病的药物，弓形虫病是一种由寄生虫感染引起的致命疾病。2015年9月，这种药物由一家拥有生产和经销权的药企以每片13.50美元的价格销售。

没人料到这种药的价格会在一夜之间上涨超过 5 000%，达到 750 美元一片，病人所需的费用达到每年几十万美元。图灵制药（Turing Pharmaceuticals）首席执行官马丁·什尔克利（Martin Shrkeli）在收购这家公司后同意涨价，原因是按照之前每片 13.50 美元的价格销售将无法盈利。

这一价格的变化立即引起了公众的强烈愤慨，使什尔克利获得了“美国最令人痛恨的人”和“医药商”等不讨人喜欢的称号。提高达拉普林的价格并不是他令许多人反感的唯一行为，他为价格上涨辩护的固执己见和厚颜无耻更令人厌恶。什尔克利在众议院监督和改革委员会举行的以高药品价格为重点的听证会上被传唤做证后，在推特上发了一条关于国会议员的推文，他讽刺说，他们正忙着向“医疗保健记者”抱怨听证会。

什尔克利并不是唯一一个参与这类涨价事件的人。值得注意的是，迈兰制药公司（Mylan）首席执行官希瑟·布雷施（Heather Bresch）在 7 年内不断提高肾上腺素笔 EpiPens 的价格，涨幅超过 1 000%。EpiPens 用于治疗过敏反应，这种过敏反应可能会导致生命危险，而每 50 个美国人中至少有一人有过这种过敏反应。正如抗议鲍尔森公司（Paulson & Co.）投资迈兰公司的照片所示，近几年，示威者已在各行各业全力抗议这些决定。康涅狄格州参议员理查德·布卢门撒尔（Richard Blumenthal）等政界人士也表达了对牟取暴利的厌恶：“不幸的是，这只是处方药价格飙升这一贪婪趋势的一个新案例。这种趋势伤害了消费者，限制了健康选择，扼杀了我们的经济。”

这些药物牟取暴利的案例突出了一种道德与法律之间令人不安的紧张关系：虽然以这种方式确定药物价格是合法的，但许多人认为，这样做可能增加许多无法获得药物的人的痛苦，是不道德的。然而，什尔克利为自己的行为辩护，他可以理解这一行为“看起来多么贪婪”，但他的公司的策略实际上具有很多利他的特性，比如极大地提高了达拉普林的可获得性，降低了共同支付额。然而，美国药品研究和制造商协会（Pharmaceutical Research and Manufacturers of America，PhRMA）在推特上反驳了这一逻辑。《纽约时报》专栏作家凯蒂·托马斯（Katie Thomas）指出：“几乎没有人真正按这种价格支付。药房效益经理为保险公司管理药物计划，而保险公司和他们协商折扣和回扣，从而降低药物的有效成本。”他的说法描绘出一幅比表面上看起来更复杂的药物定价情形。

不管怎样，只要有不公平、受伤害和被欺骗的感觉，公众的愤怒就会持续下去。约翰斯·霍普金斯大学医史学家杰里米·格林（Jeremy Greene）指出，尽管 PhRMA 开始推进新的广告活动，重点是药物创新和令人振奋的新治疗形式，但是“对普通美国人来说，如果他们没有信心支付得起或者能获得治疗机会，那么新的令人兴奋的癌症治疗方法和他们又有什么关系呢”？

资料来源：Based on A. E. Cha, “CEO Martin Shkreli: 4,000 Percent Drug Price Hike Is ‘Altruistic,’ Not Greedy,” *The Washington Post*, September 22, 2015, https://www.washingtonpost.com/news/to-your-health/wp/2015/09/22/turing-ceo-martin-shkreli-explains-that-4000-percent-drug-price-hike-is-altruistic-not-greedy/; U. W. Chohan, “Martin Shkreli and the Outrage of Inequality,” *The Conversation*, January 7, 2016, http://theconversation.com/martin-shkreliand-the-outrage-of-inequality-52812; C. Y. Johnson, “‘Pharma Bro’ Martin Shkreli Responds to a Subpoena with Sarcastic Tweets,” *The Washington Post*, January 21, 2016, https://www.washingtonpost.com/news/wonk/wp/2016/01/21/pharma-bro-martin-shkreli-isresponding-to-a-subpoena-with-sarcastic-tweets/; B. Popken, “Martin Shkreli Weighs In on EpiPen Scandal, Calls Drug Makers ‘Vultures,’” *NBC News*, August 19, 2016, http://www.nbcnews.com/business/consumer/martin-shkreli-weighs-epipen-scandal-calls-drug-makersvultures-n634451; K. Thomas, “The Complex Math Behind Spiraling Prescription Drug Prices,” *The New York Times*, August 24, 2016, https://www.nytimes.com/2016/08/25/business/high-drug-prices-explained-epipen-heart-medications.html?_r=0; and Z. Thomas and T. Swift, “Who Is Martin Shkreli—‘the Most Hated Man in America’?” *BBC News*, September 23, 2015, http://www.bbc.com/news/world-us-canada-34331761.

正如人们会对牟取暴利感到愤怒，情绪可以极大地影响我们对他人的态度、我们的决策和行为。它甚至可能引发冲突，造成潜在的灾难性后果。事实上，我们不能对自己的情绪置之不理，我们可以认识它们并与之共处。而且并不是所有的情绪都对我们有负面影响。

情绪在我们的生活中扮演着重要的角色，你也许会疑惑，为什么直到最近组织行为学领域才开始关注情绪这一问题。为什么？一般来说，工作场所的情绪历来被认为是不利于工作绩效的。尽管管理者知道情绪是日常生活中不可分割的一部分，但他们确实曾经试图创造脱离情绪的组织。研究人员倾向于关注那些会干扰员工工作效率的强烈的负面情绪，尤其是愤怒。

值得庆幸的是，这种思维方式正在改变。当然，有些情绪会妨碍工作绩效，特别是那些在错误的时间表现出来的情绪。而其他一些情绪是中性的或建设性的。员工每天都会将自己的情绪带到工作中，因此，如果不考虑情绪在工作场所行为中的作用，任何关于组织行为的研究都是不全面的。

4.1 什么是情绪和心境

首先，我们会讨论三个密切相关的概念：情感、情绪和心境。

情感（affect）是所有感觉的统称，包含情绪和心境两个成分。[1] **情绪**（emotion）是一种强烈的、离散的、短暂的情感体验。[2] **心境**（mood）则是一种比情绪更持久、更弱，并且通常不会因为某个具体事件的刺激而产生的情感。[3] 图表 4－1 展示了情感、情绪和心境之间的关系。

图表 4－1 情感、情绪和心境

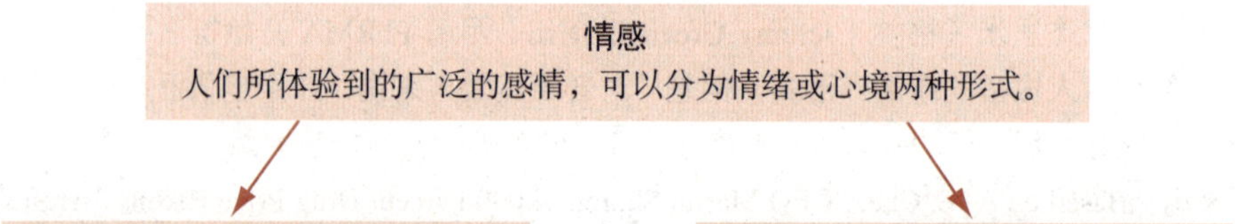

虽然情感、情绪和心境在理论上是独立的，但在实践中，这些差异并不总是十分明显。当我们回顾组织行为学中情绪和心境方面的研究主题时，就会看到一些领域中情绪方面的信息多一点，另一些领域中心境方面的信息多一点。不过，这只是目前的研究状况。让我们先对基本的情绪做一个回顾。

传言还是科学　笑一笑，工作更顺利

微笑并不总是一种情绪表达，还被用作普遍适用的社交利器。在大多数组织中，微笑可以营造出一种积极的氛围，你对别人微笑，别人通常也会下意识地报以微笑。然而，如果你的经理正在气头上，这个时候对他微笑可就行不通了。事实上，笑还是不笑，经常暗示了办公室政治里的权力博弈。

对“老板效应”（boss effect）的研究发现，谁来微笑是由更有权势的一方决定的。下属通常会对老板微笑，而老板不一定会回应下属的微笑。这一定程度上可能是因为人们越来越期待员工在工作中有幸福的表情。然而，这种关系在各个国家的文化中不尽相同。一项研究表明，美国的受访者经常对他们认为有社会权力的人微笑。一些研究人员发现，当一个人感觉自己很有权力的时候，通常不会回应别人的微笑，即便对方地位很高。相反，当人们感到自己没什么权力的时候，对任何人的微笑都会回应。“你感觉到的权力和地位，决定了你是否愿意回应别人的微笑。”认知神经学家埃文·卡尔（Evan Carr）肯定了这一观点。

有关微笑的科学已经超出情绪表达的范畴。对“老板效应”的研究表明，老板生气时可能不会回应你的微笑，开心时同样不会。“表情并不能完全代表我们真实的心理感受。”德国不来梅雅各布大学情绪研究教授阿尔维德·卡帕斯（Arvid Kappas）说。这表明，当我们希望向他人展示积极情绪时，要做的不仅仅是微笑。比如，为了让顾客开心，服务代表会提高嗓音，做出鼓励性的手势，并配以精力充沛的肢体动作。

微笑虽然是一个新的研究领域，但可以确定的是，“老板效应”确实有许多实际应用。例如，管理者和员工可以通过自省来改变自己的习惯，更好地意识到自己对待他人时根深蒂固的倾向。通过声音的变化、手势以及措辞全面地展示自己的积极情绪，也许比一个简单的微笑更有助于建立良好的商业关系。

资料来源：Based on R. L. Hotz, “Too Important to Smile Back: The ‘Boss Effect,’” *The Wall Street Journal*, October 16, 2012, D2; P. Jaskunas, “The Tyranny of the Forced Smile,” *The New York Times*, February 15, 2015, 14; and E. Kim and D. J. Yoon, “Why Does Service with a Smile Make Employees Happy? A Social Interaction Model,” *Journal of Applied Psychology* 97 (2012): 1059–67.

4.1.1 基本的情绪

情绪有多少种？愤怒、轻蔑、热情、羡慕、害怕、挫败、失望、困窘、厌恶、快乐、憎恨、希望、嫉妒、欢快、热爱、骄傲、惊奇、悲伤，多达几十种。许多研究者曾试图把众多情绪限定在一个更基础的情绪集合中。[4] 一些研究者认为，着眼于基本的情绪来思考可能会让我们忽略大局，因为情绪在不同的环境中可能代表不同的含义，并且其含义在不同的文化中也会有所不同。[5]

心理学家试图通过研究我们对情绪的表达方式来识别基本的情绪。事实证明，面部表情很难被理解。[6] 这种方法存在的一个问题是，有的情绪太复杂，不容易通过面部表情表现出来。另一个问题是，虽然人们很大程度上可以跨文化识别情绪，达到比随机乱猜更高的水平，但对于彼此接触较少的文化群体而言，识别的准确性会变差。[7] 同时，某些文化规范会限制情绪表达。因此，我们对情绪的展示并不总是等同于我们对情绪的识别。例如，在奉行集体主义文化的国家中，文化规范倾向于克制情绪，人们更注重眼神；而在个人主义文化中，文化规范倾向于表达情绪，人们更注重口型。[8]

心理学家和哲学家永远不可能在基本的情绪集合方面达成一致，甚至在是否存在基本情绪这样的问题上也无法达成一致。不过，许多研究人员认同以下六种普遍的情绪——愤怒、害怕、悲伤、快乐、厌恶和惊讶。[9] 我们有时候会把快乐当作惊讶，但基本上不会混淆快乐和厌恶。

4.1.2 道德情绪

我们可能倾向于认为，人们的内在情绪是与生俱来的。例如，如果有人从门口跳出来突然出现在你面前，难道你不会感到惊讶吗？也许你会，但你也可能同时感受到另外五种普遍情绪——愤怒、害怕、悲伤、快乐或厌恶——这取决于实际情况。我们的情绪体验与我们对事件的解释密切相关。研究人员通过对**道德情绪**（moral emotion）的研究推进这一想法。也就是说，由于我们对于唤起情绪的情况的即时判断，这些情绪具有了道德意义。道德情绪的例子包括：对他人痛苦的同情、对自己不道德行为的内疚、对他人受到不公正对待的愤怒，以及对那些行为不道德的人的蔑视。

另一个例子是，我们对于违反道德规范的行为会感到不屑，即所谓的道德厌恶。道德厌恶和其他形式的厌恶是相互独立的。假设你不小心踩了牛粪，你可能会对此感到厌恶，但你不会感到道德上的厌恶——你可能不会做出道德判断。相反，假设你观看了一段警官发表性别歧视或种族主义诽谤言论的视频，由于它冒犯了你关于是非对错的认识，你可能会以一种不同的形式感到厌恶。事实上，根据你对情况的道德判断不同，你可能会感受到各种各样的情绪。[10]

研究表明，我们对道德情绪的回应和对其他情绪的回应是不同的。[11] 例如，当我们感到道德愤怒时，相对于仅仅感到愤怒，更有可能触发我们的情绪。然而，我们不能假设我们在道德层面上对事件的情绪反应和别人的一样。道德情绪是在儿童学习道德规范和标准的过程中发展起来的。因此，与其他情绪相比，道德情绪更依赖于情景和规范语境。道德是一种根据文化不同而不同的构建，道德情绪也是如此。所以，我们需要意识到触发我们情绪的情景所涉及的道德内容，并确保我们在采取行动前了解相关背景，尤其是在工作场所中。[12]

大家可以在各自的生活中对这项研究进行思考，以了解道德情绪是如何运作的。想一想，当你做了伤害他人的事情时，你会感到愤怒或不安吗？或者想一想，当你看到别人被不公正对待时，你会对实施不公正行为的人表示轻蔑，还是会对场景的公正性进行冷静、理性的考量？大多数人在想到这些场景时都会有一种情绪激动的感觉，这可能会促使他们做出一些道德行为，例如捐钱帮助他人、道歉并试图补偿，或者代表受虐待者进行干预。总之，我们可以得出这样的结论：至少在一定程度上，行为符合道德的人是根据他们的情绪和感觉来做出决策的。

情绪可能转瞬即逝，但心境可以持续很长一段时间。为了解情绪和心境在组织中的影响，我们接下来会把许多不同的情绪分为更广泛的心境类别。

4.1.3 基本的心境：积极情感和消极情感

为了研究心境和情绪在工作场所中的影响，首先我们把情绪分为两类：积极情绪和消极情绪。积极的情绪如快乐和感激，表达的是快乐的评价或情感。消极的情绪如愤怒或内疚，表达的内容正好相反。请记住：情绪不会是中性的，中性的感觉不是情绪。[13]

当我们把情绪分为积极和消极两类时，它们就变成了心境状态，因为我们是从更加整体的角度来看待这个问题，而不是孤立地看待具体的情绪。在图表 4－2 中，兴奋是高度积极情感的纯粹指标，而厌倦是低度积极情感的纯粹指标。紧张是高度消极情感的纯粹指标，而放松是低度消极情感的纯粹指标。最后，有的情绪如满意和悲伤则居于中间。你会注意到这一模型并没有包括所有的情绪。有的情绪，如惊讶，既不是明显积极的，也不是明显消极的，所以无法匹配。

图表 4－2 心境的结构

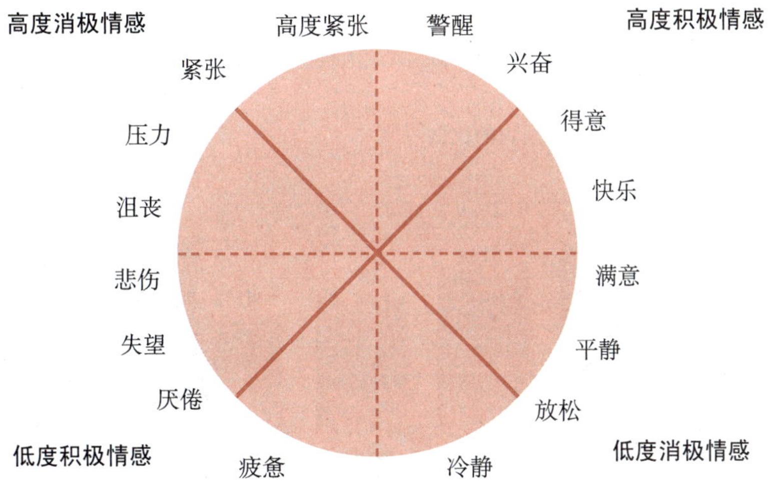

因此，我们可以把**积极情感**（positive affect）作为心境的一个维度，它由积极的情绪组成，在程度高的一端包括如兴奋、得意、快乐等高度积极情感。**消极情感**（negative affect）是心境的另一个维度，它在程度高的一端由紧张、压力、沮丧等高度消极情感组成。[14] 虽然我们很少同时体验到积极情感和消极情感，但随着时间的推移，人们体验两种情感的多少确实会有所不同。有些人可能会在一周的时间里体验到相当多的积极情感和消极情感，我们把他们称作情绪化的或情感强烈的人。有些人几乎不会体验到这两种情感，我们可以把他们称作非情绪化的或沉着冷静的人。还有一些人可能会更多地体验其中一种情感，且比另一种情感要多得多。

4.1.4 体验心境和情绪

我们能够识别出许多不同的情绪和心境。然而这还不够复杂，现实情况是我们每个人都以不同的方式体验心境和情绪。对于大多数人来说，积极心境比消极心境更为常见。实际上，研究人员发现了一种**正向偏移**（positivity offset）现象，即当处于零输入时（没有特别的事情发生），多数人的心境是中度积极的。[15] 这项发现似乎对多种工作背景的员工来说都是正确的。例如，英国呼叫中心进行的一项针对客服代表（或许是很难让人产生积极情感的一种工作）的研究表明，尽管环境压力很大，但他们称自己在 58% 的时间里都处于积极的心境。[16] 另一项研究发现，消极情绪会导致消极心境。这也许是因为人们认为产生强烈消极情绪的事件数量是产生积极情绪的事件的五倍。[17]

不同文化中的人所体验到的积极情绪和消极情绪在程度上是否有所不同？答案是肯定的（见组织行为民意调查）。这并不是因为不同文化背景的人有本质上的不同：大多数文化中的人都会体验到某些特定的积极情绪和消极情绪，而且世界各地的人们对积极情绪和消极情绪的看法基本上是一致的。人们都会将消极情绪看作危险且具有破坏性的，比如仇恨、恐惧、愤怒，并且都渴望获得积极情绪，如快乐、爱、幸福。然而，个人的情绪体验似乎会被文化所塑造。某些文化更看重某些特定的情绪，这会使人改变他们对于这些情绪体验的看法。

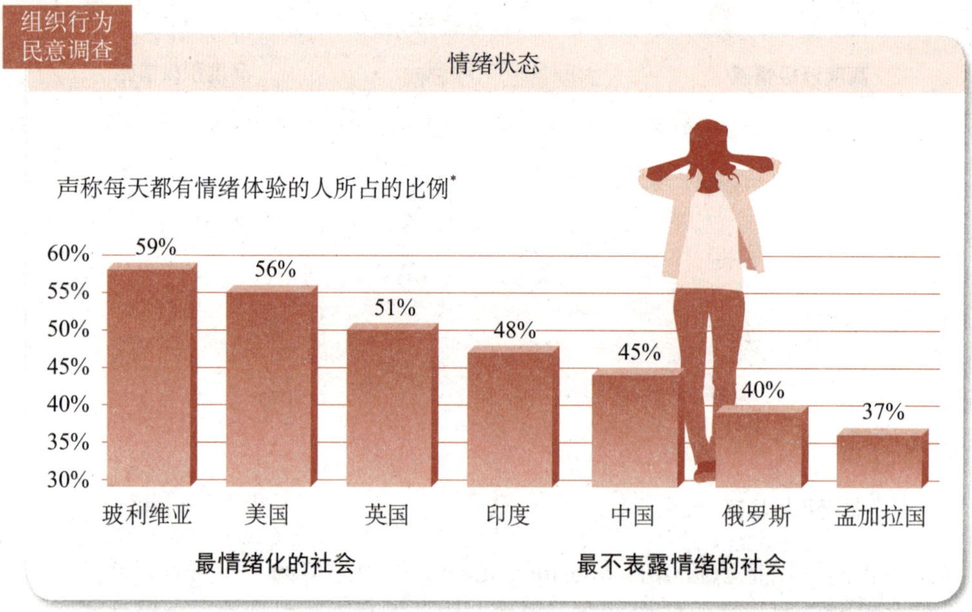

*2014 年对全世界 148 个国家的受访者进行调查，询问他们是否体验过五种积极情绪（充分休息、受到尊敬、享受乐趣、微笑和大笑、学习或做些有趣的事）和五种消极情绪（愤怒、压力、悲伤、痛苦、担忧）。

资料来源：Based on J. Clifton, "Latin Americans Lead World in Emotions," Gallup (August 27, 2015), http://www.gallup.com/poll/184631/latin-americans-leadworld-emotions.aspx.

在探索价值差异的过程中，我们可以学到很多东西。有些文化接受消极情绪，如日本和俄罗斯；有些文化则强调积极情绪和表达，如墨西哥和巴西。[18] 消极情绪在集体主义国家和个人主义国家中的价值也所有不同。这一差异可能是由于消极情绪对东方文化中的人危害较小。[19] 例如，和美国人相比，中国人会认为消极情绪——尽管并不总是令人愉快——可能会更有用且更具建设性。

这种视角有其可取之处：研究表明，消极情感能带来好处。例如，德国的研究表明，重视消极情感往往使人们更容易接受并适应现状，从而减少对身心健康以及决策的负面影响。[20] 消极情感还可能使管理者更加公正审慎地思考。[21]

既然我们现在已经确认了基本的情绪、基本的心境以及我们对它们的体验，就让我们来探讨情绪和心境的作用，尤其是它们在工作场合中的作用。

4.1.5 情绪的作用

在某些方面，情绪是一个谜。它们有什么作用？正如我们之前讨论的，组织行为学研究人员已经发现，情绪对于一个有效运行的工作场所是至关重要的。例如，大量研究表明，快乐的员工更容易有积极的工作态度，表现出更少的退缩和反生产工作行为，承担更多任务和公民责任。他们甚至会比不快乐的对手更为成功。[22] 那些把倾向于持续体验积极情感作为人格的一部分的个人（见第 5 章）更容易有积极的工作态度，与上司和同事有良好的社交关系，体验来自组织的良好待遇，承担更多任务和公民责任。[23] 下面让我们来探讨两个关键领域——理性和道德。情绪可以提高这两个领域的表现。

情绪会使我们失去理性吗？ 你常听到别人说你情绪化吗？你可能会觉得因此受到了冒犯。类似的情况表明，理性和情感是互斥的，如果你展现出感性的一面，行动上就会缺乏理性。对二者之间联系的感知是如此强烈，以至于有些人认为过分展示自己的情绪，比如悲伤到流泪的程度，将不利于事业的发展。我们应该离开所在的房间，不让别人看到我们情绪的流露。[24] 这种观点表明，情绪的表达甚至是体验会让我们看上去软弱、不堪一击或者不理性。但这种观点是错误的。我们的情绪实际上使我们的思考变得更加理性。为什么？因为我们的情绪可以反映出我们对周围世界的认知，它们可以指导我们的行为。例如，处于消极心境中的人可能比心境愉快的人更能分辨真实的信息和不准确的信息。[25]

我们以菲尼亚斯·盖奇（Phineas Gage）为例。盖奇是美国佛蒙特州的一名铁路工人。1848 年 9 月的一天，一根约 1 米长的铁棍穿入他的左下颚并从头顶穿出。幸运的是，盖奇在这次事故中活了下来。他能读能写，在认知能力测试中，他的表现也在平均水平以上。但是，盖奇完全失去了体验情绪的能力，并最终剥夺了他的理性能力。在事故发生后，他表现得反复无常，总是做些对自己不利的事。他只好不停地更换工作，最终到了马戏团。在评论盖奇的情况时，一名专家指出："理性并不像我们大多数人所想或所希望的那样纯粹……情绪与情感或许原本就不是理性堡垒的入侵者：它们纠缠在理性的网络中，可能更糟，也可能更好。"[26]

情绪会使我们更道德吗？ 越来越多的研究开始探讨道德情感和道德态度。[27] 此前人们认为，就像一般的决策一样，大多数的道德决策都是基于高阶的认知过程，但道德情绪方面的研究对这一看法提出越来越多的质疑。大量研究表明，道德判断在很大程度上是基于感受而不是认知产生的，尽管我们认为自己的道德界限是理性和合乎逻辑的，而不是情绪化的。

在某种程度上，我们的观念是由我们所属的群体决定的，这会影响我们对某些情况的道德性的认知，进而导致某些无意识的反应和共同的道德情绪。遗憾的是，这些共同的道德情绪有时会让我们把纯粹的情绪反应当作合乎道德的，因为我们和其他人分享了这些情绪。[28] 我们也会倾向于比对待群体内成员更严厉地判断（和惩罚）群体外成员（即不在我们群体内的任何人）。即使当我们试图做到客观的时候也是如此。[29] 此外，我们倾向于美化群体内成员（即任何属于我们群体的人），并在评价他们的不当行为时更加宽容。这往往会导致道德上的双重标准。[30]

如果我们能够识别情绪和心境的来源，就能更好地预测行为并把人管理好。接下来我们将探讨这一话题。

4.2 情绪和心境的来源

你是否曾说过："今天我一起床就感觉情绪反常？"是否曾毫无理由地对同事或家人抓狂？如果有，你可能想知道情绪和心境的来源有哪些。接下来我们要讨论其中一些主要来源。

4.2.1 人格

人们的心境和情绪往往具有某些人格特质成分，这意味着一些人会有固有的倾向，即比其他人更频繁地体验到某些特定的心境和情绪。而且，人们在经历相同的情绪时，感受到的强度会不一样。情绪体验的强度称为**情感强度**（affect intensity）。[31] 情感强度高的人对积极情绪和消极情绪的体验更深。也就是说，当他们悲伤的时候，他们真的很悲伤；当他们高兴的时候，他们真的很高兴。

4.2.2 每日时间

心境会随着一天内时间的不同而出现变化。然而，研究表明，其实大多数人遵循的模式是相同的。积极情感的峰值通常在上午出现（10～12点），然后保持在这一水平，直到傍晚（19点左右）。在醒来的12小时之内，积极情感开始下降，一直到午夜；这个时候如果还没睡觉，下降的速度会更快，直到日出积极情感才重新开始上升。[32] 大多数研究显示，消极情感的波动要小于积极情感[33]，但总体的趋势是在一天之中不断增长，所以早上消极情感最低，深夜消极情感最高。[34]

一项研究通过分析全球用户所发布的数百万条推特信息对心境做出了评估。[35] 研究人员记录了那些能够反映积极情感（幸福、热情、兴奋）和消极情感（悲伤、愤怒、焦虑）的词语。你可以在图表4-3中反映积极情感的部分看到他们观察到的趋势。每天的心境变化在大多数国家是类似的。这一结果与我们之前提到的研究结果类似。然而，主要的不同点体现在对晚间趋势的描述上。大多数研究表明，积极情感从傍晚19点开始下降，而这项研究显示，积极情感会在午夜之前持续上升。我们只能等待进一步的研究结果出现，才能判断到底哪种描述是准确的。消极情感的变化趋势和之前的研究更加一致，都是早上最低，然后从白天到夜晚持续上升。

你可能会好奇三班倒上夜班的人会发生什么情况。当我们的内在生理过程和清醒时间不一致时，我们的心境和幸福感很可能受到负面影响。然而，研究人体内部生物钟如何调节的研究人员发现，我们可以通过控制自己受光照的情况来改变我们的昼夜节律。[36] 因此，通过操作光明和黑暗，晚上醒着的人可能会和晚上睡觉的人有着相似的情绪周期。

图表 4－3　从推特发布的内容来看每天不同时间段对美国成年人的情绪所产生的影响

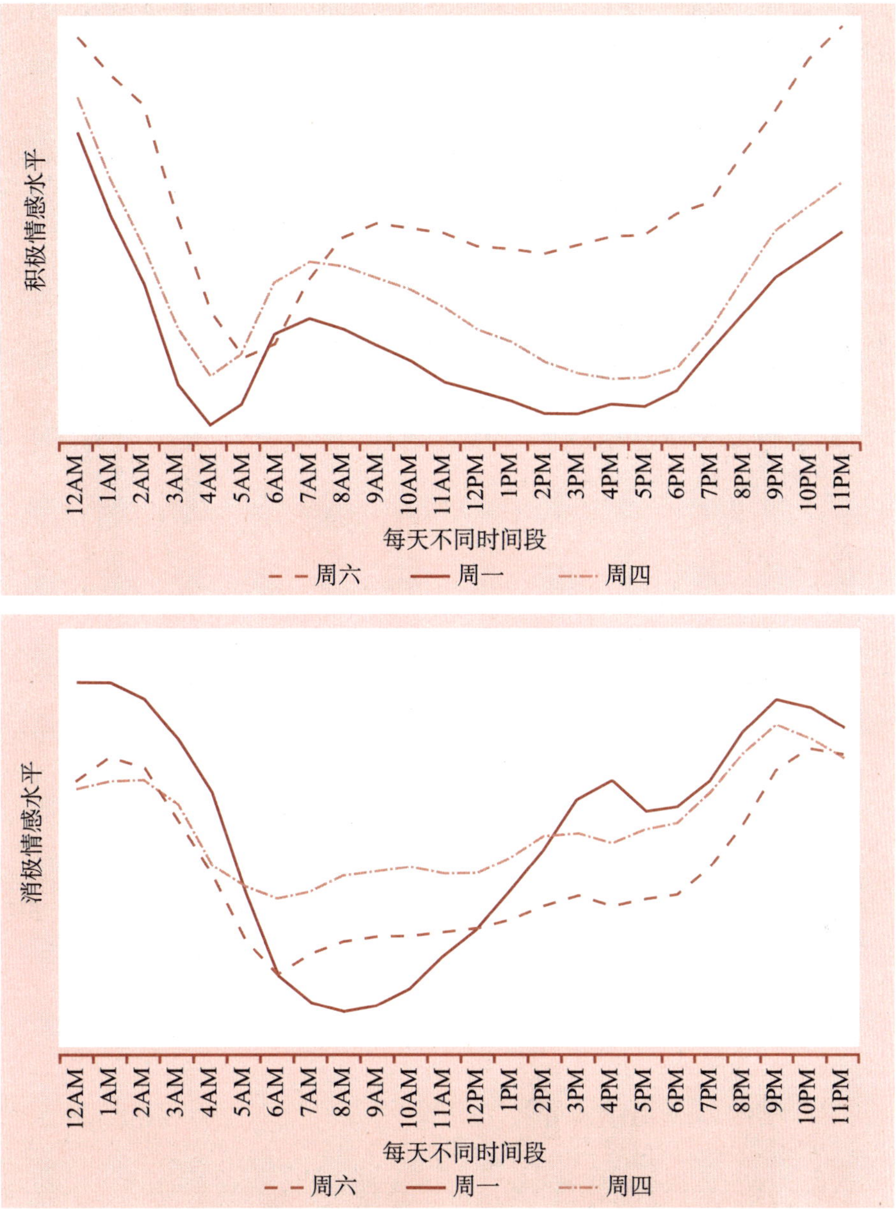

注：对美国推特上的发帖以及代表积极情感（愉快、热情）和消极情感（害怕、内疚）的用语进行分析得出图示结果。三条线表示推特上此类词语的使用频率。

资料来源：Based on S. A. Golder and M. W. Macy, "Diurnal and Seasonal Mood Vary with Work, Sleep, and Daylength across Diverse Cultures," *Science* 333 (2011): 1878–81; A. Elejalde-Ruiz, "Seize the Day," *Chicago Tribune*, September 5, 2012, downloaded June 20, 2013 from http://articles.chicagotribune.com/.

4.2.3　每周时间

周末的时候人们的心境最好吗？在大多数文化中确实如此。比如，美国成年人的积极情感在周五、周六、周日较高，周一最低。[37] 如图表 4－4 所示，对推特信息的研究显示，这种趋势也存在于其他一些国家。对德国人和中国人来说，积极情感同样是周五到周日较高，周一最低。然而，并不是说所有国家都是如此。如图表 4－4 所示，日本人的积极情感在周一比周五或周六要高一些。

图表 4－4　四个国家的人在一周内的情感变化

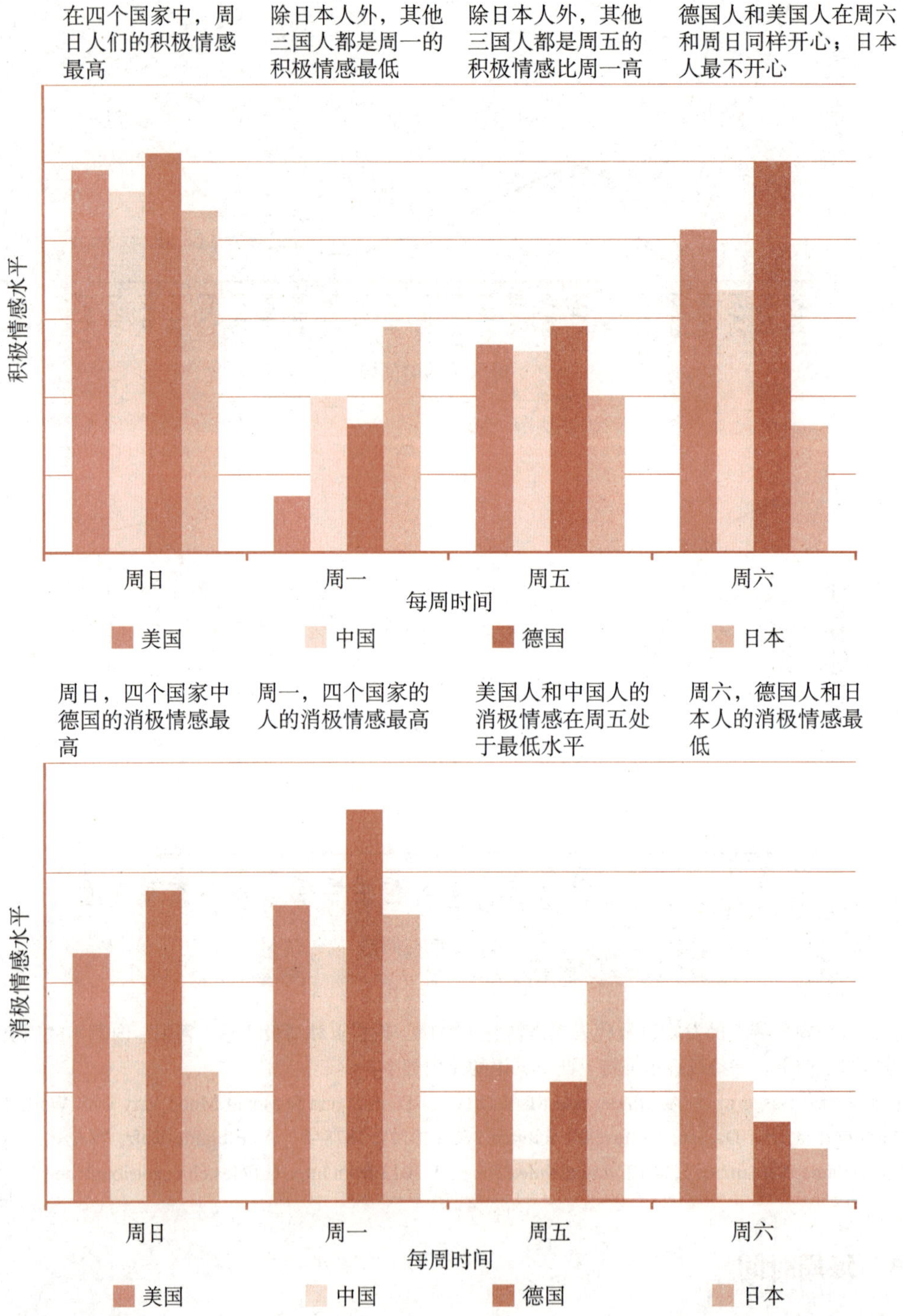

资料来源：Based on S. A. Golder and M. W. Macy, "Diurnal and Seasonal Mood Vary with Work, Sleep, and Daylength across Diverse Cultures," *Science* 333 (2011): 1878–81; A. Elejalde-Ruiz, "Seize the Day," *Chicago Tribune*, September 5, 2012, downloaded June 20, 2013 from http://articles.chicagotribune.com/.

至于消极情感，大多数国家都是周一最高。然而，在一些国家，消极情感在周五和周六比周日低。这也许是因为周日虽然可以愉快地休息（因此积极情感更高），但人们会因为即将到来的工作日而略感不安（因此消极情感较高）。

4.2.4 天气

你觉得什么时候自己的心境会更好？气温为华氏 70 度的晴天，还是阴冷的下雨天？很多人认为他们的心境与天气有关。但也有大量具体证据表明，天气对心境的影响甚微。[38] 一位专家指出："与普遍流行的文化观点相反，明朗的晴天并不会使人们的心境更好（阴暗的雨天也不会使人们的心境更糟）。"[39]

当我们把并无真实联系的两件事联系到一起时就会出现**虚假相关**（illusory correlation）。这可以解释为什么人们倾向于认为天气会影响他们。例如，最近在日本和美国进行的一项研究表明，员工在天气不好的日子里工作效率可能会更高，但这并不是因为心境——而是因为坏天气消除了对工作的一些干扰。[40]

4.2.5 压力

正如你所想象的，工作当中，带来压力的事件（恶意邮件、最后期限的临近、大宗销售的损失、被老板训斥等）会给员工的心境带来消极影响。对涉及 25 000 名员工的近 100 项研究的总结表明，长期压力的影响也会随着时间的推移而产生变化。其中一位研究者说："随着时间的推移，经常出现的低水平压力事件可能成为某种潜在因素，导致员工的紧张程度逐渐增强。"[41] 工作中压力的不断增加会让我们经历更多的消极情绪，从而使心境变得更糟。虽然有时候压力反而会让我们奋发图强，但对大多数人来说，压力通常会破坏心境。实际上，人们在情绪透支和压力大的情形下会想要退出、回避。[42]

4.2.6 社交活动

和朋友一起出去玩是你最高兴的时候吗？对多数人来说，社交活动可以增加积极的心境，但对消极的心境几乎没有影响。然而，是处于积极心境状态的人乐于参加社交活动，还是社交活动给人们带来好的心境呢？两种说法似乎都对。[43] 尽管社交活动的类型确实会对此产生影响，但与身体有关的活动（与朋友一起溜冰或远足）、非正式的活动（参加聚会）或与美食相关的活动（与别人一起进餐）比正式的活动（参加会议）或久坐的活动（与朋友一起看电视）更易带来积极的心境。[44]

4.2.7 睡眠

有报告指出，如今美国成年人比上一代的睡眠时间要少。[45] 研究人员和公共卫生专家指出，睡眠不足的美国劳动者非常多：每晚睡眠时间少于 6 小时的劳动者达到 4 100 万人。睡眠质量的确会影响心境和决策，并且加重疲劳，将员工置于疾病、伤痛、抑郁的风险中。[46] 睡眠少或者缺乏睡眠会使情绪难以控制。即使只是一个晚上睡得不好，也会使我们变得容易生气，也更容易去冒风险。[47] 这可能是因为睡眠不足会损害工作满意度[48]，从而降低我们做出道德判断的能力。[49]

从积极的一面来看，增加规律的睡眠可以增强创造力，提高工作业绩，促进事业成功。加州大学圣迭戈分校的研究人员计算出，对于睡眠不足的员工来说，“长期的平均睡眠时间每增加一小时，工资就会增加16%，和多接受一年以上的教育带来的影响相当”。[50] 根据加州大学旧金山分校的傅英辉（音译）所说，其他研究人员正试图通过药物治疗减少保持高度运转所需的睡眠，并希望能找到“比咖啡因更好的东西”。[51]

4.2.8 锻炼

你经常听说人们应该通过锻炼来改善心境。“出汗疗法”真的有用吗？似乎确实如此。很多研究一致表明，锻炼会强化人们的积极心境。[52] 尽管总体来看效果并不是很明显，但对那些郁郁寡欢的人来说，锻炼的效果最好。

4.2.9 年龄

你认为年轻人比老年人的情绪更极端、更积极（所谓的“朝气蓬勃”）吗？令人惊讶的是，答案是否定的。和年轻人相比，老年人倾向于更多地专注于积极刺激（而更少地专注于消极刺激）。这一发现在近100项研究中都得到了证实。这些老年人倾向于通过积极地增加注意力和记忆力中的积极成分（并减少消极成分）来进行自我调节。[53]

4.2.10 性别

许多人认为女性比男性更情绪化。这种观点可靠吗？研究证实，女性比男性更强烈地体验情绪，倾向于更持久地保持情绪以及更频繁地表达情绪，其中既包括消极情绪，也包括积极情绪，但愤怒除外。[54] 一项针对37个国家的研究表明，男性表现出的强有力的情绪更多，比如愤怒，而女性表达的无力情绪更多，如悲伤和恐惧。[55] 然而，正如一项总结研究所指出的那样，其中一些发现，例如女性比男性体验到更多的羞耻和内疚，其原因可能在于衡量和理解情绪的方式以及这些情绪所针对的目标。[56] 所以说，情绪的体验和表达确实存在一些明显的性别差异，但这些差异可能会因为对情绪的测量方法不同而变得不确定。

人们会以刻板印象的方式来看待男性和女性的情绪。一项研究表明，在观看面部照片时，实验参与者会将女性的情绪表达看作发脾气（与人格相关），而把男性的表达解读成对情境的反应。[57] 例如，照片中表情悲伤的女人会使观察者认为她拥有情绪化的人格类型，而照片中表情悲伤的男人则会被认为经历了糟糕的一天。另一项研究表明，参与者能更快地察觉到男性面部的愤怒表情和女性面部的快乐表情；神情木然的男性更有可能被解读成愤怒，而神情木然的女性更有可能被解读为快乐。[58]

到目前为止，我们所有人，包括领导、管理者和员工，似乎都是情绪和心境的奴隶。在内在体验的层面上，这可能是真的。然而，我们从自己的工作经历中可以得知，人们并不会表达出自己意识中掠过的每一种短暂的情绪。下面我们将从情绪劳动开始，把情绪和心境与工作场所的应对策略结合起来。

4.3 情绪劳动

如果你是一名销售人员或餐厅服务员，你就会知道友好行为以及微笑的重要性。即使哪天你感到不高兴，你也知道管理人员希望你在和顾客打交道时能打起精神来，因此你学会了伪装自己。

当员工投入工作时，他们分别消耗了体力劳动和心理劳动。但工作还需要付出**情绪劳动**（emotional labor）。情绪劳动是指员工在工作过程中与人交往时表现出符合组织要求的情绪。情绪劳动是出色工作绩效的一个关键成分。我们期待：空乘人员应该是热情愉快的；丧葬顾问应该是悲伤的；医生应该是情绪中性的。至少，管理人员希望你在与同事交往的过程中彬彬有礼而不是相互敌视。

显然，我们体验到的情绪与展示出的情绪并不总是一致的。为了分析情绪劳动，我们将情绪分为内感情绪和外显情绪。[59] **内感情绪**（felt emotion）是个体的实际情绪；相反，**外显情绪**（displayed emotion）是组织要求员工表现出来的并被视为符合特定工作的情绪。它们并不是与生俱来的，而是后天习得的产物。外显情绪可能与内感情绪相吻合，也可能不一致。研究表明，美国的职场通常要求人们表达出快乐、兴奋等积极情绪，而要压抑恐惧、愤怒、厌恶、蔑视等消极情绪。[60]

有效的管理者都知道，给一名员工给出不良的绩效评估时要表现得严肃；当自己被老板斥责时要看起来很平静。这是因为组织期待这些表现。当然，许多工作场合都没有表达规则。例如，当你出去吃午饭时，你的雇主会规定你应该表现出什么样的情绪吗？大概不会吧。有的工作场合会有明确的表达规则，但通常仅适用于重要的互动，尤其是员工和客户之间的互动。关于员工与客户之间的互动，你可能会认为，雇主对销售人员的情绪表达规定越多，销售额就会越高。然而，表达规则的程度非常高或非常低的员工在销售中的表现都不如那些有中等表达规则以及高度自由裁量权的员工。[61] 展示伪装情绪意味着我们需要压抑自己的真实情感。**表层扮演**（surface acting）就是按照表达规则隐藏我们的感受和情绪表达。例如，员工在自己并不想笑的时候对顾客微笑，就是在做表层扮演。**深层扮演**（deep acting）就是按照表达规则调整内在的真实情感。表层扮演处理外显情绪，深层扮演处理内感情绪。一项对美国和新加坡员工进行的研究调查了进行不同程度的表层扮演和深层扮演的员工类型：表层演员、深层演员、非演员（几乎不从事这两种类型的扮演）、低度演员（很少从事这两种类型的扮演）以及监管者（经常从事这两种类型的扮演）。[62]

一方面，表现我们并没有真实感受到的情绪可能会让人筋疲力尽。表层扮演和压力的增加以及工作满意度的降低有关。[63] 日常表层扮演还可能会导致在家里的情绪低落、工作与家庭之间的冲突、旷工以及失眠。[64] 另一方面，深层扮演与工作满意度（尤其是当工作具有挑战性时）、工作表现绩效，甚至是更好的客户待遇和小费之间都存在着正相关关系。[65]

当员工需要表现出来的情绪与他的真实情绪不同时，这种不一致称为**情绪失调**（emotional dissonance）。如果把沮丧、愤怒和怨恨封闭起来置之不理的话，最终会导致情绪衰竭（emotional exhaustion）。长期的情绪失调可能会导致工作倦怠、工作绩效变差和工作满意度降低。[66] 然而，德国和澳大利亚的研究表明，自我控制能力强的员工、每天晚上睡眠好的员工以及与顾客或客户关系密切的员工，往往可以在一定程度上缓解情绪失调带来的负面影响。[67]

下一节将探讨情感事件理论。它把工作的情感劳动要求和工作事件、工作满意度和工作绩效结合起来。

4.4 情感事件理论

正如我们所看到的，情绪和心境是我们个人和工作生活中重要的一部分。情绪和心境如何影响我们的工作绩效和满意度？**情感事件理论**（affective events theory，AET）指出，员工会对工作中发生的事情产生情绪反应，这些反应又影响到他们的工作绩效和满意度。[68] 假设你刚刚发现你的公司正在裁员，你可能会体验到各种各样的负面情绪，使得你担心自己会失去工作。由于你对此难以控制，你可能会感到不安和恐惧，把很多时间花在担心而不是工作上，工作满意度必然下降。

先前的研究支持这样一种观点，即一个人性格的消极或积极程度与经历工作场所事件时的情绪反应有关，而这些情绪反应和工作场所的态度和行为有关。[69] 然而，我们经历的某些事件比其他事件更多。这对工作中的情感反应、态度和行为类型有影响吗？一些研究支持这一观点：兼职工作的客户导致的人际虐待几乎占消极情感工作事件的 50%。[70]

总之，情感事件理论告诉我们两个非常重要的信息。[71] 第一，情绪帮助我们了解工作场所中的事件是如何影响员工的绩效和满意度的。第二，即便看起来微不足道，员工和管理人员也不能忽视情绪以及引起情绪的事件，因为它们会聚少成多。情绪智力是帮助我们理解情绪对工作绩效的影响的另一个框架。接下来我们将讨论这一话题。

4.5 情绪智力

泰瑞·厄普舍-勒普伯格（Terrie Upshur-Lupberger）是一家国际人才公司的首席执行官。她已经到达职业生涯的巅峰，为什么会又气愤又难过呢？一位密友说："泰瑞，你现在的处境就像站在外面那根细小的树枝上——你知道的，就是很容易在强风中折断的那根。你是如此忙碌和不知所措，与你自己的价值观、关注点和指导理念脱节，以至于你没有注意到即将断裂的那根树枝。"[72] 根据厄普舍-勒普伯格的说法，她没有注意到自己的心境不断地变得沮丧和疲惫。她的工作满意度、工作效率和人际关系都受到了影响。更糟的是，她太忙了，以至于当她意识到自己的不足时已经筋疲力尽。她说："我了解到，作为一个管理者，你要么关注和管理组织中的心境，包括你自己的心境，要么……你忽视它们，并且付出代价。"厄普舍-勒普伯格了解了情绪智力的价值。

如图表 4-5 所示，**情绪智力**（emotional intelligence，EI）是一个人感知自我和他人的情绪、理解这些情绪的意义、相应地调节自己的情绪的能力。[73] 了解自己的情绪并且善于读取情绪线索的人更有效率。举例来说，他们知道自己为什么愤怒，也知道如何在不违反规范的情况下表达自己。[74]

图表 4－5　情绪智力的传递模型

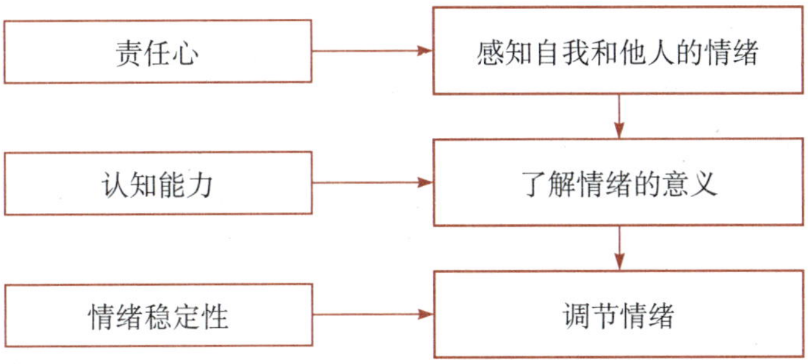

资料来源：Based on D. L. Joseph and D. A. Newman, "Emotional Intelligence: An Integrative Meta-Analysis and Cascading Model," *Journal of Applied Psychology* 95, no. 1 (2010): 54–78.

一些研究表明，情绪智力对工作绩效有着重要影响，尽管这些调查项目与其他人格、智力和自我感知测试中的项目总是惊人的相似。[75] 其他研究表明，情绪智力与团队合作有效性、偏差值以及公民行为有关。[76] 情绪智力高的韩国管理者往往比情绪智力低的管理者销售业绩更好。这是因为他们更有凝聚力，能够提高以销售为导向的行为。[77] 研究从整体的角度对 11 位美国总统——从富兰克林·罗斯福到比尔·克林顿——进行了评估。研究者用六项特征来评估他们：沟通、组织、政治技能、愿景规划、认知风格、情绪智力。研究发现，区分成功总统（如罗斯福、肯尼迪、里根）与不成功总统（如约翰逊、卡特、尼克松）的关键品质是情绪智力。[78]

虽然我们对情绪智力的了解不断深入，但许多问题并没有得到解答。[79] 其中一个问题与更好地理解情绪智力有关。例如，当我们谈论情绪智力时，需要非常精确——我们说的是泛指的情绪智力，还是更具体的调节情绪、理解情绪或感知情绪的能力？第二个问题与情绪智力测试的可靠性有关。例如，情绪智力和工作效率之间只有中度相关性的部分原因是它很难衡量。情绪智力大多是通过自我报告清单的形式来衡量的，这些清单往往不够客观。

道德抉择　管理者是否应该使用情绪智力测验？

正如我们在本章中讨论的，情绪智力这一概念存在一些争议。在招聘员工的过程中，是否使用情绪智力（EI）测验是管理者需要做出的决策。以下是一些基于道德层面的考虑。

- 没有哪种测验适用于所有人。比如，研究人员近期使用了梅耶－萨洛维－卡鲁索情绪智力问卷（Mayer-Salovey-Caruso Emotional Intelligence Test，MSCEIT）、特质情绪智力问卷（trait emotional intelligence questionnaire），以及情绪智力情境判断测验（Situational Judgment Test of Emotional Intelligence，SJT of EI）。通过对比，研究人员发现，情绪智力的测量需要根据不同的文化做出调整，因为不同文化有不同的情绪表达方式，对情绪信号的解读也是不同的。例如，一项研究使用情绪能力问卷（Emotional Competence Inventory，ECI-2）对比了印度和北美的主管在情绪智力上的得分。他们发现，结果虽相似却不尽相同，因此建议改良测验方法。

• 总的来说，应聘者也许不太愿意参加情绪智力测验，或者不太愿意参与某一部分的测验。比如，就面部识别测验来说，如果样本照片不够多样化，就会对某些人产生文化上的偏见。得高分的参与者会认为测验是公平的；得低分的参与者也许不这么认为，可能因此不再看好这些组织——即便它们在其他评估中得分较高。

• 情绪智力测验分数对员工绩效的预测并不适用于所有工种。一项针对600名罗马尼亚人的研究发现，对于销售人员、公务员以及公立医院的CEO来说，情绪智力是有预测效力的，但这是因为这些职业本身需要大量的社会互动。不同类型的工作应该有与之相匹配的情绪智力测验方法，或者说，当工作性质与这种测验不匹配时，不应该使用情绪智力测验。

• 情绪智力测验究竟测了什么，似乎还不太清楚。也许反映了人格或者智商，如果是这样的话，或许会有更好的测量方法。此外，一些情绪智力测验可能可以预测工作绩效，但其中许多测试包含了对一般心理能力的个性建构和测量。

• 目前的研究还不足以说明情绪智力究竟是如何对工作中的一些行为（如反生产工作行为）产生影响的。如果无法保证情绪智力测验得出的一定是理想的结果，那么通过情绪智力测验来挑选得分高的应聘者也许并不是一种严谨的方法。

以上几点顾虑表明，应该避免在招聘中使用情绪智力测验。然而，在某种程度上情绪智力确实可以预测员工的工作绩效，因此管理者不应该完全否定这种测试。希望在招聘过程中使用情绪智力测验的人应了解以上几个问题，不仅要在招聘员工时做到富有远见，更要在选择招聘方法时做到客观公正。

资料来源：Based on D. Iliescu, A. Ilie, D. Ispas, and A. Ion, "Emotional Intelligence in Personnel Selection: Applicant Reactions, Criterion, and Incremental Validity," *International Journal of Selection and Assessment* (September 2012): 347–58; D. L. Joseph, J. Jin, D. A. Newman, and E. H. O'Boyle, "Why Does Self-Reported Emotional Intelligence Predict Job Performance? A Meta-Analytic Investigation of Mixed EI," *Journal of Applied Psychology* 100, no. 2 (2015): 298–342; R. Sharma, "Measuring Social and Emotional Intelligence Competencies in the Indian Context," *Cross Cultural Management* 19 (2012): 30–47; and S. Sharma, M. Gangopadhyay, E. Austin, and M. K. Mandal, "Development and Validation of a Situational Judgment Test of Emotional Intelligence," *International Journal of Selection and Assessment* (March 2013): 57–73.

抛开所有这些问题不谈，情绪智力在咨询公司和大众传媒中广受欢迎，而且也积累了一些研究文献的支持。无论对这一概念是爱是恨，有一件事是肯定的——情绪智力就在这里。情绪调节是我们的下一个主题，越来越多的人开始将它作为一个独立的概念进行研究。[80]

4.6 情绪调节

你是否曾在情绪低落的时候试图让自己振作起来，或者在愤怒的时候努力使自己平静下来？如果你有过这样的经历，那就说明你曾调节过自己的情绪。情绪调节背后的中心思想是识别并调整你所感受到的情绪。最近有研究表明，情绪管理能力是预测某些工作绩效和组织公民行为的强有力的指标。[81] 因此，在组织行为学的研究中，我们感兴趣的是在工作场所是否应该使用情绪调节，以及如何进行情绪调节。我们将从确定哪些人可能会自然而然地应用情绪调节开始。

4.6.1 情绪调节的影响和结果

你也许会认为，并非每个人都善于调节自己的情绪。神经质的人在这方面面临的困难更多，并且常常觉得无法控制自己的情绪。自尊水平较低的个体也不大可能去改善自己的不良情绪，也许是因为他们不像其他人那样认为好心情是他们应得的。[82]

工作环境会影响个人应用情绪调节的倾向。一般来说，工作团队的多元化会增加你调节情绪的可能性。例如，当小组内有年长的成员时，年轻的员工可能会调节他们的情绪。[83] 种族多元化也会有影响：如果多元化程度较低，少数族裔员工将参与情绪调节，这可能是为了尽可能“适应”多数族裔的员工；如果多元化程度很高，而且有很多来自不同种族的代表，多数员工就会进行情绪调节，这可能是为了使他自己能和整个群体融为一体。[84] 这些发现体现了多元化的有益效果——它可以使我们更有意识和更有效地调节自己的情绪。

虽然从某些方面来看调节情绪有一定的好处，但研究表明，改变自己的真实感受也存在某些弊端。改变情绪就意味着付出努力，正如我们在讨论情绪劳动时提到的，这个过程可能会让人筋疲力尽。有的时候，试图改变某种情绪反而会使这种情绪变得更强烈。比如，说服自己不要害怕某个事物的同时你也在强调它，这会让你更加害怕。[85] 从另一个角度来看，研究表明，回避消极情绪不太可能带来积极情绪，与其这样，不如主动寻求积极的情绪体验。[86] 比如，和朋友交流更有可能为你带来积极的心境，这比回避同事之间的不愉快交谈更有效。

4.6.2 情绪调节技术

情绪调节的研究人员经常研究人们改变自己情绪的策略。例如，正如我们在本章开头所讨论的，深层扮演和表层扮演都是情绪调节的技术。情绪抑制是情绪调节的一种方法，即抑制对情况最初的情绪反应。这种方法似乎有助于在短期内进行思考。然而，只有当一个强烈的负面事件在危机期间引起了痛苦的情绪反应时，它才会起到帮助作用。[87] 例如，一名士兵在战斗中可能会抑制射击后最初的情绪困扰，从而能够对下一步行动做出更清晰的决策。投资组合经理可能会抑制自己对股价突然下跌的情绪反应，从而能够清楚地决定如何制定计划。在危机情况下使用抑制技术似乎可以帮助人们从情绪中恢复过来，但在日常中把抑制作为情绪调节技术来使用则可能会影响心智能力、情绪能力、身体健康和人际关系。[88] 因此，除非我们真的处于危机之中，否则，与抑制我们对情况的情绪反应相比，承认这些反应并在事件发生后进行重新评估才会带来最好的结果。[89]

认知再评估，即重构我们对情绪状况的看法，是一种有效调节情绪的方法。[90] 在个体无法控制压力来源的情况下，认知再评估似乎是最有帮助的。[91] 最近的一项研究证明了这种技术潜在的强大作用。在对局势进行重新评估后，来自以色列的参与者观看了有关以色列—巴勒斯坦冲突的让人愤怒的信息。和对照组相比，他们表现得更倾向于和解而不是对巴勒斯坦人采取侵略性政策。他们不仅在研究结束后立即进行的测试中有这样的表现，在 5 个月后也依然如此。这一结果表明，认知再评估可能会使人们改变自己的情绪反应。即使当话题像以色列—巴勒斯坦冲突那样充满感情色彩时也是如此。[92]

社交分享或发泄是另一种潜在的情绪调节技术。研究表明，和保持情绪“封闭”相反，公开的情绪表达可以帮助个人调节自己的情绪。当人们可以谈论糟糕情况的相关事实、他们对情况的感觉，或者任何积极方面的情况时，社交分享可以减少愤怒的反应。[93] 尽管如此，我们还是要谨慎行事，因为表达自己的挫折感会影响其他人。实际上，发泄能否帮助“发泄者”缓解情绪在很大程度上还要取决于倾听者的反应。如果倾听者不做出反应（很多人都会拒绝对此做出反应），发泄者反而会感觉更糟。只有倾听者表达了支持或认可，发泄者才会感觉好一些。因此，如果想向同事发泄情绪，我们需要挑选一个会做出同情的回应的人。向一个感觉是冒犯者的人宣泄几乎不能改善情况，反而会加剧消极情绪。[94]

最后一种情绪调节技术为**正念**（mindfulness），即接受并意识到当下的时刻、事件和体验已经在组织中流行开来。[95] 正念源自佛教传统的冥想技巧。事实上，它是吠陀梵语中“sati”一词的直译，意为“心灵的专注”（intentness of mind）。[96] 关于正念的影响的说法是相当引人注目的。例如，过去的研究表明，正念可以延缓衰老、提高测试成绩，还有助于促进神经可塑性，即对大脑造成实际的改变。[97] 使正念具有有效性的关键机制是：把自己从当下的时刻中分离出来，减少使用自动思维，提高对自己身体的认识。[98] 德国和荷兰对正念的初步研究表明，正念能够减少工作场所中的情绪衰竭，并通过促使员工进行表层扮演来提高工作满意度。[99] 其他的初步研究表明，正念可以改善工作绩效、工作与生活间的平衡以及睡眠质量。而睡眠质量的提高有助于人们下班后恢复精神。正念还可以降低离职意向、减少经历不公后的报复行为以及反生产工作行为。[100] 然而，对员工正念的研究是一个新的领域，我们还没有认识到它的原因和后果，以及实现和维持正念状态的最有效方法。很多研究并未就如何对正念进行概念化达成一致，也没有使用最佳的实践和措施。[101]

虽然情绪调节方面的技巧可以帮助我们应对工作中的困难，但研究表明，调节的效果存在很大的差异。例如，一项研究发现，曾为粗鲁无礼的主管工作过的人会表现出情绪衰竭和工作退缩的倾向，但由于采用不同的情绪调节策略，他们的这一倾向在程度上有所不同。使用抑制技术的员工会比使用认知再评估的员工承受更多的情绪衰竭和工作退缩。这表明，我们需要通过更多的研究来帮助员工更好地利用情绪调节技巧。[102]

因此，情绪调节虽然有很大的发展空间，但为了营造积极的职场环境，最好的方式还是招聘心态积极的员工，并训练领导者管理他们的心境、工作态度和绩效。[103] 最好的领导者在管理情绪方面和完成工作任务时一样出色。最好的员工可以利用他们的情绪调节知识来决定什么时候该发声，以及如何有效地表达自己。[104]

4.6.3 情绪调节伦理

情绪调节具有重要的伦理意义。人们对此持不同的意见，其中有两个极端，有的人会争辩说，控制自己的情绪是不道德的，因为它需要一定的行动；有的人则会争辩说，所有的情绪都应该被控制起来，这样才能够冷静地思考。这两个论点以及介于二者之间的所有论点在道德上都有利有弊，你必须做出自己的决定。你需要考虑情绪调节的原因和后果。

你是为了避免做出不恰当的反应而调节情绪，还是为了不让别人知道自己在想什么而调节情绪？你可能会“假装直到成真”。近期的研究发现，像自己心情很好时那样去表现，可能让你的心情变好。在一项研究中，一组参与者仅仅被要求与一名在星巴克为他们服务的咖啡师进行有效的对话，而另一组参与者还被要求表现得快乐。这些表现出快乐的“演员”事后报告称，他们的心情确实变好了。[105]

现在我们已经学习了情绪和心境在组织行为中的作用，接下来考虑一下更具体的应用。

4.7 情绪和心境在组织行为中的应用

我们对情绪和心境的了解可以影响组织行为的许多方面，包括人员选拔、决策、创造力、动机、领导、谈判、客户服务、工作－生活满意度、工作场所偏差行为和工作中的安全与伤害。下面让我们仔细思考一下其对各个方面的影响。

4.7.1 人员选拔

情绪智力给了我们这样一个启示：在雇用员工时，尤其对于那些需要高度社会互动的工作，雇主应该把情绪智力考虑在内。事实上，越来越多的雇主开始在招聘过程中采用情绪智力测验。例如，有关美国空军招聘的一项研究表明，表现优秀的应征人员的情绪智力水平也很高。利用这些发现，空军进一步完善了选拔标准。进一步的追踪调查发现，与那些得分低的人相比，情绪智力高的应聘者的成功率要高出 2.6 倍。[106]

4.7.2 决策

管理者应该明白，心境和情绪会影响决策。积极的情绪和心境有助于人们做出更好的决策。积极的情绪能够提高解决问题的能力，所以情绪积极的人能找到更好的解决方法。[107]

对于消极情绪和心境的看法，研究者仍存在分歧。最近的一项研究表明，对事件感到悲伤的人可能会做出和以前一样的决定，而对事件感到愤怒的人可能会做出比以前更强硬（但不一定更好）的选择。[108] 另一项研究发现，参与者在消极心境下做出的选择能够反映出更多的独创性。[109] 还有其他研究表明，处于消极心境的人可能会比处于积极心境时选择承担更高的风险。[110] 综上所述，研究表明消极和积极的情绪会影响决策，但仍需要对其他变量进一步研究。[111]

4.7.3 创造力

正如我们在本书中所看到的，领导的目标之一就是通过创造力来使员工的工作效率最高。创造力受情绪和心境的影响，但对于二者之间的关系有两种不同的思想流派。许多研究表明，心境好的人比心境糟的人更具创造力。[112] 心境好的人会有更多的想法，别人也认为他们的想法很新颖。[113] 心境愉悦或情绪积极的人似乎更加灵活变通、思想开放，这也解释了他们为什么更具创造力。[114] 主管需要让员工保持快乐，因为这会带来更好的心境（员工希望受到领导的鼓励，得到工作方面的积极反馈），反过来这又会提高人们的创造力。[115]

但是，也有研究认为，积极的心境并不会使人们更有创造力。当人们处于积极心境的时候，他们会放松（“如果我的心境好，则表明诸事进展顺利，我不需要有新的想法”），因而不会用批判性思维思考问题，而这种思维方式是创造力所必需的。[116] 忧虑较多的人会比忧虑较少的人在创造性任务上表现得更好。

要判断哪种观点是正确的，分歧可能在于人们对心境的看法不同。人们在这里考虑的不是消极或积极的情感，而是将心境概念化为活化情感（active feeling），如愤怒、害怕或者欣喜，以及与此相反的钝化心境（deactivating mood），如悲伤、失望或者平静。所有的活化情感，无论是积极的还是消极的，可能会带来更多的创造力，而钝化心境则带来较少的创造力。[117] 我们之前讨论过，其他一些因素比如疲劳可能会有利于创造。一项针对428名学生的研究发现，他们在疲劳时能更好地发挥创造力，完成任务，这表明疲劳或许可以让思维自由发挥，从而找到新的解决方案。[118]

4.7.4 动机

有些研究强调了心境和情绪在动机中的重要性。其中一项研究是让两组人猜字谜。一组人首先观看有趣的录像短片，这是为了让他们在猜谜之前有个良好的心境。另一组人没有看短片，直接就开始猜谜。拥有积极心境的那一组更相信自己有能力猜出字谜，付出了更多的努力，最终解出了更多的字谜。[119] 还有一项研究观察了保险销售员的心境。[120] 拥有良好心境的销售员会给同伴提供更多的帮助，而且自我感觉更好。这些因素会让他们取得较优异的工作绩效，包括较高的销售额和上级给出的高绩效评级。

给予员工绩效反馈——无论是真实的还是虚假的——都会影响他们的心境，进而影响他们的动机。[121] 我们可以创造一种循环，在这种循环中，积极的心境会使人们更有创造力，进而从监管者那里得到积极的反馈。反馈进一步增强了积极心境，使人们表现得更好，依此类推。总的来说，调查结果表明，管理者可以通过鼓励良好的心境来提高员工的动机和绩效。

4.7.5 领导

研究表明，人们保持良好的心境具有积极的意义。专注于那些鼓舞人心的目标的领导者可以使员工更乐观、更乐于合作以及更热情，进而使得员工与客户之间的社交互动更积极。[122] 一项针对军职人员的研究表明，通过分享彼此的情绪，变革型领导可以激发追随者的积极情绪，从而获得更好的任务绩效。[123]

当领导者分享积极的情绪时，会让人觉得他们更高效。追随者在更积极的情绪环境中也会更有创造力。当领导者悲伤的时候呢？研究发现，领导者表现出悲伤情绪会提高追随者的分析能力，这可能是因为追随者更密切地关注领导者的任务。[124]

企业管理人员都知道，员工的情绪对他们是否愿意接纳公司的未来愿景和变革举措十分重要。当上层提出新的愿景规划时，尤其是当这种愿景包含遥远模糊的目标时，人们常常很难接纳。通过唤起情绪，并把它与诱人的愿景目标相结合，领导者可以帮助管理者与员工接受变革。那些注重鼓舞人心的目标的领导者会使员工更加乐观和热情，从而帮助他们更积极地与同事和顾客进行互动，并感受到自己和新计划的联系。

4.7.6 谈判

你是否考虑过利用情绪和心境来提高你的谈判能力？一些研究表明，那些假装愤怒的谈判者比对手更有优势。为什么？因为当谈判者表现出愤怒的时候，对手就会得出结论：谈判者已经做了所有能做的退让。[125] 然而，愤怒的情绪应该有选择地被应用于谈判中：拥有较少信息或者不如对手强大的谈判者如果表现出愤怒的话，得到的结果会更糟糕。[126]

在使用任何情绪时，语境都是很重要的。表达消极的情绪（如愤怒）虽然有效，但如果认为自己已取得的成绩很糟糕，则会对你将来的谈判产生不良影响。受消极情绪影响的谈判者会对谈判产生消极的看法，不愿意在将来的谈判中与对手分享信息或寻求合作。[127]

总之，最好的谈判者可能是那些持有中性情绪的人。一项对脑部情绪中心受损者的研究发现，无情绪者或许会是最佳的谈判者，因为面对消极的谈判结果时，他们不会矫枉过正。[128]

4.7.7 客户服务

员工的情绪状态会影响他们的客户服务，客户服务又会影响业务水平和顾客满意度。[129] 造成这一结果的主要原因是**情绪传染**（emotional contagion），即从他人那里“捕捉”情绪。[130] 当某人体验到积极的情绪并对你大笑或微笑时，你往往会做出积极的回应。反之亦然。

研究表明，员工情绪和客户情绪之间存在匹配效应。从员工影响客户的角度来看，研究发现，那些碰上处于积极心境或情绪的员工的客户，其购物时间会更长。另外，当员工觉得自己受到客户的不公正待遇时，他们就很难表现出组织所期待的积极情绪。[131] 提供高质量的客户服务会让员工感觉困难，因为这通常会令他们处于情绪失调状态。这种状态可能会对员工和组织造成损害。管理者可以通过培养积极的心境来阻断负面情绪的传染。

4.7.8 工作 – 生活满意度

关于心境和工作 - 生活满意度之间的关系，我们有好消息也有坏消息：二者都受工作和家庭事件的影响。你是否曾听到这样的建议：“永远不要把工作带回家。”也就是说，一回到家你就要忘掉工作。实际上，说起来容易做起来难。好消息是，工作中的积极心境会显著影响你下班后的心境。一些研究表明，如果当天工作顺利，晚上在家的心境会更好。反之亦然。[132] 其他研究发现，虽然人们确实会把工作上的情绪带回家，但这种情绪通常到了第二天就会消失。[133] 坏消息是，家人的情绪可能会干扰你的情绪。正如你所预料的那样，如果夫妻中有一人在工作中处于消极的心境，晚上这种心境就会波及配偶。[134]

4.7.9 工作场所偏差行为

在组织中待久了的人都知道，有些人会用行动来打破既定的规范，这会对组织、成员造成威胁。正如我们在第1章中看到的，这些行为被称作反生产工作行为。[135] 这些行为都可以追溯到消极情绪上，并且可以有多种表现形式。感受到负面情绪的人比其他人更有可能在工作中做出短期的偏差行为，例如闲聊或过度上网而不工作。[136] 负面情绪还可能导致更严重的反生产工作行为类型。

例如，当别人得到了你没得到又十分渴望的东西时（如较好的工作任务、更大的办公室、更高的收入），你就会产生嫉妒心理。它会导致怀有恶意的偏差行为。例如，一名嫉妒的员工可能会损害其他员工的利益，并把其他员工完成的事情都归功于自己。愤怒的人将自己糟糕的心境归咎于他人，认为他人的行为是敌对的，并且不会考虑别人的观点。[137] 不难看出，这样的思维过程还可能直接导致言语或身体攻击。

一项在巴基斯坦进行的研究发现，愤怒会引起更激进的不良行为，比如对他人滥用职权以及做出生产偏差行为，但悲伤的情绪不会引起这样的后果。愤怒和悲伤都无法用来预测工作场所中的退缩行为，这表明，管理者需要认真对待员工表现出的愤怒情绪：员工可能会一直待在组织中，继续对他人采取激进的行为。[138] 一旦攻击开始，其他人也会变得愤怒和咄咄逼人，消极行为就会恶化升级。因此，管理者需要和员工保持联系，以衡量他们的情绪以及情绪强度水平。

4.7.10 工作中的安全与伤害

一些研究将消极情感和不断增加的工伤相联系。结果表明，如果能够保证工人在心境糟糕时不去进行具有潜在危险的活动，雇主就可以提高员工的健康和安全水平（也降低了成本）。糟糕的心境可能通过以下几种方式导致工作中的伤害[139]：处于消极心境的人更加焦虑，这可能会使他们无法有效处理危险；一个总是担惊受怕的人会对安全防护措施持更悲观的态度，因为他觉得自己无论如何都会受到伤害，或者在面临威胁的时候惊慌失措；消极的心境也会分散人们的注意力，而注意力的分散显然会导致粗心大意行为的发生。

选择积极的团队成员可以为积极的工作环境做出贡献，因为积极的心境会在团队成员间传播。一项针对130名领导者及其追随者的研究发现，有魅力的领导者会通过传染效应将他们的积极情绪传递给追随者。[140] 因此，应该选拔心境积极的团队成员。

职业目标　　我应该如何安抚愤怒的老板？

我的老板经常大喊大叫。有一次，他踢了我的椅子让我滚出办公室，只是因为我忘了告诉他午饭到了。他的暴怒让我生气到甚至想吼回去。然而我并没有这样做，因为这是不专业的表现。有没有办法让他在发脾气前先想一想呢？

——莱斯利

亲爱的莱斯利：

我们对你深表同情！实际上，你内心的愤怒是完全正常的。几乎每个人都会对尖叫、咒骂或粗鲁言行等职场无礼行为有情绪反应。大部分员工都会做出某种反应。例如，在一项研究中，有 66% 的参与者表示，当成为无礼行为的承受者时，他们的绩效会下降；25% 的参与者承认他们会把沮丧发泄到顾客身上。另一项研究发现，言语攻击会降低受害者的工作记忆力，使他们很难遵循哪怕是简单的指令。因此，你想要寻找如何使情绪平静的战略是对的，因为它伤害了你、你的同事以及整个公司。

好消息是，你可以通过你的反应来缓和局面。专家的建议是和你老板保持同理心。我们经常发现，如果我们尝试去理解某人情绪的出发点，会帮助我们更有效地处理这一情绪。如果你做错了事情，请道歉，不要顶嘴（无礼行为永远无法通过友好的回应来消除）。你可以找一个可以互相取笑对方的挫折的场景，而不要把对方的怒火放在心上。

坏消息是，你可能难以改变他对事件的情绪反应。但是，你可以通过塑造更好的行为方式帮助他发现自己的错误。当然，在某些情况下，你无法也不应该容忍无礼行为。例如受到威胁或真正的辱骂时，你可能需要更直接地处理这种情况。首先，冷静地面对你的老板；如果做不到这一点，就去找人力资源部的人。然而，除了这些紧急情况外，我们的经验和研究表明，最好的回应方式不是外在的反应，而是重新思考你的内在反应方式。

正如英国海报所写的那样：“保持冷静，继续前进！”

资料来源：Based on C. Porath and C. Pearson, “The Price of Incivility,” *Harvard Business Review* (January–February 2013): 114–21; A. Rafaeli et al., “When Customers Exhibit Verbal Aggression, Employees Pay Cognitive Costs,” *Journal of Applied Psychology* (September 2012): 931–50; S. Shellenbarger, “‘It’s Not My Fault!’ A Better Response to Criticism at Work,” *The Wall Street Journal*, June 18, 2014, D1, D4; and S. Shellenbarger, “When the Boss Is a Screamer,” *The Wall Street Journal*, August 15, 2012, D1, D2.

本章小结

情绪和心境是相似的，因为它们在本质上都是情感。但它们也是不同的——心境比情绪更宽泛，情境的线索更少。时间、压力及睡眠都会影响情绪和心境。对情绪劳动、情感事件理论、情绪智力和情绪调节的研究有助于我们了解人们是如何处理情绪的。研究表明，情绪和心境几乎与所有的组织行为学主题相关，且对管理者有一定的启示。

对管理者的启示

- 认识到情绪是工作场所中的一部分，以及良好的管理并不意味着创造一个没有情绪的环境。
- 为提升员工的有效决策、创造力和动机，应尽可能地塑造真实且积极的情绪和心境。
- 提供积极的反馈以调动员工的积极性。当然，雇用更容易有积极心境的人也会有所帮助。

- 在服务业，鼓励员工表达积极的情绪，让客户感受到他们的积极性，从而促进员工与客户间的交流和协商。
- 理解情绪和心境的作用可以提高你解释和预测同事及他人行为的能力。

复习题

1. 情绪和心境有什么不同?
2. 情绪与心境的来源有哪些?
3. 情绪劳动对员工有什么影响?
4. 什么是情感事件理论?
5. 什么是情绪智力?
6. 情绪调节的策略有哪些?
7. 你如何将关于情绪和心境的概念应用到具体的组织行为问题中?

观点碰撞 有时候发脾气对大家都好

正方

本章始终在讨论愤怒，这是因为愤怒是一种重要的情绪。表达愤怒是有益处的。首先，研究表明，只有投身于组织的员工才会倾向于表达自己的愤怒，而且他们通常只会对造成这一局面的领导者表达愤怒。其次，压抑愤怒会降低工作满意度，并导致大家对事情的改善不抱希望。

即便有了这些发现，我们还是会听到许多关于不要带情绪地回应职场挑战的说法。职场文化告诉我们，不能把自己的愤怒情绪表现出来，不然别人就会认为我们是糟糕的职员。更糟糕的是，他们觉得我们没有职业精神，甚至离经叛道或有暴力倾向。诚然，有时候愤怒情绪的表达是有害的或者说是不专业的表现，我们被这种观点洗脑，以至于最正常的情绪表达也受到压制，而忽略了某些情绪表达的有效性。

越来越多的研究证明，抑制愤怒会给个人带来可怕的内部伤害。例如，斯坦福大学的一项研究发现，在播放第二次世界大战期间日本遭受原子弹轰炸的电影剪辑时，如果研究人员要求观众必须面无表情，不能流露出任何情感，那么在影片结束后的对话中，他们会表现得更紧张。其他研究表明，习惯压抑愤怒等情绪的大学生更难交到朋友，更容易抑郁，而压抑愤怒情绪的员工会感受到更多的工作压力。

为了组织和员工的利益，我们应该鼓励大家不要压抑自己的情绪，而是要建设性地分享它们。

反方

的确，愤怒是一种常见的情绪，但它也是一种有毒的情绪，对施与方和承受方来说都是如此。愤怒的爆发会损害心脏，导致糖尿病，并造成其他不良影响。他人的愤怒以及与其紧密相关的另一种情绪——敌意与组织中的许多不当行为都是相关的。美国劳工统计局估计，16%的致命工伤是工作场所的暴力所致。这就是很多组织开发相抗技术的原因——消除职场愤怒的有害影响。

为了减少后果，许多公司制定了相应的政策来限制大喊大叫、当众辱骂以及敌对性的肢体动作等暴力言行。有的公司则建立了愤怒管理项目。例如，一家公司举办了强制性的内部研讨会，向员工展示如何在冲突爆发前将其平息。这一项目的发起人说，它“给了人们具体的工具，通过对话来解决问题”。明尼苏达州的一家工程公司 MTS Systems 雇用了一家外部咨询公司，目的是帮助它实施愤怒管理方案。通常，MTS Systems 顾问会举行一个 8 小时的研讨会，讨论愤怒的来源、解决冲突的技巧以及组织的应对政策。紧随其后的是一对一的员工会议，主要是帮助员工学习认知行为方面的技巧，以管理自身的愤怒情绪。外部培训师会收取约 10 000 美元的费用，不过公司在经济上的付出是值得的。“大家都希望员工可以提高交流能力。” MTS Systems 公司的经理卡伦·博尔（Karen Borre）说。

最终，组织努力减少工作中愤怒情绪的感知和表达，每个人都能从中获利。对员工和客户来说，工作环境中的威胁和压力变小了，员工觉得更安全了。就连容易愤怒的员工往往也能从中得到帮助。

资料来源：Based on B. Carey, “The Benefits of Blowing Your Top,” *The New York Times*, July 6, 2010, D1; R. Y. Cheung and I. J. Park, “Anger Suppression, Interdependent Self-Construal, and Depression among Asian American and European American College Students,” *Cultural Diversity and Ethnic Minority Psychology* 16, no. 4 (2010): 517–25; D. Geddes and L. T. Stickney, “The Trouble with Sanctions: Organizational Responses to Deviant Anger Displays at Work,” *Human Relations* 64, no. 2(2011): 201–30; J. Fairley, “Taking Control of Anger Management,” *Workforce Management* (October 2010): 10; L. T. Stickney and D. Geddes, “Positive, Proactive, and Committed: The Surprising Connection between Good Citizens and Expressed (vs. Suppressed) Anger at Work,” *Negotiation and Conflict Management Research* 7, no. 4 (November 2014): 243–64; and J. Whalen, “Angry Outbursts Really Do Hurt Your Health, Doctors Find,” *The Wall Street Journal*, March 24, 2015, D1, D4.

知识应用和就业力

理解甚至仅仅是意识到他人的情绪和心境，都有助于提高你在工作场所中的效率。正如我们所看到的，员工在工作场所中会对事件做出反应，而这些情感反应对于组织的重要结果会有很大的影响。员工可能需要调节自己的情绪，尤其是处在需要与客户互动的岗位上时。而这种调节可能会对员工绩效和幸福感有影响。员工的情绪智力可能会因人而异，例如在技能、能力或与工作场所中许多结果相关的一组能力等方面有所不同。在本章中，我们探讨了微笑以及办公室政治氛围的影响，学习如何应付愤怒的老板，决定是否在招聘中使用情绪智力测验来评估应聘者，以及讨论在工作场所吼叫的好处和弊端。通过这些，你已经提高了许多技能水平，包括沟通和合作技能。在接下来的部分中，你将有更多的机会发展自己的批判性思维和知识应用技能，学习正念技术来调节情绪和缓解压力，考虑对微表情表达的情绪进行数据挖掘的道德问题，学习思考和应用情绪调节，以及了解厌倦感的潜在影响及其补救措施。

体验练习

工作中的正念

正念的概念强调把注意力集中于当下，让自己沉浸在周围发生的事情中。其核心原则包括暂停对环境及自身想法的即时判断，并让自己对周边事物保持开放。除了减少压力外，正念的好处还包括增强创造力、延长注意力的保持时间、减少拖延以及提升绩效。

流程：

首先各自进行个人练习，然后组成三到四人的小组来讨论自己的发现。虽然完整的工作场所正念干预可能需要几个星期的时间，但一些基本的起步练习可以在相对较短的时间内完成。通过这些练习，你可以感受到一个完整的正念过程是什么样子的。以下是三个简单的练习。在练习时，每个人都需要把所有东西放下，尤其是电话、平板电脑和电脑，并把注意力集中在周围环境发生的事情上。

1. 正念呼吸：让你的念头远离一切除了自身呼吸以外的事物。专注于自己是如何吸入和呼出的。有时，计算每一次呼吸的时间会有所帮助。尝试将这种有意识的呼吸保持 3 分钟。然后，小组用 3 分钟的时间来讨论这次练习给他们带来的感受。

2. 正念聆听：现在，清空你的头脑，只留下当前环境中正在发生的事情。尽量去聆听周围的声音，而不要做出判断或评价。尝试将这种专注的聆听保持 3 分钟。然后，小组用 3 分钟的时间来讨论他们注意到的一些细节。

3. 正念思考：和聆听练习一样，清空头脑中的每一件事，只关注你关于正念和压力的想法。现在还不要讨论或写下你在想什么，只需要安静地把全部注意力集中在这个练习及其意义上。试着将这种正念思考状态保持 3 分钟。然后，小组用 3 分钟的时间来讨论这次体验是什么样的。

如前所述，这些只是关于正念练习的一些简单例子。在一次完整的正念练习中，你会经历好几次训练，每次长达一个小时。现在，既然你已经了解了正念练习的感觉，那么请在小组讨论中考虑以下问题：

1. 正念练习中是否有让你感觉特别愉快或有用的方面？训练中是否有让你感觉不愉快或不舒服的地方？

2. 你对在工作场所中实施正念干预有什么顾虑？在让员工参与正念减压计划的过程中，你可能会遇到哪些障碍？

3. 把整个班级聚在一起，讨论你们的答案。

资料来源：Based on E. Langer, “Mindfulness in the Age of Complexity,” *Harvard Business Review*, March 2014, 68–73; H. J. E. M. Alberts and U. R. Hülsheger, “Applying Mindfulness in the Context of Work: Mindfulness-Based Interventions,” in J. Reb and P. W. B. Atkins, *Mindfulness in Organizations* (Cambridge, UK: Cambridge University Press, 2015), 17–41; K. A. Aikens, J. Astin, K. R. Pelletier, K. Levanovich, C. M. Baase, Y. Y. Park, and C. M. Bodnar, “Mindfulness Goes to Work: Impact of an Online Workplace Intervention,” *Journal of Occupational and Environmental Medicine* 56 (2014): 721–31.

道德困境

情绪数据挖掘

你是否听过“把内心挂在袖子上”这种说法？这是一个很流行的表达，但显然没有人真的通过看袖子来解读你的情绪。我们一般会通过研究一个人的面部表情来解读他们的情绪。大多数人认为自己很擅长解读面孔，但不能确切地说出是如何解读的，也不知道解读的是否准确。但是，如果我们可以利用技术来了解一个人的感受呢？如果我们在工作场所这么做，然后根据得到的结论来采取行动，是否合乎道德呢？

技术准备还没有做好。人脸阅读是一门复杂的科学。保罗·埃克曼（Paul Ekman）是一位著名的心理学家，同时可能是世界上最厉害的人脸解读者。40多年来，他一直在研究对情绪的解释，并且开发了一个包含5 000多个肌肉运动及对应的情绪内容的目录。他的工作甚至催生出一部名为《对我说谎》(Lie to Me）的电视连续剧。剧中的主要人物通过分析微表情来协助企业和政府的调查。微表情一般指发生在几秒钟之内的表情。通过使用埃克曼的面部编码系统，类似EMotient这样的技术公司一直在开发将微表情与情感相匹配的算法。这些组织目前正在寻找可用于预测行为的微表情模式。

本田、宝洁、可口可乐和联合利华已经尝试了这一技术，以确认大家对新产品的反应，结果好坏参半。首先，表情可以瞬间改变，所以辨别何种表情占上风是一件很困难的事情。例如，一个正在观看广告的人在30秒内可能会出现微笑、皱眉、扬起眉毛等表情，这些表情依次体现出他的愉悦、困惑和惊讶。其次，我们很难知道一个人是否会对这些转瞬即逝的情绪采取行动。最后，这项技术可能会误判潜在的情绪或者其原因。

这项技术在工作场所的潜在应用包括监控、测量对组织公告的反应以及测谎。摄像头可以安装在各个会议室里、走廊上，甚至是员工的电脑屏幕上。情绪监控可以是有计划的，比如说每周一上午8点到9点，也可以是随机的。监控在员工知情或不知情的情况下都可以进行：例如，我们可以通过墙上的摄像头读取和解读每个员工在组织的公告会议上的情绪反应数据。

到目前为止，这一技术在工作场所最可靠的应用似乎是用来捕捉不一致的反应，即测谎。连面部情感识别的先驱埃克曼也说："我无法控制这一技术的用途。我只能肯定我至少提供了对某人隐藏的情绪的准确描述。"

这一技术的每一个用途都有其对应的考虑和责任，尤其是管理者要根据调查结果采取行动或推测员工未来的行为时。事实上，这项技术尚未完全发展到适用于工作场所，因此我们还有时间制定道德准则。最重要的道德问题是隐私。金杰·麦考尔（Ginger McCall）是一名隐私权的倡导者，他说："我看不到有比在数据库中记录某人的情绪更加侵犯隐私的事情了。"如果管理者使用技术来做出关于员工的决策，那么关注相关用途的道德问题十分重要。例如，如果一位管理者通过软件得知一名员工不开心，于是决定为该员工重新分配一项工作。但该员工实际上只是对其配偶感到不满，这时候该怎么办呢？美国前反恐侦探查尔斯·利伯曼（Charles Lieberman）建议："我们要认识到这项技术的局限性——它可以引导你走上正确的方向，但这并不是绝对的。"

◆ 问题

1. 你认为情绪阅读技术在工作场所中的最佳应用是什么？

2. 在工作场所中通过观察人的面孔来了解情绪内容的伦理意义是什么？

3. 假设你能更好地从面部表情中发现别人的真实情绪，你认为这对你的职业生涯有帮助吗？为什么？

资料来源：Based on Paul Ekman profile, Being Human, http://www.beinghuman.org/mind/paulekman, accessed April 17, 2015; E. Dwoskin and E. M. Rusli, "The Technology That Unmasks Your Hidden Emotions," *The Wall Street Journal*, January 29, 2015, B1, B8; and D. Matsumoto and H. S. Hwang, "Reading Facial Expressions of Emotion," Psychological Science Agenda, May 2011, http://www.apa.org/science/about/psa/2011/05/facial-expressions.aspx.

案例分析 1

管理者也是有情绪的！

Human Workplace 首席执行官兼创始人莉兹·瑞安（Liz Ryan）回忆，作为一个年轻的商人，她发现商界是如此私密时感到很震惊。在莉兹看来，你和你的老板或同事的关系似乎可以帮助你的事业向前发展，也能很容易地阻止你前进，甚至让你的生活变得悲惨。值得注意的是，管理者有他们自己的好恶，对情绪的体验方式和其他人是相似的。此外，这些管理者的情绪具有感染力和影响力。作为管理者，情绪调节和管理在营造一个合作的、非敌意的工作环境方面可能会起很大的作用。

研究还表明，领导者的情绪在工作场所中尤为重要。比如，一些研究人员断言“给出去的终究会还回来”。这意味着，领导者的负面情绪表现会改变团队的共享情绪，这反过来又会导致对领导者和员工的讽刺与不满。另外，表现出同理心的领导者往往被认为不太可能会变成一个无能的领导者或者“脱轨”。总之，表现出积极或消极的情绪（而不仅仅是表层扮演）可以改善追随者的绩效。因为追随者在做出与工作相关的决策时，可以接收并利用这些信息。

当你作为一名员工觉得管理者不喜欢自己时，管理者的真实情绪可能会特别伤人。管理者可能会对你表现出愤怒，对你的技能和能力缺乏信心，或者不关心你在组织中的福利和进步。对你的不满或消极情绪可能源于管理者对你的各种看法，例如认为你不称职、不喜欢你的风格，或者跟你没有联系，等等。但这些消极情绪也可能来自其他方面，例如管理者的性格及其所受到的场景限制。

值得注意的是，宾夕法尼亚大学职业服务部副主任约瑟夫·巴伯（Joseph Barber）声称，员工必须认识到，管理者对世界的看法和他们是不同的。在不同的时间点，管理者可能会处于非常不同的情绪状态。根据巴伯的说法，当求职者试图预测管理者对新员工的期望，并据此强调自己的相关知识、技能和能力与这些期望相匹配时，这一观点是很有用的。

◆ **问题**

1. 你认为管理者在组织中应该如何在真实性和管理自己的情绪表现（如表层扮演）之间取得平衡？或者说，你认为达到这样的平衡是否可能？为什么？

2. 你认为有没有什么情绪属于禁区，即领导者或员工永远不应该在工作中表现出来？包括哪些情绪？是什么因素使它们成为禁区？

3. 你认为有什么方法可以增强你对管理者和同事的情绪理解，并根据这些情绪信息来调整自己的行为？你可以通过什么方法来处理这些行为？

资料来源：Based on J. Barber, “The Menagerie of Potential Employers,” *Inside Higher Ed*, March 20, 2017, https://www.insidehighered.com/advice/2017/03/20/importance-job-search-understanding-emotions-employers-essay; L. Davey, “What to Do When Your Boss Doesn’t Like You,” *Harvard Business Review*, December 8, 2014, https://hbr.org/2014/12/what-to-do-when-your-boss-doesnt-like-you; W. A. Gentry, M. A. Clark, S. F. Young, K. L. Cullen, and L. Zimmerman, “How Displaying Empathic Concern May Differentially Predict Career Derailment Potential for Women and Men Leaders in Australia,” *The Leadership Quarterly* 26(2015): 641–53; L. M. Little, J. Gooty, and M. Williams, “The Role of Leader Emotion Management in Leader-Member Exchange and Follower Outcomes,” *The Leadership Quarterly* 27(2016): 85–97; A. McKee, “Empathy

Is Key to a Great Meeting," *Harvard Business Review*, March 23, 2015, https://hbr.org/2015/03/empathy-is-key-to-a-great-meeting; L. Ryan, "Ten Signs Your Boss Hates You," *Forbes*, March 17, 2016, https://www.forbes.com/sites/lizryan/2016/03/17/ten-signs-your-boss-hates-you/#563e527428cf; and G. Wang and S. E. Seibert, "The Impact of Leader Emotion Display Frequency on Follower Performance: Leader Surface Acting and Mean Emotion Display as Boundary Conditions," *The Leadership Quarterly* 26(2015): 577–93.

案例分析 2

当事情变得让人厌倦

我们都有过这样的感觉：也许是因为工作本身没有成就感，也许是因为这个工作日过得特别缓慢，哪怕是职场中最优秀的人都会感到厌倦。这不是一种让人愉快的感觉。路易斯维尔大学的研究员安德烈亚斯·埃尔皮多鲁（Andreas Elpidorou）指出："厌倦是一种感到厌恶的状态，其特点是感到不满、焦躁不安和疲惫不堪……处于厌倦状态的人就像是在感情上被困住了一样。"厌倦感会给组织带来沉重的打击。在线教学组织 Udemy 的一项研究发现，感到厌倦的员工在未来 3 ～ 6 个月内离开组织的可能性会翻倍。年轻的千禧一代员工特别容易在工作中感到厌倦，他们感到厌倦的可能性是婴儿潮一代同事的两倍。Intelligence Group 的一项研究表明，64% 的千禧一代宁愿放弃一个薪酬为 10 万美元的无聊职位，而选择一个薪酬为 4 万美元但他们喜欢的职位。

对工作厌倦可能会带来无法接受的结果。如果你不小心的话，这些结果会给你带来很多麻烦。其一，如果你反应迟钝，当同事需要你的时候，你可能会让他们失望。尤其是缺了你他们就没法继续工作的时候。其二，厌倦有时候会带来抱怨。尽管抱怨在组织中似乎很常见（电视剧和电影中描述了很多爱抱怨的员工），但这可能会让很多员工感到恼火，尤其是那些对工作满意的员工。其三，研究表明，厌倦可能会导致反生产工作行为的出现，比如对工作的心理退缩、破坏工作设备以及辱骂其他同事。其四，如果工作是员工生活的核心，当员工在工作中的需求得不到满足时，厌倦可能会导致抑郁。其五，一些人往往会比另一些人更容易厌倦。这些容易感到厌倦的人不得不面对各种不如意的后果，例如从组织中得到的支持较少、更低的绩效评分以及失业。

如果你在工作中感到厌倦，你该如何重回正轨呢？解决厌倦问题的关键之一就是保持掌控权，积极主动。一项对芬兰 1 500 名员工跟踪三年的研究表明，通过掌控自己的工作，为自己设置挑战，获取做好工作所需要的资源，可以随着时间的推移逐渐减少厌倦感。这就要强迫自己变得好奇，并将目光放在自己的职责之外。当我们被熟悉的单调工作包围时，应该寻找新的洞见、观点和方法来完成自己的任务。有研究认为，提供学习机会和缩短持续工作的时间可能会有效减少工作中的厌倦感。对于千禧一代来说更是如此。值得注意的是，Udemy 的调查发现，如果有机会学习更多的技能，80% 的员工会对自己的任务更感兴趣。这些研究结果回应了将工作场所游戏化的呼吁。这一呼吁希望通过引入游戏机制来改造日常任务，以减少厌倦感并加强认知控制。

◆ 问题

1. 谁应该对减少工作场所中的厌倦感负责，是雇主还是感到厌倦的人？为什么？

2. 你是否认为某些任务本身就是枯燥乏味的，因此无法改变？如果存在一些无法变得更有趣的任务，那么对于必须完成这些任务的员工来说，如何才能减小厌倦感带来的负面影响呢？

3. 你认为哪种情绪调节技术在缓解无聊方面最成功？为什么？

资料来源：Based on K. Bruursema, S. R. Kessler, and P. E. Spector, "Bored Employees Misbehaving: The Relationship between Boredom and Counterproductive Work Behaviour," *Work & Stress* 25, no. 2 (2011): 93–107; A. Gaskell, "How Gamification Can Drive Workplace Performance," *Forbes*, February 21, 2017, https://www.forbes.com/sites/adigaskell/2017/02/21/how-gamification-can-drive-workplace-performance/#4493eae7f8e3; L. K. Harju, J. J. Hakanen, and W. B. Schaufeli, "Can Job Crafting Reduce Job Boredom and Increase Work Engagement? A Three-Year Cross-Lagged Panel Study," *Journal of Vocational Behavior* 95–96 (2016): 11–20; S. Harrison, "6 Ways the Most Successful People Conquer Boredom at Work," *Fast Company*, November 13, 2015, https://www.fastcompany .com/3053229/6-ways-the-most-successful-people-conquer-boredom-at-work; J. Lumsden, E. A. Edwards, N. S. Lawrence, D. Coyle, and M. R. Munafó, "Gamification of Cognitive Assessment and Cognitive Training: A Systematic Review of Applications and Efficacy," *JMIR Serious Games* 4, no. 2 (2016): e11; R. Moy, "3 Inexcusable Mistakes You're Probably Making If You're Bored at Work," *Forbes*, October 27, 2016, https://www.forbes.com/sites/dailymuse/2016/10/27/3-inexcusable-mistakes-youre-probably-making-if-youre-bored-at-work/#154d5d044216; M. L. M. van Hooff and E. A. J. van Hoof, "Boredom at Work: Proximal and Distal Consequences of Affective Work-Related Boredom," *Journal of Occupational Health Psychology* 19, no. 3 (2014): 348–59; M. L. M. van Hooff and E. A. J. van Hoof, "Work-Related Boredom and Depressed Mood from a Daily Perspective: The Moderating Roles of Work Centrality and Need Satisfaction," *Work & Stress* 30, no. 3 (2016): 209–27; J. D. Watt and M. B. Hargis, "Boredom Proneness: Its Relationship with Subjective Underemployment, Perceived Organizational Support, and Job Performance," *Journal of Business and Psychology* 25, no. 1 (2010): 163–74; E. Wiechers, "2016 Udemy Workplace Boredom Study," *Udemy Blog*, October 26, 2016, https://about.udemy.com/udemy-for-business/workplace-boredom-study/; and K. Zimmerman, "What to Do with a Millenial Employee That's Bored at Work," *Forbes*, November 13, 2016, https://www.forbes.com/sites/kaytiezimmerman/2016/11/13/what-to-do-with-a-millennial-employee-that-is-bored-at-work/#3a1649a33014.

注 释

第5章 人格与价值观

Personality and Values

学习目标

学完本章后，你应该能够：

1. 描述人格、人格的测量方法以及人格的决定因素。
2. 描述迈尔斯－布里格斯类型指标（MBTI）人格框架和大五人格模型的优势和劣势。
3. 讨论核心自我评价（CSE）、自我监控和主动性人格的概念是如何促进对人格的理解的。
4. 描述人格是如何影响求职和失业的。
5. 描述具体情境如何影响人格对行为的预测能力。
6. 比较终极价值观和工具价值观。
7. 描述人－工作匹配和人－组织匹配之间的差异。
8. 比较霍夫斯泰德的五大价值观维度和GLOBE框架。

就业技能矩阵

	传言还是科学	职业目标	道德抉择	观点碰撞	体验练习	道德困境	案例分析 1	案例分析 2
批判性思维	✔	✔	✔	✔	✔	✔	✔	✔
沟通	✔				✔			✔
合作					✔		✔	✔
知识应用与分析	✔	✔	✔	✔	✔	✔	✔	✔
社会责任		✔	✔	✔		✔		✔

领导“安静革命”

贝丝·科姆斯托克（Beth Comstock）作为业务创新部门的副主席，一直都在“点亮”通用公司。2016年，她位居商界最有权势女性榜的第48位。她在几十年的职业生涯中一直担任NBC环球和通用电气的高管。如今她的职责包括预测通用电气未来的机遇，以及召集合适的团队来打造新的商业模式。她不仅要负责商业模式的创新，还要负责通用电气的销售、营销和传播等职能。

在很多人看来，如此成功的人必须有外向的人格，或者善于社交、合群且果敢自信。然而贝丝的话可能会令你惊讶，因为她认为自己是一个内向的人：“我肯定是一个更偏内向的领导者。但在我的职业生涯中，我一直努力确保自己能够表现得外向，因为我明白，做生意是一种外向的活动。”贝丝解释说，尽管外向等特质可以极大地帮助一个人在商界取得成功，但尝试去适应这种情况要走较长的路。此外，内向也有一些独特的好处。贝丝指出：“作为一个更为内向的人也有很多好处——你会观察得更多，你不会总是第一个说话。我逐渐认识到，领导力的关注点实际上在于理解事情从来不会是完全平衡的以及如何更好地利用这种张力向前发展。”

贝丝对领导力的洞见很有说服力，并且可能超出了对领导力与人格的研究范畴。生活并不像看上去那样完美或者黑白分明。特定的人格特征在某些情况下很有用，但在另一些情况下毫无用处。在一个崇尚外向的世界里，人们重新关注内向的力量。苏珊·凯恩（Susan Cain）2012年出版了《安静：内向者在一个滔滔不绝的世界中的力量》（*Quiet: The Power of Introverts in a World That Can't Stop Talking*）一书，对这些想法进行了深入的探究。这本书已在全球售出200万册。2015年，她与通用电气的50名高管就她的书进行了一场炉边谈话。当一名高管问凯恩对他即将上大学的女儿有什么建议时，凯恩回答道：“你需要花点时间来找到属于你的部落……当合群程度成了社交硬通货时，这是一个艰难的世界。”这个世界看上去是如此重视外向，以至于对于一个内向者来说，走出去并找到自己所属的群体非常重要。

凯恩的作品重新激发了人们对下列问题的兴趣：对于生活在一个总体上更重视外向行为的世界里的人而言，内向和外向到底意味着什么？内向的人能够成为有效的领导者吗？尽管外向特质在某些情况下可能会有所帮助，但建议内向者“变得更外向”可能会有误导作用。心理学家和组织行为学专家都意识到，无论是外向还是内向，两种特质都拥有各自有价值的独特技能。

除了描述行为倾向的人格外，我们的价值观和信仰体系还和我们在工作场合所做的事情及其做法有关。例如，贝丝认为应支持女性企业家和创业者，她曾投资女性主导的初创企业。她正是通过投资这些组织来支持她的价值观。事实上，到目前为止，她所有的投资对象都是女性主导的公司。

资料来源：Based on G. Colvin, “How Beth Comstock Is Lighting up GE,” *Fortune*, September 14, 2016, http://fortune.com/beth-comstock-general-electric-most-powerful-women/; L. M. Holson, “Instigating a ‘Quiet Revolution’ of Introverts,” *The New York Times*, July 26, 2015, Section ST, p. 10; D. Schawbel, “Beth Comstock: Being an Introverted Leader in an Extroverted Business World,” *Forbes*, October 20, 2016, https://www.forbes.com/sites/danschawbel/2016/10/20/beth-comstock-being-an-introverted-leader-in-an-extroverted-business-world/2/#3a47817a1c6f; and V. Zarya, “Why GE Vice Chair Beth Comstock Is Investing in These Women-Led Startups,” *Fortune*, May 18, 2016, http://fortune.com/2016/05/18/bethcomstock-women-led-startups/.

人格确实是很多生活和工作结果的重要影响因素。人格在职场成功中扮演着重要的角色。这些影响并不总是直接的，有时彼此之间会有细微差异。我们将解释外倾性、责任心、经验开放性、随和性和情绪稳定性。它们是大五人格模型的构成特征。大五人格模型

是至今为止定义得最好以及最受支持的人格框架。我们将对人格和倾向性的描述框架进行总结。

5.1 人格

为什么有些人安静而被动，有些人热情且进取？某种人格类型是否更适合从事特定的工作？在回答这些问题之前，我们首先需要回答一个更基本的问题：什么是人格？

5.1.1 什么是人格？

当谈论人格这个概念时，我们会用很多形容词来描述人们的行为和想法。在最近的一项研究中，参与者使用了 624 个形容词来对他们认识的人进行描述。[1] 然而，在组织行为学中，我们会根据整体的特性来组织人格特征，用于描述个体人格的成长和发展。

界定人格 出于我们的目的，我们把**人格**（personality）视为个体对他人的反应方式和交往方式的总和。我们常常会通过个体所表现出来的能够测量的特质对其人格进行描述。

测量人格 人格评估被越来越多地用于不同的组织设置中。事实上，美国有 8 家排名前十的私人企业以及 57% 的大型企业都在使用 [2]，其中包括施乐（Xerox）、麦当劳和劳氏（Lowe's）。[3] 德保罗大学等学校已经在录取过程中使用人格测试。[4] 人格测试对雇佣决策很有帮助，有助于管理者预测谁最适合某份工作。[5]

最常用的人格测量方法是自我报告，即个体就一系列因素进行自我评估，比如，“我对未来有很多担忧”。一般而言，与那些为了进行自我认知而参加测试的情况相比，如果人们知道他们的人格测试分数将被用来做出雇佣决定，他们对自己责任心和情绪稳定性的评价将会提高大约 0.5 个标准差。[6] 另一个问题是准确性，求职者参加测试的时候如果心情不好，得到的分数可能就不准确。[7]

研究表明，文化会影响我们评价自己的方式。来自个人主义国家的人会倾向于自我夸大，而来自中国和韩国等集体主义国家的人则倾向于自我贬低。个人主义国家中的自我夸大并不会给一个人的职业生涯带来损害，然而在崇尚谦逊的集体主义国家，自我夸大却会给职业生涯带来损害。低估自己（自我贬低）无论是对集体主义社会中还是个人主义社会中的职业生涯都会造成损害。[8]

观察者评定测量法是一种独立的人格评定方法，即由一位同事或者另一名观察者来进行评定。尽管自我报告法和观察者评定测量法的结果高度相关，但研究表明，观察者评定测量法在预测工作能否取得成功方面比单独使用自我报告法效果更好。[9] 不管怎样，每种方法都能从独特的角度帮助我们了解个体的行为。因此，将自我报告和观察者评定测量这两种方法结合起来可以更好地预测绩效。言外之意很明确：制定重要的雇佣决策时，两种方法都要用。

职业目标 **我该如何通过人格测试？**

我刚刚获得了一家很棒的公司的第二轮面试机会。我非常兴奋，同时也非常紧张，因为我读过一些文章，说越来越多的公司开始使用人格测试。你有什么让我更好地迈出第一步的建议？

——劳伦

亲爱的劳伦：

祝贺你！你希望了解你的潜在雇主所使用的测试，这是很正常的。你已经想到，可能存在某种有利的方式来应对这一测试。例如，如果测试中询问你对于“我总是处于做好准备的状态”这一说法的符合程度，你就会知道雇主正在寻找一位符合这一情况的申请者。你可能会认为，用最有利的方式来回答会增加你被录用的机会。也许你是对的。

然而，你也需要注意以下几点。首先，一些公司会建立“谎言量表”来标记那些以极端有利的方式来回答的人。发现他们有时并不容易，线索通常会分散在几个问题上。如果你用最有利的方式来回答一长串问题，你就有可能会被谎言量表标记。

其次，并不是每一种工作都需要在所有特质上取得高分。一些雇主可能会对某一特质的低分更感兴趣，或者更关注那些难以通过取巧的方式来达成的总体特征。例如，对于那些天然就具有竞争性的工作，例如销售员、教练、贸易商等，随和对于工作绩效就起不到很好的预测作用。

再次，你应该考虑一个道德上的观点。假如你在招聘过程中没有诚实地表现自己，你在组织中会有什么感觉？你对说谎的总体态度是怎样的？你将如何确保自己的行为符合之前试图描述的特征？

最后，也许你应该以不同的角度来看待测试。组织以及你本人应该都是在寻求一个良好的匹配。如果你们之间并不匹配，而你被录用了，那么你很可能不会成功，并在工作中感到痛苦。然而，如果你们之间的匹配是良好而诚实的，你就可以自信地迎来工作的第一天，并准备好走向成功。

总而言之，你可能会通过一种有利的方式来回答人格测试题，从而增加你被录用的机会。然而，我们仍然认为诚实是最好的策略——无论对你还是对你的雇主而言都是如此。

资料来源：Based on M. N. Bing, H. K. Davison, and J. Smothers, “Item-Level Frame-of-Reference Effects in Personality Testing: An Investigation of Incremental Validity in an Organizational Setting,” *International Journal of Selection and Assessment* 22, no. 2 (2014): 165–78; P. R. Sackett and P. T. Walmsley, “Which Personality Attributes Are Most Important in the Workplace?” *Perspectives on Psychological Science* 9, no. 5(2014): 538–51; and L. Weber, “To Get a Job, New Hires Are Put to the Test,” *The Wall Street Journal*, April 15, 2015, A1, A10.

人格的决定因素 早期争论主要集中在这样一个问题上：一个人的人格究竟来自遗传还是来自环境？显然，人格是遗传和环境因素综合作用的产物。然而也许让你诧异的是，目前的研究倾向于认为遗传因素的重要性大于环境因素。

遗传（heredity）指的是那些在胚胎阶段已经决定了的因素。身材、相貌、性别、秉性、肌肉的组成和反射、精力水平以及生物规律等特点，全部或大部分受到遗传的影响，也就是说，受到亲生父母在生物、生理、内在心理构成方面的影响。遗传观点认为，染色体上基因的分子结构可以全面解释个体的人格特征。对 134 项研究的总结表明，这种观点有一定的道理。大约 40% 的人格可以归因于遗传，而另外 60% 的人格可以归因于环境。[10]

但这并不是说人格永远不会改变。人们在可靠性（dependability）这一人格特征上的测量分数有随时间推移而上升的趋势，因为年轻人会逐渐开始组建家庭、经营事业。然而，可靠性存在巨大的个体差异：因为每个人所能改变的程度大体相当，所以他们的排名顺序基本保持不变。[11] 此外，有研究表明，人格在青春期更易改变，在成年人中则更加稳定。[12]

早期对人格的研究曾试图识别和标记那些能够描述个体行为的持久特征，包括害羞、好斗、顺从、懒惰、进取、忠诚、胆小。当某人频繁展现这些特点且这些特点随着时间推移和环境改变能够持久时，我们称其为此人的**人格特质**（personality trait）。[13] 随着时间的推移，这些特点的一贯性越明显，它们在不同的情形下出现得越频繁，这种特质在描述个体时就越重要。

5.2 人格框架

纵观历史，人们一直在寻求理解是什么使个人的行为方式有所不同。我们的许多行为都源自人格。因此，了解人格的组成有助于对行为进行预测。重要的理论框架和评估工具有助于我们对人格维度进行分类和研究。

迈尔斯 - 布里格斯类型指标（MBTI）和大五人格模型是目前使用最广泛和最著名的人格框架。两种框架都通过对人格各个方面的探索来描述一个人的全面人格。其他的框架，例如“黑暗三特质”模型，虽然解释了个人人格的某些方面，但并不全面。接下来我们将对每一个框架进行讨论，下面先从主导框架开始。

5.2.1 迈尔斯 – 布里格斯类型指标

迈尔斯 - 布里格斯类型指标（Myers-Briggs Type Indicator，MBTI）是使用最广泛的人格框架之一。[14] 这一人格测验包括 100 道问题，用以了解个体在一些情境中通常的感觉和活动。可以把个体区分为外向型（extraverted）或内向型（introverted）（E 或 I）、感觉型（sensing）或直觉型（intuitive）（S 或 N）、思维型（thinking）或情感型（feeling）（T 或 F）、判断型（judging）或感知型（perceiving）（J 或 P）。

- 外向型 / 内向型——外向型的人性格开朗、善于社交、充满自信。内向型的人则安静、害羞。
- 感觉型 / 直觉型——感觉型的人注重实际，偏爱程序化和秩序化，并且注重细节。直觉型的人依赖无意识的处理过程，关注事情的“整体图景”。
- 思维型 / 情感型——思维型的人运用理智和逻辑处理问题。情感型的人则依赖个人的价值观和情绪。
- 判断型 / 感知型——判断型的人喜欢控制，偏爱充满秩序的结构化世界。感知型的人灵活变通、顺其自然。

每组中选择一种类型，可以组合出 16 种人格类型，即 MBTI 指标。我们举几个例子来更为清楚地说明这个问题。内向型 / 直觉型 / 思维型 / 判断型（INTJ 型）人是幻想者，他们有创造性的思想，并有强大的内在驱动力，他们的特点是怀疑、批判、独立、决断，常常有些顽固。ENFJ型人是天生的教育者和领导者，他们注重关系、动机、直觉和道德，是和善的理想主义者。ESTJ型人是组织者，他们现实、理性、果断、实事求是，是从事商业和技术类工作的最佳人选。ENTP型人喜欢革新、特立独行、多才多艺，对独自创业的想法感兴趣，这种人在完成挑战性任务方面足智多谋，但疏于关注常规工作。

根据迈尔斯－布里格斯基金会的数据，在美国人中，内向型的人占50%以上。实际上，三种最常见的MBTI类型中有两种属于内向型：ISFJ型和ISTJ型。ISFJ型人有教养，有责任心；ISTJ型人则注重职责和逻辑。INFJ型和ENTJ型则是最不常见的人格类型，前者富有洞察力，有保护欲；后者冷静专注，行事果断。[15]

MBTI被应用于各种组织的设置中。每年有250多万人测试自己的MBTI类型，而《财富》100强企业中有89家都在使用这一指标。[16] 但MBTI作为人格测量工具的有效性却存在争议，许多证据都反对这一测试。[17] 例如，丹·艾瑞里（Dan Ariely）教授在介绍MBTI的结果时说："下一次我们只要看看星象图就好了。它同样有效，花的时间还更少。"[18]

MBTI的问题之一是，它按照非此即彼的方式（也就是说，要么是外向型，要么是内向型，没有中间过渡）强制性地把人进行分类。另一个问题在于测量的有效性：人们在多次测试中往往会得到不同的结果。还有一个问题是测量结果难以得到确切的解释。MBTI的各个方面的重要性不同，每个方面在不同组合中的含义也会有所不同。因此，MBTI的测试结果都要由经过训练的人解释，而这又增加了出错的概率。最后，MBTI的结果往往与工作绩效无关。MBTI能够提高人们的自我意识，并且能够提供职业指导。不过，因为MBTI的结果似乎与工作绩效无关，所以管理者更应该考虑使用大五人格模型作为招聘员工的人格测试的工具。下面我们将讨论这一模型。

5.2.2 大五人格模型

MBTI缺乏有力的证据，但大量的研究都支持**大五模型**（Big Five Model）。该模型提出了五个基本维度，它们是其他所有维度的基础，并包含了人格特质中最重要的变量。[19] 对这些特质的测试很好地预测了人们在不同现实情形中的表现。[20] 而且，对于个人而言，这些特质随着时间的推移会有一些变化，但总体能够保持相对稳定。[21] 这五个因素是：

- **责任心**（conscientiousness）。这一维度是对个人一致性和可靠性的测量。有高度责任心的人是负责的、有条不紊的、值得信赖的、持之以恒的。在该维度上得分低的人很容易精力分散、缺乏规划性，且不可信赖。
- **情绪稳定性**（emotional stability）。这一维度刻画的是个体承受压力的能力。情绪稳定性高的人较为平和、自信、有安全感；在该维度上得分高的人可能会更加积极乐观，对消极情绪的体验更少，且通常会比得分低的人更快乐。有时候我们会使用与情绪稳定性相反的神经质来进行讨论。高度神经质的人容易紧张、焦虑、失望、缺乏安全感。
- **外倾性**（extraversion）。这一维度描述的是我们在社交世界建立关系的方式。外倾者喜欢群居、善于社交、自信果断。他们相对于内倾者会体验到更多的积极情绪，并且对这些情绪的表达也更加自由。另外，内倾者（外倾性低的人）倾向于封闭内向、胆小害羞、安静少语。

- **经验开放性**（openness to experience）。这一维度针对个体对新奇事物的兴趣和热衷程度。开放性高的人富有创造性，对凡事都感到好奇，对艺术敏感；开放性低的人很保守，只对熟悉的事物感到舒适和满足。
- **随和性**（agreeableness）。这一维度描述的是个体服从别人的倾向性。高随和性的人是合作的、热情的、信赖他人的。或许你会认为随和的人比不随和的人更幸福，确实是这样，但差别很小。当人们选择组织团队成员时，高随和性的人往往是他们的首选。相比之下，低随和性的人是冷淡的和敌对的。

大五特质如何预测工作行为 大五人格维度与工作绩效之间有多种关系。[22]而且我们越来越了解这些关系。我们将依次讨论每个特质。首先我们从最能预测工作绩效的因素责任心开始。

工作中的责任心 研究人员指出："与责任心相关的个人特质对于许多工作的成功都十分重要。这些工作涵盖了不同水平的工作复杂性、训练以及经验。"[23]在责任心上得分较高的个体，工作方面的知识水平也高，这可能是因为有高度责任心的人学得更多（责任心可能与平均积分点（grade point average，GPA）呈正相关）。[24]而更高的知识水平又会和更高的工作绩效水平相联系。[25]印度的一项研究表明，责任心强的人即使在面对虐待性监督的情况下也能更好地保持自己的工作绩效。[26]之前的总结还表明，有责任心的人更有可能做出更多的组织公民行为，更少出现反生产工作行为或考虑离开组织，并且能够适应不断变化的任务需求和情况。[27]责任心强的人的不安全行为也会比较少，即与责任心较差的人相比，他们的事故发生率往往比较低。[28]

责任心对整个组织的成功非常重要。如图表 5－1 所示，一项针对私营企业 313 名首席执行官候选人（其中 225 名被雇用）人格分数的研究发现，以坚持不懈、注重细节、设置高标准为外在表现形式的责任心对成功的影响比其他因素更重要。[29]

图表 5－1 收购型公司取得商业成功最重要的特质

最重要	不太重要
坚持不懈	良好的口头沟通
注重细节	团队合作
有效率	灵活性 / 适应性
分析技能	热情
设置高标准	倾听技能

资料来源：Based on S. N. Kaplan, M. M. Klebanov, and M. Sorensen, "Which CEO Characteristics and Abilities Matter?" *The Journal of Finance* 67, no. 3 (2012): 973–1007.

和每一个特质一样，责任心也可能会带来问题。责任心过强的人可能会过于深思熟虑或追求完美，进而导致幸福感以及任务绩效、安全绩效和组织公民行为等绩效的降低。[30]他们也可能会由于过度专注于自己的工作，而没能帮助组织中的其他人。[31]最后，他们通常缺乏创造性，尤其是在艺术上。[32]

责任心是工作绩效的最佳预测因素。然而，其他的几个特质也和工作及生活的各个方面有关，并对工作和生活都有影响。图表 5－2 对此进行了概括。

图表 5-2 大五特质怎样影响组织行为学标准的模型

大五特质	为什么相关？	它对什么有影响？
情绪稳定性	• 更少的消极思想和更少的消极情绪 • 更少的过度警醒	• 更高的工作及生活满意度 • 更低的压力水平
外倾性	• 更好的人际技能 • 更强的社会主导性 • 更多的情绪表达	• 更高的组织绩效 • 更强的领导力 • 更高的工作及生活满意度
经验开放性	• 更多的学习 • 更多的创造性 • 更多的灵活性及自主性	• 更好的培训成效 • 更强的领导力
随和性	• 更受欢迎 • 更顺从，更遵守规则	• 更高的组织绩效 • 更低水平的偏差行为
责任心	• 付出更多努力，坚持不懈 • 更有驱动力，更有纪律性 • 更多的组织性及规划性	• 更高的组织绩效 • 更强的领导力 • 更长寿

工作中的情绪稳定性 在大五特质中，情绪稳定性与生活满意度和工作满意度的相关度最高，并且能够降低工作倦怠程度和离职意向。[33] 情绪稳定性高的人能够适应工作场所中意想不到的或不断变化的需求。[34] 而在情绪稳定性谱的另一端，那些无法应对这些需求的神经质者则可能会经历倦怠。[35] 这些人也更容易有工作和家庭之间的冲突，进而影响到工作成果。[36] 由于这些负面的、令人紧张的影响，神经质的员工更可能有反生产工作行为，而不太可能参与组织公民行为，也不太可能在工作中受到激励。[37]

工作中的外倾性 在需要人际互动的工作中，外倾者会表现得更好。外倾者更具社交主导性，更能“驾驭”人，比内倾者更加自信。[38] 外倾性这个指标能够相对准确地预测出谁将在团队中表现出领导力。[39] 外倾者通常工作满意度较高而工作倦怠程度较低。[40] 当然，外倾性也具有一些负面因素，比如外倾者可能会显得自吹自擂、自私自利或过于霸道。他们的社交行为对于一些不需要频繁人际互动的工作可能是不利的。[41]

工作中的开放性 与其他特质相比，开放性高的人往往是最具有创造能力和创新能力的人。[42] 在这一维度得分高的人更有可能成为有效的管理者，在面对模棱两可的状况时也更加得心应手。他们能够更好地面对组织变革，适应能力也更强。[43] 虽然开放性与初始工作绩效无关，但在较长的一段时间里，开放性得分较高的人相对不容易出现业绩下滑。[44] 开放性高的人所经历的工作与家庭之间的冲突也会较少。[45]

工作中的随和性 随和的个体比不随和的人更受喜爱；他们在人际导向的工作（如顾客服务）中表现出色。他们所经历的工作和家庭间的冲突较少，更不容易受到离职的影响。[46] 随和性得分高的人还会通过组织公民行为来对组织的绩效做出贡献。[47] 随和性得分较低的个体和责任心得分较低的个体一样，都更有可能做出反生产工作行为。[48] 随和的人在事业上往往不会特别成功。这可能是因为随和性得分很高的个体会认为自己不那么适合市场，也不太愿意去包装自己的形象。[49]

总的来说，几乎在所有的跨文化研究中都发现了大五人格因素[50]，包括中国、以色列、德国、日本、西班牙、尼日利亚、挪威、巴基斯坦和美国。然而，一项针对玻利维亚文盲的研究表明，大五人格框架可能不太适用于偏远地区小型团体的研究。[51]

研究表明，大五特质和重要的组织成果之间有相关性，且这些相关性都是可以被验证的。但这些特质并不是个人所表现出来的全部特征，也不是具有组织行为学含义的全部特征。接下来我们将讨论一些其他的特质，统称为“黑暗三特质”。

5.2.3 黑暗三特质

除了神经质，大五特质就是所谓的社会需要的人格特质，也就是说，在这些方面得分高是值得高兴的。除此之外，研究人员还发现了其他三种不受欢迎的特质也与组织行为相关，每个人或多或少都有，即马基雅维利主义、自恋、精神病态。由于它们的负面性质，研究人员将其称为**黑暗三特质**（Dark Triad）——尽管它们并不总是同时发生。[52]

黑暗三特质听起来可能有些邪恶，但这些特征并不是阻碍日常生活运转的临床病症。当一个人处于压力之下，同时又不能缓解不恰当的反应时，这些特征可能就会表现得比较强烈。持续高水平的黑暗人格特征可能会导致个人事业及生活的脱轨。[53]

马基雅维利主义 浩是一位年轻的银行经理，在过去的 4 年里，他得到了三次晋升。他用了各种激进的手段，但他并不为此感到抱歉。“我就是比别人聪明，这就是我。为了我的目标，我可以使用任何手段。”浩或许就是马基雅维利主义者。

马基雅维利主义（machiavellianism）以尼科洛·马基雅维利（Niccolo Machiavelli）的名字命名，此人曾于 16 世纪撰写过关于如何获得和利用权术的著作。信奉马基雅维利主义的个体讲求实效，保持情感距离，并且为了目标不择手段。“只要行得通就可以用。”这是高马基雅维利主义者一贯的思想准则。高马基雅维利主义者比低马基雅维利主义者更愿意操纵别人，赢得更多利益，更难被别人说服，且更多地说服别人。[54] 他们更有可能表现得激进，并在工作中做出一些适得其反的行为。令人惊讶的是，马基雅维利主义与总体的工作绩效并不呈正相关关系。[55] 高马基雅维利主义的员工通过操纵他人为自己牟利，可以在短期内获得工作中的收益，但他们失去了长远的利益，因为他们不招人喜欢。

马基雅维利主义的情况可能会有道德上的意义。一项研究表明，高马基雅维利主义的求职者在了解一个组织承担着高水平的企业社会责任后，并不会对该组织产生积极的看法。[56] 这表明高马基雅维利主义者可能不太关心可持续性问题。另一项研究发现，马基雅维利主义者的领导行为不太可影响员工对工作的投入，因为追随者“看清了”这些行为不过是表层扮演罢了。[57]

自恋 塞布丽娜喜欢成为大家关注的焦点。她爱在镜子前孤芳自赏，拥有很多言过其实的梦想，并认为自己多才多艺。她是个自恋者。自恋一词来自希腊神话，讲述的是那喀索斯的故事，这位虚荣又骄傲的年轻人爱上了自己的倒影。在心理学中，**自恋**（narcissism）是指一个人认为自己极其重要，希望获得更多的称羡，并且自大。自恋者经常幻想着获得巨大的成功，有利用环境和他人的倾向，有权力意识，并且缺乏同情心。[58] 然而，自恋者可能是敏感和脆弱的人。[59] 他们可能更容易感到愤怒。[60]

自恋似乎和工作效率或组织公民行为没有什么联系。[61] 但在个人主义文化中，它却是反生产工作行为增加的最大预测因子之一；而在不鼓励自我推销的集体文化中，这一点则并不成立。[62] 自恋者通常认为自己的能力超出自己的职位。[63] 当他们收到关于自己工作绩效的反馈时，他们通常会忽略那些和他们的积极自我认知相冲突的信息。但如果提供奖励，他们会更加努力地工作。[64]

好的一方面是，自恋者可能比其他人更有魅力。[65] 和其他领域相比，自恋者在商界中更为常见（见组织行为民意调查）。他们更有可能被选为领导。中等水平（即既不是极高也不是极低）的自恋和领导有效性呈正相关。[66] 有证据显示，自恋者的适应能力更强，在复杂的情况下能做出更好的商业决策。[67] 一项针对挪威银行员工的研究发现，那些自恋得分较高的员工更喜欢他们的工作。[68]

组织行为民意调查

商学院会让你变得自恋吗？

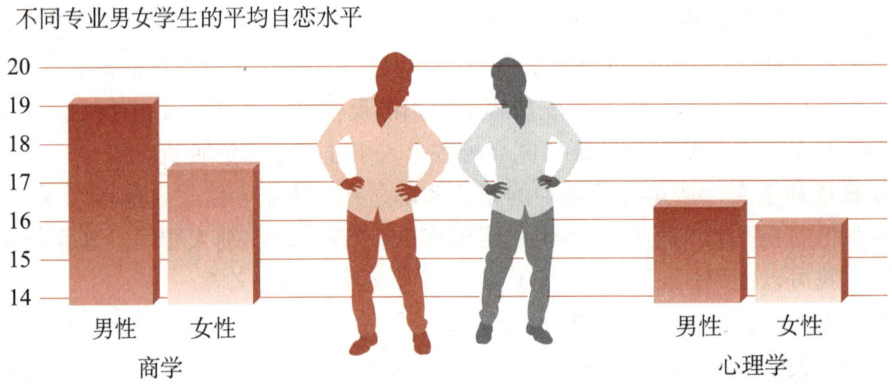

资料来源：Based on J. W. Westerman, J. Z. Bergman, S. M. Bergman, and J. P. Daly, “Are Universities Creating Millennial Narcissistic Employees? An Empirical Examination of Narcissism in Business Students and Its Implications,” *Journal of Management Education* 36 (2012), 5–32.

研究特别关注了自恋的 CEO。这些 CEO 采取的收购行为更多，溢价收购的情况更严重，对客观的绩效衡量回应模糊，并用更多的收购来博取媒体的赞扬。[69] 一项研究利用过去 100 年间积累的数据发现，棒球组织中的自恋型 CEO 造成了较高的管理人员流动率，尽管外界认为这些 CEO 更有影响力。[70]

自恋的影响不仅限于 CEO 和名人。和马基雅维利主义的影响一样，自恋的影响在不同的情境下也有所差异。但它对生活各个方面的影响都是显而易见的。

精神病态 精神病态是黑暗三特质的一部分，但在组织行为学中，它并不意味着临床精神疾病。在组织行为学的语境中，**精神病态**（psychopathy）的定义是缺乏对他人的关心，并且在自己的行为对他人造成伤害时不会感到愧疚和懊悔。[71] 对精神病态的衡量通常要评估个人是否遵守社会规范；冲动性；是否愿意利用欺骗来达到目的；漠视，也就是对他人缺乏移情关怀。

精神病态对工作行为是否有重要影响，现有文献尚未得出一致结论。一篇文献综述发现，精神病态与工作绩效、反生产行为之间并没有太大的联系。[72] 另一篇文献发现，反社会人格（与精神病态有较强的相关性）和一个人在组织中的发展呈正相关，但与职业成功的其他衡量指标以及有效性并无联系。[73] 但还是有研究表明，精神病态与某些强硬策略（威胁、操纵）的使用以及工作中的霸凌行为（身体或语言威胁）有关。[74] 精神病态方面得分较高的人表现出的狡猾可能会帮助他们在组织中谋权，但从长远来看，他们无法依靠这些权力来帮助自己或者组织获取健康的结果。

其他特质 在当前的人格研究中，“黑暗三特质”是对这三种主导的黑暗面特征进行研究的一个有用框架。研究者也正在探索其他特质。一个新兴的框架包含了五个额外的异常复合特质，这些特质都建立在大五模型的基础上。[75] 其一，反社会型人员对他人漠不关心，冷酷无情。他们利用自己的外倾性来吸引别人，但可能容易进行暴力反生产工作行为和危险决策。其二，边缘型人员的自尊水平较低而不确定性较高，他们在工作中的互动是不可预测的。他们的效率低下，工作满意度较低。他们的低自尊可能会在临床上导致抑郁症。[76] 其三，分裂型人员是古怪而无组织的。尽管容易受到工作压力的影响，他们在工作场所可以很有创造力。其四，强迫型人员是完美主义者，可能会很固执。但他们注重细节，职业道德感强，并且可能被成就所激励。其五，逃避型人员会感觉自己不能胜任工作，讨厌批评。他们只能在几乎不需要互动的环境中工作。

人格特质既有积极的一面，也有消极的一面。一个人的每一种特质——大五特质、黑暗三特质以及其他特质——的程度以及特质的组合都会对组织的成果有很大的影响。根据观察来快速做出管理决策是很容易的。但重要的是持续关注对人格的讨论，并考虑其他理论。

5.3 与组织行为相关的其他人格属性

正如我们之前所讨论的，对特质的研究对组织行为学领域有很大的贡献。现在，我们要来看看其他一些属性，它们都是组织行为强有力的预测指标：核心自我评价、自我监控和主动性人格。

5.3.1 核心自我评价

核心自我评价（core self-evaluation，CSE）是个人对自己的能力、胜任力以及作为人的价值的判断基准。拥有积极核心自我评价的人喜欢自己，认为自己高效，并能够控制周围的环境。拥有消极核心自我评价的人则讨厌自己，质疑自己的能力，认为自己无法控制周围的环境。[77] 我们在第 3 章讨论过，核心自我评价与工作满意度相关，因为在这一特质上呈现积极特征的人在他们的工作中会看到更多的机遇，并且会获得更复杂的工作。

拥有积极核心自我评价的人表现更好，因为他们有更远大的目标，且对自己的目标更加坚定，为了实现目标更加坚持不懈。[78] 这种人能提供更好的顾客服务，更受同事欢迎，他们的事业在最初有良好的基础，职业生涯发展得更快。[79] 如果他们认为自己的工作有意义并且对他人有帮助，他们就会表现得尤其出色。[80] 因此，核心自我评价水平较高的人在具有较高企业社会责任的组织中可能会发展得很好。

传言还是科学 见面几秒后就可以准确判断一个人的性格

令人意外的是，这句话似乎是真的。

研究表明，见到一个人后，我们只需要几秒钟就能准确地判断出对方的人格，有时候我们甚至可以通过照片做出判断。无论人们通过哪种方式认识，也无论是在现实中还是在网上，这种对“素不相识”的人的第一判断基本上是准确的。例如，在一项研究中，参与者平均在7.4秒内完成自我介绍，但大家对这些人外倾性的评价与他们的自我评价高度一致。另一项研究表明，在原本不相识的情况下，人们也可以根据网上的个人资料推测出他人的人格。一项研究甚至发现，参与者只看照片就能确定一个人的个人特质在特质谱的哪一端。

第一次见面的时候，外倾性的特征比其他特征更容易被察觉，即便是一些不太明显的特征，如自尊水平，同样可以被人准确地察觉到。即便不加深思，仅凭直觉快速做出判断，似乎也不会影响其准确性。

我们对某些人格特质的判断的准确性是由情境决定的。例如，尽管神经质可能是最难准确判断的特质，但在近期的一项研究中，当所处的情境使个人产生紧张反应时，对神经质的判断可能会更加准确。考虑到某些情境会比其他情境更容易激活或引发某种特质，这一结果是很有道理的。几乎每个人在快要睡着时看起来都很平静！

“直觉判断”（基于短期经验的快速推断）大致的准确性说明面试通常是有效的，我们会在第17章继续讨论这一点。具体来说，研究证明面试官的确可以在两分钟内对面试者做出判断。尽管通过这种方式来做一些重大的雇佣决策并不理想，但与人格相关的研究表明，这些判断基本可靠。然而，要记住，虽然我们可以快速确定人格，但我们应该保持开放的心态，暂缓做出判断。人总是具有比我们第一眼所见到的更多的东西。

资料来源：Based on A. Beer, “Comparative Personality Judgments: Replication and Extension of Robust Findings in Personality Perception Using an Alternative Method,” *Journal of Personality Assessment* 96, no. 6 (2014): 610–18; M. Gladwell, *Blink: The Power of Thinking Without Thinking* (Boston, MA: Back Bay Books, 2007); S. Hirschmüller, B. Egloff, S. C. Schmukle, S. Nestler, and M. D. Back, “Accurate Judgments of Neuroticism at Zero Acquaintance: A Question of Relevance,” *Journal of Personality* 83, no. 2 (2015): 221–28; S. Hirschmüller, B. Egloff, S. Nestler, and D. Mitja, “The Dual Lens Model: A Comprehensive Framework for Understanding Self–Other Agreement of Personality Judgments at Zero Acquaintance,” *Journal of Personality and Social Psychology* 104 (2013): 335–53; and J. M. Stopfer, B. Egloff, S. Nestler, and M. D. Back, “Personality Expression and Impression Formation in Online Social Networks: An Integrative Approach to Understanding the Processes of Accuracy, Impression Management, and Meta-Accuracy,” *European Journal of Personality* 28 (2014): 73–94.

5.3.2 自我监控

佐伊在工作中总是麻烦百出。她能力很强，工作也很努力，而且效率很高，但她的绩效评估结果仅达到平均水平。她好像总是惹老板生气。佐伊的问题在于她没有政治手腕，无法调整自己的行为以适应变化的环境。正如她所说，“我生活得很真实，从不会为了取悦他人而改变自己”。佐伊的这种状况属于低自我监控。

自我监控（self-monitoring）指的是个体根据外部情境因素调整自己行为的能力。[81] 高自我监控者在根据外部环境因素调整行为方面表现出很强的适应性，他们对环境线索十分敏感，能根据不同情境采取不同行为，有的时候他们公开的角色与私下的自己差别非常大。低自我监控者，如佐伊，则不能以这种方式伪装自己，他们倾向于在各种情境下都表现出自己的真实性情和态度，在他们是谁以及他们要做什么之间存在高度的一致性。

有证据表明，高自我监控者会比低自我监控者更密切关注别人的行动，适应能力更强。[82] 高自我监控的员工对组织的承诺较少，但获得的绩效评估更高，且更有可能成为领导者。[83] 高自我监控的管理者在职业中更懂得灵活应变，能得到更多的晋升机会（不论是在组织内还是跨组织），也更可能在组织中占据核心位置。[84]

5.3.3 主动性人格

你是否注意到有的人会改善他们现在的环境或者创造新的环境？这些人具有**主动性人格**（proactive personality）。[85] 不同于那些对情况做出被动反应的人，具有主动性人格的人会识别机会，主动采取行动并且坚持不懈，直到出现有意义的变化。具有主动性人格的人是组织求之不得的。他们的绩效水平更高[86]，并且不需要太多监督。[87] 他们更容易对自己的工作感到满意，投身于自己的组织，并倾向于做出更多的社交行为。[88] 主动性人格的人往往在事业上更成功。[89]

主动性人格或许在工作团队中相当重要。一项针对 33 家中国企业中 95 个研发团队的研究表明，团队成员主动性人格的平均得分越高，团队创新水平就越高。[90] 主动型的人更容易和团队里的其他人交换信息，进而建立信任关系。[91] 和其他特质一样，主动性人格也受不同情境的影响。一项针对中国各银行团队的研究发现，如果团队领导不是主动型的，那么为团队带来利益的主动性也会处于休眠状态，或者更糟糕，团队的主动性受到领导的压制。[92] 在弊端方面，一项针对 231 名佛兰德地区失业员工的研究发现，主动型的人更早放弃找工作。然而，这也许说明主动性本身就包括在遭遇失败的时候选择后退。[93]

简而言之，这些人格特质与很多重要的组织结果相关。然而，人们对人格与就业能力、求职以及失业之间的关系产生了新的兴趣。下一节是一个综合的例子，展示了最近关于人格、求职和失业之间关系的研究。

5.4 人格、求职和失业

正如我们之前所讨论的，不同的人格特质（基于几个不同框架）对工作成果的影响方式有很多。但是，当我们不工作的时候，人格是如何影响我们的行为的呢？在失业期间，人格是如何影响人们的求职过程和求职结果的呢？正如前文所介绍的，你可以想象，对于具有主动性人格的人来说，这是一个令人兴奋的时期。[94] 但人格的影响要比这更微妙。

下面是一个涉及失业和求职人员行为的相关问题：什么样的个性特征可以预测失业人员的求职行为（如社交强度）？许多针对失业求职者的研究发现，责任心和外倾性可以预测社交强度、总体求职强度、面试回访以及工作机会。即使在控制了人口统计特征及失业时间等因素后也是如此。[95] 责任心是一项强有力的预测指标。在一项对4 000名英国青少年的研究中，责任心较差的青少年失业的可能性是责任心较强的青少年的两倍。[96] 芬兰的研究表明，对于失业者有效处理失业问题，时间条理性（即确保你的时间被有条理和有目的地利用）也十分重要。责任心对于时间条理性的影响力是如此之强，甚至超过了那些能够妨碍时间条理性的环境因素，如家庭需求或生育子女。[97] 总之，有综述表明，责任心和外倾性是求职行为的两项最强的预测因素，而自尊水平和自我效能感（核心自我评价的一部分）也十分重要。[98]

更多对失业大学生的研究表明，积极情感对获得面试与工作机会及就业也很重要。这主要是因为积极情感能够让学生对求职过程有更清晰和更开放的看法，对自己的动机有更多的自我监控，并减少拖延。[99] 消极情感和敌意可能会产生相反的效果。在一个跟踪调查了15年的芬兰雇员样本组中，失业人员会因为敌对情绪而变得更有敌意，失业时间也更长。[100]

外倾性、责任心和积极情感会对就业和应对失业有显著影响，而消极情感和敌意则具有同等的负面影响。如果发现自己处于失业状态，你能够期待自己的人格发生改变吗？或者，你能够改变自己的行为方式使其与本人特点相违背吗？首先，"趋近"和"回避"的特质（即导致趋近或回避面对的挑战的特质）对求职似乎有影响。例如，外倾性、责任心和积极情感有积极作用，而消极情感、敌意、低自尊水平和低自我效能感则有负面影响。[101] 因此，以"趋近"特质作为改变方向可能值得一试——迎头痛击挑战，努力保持积极和有组织的状态，并建立自己的社交网络。其次，德国的一些研究表明，失业后你的人格可能会发生变化——一项对近7 000名失业成年人的抽样调查发现了随和性、责任心及开放性方面发生显著变化的模式。[102] 我们将在下一节中讨论，情境和背景也同样重要。每个人的失业经历都是不一样的。对于刚进入劳动力市场的大学毕业生、刚失去工作的人以及有工作但正在求职的人，他们的情况可能各不相同。[103] 我们能预期人格的影响在以上每一种情况下都有所区别吗？

5.5 人格与情境

人格与情境在前面讨论过，研究表明，在人格的发展过程中，遗传因素比环境更重要。但这并不是说环境就是无关紧要的。某些人格特质，如大五特质，在许多环境或情境中都是有效的。比如，研究表明，对大多数工作来说，责任心有利于绩效，外倾性与领导力的初步体现有关。然而，我们发现特定特质对组织行为的影响可能取决于具体情境。以下两个理论框架——情景强度理论和特质激活理论有助于解释其中的原理。

5.5.1 情境强度理论

想象一下你正在和部门同事开会。你中途离开、对某人大喊大叫或者不搭理其他人的可能性有多大？也许不太可能。现在，想象一下你正在家里工作，你可能会穿着睡衣，大声播放音乐，或者小睡片刻。

情境强度理论（situation strength theory）提出，人格转化为行为的方式取决于情境的强度。所谓情境强度，是指规范、提示或标准在多大程度上支配我们采取适当的行为。[104] 较强的情境会向我们展示什么是正确的行为，而压力会迫使我们把这些行为表现出来，并阻止我们做出错误的行为。相反，在较弱的情境下，“怎样都行”，所以我们可以更自由地表达自我。因此，人格特质在较弱的情境中比在较强的情境中更能预测行为。

研究人员从四个方面分析了组织中的情境强度 [105]：

1. 明确性，也就是关于工作任务和责任的提示在多大程度上是可用且清楚的。清晰明确的工作产生的情境强，因为个体知道自己应该做什么。比如，门卫的工作任务可能比保姆的工作任务更明确。

2. 一致性，也就是关于工作任务和责任的提示在多大程度上是互相兼容的。一致性强的工作带来的情境也强，因为所有提示都指向同一个目标行为。急诊护士的工作可能比经理的工作更有一致性。

3. 约束性，也就是个体的决策和行动自由在多大程度上受外力的限制。约束性强的工作带来的情境也强，因为个体的自由受到了限制。比如，银行审单员的工作就比护林员的工作更有约束性。

4. 严重性，也就是决策或行为在多大程度上会对组织及其成员、客户、供应商等相关人员产生重大影响。严重性强的工作产生的情境也强，因为为了防止出现错误，对环境的控制会非常严格。比如，外科医生的工作可能产生的后果比外语老师的工作更严重。

一些研究人员推测，组织是强情境，因为它们通过规则、规范、标准来管理行为。这些约束通常是恰当的。比如，我们不想让员工认为他们可以随意对他人进行性骚扰，使用可疑的会计流程，或者只在心情好的时候才来上班。

然而，在达到基础水平的情况下，组织并不是始终要为员工创造出强情境，原因包括以下几点。第一，情景强度的要素往往是由组织规则和指导方针决定的，这使得它具有一定的客观性。然而，对这些规则的感知会影响人们如何对情境的强度做出反应。例如，面对一份简单任务的非常清晰的操作指示，一个通常自己主导工作的人可能会将它看作对自己的能力缺乏信心的体现，而一个习惯于遵守规定的人则可能会很欣赏这些详细的说明。他们的反应（和工作态度）将反映他们对情境的看法。[106]

第二，充满规则和严格控制程序的工作可能非常乏味，让人失去动力，就好像所有的工作都是按照流水线的方式完成的。一些人可能会喜欢例行公事，但更多人希望有一定的变化和自由。第三，强情境可能会压抑创造性、主动性、自主性，而有些组织文化很看重这些特质。例如，一项研究发现，在弱情境中，员工更有可能按照自己的价值观表现得积极主动。[107] 工作日益复杂，全球关联度越来越高。营造强情境来管理多元的体系可能既困难又不明智。总之，管理者需要识别情境强度在职场中的角色以从中找到恰当的平衡。

5.5.2 特质激活理论

特质激活理论（trait activation theory，TAT）是理解人格和情境的另一个重要理论框架。TAT 预测，某些情境、事件或干预更能“激活”某种特质。通过使用 TAT，我们可以预测哪些工作将适合哪些人。例如，以佣金为基础的薪资方案可能会激活个体差异，因为与具有其他特质的人（比如开放者）相比，外倾者对奖励更为敏感。相反，在鼓励创造力的工作中，个体在开放性上的差异也许比在外倾性上的差异更能预测期望行为。具体的例子请看图表 5－3。

图表 5－3　特质激活理论：大五特质中的具体特质与哪些工作更相关

关注细节	社交技能	工作竞争	创新能力	应对愤怒的人	时间压力（最后期限）
得分高的工作（这里列出的特质可以预测这些工作中的行为）					
航空管制员 会计 法律秘书	牧师 治疗师 礼宾服务员	教练 / 球探 财务经理 销售代表	演员 系统分析师 广告策划人	狱警 电话推销员 空乘人员	新闻分析员 编辑 飞行员
得分低的工作（这里列出的特质无法预测这些工作中的行为）					
林务员 按摩师 模特	软件工程师 司泵工 广播技术员	邮局职员 历史学家 核反应操作员	法庭书记员 档案管理员 医师	作曲家 生物学家 统计学家	护肤专家 数学家 健身教练
得分高的工作激活了这些特质（使它们与工作行为的预测相关性更大）					
责任心（+）	外倾性（+） 随和性（+）	外倾性（+） 随和性（－）	开放性（+）	外倾性（+） 随和性（+） 神经质（－）	责任心（+） 神经质（－）

注：（+）代表此种特质高的人在工作中表现得更好。（－）代表此种特质低的人在工作中表现得更好。

TAT 也适用于人格倾向。最近的一项研究发现，当上网学习的人受到电子监控时，他们会有不同的反应。那些特别害怕失败的人对监控感到更恐惧，学到的东西也会大大减少。在这个例子中，环境特征（电子监控）激活了一种特质（害怕失败），二者结合起来就意味着更低的工作绩效。[108]TAT 也可以通过积极的方式体现。一项研究发现，在互相支持的环境中，每个人都会表现出亲社会行为；但在严酷的环境中，只有具有亲社会倾向的人才会表现出类似行为。[109]

情境强度理论和特质激活理论共同表明，与其争论先天因素和后天因素哪个重要，还不如把二者放在一个框架中考虑。二者不但相互影响，还会相互作用。换句话说，人格和情境都会影响工作行为，但在正确的情境下，人格对行为的预测能力更强。[110]

我们已经讨论了人格特质，接下来讨论价值观。价值观更为具体，描述的是个人的信念而不是行为。有的信念或价值观反映了人格，但我们的行为也并不总是与我们的价值观一致。

5.6　价值观

死刑这种惩罚是对还是错？一个人喜欢权力，是好还是坏？对这些问题的回答都涉及价值观。

价值观（value）代表了人们最基本的信念："从个人或社会的角度来看，某种具体行为模式或存在的最终状态比与之相反的行为模式或存在状态更可取。"[111] 这个定义包含判断的成分，反映出个体对于正确和错误、好与坏、可取和不可取的看法。价值观包括内容和强度两种属性。内容属性指的是某种行为模式或存在状态是重要的；强度属性界定的是它有多重要。当我们根据强度来对一个人的价值观进行排序时，就可以得到这个人的**价值系统**（value system）。所有人的价值观都具有层级性，这就构成了人们的价值系统。通过对诸如自由、快乐、自尊、诚实、服从、公平等价值观按相对重要性进行排列，我们可以认识和了解这个系统。

价值观是相对稳定和持久的。[112] 价值观中很大一部分内容在我们早年生活中就已经形成——是从父母、老师、朋友和其他人那里获得的。当我们对价值观提出质疑时，可能会带来变化。但更常见的情况是，对价值观的质疑强化了已经拥有的价值观。也有证据表明，人格和价值观存在联系，这暗示遗传基因特质也许在一定程度上影响了我们的价值观。[113] 例如，开放的人可能在政治上更倾向于自由主义，而责任心强的人可能更重视安全和道德行为。为了进一步探讨这一主题，我们首先讨论价值观的重要性及分类。

5.6.1 价值观的重要性及分类

价值观是了解态度和动机的基础，同时，它们也影响我们的知觉。我们在加入一个组织之前，早已形成了什么是应该的、什么是不应该的思维模式。这些观点包含我们对正确与否的解释，以及我们对某种行为或结果的偏爱。无论它们是理清还是偏离了我们的判断，价值观都影响我们在工作中的态度和行为。

尽管价值观有时候能增强决策能力，但它们有时候也会淡化客观性和理性。[114] 假设你刚进入组织时，你认为以绩效作为报酬分配的基础是正确且合理的，以资历作为报酬分配的基础是错误的、不合理的，那么，当你发现你刚加入的组织恰恰是根据资历而不是绩效进行奖励时，你会做何反应？你很可能会感到失望，这会使你对工作感到不满意，并且不愿意付出更多努力，因为"不管怎样，这么做都不太可能让你挣到更多的钱"。如果你的价值观与组织的报酬制度一致，你是否会有不一样的态度与行为？很有可能。

5.6.2 终极价值观与工具价值观

我们该如何对价值观进行分类？研究者米尔顿·罗克奇（Milton Rokeach）认为，我们可以将价值观分为两类。[115] 第一种类型为**终极价值观**（terminal value），这是个体愿意用一生去实现的目标。第二种类型为**工具价值观**（instrumental value），指的是个体更偏好的行为模式或实现终极价值观的手段。终极价值观的例子有：经济繁荣富强、自由、健康和幸福、世界和平、人生的意义。工具价值观的例子有：自主权和自力更生、自律、善良、目标取向。我们每个人都既重视目的（终极价值观），也重视手段（工具价值观）。二者之间的平衡很重要，如何实现这一平衡也很重要。

5.6.3 代际价值观

基于对工作价值观的大量分析，研究者把它们分类，以概括美国劳动力大军中不同人群或不同时代者的共有价值观。[116] 你一定对这些分类标签感到熟悉，其中一些标签是国际上经常使用的。但重要的是要记住，虽然分类会给我们带来帮助，但它们所代表的只是总体趋势，而不是某个人的价值观。

图表 5－4 表明，可以根据员工进入劳动力市场的年代将他们分成几个群体。由于大部分人在 18 ～ 23 岁开始工作，因此不同的时代特点与雇员的年龄有着密切联系。

图表 5－4　当代劳动力中占主导地位的价值观

人群	进入劳动力市场的时间	主导的工作价值观
婴儿潮一代	1965—1985 年	成功，成就，雄心，藐视权威，对职业忠诚
X 世代	1985—2000 年	工作与生活的平衡，团队取向，不喜欢规则，对关系忠诚
千禧一代	2000 年至今	自信，经济上成功，自我依赖但热衷于团队工作，忠于自我，忠于人际关系

价值观看起来很吸引人，但是这些分类缺少可靠的研究支持。早期研究受到方法论问题的困扰，难以评估差异是否真的存在。综述表明，很多概括要么夸张，要么是完全错误的。[117] 真实的代际差异与目前流行的关于差异的说法不同。例如，从婴儿潮一代到千禧一代，人们对休闲的重视程度确实在加强，以工作为中心的倾向逐渐减弱，但研究并没有发现千禧一代更重视工作中利他的价值观。[118] 根据年代进行区分也许可以帮助我们更好地理解自己这一代人以及其他年代的人，但要注意这种方法的局限性。

道德抉择　你的人格中存在作弊的倾向吗？

大范围的作弊行为越来越多，很多专家因此得出结论，作弊的发生率在上升。2012 年，哈佛大学曝出一起重大作弊丑闻，超过 125 名学生参与了这一有组织的作弊计划。

与大多数复杂的行为一样，学校、工作或生活中的作弊行为是个人与环境交互的产物。就个人来说，研究表明某些特质与作弊倾向是有关联的，包括高度自恋、缺乏良知、亲和度低、争强好胜等。

就环境方面来说，作弊难度低（比如试卷带回家做）、压力过大以及缺乏明确的标准或标准没有得到强化时，作弊的概率会提高。

作为一名学生或者员工，这一研究对你有哪些启示？

1. 搞清楚在哪些情况下压力可能会引发作弊行为。坦率而开放地面对自己对压力的反应，可以帮你避开这些道德盲点，防止参与作弊。请记住，防作弊技术的进步增加了作弊被发现的可能性。

2. 即使你有某些容易引发作弊行为的特质，也不意味着你一定会作弊。但你要意识到，你可能比别人更容易受影响，因此要避免某些环境，尤其是那些可能让你变得不道德的环境。

资料来源：Based on M. J. Cooper and C. Pullig, “I’m Number One! Does Narcissism Impair Ethical Judgment Even for the Highly Religious?” *Journal of Business Ethics* 112(2013): 167–76; H. E. Hershfield, T. R. Cohen, and L. Thompson, “Short Horizons and Tempting Situations: Lack of Continuity to Our Future Selves Leads to Unethical Decision Making and Behavior,” *Organizational Behavior and Human Decision Processes* 117(2012): 298–310; C. H. Hsiao, “Impact of Ethical and Affective Variables on Cheating: Comparison of Undergraduate Students with and without Jobs,” *Higher Education* 69, no. 1(2015): 55–77; M. Carmichael, “Secret E-mail Searches on Harvard Cheating Scandal Broader Than Initially Described,” *Boston Globe* (April 2, 2013), www.boston.com/metrodesk/2013/04/02/secret-mailsearches-harvard-cheating-scandal-broaderthan-initially-described/Mgz0mc8hSk3IgW GjxLwsJP/story.html; P. E. Mudrack, J. M. Bloodgood, and W. H. Turnley, “Some Ethical Implications of Individual Competitiveness,” *Journal of Business Ethics* 108 (2012): 347–59; and R. Pérez-Peña, “Studies Find More Students Cheating, with High Achievers No Exception,” *The New York Times*, September 8, 2012, A13.

5.7 人格、价值观与工作场所

30年前，组织之所以关注人格，部分原因是要使用它来完成个体与具体工作的匹配。这种关注至今仍然存在。不过近年来关注的范围正在扩大，还包括人格、价值观与组织的匹配。为什么？因为今天的管理者更感兴趣的是求职者是否具备灵活性来适应变化的情境并保持组织忠诚度，而非是否有能力完成具体的工作。尽管如此，管理者首先关注的匹配类型依然是人与工作的匹配。

5.7.1 人与工作的匹配

约翰·霍兰德（John Holland）的**人格–工作匹配理论**（personality-job fit theory）解释了有关工作要求与人格特点之间的匹配性。这是国际上使用的较为成熟的理论之一。[119] 职业偏好量表中包含了160个项目，参与者回答自己是否喜欢这些职业。在这些数据的基础上，可以得到他们的人格资料。霍兰德提出了六种人格类型。他指出，员工对工作的满意度和离职意向取决于个体的人格特点与职业环境的匹配程度。这六种人格类型中的每一种都有与其相适应的工作环境。图表5–5对六种类型分别进行了描述，并列举了它们的人格特点以及与之匹配的职业范例。

图表5–5 霍兰德的人格类型与相应的职业范例

类型	人格特点	职业范例
现实型：偏好需要技能、力量、协调性的体力活动	害羞、真诚、持久、稳定、顺从、实际	机械师、钻井操作工、装配线工人、农场主
研究型：偏好需要思考、组织和理解的活动	善于分析、有创造性、好奇、独立	生物学家、经济学家、数学家、新闻记者

续表

类型	人格特点	职业范例
社会型：偏好能够帮助和提升他人的活动	社会化、友好、合作、理解	社会工作者、教师、议员、临床心理学家
传统型：偏好规范、有序、清楚明确的活动	顺从、高效、实际、缺乏想象力、缺乏灵活性	会计、业务经理、银行出纳员、档案管理员
企业型：偏好能够影响他人和获得权力的言语活动	自信、进取、精力充沛、盛气凌人	律师、房地产经纪人、公共关系专家、小企业主
艺术型：偏好需要创造性表达的、模糊的、无规则可循的活动	富有想象力、无序杂乱、理想化、情绪化、不实际	画家、音乐家、作家、室内装潢设计师

人与工作的匹配会受文化的影响，反映了员工对于工作如何适应自己而做出调整的期待。在个人主义国家，员工希望得到管理层的倾听和尊重，根据个人需求来定制工作，以提高人与工作的匹配度，进而提高个人的工作满意度。然而，在集体主义国家，人与工作的匹配对工作满意度的影响比较小。由于人们对于适合自己的工作不抱有期待，他们不太重视为了实现人与工作的匹配而做出的努力。因此，集体主义文化中的管理者不应该违反文化规范来为个人设计工作；相反，他们应该去寻找那些能够在安排好的工作中茁壮成长的人。[120]

5.7.2 人与组织的匹配

研究者不仅关注人与工作的匹配，还关注人与组织的匹配。从某种程度上说，组织拥有的是动态变化的环境，它要求员工随时做好准备改变既定的工作任务、在不同的工作团队间轻松调动。相比员工的人格特点与具体工作之间的适应性，员工的人格特点与总体组织文化之间的适应性可能更为重要。

人－组织的匹配（person-organization fit）主要意味着个体会受到与他们价值观相匹配的组织的吸引和遴选。当个体的人格特点与组织不匹配时，他们会离开工作岗位。[121] 例如，通过大五人格框架我们可以预测，外倾者在积极进取和团队导向的文化氛围中表现得更好；随和性高的人在支持性的组织氛围中表现得更好；开放性高的个体在强调革新而不是规范的组织中表现得更好。[122] 在招聘员工时遵循这些原则，可以使员工与组织文化更为匹配，反过来，又会带来更高的员工满意度和更低的离职率。人与组织匹配方面的研究同样关注个人的价值观与组织文化的匹配。二者的匹配可以预测工作满意度、组织忠诚度和任务绩效，同时还会降低组织的流动率。[123]

组织对自身网络形象的管理变得前所未有的重要。因为求职者会把查看公司网站作为申请工作前的流程的一部分。申请者希望看到一个对用户友好的网站，且能够提供有关公司理念和政策的信息。例如，当千禧一代了解到一个组织致力于提供工作和生活之间的平衡时，他们可能会对此做出积极的反应。公司网站对于感知到的人－组织的匹配是如此重要，因此通过改进其风格（可用性）和内容（政策）可以吸引更多的申请者。[124]

5.7.3 其他维度的匹配

尽管人与工作的匹配和人与组织的匹配被认为是对职场成果影响最显著的匹配维度，但其他的匹配维度也值得研究。其中就包括人与团队的匹配以及人与主管的匹配。[125] 在团队环境中，团队互动的动态会显著影响工作成果，因此人与团队的匹配是很重要的。而人与主管的匹配已经成为一个重要的研究领域，因为这一维度上的不匹配可能会导致较低的工作满意度和绩效。

所有维度的匹配有时会笼统地称为人与环境的匹配。各个维度的匹配都可以对工作态度做出预测，而工作态度部分是由文化决定的。最近对东亚、欧洲以及北美地区的人与环境的匹配所进行的元分析表明，人与组织和人与工作这两个维度上的匹配在北美对积极工作态度和绩效的影响最大，在欧洲的重要性较小，在东亚则是最不重要的。[126]

5.8 文化价值观

人格在很大程度上是由基因决定的，而价值观是通过学习得来的。它们世代相传，因文化而异。当研究人员试图理解文化价值观的差异时，出现了两个重要的框架——分别来自吉尔特·霍夫斯泰德（Geert Hofstede）和 GLOBE 研究。

5.8.1 霍夫斯泰德的框架

在分析文化差异时，广为引用的观点之一是吉尔特·霍夫斯泰德在 20 世纪 70 年代末提出的观点。[127] 霍夫斯泰德曾针对 40 个国家 11.6 万名 IBM 员工进行了调查，了解他们与工作有关的价值观。他发现，管理者和员工在有关民族文化的五个维度上存在差异：

- 权力距离。**权力距离**（power distance）是指一个国家的人对于机构和组织内权力分配不平等这一事实的接纳和认可程度。高权力距离意味着权力和财富的极度不平等以及文化对这一问题的高容忍度。这种文化体制下存在等级制度，阻碍下层市民向上层流动。低权力距离意味着社会强调平等和机会。
- 个人主义和集体主义。**个人主义**（individualism）是指人们喜欢以个人为活动单位而不是作为群体成员进行活动的程度，这类人认为个人权利高于一切。**集体主义**（collectivism）是指人们生活在具有严谨架构的社会中，期望得到同一群体中其他人的照顾与保护。
- 男性化和女性化。霍夫斯泰德所采用的**男性化**（masculinity）指的是某种民族文化重视传统的男性角色（例如成就、权力和控制）的程度，与之相反的是认为男女平等。在阳刚气质维度上得分高意味着这种民族文化对男性和女性的角色有不同的界定，由男性占据社会的主导地位。在**女性化**（femininity）维度上得分高意味着这种民族文化对男性和女性的角色持大致相同的看法，认为男性和女性在所有方面都是平等的。
- 不确定性规避。一个国家的人喜欢结构化而不是非结构化情境的程度，可以用来界定**不确定性规避**（uncertainty avoidance）的水平。在不确定性规避上得分高的国家，人们对于不确定性和模糊性的焦虑感更强。这种文化重视法律、法规和控制，以减少不确定性。在不确定性规避程度低的国家，人们不易受模糊性和不确定性的影响，能够包容各种意见；人们不太以规则为导向，更容易采取冒险行动，愿意接受变革。

- 长期取向和短期取向。这一分类测量的是社会对传统价值观的接纳。生活在**长期取向**（long-term orientation）文化中的人总是想到未来，而且看重节俭、持久与传统。而**短期取向**（short-term orientation）的人看重的是当下，人们更容易接受变革，不把承诺视为变革的阻碍。

在霍夫斯泰德的文化维度上，不同的国家或地区的得分如何呢？马来西亚的权力距离比其他任何国家和地区都高。美国人非常讲究个人主义，事实上美国是个人主义程度最高的国家（澳大利亚和英国紧随其后）。危地马拉是集体主义程度最高的国家。截至目前，日本是男性化排名最靠前的国家，而瑞典是女性化排名最靠前的国家。在不确定性规避方面，希腊得分最高，而新加坡得分最低。中国的长期取向得分最高，而巴基斯坦的短期取向得分最高。

一项研究综合了598份调查超过20万名受访者的数据，从个体和国家层面分析了霍夫斯泰德文化价值观与一系列组织产出的关系。[128]总的来说，我们发现这五个文化维度在预测相关结果方面同样有效。研究人员还发现，通过个体得分进行预测的效果要远远好于给一个国家中的所有人赋予同样的文化价值观的整体分析方法。总之，这项研究表明，霍夫斯泰德的框架在识别人与人之间的差异方面非常有用，但我们应该更谨慎一些，不应假设一个国家的人有同样的价值观。

5.8.2 GLOBE框架

从1993年开始，“全球领导与组织行为有效性”（Global Leadership and Organizational Behavior Effectiveness，GLOBE）研究项目一直在进行有关领导与民族文化的跨文化调查。数据来自62个国家的825个组织。针对民族文化的差异，GLOBE工作团队确认了九个维度。[129]一些维度如权力距离、个人主义/集体主义、不确定性规避、性别差异（类似于男性化对女性化）和未来取向（类似于长期取向对短期取向）与霍夫斯泰德的维度相似。主要的区别是GLOBE增加了其他一些维度，如人本取向（指的是一个社会对公正、利他、慷慨、关怀、对他人友善的个体给予鼓励和奖赏的程度）和绩效取向（指的是一个社会对群体成员的绩效提高或绩效优异给予鼓励和奖赏的程度）。

5.8.3 比较霍夫斯泰德的框架和GLOBE框架

霍夫斯泰德的框架和GLOBE框架哪个更好？很难说，每个框架都有其支持者。在这里，我们更强调霍夫斯泰德的维度，因为它经受住了时间的考验，而且GLOBE的研究也证实了其中的一些维度。例如，一项针对组织承诺的元分析表明，这两个框架在个人主义/集体主义维度上是类似的。具体地说，这两个框架都表明，组织承诺水平在奉行个人主义文化的国家往往较低。[130]这两种框架其实有很多共同之处，并且都很有价值。

本章小结

人格在组织行为学中很重要。它不能解释所有的行为，但它为此奠定了基础。新的理论和研究揭示了为什么人格在某些情境下影响更大。大五人格特质是这一领域的一大进步，黑暗三特质和其他特质同样重要，每种特质都可能对工作行为产生积极和消极的影响。没有哪种人格特质组合在任何情境下都是完美无缺的。人格可以帮助你了解人们（包括你自己）为什么会有特定的行为、思考和感受，精明的管理者可以利用这一点把员工安排到最合适的位置上。对人格的理解也可以帮助你了解自己在求职时可能具有（或应该争取到）的优势。

价值观通常是态度、行为和感觉的基础，并对这些内容进行解释。不同国家的价值观往往会有所不同，可以据此预测组织成果。然而，个人的价值观可能与国家文化价值观一致，也可能不一致。

对管理者的启示

- 在招聘的过程中是否选择有责任心以及其他大五特质的求职者，取决于你所在的组织最重视哪一标准。其他方面如核心自我评价和自恋在某些情境下也有一定的关联。
- 虽然 MBTI 有缺点，但你可以在员工的培训和开发中使用它来帮助员工更好地相互了解、在团队中开放交流，并有可能减少冲突。
- 评估工作、工作团体以及你所在的组织，来确定哪种人格最合适。
- 在评估人格特质时要考虑情境因素，情境强度越低，就越能准确评估员工的人格特征。
- 你对人们的不同文化考虑得越多，你就越能确定他们的工作行为，并创造一个积极的、表现良好的组织氛围。

复习题

1. 什么是人格？通常是如何测量人格的？人格形成的决定因素是什么？
2. MBTI 人格框架和大五人格模型的优势和劣势有哪些？
3. 核心自我评价、自我监控和主动性人格等概念是如何帮助我们理解人格的？
4. 求职行为最强的预测因子是什么？
5. 具体情境是如何影响人格对行为的预测能力的？
6. 终极价值观和工具价值观有什么不同？
7. 人－工作的匹配和人－组织的匹配有什么不同？
8. 霍夫斯泰德的五大价值观维度和 GLOBE 框架有什么不同？

观点碰撞

千禧一代比他们的父母更自恋

正方

千禧一代有一些明显的优点：整体而言，他们在技术上很有悟性，在社交上很宽容，而且更加投入。他们认为自己的生活质量和事业同样重要。在这些方面，千禧一代超越了他们属于婴儿潮一代的父母。他们的父母在技术上不那么熟练，在社交上不那么宽容，更加本地化，而且为了取得进步不惜一切代价。然而，千禧一代有一个致命的弱点——更自恋。

一些纵向的大型研究发现，千禧一代比婴儿潮一代更容易自我膨胀。相比而言，千禧一代认为自己的学术能力、领导力、公开演讲能力以及写作能力高于平均水平。千禧一代认为自己将是“非常好”的配偶（56%，1980年的毕业生中只有37%的人这样认为）、“非常好”的父母（54%，1980年的毕业生中只有36%的人这样认为），以及“非常好”的员工（65%，1980年的毕业生中只有49%的人这样认为）。

罗格斯大学高级教员克利夫·祖金（Cliff Zukin）认为，原因在于千禧一代的童年教养方式。“这是历史上得到肯定最多的一代，”他说，“他们从小就相信自己可以做任何想做的事，并且相信自己有满足工作需求的技能和才华。”《“我”一代》（*Generation Me*）的作者琼·特温格（Jean M.Twenge）对此表示赞同：“在20世纪60年代，人们不会说‘相信自己’和‘你很特别’。”

自恋对社会尤其是职场是有害的。“（自恋者）容易自我陶醉，他们重视个人和工作生活中的乐趣，”一位管理者说，“我无法期待他们待在一个项目里工作一段时间而不感到无聊。”

反方

“我这一代”不是好几代人之前的说法吗？实际上，每一代人都觉得自己比下一代更优秀。“你可以在希腊文学以及圣经中找到（对年轻一代的）抱怨，”沃顿商学院的卡佩利（Cappelli）教授表示，“没有证据证明千禧一代与其他人不同。他们只是更年轻而已。”而一个普遍存在的事实是，年轻人都会有一些特定的共同特点……因为他们年轻。

一项研究表明，千禧一代和婴儿潮一代在人生的同一阶段中对自己的看法相似。71%的千禧一代认为他们在大学的学业高于平均水平，63%的婴儿潮一代步入大学时也这么认为。77%的千禧一代认为他们在实现目标的过程中的表现高于平均水平，而婴儿潮一代的这一比例为68%。换句话说，“每一代人都是‘我’一代”。

在某些方面，千禧一代可能还不如婴儿潮一代自恋。一位管理者观察到：“（千禧一代）没有过去那种工作和家庭之间的界限，他们会在晚上、周六或周日为公司管理脸书。他们的生产率令人难以置信。”千禧一代可能更加注重利他主义。例如，29%的千禧一代认为，个人有责任为了所有人的利益参与解决问题，而在婴儿潮一代中，只有24%的人有同样的责任感。

与直接比较不同年代的人相比，更准确的方式是对处于不同人生阶段的人进行比较。研究表明，年轻人往往比年长的人更自恋。而如今的千禧一代并不比婴儿潮一代年轻时更自恋。

资料来源：Based on J. M. Twenge, W. K. Campbell, and E. C. Freeman, “Generational Differences in Young Adults’ Life Goals, Concern for Others, and Civic Orientation, 1966–2009,” *Journal of Personality and Social Psychology* 102 (2012): 1045–62; M. Hartman, “Millennials at Work: Young and Callow, Like Their Parents,” *The New York Times*, March 25, 2014, F4; J. Jin and J. Rounds, “Stability and Change in Work Values: A Meta-Analysis of Longitudinal Studies,” *Journal of Vocational Behavior* 80 (2012): 326–39; C. Lourosa-Ricardo, “How America Gives,” *The Wall Street Journal*, December 15, 2014, R3; “Millennials Rule,” *The New York Times Education Life*, April 12, 2015, 4; G. Ruffenach, “A Generational Gap: Giving to Charity,” *The Wall Street Journal*, January 20, 2015, R4; and S. W. Lester, R. L. Standifer, N. J. Schultz, and J. M. Windsor, “Actual versus Perceived Generational Differences at Work: An Empirical Examination,” *Journal of Leadership & Organizational Studies* 19 (2012): 341–54.

知识应用和就业力

洞察你的人格和价值观以及它们在工作中的重要性可以帮助你提高自己的就业力。首先，工作场所是一个复杂的系统，充满了许多彼此互动的人。通过了解这些人具有的不同价值观和行为倾向，你能够更好地预测冲突以及与具有不同人格的人合作。许多组织会对人格进行测量和评估。如果你想了解自己人格中的哪些因素会使你更适合你感兴趣的职位和工作，那么明白这一点是至关重要的。相反，对于提高在工作场所的适应性而言，了解情境如何限制或激发这些行为特质或倾向也同样重要。了解价值观对于人们在组织中的重要性的影响，可以帮助你更好地决定自己想为哪家公司工作，以及你应该如何适应公司的文化。世界各地的文化在价值观方面各不相同，这些价值观对于各自的文化很重要。意识到这些不同的文化价值观以及花时间去了解其他国家可以帮助你提高文化智力，更有效地与来自不同文化背景的人互动。

在本章中，你了解了如何在人格测试中取得好成绩，了解了如何在遇到某人后几秒钟内判断其人格，深入了解了你的人格是否有作弊倾向，并就千禧一代作为一个整体是否更加自恋展开辩论。通过这些活动，你的批判性思维、知识应用与分析技能得到了发展。接下来，你将探索什么价值观对你和你的同学更重要，研究做好人的代价，以及决定如何适应工作中的人格冲突，并通过这些来发展相关技能。

体验练习

更好的自己

本游戏的目的是最终获得最能代表每个人价值观的标签。下表中的各行代表11轮游戏。将班级分为4人一组。（如果学生人数不能被4整除，建议3人一组。）每组从姓名首字母排序最靠前的人开始游戏。该学生在第一轮中选择一个代表自己的价值观，将它从列表中划掉，然后写在一张纸上。每个价值观每次只能被一个学生选择。依此类推，直到所有的价值观都被选走。

在第二轮中，第一个玩家既可以从对应的行中选择一个新的价值观，也可以从另一名玩家那里拿走一个价值观，被拿走价值观的玩家则从前两行中选择两个新的价值观。依此类推。

其他轮按照同样的方式继续进行。每一轮都会有新的一行可供选择。在游戏的最后，学生们会对自己选择的价值观的重要性进行排序。

1	自由	正直	灵性	尊重
2	忠诚	成就	信赖	探索
3	爱情	挑战	平静	公平
4	慈善	纪律	安全	掌控
5	谨慎	多元	善良	责任
6	智慧	灵感	和谐	欢乐
7	诚挚	怜悯	卓越	宽容
8	诚实	成功	成长	谦虚

9	勇气	奉献	同情	开放
10	信念	服务	有趣	学习
11	发现	独立	幽默	理解

◆ **问题**

1. 你排在前三的价值观是什么？它们能够代表你吗？你选择那些看起来最容易被社会接受的价值观是否会有压力？

2. 是否有你认为能代表自己但不在列表中的价值观？

3. 人们常说，只有在价值观有冲突而我们必须在两者之间做出选择时，价值观才有意义。你认为这是本游戏的目标之一吗？你是否赞同本游戏的论点的前提？

道德困境

从人格到价值观再到招聘中的政治意识形态

你最近失去了在宿舍对面那家商店当杂货搬运工的工作，之后你一直考虑去街对面的电影院上班，因为那里离你的住处与以前一样近，还能够得到免费的电影票。一天，你打扮好自己，穿过街道去询问应聘流程，得知你要在网上填写申请表并且必须参加人格测试。在离开电影院后，你可能不知所措。

人格测试在组织招聘中越来越常见。2014年，商业资讯公司CEB在一份报告中提到，近2/3的人力资源专业人士在招聘中采用了人格测试。这种做法是有道理的。SER Solutions的高管胡安·纳瓦罗（Juan Navarro）表示："你投入了那么多来让某个人跟上进度，还要给他们资源，继续投资6～7个月。如果聘用他们9个月而没有产出的话，那么每个人大概要花12万美元。"应聘者在价值观上的人-组织匹配已经成为招聘中的关注点。无论是向潜在应聘者推销组织，还是进行其他测试或面试，情况都是如此。

但是，如果你通过同样的方法来招聘，只不过评估的对象变成政治意识形态，情况又将如何呢？凯尔·雷耶斯（Kyle Reyes）是总部位于康涅狄格州曼彻斯特的The Silent Partner Marketing公司的首席执行官，他研发了一项测试，以剔除那些"只会哭诉和抱怨，在谈判桌上空有态度却不能支持自己观点"的应聘者。通过这一方法，他淘汰了近60%的应聘者，测试主要涉及政治问题。另外，2017年春季，参议院的一部法案希望州立大学在教员教授之间的政治意识形态达到平衡之前中止招聘，而教授们被要求在求职时披露自己的政治倾向。

即使没有这些政治意识形态测试，应聘者也有可能因为自己的意识形态而被拒绝。在一项研究中，1 200份带有政治倾向的简历被分别投送到美国发出招聘广告的两个县。其中一个县的政治意识形态高度保守，而另一个高度自由。当简历与该县的政治意识形态相匹配时，几乎不会被拒绝；而当简历与该县的政治意识形态不匹配时，被拒绝的可能性要远大于无政治倾向的。无论在政治意识形态上有什么不同，应聘者对于在就业市场上透露政治倾向都要谨慎。

◆ **问题**

1. 你认为组织有权测试你的政治意识形态以作为招聘条件吗？为什么？

2. 我们是否可以准确地把价值观（如评估人与组织匹配程度的价值观）和政治意识形

态区分开来？为什么？

3. 你认为在组织中培养多元化政治意识形态重要吗？为什么？

资料来源：Based on B. Chapman, "Company Introduces 'Snowflake Test' to Weed out 'Whiny, Entitled' Millennial Candidates," *The Independent*, March 24, 2017, http://www.independent.co.uk/news/business/news/snowflake-test-silent-partner-marketing-weed-out-whiny-entitled-millenial-candidatesjob-applicants-a7646101.html; C. Chatterjee, "5 Personality Tests Hiring Managers are Using That Could Make or Break Your Next job Interview," *MSN Money*, December 6, 2015; http://www.msn.com/en-nz/money/careersandeducation/5-personality-tests-hiring-managers-are-using-that-couldmake-or-break-your-next-job-interview/ar-BBl1TRB; K. Gift and T. Gift, "Does Politics Influence Hiring? Evidence from a Randomized Experiment," *Political Behavior* 37 (2015): 653–75; H. R. Huhman, "Sizing up Candidates for Cultural fit throughout the Hiring Process," *Entrepreneur*, May 21, 2014, https://www.entrepreneur.com/article/233935; and "Proposed Bill Would Force Universities to Hire Professors Based on Political Ideology," *AOL News*, February 22, 2017, https://www.aol.com/article/news/2017/02/22/proposed-bill-would-force-universities-to-hire-professors-based/21719412/.

案例分析 1

做好人的代价

随和的人通常更善良，在社交场合更懂得通融，你也许认为这可以帮助他们在生活中取得更多的成功。然而，这种随和的性格有其缺点，因为它也许意味着更低的收入。一项研究解答了这一问题以及其他一些疑团，有些结果可能让你感到惊讶。

第一，也是最明显的一点是，随和的人通常不太擅长所谓的分配式谈判。正如我们将在第 14 章中讨论的，分配式谈判并不强调必须找到双赢的解决方案，它更多的是为了最大限度地实现利益分配。因为薪资谈判通常是分配式的，随和的人要求的薪水通常比自己本来可以得到的更低。

第二，随和的人也许会选择工资水平较低的行业或职位，比如在教育和医疗保险等"关怀"产业中工作。随和的人更容易被公共部门或非营利组织中的工作吸引。

第三，随和的人缺乏做领导的动力，较少主动完成一些额外的任务，比如考虑提高组织效率的方法。这些可能都是他们收入不高的原因。

随和的性格显然不会增加你的收入，但它确实有好处。随和的人在工作中更讨人喜欢，更愿意帮助他人，通常来说在生活和工作中更快乐。

尽管这些善良的人的收入通常垫底，但薪资并不能决定生活是否快乐，从这方面来说，随和的人还是有优势的。

◆ **问题**

1. 你觉得雇主必须从随和的员工和表现优秀的员工中二选一吗？为什么？

2. 人格带来的影响通常取决于情境。你觉得在什么样的工作情境下，随和是一种重要的美德，在什么情况下它又会对工作绩效不利？

3. 我们在某些研究中发现，随和对收入的影响更明显地体现在男性中（也就是说，随和这一特质对男性员工收入的危害要大于女性）。这是为什么？

资料来源：Based on T. A. Judge, B. A. Livingston, and C. Hurst, "Do Nice Guys—and Gals—Really Finish Last? The Joint Effects of Sex and Agreeableness on Income," *Journal of Personality and Social Psychology* 102

(2012): 390–407; J. B. Bernerth, S. G. Taylor, H. J. Walker, and D. S. Whitman, "An Empirical Investigation of Dispositional Antecedents and Performance-Related Outcomes of Credit Scores," *Journal of Applied Psychology* 97 (2012): 469–78; J. Carpenter, D. Doverspike, and R. F. Miguel, "Public Service Motivation as a Predictor of Attraction to the Public Sector," *Journal of Vocational Behavior* 80 (2012): 509–23; and A. Neal, G. Yeo, A. Koy, and T. Xiao, "Predicting the Form and Direction of Work Role Performance from the Big 5 Model of Personality Traits," *Journal of Organizational Behavior* 33 (2012): 175–92.

案例分析 2

特质的冲突

在《今日心理学》(*Psychology Today*)上的一篇文章中，朱迪思·西尔斯(Judith Sills)博士回顾了某公司的顾问访问一家大型工程公司的故事。他发现，所有员工的塑料名签的背面都有一些额外的东西：他们的迈尔斯-布里格斯性格类型(如INFJ、ESTP等)。西尔斯博士发现，这体现了工作场所的一个重要事实：即使我们做了、说了、听了、想了，我们仍然必须相互交流。

XpertHR的一项调查显示，这些互动有时候会导致冲突。而人格冲突是导致冲突的第三常见的原因。例如，富国银行(Wells Fargo)聘请了组织心理学家、Advantage Coaching创始人蒂姆·乌尔西尼(Tim Ursiny)，以帮助管理银行员工队伍中出现的一些个性冲突。他认为，许多人格差异源于特质维度之间的冲突，如直言不讳和有所保留、做事冲动和有条不紊，以及保持怀疑和乐于接受。很容易看出，这种二分法在某种程度上可以反映大五人格模型的各个层面，如外倾性、责任心和随和性。在这些特质中，具有支配性和冲动性的类型更容易引发冲突。

一些研究认可人格在团队内部的影响，因为某些人格特征似乎会影响人际冲突对团队绩效是有利还是有害。例如，当团队成员的经验开放性和情绪稳定性得分高时，冲突会改善他们的绩效；然而，当团队成员在这些特质上的水平较低时，冲突就会不利于他们的绩效。另一项研究探讨了人格差异如何影响员工和上司之间的关系。当员工和上司在情绪稳定性、经验开放性、随和性和责任心(除了外倾性)方面有差异时，他们的关系会变弱。

虽然我们有以上发现，但很多人注意到，人格只是问题的一部分——总体情况要比人格差异更复杂，政治上更敏感且更微妙。西尔斯博士指出，如果你发现自己处于某种潜在的"人格冲突"状态，你应该：(1)抵制负责招聘的同事站队，这只会使情况更加负面和复杂；(2)关注与你有人格冲突的人的长处；(3)减少和这个人的接触，以降低冲突发生的频率；(4)培养对自己以及自己个性的洞察力。这可以帮你找出为了减少冲突自己能做或应做的事。

◆ **问题**

1. 你在生活或工作中是否有过和他人发生人格冲突的经历？你做了什么来解决这个问题？问题解决了吗？

2. 你认为人格类型的相似性和差异性哪个更重要？为什么？

3. 你认为关于人格上的相似性或差异性的知识能够帮助员工减少冲突并更好地相处

吗？这一知识存在造成损害的可能性吗？为什么？

资料来源：Based on J. B. Bernerth, A. A. Armenakis, H. S. Field, W. F. Giles, and H. J. Walker, "The Influence of Personality Differences between Subordinates and Supervisors on Perceptions of LMS," *Group & Organization Management* 33, no. 2 (2008): 216–40; B. H. Bradley, A. C. Clotz, B. E. Postlethwaite, and K. G. Brown, "Ready to Rumble: How Team Personality Composition and Task Conflict Interact to Improve Performance," *Journal of Applied Psychology* 98, no. 2 (2013): 385–92; B. Dattner, "Most Work Conflicts Aren't Due to Personality," *Harvard Business Review*, May 20, 2014, https://hbr.org/2014/05/most-work-conflicts-arent-due-to-personality; S. Lebowitz, "A Psychologist Says These Personality Types Are Most Likely to Clash at Work," *Business Insider*, May 27, 2015, http://www.businessinsider.com/personality-types-that-clash-at-work-2015-5; J. Sills, "When Personalities Clash," *Psychology Today*, November 1, 2006, https://www.psychologytoday.com/articles/200611/when-personalities-clash; and S. Simpson, "Personality Clashes in the Workplace: Five Interesting Employment Cases," *Personnel Today*, February 27, 2015, http://www.personneltoday.com/hr/personality-clashes-workplace-five-interesting-employment-cases/.

注 释

第6章 知觉与个体决策

Perception and Individual Decision Making

学习目标

学完本章后，你应该能够：

1. 解释影响知觉的因素。
2. 描述归因理论。
3. 解释知觉和决策之间的联系。
4. 比较理性决策模型与有限理性模型、直觉模型的不同。
5. 解释个体差异和组织限制是如何影响决策的。
6. 比较道德决策中的三种标准。
7. 描述创造力三阶段模型。

就业技能矩阵

	传言还是科学	职业目标	道德抉择	观点碰撞	体验练习	道德困境	案例分析1	案例分析2
批判性思维	✔	✔		✔	✔	✔	✔	✔
沟通			✔		✔	✔	✔	
合作		✔			✔		✔	
知识应用与分析	✔	✔	✔	✔	✔	✔	✔	✔
社会责任	✔	✔	✔	✔	✔	✔	✔	✔

“道德”组织中的“不道德”决策

你是否会期待，在亲社会的非营利组织中，员工在所有情况下都会做出符合道德规范的决定？

你的第一反应可能是否认这一点，但你在潜意识里也许相信他们会这么做。例如，我们可能会对这类组织有刻板印象，相信它们会由于亲社会倾向而对道德失误“免疫”。或者我们可能会“给这些组织带上光环”，觉得这些组织里的成员永远不会给别人造成伤害。像 Wounded Warrior Project 这样的组织确实在社区中做了很多好事，尤其是通过开展活动来为许多亲社会项目筹集资金并吸引公众注意。例如，通过举办佛罗里达州杰克逊维尔的士兵骑行活动为受伤人员筹集资金。

然而，许多这类组织近年来陷入了行政丑闻。例如，总部位于纽约的非营利组织 Healing Arts Initiative 是一家致力于为没有能力参加表演、音乐会和其他艺术活动的人举办类似活动的组织。2016 年 4 月，该组织的董事会解雇了其执行董事和首席财务官。他们犯了什么错？执行董事亚历山德拉·戴尔（D. Alexandra Dyer）在上任几周后就揭发了组织内部的一项挪用公款计划，涉及 75 万美元。她还聘请了弗兰克·威廉斯（Frank Williams）担任首席财务官来解决记账不一致的问题。为此董事会解雇了他们。之后，董事会多名成员遭到起诉，但不仅仅是因为挪用公款。2016 年 8 月，戴尔在揭发该计划后不久就遭到排水管清洁工的袭击，她住院数月，进行了多次手术。而这次袭击正是董事会策划的。

即使是像 Wounded Warrior Project 这样的非营利组织也并非没有丑闻，它在慈善导航（Charity Navigator）评级服务上获得了三星级 84.5 分（满分 100 分），然而美国哥伦比亚广播公司的一篇报道称，该组织的大部分资金用在了高管薪酬计划以及豪华旅行住宿上。该组织前主管威廉·奇克（William Chick）指出：“该项目逐渐减少了对退伍军人的关注，而更多地关注筹集资金以及对组织的保护。”2012 年，在与一名主管发生争执后，奇克和 18 名雇员遭到解雇。组织发言人艾拉·泰泽尔（Ayla Tezel）指出，他们被解雇的原因要么是表现不佳，要么是违反了道德规范。泰泽尔强调说并不是所有人都能避免做出有偏见、糟糕的或不道德的决策：“有时候员工做出了令人无法忽视的糟糕选择，有时候这些员工是老兵。”

然而，当我们关注这些孤立的非营利组织事件时，也许会有这样一种担忧：不同于把这些组织看作天使，我们把它们都妖魔化了。我们应该注意不要把这些孤立的事件推广到所有的非营利组织，认为它们都是不好的。正如一位网友在该项目的脸书中所说，“非常不幸的是，受伤的退伍军人会因为未来捐款的减少而受到切实的伤害……我不会再给这个组织捐款了”。根据社会运动的方向，这会推动非营利组织和社会组织的决策更加负责和透明。例如，所谓的元慈善（如之前提到的慈善导航）以及其他团体都会致力于对非营利组织所提供的服务进行客观的评价。这场关于有效利他主义的运动涵盖了诸多组织，其中一些组织如 GiveDirectly 涉及直接捐款以帮助世界上最贫困的人。

资料来源：Based on B. Chappell, “Wounded Warrior Project Fires Top 2 Executives after Reports of Overspending,” NPR, March 11, 2016, http://www.npr.org/sections/thetwo-way/2016/03/11/470081279/wounded-warrior-project-fires-top-2-executives-after-reports-ofoverspending; A. Newman, “Missing Money, a Vicious Attack and Slow Healing for a Charity’s Leader,” *The New York Times*, April 28, 2016, https://nyti.ms/2mEIXYs; A. Newman, “Charity Fires Leader Who Questioned Finances and Suffered Lye Attack,” *The New York Times*, May 6, 2016, https://nyti.ms/2mEIXYs; D. Philipps, “Wounded Warrior Project Spends Lavishly on Itself, Insiders Say,” *The New York Times*, January 27, 2016, https://nyti.ms/2jOTAFs; R. Rojas, “Nonprofit Executive Attacked with Drain Cleaner in Embezzlement Cover-Up, Officials Say,” *The New York Times*, April 5, 2016, https://nyti.ms/2ozPd0d; and G. Tsipursky, “The Wounded Warrior Project Scandal Should Encourage More Philanthropy,” *Time*, March 15, 2016, http://time.com/4257876/wounded-warrior-project-scandal/.

Healing Arts Initiative 和 Wounded Warrior Project 的案例说明了道德决策在组织中是多么普遍和棘手。我们稍后将会了解到道德决策所依据的几项标准以及培养道德决策能力的

几种方式。为了更好地理解是什么影响了我们和组织，我们首先从思维过程的根源开始，讨论我们的知觉以及知觉影响决策的方式。

6.1 什么是知觉

知觉（perception）指的是我们为了给自己所处的环境赋予意义而组织和解释其感知印象的过程。一个人所感知的东西可能与客观现实差距很大。例如，一家公司的所有员工可能都认为这是一个很好的工作场所——良好的工作条件、有趣的工作分配、丰厚的薪资、优越的福利，以及善解人意且负责的管理方式。但正如我们大多数人所知道的那样，这种在人群中达成普遍共识的情况是很不寻常的。

为什么知觉在组织行为学的研究中如此重要？这是因为人们的行为是以对现实的感知而不是现实本身为基础的。这个世界是人们感知的世界，这对行为来说十分重要。换句话说，我们的知觉才是我们的行为所基于的现实。为了理解我们对现实的解释中有哪些共同之处，从影响知觉的因素开始介绍。

6.1.1 影响知觉的因素

许多因素都可以影响知觉，有时还会形成曲解。这些因素可以归纳为知觉者、知觉对象或目标、知觉情境三个方面（如图表 6－1 所示）。

图表 6－1 影响知觉的因素

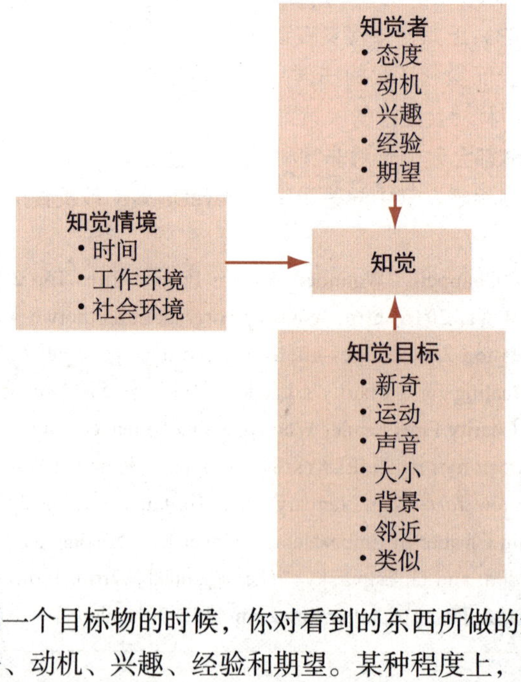

知觉者 当你看到一个目标物的时候，你对看到的东西所做的解释会受到你个人特征的影响——态度、人格、动机、兴趣、经验和期望。某种程度上，我们所听到的是我们想听到的[1]，我们所看到的是我们想看到的——并非因为事实如此，而是因为这样比较符合我们的想法。例如研究表明，主管会认为白天较早开始工作的员工更有责任心，因此会表现更好；然而，自身就是夜猫子的主管则不太可能有这种错误的假设。[2] 类似这种态度所产生的看法可以通过客观的评价来抵消，然而另一些影响可能会更加隐蔽。例如最近在纽约发生的枪击案中目击者的看法：案件有两名目击者，一名目击者说，一名警察追赶并开枪击毙了一名逃跑的男子；而另一名目击者称，一名戴着手铐的男子躺在地上被枪杀。事实上，这两个目击者都没有看清楚真实情况：这名男子正试图用锤子来袭击一名警察，被另一名警察开枪击毙。[3]

知觉目标 目标物的特征也会影响我们的知觉。我们不会孤立地看待目标，因此目标与背景的关系也会影响知觉。我们倾向于把联系密切和相似的事物组合在一起看待。[4] 女性、男性、白人、非裔美国人、亚洲人或其他群体成员经常会被联系在一起，因为他们在一些不相关的地方有相似的特征。这些假设可能是有害的。例如，对于有犯罪记录的人而言，哪怕大家都知道他们被捕是错误的，仍然会在工作场合做出预判。[5] 然而有时差异会对我们有利，比如当我们被不同于我们预期的目标所吸引的时候。例如，在最近的一项研究中，相比那些穿着传统的教授，参加者更尊重一位在课堂上穿着 T 恤和运动鞋的教授。这位教授打破了设定的课堂规范，因此被认为是一名个人主义者。[6]

知觉情境 情境也很重要。对客体或事件的感知时间会影响我们的注意力，地点、光线、温度或其他情境因素亦是如此。例如，在周六晚间的正式场合上，一位盛装打扮的人不会引起你太多的注意，这个人如果穿着同样的衣服出现在你周一上午的管理学课堂上，则很可能会吸引你的注意，周六晚上和周一上午的知觉者及知觉目标都没有发生变化，只是情境不同了。

人们通常意识不到那些影响他们对现实产生看法的因素。事实上，人们甚至对自己的能力都没有那么敏锐的知觉力。[7] 值得庆幸的是，通过增强意识和采取客观手段，我们可以减少知觉上的扭曲。例如，当人们更多地意识到自己的种族偏见时，他们就更有动力去控制自己的偏见，同时也更善于感知到自己的偏见。[8] 接下来让我们考虑一下，我们是如何对他人产生知觉的。

6.2 人际知觉：对他人做出判断

人际知觉，或者说人们对彼此形成的知觉，是与组织行为关系最密切的知觉概念之一。我们对他人的许多知觉都是基于第一印象和小提示形成的，而这些都没有证据支持。当我们推断另一个人的道德水平时，这一点会带来很多麻烦——却相当常见。研究表明，我们对他人最强烈的印象源于对他们道德的感知，然而我们对这一点的初始信息可能是粗略的和没有根据的。[9] 让我们从归因理论及背后的证据开始，来消除阻碍我们正确认知他人的一些倾向。

6.2.1 归因理论

无生命客体如桌子、机器和建筑物受到自然规律的支配，它们没有信仰、动机和意愿，而人类却有。当我们观察人时，总是试图解释他们的行为。而我们对个体活动的知觉和判断受到我们对其心境的假设的影响。

归因理论（attribution theory）试图解释我们对个体的不同判断，这取决于我们把特定行为归因于何种意义。[10] 例如，当人们对你微笑时，你是怎么想的呢？你会认为他们是合作性的、剥削性的还是竞争性的？我们给微笑以及其他表情赋予了很多方面的意义。[11]

归因理论认为，当我们观察某种个体行为时，总是试图判断它是由内部原因还是外部原因引起的。但是，这种判断取决于三个因素：（1）区别性；（2）一致性；（3）一贯性。[12] 下面，我们先明确内因与外因的差异，然后分别讨论这三个决定因素。

内因导致的行为是指那些个体认为在自己控制范围内的行为；外因导致的行为是指个体因为情境因素而被迫采取的行为。对于一名上班迟到的员工，如果你把迟到归因于他在昨天的晚会上玩到凌晨而睡过了头，这就是内部归因；但如果你认为迟到的原因是交通拥堵，那么你进行的就是外部归因。

下面我们来讨论各个决定因素。区别性（distinctiveness）是指个体在不同情境下是否表现出不同行为。这名迟到的员工是否常常不履行自己的其他承诺？我们想了解的是这种行为是否不同寻常。如果是，则观察者可能会对行为进行外部归因；如果否，则可能将行为归为内部原因。

如果每个人面对相似情境都有相同的反应，我们就说该行为具有一致性（consensus）。比如，走相同路线上班的所有员工都迟到了，则这一迟到行为就符合上述标准。从归因的观点来看，如果一致性高，我们就很可能对迟到行为进行外部归因；如果走相同路线的其他员工都准时到达了，你就会断定迟到的原因来自内部。

观察者会考察一个人活动的一贯性（consistency）。不论时间怎样变化，此人是否都表现出相同的行为？一个员工几个月来从未迟到，而另一员工一周迟到三次，人们对前者迟到十分钟的认知与后者不同。行为的一贯性越高，观察者越倾向于对其进行内部归因。

图表 6-2 概括了归因理论中的关键因素。它告诉我们，如果你的一名员工，比方说是凯特琳，完成当前工作的水平与其他类似的工作相同（低区别性），而在这项工作中其他员工的水平总是与凯特琳的水平不同——比她低或者比她高（低一致性），并且凯特琳的这一工作绩效无论何时都是稳定的（高一贯性），那么，他人在判断凯特琳的工作时会认为她要对自己的这一工作绩效承担主要责任（内部归因）。

图表 6-2 归因理论

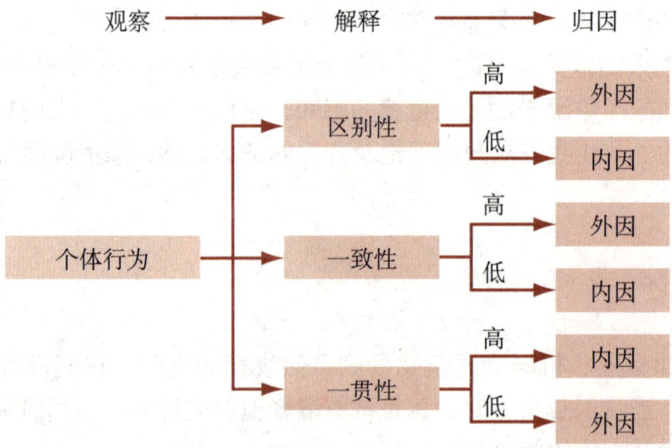

人们常常存在归因失真的错误或偏见。比如，我们在评价他人的行为时总是倾向于低估外部因素的影响，而高估内部或个人因素的影响。[13] 这种**基本归因错误**（fundamental attribution error）能够解释为什么当销售人员的业绩不佳时，销售经理会将其归因于下属的懒惰而不是竞争对手拥有创新产品。个体和组织倾向于把成功归因于内部因素（如能力或努力），而把失败归因于外部因素（如运气或同事）。人们倾向于把模糊性的信息当作恭维，乐于接受积极反馈，抗拒消极反馈，这称为**自我服务偏见**（self-serving bias）。[14]

关于知觉是否存在文化差异并没有定论，但大多数证据表明，不同文化中的人们在归因时确实存在差异。[15] 在一项研究中，当事情出错时，亚洲的管理者更有可能指责机构或整个组织，西方人则认为相关的管理者应该受到指责。[16] 这可能解释了为什么当美国的公司经营不善时，报纸会指出高管的姓名，而亚洲的媒体却会将报道的重点放在公司整体的失败上。这种以群体为基础的归因倾向解释了为什么亚洲人更容易产生以群体为基础的刻板印象。因为亚洲文化更倾向于集体主义。[17]

自我服务偏见在东亚文化中可能不太常见，但有证据表明它们依然存在。[18] 研究显示，中国管理者在评估错误的责任时所使用的区别性、一致性、一贯性方面的线索与西方管理者使用的线索相同。[19] 他们也会生气，并惩罚那些需要为失败负责的人，这和许多研究中的西方管理者的反应是一样的。亚洲的管理者可能只有在得到更多的证据后才会把责任归咎于某人。

通过帮助我们确认自己根据人的行为得出结论的理由，归因理论的概念极大地促进了我们对人际知觉的理解。在介绍完人际知觉后，接下来让我们考虑一下我们在简化对他人行为的处理过程时常走的捷径。

职业目标　我迟到几分钟又怎么了？

我上班经常迟到，最后一刻总会发生点什么事。但我的老板对此表现得太差劲！他威胁我要在办公室放个钟。这太侮辱人了——我是一个管理者，一名专业人士。我领了薪水，但我也完成了工作！请告诉我该如何和老板讲道理。

——勒内

亲爱的勒内：

这个问题对你而言似乎是非常令人沮丧的，我们很希望帮助你消除这种不满。让我们从分析为什么你和你的老板在这个问题上的想法会有所不同开始吧。你和他对于这种情况的感知肯定是不同的——他认为你的迟到是一种冒犯，而你认为这只是一件自然发生的事。在很多其他工作中，人们可能并不期待大家精确守时，认为这没什么价值或必要。也许你的老板试图强调他对守时的重视。他也可能将你的迟到视为一种不道德的行为，是对组织的欺骗，对你宝贵的工作时间的浪费。

全球道德经营研究院（Institute for Ethical Business Worldwide）院长安·坦布伦斯（Ann Tenbrunsel）指出，我们看待自己决策的方式会改变我们对自己行为的看法。你将自己的迟到视为一件自然发生的事，而不是你决策过程的一部分。如果你把它看作一次日常的道德决策呢？你的组织规定了开始工作的时间，而你也同意将其作为你工作的条件，所以迟到就是对这一标准的偏离。你可以在早晨采取一些行动来确保你按时到岗。因此，在这种分析模式下，你的行为是不道德的。

你的情况并不少见：我们都有道德盲点，或者会遇到我们看不见道德后果的情况。正如我们之前所说，其他组织可能并不在意你的到岗时间，所以这并不总是一个有关道德的问题。但在道德发挥作用的情况下，研究表明惩罚是不起作用的。通过改变对这一决策的表述形式，我们就可以看到其中的道德含义。你可以尝试以下几种方法来提高自己的洞察力：

- 在早上的日程中，观察自己的决策动机。你能发现自己做出决策的时机吗？
- 考虑你过去的行动。当你回想起清晨所做的决策时，你是在为自己的拖延辩解吗？正当化的信号表明我们的决策可能是值得怀疑的。
- 看事实。你过去的拖延原因反映了哪些你不自觉采取行动的态度？

如果你能发现你每天迟到的行为中蕴含的道德因素，就可以采取行动来满足期待。想一想你清晨刚醒来时的决策是否符合道德标准，你就更有可能准时上班。

资料来源：Based on C. Moore and A. E. Tenbrunsel, "'Just Think about It'? Cognitive Complexity and Moral Choice," *Organizational Behavior and Human Decision Processes* 123, no. 2 (2014): 138–49; A. Tenbrunsel, Ethical Systems, *www.ethicalsystems.org/content/ann-tenbrunsel*, accessed May 7, 2015; review and podcast of *Blind Spots: Why We Fail to Do What's Right and What to Do about It*, May 4, 2015, *http://press.princeton.edu/titles/9390.html*, accessed May 7, 2015.

6.2.2 判断他人时常走的捷径

判断他人时走捷径能使我们迅速获得正确的知觉，并为预测提供有价值的资料。然而，有时捷径会造成严重的曲解。

选择性知觉 任何人、物和事件的突出特征都会提高人们对它产生知觉的可能性。为什么？因为我们不可能接纳自己见到的所有内容，只有那些能够对我们产生刺激的事物才能给我们留下印象。因此，你更有可能注意到和你开一样车的人，而你的老板可能会因为同样一件事只去训斥某一个人，而不训斥其他做错事的人。我们无法关注到周围发生的所有事件，因而只能利用**选择性知觉**（selective perception）。但这些零散信息并不是随机选择的，而是观察者依据自己的兴趣、背景、经验和态度主动选择的。通过看到自己想看到的东西，我们有时能从一个模棱两可的情境中得出没有根据的结论。

晕轮效应和号角效应 当我们以个体的某一特征（如智力、社会活动能力、外貌）为基础而形成对一个人的正面印象时，我们就受到**晕轮效应**（halo effect）的影响。[20] 如果我们从某一特征中得出对一个人的负面印象时，**号角效应**（horn effect）就发挥了作用。这些效果很容易得到验证。如果你认为某人是个善于交际的人，你能从中推断出什么呢？你不太可能会说这个人是内向的，对吧？你可能会认为这个人说话大声，是个快乐或机智的人。然而实际上，善于社交这个词并不包含这些积极属性。管理者应谨慎，不要基于小线索轻易做出推断。

对比效应 演艺圈流传的一句话是：不要跟在孩子和动物后面演出。原因何在？观众极为喜爱孩子和动物，这已经是共识，相比之下，你就会被抢走风头。这个例子说明，**对比效应**（contrast effect）可以使知觉失真。我们对一个人的评价并不是孤立的，它常常受到我们最近接触到的其他人的影响。

以一家经历重大组织变革和新领导人任命的中国酒店业组织为例，对其中22个团队的研究表明，如果前任领导人不是变革型领导（见第12章），那么新领导人在改善追随者对变革行为的支持时效果就更好；反之，新的变革领导行为则不那么有效。[21]

刻板印象 基于对某人所在群体的知觉而去判断某人，即为**刻板印象**（stereotyping）。[22]

在这个复杂的世界中，我们需要应对的刺激源有无数种，通过刻板印象，即启发性的概括，我们可以迅速做出决策。例如，你会假设会计部的新员工艾莉森能够帮助你解决销售预测问题，这种假设是合理的。当我们概括得不准确或者概括得太多时，挑战就产生了。刻板印象可能根深蒂固，并且足以影响重大的决定。一项研究通过控制大量的变量（如加剧或者减缓环境冲突的因素）表明，在谋杀案的审判中，如果罪名成立，黑人被告的“黑人典型性”会使他们被判死刑的概率增加一倍。[23] 另一项研究发现，学生在评价领导潜力和有效领导时，倾向于把更高的分数给白人而不是少数族裔。这就证实了的确存在“白人是更好的领导者”这样的刻板印象。[24]

显然，刻板印象十分普遍，即便在应用到具体的个人或情境时也可能没有丝毫的真实性。我们必须反省自己，确保在评估和决策中公平、正确地使用刻板印象。“越是有用的东西，误用的危险就越大”，这是对刻板印象的警告。

现在我们应该能够很明显地看出，知觉影响了我们的世界观，很多知觉几乎是瞬间产生的，而没有经过深思熟虑。有时候这些知觉的影响不大，但在更多的情况下，它们极大地影响了我们做出的决策。在个人的层面上理解知觉过程是提高组织决策有效性的第一步。接下来我们将讨论这一主题。

6.2.3 捷径在组织中的具体应用

组织成员常常相互评判。管理者必须评价下属的工作绩效，我们要评价同事在工作中付出了多少努力。团队成员会立刻对新人做出评估。在很多情况下，这些判断对组织来说很重要。让我们看看其主要应用。

传言还是科学 **刻板印象都是负面的吗?**

这种说法是错误的。正面刻板印象和负面刻板印象一样多。

举个例子来说，一项针对普林斯顿大学学生的研究表明，即便是在今天，我们仍然认为德国人更擅长工作，意大利人和非裔美国人更忠诚，犹太人和中国人更聪明，日本人和英国人更彬彬有礼。令人意外的是，正面刻板印象并不总是带来积极的影响。

受正面刻板印象影响的人更容易“紧张失常”，因为这种刻板印象会带给他们过多的压力。例如，人们通常认为，男性的数学能力优于女性。一项研究显示，如果考试前被灌输这种刻板印象，男生的测试表现会下降。另一项研究发现，认为白人男性比女性或者少数族裔更擅长理科和数学的观念往往会使白人男性抗拒科学、技术、工程、数学等学科。一项研究用篮球说明了刻板印象的复杂性。研究人员先告诉其中一组大学生，白人比黑人更擅长罚球投篮。接着又告诉另一组大学生，黑人比白人更擅长罚球投篮。最后一组学生没有被灌输任何刻板印象。随后，三组学生开始投篮，研究人员在一旁观察记录。表现最差的是那些受负面刻板印象影响的人（被告知白人更擅长投篮的黑人，以及被告知黑人更擅长投篮的白人），受正面刻板印象影响的人（被告知黑人更擅长投篮的黑人，以及被告知白人更擅长投篮的白人）同样表现不佳，未受刻板印象影响的第三组表现最好。

"紧张失常"并不是正面刻板印象的唯一消极影响。研究显示，当女性或亚裔美国人听到涉及自己的正面刻板印象（比如"女人擅长养孩子""亚洲人擅长数学"）时，他们会觉得自己的个性被抹杀了，因此不会给说这种话的人好脸色。另一项研究表明，关于非裔美国人的正面刻板印象会增强人们对他们的负面刻板印象，因为任何一种刻板印象——无论正面负面——都是在强调不同族群之间的差异性。

刻板印象的存在是可以理解的。为了社会的正常运转，我们需要走捷径。但捷径有好处也有坏处。刻板印象是从社会中习得的，因此我们必须保持戒备，既不传播刻板印象，也不以刻板印象待人。

资料来源：Based on A. C. Kay, M. V. Day, M. P. Zanna, and A. D. Nussbaum, "The Insidious (and Ironic) Effects of Positive Stereotypes," *Journal of Experimental Social Psychology* 49(2013): 287–91; J. O. Sly and S. Cheryan, "When Compliments Fail to Flatter: American Individualism and Responses to Positive Stereotypes," *Journal of Personality and Social Psychology* 104 (2013): 87–102; M. J. Tagler, "Choking under the Pressure of a Positive Stereotype: Gender Identification and Self-Consciousness Moderate Men's Math Test Performance," *Journal of Social Psychology* 152 (2012): 401–16; M. A. Beasley and M. J. Fischer, "Why They Leave: The Impact of Stereotype Threat on the Attrition of Women and Minorities from Science, Math and Engineering Majors," *Social Psychology of Education* 15 (2012): 427–48; and A. Krendl, I. Gainsburg, and N. Ambady, "The Effects of Stereotypes and Observer Pressure on Athletic Performance," *Journal of Sport & Exercise Psychology* 34 (2012): 3–15.

招聘面试 几乎没有人未经面试就被聘用。但面试官常常做出不正确的知觉判断，并且迅速形成稳固的早期印象。[25] 研究表明，只要看一眼，我们就能在 0.1 秒内形成对别人的印象。[26] 面试开始四五分钟后，绝大多数面试官的决策几乎不再发生变化。因此，面试中早期出现的信息远比晚期出现的信息占有更大的权重。"好的求职者"之所以被看重，可能是因为他没有令人不满的特质，而不是因为他具有令人赞赏的特质。个人对应聘者的直觉在预测工作绩效方面是不可靠的，因此从多个独立评估者处收集信息可以提高预测的有效性。[27]

绩效期望 人们总是试图证实自己对现实的知觉，即使这些知觉是错误的。**自我实现预言**（self-fulfilling prophecy）或皮格马利翁效应（Pygmalion effect）这些术语用于表示他人的期望决定了个体的行为这一事实。[28] 如果管理者对下属的期望很高，下属就不太可能令管理者失望。同样，如果管理者预期员工只能完成最低水平的工作，员工则倾向于表现出这种行为以符合低期望。期望会成为现实。有研究表明，自我实现预言还会影响学生、军人、会计以及许多其他职业的绩效。[29]

绩效评估 有关绩效评估对行为的影响会在第 17 章进行全面讨论，不过在此我们需要指出，员工的绩效评估在很大程度上依赖于知觉过程。[30] 员工的未来与其绩效评估成绩密切相关——这中间最明显的结果有晋升、加薪和持续聘用。绩效评估体现了对员工工作的评价。尽管它可以是客观的（比如，对销售人员在自己的推销区域中创下的销售额进行评估），但这方面的很多工作是以主观方式进行的。尽管主观评价常常必不可少，但它存在一定的问题，因为以上我们讨论的这些错误——选择性知觉、对比效应、晕轮效应等，都会对它产生影响。有时绩效评估的结果反映的不仅仅是员工的表现，还反映了评估者的表现。

6.3 知觉与个体决策之间的联系

个体都要做出**决策**（decision），也就是说，他们要在两个或多个备选方案中进行选择。理想情况下，决策应该是一个客观的过程。但是，组织中的个体做决策的方式以及他们最终做出决策的质量在很大程度上受到知觉的影响。个体决策对组织中各个层次的行为而言都是重要的影响因素。

决策是针对**问题**（problem）做出的回应，由于事件的当前状态与期望状态之间存在差距，因而要求个体考虑几种不同的活动进程。如果你的车在半路抛锚，而你又要开车去学校上课，这时就需要你做出决策。但是，大多数问题并不是明显地被贴上标签呈现在我们面前。对某人来说是“问题”的事情，在另一个人眼里可能是“可以接受的状态”。一名管理者可能认为在他的管辖区内本季度销售额下降了 2% 这一问题非常严重，需要及时采取行动。同一公司中另一区域的管理者面对同样 2% 的销售额下降则表示完全可以接受。可见，对“存在问题”和“需要做出决策”的认识是一个知觉问题。

任何一项决策都需要对信息进行解释与评估。我们的资料一般来自多种渠道，需要对它们进行过滤、加工和解释。哪些资料与决策有关？哪些资料与决策无关？我们的知觉将回答这一问题。我们还需要制定各种备选方案，并评估每一方案的优点和缺点。决策者的知觉过程也会对结果产生巨大的影响。最后，我们应该考虑对情境的知觉将如何影响我们的决策。例如，你是否善于拒绝？研究表明，我们认为对他人说“不”是让人感到不适的，而且在拒绝之后，我们通常会觉得自己有义务答应他人随后的请求。实际上，拒绝他人所带来的不适感是如此强烈，以至于人们可能会因此同意做一些不道德的事。在一项研究中，学生参与者要求陌生人在图书馆的书里写“腌菜”这个词，结果在 108 名陌生人中有一半人照做了。[31]

6.4 在组织中进行决策

商学院会训练学生遵循理性决策模型。尽管这些理想主义模型很有价值，但它们并不总能描述人们的决策过程。除了我们讨论过的知觉错误，组织行为学还可以通过处理决策失误来改善我们在组织中做决策的方式。接下来，我们将描述一些决策结构，然后概述几个最常见的错误。

6.4.1 理性决策模型、有限理性模型和直觉模型

组织行为学中有几个公认的决策模型，每个人在制定决策时都会使用这些模型，包括理性决策模型、有限理性模型和直觉模型。尽管这些过程是合理的，但不一定能带来最准

确（或最佳）的决策。更重要的是，有时候在特定的情况下一种策略带来的结果可能比另一种决策要好。

理性决策模型 我们常认为最优决策者是**理性的**（rational）。也就是说，他在具体的限定条件下能做出稳定的、价值最大化的选择。[32] 理性选择遵循**理性决策模型**（rational decision-making model）的六个步骤（见图表 6-3）。[33]

图表 6-3 理性决策模型的步骤

1. 界定问题所在
2. 确定决策标准
3. 为标准分配权重
4. 开发备选方案
5. 评估备选方案
6. 选择最佳方案

理性决策模型假设决策者拥有全部的信息，能以一种无偏见的方式识别所有的相关方案并选择效用最高的方案。[34] 然而现实生活中的大部分决策都没有遵循理性决策模型，人们常常满足于可以接受的或合理的方案，而不是最优解决方案。我们往往把选择局限于问题症状和当前可选的方案。一位决策专家说："大多数决策是一个判断的过程，而不是一个通过规范的模型进行界定的过程。"[35] 另外，人们显然没有意识到他们做的是次优决策。[36]

有限理性模型 我们通常并没有遵循理性决策模型的原因在于：信息加工能力的有限性使我们不可能吸收最优决策所必需的所有信息，即使在这些信息很容易获得的情况下也是如此。[37] 许多问题没有最优解决方案，因为它们太复杂，无法运用理性决策模型的参数。所以，人们要求足够好就可以了，也就是说，他们寻求的是那种让人大致满意、足够解决问题的方案。我们倾向于把复杂问题简化到我们容易理解的水平。

由于人的头脑在建构和处理复杂问题时远远达不到完全理性的要求，因此，我们只能在**有限理性**（bounded rationality）的范围内活动。我们建构简化的模型，从问题中抽取重要的特点，而不是抓住问题的所有复杂方面。然后，我们可以在简化模型的范围内做出理性行为。

对一般个体来说，有限理性如何工作？一旦确定了某一问题，我们便开始寻求标准和备选方案。标准可能不够详尽，我们看到的都是人们熟悉的标准和已经得到验证的解决方案。接着，我们以熟悉且习惯的方式考察备选方案，直至找到一个"足够好"的方案——其结果达到我们可以接受的水平。第一个达到"足够好"标准的备选方案使搜寻工作结束。可见，最终决策代表的只是一个符合要求的选择——我们遇到的第一个可以接受的方案——而不是最恰当的选择。

符合要求的选择并不总是糟糕的——简单的程序可能比传统的理性决策模型更合理。[38] 利用理性决策模型，你需要收集大量的信息，所有的备选方案都要考虑，计算合适的权重，然后利用大量的决策标准计算备选方案的价值。这些程序都会消耗你的时间、精力和金钱。有时候，一个快速而节约资源的问题解决过程可能是你最好的选择。

有限理性在道德决策中也是值得关注的问题（我们将在本章稍后讨论这一问题）。我们不仅在道德决策中容易犯下可预见的系统错误[39]，而且在判断自己是否拥有以特定方式行事的自由和权利时也是如此。[40] 这种自由或权利取决于受我们影响的人所赋予我们的责任。例如，你想吃掉休息室的最后一个甜甜圈，但你知道，假如还有人没吃甜甜圈，你就不应该去吃。研究人员已经确认了多种方法，使我们在道德问题中可以避免有限理性造成的影响，确保在焦点问题上进行多角度确认：提出多个问题、利用多种来源、考虑获取信息的来源以及留下更多决策时间。[41]

直觉模型 最不理性的决策方法可能就是直觉。**直觉决策**（intuitive decision making）是指从经验中提取精华的无意识的过程。[42] 直觉决策依赖于整体联系或者说不同的信息片段之间的联系；决策的速度很快；它受情感控制，这就意味着情绪投入。[43] 尽管直觉不是理性的，但它不一定是错误的，也不一定总是与理性分析背道而驰，二者是相辅相成的。

直觉对有效决策有帮助吗？研究人员对此意见不一，但大多数专家持怀疑态度，这一定程度上是由于直觉难以衡量和分析。（尽管基于专业知识的直觉决策往往会更有效且更准确。）[44] 也许专家给出的最好的建议是：“用直觉来做假设的话非常有用，但它无法作为证据。”你可以利用从经验中得出的直觉来进行推测，但一定要用客观数据和理性冷静的分析来检验你的直觉。[45]

正如你所看到的，我们的决策过程越客观，我们就越有可能纠正知觉过程中的一些问题。正如知觉过程中存在偏见和错误一样，我们的决策过程中也存在可识别的偏见和错误。下面我们将概述这些偏见和错误。

6.4.2 常见的偏见和错误

虽然决策者会努力做出有限理性决策，但这其中隐藏着偏见和错误。[46] 为了使所要付出的努力最小化，避免顾此失彼，人们更愿意依赖经验、一时的冲动、内在的感觉及“经验规则”。这些捷径会歪曲理性。下面我们重点介绍最常见的一些偏见。图表 6－4 提供了一些避免这些偏见和错误的建议。

图表 6－4　减少偏见和错误的建议

- 专注于目标。没有目标，你就不可能理性思考，不知道自己需要什么信息，也不知道哪些信息是相关的，哪些是无关紧要的。你会发现很难在不同的选项间做出抉择，很可能对自己做出的选择后悔。明确的目标会让决策更容易，还能帮你过滤那些与利益不相符的选项。
- 寻找与你的看法相矛盾的信息。避免过度自信和偏见最有效的方法之一，就是积极寻找那些与你的看法和假设相矛盾的信息。如果我们考虑了自己在许多方面可能存在的错误，就不会那么容易高估自己的聪明才智。
- 不要试图给随机事件赋予意义。受过教育的人已经习惯了寻找因果关系。当问题发生的时候，我们会问为什么。当无法找到理由的时候，我们经常会创造理由。你必须承认，生活中有些事情是超出你的控制的。问问自己这些模式能否得到有效的解释，还是说这些模式纯属巧合。不要试图从巧合中创造出意义来。
- 增加你的选项。不管你有多少种选择，最后的选择有多好，都不可能超出提前设定好的选择范围。这就需要你增加备选的决策方案，发挥创造力，为自己提供多种多样的选择。你所创造的备选方案越多，越具有多样性，找到最佳方案的机会就越大。

资料来源：Based on S. P. Robbins, *Decide & Conquer: Making Winning Decisions and Taking Control of Your Life* (Upper Saddle River, NJ: Financial Times/Prentice Hall, 2004), 164–68.

过度自信偏见 我们往往对自己的能力和他人的能力过于有信心；此外，我们通常没有意识到这种偏见。[47] 例如，当人们认为自己的准确率为 90% 时，实际上只有 50%，专家设定的置信区间并不比新手设定的准确。[48]

那些智力和人际能力最弱的人最有可能高估自己的绩效和能力。[49] 企业家的乐观精神和新投资项目的绩效之间存在负相关：人们越乐观，项目越不成功。[50] 一些企业家会对自己的想法过度自信，这样就很容易忽略可能出现的问题。

投资者的过度自信会以多种方式体现。[51] 金融学教授特伦斯·奥丁（Terrance Odean）说："人们自以为知道的比实际的要多。" 投资者，尤其是那些新手，不但会高估自己处理信息的技巧，还会高估所得信息的质量。但大多数投资者的选择都差不多，最多也就是略优于市场平均水平。

锚定偏见 **锚定偏见**（anchoring bias）是指把信息固定在初始阶段。一旦固定，我们就无法对接下来的信息做出全面的判断。[52] 正如我们在之前的章节所说的，在求职面试时大脑会给予最先接收到的信息过多的关注。这种所谓的锚被专业人士广为使用。在某些专业中说服技能非常重要，比如广告、管理、政治、房地产及法律等。

只要有谈判就会有锚定。当新雇主询问你先前工作的工资时，你的回答一般会让这个雇主所提供的工资锚定在你之前的工资上下。锚设定得越精确，调整幅度越小。一些研究表明，在锚设定以后，人们就会考虑将数字四舍五入进行调整。如果你建议初始目标薪酬为 55 000 美元，你的老板会认为 50 000 ～ 60 000 美元是合理范围，但是如果你提议 55 650 美元，你的老板会认为 55 000 ～ 56 000 美元是谈判的合理范围。[53]

验证偏见 理性决策的过程假设我们会客观地收集信息，但实际上不是，我们会有选择地收集信息。**验证偏见**（confirmation bias）是选择性知觉的一个例子。我们寻找（并接受）那些能够证实我们的选择的信息，忽视（或怀疑）那些与我们的判断相违背或相冲突的信息。[54] 我们甚至会到更有可能告诉我们想得到的信息的来源处寻找信息。我们还会过多关注支持性信息而忽视相反的信息。那些感觉自己在决策时需要做到准确的人，不太容易有验证偏见。

易获性偏见 很多人对乘坐飞机的恐惧远甚于驾驶汽车，如果民用飞机的飞行与驾驶汽车具有同样的危险性，那么每周应有两架 747 客机爆炸，而且无一乘客幸免于难，才能达到与车祸死亡相同的数字。不过，媒体总是对空难给予更多关注，因此，我们也倾向于高估空难风险，而低估车祸风险。

易获性偏见（availability bias）是指人们倾向于以容易获得的信息为基础做出判断。现成的信息和我们之前与类似信息相关的直接经验对我们的决策有很大的影响。事件也会激起人们的情绪，尤其是那些生动鲜明、最近发生的事件，更容易从记忆中提取。因此，我们可能会高估那些发生概率较小的事件，如空难、治疗后的并发症或者被解雇。[55] 易获性偏见也可以解释这样的现象：为什么在进行年度业绩评估时，管理者更重视员工最近的业绩而不是 6 个月或 9 个月前的业绩。[56]

承诺升级 实际上，决策活动可能出现的另一个偏差是**承诺升级**（escalation of commitment）的倾向，通常是一些不理性的原因导致的。[57] 承诺升级是指人们固守某项决策，尽管有明显证据表明该决策是错误的。例如，一位朋友几年来一直和一位女士保持着男女朋友关系。尽管他承认他们两人并不十分和谐，但他告诉我，他还是会和这位女士结婚。他说："我在这段关系里投入太多。"

什么时候升级最可能发生？有证据表明，它发生在个体认为自己要对结果负责的时候。对个人失败的恐惧甚至会使我们寻找和评价信息的方式出现偏差，以至于我们只去选择那些支持我们的信息。[58] 无论造成失败的行动是我们自己选择的还是别人分配给我们的，我们都会对此产生责任感并升级承诺。同样，决策权共享，比如由他人来评价我们的选择，会造成更严重的升级。[59]

我们通常会以为承诺升级是没有理由的。然而，历史上许多“伟大壮举”都基于失败时的坚持：金字塔的建造、巴拿马运河以及帝国大厦。从小的方面来看，希望自己是一个“好人”的愿望可能会导致你对亲社会目标的升级。[60] 研究人员建议，为了实现决策过程的平衡，我们应当经常评估已花费的成本以及未来预期的付出是否值得。[61] 我们想要对抗这种无意识升级承诺的倾向。

随机错误 大多数人认为，我们在一定程度上能够控制这个世界。人们倾向于认为自己能够预测随机事件的结果，这就是**随机错误**（randomness error）。

当我们试图给随机事件赋予意义时，决策就会受到影响。最严重的结果就是我们把想象的模式变成迷信。[62] 这可能完全是虚构出来的（“我从来不会在‘星期五 / 13 日’那天做重要的决定”），或由先前被强化的某种行为模式演变而来（泰格·伍兹（Tiger Woods）在高尔夫锦标赛的最后一轮都会穿上红色 POLO 衫，因为之前他就是穿这件上衣赢了很多场初级高尔夫锦标赛）。当基于随机事件的决策影响我们的判断或者使重要的决策产生偏差时，这些决策就会对我们造成障碍。

风险厌恶 从数学上讲，我们应该知道如果获得 100 美元的概率是 50%，那么它与必然获得 50 美元的结果是等价的。总体来说，经过多轮之后，这种赌注的预期收益为 50 美元。然而，除了坚定的赌徒，几乎所有人都想获得确定的东西而不愿面对一个有风险的前景。[63] 对于很多人来说，以 50% 的概率获得 200 美元可能不如稳稳当当地得到 50 美元，尽管从算术上讲，赌博情境下得到的价值是确定情境下的两倍。这种偏好确定性而厌恶风险的倾向就是**风险厌恶**（risk aversion）。

总体而言，决策框架会影响人们是否采取风险厌恶的行为——当决策以积极框架的形式制定时，如获得潜在的 50 美元收益，人们会更加厌恶风险。相反，当决策以消极框架的形式制定时，如损失 50 美元，人们就会采取风险更高的行为。[64] 有被解雇风险的 CEO 也特别厌恶风险，即使风险更大的投资策略更符合公司的最佳利益。[65] 组织对于风险厌恶水平更高的员工有更强的控制能力，因为这些员工倾向于感知到更多的损失，因此离开组织的可能性也就更小。[66]

有时存在相反的风险偏好：当试图阻止一个消极结果时，人们宁愿冒险。[67] 他们宁愿冒着损失很多钱的风险提起诉讼，也不愿意接受庭外和解而拿到更少的钱。压力情境可能引起更强烈的风险偏好。压力之下的人为了避免消极的结果会更倾向于风险偏好行为，而在寻求积极的结果时会倾向于风险厌恶行为。[68]

后视偏见 **后视偏见**（hindsight bias）是指当结果已知时，人们倾向于错误地认为自己原本能够做出准确的预测。[69] 当我们获得关于结果的准确反馈时，我们似乎很容易认为这一结果本来就显而易见。

例如，家庭录像带租赁行业最初是在实体商店出租影片，后来由于在线分销渠道占有了市场而崩溃。[70] 有些人建议，如果像百视达（Blockbuster）这样的租赁公司能有效利用自己的品牌来提供流媒体或在线网站，原本是可以避免失败的。尽管事后看起来显而易见，很容易让我们认为自己原本可以预测到这一结果，但即便是许多专家也未能事先预测到这一行业趋势。尽管针对决策者的批评可能有一定价值，但就像《决断2秒间》（*Blink*）和《引爆点》（*The Tipping Point*）的作者马尔科姆·格拉德韦尔（Malcolm Gladwell）写的，“事后显而易见的在发生前基本都不明显”。[71]

我们很容易受到诸如后视偏见之类的偏见影响，但我们受偏见影响的程度是否都一样呢？这不太可能。个体差异在决策过程中发挥着重要作用，而组织则限制了可用决策的选择范围。

6.5 影响决策的因素：个体差异和组织限制

在这里我们将讨论影响人们决策的因素及人们的决策在多大程度上受到错误和偏见的影响。我们要讨论的是个体差异和组织限制。

6.5.1 个体差异

决策活动受有限理性、常见的偏见和错误以及直觉的影响。诸如人格之类的个体差异会使决策制定背离理性模型。

人格 研究表明，人格确实会影响我们的决策。让我们来看看责任心和自尊水平这两个因素。

具体的责任心，特别是追求成就和忠于职守的责任心，会影响承诺的升级。[72] 首先，高成就导向的人讨厌失败，所以他们升级承诺，希望以此阻止失败。然而，忠于职守的人更倾向于为组织的利益考虑，因此他们较少升级自己的承诺。其次，追求成就的个体更容易受后视偏见的影响，也许这是因为他们需要为自己的行为辩护。[73] 目前还没有证据表明忠于职守的人是否不受这种偏见的影响。

高自尊水平（认为自己足够优秀）的人有维持自尊的强烈动机，所以他们利用自我服务偏见来保护它。也就是说，他们把失败归咎于他人，把成功归咎于自己。[74] 在更极端的情况下，那些具有浮夸的人格特质的人会更容易利用自我服务偏见。[75] 浮夸的人格特质是自恋的一个方面（见第5章）。

性别 男性和女性谁能做出更好的决策？这要视情况而定。当处于无压力的情况时，男性和女性的决策质量几乎是一样的。在有压力的情况下，男性似乎更倾向于以自我为中心，做出更冒险的决策；而女性则变得更有同情心，决策能力也提升了。[76] 沉思是指长时间地思考。有关沉思的研究让我们对决策中的性别差异有了更深刻的理解。[77] 女性比男性花更多的时间分析过去、现在和未来，而且更有可能在决策之前反复分析，在决策之后做出更改。这种做法也可能让问题更难解决，使人们更容易后悔过去做出的决策，更加抑郁。女性抑郁的可能性几乎是男性的两倍。[78] 然而，我们并不清楚为什么女性比男性沉思得更多。一些研究认为，问题可能在于下丘脑、脑垂体和肾上腺做出反应的方式不同。[79] 但随着年龄的增长，这种性别差异逐渐减小：少年时期差异最大，65岁之后差异最小，这时候男性和女性的沉思都最少。[80]

智力 我们知道智力水平高的人能够更快地处理信息、更准确地解决问题、更迅速地进行学习。所以你可能会认为他们受常见决策错误的影响较小。然而，智力仅仅有助于消除其中一些问题。[81] 聪明的人同样会陷入锚定、过度自信和承诺升级的错误中。这可能是因为聪明并不会改变过度自信和情感保守的可能性。但这并不意味着智力不重要。一旦受到决策错误的警告，聪明的人能更加快速地学会如何避免它们。

文化差异 理性模型没有讨论是否存在文化差异，组织行为学在决策方面的文献也没有涉及文化差异。但举例来说，印度尼西亚人和澳大利亚人做决策的方式不一定相同。因此，我们需要认识到，决策者的文化背景可以显著影响问题的选择、分析的深度、对逻辑和理性的重视程度，以及组织决策应该由管理者单独制定还是集体制定。[82]

文化差异主要表现在时间取向、关于理性的价值观、对人们解决问题能力的信任，以及对集体决策的偏好上。第一，时间取向的差异有助于我们理解为什么埃及的管理者在决策时要比美国的管理者慢得多，并且更加谨慎。第二，虽然理性在北美会得到重视，但在其他地方并非如此。北美的管理者即便按照直觉做决策，也要让这个决策看起来是经过理性思考得来的，因为西方人对理性高度重视。在伊朗这样的国家，理性不如其他因素那么重要，刻意显得理性就没有必要了。

第三，有些文化强调解决问题，有些文化强调接受现状。美国属于第一类，泰国和印度尼西亚属于第二类。重视解决问题的管理者认为他们能够并且应该为了自己的利益而改变现状，因此美国的管理者可能会比泰国或印度尼西亚的管理者更快地认识到问题。

第四，日本人在做决策时比美国更重视群体取向。日本人强调服从与合作，所以日本的 CEO 在做决策前会收集大量的信息，以制定群体一致认可的决策。

6.5.2 组织限制

组织本身限制着决策者，使他们的决策背离理性模型。管理者调整自己的决策，从而与组织的正式规则保持一致，符合组织对绩效评估和奖励体系的要求，并符合组织规定的时间限制。过去的组织决策也会作为前提条件约束当前的决策。

绩效评估体系 管理者在做决策时强烈地受到评估标准的影响。如果分公司经理相信，只要他没有听到消极意见，他负责的这个工厂就是状况最好的，那么工厂管理者就会花大量时间以确保负面新闻不会传入经理的耳朵。

奖励体系 组织中的奖励体系也会影响决策者，它通过个人的收入状况向他们表明什么样的选择是有利的。如果组织奖励的是风险厌恶，那么管理者更可能做出保守的决策。例如，在 20 世纪 30 年代到 80 年代中期，通用汽车公司一直对那些做事低调、回避争论的管理者给予晋升和奖励。其结果是，该公司的管理者非常擅长对问题避重就轻。而这些决策随着时间的推移将对组织造成损害。

正式规则 戴维是得克萨斯州圣安东尼奥市塔可钟（Taco Bell）餐厅的值班经理，他向我们描述了自己所面对的工作限制："公司的规章制度几乎覆盖了我做的每一项决策，从如何制作墨西哥玉米饼，到隔多长时间清理一次洗手间。我的工作没有选择的自由。"戴维这样的情况并不少见。除了极少数组织，绝大多数组织都设立了规章制度、操作程序以及其他规范，以保证员工行为的规范化和标准化。但是，这样做的同时也限制了决策者的选择权。

系统强加的时间限制 几乎所有的重要决策都会规定最后期限。例如，新产品开发的报告必须在月初完成并送交执行委员会过目。这些限定条件使决策者有了时间压力。这种做法通常会使他们很难或根本无法在做出最终决策之前收集到自己需要的所有信息。

传统惯例 决策不会在真空中做出，各种决策之间有着承前启后的联系。实际上，把个体的决策视为决策流中的一点更为准确。过去做出的决策总是影响着当前的选择。去年给出的预算数目是决定今年预算的最主要因素，这已然成为一种常识。因此，今天做出的选择在很大程度上是多年选择的结果。

6.6 决策中的道德问题

对道德的考虑应该成为影响组织决策制定的重要因素。在这部分内容中，我们将介绍制定道德决策的三种途径，以及撒谎对决策的影响这一重要问题。

6.6.1 三种道德决策标准

第一种是功利主义标准，即决策完全以结果或结局为基础。**功利主义**（utilitarianism）的目标是对所有人产生最佳效益。[83] 这种观点是企业决策的主流，它与效率、生产率和高利润这些目标相一致。请记住，功利主义并不总像它听起来那样客观。最近的一项研究表明，功利主义的伦理性会受到我们意想不到的影响。参与者在研究中面临以下道德困境：一座人行天桥上站着五个人，他们的体重把天桥压弯到会与路过的火车相撞的程度。眼看着一列火车就要撞上天桥了，这时你是选择让五个人都被撞死，还是选择把一个体重最重的人推下去来拯救其他四个人呢？在美国、韩国、法国和以色列，20% 的参与者选择把体重最重的人推下去；在西班牙，18% 的参与者选择这样做；在朝鲜，没有人选择这样做。这可能体现了文化功利主义的价值观。然而，如果对试验进行一个小小的改变，要求参与者用他们掌握的非母语来进行回答，就会有更多的参与者选择把人推下去。在第一组中，有 33% 的参与者选择推人；而在另一组中，有 44% 的人选择这样做。[84] 因此，通过非母语进行决策所造成的情感距离似乎促成了一种功利主义的视角。我们认为务实的观点也是可以改变的。

第二种道德标准要求决策者的行为符合美国《人权法案》（Bill of Rights）等文件对基本的自由和权利的规定。在决策中，对人权的重视是指尊重和保护个体的基本权利，如隐私权、自由演讲权等。例如，这一标准保护了**告密者**（whistle-blower）[85]——因为他们拥有言论自由的权利，可以向政府或新闻界报告自己组织中的不道德行为。

第三种标准遵守规则，它要求个体公正无偏地执行规则，平等分配企业的效益和损失。[86] 这一标准通常站在**义务论**（deonance）的角度，使员工觉得他们应该以某种规则、法律、规范或道德原则所规定的方式行事。[87] 例如，一些员工可能觉得自己不应该从工作场所中偷东西，因为这种行为在道德规范、原则或规范上是“错误”的，或者是被规则或法律所禁止的。值得注意的是，无论组织规则是否存在，这种“应当的力量”都是存在的。一项决策通常会依据它是否违反道德规范或原则来认定其公平性。

决策者，尤其是组织中以效益为目标的决策者，乐于接受功利主义标准。当他们在为了“组织”和董事会的最大利益这个框架下进行活动时，可以对很多有争议的活动做出判断，比如说大规模裁员。批评者指出，企业决策者的这种观点需要改变，随着整个社会对人权和社会公正的日益关注，管理者需要制定非功利主义标准方面的道德规范。这反映出今天的管理者所面临的巨大挑战，因为运用人权和社会公正这些标准进行决策时，远远不如运用功利主义标准（如对效率和效益方面的影响）那么明确。然而，抬高价格、出售不利于顾客健康的产品、关闭经营不善的工厂、大规模裁员、为了缩减开支将生产转移至海外都可以用功利主义标准来论证，因此好的决策不会再像原来那样仅仅通过一种标准来判断。

这正是企业社会责任（CSR）能够带来积极变化的原因。正如我们从功利主义的理想中看到的那样，当组织只注重资产负债表时，它们并没有动机去对公平性做出回应。然而，公众要求组织有责任感，这种压力意味着可持续问题会对盈亏产生影响：消费者更多地选择具有有效企业社会责任倡议的企业提供的商品和服务，绩效高的人被吸引到具有企业社会责任的组织工作，政府为组织在可持续性上做出的努力提供激励，等等。现在，企业社会责任具有良好的商业意义，能够使大家把道德规范纳入实践中。

研究人员开始越来越多地关注**行为道德**（behavioral ethics），这一领域研究的是人们在面临道德困境时会如何作为。相关研究表明，虽然道德标准存在于社会和组织中的集体道德和个体的个人道德中，但我们并不总是遵循组织宣扬的道德标准，有时我们还会违背自己的道德标准。我们的道德行为在不同的情境下差异很大。

我们该如何提高组织的道德决策水平？首先，看似表面的环境因素，如照明、财富和地位的外在展示、清洁程度都会影响组织内的道德行为。[88] 管理者必须首先意识到，道德行为受到各种信号的影响。例如，如果地位和金钱的迹象随处可见，员工可能认为这才是最重要的，而不是道德标准。其次，管理者应该鼓励关于道德问题的讨论，它们也许可以作为一种提醒，告诫人们要提高道德决策水平。一项研究发现，仅仅要求商学院学生思考一种道德情境会对他们之后的道德选择产生很大的影响。[89] 我们应该意识到自己在道德上的“盲点”——高估自己的道德水平，或者认为别人的道德水平比自己低。鼓励开放的交流并且不处罚直言不讳的人的氛围对于避免道德盲点、提高道德决策水平来说很关键。[90]

行为道德的研究强调了文化在道德决策中的重要性。道德决策几乎没有全球标准[91]，东西方之间的差别说明了这一点。一种文化中的道德行为在另一种文化中可能就是不道德的。例如，贿赂在一些国家很常见，在某国工作的外国人可能会陷入两难的困境：我是否应该为了完成业务而去行贿，如果这种行为是该国文化中默认的一部分？尽管一些公司，如 IBM，对这种问题做出了明确的规定，但还是有很多公司并没有关注这一问题。在定义道德行为时如果没有考虑对文化差异的敏感度，组织可能会在不知情的情况下鼓励不道德的行为。

6.6.2 撒谎

你是一个说谎者吗？没有人愿意被贴上说谎者的标签。但如果仅仅把撒谎的人都叫作说谎者的话，那么我们就都是说谎者了。我们对自己撒谎，对他人撒谎；我们故意撒谎，无意地撒谎；我们撒大谎，搞小骗局。撒谎是我们每天最有可能产生的不道德行为之一，它有损我们为了正确决策所做的一切努力。

事实上，我们撒谎的原因之一在于，谎言是很难被别人察觉的。在 200 多项研究中，参与者在规定的时间内正确地识别出 47% 的撒谎者，比随机挑选的概率还低。[92] 这种情况似乎与采用了何种测谎技术无关。例如，警察使用的一项技术基于以下理论：人们在撒谎时会仰视并往右看。不幸的是，研究者对这项技术进行测试后，并不能证实其依据的理论的正确性。[93]

另一项测谎技术是研究人的肢体语言。但研究人员发现，只靠肢体语言来识别谎言的正确率比随机猜测还低。心理学家玛利亚·哈特维希（Maria Hartwig）指出："有常识认为，说谎者的肢体语言会背叛自己。但这种常识似乎不过是一种文化虚构。"[94] 还有一种技术是研究面部表情。同样，很多研究人员无法用证据来支持这项技术。研究教授尼古拉斯·埃普利（Nicholas Epley）总结道："阅读人的表情可以给你一些信息，但这些信息还不如你仅仅通过和他们交谈所得到的多。"[95]

那我们所说的话是否能为测谎提供帮助呢？说谎者确实可能会给出语言上的线索，但其中哪些线索会适用于哪些人目前还存在争议。说谎者是那些故事说得更好的人，还是那些提供细节更少的人呢？这一问题还没有定论。执法者会分析一个人所说的话，寻找强调或重复的短语来确认谎言。从书面语言中发现谎言更是难上加难，因为线索更少。然而，这种困难并没有阻止大家对书面交流说谎的猜测。有些人说，说谎者在电子邮件中会省略人称代词、使用不明确的表达、更改时态、跳过主题、提供过多的细节或添加限定陈述。[96] 然而，一个在写作时有上述习惯的人也可能并不是在说谎。

目前最有希望的测谎技术是阅读一个人特有的线索组合。一个母亲有时候确实能够分辨出她的孩子是否在说谎。例如，母亲可能会知道孩子在压力下行为会有什么改变。虽然我们可能认为我们的谎言会"写在脸上"，然而正如埃普利所说，"思想通过嘴表达出来"。[97] 如果对方是一个缺乏经验、糟糕的说谎者，对其测谎也会更容易。美国国防情报局科学与技术部门的泰勒·科恩·伍德（Tyler Cohen Wood）说："大多数人更愿意说实话。因此当他们撒谎的时候，真相就会泄露。"[98] 研究表明，当别人在说谎时，我们即使未能有意识地知道这一点，也能够在某种程度上有所察觉。[99]

无论我们是否感觉到了谎言，它对于决策而言都是致命的。当事实被歪曲，人们提供虚假的行为动机时，管理者以及组织根本无法做出好的决策。撒谎在道德上也是一个很大的问题。从组织的角度来看，使用花哨的测谎技术或在可能的情况下引诱说谎者都可能产生不可靠的后果。[100] 最持久的解决方案来自组织行为学。它研究如何通过利用人们自然的倾向性来创造不利于撒谎的环境，进而阻止撒谎。

道德抉择 选择撒谎

马克·吐温写道："我们要努力学习如何善意地撒谎，这才是明智的选择。"并不是所有人都认为撒谎是错的。但我们必须承认，每个人都编过不同程度的谎话。如果我们少撒一点谎，世界（组织和社会）会变得更美好，这一点大家应该认同。那么，怎样才能让我们自己少撒谎？通过研究，行为学家给出以下建议。

1. 不再自我欺骗。在说过多少谎话方面，我们常常自我欺骗。具体来说，许多研究表明，我们总觉得自己撒谎的可能性要比别人小。从集体层面来说，这是不可能的——总不能所有人的撒谎倾向都低于平均水平吧。所以第一步就是要承认：我们低估了自己撒谎的频率，与他人做比较时，我们常常会高估自己的道德水平，陷入“道德伪善”——我们往往对道德水平自视过高。

2. 信任，但要求证明。人们在很小的时候就学会了撒谎。在一项实验中，研究者将一个玩具放在视线之外的地方，告诉孩子们不可以看玩具，也不可以离开实验者的视线。事实上，超过80%的孩子看了玩具。当被问及是否看了的时候，两岁半的孩子中有25%撒了谎，4岁大的孩子中有90%撒了谎。我们为什么要撒谎？因为可以逃脱责任。谈判研究表明，如果我们有过撒谎成功的经历，或者谎言没有被发现，那么我们未来撒谎的概率会更大。管理者需要消除那些员工可以撒谎的情况。

3. 奖励诚实。作家丹·艾瑞里（Dan Ariely）说：“最困难的是要意识到有时我们会被自己的动机蒙蔽，看不到利益上的冲突是如何促使我们撒谎的。”所以，如果我们想变得更诚实，就要鼓励人们说实话，减少谎言和欺骗。

资料来源：Based on D. Ariely, *The Honest Truth about Dishonesty: How We Lie to Everyone— and Especially Ourselves* (New York: Harper, 2012); K. Canavan, “Even Nice People Cheat Sometimes,” *The Wall Street Journal*, August 8, 2012, 4B; M. H. Bazerman and Ann E. Tenbrunsel, *Blind Spots: Why We Fail to Do What's Right and What to Do about It* (Princeton, NJ: Princeton University Press, 2012); A. D. Evans and K. Lee, “Emergence of Lying in Very Young Children,” *Developmental Psychology* (2013); and L. Zhou, Y. Sung, and D. Zhang, “Deception Performance in Online Group Negotiation and Decision Making: The Effects of Deception Experience and Deception Skill,” *Group Decision and Negotiation* 22 (2013): 153–72.

6.7 创造力、创造性决策和组织中的创新

模型常常有助于改善我们的决策，但决策者还需要**创造力**（creativity），即产生新颖有用的想法的能力。新颖的想法与之前的不同，但对于处理当前的问题来说是恰当的。

创造力使决策者可以更全面地评定和理解问题，包括看到其他人没有看到的问题。组织行为的各个方面都是复杂的，尤其是创造力。为了简要说明，图表6－5提供了一个组织中的创造力三阶段模型（three-stage model of creativity）。这一模型的核心为创造性行为，既有起因（创造性行为的预测因素），也有效果（创造性行为的结果）。在本节中，我们将讨论创造力的三阶段，首先从它的中心——创造性行为开始。

图表 6－5 组织中的创造力三阶段模型

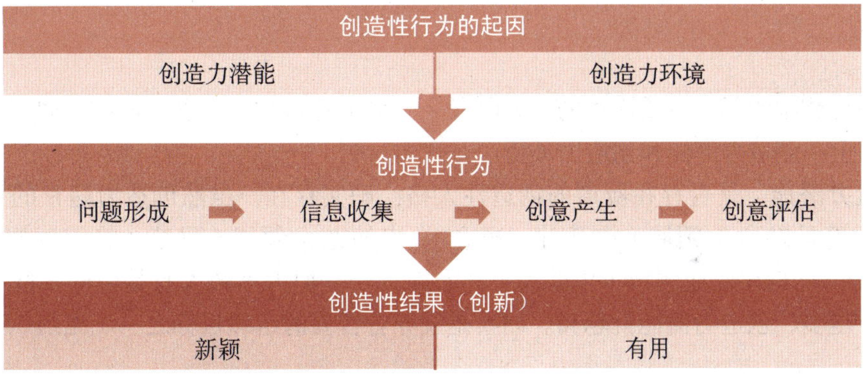

6.7.1 创造性行为

创造性行为有四个步骤，每个步骤都会引起下一个步骤。[101]

1. 问题形成。任何创造性的行为都始于一个亟待解决的问题。因此，**问题形成**（problem formulation）指的就是在创造性行为的初始阶段，我们发现了一个目前还没有解决方案的问题或机会。例如，马歇尔·卡比（Marshall Carbee）和约翰·贝内特（John Bennett）合作成立了 Eco Safety Products 公司，因为他们发现，即便是美国环境保护署宣称安全的那些油漆也依然会释放有害的化学物质。该公司研发以大豆为原料的安全油漆，正是因为目前的油漆市场普遍存在安全问题。[102]

2. 信息收集。面对一个新的问题，很少会有直接的解决方案。我们需要时间来学习更多的东西，并对学到的东西进行处理。因此，**信息收集**（information gathering）指的就是寻求知识以及可能的解决方案逐渐在个体头脑中形成的过程。信息知识使我们能够发现创新的机会。[103] Hoa’s Tool Shop 是斯德哥尔摩一家帮助组织提高创新能力的公司，该公司的尼克拉斯·拉宁格（Niklas Laninge）认为创造性信息的收集意味着思考的时候要跳出惯常的模式和舒适地带。例如，与相关领域之外的人共进午餐，讨论这个需要解决的问题。“很简单，你必须谈论自己的业务，以及你想在新的条件下实现的目标。你不能使用那些流行词，不然别人不知道你在说些什么。”尼克拉斯说。[104]

3. 创意产生。**创意产生**（idea generation）是一种创造性的行为，指利用相关信息和知识制定可行的解决方案。有时候我们会在独处时产生创意，诸如散步[105]或涂鸦[106]之类的技巧可以帮助我们启动创意产生的过程。然而人们越来越多地通过协作产生创意。比如，美国国家航空航天局（NASA）提出让宇宙飞船在火星着陆的构想，就得益于工程师的合作。“好奇号”是一辆 SUV 大小的探测器，通过空中吊车在火星着陆，在提出“好奇号”探测车的整体构想前，整个团队花了三天的时间在白板上写下成员各自的想法。[107]

4. 创意评估。最后，我们要从生成的这些创意中进行挑选。因此，**创意评估**（idea evaluation）指的就是从潜在的可行方案中挑选出最好的一个。有时挑选的方式也是一种创新。达拉斯小牛队的老板马克·丘班（Mark Cuban）对球员的队服不满意，于是他请球队粉丝帮忙设计和挑选出最好的队服。马克说：“寻求创意的最佳方式是什么？你要向别人征求创意。所以我们要让大家共同参与到队服的设计中来。”[108]一般来说，评估创意的人最好不是那些提出创意的人，这样才能消除明显的偏见。

6.7.2 创造性行为的起因

我们已经阐明了三阶段模型的主要阶段——创造性行为，接着我们需要回到创造性行为的起因上：创造力潜能和创造力环境。

创造力潜能 是否存在所谓的创造性人格？确实存在。虽然创造力超常的天才很罕见——无论是在科学领域（史蒂芬·霍金）、表演艺术领域（玛莎·格雷厄姆（Martha Graham）），还是在商业领域（史蒂夫·乔布斯）——但大多数人有类似的某些特质。这样的特质越多，创造力潜能就越高。创新是领导者首要的组织目标之一（见组织行为民意调查）。

组织行为民意调查

创新是否只是纸上谈兵？

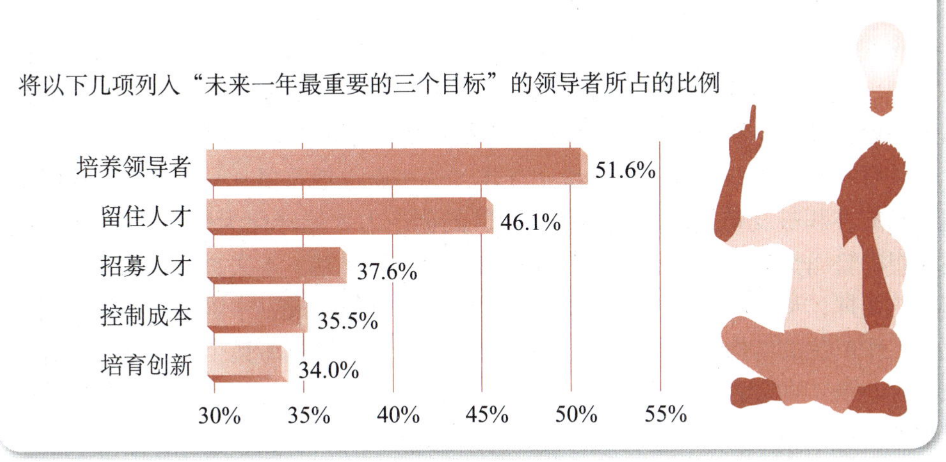

资料来源：Based on T. Henneman, “Bright Ideas,” *Workforce Management* (January 2013), 18–25.

我们需要考虑以下潜在的方面：

1. 智力和创造力。智力与创造力相关。[109] 聪明的人更有创造力，因为他们更善于解决复杂的问题。然而，聪明的人之所以更有创造力，可能是因为他们有更强大的“工作记忆”，也就是说，他们可以回忆起更多与当前任务相关的信息。[110] 荷兰的研究同样表明，具有强烈的认知需求（学习欲望）与具有更强的创造力相关。[111]

2. 人格与创造力。大五人格特质中的经验开放性（见第 5 章）与创造力相关，这可能是因为开放的个体在行动上较少墨守成规，思维的发散能力更强。[112] 创造力强的人还有其他一些特质，包括主动性人格、自信、愿意冒险、对不确定性具有承受力以及坚持不懈。[113] 希望、自我效能（对自身能力的信任）以及积极的情感也与一个人的创造力相关。[114] 中国的研究表明，核心自我评价较高的人比其他人更能在消极情境下保持创造力。[115] 和直觉相反，一些研究支持“疯狂天才”理论，即认为一部分精神疾病患者所具有的极大创造力来源于他们的精神疾病。历史上有很多例子，如文森特 · 梵高（Vincent van Gogh）、约翰 · 福布斯 · 纳什（John Forbes Nash）等。然而，这一观点的逆命题并不成立——有创造力的人作为一个群体，患精神疾病的概率比普通人群更小。[116]

3. 专业知识和创造力。专业知识是所有创造性工作的基础，因此是创造力潜能最重要的预测指标。电影作家、制片人、导演昆汀 · 塔伦蒂诺（Quentin Tarantino）年轻时曾在录像带出租商店工作，他在那里构建起自己百科全书式的电影知识。在个体具备能力、知识、熟练度以及相关领域的知识时，创造力潜能会得到很大的提高。例如，你不会期望一个没有多少编程知识的人成为极具创造力的软件工程师。你身边其他人所具有的专业知识也很重要。那些拥有强大社交网络的人能够更多地接触到各种不同的想法，并且有机会通过非正式途径获得他人的专业知识和资源。[117]

4. 道德和创造力。尽管创造力和很多受欢迎的个人特征有关，但它和道德无关。最近的研究表明，欺诈的人可能比那些行事道德的人更有创造力。这也许是因为不诚实和创造力都源于打破规则的欲望。[118]

创造力环境 我们中的大多数人可以试着利用自己的创造力潜能，虽然创造力潜能如此重要，但只有潜能是不够的。我们还需要一个能够实现创造力潜能的环境。哪些环境因素会影响创造力潜能向创造性行为转化？

首先并且可能最为重要的因素就是动机。没有创造的动机，就不可能有创造的行为。内在动机，也就是因为某件事有趣、刺激、令人满足并且具有挑战性（下一章会详细讨论）而去做这件事的欲望，与创造性结果有着中等水平的关联。[119]

在认可并奖励创造性工作的环境中工作，这一点也很重要。一项关于医疗团队的研究发现，只有在积极支持创新的氛围里，团队的创造力才能转化为创新成果。[120] 组织应该促进思想的自由交流，包括给出公平且具有建设性的评判。不去过分强调规则也可以鼓励创造力的发挥，员工应该有权决定做什么工作以及如何完成。中国的一项研究显示，结构授权（工作单位的结构允许员工有足够的自由）和心理授权（让个体感觉自己有做决定的能力）都与员工的创造力相关。[121] 然而，斯洛文尼亚的研究发现，在一个鼓励不惜代价获得成就的竞争环境中，创造力的发挥会受到阻碍。[122]

你可能想知道组织资源和创造力之间的关系。尽管我们常说"需求是发明之母"，但研究表明，丰富的资源也能够激发创造力。具体来说，复杂的、自主的以及对创新有明确角色期望的工作有利于创新行为——这些工作特征在激励创新行为方面可能特别重要。[123] 管理者似乎对结果有很大的影响。在资源有限的情况下，通过鼓励员工为自己的新颖想法寻找资源，管理者可以提高员工的创新能力。当资源充足时，管理者可以通过对合适的工具给予直接的关注来达到这一点。[124] 管理者也是知识转移的重要桥梁。当管理者把团队和其他信息及资源联系起来时，就更有可能产生反传统的创造力（引入打破现状的创造性想法）。[125] 相对于团队成员和他们自己社交网络之间直接的更强的联系，团队成员和管理者网络之间较弱的联系对创造力的影响可能会更大。这是因为联系较弱的信息源能够提供更多的发散思维。[126]

文化的作用是什么？最近一项在国家层面进行的研究表明，在霍夫斯泰德文化维度中，个人主义（见第5章）这一项得分高的国家更有创造力。[127] 美国、意大利、比利时在个人主义这一项上得分较高，南美国家、中国、巴基斯坦在这一项上得分较低。这是否意味着西方国家的创造力更高？有些证据表明这种说法是正确的。一项研究对比了德国和中国大学生的创新项目，有些人是在自己的国家学习，有些人则是在国外学习。一支由中国人和德国人组成的独立评估团队认为，德国的学生最有创造力，在德国的中国学生比中国国内的学生更有创造力。这表明德国的文化更有创造力。[128] 虽然某些文化的创造力比平均水平高，但是同一文化内部的差异也很显著。换句话说，还有成千上万的中国学生比美国学生更有创造力。

好领导对创造力也很重要。[129] 一项针对超过100个大型银行工作团队的研究发现，如果领导经常惩罚员工，很少对他们表示支持，团队的创造力就会比较低。[130] 相反，如果领导经常使用鼓励性的语气，并以透明的方式领导团队，鼓励员工的个人发展，那么他所带领的团队就会有较高的创造力。[131]

正如我们将要在第10章学到的，越来越多的工作需要通过团队完成，并且很多人认为多元化可以提高团队的创造力。之前有研究表明，多元化的团队并不一定更有创造力。然而最近一项针对荷兰团队的研究表明，当团队成员被明确要求去理解和考虑其他团队成员的观点（换位思考练习）时，多元化的团队比其他团队更有创造力。[132] 领导力可能是导致这一差异的原因。一项针对 68 个中国团队的研究显示，只有当团队领导擅长鼓舞人心、培养成员的自信时，多元化才与创造力呈正相关。[133]

其他一些关于创造力的发现也很有价值。一项针对一家跨国制药公司的研究发现，不同业务领域的团队在分享各自领域的专业知识后会变得更有创造力。[134] 但是，如果团队成员具有相似的背景，那么只有当他们分享特定的详细信息时才能变得更有创造力。[135] 这是因为一般的信息可能会被具有相同专业知识的成员驳回。正如你可能预料到的那样，团队中的新人可能会成为创造性想法的丰富来源。然而，不幸的是，他们往往不会在早期就能够做出贡献。[136] 当我们把抵制改变的个体放进支持改变的团队中时，整体创造力可以得到提高[137]，这可能是因为团队的积极影响。总的来说，这些研究表明，多元化的团队可以变得更有创造力，尤其是在有意识的领导之下。

6.7.3 创造性结果（创新）

创造力三阶段模型的最后一个阶段就是结果。创造性行为并不总能产生创造性结果。一名员工可能有创意，却从不分享；管理层可能会拒绝创新性的解决方案；团队可能会压制创造性行为，孤立那些提出不同想法的人。一项研究表明，大多数人会对创意带有偏见，因为这些想法会产生不确定性。当人们觉得不确定时，他们发现创意的能力就会受到阻碍。[138]

我们可以把创造性结果定义为对利益相关者来说新颖而有用的想法或解决方案。如果没有用的话，新颖本身并不能带来创造性的结果。因此，“疯狂的”解决方案只有在真正解决了问题时才具有创造性。解决方案的有用性可能是显而易见的（比如 iPad），或者起初可能只有利益相关者认为它是有用的。[139]

一个组织可能会从员工那里收获许多创意，然后就认为自己已经足够创新了。然而，正如一位专家所说的，“只有实践了的创意才是有用的”。软技能可以帮助人们把创意转化为结果。一位研究人员发现，在大型农业公司中，当个体主动将自己的想法付诸实践，或者个体拥有强大的人际关系能力时，他们的创新想法最有可能得到广泛实施。[140] 这些研究强调了一个重要的事实：创意不会自行实现，将想法转化为创新成果是一个社会过程，这需要利用本书中的其他一些概念，包括权力和政治、领导和动机。

本章小结

个体的行为不以外部环境为依据，而是以他们所见的、所相信的为依据。理解人们的决策方式可以帮助我们解释并预测行为，但由于重要的决策都不是简单明确的，因此仅仅利用理性模型是不够的。我们发现，个体会寻找那些令他们满意的解决方案，而不是最佳的解决方案，而且决策过程往往带有偏见并依赖直觉。管理者应该鼓励员工和团队发挥创造力，为创新决策创造途径。

对管理者的启示

- 行为遵循认知。如果要影响工作中的行为，需要评估人们如何看待自己的工作。我们通常会发现，那些令人困惑的行为可以通过理解初始认知来获得解释。

• 为了更好地做出决策，需要认识到我们容易犯下的感性偏见和决策错误。了解这些问题虽然不能使我们完全避免犯错，但确实会带来帮助。

• 根据你所在国家的文化以及所在组织的标准来调整你的决策方式。如果你在一个不重视理性的国家，就不必强迫自己遵循决策模型或试图让你的决定看起来合理。调整你的决策方式，以确保与组织文化相匹配。

• 将理性分析与直觉结合起来。二者在决策的过程中并不矛盾。同时使用这两种方式可以帮助你提高决策效率。

• 尽量提高你的创造力。积极寻找新的解决方案，尝试以新的方式看问题，使用类比法，雇用创新型人才。努力消除工作和组织中那些可能会阻碍创造力的因素。

复习题

1. 哪些因素会影响我们的知觉？
2. 什么是归因理论？
3. 知觉和决策之间有什么联系？
4. 理性决策模型与有限理性模型和直觉模型有什么不同？
5. 个体差异和组织限制是如何影响决策的？
6. 道德决策中的三个标准是什么？它们有什么不同？
7. 创造力三阶段模型中包含哪几个部分？

观点碰撞

内隐联想测试

正方

正如本章之前提到的，有些决策是根据直觉做出的——人们无意识地、情绪化地在一瞬间完成。那么，我们是否可能在自己都未意识到的情况下对别人产生偏见呢？

托尼·格林沃尔德（Tony Greenwald）、马哈扎林·巴纳吉（Mahzarin Banaji）和布赖恩·诺塞克（Brian Nosek）在哈佛发起了一项“隐性计划”，旨在揭示我们没有意识到的隐藏偏见。这项研究主要使用了内隐联想测试（implicit association test，IAT）。研究人员能够检验人们建立偏见联想（如，黑色联想到负面，白色联想到正面）和非偏见联想（如，黑色联想到正面，白色联想到负面）的速度。这两种联想的决策速度差异（以毫秒为单位）提供了对一个人的偏见或偏差的度量。

内隐联想测试对无意识决策和偏见方面的深入研究非常有帮助。这表明对于理解无意识的、直觉的行为而言，“每一毫秒都很重要”。包括隐性项目的 150 万名线上参与者数据的数据库显示，平均而言，美国东南部的白人通常偏见最严重。总体而言，相对于其他种族的长相，白人对白人的长相会有轻微或中度的偏好。

内隐联想测试帮助我们弄清楚了人们更偏好女性而不是男性，更偏好母亲而不是父亲。然而，一旦在男性主导下对女性进行评判，人们的偏好就会发生变化：我们倾向于选择男性而不是女性作为权威人物和领导者。2009 年一项对近 15 000 人进行的元分析发现，内隐联想测试和预测未来时的偏见判断、行为以及生理指标中度相关。

反方

尽管直觉在决策中起到一定的作用，但一项测试能否真的检测出我们是否有偏见？选择两个概念之间的联系所要用的毫秒数是否足以说明某人有偏见？长期以来，内隐联想测试与偏见行为之间的关联性受到学者，尤其是哈特·布兰顿（Hart Blanton）的质疑。

除了通过测试给人贴上歧视或偏见的标签所造成的道德影响外，《纽约时报》的埃米莉·贝兹伦（Emily Bazelon）称，这项测试在社会讨论中已经“从心理观察转变为政治指控”。布兰顿指出，这项测试本身就存在很多问题：“内隐联想测试甚至不能预测两周后同一测试的结果……如果一项测试甚至连自己都无法预测，又如何能够预测行为呢？”一项研究还确认，我们不可能把内隐联想测试中的真实差异和伪造（例如人们被指示伪造测试结果时）所带来的差异区分开来。

在2015年发布的一项元分析结果中，布兰顿和他的同事发现，内隐联想测试在预测行为、认知、政治倾向、非语言行为以及反应时间（尽管有时小的效应可能会在社会层面产生巨大的效果）方面几乎都没有效果。内隐联想测试似乎只对某种类型的大脑活动有中等水平的预测能力。布兰顿还重新分析了21世纪初有影响力的内隐联想测试的数据，发现一些结果比预期要小，并由于异常值或其他因素而有了很大的变化。这一分析引发了争论，原来的研究者还对这一点进行了辩论。

资料来源：Based on T. Bartlett, “Can We Really Measure Implicit Bias? Maybe Not,” *The Chronicle of Higher Education*, January 5, 2017, http://www.chronicle.com/article/Can-We-Really-Measure-Implicit/238807; E. Bazelon, “How ‘Bias’ Went from a Psychological Observation to a Political Accusation,” *The New York Times*, October 18, 2016, https://nyti. ms/2jDe6WL; H. Blanton, J. Jaccard, J. Klick, B. Mellers, G. Mitchell, and P. E. Tetlock, “Strong Claims and Weak Evidence: Reassessing the Predictive Validity of the IAT,” *Journal of Applied Psychology* 94, no. 3 (2009): 567–82; D. Chugh, “Societal and Managerial Implications of Implicit Social Cognition: Why Milliseconds Matter,” *Social Justice Research* 17, no. 2(2004): 203–22; A. G. Greenwald, T. A. Poehlman, E. L. Uhlmann, and M. R. Banaji, “Understanding and Using the Implicit Association Test: III. Meta-Analysis of Predictive Validity,” *Journal of Personality and Social Psychology* 97, no. 1 (2009): 17–41; J. Kluger, “There’s a Test That May Reveal Racial Bias in Police—and in All of Us,” *Time*, July 8, 2016, http://time .com/4398505/implicit-association-racism-test/; C. Mooney, “Across America, Whites Are Biased and They Don’t Even Know It,” *The Washington Post*, December 8, 2014, https://www.washingtonpost.com/news/wonk/wp/2014/12/08/across-america-whites-are-biased-and-they-dont-even-know-it/?utm_term=.ef02a0e7ce3b; F. L. Oswald, G. Mitchell, H. Blanton, J. Jaccard, and P. E. Tetlock, “Predicting Ethnic and Racial Discrimination: A Meta-Analysis of IAT Criterion Studies,” *Journal of Personality and Social Psychology* 105, no. 2 (2013): 171–93; Project Implicit website, 2011, accessed March 29, 2017, https://implicit.harvard.edu/implicit/; J. Röher and T. Ewers, “Trying to Separate the Wheat from the Chaff: Construct-and Faking-Related Variance on the Implicit Association Test (IAT),” *Behavioral Research* 48 (2016): 243–58; and T. Shatseva, “Don’t Think You’re Sexist? Sorry, We All Are,” *Popular Science*, December 2, 2016, http://www.popsci .com/dont-think-youre-sexist-sorry-we-all-are.

知识应用和就业力

知觉是我们认识世界的开端，它使我们感觉到周围的世界、和我们互动的人、我们所在地方，以及我们应该或不应该做什么。这些知觉可以指导我们的决策。商界普遍接受的一个假设是，我们在做出商业决策时是理性的。然而更多的研究反驳了这一假设，因为许多人在工作场所中会受到自己的知觉和偏见的限制。沿着这条思路，意识到自己对决策的偏见和限制可以帮助你做出更好的、信息更完备的决策，进而提高你的就业力。这种理解不仅可以提高你的道德决策能力，还可以提升你的创造性表现。在本章中，你挑战了所有刻板印象都是消极的假设，思考在工作中迟到是否道德、学习如何应对自己可能会撒谎的情境，以及检查并测量直觉中的偏见的可行性。通过这些实践，你提高了自己的社会责任意识以及知识应用与分析技能。接下来，你将继续发展以上技能以及沟通和批判性思维的技能。你将通过玩黑手党游戏来获得对自身知觉和决策的洞察能力，将作弊行为作为一项决策来面对，研究协作过载的危险性，以及研究无聊和重复的任务将如何导致不道德的决策。

体验练习

黑手党游戏

把全班分为6人一组，每个小组由一人自愿担任主持人。主持人会记录所有小组成员的身份，并向组内的其他成员宣布发生的事件。所有小组成员（主持人除外）应该挨着坐好。黑手党游戏包括两大阵营：黑手党和城镇居民。主持人将在两张纸条上写“黑手党”，三张纸条上写“城镇居民”，并将这些纸条秘密地发给各个成员，随机地分配黑手党或城镇居民的身份。主持人指示每个人要对自己的身份保密。

在黑手党游戏中有两个阶段，即白天和黑夜。

在白天阶段，全体小组成员应该尝试找出谁是黑手党。这可能需要大家指控其他小组成员为黑手党，并通过投票来“监禁”其中一人。请记住，5名小组成员中有2人秘密地成了黑手党——隐瞒自己的身份符合他们的最大利益。一旦小组投出想监禁的人，被监禁的玩家就会透露自己的身份，并被除名。

在黑夜阶段，所有的成员都闭上眼睛低下头。然后主持人指示黑手党静静地站起来，并询问他们想选择哪个目标。黑手党悄悄地指出他们想要淘汰的人，或通过其他隐蔽方式交流。一旦做出决定，黑手党就会被指示闭上眼睛低下头。

下一个白天阶段，主持人要求每个人睁开眼睛，抬起头，并宣布黑手党选择了消灭哪一个玩家。这个人公开自己的身份，退出游戏。然后继续进行白天阶段的操作，玩家们再次试图找出谁是（剩下的）黑手党。直到所有黑手党或城镇居民被淘汰为止。

在一方获胜后，该小组回答以下问题：

◆ **问题**

1. 在本游戏中容易分辨什么时候有人在说谎吗？为什么？你的分辨方法是什么？
2. 你能察觉自己在游戏决策中是否有偏见或误解吗？都有哪些？它们带来了什么结果？
3. 你认为成为一个好的说谎者是可能的吗？一个好的说谎者需要控制哪些因素才能把谎言说得跟真的一样？

资料来源：Based on Dmitry Davidoff's game that he developed as a psychology student at Moscow State University in 1987 (see http://www.wired.co.uk/article/werewolf).

道德困境

作弊是一项决策

人们可能会以为作弊是算计之后做出的决定：作弊带来的好处到底值不值得？某些情

况下这种想法似乎是正确的——一项研究发现，那些用非母语进行学习的学生、相信自己会得到低分的学生以及更喜欢冒险的学生会更有可能找人代写论文。然而，他们觉得自己可能会被抓住或者惩罚很严厉时，更有可能抵制作弊。在其他情况下，作弊并不像我们想的那样是一个有意识的决策。下面是一些关于作弊的事实：

1. 宁偷物不偷钱。人们宁愿拿走物品或物体，而不是拿走金钱。

2. 作弊会传染。当我们看到别人作弊的时候，自己更有可能作弊。

3. 情绪影响作弊。人们在愤怒或者疲惫时更容易作弊。

4. 激励机制确实有影响。如果目标只能通过作弊的方法达成，人们可能会更容易作弊。

5. 人们更喜欢偷偷摸摸地作弊。当可以不被别人看到时，人们会更倾向于作弊。

组织行为学的知识可能帮助减少作弊事件。例如一项研究表明，领导者高涨的热情可能会抑制其追随者的作弊倾向。让人们意识到自己的决策与道德有关，可以减少作弊行为，例如安排人员监控绩效。

◆ **问题**

1. 你的同学作过弊吗？你作过弊吗？

2. 研究人员指出，人们觉得自己不需要用公正客观的态度去评价那些潜在的作弊者。你同意吗？为什么？

3. 如果我们承认自己作过弊的话，未来作弊的可能性会降低吗？为什么？

资料来源：Based on E. B. Beasley, "Students Reported for Cheating Explain What They Think Would Have Stopped Them," *Ethics and Behavior* 24, no. 3 (2014): 229–52; J. Chen, T. L.-P. Tang, and N. Tang, "Temptation, Monetary Intelligence (Love of Money), and Environmental Context on Unethical Intentions and Cheating," *Journal of Business Ethics* 123, no. 2 (2014): 197–219; M. N. Karim, S. E. Kaminsky, and T. S. Behrend, "Cheating, Reactions, and Performance in Remotely Proctored Testing: An Exploratory Experimental Study," *Journal of Business and Psychology* 29, no. 4 (2014): 555–72; G. Orosz, I. Toth-Kiraly, B. Boethe, A. Kusztor, Z. U. Kovacs, and M. Janvari, "Teacher Enthusiasm: A Potential Cure of Academic Cheating," *Frontiers in Psychology* 6, no. 318(2015): 1–12; D. Rigby, M. Burton, K. Balcombe, I. Bateman, and A. Mulatu, "Contract Cheating and the Market in Essays," *Journal of Economic Behavior and Organization* 111 (2015): 23–37; and M. H. Bazerman and A. E. Tenbrunsel, *Blind Spots: Why We Fail to Do What's Right and What to Do about It* (Princeton, NJ: Princeton University Press, 2012).

案例分析 1

警告：协作过载

杰米·麦克莱伦（Jamie McLellan）是一家广告公司的首席技术官。一位高管告诉他："不管你给我们的是什么，我们都要死在电子邮件里了。"麦克莱伦投资了许多不同的协作工具，以帮助员工更高效地工作。很多组织采取了同样的措施，例如知识密集型公司设有开放式办公室，脸书的开放式办公空间面积达 43 万平方英尺。利用这些协作工作，员工可以创建内部团队网站、聊天和共享文档。然而，几乎每个人都仍倾向于使用他们熟知且习惯使用的电子邮件。员工每月收发的电子邮件在 3 000 ～ 5 000 封。

各种协作机制的涌入给组织带来了一个实际问题：协作过载。根据 20 年来的数据，员工有大约 50% 甚至更多的时间花在了与他人协作上。尽管从表面上看这似乎是有益的，但这种模式有许多不太明显的缺点。其一是，实际产生价值的协作只有 20% ～ 35%，这些价值源自 3% ～ 5% 的员工参与。不幸的是，那些有能力和乐于助人的员工会变得出名，并出现一种被称为“公民身份升级”的现象。其二是，在与他人协作上花的时间和精力并没有花在工作上，会导致个人资源耗尽。

协作过载可能会对组织内的决策产生重大影响。随着协作工具数量的增加，通信复杂度提高了，参与决策的人数也会成倍增加，进而需要更多的会议、电子邮件和即时信息。尽管有很多证据表明，由于“深度”工作很少被完成，因此我们可能需要降低沟通的丰富性、多样性和深度。然而，由于对协作的承诺升级，同意一定程度上降低协作水平的办公室并不多。

◆ **问题**

1. 你认为协作过载在哪些方面会对决策产生影响？

2. 你认为什么偏见导致了管理者继续使用协作工具和模式？

3. 本章所讨论的三种伦理决策标准（功利主义、自由 / 权利和遵守规则）对协作过载（例如要求员工使用多种协作机制或在开放式办公环境中工作）持什么看法？

资料来源：Based on “The Collaboration Curse,” *The Economist* (Schumpeter Blog), January 23, 2016, http://www.economist.com/news/business/21688872-fashion-making-employees-collaborate-hasgone-too-far-collaboration-curse; R. Cross, R. Rebele, and A. Grant, “Collaborative Overload,” *Harvard Business Review*, January–February, 2016, https://hbr.org/2016/01/collaborative-overload; J. Greene, “Beware Collaboration-Tool Overload,” March 12, 2017, https://www.wsj.com/articles/beware-collaboration-tool-overload-1489370400; and M. Mankins, “Collaboration Overload Is a Symptom of a Deeper Organizational Problem,” *Harvard Business Review*, March 27, 2017, https://hbr.org/2017/03/collaboration-overload-is-a-symptom-of-a-deeper-organizational-problem.

案例分析 2

又觉得无聊了

周日晚上八点，愉快的周末已经过去，你发现自己在害怕第二天的工作。你并不是唯一有这种感觉的人。Monster 公司在 2015 年所做的一项民意调查显示，76% 的受访员工会在周日晚上感到沮丧，并对工作充满焦虑。尽管人们对自己的工作感到沮丧的原因很多，但最主要的一个原因是从事枯燥或重复的工作。偶尔感到无聊本身并不是件坏事，但随之而来的不道德行为可能是有问题的。

研究表明，当一个人的工作成为例行公事时，更多不经思索、依靠直觉的认知过程会被激活，导致违反规则的行为增加。另外，多任务处理可能会减少不道德决策。多任务处理导致的结果通常都是负面的，如表现差和注意力下降。因此这算是多任务处理的一个罕见的好处。

在一项研究中，日本银行处理抵押贷款申请的一些员工被分为两组，一组员工一次只处理一份申请，另一组员工则每次都被指派处理一份以上的申请。通过使用打卡数据，研究人员发现，当员工从事重复的工作，例如每次都只检查申请的同一部分时，他们的午饭时间会比规定的时间更长。

另一项研究表明，无聊也会导致工作场所的不道德决策。这项研究发现，那些在工作中感到无聊的人以及因为对外部环境刺激不敏感而容易感到无聊的人更容易出现反生产工作行为。甚至同事的无聊也会影响你的不道德行为。和大众认为的不同，无聊的人在工作中并不会有更多的恶作剧行为，而更倾向于采取虐待行为或其他形式的心理退缩行为。

总体而言，研究结果表明，雇主通过改变任务或环境的结构，可以使工作场所更具多样性，使工作本身不那么无聊，进而减少在工作场所做出不道德决策的倾向，尤其是那些被直觉过程激活的决策。

◆ 问题

1. 除了促成不道德决策外，你认为无聊对决策还有什么影响？
2. 你认为无聊能够帮助提高创造力吗？为什么？
3. 无聊和恶作剧无关，这会让你感到惊讶吗？为什么？

资料来源：Based on K. Bruursema, S. R. Kessler, and P. E. Spector, "Bored Employees Misbehaving: The Relationship between Boredom and Counterproductive Work Behavior," *Work & Stress* 25, no. 2 (2011): 93–107; R. Derfler-Rozin, C. Moore, and B. Staats, "Does Doing the Same Work Over and Over Again Make You Less Ethical?," *Harvard Business Review*, March 28, 2017, https://hbr.org/2017/03/does-doing-the-same-work-over-and-over-again-make-you-less-ethical; R. Derfler-Rozin, C. Moore, and B. Staats, "Reducing Organizational Rule Breaking Through Task Variety: How Task Design Supports Deliberative Thinking," *Organization Science* 27, no. 6 (2016): 1361–79; and M. Tabaka, "7 Tips to Avoid the Sunday Night Blues," *Inc.*, March 20, 2017, http://www.inc.com/marla-tabaka/anxious-much-76-of-americans-suffer-from-sunday-night-bluesstudy-says.html.

注 释

第7章　动机概念

Motivation Concepts

学习目标

学完本章后，你应该能够：

1. 描述动机的三要素。
2. 比较早期的动机理论。
3. 对比自我决定理论和目标设置理论的内容。
4. 理解自我效能理论、强化理论和期望理论之间的差异。
5. 描述组织公平的各种形式，包括分配公平、程序公平、信息公平和互动公平。
6. 阐释员工的工作投入对管理者的意义。
7. 描述当代的动机理论是如何相互补充的。

就业技能矩阵

	传言还是科学	职业目标	道德抉择	观点碰撞	体验练习	道德困境	案例分析 1	案例分析 2
批判性思维				✔	✔	✔	✔	✔
沟通		✔			✔			✔
合作	✔	✔			✔			
知识应用与分析	✔	✔	✔	✔	✔	✔	✔	✔
社会责任	✔	✔	✔		✔	✔	✔	

当目标失控

“下周，我将在考艾岛的海滩上，在阳光下啜饮一杯麦泰饮料，听海浪拍打着海岸……而我的 500 名员工、特许经营合伙人以及他们的家人都将和我一起享受这一切。”布赖恩·斯丘达莫尔

（Brian Scudamore）是 O2E Brands 的创始人兼首席执行官，他和他的公司共同促成了这次夏威夷之旅。2012 年，金融危机刚刚过去，他们就设定了一个具有挑战性的目标：五年内收入翻一番。斯丘达莫尔证明了设定具体的挑战性目标的力量。他意识到，设置了正确的目标，有助于兑现设定目标时所定下的奖励。

目标设置理论（goal-setting theory）对组织行为学中的动机研究产生了不可否认的影响。大量文献表明，目标设置有助于提高员工的积极性、改善员工的绩效。很多组织认识到了这一点，并试图利用其力量。但是，有时候目标设置得不那么"正确"，可能会导致员工感到不公平或不公正。员工甚至可能通过反生产工作行为（如欺骗）来实现目标。

例如，2016 年 9 月，富国银行被披露有 5 000 多名员工"欺骗了系统"，他们使用个人身份信息开设了 200 多万个未经授权的客户账户，以实现"不合理"的销售目标。员工实际上是通过把资金从持卡人账户转移到新的账户中来实现他们的销售目标的。更糟糕的是，近 15 000 名客户因此被收取了利息、滞纳金以及未授权账户的年费。

尽管 xtranormal.com 上一些的早期 YouTube 卡通视频可能带有讽刺或夸张的色彩，但它们也体现了员工潜在的对不公正的知觉。以 2011 年一位银行经理与主管的对话为例，我们可以对不切实际的目标有更深入的了解。这位主管说："请分享一下你计划如何在这个月开设 400 个支票账户并提供 2 000 个解决方案。"经理回答："唔，我计划在接下来的四周里每周工作 90 个小时。"而主管的回答是："这依然不够。"苏珊·费希尔（Susan Fischer）是凤凰城的一位银行经理，她回忆道："我经常面对天文数字的目标所带来的挑战……这意味着团队要为不切实际的标准负责并承受这种压力。"欺骗事件不仅让顾客、客户和员工感到不安，也让股东们愤怒。费城圣弗朗西斯修女会（Sisters of St. Francis）是富国银行的股东之一，其在年度股东大会召开前表示希望看到"文化、道德、价值观和财务可持续性方面真正的、系统性的改变"。这进一步体现了大家对不公正的知觉。

尽管富国银行面临这些挑战，它仍在尝试修复与客户、员工及其他所有相关人员的关系。目前来看，现有的目标系统将被取消，组织也采取了补救措施。自事件发生以来，富国银行解雇了大部分涉事员工，将支付数百万美元的罚金并计划向受影响的客户退款。奇怪的是，一些研究表明，和根本没发生违规行为的情况相比，当道德违规或不公正行为发生后，如果组织尽一切努力修复被破坏的关系，有时员工和客户的满意度反而会变得更高。

资料来源：Based on M. Egan, "5,300 Wells Fargo Employees Fired over 2 Million Phony Accounts," *CNN Money*, September 9, 2016, http://money.cnn.com/2016/09/08/investing/wells-fargo-created-phony-accounts-bank-fees/?iid=EL; M. Egan, "Wells Fargo Still Faces over a Dozen Probes Tied to Fake Account Scandal," *CNN Money*, March 31, 2017, http://money.cnn.com/2017/03/31/investing/wells-fargo-investigations-fake-account-scandal/; E. A. Locke and G. P. Latham, "Building a Practically Useful Theory of Goal Setting and Task Motivation," *American Psychologist* 57, no. 9 (2002): 705–17; L. D. Ordóñez, M. E. Schweitzer, A. D. Galinsky, and M. H. Bazerman, "Goals Gone Wild: The Systematic Side Effects of Over-Prescribing Goal Setting," *Academy of Management Perspectives* 31, no. 1 (2017): 6–16; M. P. Regan, "Wells Fargo Scandal Gets Cartoonish," *Bloomberg: Gadfly*, October 21, 2016, https://www.bloomberg.com/gadfly/articles/2016-10-21/psst-regulators-watch-videos-for-bank-scandalafter-wells-fargo; M. Schminke, J. Caldwell, M. L. Ambrose, and S. R. McMahon, "Better Than Ever? Employee Reactions to Ethical Failures in Organizations, and the Ethical Recovery Paradox," *Organizational Behavior and Human Decision Processes* 123 (2014): 206–19; B. Scudamore, "Why I'm Spending My Spring Break with 500 of My Closest Co-Workers," *Inc.*, March 14, 2017, http://www.inc.com/brian-scudamore/we-put-500-employees-on-a-plane-tohawaii-for-1-very-good-reason.html; S. Woolley, "Next Time Your Boss Sets a Crazy Sales Goal, Show Him This," *Bloomberg*, September 14, 2016, https://www.bloomberg.com/news/articles/2016-09-14/how-sales-targets-encourage-wrongdoing-inside-america-s-companies.

正如我们在开篇故事中所看到的，动机是一种强大的力量。它可以通过鼓励和奖励来驱动员工完成具有挑战性的任务。当员工遭受不公正待遇或因为目标无法实现而感受到压力时，动机也可能使他们作弊。引导并尝试预测这些力量是对管理者的一项挑战，但更多地了解各种动机理论有助于加深对动机的运作方式以及员工激励方式的理解。

动机是组织行为学中最常见的研究课题之一。[1] 在一项调查中，69% 的人表示自己每天都会在工作中浪费时间，将近 25% 的人称每天浪费的时间有 30 ～ 60 分钟之多。时间是如何浪费的？通常用于上网（比如看看新闻、访问社交网络）以及和同事闲聊。[2] 尽管时代变更，但对劳动力的激励问题还是一样的。

在本章中，我们将会介绍动机的基本概念，评价各种动机理论，并提供一个能整合这些理论的综合模型。我们首先来看，组织行为民意调查中所展示的要求加薪的小动机可能会有怎样的潜力。

组织行为民意调查

企业主管的加薪要求

注：对 31 个国家 3 900 名高管的调查。

资料来源：Based on Accenture, "The Path Forward" (2012), http://www.accenture.com/SiteCollectionDocuments/PDF/Accenture-IWD-Research-Deck-2012-FINAL.pdf#zoom=50, 36.

7.1 动机的定义

对有的年轻学生来说，看课本的时间可能很难坚持 20 分钟，而看《哈利·波特》却可以一整天不放手。其中的不同之处在于情境。因此，我们在分析动机这一概念时，需要记住动机水平不但因人而异，对同一个体来说还因时而异。

我们把**动机**（motivation）定义为一种过程，它体现了个体为实现目标而付出的努力的强度、方向和持续性。[3] 尽管一般动机指的是个体为实现目标而付出的努力，但我们在这里只关注组织目标。

强度描述的是个体所付出的努力程度。当我们谈到动机时，大多数人都会关注这个要素。但是，高强度不一定会带来令人满意的工作绩效，除非这种努力指向有利于组织的方向。因此，我们不仅要考虑努力的强度，还要考虑努力的方向。那些指向组织目标并与组织目标始终一致的努力才是我们所追求的。最后，动机还有一个持续性维度。它测量的是个体的努力可能维持多长时间。受到激励的个体可以长时间从事某项任务以实现自己的目标。

7.2 早期的动机理论

20 世纪 50 年代诞生了三种可能是最广为人知的动机理论。尽管这些理论存在一定的问题（我们将讨论这一点），但它们是动机理论的基础。如今，许多管理实践者仍然在使用其中的术语。

7.2.1 需求层次理论

最著名的动机理论要数亚伯拉罕·马斯洛（Abraham Maslow）的**需求层次理论**（hierarchy of needs）了。[4] 他认为每个人内心都存在五种层次的需求。最近有人提出增加“内在价值”作为最高层次的第六种需求。据说这一新需求源于马斯洛，但它尚未得到广泛认可。[5] 最初的五种需求分别是：

1. 生理需求。包括食物、水、睡眠、性和其他身体需求。

2. 安全保障需求。包括保护自己免受生理和情绪伤害的需求。

3. 社会归属需求。包括爱、归属、接纳和友谊。

4. 尊重需求。内部尊重因素，如自尊、自主和成就感；外部尊重因素，如地位、认可和关注。

5. 自我实现需求。使个体成为他所能成为的人的内驱力，包括成长、开发自我潜能和自我实现。

根据马斯洛的需求理论，当一种需求基本上得到满足后，更高一级的需求就会成为主导需求。所以，如果你想激励一个人，你需要了解他目前处于哪个需求层次，然后重点满足这个层次的需求或者更高层次的需求。如图表 7－1 所示，我们把需求的层次描述为一个金字塔，因为这是它最有名的表现形式。但马斯洛本人仅仅以层次的形式来描述这些需求层次。

图表 7－1　马斯洛的需求层次

资料来源：Based on H. Skelsey, “Maslow’s Hierarchy of Needs—the Sixth Level,” *Psychologist* (2014): 982–83.

马斯洛的理论得到了长期普遍认可，尤其是在管理实践者当中。这一点应归功于该理论直观的逻辑、易于理解的内容。一些研究已经验证了其有效性。[6] 然而遗憾的是，大部分研究都没有验证其有效性，而且自 20 世纪 60 年代该理论已经不被经常研究了。[7] 但是旧的理论，尤其是那些从直觉上看符合逻辑的理论，不会轻易消失。因此在讨论动机时，我们必须意识到公众对需求层次理论的普遍接受。

7.2.2 双因素理论

心理学家弗雷德里克·赫茨伯格（Frederick Herzberg）相信，个人与工作之间存在一种基本关系，而个人对工作的态度决定着工作的成功与否，于是，他提出了一个问题："人们想从工作中得到什么？" 他让人们详细描述自己在工作中感到特别好或特别差的情境，人们的回答差异很大，赫茨伯格从中得出了**双因素理论**（two-factor theory）。（该理论也称为激励－保健理论（motivation-hygiene theory），但我们现在已经很少使用这一术语了。）[8]

如图表 7－2 所示，内部因素，例如晋升、认可、责任和成就等，似乎都与工作满意度有关。对工作感到满意的人往往把这些因素归功于他们的自身条件，对工作不满意的人则往往抱怨外部因素，例如监管、薪水、公司政策和工作环境等。

图表 7－2　满意因素和不满意因素的比较

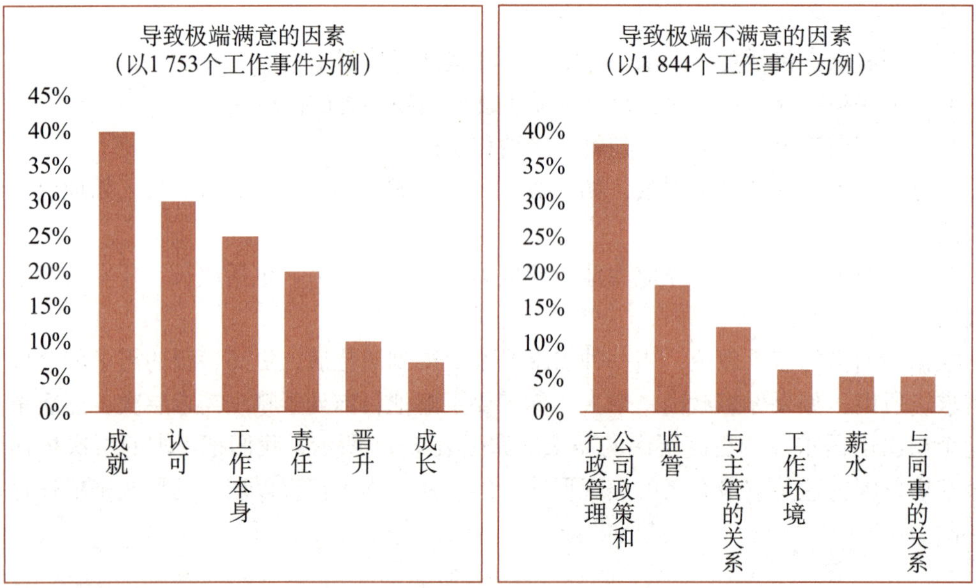

资料来源：Based on Harvard Business Review, "Comparison of Satisfiers and Dissatisfiers," An exhibit from One More Time: How Do You Motivate Employees? by Frederick Herzberg, January 2003. Copyright ©. 2003 by the Harvard Business School Publishing Corporation. All rights reserved.

赫茨伯格还指出，与传统的看法不同，这些数据表明满意的对立面不是不满意。即便消除了工作中的不满意因素，也不一定能使工作令人满意。赫茨伯格提出了一种二维连续体："满意"的对立面是"没有满意"，"不满意"的对立面是"没有不满意"，如图表 7－3 所示。

图表 7-3 满意—不满意观的对比

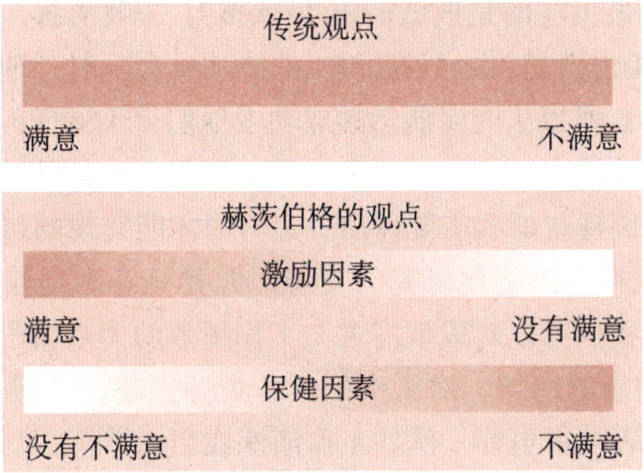

根据双因素理论，导致工作满意的因素与导致工作不满意的因素是相互独立的，而且截然不同。因此，管理者若努力消除工作中的不满意因素，则只能创造出中性的工作环境，未必具有激励作用。也就是说，这些因素只能安抚员工，却不能激励他们。行政管理、薪酬水平、公司政策、工作环境、与他人的关系和工作稳定性这些因素属于**保健因素**（hygiene factor）。当这些因素充分时，员工便没有了不满意感，但也不会因此而感到满意。要想激励人们积极工作，我们必须重视与工作本身有关的因素或是与工作的直接结果有关的因素，例如晋升机会、个人成长机会、认可、责任和成就。人们发现这些因素对员工具有内在奖赏性。

双因素理论并没有获得研究的有力支持。对该理论的批评集中于赫茨伯格的初始方法论和假设。例如实验参与者在回想自己工作的好坏时，可能会存在偏见。[9] 此外，如果保健因素和激励因素都很重要，那么二者应该都能起到激励作用。

尽管存在诸多批评，赫茨伯格的这个理论仍然很有影响力，并已被日本和印度等亚洲国家用于研究中。[10] 世界上几乎所有管理者都熟悉该理论所提出的建议。

7.2.3 麦克利兰的需求理论

假设摆在你面前有 1 个沙包和 5 个靶子。你的任务是用沙包击中靶子，但靶子与你的距离一个比一个远。靶子 A 可以轻而易举地被击中，因为它只有一步之遥。如果你击中它，会得到 2 美元。靶子 B 稍远一些，报酬是 4 美元，但只有大约 80% 的人能击中。靶子 C 约有一半人可以击中，报酬是 8 美元。很少有人能击中靶子 D，但如果击中的话，报酬是 16 美元。最后，如果击中靶子 E，报酬为 32 美元，但几乎没有人做得到。你会选择哪一个靶子试试？如果你选择靶子 C，你很可能是一个具有较高成就需求的人。为什么？接着往下看。

麦克利兰的需求理论（McClelland's theory of needs）由戴维·麦克利兰（David McClelland）及其同事提出。[11] 和马斯洛的需求层次理论相比，该理论主要关注的需求更类似于激励因素，而不是严格的生存需求，共有三种。

- **成就需求**（need for achievement，nAch）：追求卓越，根据设置好的标准实现目标。
- **权力需求**（need for power，nPow）：使他人以某种方式行事而不以其他方式行事的需求。

- **归属需求**（need for affiliation，nAff）：建立友好、亲密的人际关系的愿望。

麦克利兰及其同事最关注的是成就需求（nAch）。一般而言，当高成就者感觉一项任务成功的可能性是0.5（也就是说，只有50%的成功机会）时，他们表现得最好。他们不喜欢偶然性过高的赌博，因为从纯属偶然的成功中他们得不到任何满足感。同样，他们也不喜欢偶然性过低（成功概率过高）的任务，因为那样对他们的技能水平不具有任何挑战性。在设置目标时，他们喜欢那些需要付出一定努力才能实现的目标。

麦克利兰的理论得到了跨文化研究的支持，尤其是考虑到权力距离等文化维度。[12]在过往研究的基础上，我们可以对成就需求与工作绩效的关系做出预测。第一，高成就需求者往往会表现出更积极的情绪，对手头的任务更感兴趣。[13]第二，高成就需求者往往在高风险的工作条件下表现得更好，例如工作演练或当面销售。[14]

成就需求在组织行为学、心理学以及普通商学等领域都得到了研究的广泛关注和认可。[15]权力需求也得到了研究的支持，但更为人熟知的是一个宽泛的术语（即对获得权力的需求），而不是其原始定义（即让他人以你希望的方式行事的需求）。[16]我们将在第13章进一步讨论权力。归属需求在研究中也得到了广泛的认可和接受。例如，最近一项对145个来自韩国组织的团队的研究表明，在所有需求中，由高归属需求者组成的群体往往表现得更好，交流最开放，冲突也最少。[17]归属需求和权力需求与管理上的成功密切相关。最好的管理者往往权力需求很高，而对归属的需求却很低。[18]

其他对喀麦隆和德国成年人的研究表明，个性可能会影响这些需求能否得到满足。例如，高水平的神经质可能会妨碍归属需求得到满足，相反，随和性则会提供支持；有趣的是，外倾性没有显著的影响。[19]

这三种需求的水平难以衡量，因此我们很难把理论应用于实践。同一种行为可能是为了满足多种不同的需求，而为了满足同一种需求我们可能会做出许多不同的行为。因此各个需求难以被独立出来进行检测。[20]更常见的情况是，管理者意识到这些动机驱动因素，并根据长时间的观察来给员工贴上标签。因此，这些概念是有帮助的，但它们被使用的方式通常是不客观的。

职业目标　他为什么不接受我的建议？

办公室来了一个不错的新人。他刚大学毕业，而我在这个领域已有20年的经验。我很想帮助他，但无论我采取什么方式，他都不接受我的好意。我该做些什么来激励他采纳我的建议呢？他确实需要一些指导。

——詹姆斯

亲爱的詹姆斯：

你想帮忙是一件好事，而你也确实有提供帮助的智慧。然而首先让我们看看这个问题：你上一次听取别人的建议是什么时候？更有可能的情况是，你更容易记住上一次没有采纳别人建议的时候，而不是上一次接受别人建议的时候。这是因为我们都希望通过自己的方式取得成功，而不喜欢承认问题有现成的答案（只是我们没有发现）。心理学家艾伦·戈德伯格（Alan Goldberg）说："当别人对你说应该做些什么的时候，其潜台词是你如果不这么做就是个白痴。在这种情况下，没有人会接受建议。"那么，人们在什么情况下会接受建议呢？

关于建议的动机包含两个部分：你的同事想听到什么，以及你提出建议的方式。对于第一部分，请记住，他希望听到的是他所做的所有决策都是明智的。如果他听到的东西并非如此，那么他很可能会不理你，或者一直和你争辩，直到你支持他的看法为止。

对于第二部分，你的同事接受建议及采取行动的动机和你提出建议的方式有很大的关系。你是以“把智慧传给下一代”的姿态提出建议的吗？任何类似“我希望我当初就能知道这一点”的建议都可能让人觉得你和你的建议已经过时了。你可能会以“如果我是你，我会怎么做”的方式提出建议吗？这可能会让他对你的侵入很反感。研究表明，温和的、以请求的形式表达的建议最有可能发挥作用。耶鲁大学的主任拉维·达尔（Ravi Dhar）说：“疑问句更不会被抗拒，可能更有效。”例如你可以说：“你会考虑尝试这个主意吗？”

请记住，问题并不在于我们不喜欢接受建议——只要我们需要建议，就会喜欢。根据研究，我们在面临重要决定时会更容易接受建议，因此要选好时机。当你的同事询问建议时，你可以建议他写下他做出选择时所考虑的因素，以及他对各个选择在道德方面的解释。研究人员丹·艾瑞里（Dan Ariely）发现，在直接考虑道德的含义时，我们会有更强烈的动机做出符合道德标准的决定。通过这种方法，你的同事能够激励自己做出正确的决定。

继续尝试吧！

资料来源：Based on D. Ariely, “What Price for the Soul of a Stranger?” *The Wall Street Journal*, May 10–11, 2014, C12; J. Queenan, “A Word to the Wise,” *The Wall Street Journal*, February 8–9, 2014, C1–C2; and S. Reddy, “The Trick to Getting People to Take the Stairs? Just Ask,” *The Wall Street Journal*, February 17, 2015, R4.

7.3 当代动机理论

当代动机理论有一个共同特点：每个理论都有大量有效的证据支持。我们之所以称其为当代理论，是因为它们代表了目前对员工动机的最新解读。当然，这并不表明我们下面介绍的理论是无可辩驳的。

7.3.1 自我决定理论

“很奇怪，”玛西娅说，“我刚开始在保护动物协会工作时只是一名志愿者，每周都会花 15 个小时帮助人们领养宠物，我很喜欢在这里工作。然而，三个月前，我被该协会聘为全职雇员，每小时 11 美元。我做的工作与之前没什么不同，但我觉得工作没有以前那么有趣了。”

玛西娅的反应有违常理吗？**自我决定理论**（self-determination theory）可以解释玛西娅的反应。这一理论指出，人们享受他们对自己行动的控制感。当以前那些能让自己乐在其中的任务变成一种义务而非自主选择的活动时，动机就会遭到破坏。[21] 这一理论在心理学、管理学、教育学和医学研究中得到了广泛的应用。

在组织行为学中，许多针对自我决定理论的研究都聚焦于**认知评价理论**（cognitive evaluation theory）。认知评价理论是一种当代理论，它假设外部奖励会降低人们对工作的内在兴趣。当人们从事有偿工作时，该工作更像是他们不得不做的事，而不是他们想做的事。自我决定理论提出，除了受到自主性需求的驱动，人们还会设法实现自身的能力以及与他人的积极关系。然而，在这三种需求中，自主性需求对态度和情感结果最为重要，而能力需求似乎是预测绩效的最重要需求。[22]

自我决定理论对提供奖励有什么建议？它认为，明智的做法是谨慎使用外部奖励来进行激励。出于内在动机（如对工作本身的强烈兴趣）而追求目标，相比于外部奖励更能维持人的动机。同样，认知评价理论认为，提供外部激励可能会削弱内在动机。例如，一名计算机程序员因为喜欢解决问题而热爱写代码。如果规定每天写一定行数的代码能带来额外的奖励，那么她可能会有种被强迫的感觉，其内在动机也会被削弱。作为对外部激励的回应，她每天写的代码行数可能增加也可能不增加。最近的一项元分析研究支持了这一观点，它证实内在动机有助于提高工作质量，而激励措施有助于提高工作数量。尽管内在动机对绩效的预测不受激励因素的影响，但当激励与绩效直接挂钩（例如以金钱奖励的形式）而非间接相关时，内在动机的预测能力会变弱。[23]

自我决定理论的最新成果是**自我一致性**（self-concordance），它探讨的是人们追求目标时的理由与他们的兴趣及核心价值观在多大程度上是一致的。组织行为学的研究表明，由于内在原因而追求工作目标的人对自己的工作更为满意，认为自己与组织能更好地匹配，而且可能表现得更好。[24] 在不同的文化中，如果人们追求目标的理由是自己的内在兴趣，那么他们实现目标的可能性更大，也更快乐，即使没有实现目标，他们也会很高兴。[25] 为什么？因为无论是否达成目标，努力的过程本身就充满乐趣。最近的研究还表明，那些由于内在原因而不喜欢自己的工作但感觉自己有义务把工作做好的人依然表现不错，尽管他们会因此感受到更大的压力。[26] 对澳大利亚、英国和美国员工的研究表明，通过将员工和他们的重要目标联系起来，组织可以令员工对特定行为，例如节约能源或通勤等方面的环境可持续行为更感兴趣。[27]

所有这些结论意味着什么？对个人而言，除了外部奖励，你还要有其他的理由去从事某项工作。对组织来说，除了提供外部奖励，管理者还要为员工提供内部奖励。管理者应当让工作充满乐趣，对员工给予认可，在组织和员工的目标之间建立联系，并支持员工的成长与发展。如果员工觉得能控制自己的工作，可以根据自己的选择行动，他就有可能在工作中获得更多的激励，对雇主也就更加忠诚。[28]

传言还是科学　帮助他人并做一名好公民，对你的事业有好处

我们可能觉得，应该尽量激励员工表现出更多的组织公民行为（OCB），助人为乐对其事业发展有好处。我们很可能还相信，OCB会给我们带来职业上的好处。然而令人意外的是，有证据表明，这种假设是错误的，至少在某些组织中是错误的。这是为什么呢？

在一些组织中，对员工的评价考虑更多的是“如何完成工作”，而不是“完成了多少工作”。如果员工具备必要的知识技能，或者在工作中有恰当的表现（比如问候顾客时永远面带微笑），管理层就会认为他们是有积极性的好员工。在这些情况下，OCB被认为是

更高层次的良好员工行为。因此，员工帮助同事也会使自己在职业发展上受益。

然而，在其他组织中，对员工的评价更多是基于完成了“什么”。这些组织中的员工如果能够完成客观目标，比如给客户开出一定小时数的账单，或者达到一定的销量，就会被认为是好员工。如果管理者不看重员工的 OCB，对帮助他人的行为并不赞许，或者营造出一种过度竞争的组织文化，员工就会失去继续帮助他人的动力。那些继续采取 OCB 的员工会发现，他们的职业发展会变得缓慢，因为他们把用来完成核心业务的时间拿来帮助他人。

结果是什么？做一个好员工还是做一个好公民，这确实需要有所权衡。在那些更加注重员工行为表现的组织中，做一个好公民可以帮助你实现职业目标。然而，在那些更加注重客观结果的组织中，你或许要考虑善行的成本。

资料来源：Based on D. M. Bergeron, “The Potential Paradox of Organizational Citizenship Behavior: Good Citizens at What Cost?” *Academy of Management Review* 32, no. 4 (2007); and D. M. Bergeron, A. J. Shipp, B. Rosen, and S. A. Furst, “Organizational Citizenship Behavior and Career Outcomes: The Cost of Being a Good Citizen,” *Journal of Management* 39, no. 4 (2013): 958–84.

7.3.2 目标设置理论

你可能常常会听到这样的话：“尽最大努力去做，这就够了。”但是，“尽力而为”意味着什么？我们如何得知自己是否已经实现了这个模棱两可的目标？对**目标设置理论**（goal-setting theory）的研究实际上展示了目标的具体性、挑战性和反馈对员工绩效的巨大影响。该理论由埃德温·洛克（Edwin Locke）提出：为了实现某个目标而工作的意愿是工作动机的一个主要来源。[29]

目标设置理论得到有力的支持。有证据表明，明确具体的目标能够提高工作绩效；与容易的目标相比，困难的目标一旦被人们接受，会带来更高的工作绩效；有反馈比无反馈产生的工作绩效更高。[30] 为什么？第一，具体化本身就是一种内在推动力。当一位卡车司机承诺每周在多伦多与纽约之间跑 12 个来回时，这种行为意向就给他设置了一个需要达到的具体目标。可以这样说，如果其他条件相同，有具体目标的卡车司机会比没有目标或只是“尽力而为”的司机做得更出色。

第二，如果目标的可接受性等因素保持不变，我们还可以说：目标越困难，它带来的绩效水平越高。当然，目标越容易则越可能被接受，这是合乎逻辑的。不过，一旦员工接受了一项艰巨的任务，他就会更加努力，并设法完成该任务。第三，如果人们可以获得反馈，从而了解自己在实现目标的过程中的实际成效，他们将会表现得更好。因为反馈能帮助人们了解自己所做的和自己接下来想做的之间是否存在差异。也就是说，反馈可以指导行为。例如，通过指导销售人员，善于指导的管理者可以直接促进销售目标的实现。[31] 不过，反馈的效果不尽相同。自发的反馈——员工可以监控自己的工作进程或者从工作进程本身获得反馈——要比外部反馈更具激励作用。[32]

如果员工能够参与设置自己的目标，他们是否会更加努力？在这方面我们缺乏一致的证据，但多项研究表明他们的绩效并不会变得更好。[33] 在一些研究中，员工参与目标设置会带来更高的绩效；但在另一些情况下，由上司指定目标时员工绩效更高。例如，中国的一项研究表明，参与团队目标设置可以改善团队成果。[34] 另一项研究发现，个人参与目标设置可以提高目标的可实现性。[35] 如果没有参与到目标设置中，那么追求目标的个体就需要了解这一目标的意义和重要性。[36]

有三个个人因素会影响目标和绩效的关系：目标承诺、任务特点和民族文化。

目标承诺 目标设置理论假设个体对目标做出承诺，也就是说，个体既不会降低目标，也不会放弃目标。个体相信自己能够达成目标，并且有达成目标的愿望。[37] 当满足以下条件时，目标承诺最有可能出现：员工期望目标实现时他们的努力可以得到回报，实现目标对员工有吸引力，以及员工积极参与到目标设置中。[38]

任务特点 在任务较为简单而非复杂、独立而非相互依赖的情况下，目标本身对绩效的影响似乎更大。[39] 对于那些相互依赖的任务，设置群体目标以及对任务进行授权可能更可取。矛盾的是，经历最初的失败后放弃目标的更有可能是那些对自身核心价值观比较肯定的人，这也许是因为他们比其他人更强地内化了失败的影响。[40]

民族文化 在不同的文化中，设立具体而困难的个人目标可能会有不同的效果。在高权力距离的集体主义文化中，可实现的目标比困难的目标更具有激励作用。[41] 与低权力距离的文化相比，上级制定的目标在高权力距离的文化中能够带来更高水平的目标承诺。[42] 然而，研究并没有表明群体目标在集体主义文化中比在个人主义文化中更有效。我们还需要更多的研究才能评估目标设置在不同的文化中究竟有何不同效果。

尽管目标设置有积极的效果，但这并不一定是有益的。比如，有些目标可能过于有效。[43] 在学习某些重要的知识时，与成绩有关的目标可能会影响适应性和创造性，因为人们过于关注结果而忽视了学习的过程。并不是所有目标都同样有效。对于具有可量化生产标准的重复性任务，设置对数量进行奖励的目标更具有激励作用。对于其他需要复杂思考和个人投入的工作，针对数量设置目标和奖励可能不会有效。[44] 个体有时难以割舍某个无法实现的目标，即便放弃是更好的选择。

研究发现，在追求目标的过程中，人们调整思想和行为的方式存在差异。[45] 通常可以把他们分为两种，尽管有的人可能两种都符合。**促进定向**（promotion focus）的人会努力取得进步和成就，并积极接近那些能帮助自己达成预期目标的情境。**预防定向**（prevention focus）的人会尽量履行职责和义务，并避免那些会使他们远离期望目标的情境。你可以从中看出，无论哪种策略都是服务于目标的实现，但实现的方式有很大的不同。以复习考试为例来说明，你可以表现出促进定向行为，例如阅读课堂笔记和资料，也可以表现出预防定向行为以避免那些会影响你学习的事情，比如打游戏。

你可能会问："哪种策略更好？"答案取决于你所追求的结果。促进定向与高水平的任务绩效、公民行为、创新相关，预防定向则与稳定的绩效相关。理想的状态是同时具备两种定向。[46] 记住，一个预防定向的人的工作满意度受低成就感的影响更大[47]，因此我们需要为这类人设置可实现的目标，消除干扰并提供结构关系。[48]

应用目标设置 作为一名管理者，你如何将目标设置理论应用于实践？这个问题通常要留给自己来解决。有些管理者设置了激进的绩效目标——通用电气公司称为"延伸目标"。有些公司的领导者因设置苛刻的绩效目标而出名，例如宝洁前 CEO 罗伯特·麦克唐纳（Robert McDonald）和百思买（Best Buy）CEO 休伯特·乔利（Hubert Joly）。但还有很多管理者不设定目标。当被问到他们的工作是否具有清晰、明确的目标时，只有一小部分员工做出肯定的回答。[49]

一种更系统的利用目标设置的方法是实施目标管理。**目标管理**（management by objectives，MBO）强调员工参与设置明确、可检验且可测量的目标。这是20世纪70年代最流行的一种方法，至今仍在使用。[50] 如图表7-4所示，组织的总体目标可以逐级转化为各个层级（事业部、部门、个人）的具体目标。由于低层级单元中的管理者共同参与目标的设置过程，目标管理不仅有自上而下的影响，也有自下而上的影响。目标管理的结果是形成一个目标层级，使每个层级的目标与上下层级的目标相连。对员工个体来说，目标管理给他们提供了明确的个人绩效目标。

图表7-4　目标阶梯

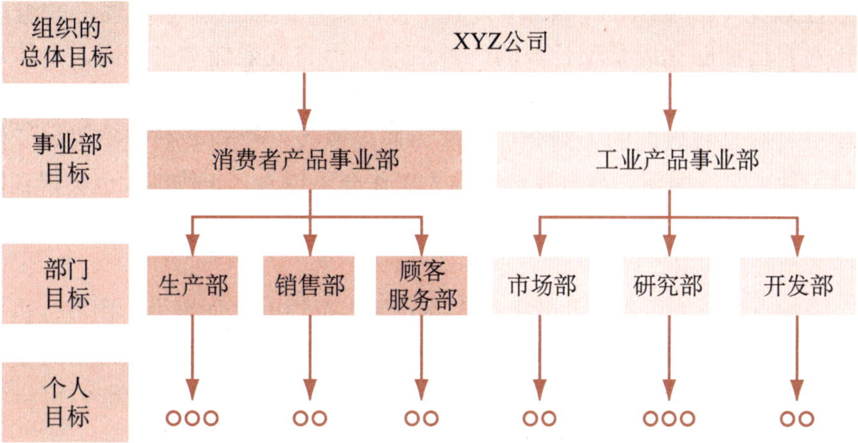

在各种目标管理方案中，有四种要素是普遍存在的：目标的具体性；参与决策（包括目标的设置）；明确的时间期限；绩效反馈。[51] 目标管理方案中的很多要素与目标设置理论的观点相似。

你会在许多企业、医疗机构、教育机构、政府机构以及非营利组织中发现目标管理方案。其中许多方案为组织带来了绩效提升。[52] 目标与结果管理（management by objectives and results，MBOR）是丹麦、挪威和瑞典政府使用了30年的一种目标管理方案。[53] 然而，这些目标管理方案的流行并不代表它们总是有效的。[54] 目标管理的失败可能是由于不切实际的期望、缺乏高层管理者的认同、管理层无法或不愿根据目标的完成情况来分配报酬等。

目标设置与道德　目标设置和道德之间的关系相当复杂：强调目标的实现可能要付出什么代价？答案可能取决于我们为实现目标所设置的标准。例如，当目标的实现和金钱绑在一起时，我们可能会专注于获得金钱，并愿意在道德方面做出妥协。相反，如果我们在追求目标时就考虑过程是怎样的，就更有可能采取合乎道德的行动。[55] 然而，这一结果仅限于考虑如何度过这段时间。如果我们考虑的是时间压力并因此感到忧虑，那么关于时间的思考就会反过来影响我们对道德的考量。随着目标的接近，时间压力往往会加大，这会诱使我们采取不道德的行为来实现目标。[56] 具体来说，我们可能会放弃对任务的掌控，或者通过回避来使自己看起来不那么坏。[57] 二者都会使我们倾向于做出不道德的选择。

7.4 其他当代动机理论

自我决定理论和目标设置理论，这两个当代动机理论得到了大量证据支持。但除此之外，这一领域还有许多其他值得注意的组织行为学理论。自我效能理论、强化理论、期望理论揭示了动机过程和倾向在不同方面的特点。我们先介绍自我效能理论。

7.4.1 自我效能理论

自我效能理论（self-efficacy theory）是社会认知理论或社会学习理论的组成部分之一，指个体对自己能够完成某项任务的一种信念。[58] 自我效能水平越高，个体对自己成功完成任务就越有信心。所以，在困难的情境中，低自我效能的人更可能降低甚至干脆放弃努力；相反，高自我效能的人则会加倍努力迎接挑战。[59] 自我效能感可以（但并非总是）建立起一种正向的循环，高自我效能的人工作会更投入，工作绩效也会得到提升，因此自我效能进一步提高。[60] 一项研究进一步解释道：自我效能和更高水平的注意力相关，进而带来任务绩效的提升。[61]

反馈会影响自我效能。高自我效能的人面对消极反馈时更加努力，积极性也更高；而低自我效能的人面对消极反馈时会降低努力的水平。[62] 自我效能随着时间的变化也与创造性绩效的变化相关。[63] 管理者该如何帮助员工达到高水平的自我效能？可行的方式就是把目标设置理论和自我效能理论结合起来。

目标设置理论和自我效能理论并不冲突，二者是互补的关系。如图表 7－5 所示，当管理者给员工设置了困难的目标时，他们会产生更高水平的自我效能，并给自己的绩效设置更高的目标。为什么会这样？因为如果你为一个人设置困难的目标，那就表明你对他有信心。

图表 7－5 在绩效中把目标和自我效能的影响结合到一起

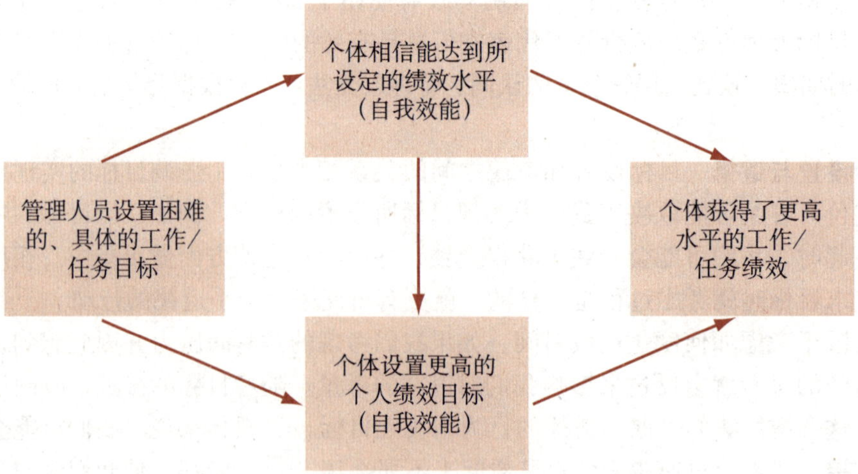

资料来源：Based on E. A. Locke and G. P. Latham, "Building a Practically Useful Theory of Goal Setting and Task Motivation: A 35-Year Odyssey," *American Psychologist* (September 2002): 705–17.

提升自己的自我效能 艾伯特·班杜拉（Albert Bandura）提出了自我效能理论，并认为可以从以下四个方面提高自我效能：熟练掌握、替代榜样、口头说服、唤醒。[64]

提高自我效能的最重要资源就是熟练掌握。熟练掌握是指获得的与工作或任务相关的经验。如果你在过去的工作中表现得非常成功，那么你就更有信心在将来的工作中表现出色。

第二种资源是替代榜样——当看到别人完成某一任务时，你就会变得更加自信。例如，如果你的朋友戒烟成功，你就更加坚信自己也可以成功戒烟。当你与所观察的人很相似时，替代榜样最为有效。观看泰格·伍兹高难度的推杆可能不会增加自己在这方面的自信，但观察一个与自己有相似问题的高尔夫球手就会更有说服力。

第三种资源是口头说服。他人的说服使你相信自己具备成功的必要技能，因此就会变得更加自信。励志型演讲者就经常采用这一策略。

最后，唤醒也可以提高自我效能。唤醒使得个体处于兴奋状态，所以我们会变得兴奋，感觉自己能胜任这项任务，并且表现得更好。但是，如果任务需要更为踏实、细致的观察（如仔细编辑一份手稿），那么即使唤醒会提高自我效能，它也有可能会破坏绩效。因为我们可能会匆匆忙忙地完成任务。

班杜拉的理论中并不包含智力因素和人格因素，但它们可以提高自我效能。[65] 高智商、高责任心和高情绪稳定性的人拥有高自我效能的可能性是如此之大，以至于有研究者认为有关自我效能的研究并没有先前的那些研究重要。[66] 这些研究者认为，自我效能是自信、聪明的人的一种“副产品”。

影响他人的自我效能 对管理者来说，最好的口头说服方式就是利用皮格马利翁效应（Pygmalion effect）。这一术语源于希腊神话，讲述了一名雕塑家（皮格马利翁）爱上了自己雕出的一座雕像的故事。皮格马利翁效应是自我实现预言的一种，即相信某事会成真，它就会真的实现。现在它经常被用于描述“一个人对另一个人的期望可以产生自我实现预言”。[67] 我们用一个例子来说明这一点。例如，在某些研究中，老师被告知他们的学生智商很高（实际上，这些学生的智商参差不齐）。与皮格马利翁效应相一致，老师花更多的时间与他们所认为的聪明学生在一起，给他们更多具有挑战性的任务，对他们的期望也更高。这些都让学生们有了更高的自我效能，成绩也更好。[68] 在工作场所中，皮格马利翁效应也得到了应用。当领导和下属关系很紧密的时候，应用皮格马利翁效应的影响会得到加强，而且具备可重复性。[69]

培训项目往往会让员工通过反复练习和技能培养来提高他们的熟练度。事实上，培训之所以有用，其中一个原因就是它提高了员工的自我效能。尤其当培训具有互动性，并在培训后给予反馈时，提升效果会更好。[70] 自我效能较高的个人也会从培训中获取更多的好处，更有可能把学到的这些东西应用到工作中。[71]

7.4.2 强化理论

目标设置理论是一种认知观点，它认为个体的目标引导着他们的行动。**强化理论**（reinforcement theory）则是行为主义的观点，认为强化塑造行为。[72] 很明显，这两种理论持有针锋相对的哲学理念。强化理论认为行为是由环境导致的。该理论声称，你不必考虑内在的认知活动；控制行为的因素是强化物——行为之后紧接着给予一个积极的强化物，则该行为重复的可能性会提高。

强化理论不考虑个体的内部状态，仅仅关注个体采取某种行动会带来什么后果。由于强化理论并不关注是什么因素激发了行为，所以严格来说它并不是一种动机理论。但是，强化理论确实提供了一种有力的工具来分析是什么控制了行为。因此，我们在讨论动机时通常会把强化理论纳入考虑范围。

操作性条件反射/行为主义和强化理论 操作性条件反射理论可能是强化理论中与管理领域最密切相关的组成部分。该理论认为，人们能够学会如何行事以获得他们想要的东西，避免他们不想要的东西。与反射性或先天性的行为不同，操作性行为受结果是否得到强化的影响。强化可以巩固行为并增加其重复的可能性。

斯金纳（B.F.Skinner）是最著名的操作性条件反射的倡导者之一，他证明，如果人们的行为可以得到积极强化，那么他们最有可能重复这种行为。如果奖励紧跟在行为之后，则最为有效。如果行为不被奖励或受到惩罚，则不大可能被继续重复或被避免。“操作性条件反射”是斯金纳更为宽泛的**行为主义**（behaviorism）概念的一部分。行为主义认为，相对来说，紧随刺激物之后所发生的行为并没有经过大脑的思考。斯金纳的激进行为主义学说把感觉、思考以及其他各种心理状态排除在行为发生的原因之外。简而言之，人们会把刺激与反应联系起来，但人们对这种联系的清醒认识无关紧要。[73]

道德抉择

有监督才有动力

科技是伟大的。互联网为我们提供了及时获取丰富信息的途径，智能手机保证我们可以通过电子邮件、短信、推特等方式随时与他人建立联系。然而，这种沟通上的便利会让员工觉得自己受到了监视——确实如此。监控员工合乎道德吗？

有些公司利用科技来监控员工的活动，其中一些还是以科学的名义进行的。例如，美国银行（Bank of America）想知道面对面交流能不能提高客户服务中心的工作效率，于是要求约100名员工连续几周佩戴一种特制的胸卡以追踪他们的行踪。银行发现，生产率最高的员工与他人互动最频繁，为此，银行之后在安排工作休息时会以小组而不是个人为单位。这是一个很好的成果，但监控会给员工的行为和动机造成什么影响呢？

其他一些公司之所以监控员工是为了确保他们努力工作。这会带来令一些人完全失去工作积极性的风险。比如，Accurate Biometrics公司使用计算机监控技术来监督其远程工作者。运营副总裁蒂莫西·丹尼尔斯（Timothy Daniels）表示，监控员工访问了哪些网站“可以让我们时刻警惕，但又不至于过度侵犯隐私”。目前大约有70%的组织会对员工进行监控。

实际上，管理者可能也不想使用那些通过微观管理降低员工积极性的技术。也许更重要的是他们应该如何在工作场所中以合乎道德的方式应用监控技术。首先，最重要的是确保提前告知员工，他们的活动会被监控。其次，应该清楚地告知员工监控的目的，是为了监督他们学习对自己和组织都有益的东西，还是为了确保他们在工作上不懈怠。最后，组织应该明确哪些行为是不恰当的。工作中可以适当地休息，但不等同于可以花数小时访问社交网站。这些指南可以提高人们对监控方案的接受度，并增加监控行为在员工心目中的公平合理性。

资料来源：Based on S. Shellenbarger, "Working from Home without Slacking Off," *The Wall Street Journal*, July 13–15, 2012, 29; R. Richmond, "3 Tips for Legally and Ethically Monitoring Employees Online," *Entrepreneur*, May 31, 2012, http://www.entrepreneur.com/article/223686; and R. E. Silverman, "Tracking Sensors Invade the Workplace," *The Wall Street Journal*, March 7, 2003, www.wsj.com.

你随处都可以看见操作性条件反射的例子。比如，一名拿佣金的销售代表发现，挣大钱依赖于他在自己的辖区内实现高销售额，因此他尽可能卖得越多越好。当然，行为和强化之间的联系也能教会个体采取一些组织不希望看到的行为方式。假设你的上司告诉你，如果你在之后三个星期的销售旺季里加班，那么下次绩效评估你会得到补偿。但是，等到绩效评估时才发现，你并没有因为加班而获得任何积极的强化。下次上司再要求加班时你会怎么做？你很可能会拒绝！

社会学习理论和强化理论 个体不仅可通过直接经验进行学习，还可通过观察或聆听发生在他人身上的事来学习。比如，通过观察榜样——父母、教师、同伴、影视演员、上级等——我们学到了很多东西。这种认为人们可以通过观察和直接经验两种途径进行学习的观点，就是**社会学习理论**（social-learning theory）。[74]

社会学习理论是操作性条件反射的扩展，也就是说，它也认为行为受结果影响。不过，它同时承认观察型学习和知觉的影响。人们根据自己对结果的认知和界定来做出反应，而不是对客观结果本身做出反应。

榜样是社会学习理论的核心内容。人们发现，四个过程决定了榜样对个体的影响：

1. 注意过程。只有当人们认识并注意到榜样的关键特征时，才会向榜样学习。我们最容易被那些有吸引力、反复出现、对我们有重要意义或者与我们相似的榜样所影响。

2. 保持过程。榜样的影响力取决于个体在榜样不再轻易出现之后还能在多大程度上记得该榜样的行为。

3. 动力复制过程。个体观察榜样，看到一种新行为之后，"看的过程"转化成"做的过程"。这种转化表明个体能够效仿榜样的行为。

4. 强化过程。如果提供积极的诱因或奖励，将会激励个体效仿榜样的行为。受到积极强化的行为会得到更多的关注、更深入的学习、更频繁的重复。

7.4.3 期望理论

在员工激励方面得到最广泛认可的解释之一就是维克托·弗鲁姆（Victor Vroom）的**期望理论**（expectancy theory）。[75] 尽管该理论也受到了一些批评，但绝大多数研究证据都支持该理论。[76]

期望理论认为，我们想以某种特定方式行事的意愿强度取决于我们对某种特定结果及其吸引力的期望程度。从更实际的角度来说，当员工相信努力会带来良好的绩效评估，良好的绩效评估会带来组织奖励（例如奖金、加薪或晋升），而这些奖励可以满足员工的个人目标时，他们更有动力付出更多的努力。因此，该理论主要关注三种关系（见图表 7－6）。

图表 7－6　期望理论

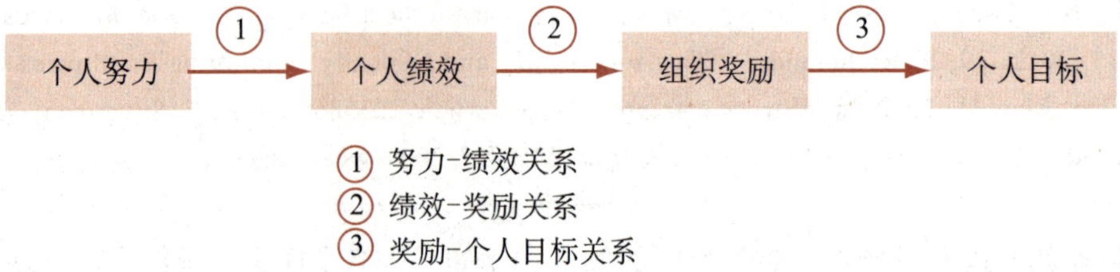

1. 期望值：努力－绩效关系。个体认为某种特定程度的努力实现某种绩效水平的可能性。

2. 工具性：绩效－奖励关系。个体相信某种特定的绩效水平获得理想结果的程度。

3. 价值性：奖励－个人目标关系。组织奖励可以满足个人目标或个人需求的程度，以及这些潜在的奖励对个体的吸引力。

期望理论有助于解释为什么许多员工对工作缺乏积极性，只求得过且过。我们将期望理论的三个关系转换为几个问题，如果员工的动机很强，则会给出肯定的回答。

第一，如果我付出了最大努力，这一点能否在绩效评估中表现出来？很多员工对这个问题的回答是否定的。为什么？一种可能是他们的技能水平存在不足，这意味着无论他们如何努力工作，也不可能成为高绩效者。另一种可能是，在有些组织中，绩效评估体系侧重于评估非绩效因素，例如忠诚度、主动性或勇气，这意味着员工在工作中付出更多的努力并不必然带来更高水平的绩效评估。还有一种可能是，员工觉得上司不喜欢自己（不论员工的感觉是对还是错），自己无论付出多少努力，都只能获得糟糕的绩效评估。这表明只有当人们认为努力与绩效之间有关联时，他们才会有动力。

第二，如果我获得了良好的绩效评估，能否得到组织的奖励？除了绩效之外，组织还会对其他东西进行奖励。当员工的薪水是根据资历、合作性、“讨好”上司等因素来确定时，员工很可能会认为绩效与奖励之间的关系十分微弱，从而降低动机水平。

第三，如果我得到了奖励，这种奖励对我是否具有吸引力？例如，员工努力工作并希望获得晋升，得到的却是加薪。或者员工希望获得一份更有趣、更有挑战性的工作，实际上仅得到几句表扬而已。遗憾的是，对许多管理者来说，可以支配的奖励十分有限，因而难以对员工实施个性化奖励。一些管理者还错误地认为所有员工都想得到同样的东西，因而忽视了差别化奖励的激励作用。在这些情况下，员工的动机都不会被充分激发出来。

股票分析师是期望理论应用的一个典型例子。他们靠预测股票价格的未来走势谋生。他们做出的买入、卖出和持有评级的准确性决定了他们能否继续留任。但是其中的动力并没有这么简单。分析师很少给出卖出评级，尽管在一个平稳的市场中大量的股票价格既会下跌也会上涨。期望理论提供了一个解释：当分析师要将某个公司的股票评级定为卖出时，他需要在做出准确预测所获得的利益与引发该公司愤怒给自己带来的风险之间进行权衡。这些风险是什么？包括公开指责、职业排斥和信息隔离。当分析师将某只股票评定为买入时，他们就不需要面对这种取舍，因为很显然，上市公司希望他们推荐投资者购买本公司的股票。所以，这种激励结构表明，将股票定为买入评级给股票分析师带来的预期结果要优于做出卖出评级的预期结果。这就是为什么买入评级比卖出评级多得多。[77]

7.5 公正理论/组织公平

安斯利正在攻读金融学学士学位。为了获得一些工作经验，提高在人才市场上的竞争力，她获得了一家制药公司财务部门的暑期实习机会。她对报酬很满意：每小时15美元，这比其他学生的暑期实习报酬高多了。在工作中她遇到了乔希，乔希是这个财务部门的中层管理人员，时薪是30美元。

工作中，安斯利非常能干。她已经订婚，对生活满意，总是愿意帮助别人。乔希恰恰相反，他对自己的工作似乎一直提不起兴趣，甚至有辞职的想法。当被问及为什么不开心时，乔希声称薪酬是主要原因。他告诉安斯利，和其他制药公司的管理者相比，他赚的钱要少得多。“这不公平，”他抱怨道，“我和他们一样努力工作，赚的钱却没有他们多。也许我应该到他们的公司工作。”

为何每小时赚30美元的人的工作满意度还不如每小时赚15美元的人，并因此缺乏工作动机？答案就在于**公正理论**（equity theory），或者更宽泛地说，在于组织公平原则。[78] 根据公正理论，员工会将他们从工作中获得的（他们的“产出”，如薪酬、晋升、认可或者更大的办公室）与他们在工作中投入的（他们的“投入”，如努力、经验、教育）进行比较。即他们会拿自己的投入产出比与他人进行比较，比较对象通常是职位相似的同事，或者从事同样工作的人。如图表7-7所示，如果我们认为自己的比率与比较对象的比率一致，就会感到公正，认为自己所处的环境是公平的。

图表7-7 公正理论

比率比较*	感知
$\frac{O}{I_A}<\frac{O}{I_B}$	由于报酬过低感到不公正
$\frac{O}{I_A}=\frac{O}{I_B}$	公正
$\frac{O}{I_A}>\frac{O}{I_B}$	由于报酬过高感到不公正

* $\frac{O}{I_A}$代表雇员；$\frac{O}{I_B}$代表相关人员。

基于公正理论，当员工感到不公正时，他们会采取以下六种行为中的一种[79]：

1. 改变自己的投入（如果自己的报酬过低，则降低努力程度；如果报酬过高，则投入更多努力）。

2. 改变自己的产出（拿计件工资的员工通过增加产量但降低质量的做法来提高自己的工资）。

3. 歪曲自我认知（如“我过去总以为自己的工作速度属于中等水平，但现在我发现自己比其他所有人都要努力”）。

4. 歪曲对他人的认知（如“迈克的工作并不像我以前认为的那样令人满意”）。

5. 选择其他参照对象（如“我可能不如我表弟挣钱多，但我比我父亲在这个年龄时要挣得多”）。

6. 离开该领域（如辞职）。

公正理论得到了部分研究者的支持。[80] 以上说法有一些值得关注的地方。第一，在大多数工作情境中，报酬过高所带来的不公正感对行为的影响并不十分显著。所以不要指望那些感觉自己报酬过高的员工会返还多出来的部分，或者投入更多的努力来弥补不公正。虽然个体有时会觉得自己报酬过高，但他们会通过使情境合理化的方法来重新感到公正（这些报酬是我应得的，因为我比所有人都努力）。第二，由于授权感等多种原因，并非所有人都对公正同样敏感。[81] 在工作群体中有些人更喜欢自己的产出投入比低于参照对象。对这种“仁慈型”员工来说，基于公正理论做出的预测可能不是很准确。[82]

虽然公正理论的主张没有得到完全的支持，但这一假设为针对工作场所中**组织公平**（organizational justice）的研究，或简单地说为公平感的研究做了重要的铺垫。[83] 组织公平主要关注员工看待当权者和决策者对待他们的方式。在大多数情况下员工会衡量自己的待遇是否公平，如图表 7－8 所示。

图表 7－8　组织公平模型

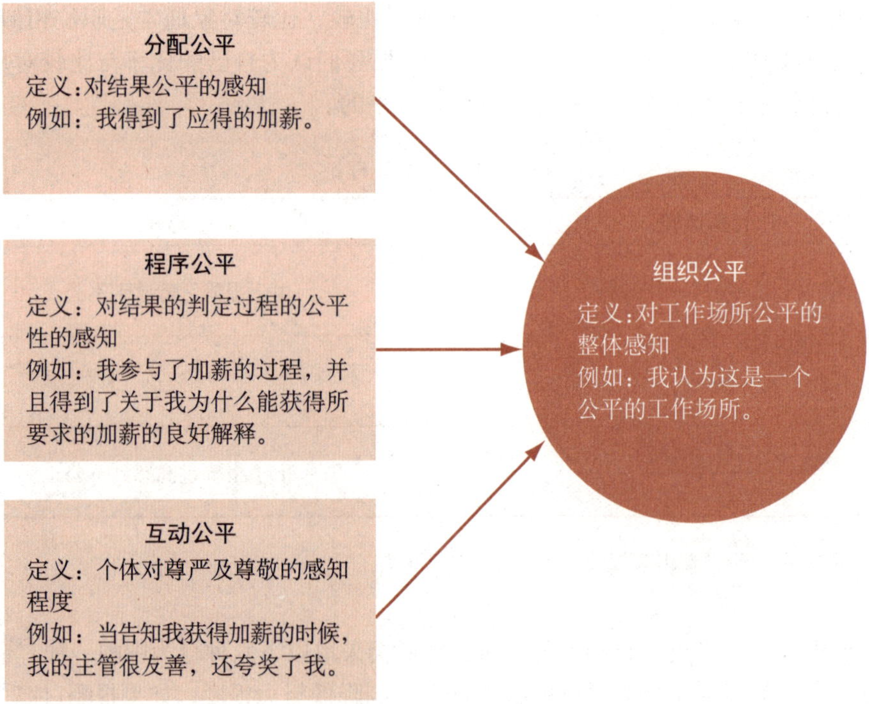

7.5.1　分配公平

分配公平（distributive justice）关注的是员工所得结果的公平，比如薪酬与认可。[84] 结果可以通过多种方式分配。比如，我们可以均等地给所有员工加薪，也可以给最需要钱的那些员工加薪。正如我们讨论过的公正理论，当分配方式公正时，员工可能会认为他们得到的结果是最公平的。

同样的逻辑也适用于团队吗？乍看之下，均等地分配奖励似乎最能提高士气和促进团队合作，在这种方式下，谁也不会得到偏爱。然而，对美国国家冰球联盟（National Hockey League）的一项调查显示结果并非如此。根据球员的贡献（他们在比赛中的表现）来区分薪酬可以吸引更好的球员加入球队，他们更愿意留在球队中，球队成绩也会得到提高。[85]

从我们目前所描述的内容来看，个体在比较自己与他人的投入产出比时，分配公平和公正似乎是通过理性和计算来衡量的。但人们体验到的公平，尤其是不公平，通常不是靠机械的计算得来的。人们会将自己的待遇与他人对比，将由此产生的感觉和情绪反应作为分配的基础，他们的反应通常都带有自己的情绪，而不是冷静、理性的。[86]

7.5.2 程序公平

员工非常关心分配的结果（分配公平），他们也在意结果是如何分配的。分配公平关注的是哪些结果得到分配，**程序公平**（procedural justice）关注的则是结果是如何分配的。[87] 首先，如果员工在决策过程中有发言权的话，他们会认为程序更公平。如果能够直接影响决策的制定，或者至少能把自己的观点呈现给决策者，人们就会有控制感，并且觉得自己得到了授权（我们会在下一章更加详细地讨论授权）。当决策者遵循某些“规则”时，员工会觉得程序更加公平。这些规则包括以一致的方式制定决策（在不同的时间、面对不同的人保持一致）、避免偏见（不偏爱某一群体或个人）、使用准确的信息、考虑决策对群体或个人造成的影响、行为道德，以及对意见和纠正保持开放。

如果结果是有利的，并且个体得到了他们想要的东西，他们就不会太关注程序，所以如果人们认为分配结果是公平的，程序是否公平就没那么重要了。只有在结果不利的时候，人们才会密切关注程序。如果认定程序公平，那么员工更容易接受不利的结果。[88] 如果员工在遇到不想要的结果时有发言权，那么即使结果没有好转，他们的感觉也会变好。这种发言权正是程序公平的一个要素。[89]

想一想，如果你想加薪，而你的经理告诉你，你不会得到加薪，那么你很可能想知道有关加薪的决策是如何制定的。如果你发现经理是按照业绩分配加薪的，而你不如某位同事的业绩好，你就可能接受经理的决策；如果加薪是按照经理的个人喜好决定的，你就不会那么容易接受。当然，如果你一开始就得到加薪，你就不会那么关心决策是如何制定的。

7.5.3 互动公平

除了结果和过程，研究表明，员工还关心另外两种类型的公平，这两种公平与他们在和他人互动的过程中所受到的对待有关。二者都属于互动公平的范畴，如图表 7－8 所示。[90]

信息公平 第一种是**信息公平**（informational justice），反映了管理者是否会向员工解释关键决策，并使他们知悉组织中的重要事件。管理者为员工提供的信息越详细、越坦诚，员工就会觉得越公平。

显而易见，管理者应该对员工坦诚，不隐瞒组织的实情。然而很多管理者并不愿意分享信息，尤其是坏消息，不论是管理者在传达的时候，还是员工在接收的时候，都会觉得不舒服。解释坏消息的时候，如果采用事后找借口（“我知道这很糟，我也想把办公室给你，但这不是我的决定”）而不是辩解（“我决定把办公室给山姆，这也没什么大不了的”）的形式，则对解释的人更有利。[91]

人际公平 第二种与管理者和员工之间的互动有关的公平即为**人际公平**（interpersonal justice），它反映了员工是否受到尊重。相比其他已经讨论过的公平形式，人际公平的独特之处在于，它可以发生在管理者和员工每天的交流互动中。[92] 这一特性使得管理者可以利用这个机会让员工感觉自己受到公平的对待，但管理者也有可能错失这样的机会。许多管理者认为，礼貌、尊重地对待员工会让自己看起来太软弱。相反，他们会选择更加激进的策略，因为他们相信这样做才能更好地激励员工。在某些情况下，消极情绪的表达，比如愤怒，也会起到激励的作用[93]，但有时管理者做得太过。例如，罗格斯大学前男子篮球队教练迈克·赖斯（Mike Rice）在一个视频中被拍到对球员进行了口头甚至是身体虐待，随后被解雇了。[94]

7.5.4 公平带来的结果

我们已经讨论了不同类型的公平，那么公平对于员工究竟有多重要？事实证明，非常重要。当员工感觉自己受到公平对待时，他们会以多种积极方式回应。这一节中讨论的各种公平都可以提高员工的任务绩效，增加公民行为，比如帮助其他同事，减少推卸责任等反生产工作行为。[95] 分配公平和程序公平与任务绩效密切相关，信息公平和人际公平与公民行为的联系更加密切。就连员工的生理状况，比如睡眠质量和健康状况，都与员工得到的公平对待有关。[96]

为什么公平会有这些积极作用？公平对待可以加强员工对组织的承诺，使员工感觉组织关心他们的福祉。此外，得到公平对待的员工更加信任自己的上司，这就减少了员工的不确定性，以及害怕被组织剥削的担忧。公平对待会引发积极情绪，进而促使员工采取积极的行为，如公民行为。[97]

即便尽了一切努力来促进公平，员工所认为的不公平的情况还是有可能发生。公平往往是主观的：一个人觉得不公平的，另一个人可能觉得完全合适。总的来说，人们会把有利于自身的分配或程序视为公平的。[98] 人们在判断是否违反公平规则时还会进行归责。研究表明，对违反公平规范的判断会受当事人性别的影响：女性在违反人际规范时会比违反程序规范时受到更严苛的判断。[99]

他人对不公平的反应 你的同事对不公平的反应可能和你本人的反应同样重要。最近的研究表明，第三方或旁观者对不公平的反应可能会产生重大影响。假设你得知你常去的一家连锁餐厅突然大规模裁员，雇员在没有得到任何提醒的情况下就被解雇了，而且也没有得到任何帮助以寻找替代方案。你会继续去这家餐厅吗？研究表明你可能不会再去了。[100]

我们为什么会做出这样的判断，做出判断的过程又是怎样的？一种关于第三方不公平的模型表明，下列几个因素会影响我们的反应：（1）我们自己的特质和特点；（2）侵害者和受害者的特质和特点（包括归责）；（3）公平事件或情况的具体细节。[101] 那些观察到错误对待行为的人反过来会感到不公平，并做出相应的反应。例如，一个同事看到上司训斥你：如果你确实应该被训斥，他可能会对此感到满意；反之这个同事可能会对你的上司感到愤怒。[102] 研究还表明，你的同事和上司对待顾客的方式也会影响你的公平感。两项对于医疗机构的研究表明，上级对病人的虐待会降低员工的信任并减少合作行为。[103]

7.5.5 促进公平

组织如何影响其管理者的公平理念和对规则的遵守？这取决于各个管理者的动机。一些管理者可能会根据他们对公平规则的遵守程度来计算公平性。这类管理者会试图提高下属对行为期望的服从性、树立一个对员工公平的形象，或者建立公平规范。其他管理者可能会在公平决策中受自己的情绪激励。当积极情感水平较高或消极情感水平较低时，这类管理者最有可能采取公平的行动。

采取强有力的公平规则来推行强制管理行为对于组织来说可能会很有诱惑力，但这种方式并不是普遍有效的。当面对更多的规则和更少的自由裁量权时，那些计算公平性的管理者更有可能采取公平的行动。但对于根据情感来采取公平行为的管理者而言，当他们有更大的自由裁量权时，他们的行为会更公平。[104]

7.5.6 文化与公平

在不同的国家，以同样原则为基础的程序公平得到了认可，全世界的员工更倾向于以绩效和技能而不是以资历为依据分配薪酬。[105] 然而，不同国家对投入和结果的看法不同。[106]

我们可以从霍夫斯泰德的文化维度（见第 5 章）来考虑公平差异。一项对 32 个国家和地区的 190 000 多名雇员进行的大规模研究表明，公平感在文化价值观偏向于个人主义、女性化、不确定性规避和低权力距离的国家中最为重要。[107] 组织可以依照这些公平期望来调整自己的项目。例如，个人主义水平较高的国家，如澳大利亚和美国，竞争性的薪酬计划和对优秀个人业绩的奖励可以提高人们的公平感。在不确定性规避占主导地位的国家，如法国，固定的薪酬补偿和员工的参与可以让员工更有安全感。瑞典是女权主义占主导地位的国家，所以对关系的关注被认为是重要的。因此，瑞典的组织会更希望提供工作与生活的平衡以及社会的认可。相比之下，奥地利具有很强的低权力距离价值观。道德问题可能是奥地利组织中个人感知公平的首要因素，因此组织必须公正处理上下级之间的不公平问题，树立一个具有道德领导力的形象。

我们还可以看到其他的影响因素。有些文化在分配资源时强调地位多于个人成就。功利主义文化中的员工更有可能把现金补偿和奖励看作工作最重要的结果，而重视人际关系的文化则将社会奖励和地位视为重要的结果。国际管理者在不同的情境中界定何为公平时，必须考虑到不同群体员工的文化偏好。

7.6 工作投入

每当约瑟夫开始他作为一名医院护士的工作时，生活中的其他一切就烟消云散了，他会完全沉浸在工作中。他的情绪、思想、行为全都是为了护理病人。事实上，他对工作是如此投入，以至于常常忘记时间，不知道自己工作了多久。由于对工作的高度承诺，约瑟夫能够更有效地为病人提供护理服务，工作的时候更加勤奋。

约瑟夫具有较高的**工作投入**（job engagement），也就是员工为了工作绩效而投入的体力、认知和情绪方面的能量。[108] 如今管理实践者和研究者对如何提高工作投入表现出了兴趣，他们认为驱动员工工作绩效的，不仅仅是喜欢一项工作，或者觉得这项工作有趣，还有一些更深层次的因素。有些研究试图测量这一更深层次的承诺。例如，一项综述认为，较高水平的投入和任务绩效及公民行为有关。[109]

哪些因素会使人们更容易投入自己的工作？其中的关键就在于员工在多大程度上认为自己从事的工作是有意义的。一定程度上，这由工作的特征以及所能获取的有效资源决定。[110] 另一个因素是个人价值观与组织价值观的匹配度。[111] 能够激励员工产生使命感的领导行为也能提高员工的投入。[112]

针对工作投入的一种批评是，这一概念是多余的，它与工作满意度或压力等工作态度并无差异。[113] 其他批评者则指出，工作投入也有其“阴暗面”，工作投入与工作－家庭冲突之间的正相关证明了这一点。[114] 个体可能会过于投入到工作中，以至于家庭责任对他们来说成了不受欢迎的干扰因素。此外，过高的工作投入可能会导致知觉的损失甚至是最终耗尽。更进一步的研究探讨了工作投入与这些负面结果之间的关系，这也许可以帮我们搞清楚，某些高度投入的员工是不是存在“矫枉过正”的现象。

7.7 当代动机理论的整合

如果我们在介绍完这些理论之后，发现只有一种理论是行之有效的，那么我们的工作就会简单得多。但是，本章提到的很多理论都是相辅相成的。现在我们把它们整合起来，帮助你了解它们之间的相互关系。

图表 7－9 整合了我们所了解的很多动机知识。它的框架来自图表 7－6 所示的期望模型。让我们逐步介绍这个整合模型（我们会在第 8 章具体介绍工作设计）。

我们首先应明确地认识到，机会既可以促进也可以妨碍个人的努力。“个人努力”方框中还有一个由外进入的箭头，它来自“个人目标”。这与目标设置理论的观点相一致，目标－努力链提醒我们应注意目标对行为的导向作用。

期望理论预测，如果一个员工感到努力和绩效之间、绩效和奖励之间、奖励和个人目标之间存在密切联系，他就会努力工作。反过来，每一种联系又受到一些因素的影响。个体的绩效水平不仅取决于他的努力程度，还取决于他在完成工作时所具备的能力水平，以及组织有没有一个被人们视为公平且客观的绩效评估体系。如果一个人觉得自己是由于绩效因素（而不是其他因素，如资历、个人爱好或其他标准）而受到奖励的，那么，

图表 7－9　当代动机理论的整合

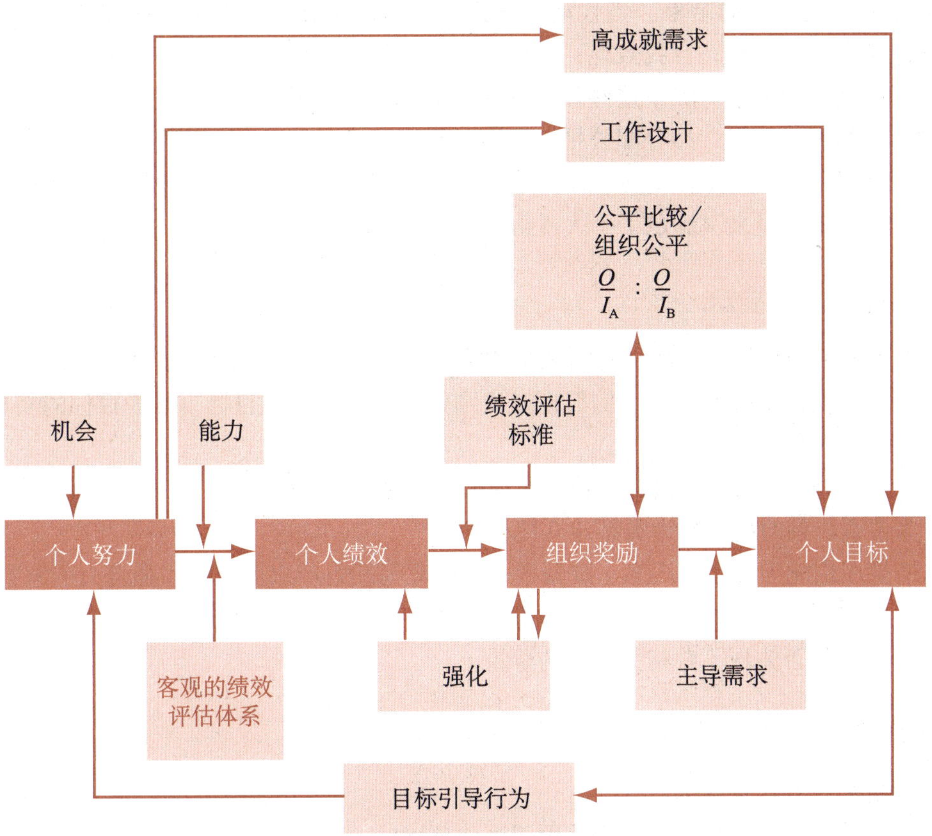

绩效－奖励关系就会更强。如果认知评价理论在实际工作中是完全有效的，那么我们可以料想到，基于工作绩效的奖励会降低个体的内部动机水平。在期望理论中，最后一个联系是奖励－个人目标关系。如果个体由于工作绩效而获得的奖励能满足与个人目标一致的主导需求，他就会表现出极高的动机水平和工作积极性。

仔细观察图表 7－9 不难发现，该模型还考虑了成就需求、工作设计、强化，以及公平比较 / 组织公平。高成就需求者受到的激励不是来自组织对他的绩效评估或组织提供的奖励。对他们来说，努力与个人目标之间有着最直接的关系。请记住，对于高成就需求者来说，只要他们从事的工作能提供个人职责、信息反馈和中等程度的风险，他们就会产生完成工作的内在驱动力。所以，这些人并不关心努力－绩效、绩效－奖励以及奖励－个人目标的关系。

强化理论也包括在该模型当中，它通过组织提供的奖励对个人绩效的强化而体现出来。如果员工认为奖励体系是对高工作绩效的补偿，那么这种奖励就会进一步强化和鼓励持续的高绩效水平。奖励也是组织公平研究中的关键部分。员工会通过比较自己与他人的所得来判断对自己的产出（如工资）是否满意，他们也会考虑自己被对待的方式——当员工对薪酬不满时，他们对程序公平和人际公平会更加敏感。

本章小结

动机描述了工作场所中的员工以及其他个体通过努力实现目标的过程，如强度、方向和持续性等。许多早期的基本动机理论并没有得到广泛的支持，它们关注的是员工的需求以及满足需求所带来的结果。当代动机理论更多地集中在以下方面：内在动机和外在动机；在组织中设定目标；自我效能；强化；我们对努力 - 绩效、绩效 - 奖励、奖励 - 个人目标之间的联系的期望。除了这些理论以外，公正理论在激励员工方面也很重要，其中涉及各种形式的组织公平，如分配公平、程序公平以及人际公平。动机是理解员工的工作投入等对工作的贡献的关键。总而言之，动机是员工努力投入绩效活动的方式和理由的基础，而绩效活动反过来又满足了个人或组织的目标。

对管理者的启示

- 确保员工得到的外部奖励不是强制性的，向他们提供有关能力和归属的信息。
- 为员工设置明确而有难度的目标或激励他们设置这样的目标，并为目标的实现提供高质量和发展性的反馈。
- 尝试使员工和组织的目标保持一致或彼此之间有关联。
- 为希望看到的员工行为类型建立模型。
- 期望理论能为员工生产率、缺勤率、离职率等绩效产出变量提供强有力的解释。
- 确保在对组织资源做出决策时考虑以下几点：资源的分配方式、受影响群体、决策公平性，以及是否体现了对相关人员的尊重。

复习题

1. 动机的三要素是什么？
2. 早期动机理论有哪些？是否适用于当前环境？
3. 自我决定理论和目标设置理论有哪些相同和不同之处？
4. 自我效能理论、强化理论以及期望理论的关键原则是什么？
5. 组织公平有哪些类型？它们会带来什么结果？
6. 为什么员工的工作投入对管理者很重要？
7. 当代的动机理论之间有什么可比性？

观点碰撞

设置目标才能成功

正方

这句话当然是正确的。目标设置理论是动机研究领域中得到最多论证和支持的理论之一。不断有研究证明设立目标的好处。想在考试中取得好成绩，减掉一定体重，保住一份收入理想的工作，或者提高高尔夫球水平？如果你想成为一个高效的人，只需要设置明确且有难度的目标，然后顺势而为即可。你所设置的目标将会吸引你的注意力，使你更专注、更努力。

人们总会对别人说"尽你所能"。还有比这更含糊应付的话吗？"尽你所能"到底是什么意思？也许今天对你来说考试得 50 分就是尽全力，但改天再看，也许你觉得拿 80 分才算尽全力。如果你给自己设置了一个更难的目标，比如 95 分，而且下定决心要实现，那么最终你一定会有更好的表现。

埃德温·洛克和加里·莱瑟姆（Gary Latham）是目标设置理论最著名的研究者。他们曾说过一句非常精辟的话："目标设置的效果是非常可靠的。"简言之，目标设置理论是最有效且最实用的组织心理学动机理论之一。

反方

诚然，很多研究都证明了目标设置的好处，但这些研究忽视了这种做法常常带来的危害。比如，你是否给自己设置过"拉伸韧带"的目标，之后却只能眼看着自己失败。目标会给人们带来焦虑感，使人担心自己无法实现目标，还常常会让人产生不切实际的期待。想想那些为自己设置了目标、要在某段时间内升职的人（这一目标符合"明确且有难度"的标准），最后却在经济危机来临时发现自己被解雇了。还有那些原本打算退休后颐养天年的人，最后为了维持生计只能被迫做兼职或者延迟退休。如果太多的影响因素无法控制，有难度的目标就成了不可能完成的任务。

请考虑这一点：目标会导致不道德的行为，以及不尽如人意的表现。过去几年，你听过多少教师为了完成教学目标伪造学生考试分数的报道？当纽约喷气机队的四分卫肯·奥布赖恩（Ken O'Brian）发现自己每次投球都被拦截时，他很容易就实现了少被拦截的目标——该投球的时候故意不投就行了。

有些研究直接将目标设置与作弊联系起来。在盲目地设置明确且有难度的目标前，我们应该留心莫里斯·施魏策尔（Maurice E. Schweitzer）教授的警告——"目标设置是一剂强心药，不可以随便吃。"

资料来源：Based on E. A. Locke and G. P. Latham, "Building a Practically Useful Theory of Goal Setting and Task Motivation," *American Psychologist* 57 (2002): 705–71; A. Tugend, "Expert's Advice to the Goal-Oriented: Don't Overdo It," *The New York Times*, October 6, 2012, B5; and C. Richards, "Letting Go of Long-Term Goals," *The New York Times*, August 4, 2012, B4.

知识应用和就业力

动机是组织行为学的基础领域之一。它促使员工朝着完成任务和实现目标的方向努力工作。因此，通过了解早期和当代的动机理论以及职场决策对动机的影响，你可以发展自己的管理技能，提高自己的就业力。通过理解公正理论和组织公平，你可以了解公平对职场的影响有多大，也可以帮助你在做出组织决策时考虑他人对公平的观点。在本章中，你发展了自己的知识应用与分析技能；通过了解帮助他人对自身事业的好处与坏处以及电子监控在职场中的使用，对社会责任问题有所认识；对目标设置是否有效进行了讨论。在接下来的部分，你将通过考虑职场不公现象并提出处理建议继续发展自身技能以及批判性思维；学习如何识别激励机制与实际目标不匹配的现象；讨论首席执行官的薪酬如何降低员工士气并带来不公平感；考虑职场中的懒惰以及它是如何升级并传染给他人的。

体验练习

组织公平任务

将班级分为 3 ～ 4 人一组。

◆ 问题

1. 请大家回想：有没有被格外公平地对待过；有没有被格外不公平地对待过。最好是与工作相关的经历，与工作无关也可以。这些经历有哪些共同点？

2. 花几分钟时间讨论大家所举的例子在性质上更倾向于哪一种：分配公平、程序公平、信息公平或者人际公平。公平和不公平待遇的来源是什么？每位小组成员当时的感觉如何，是如何回应的？

3. 每个小组都要提出一套解决方案，以积极的方式来解决不公平的状况。选出一名小组领导，简要地总结一下大家列举的不公平待遇，以及小组提出的优化方案。这一讨论应该涉及本章提到的四种类型的公平（分配公平、程序公平、信息公平和人际公平）。

道德困境

愚蠢的奖励

我们大多数时候是怀着好意去奖励别人的，我们会给全年表现优异的员工发放奖金，或者提供一些更制度化的奖励。例如，电影院会奖励从观影者那里获得慈善捐助的员工，而房地产经纪人可能会从其售出的每一处房产中获得佣金。

然而有时候，即使本意是好的，也可能奖励了错误的对象。史蒂文·克尔（Steven Kerr）在一篇经典文章中概述了这种激励机制与实际目标不匹配的现象。例如，当你去看病时，医生有可能犯两种类型的错误：你真生病了他却说你没病，或者你身体很健康他却说你有病。第一个错误会给医生带来严重的后果，包括遭到起诉、医疗事故或被忽视等风险。而当医生犯了第二种错误时，其负面影响会小得多——医生会得到更多的收入、建立更多的熟客关系，并且会因为诊断“保守”而得到社会的奖励。即使无正当理由的治疗可能会带来更多的损害而非好处，但上述奖惩差异依然存在。然而，社会所追求的难道不应该是将两种类型的错误都最小化并以医学诊断的准确性为目标吗？

一项针对五家工业洗衣厂的研究提供了更新的例子，它们的月度全勤奖励计划并没有像预期的那样发挥作用：一旦参与者失去获得全勤奖的资格，他们的出勤率反而会降低。员工对出勤率的注重使得他们的工作效率降低了8%，这是因为他们中的许多人在迟到或缺勤一次后就失去了获得全勤奖的资格。而这些工厂奖励全勤者是为了让他们有更好的表现。

◆ 问题

1. 你认为我们该如何在奖励对象错误时认识到这一点？组织可以采取哪些步骤来识别这些情况？

2. 对无意的行为或结果进行奖励是不道德的吗？为什么？

3. 你认为一个奖励正确行为的项目是否有可能随着时间的推移开始对错误的事情进行奖励？为什么？

资料来源：Based on T. Gubler, I. Larkin, and L. Pierce, “Motivational Spillovers from Awards: Crowding Out in a Multitasking Environment,” *Organization Science* 27, no. 2 (2016): 286–303; and S. Kerr, “On the Folly of Rewarding A, While Hoping for B,” *Academy of Management Journal* 18, no. 4 (1975): 769–83.

案例分析 1

CEO 薪酬的反激励效果

你们公司的 CEO 今年赚了多少钱？其他 CEO 的薪水是多少？你可能并不知道确切的数据，但已经觉得他们赚得“太多了”。有研究调查了 40 个国家的参与者对于 CEO、内阁部长和初级员工薪酬的想法，发现人们都认为领导者的薪酬应该降低，然而我们并不了解他们实际的薪酬。

我们可以用组织的薪酬比即 CEO 薪酬和员工平均薪酬之比来衡量我们所犯的错误。例如，在美国，标准普尔 500 指数中所包含企业的 CEO 平均薪酬是最底层员工的 354 倍，即薪酬比为 354：1（是 20 世纪 50 年代的 8 倍多）。然而参与研究的美国人估计 CEO 和初级员工之间的薪酬比只有 30：1。并不是只有美国人低估了这一比值，德国的参与者估计薪酬比为 18：1，而实际薪酬比接近 151：1。

一般而言，世界各地的人们对薪酬比不公正现象的估计都远低于现实情况，即便如此，他们仍然会因为对不公正的知觉而感到不满，并因此动机下降。再次以德国为例，研究参与者认为 CEO 和初级员工的理想薪酬比应为 7：1。总结来看，德国参与者认为薪酬比应该是 7：1，估计是 18：1，却没想到实际为 151：1。研究调查的所有国家中，估计薪酬比都比理想薪酬比要高，这意味着参与者普遍认为 CEO 的薪酬过高。

这对于普通员工的动机有何影响？表面上看，赚钱越少的人越会对工资差距感到不满。然而在研究中几乎每一个人都希望提高公正性。他们认为理想的薪酬比应该在 4：1 到 5：1 之间，他们估计的薪酬比则在 8：1 到 10：1 之间。他们认为熟练员工应该比初级员工挣得多，但应该缩小二者间的差距。

在美国，没人会认为 354：1 的薪酬比会很快降至 7：1 的理想水平，但有人建议朝着这一方向做出改变。已经有国家试图走得更远。瑞士的社会民主党提出设置 12：1 的薪酬比上限，但选民认为通过法律来设定上限过于极端。到目前为止，还没有哪个国家能够成功地实施最高薪酬比制度。

因此，恢复公平感的工作又落到了 CEO 自己肩上。脸书的马克·扎克伯格和谷歌的拉里·佩奇等 CEO 都为自己设置了 1 美元的年薪，但是他们仍然可以通过行使股票期权来获得可观收入。在一个极端的例子中，重力公司（Gravity）CEO 丹·普赖斯（Dan Price）将自己的工资降到 7 万美元，共削减了 100 万美元，并把这部分钱用于给员工加薪。普赖斯说，他希望能“看到更多这样的情况”。此外，通过在公司业绩不佳时减少奖励，一些公司（如威瑞森）的股东在设定 CEO 薪酬方面也发挥了更大的作用。

◆ 问题

1. 你认为 CEO 和员工的理想薪酬比是多少？为什么不同国家的理想比率会有所不同？

2. 高管薪酬问题和公正理论有什么关系？我们应该如何确定高管的“公平”薪酬水平？

3. 研究发现，参与者认为绩效在决定薪酬时应该是必不可少的或十分重要的。将 CEO 的薪酬和绩效挂钩会给普通员工带来什么积极的激励？

资料来源：Based on J. Ewing, “Swiss Voters Decisively Reject a Measure to Put Limits on Executive Pay,” *The New York Times*, November 24, 2013, http://www.nytimes.com/2013/11/25/business/swiss-reject-measure-to-curb-executive-pay.html?_r=0; C. Isidore, “Gravity Payments CEO Takes 90% Pay Cut to Give Workers

Huge Raise," *CNN Money*, April 15, 2015, http://money.cnn.com/2015/04/14/news/companies/ceo-pay-cuts-pay-increases/; S. Kiatpongsan and M. I. Norton, "How Much (More) Should CEOs Make? A Universal Desire for More Equal Pay," *Perspectives on Psychological Science* 9, no. 6 (2014): 587–93; A. Kleinman, "Mark Zuckerberg $1 Salary Puts Him in Elite Group of $1 CEOs," *The Huffington Post*, April 29, 2013, www.huffingtonpost.com; and G. Morgenson, "If Shareholders Say 'Enough Already,' the Board May Listen," *The New York Times*, April 6, 2013, www.newyorktimes.com.

案例分析 2

懒惰会传染

懒惰在职场中通常是一种会被避免或轻视的品质。当一个人不愿意把精力花在自己的工作中时，他们基本上不会对工作有所投入。目前还不清楚是否有一种人格叫作“懒惰”，但我们或许可以回忆起自己不愿意或者不承诺投入精力来完成工作的时候。这在很多情况下会导致拖延或推卸责任，进而导致未能在最后期限内完成任务。懒惰行为包括在不想工作时逃离工作现场，或者扮演受害者角色并找借口来掩饰努力不够。

尽管关于懒惰的研究并不多（可能是因为尝试研究的人都还不够努力），但已有的研究表明，懒惰特质的成因是复杂的。例如人们会倾向于承认自己比其他人具有更多的人格特质，如“我是一个非常复杂且多面的人”。尽管人们会毫不犹豫地说自己“非常有活力”，但会倾向于用程度更轻的词来形容懒惰，如“我有点懒惰”。这种情况在考虑对他人进行归因时也会出现。虽然晕轮效应偏见（见第 6 章）容易在对他人进行积极归因时出现（如：“她刚开始在这里工作时，有一次客户多给了 20 美元，她明明可以撒个谎自己得了，可她将钱退回去了，她真是个了不起、勤劳且诚实的人！”），但号角效应偏见在考虑懒惰时不那么容易出现。例如，当一个主管看到员工刚开始工作就撒谎，可能会认为她在很多情况下都会撒谎，然而对于懒惰却不会做出类似的推断。

更让人担忧的是，懒惰可能会微妙地发生升级或由一个人传染给另一个人。例如，一个懒惰行为可能会引发另一个懒惰行为，沉没成本会积累起来并导致你简单地以“明天再开始”为由来说服自己。研究表明懒惰可能会具有传染性——研究参与者会在没有意识到自己变得懒惰的情况下开始出现与计算机生成的虚拟参与者相同的懒惰行为或决策。这种现象蕴含的意味非常有趣：“举例来说，如果你懒惰的老板因你努力工作而奖励你，你会或多或少变得懒惰吗？”

尽管我们对懒惰的看法一般都是负面的，但也有人在实践中发现了懒惰的优点。例如，《点球成金》（*Moneyball*）的作者迈克尔·刘易斯（Michael Lewis）就断言，懒惰并不一定是坏事。懒惰甚至帮助他取得了成功：“我的懒惰起到了过滤的作用……如果我决定做些事情，那一定得是相当好的事。”

◆ **问题**

1. 你认为懒惰更多的是一种人格特质，还是只是一种时不时体验到的激励状态？为什么？是否有可能二者兼而有之？

2. 你是否同意迈克尔·刘易斯关于懒惰有好处的说法？为什么？

3. 你认为管理者和组织应该如何“管理懒惰”，从而使负面影响最小化而正面影响最大化？组织可以实施哪些类型的计划和方案来实现这些目标？

资料来源：Based on J. Boitnott, "5 Kinds of Lazy Employees and How to Handle Them," *Entrepreneur*, May 17, 2016, https://www.entrepreneur.com/article/275845; W.-Y. Cheung, T. Wildschut, C. Sedikides, and B. Pinter, "Uncovering the Multifaceted Self in the Domain of Negative Traits: On the Muted Expression of Negative Self-Knowledge," *Personality and Social Psychology Bulletin* 40, no. 4 (2014), 513-25; M. Gräf and C. Unkelbach, "Halo Effects in Trait Assessment Depend on Information Valence: Why Being Honest Makes You Industrious, but Lying Does Not Make You Lazy," *Personality and Social Psychology Bulletin* 42, no. 3 (2016): 290–310; A. MacMillan, "Why Laziness May Be Contagious," *Time*, March 30, 2017, http://time.com/4718737/laziness-impatiencecontagious-personality/; J. Selk, "Laziness Isn't a Personality Flaw—It's Just a Habit," *Forbes*, July 10, 2014, https://www.forbes.com/sites/jasonselk/2014/07/10/laziness-isnt-a-personality-flawits-just-a-habit/#810a5c301627; and M. Zetlin, "Being Lazy Is the key to Success, According to the Best-Selling Author of 'Moneyball,' " *Inc.*, March 20, 2017, http://www.inc.com/minda-zetlin/whybeing-lazy-makes-you-successful-according-to-the-bestselling-author-of-money.html.

注 释

第8章 动机：从概念到应用

Motivation: From Concepts to Applications

学习目标

学完本章后，你应该能够：

1. 描述工作特征模型是如何通过改变工作环境来激励员工的。
2. 比较工作再设计的主要方法。
3. 解释替代性工作安排方案是如何激励员工的。
4. 描述员工参与方案是如何激励员工的。
5. 阐释各种不同的浮动工资方案是如何增强员工动机的。
6. 说明灵活福利如何将福利转化为动机。
7. 阐释内部奖励的激励作用。

就业技能矩阵

	传言还是科学	职业目标	道德抉择	观点碰撞	体验练习	道德困境	案例分析 1	案例分析 2
批判性思维	✔		✔	✔	✔	✔	✔	✔
沟通		✔		✔	✔	✔	✔	
合作		✔		✔	✔		✔	
知识应用与分析	✔	✔	✔	✔	✔	✔	✔	✔
社会责任			✔			✔	✔	

工作轮换

如果给你一个机会，在已经选择的职业道路上进行一些工作之外的新尝试，你会接受吗？如果这样做是受到鼓励的呢？一些组织通过其工作轮换计划来实现这样的目的。该计划能使员工定期在任务或职务间转换。一般认为这样的安排会带来很多好处，例如帮助员工学习新技能（并更深入地了解已经掌握的技能）、保持员工的积极性、消除职业发展停滞现象、建立灵活且经过交叉培训的员工队伍、促进健康的竞争、发现潜在人才，以及激发员工对他们可能擅长却没有意识到的角色的好奇心或兴趣。

英特尔会让员工承担一些临时任务，以便他们对那些有助于公司工作基础架构的“硬件”有所了解。更有趣的是，英特尔开发了一个名为英特尔开发机会工具（Developmental Opportunity Tool，DOT）的内部数据库。员工可以通过这个数据库搜索到数百份可以接受的临时任务清单。项目主管阿姆琳·马德哈尼（Amreen Madhani）指出，DOT 允许员工“尝试一份工作或在不同部门中建立联系”。DOT 成功创造了数千个临时职务。马德哈尼声称，在 DOT 出现之前，英特尔“处于孤立状态，每个人都有自己的工具，员工之间的透明度非常有限。我们想要的是一个覆盖整个企业的解决方案”。

然而，接受工作轮换并不总是顺利或容易的。例如，英特尔的一名福利专家伊丽莎白·赖特·科里特科夫斯基（Elizabeth Wright Korytkowski）在软件服务组工作了 4 个月。承担这项任务给她带来了震惊、变化和困难，她觉得“像汽车前灯照射下的鹿”。然而，她正是从那时起熟悉了自己原本不会接触到的软件工作，并开始被提拔。

工作轮换方式的出现对雇主和雇员而言都是一种受欢迎的趋势——实际上，雇主和雇员这两个词都可能在几十年后过时。兰德斯塔德（Randstad）在“职场 2025”调查中要求雇主和雇员选择他们认为可能取代“雇员”一词并有希望在 2025 年使用的词语。47% 的雇主和 57% 的雇员认为“贡献者”这个词是最恰当的。对于未来十年“贡献者”这一角色的看法，调查结果令人震惊：76% 的员工表示，他们会在从事不同类型的任务和承担不同的职务时保持相同的承诺水平；85% 的人认为自己提供的技能和成果比分配的角色更重要；只有 5% 的人认为工作经验或资历至关重要；超过 70% 的千禧一代和 Z 世代员工认为，定期转换职业道路会增加自己的潜力。

工作轮换计划似乎对组织和贡献者都有很大的好处。正如国际女性高管协会（Executive Women International，EWI）总裁泰里·洛德威克（Terri Lodwick）所指出的，工作轮换让员工“能够学会如何将自己融入整个组织，而不是局限在自己的小圈子里”。

资料来源：Based on D. Coker, “How Job Rotation Is Beneficial for the Organization,” *The HR Digest*, October 31, 2016, https://www.thehrdigest.com/job-rotation-beneficial-organization/; B. Fetherstonhaugh, “Developing a Strategy for a Life of Meaningful Labor,” *Harvard Business Review*, September 5, 2016, https://hbr.org/2016/09/developing-a-strategy-for-a-life-of-meaningful-labor; F. Gino, “Let Your Workers Rebel,” *Harvard Business Review*, October 24, 2016, https://hbr.org/cover-story/2016/10/let-your-workers-rebel; D. Parrey, “How to Create High-Profile Opportunities for High-Potential Employees,” *Institute for Corporate Productivity: The Productivity Blog*, May 14, 2013, https://www.i4cp.com/productivity-blog/2013/05/14/how-to-create-high-profile-opportunities-for-high-potential-employees; Randstad, *Workplace 2025: From Employee to Contributor: The Worker of the Future*, October 2016, https://www.randstadusa.com/workforce360/workplace-2025/infographic/?utm_source=pr&utm_medium=pr&utm_term=client&utm_content=rusa&utm_campaign=wp2025+infographic; and L. Weber and L. Kwoh, “Managing & Careers: Co-Workers Change Places,” *The Wall Street Journal*, February 21, 2012, B8.

作为这一转变的结果，一些公司正转向采用工作轮换的方法；任务特征、工作设计要素、工作安排和代理意识都是工作领域中的强大动力。也许仅仅通过让员工尝试一些新东西就可以更改或改变这些要素。然而，激励员工的过程比表面看上去要复杂得多，需要理

解很多工作设计和再设计的要素，以及考虑上一章中所描述的动机概念。

在第7章中，我们主要讲了动机理论。理解这些概念固然重要，但对于一名管理者来说，如何运用这些概念同样重要。我们将会从工作设计开始，把关于动机的概念应用于实践。

8.1 通过工作设计进行激励：工作特征模型

工作结构的形式对个人动机的影响可能比最初看起来要大得多。**工作设计**（job design）认为，工作要素的组合方式会影响员工的努力程度[1]，接下来要讨论的工作特征模型可以作为一个框架，用来识别改变这些要素的机会。

8.1.1 工作特征模型

工作特征模型（job characteristics model，JCM）用下列五个核心工作维度来描述工作[2]：

1. **技能多样性**（skill variety）是指一份工作要求使用专门的技能和才干来完成不同活动的程度。举例来说，汽车修理店的所有者兼经营者需要具备很高程度的技能多样性，其活动内容包括电子维修、装配发动机、体力劳动以及与顾客打交道等。车身制造厂工人每天8小时喷漆则是技能多样性程度低的工作。

2. **任务完整性**（task identity）是指一份工作要求完成一项完整的、可辨识的任务的程度。高任务完整性的一个例子是自己设计图样、选料、制造产品并将其完善的家具生产商。低任务完整性的一个例子是仅仅操作车床制作桌腿的锯木工人。

3. **任务重要性**（task significance）是指一份工作对他人的生活或工作的实际影响程度。高任务重要性的一个例子是医院重症监护病房的护理人员。低任务重要性的一个例子是在医院擦地板的清洁工。

4. **工作自主性**（autonomy）是指一份工作为任职者在安排工作内容、确定工作程序方面提供的自由度、独立性及自主权。高工作自主性的一个例子是可以自主安排每天的工作计划，在无须监管的情况下制定针对每位客户的销售方案的销售经理。低工作自主性的一个例子是要求按照标准的销售指导手册来面对潜在客户的客户代表。

5. **反馈**（feedback）指员工在完成任务的过程中，在多大程度上可以直接、明确地获得关于自己工作绩效的信息。高反馈的一个例子是测试和检查iPad的工人。低反馈的一个例子是在流水线上安装iPad组件的工人。

图表8-1描述了工作特征模型，请注意前三个维度（技能多样性、任务完整性、任务重要性）如何组合在一起从而产生有意义的工作。如果一项工作包含这三种特性，那么我们可以预测，员工会觉得他们的工作是重要的、有价值的和有意义的。同样值得注意的是，如果拥有工作自主性，员工会感到自己对结果负有责任，及时提供反馈可使他们了解自己的工作效果如何。工作特征模型表明，当员工认识到（通过对结果的了解）他们很好地从事了（体验到责任）自己所重视的工作（体验到意义）时，他们会获得内部奖励。一项工作所具备的这三种心理状态越多，则员工的积极性、工作绩效、满意度就越高，员工

缺勤和离职的可能性就越小。如图表 8－1 所示，当工作较丰富时，拥有高成长需求的个体更有可能体验到关键的心理状态，并且更有可能对这些状态做出更积极的回应。

图表 8－1 工作特征模型

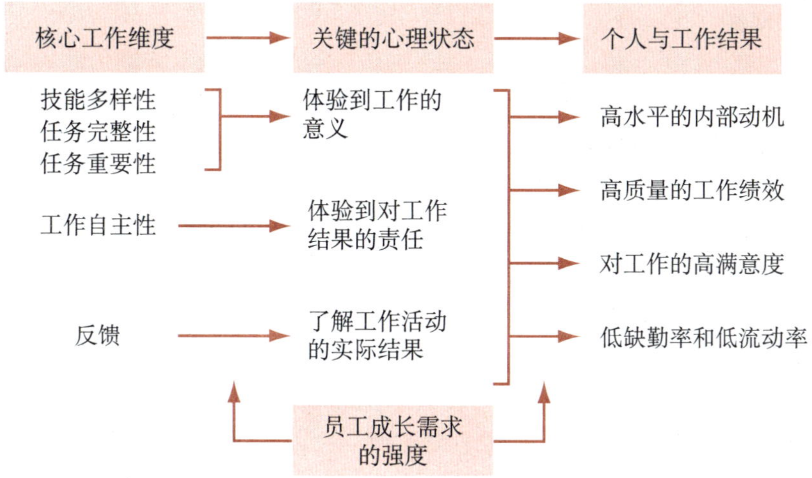

资料来源：Based on J. L. Pierce, I. Jussila, and A. Cummings, "Psychological Ownership within the Job Design Context: Revision of the Job Characteristics Model," *Journal of Organizational Behavior* 30, no. 4 (2009): 477–96.

上述工作特征的存在与更高水平的工作满意度及组织承诺之间的关系得到了许多证据的支持。[3] 尽管研究中可能存在修饰，但总体而言，研究结果和工作特征模型背后的理论是一致的。一项研究表明，当员工以他人为导向，即关注工作中其他人的福利时，其内在工作特征和工作满意度之间的联系较弱。[4] 这意味着当我们关心他人时，我们的工作满意度会更少地来源于这些特征。有研究证明，对工作的心理归属感会增强动机，尤其是对工作小组的共同归属感。[5] 有一项研究探讨了在虚拟工作环境等独特环境中的工作特征模型。研究发现，如果大家在网上而不是面对面地共同工作，那么他们对工作的意义、责任以及结果的了解可能会受到影响。值得庆幸的是，管理者可以通过有意识地发展与员工的个人关系，增强员工对任务重要性、工作自主性和反馈的感觉，来减少这些负面影响。[6]

我们可以把工作特征模型的几种核心维度合并在一起，得出一个预测指数，即**激励潜能分数**（motivating potential score，MPS），其计算方法如下所示：

$$\text{激励潜能分数（MPS）}=\frac{\text{技能多样性}+\text{任务完整性}+\text{任务重要性}}{3}\times\text{工作自主性}\times\text{反馈}$$

激励潜能分数高的工作，在决定工作意义的三项要素中至少有一项得分高，工作自主性和反馈两项也应得分高。如果某项工作在激励潜能上得分高，那么这一模型就可以预测出，员工的工作动机、工作绩效和工作满意度都会受到积极影响，同时缺勤率和离职率会下降。考虑一下你的工作。你有机会从事不同的工作任务，还是每天重复同样的事？你能独立自主地工作，还是会受到主管或同事的监管？你的回答是否反映了你的工作所具备的激励潜能？

研究还考察了领导（我们将在第12章中进一步讨论）如何影响员工对工作特征的看法。例如一项研究发现，道德方面的领导可以提高员工的努力程度和工作绩效，因为他们能够提高员工的工作任务性水平。[7] 一些研究得出了类似的结论：支持性的领导改善了研发人员的工作特征。[8]

8.2 工作再设计

“每天都在重复着同样的事，”弗兰克说，“站在装配线旁，等着仪表板被送到指定的地点，解除机械装置后把仪表板放进吉普车……然后插上电线束。每天工作8个小时，我不停地重复这些事情。我并不在乎他们付给我的每小时24美元的报酬，我快要疯了。最后我说，我的下半辈子不能这样生活，再这样下去我的脑子就成一团浆糊了。于是我辞职了。现在我在一家印刷厂工作，每小时收入不到15美元。但我要告诉你，这项工作真的很有趣，总是充满了变化，我能不断学到新东西。这项工作确实富有挑战性！我每天早晨都满怀期待地去上班。”

弗兰克在吉普车制造厂的工作由一系列重复性的任务组成，基本没有什么多样性、自主性和激励。相反，在印刷厂的工作却充满了挑战和刺激。从组织的视角来看，弗兰克的第一个雇主未能把工作再设计成一份更令人满意的工作，从而导致离职率上升。因此，工作再设计具有重要的实际意义——降低离职率并提高工作满意度。接下来我们要看一看如何把工作特征模型应用到实践当中，让工作变得更有激励作用。

8.2.1 工作轮换和工作丰富化

工作轮换 如果员工不喜欢自己的工作过于固定化或例行化，那么可以选择**工作轮换**（job rotation），即定期从一项工作转移到另一项工作，这些工作通常处于组织的同一级别，技能要求也十分相近。工作轮换有时候也称为交叉培训。[9] 制造商会根据需要安排工作轮换，以便更灵活地应对进货订单的数量。新管理者有时候也会轮换工作，以便了解整个组织的全貌。[10] 出于以上原因，工作轮换适用于从制造车间到医院病房等任何可以使用交叉培训的环境。例如，新加坡航空公司（Singapore Airlines）的票务代理会临时负责行李处理人员的工作。在这个过程中，员工既接受了交叉培训，也了解了组织的各个不同方面。广泛的工作轮换是新加坡航空公司被评为最佳雇主之一的原因。[11]

工作轮换已经被证明可以提高工作满意度和组织承诺水平。[12] 来自意大利、英国和土耳其的证据表明，在制造业中，工作轮换可以带来更高水平的组织绩效。[13] 它减少了无聊，提高了动机水平，并帮助员工理解自己的工作为组织做出的贡献。它还可以提高安全性并减少重复性工作带来的损伤，但这一结论目前仍处于研究和争论的阶段，尚未得出统一的结论。[14]

但是，工作轮换并非没有缺点。首先，每次工作轮换都需要一轮培训，因此培训费用会增加。其次，把员工轮换到一个新岗位上，就会使该角色总体生产率下降。再次，工作轮换使工作群体中的成员总要适应新成员，会给群体带来干扰。最后，针对新轮换来的员工，主管人员要花更多时间来解答他们的问题并督促他们工作。

传言还是科学 金钱买不到快乐

除了“金钱买不到快乐”，你可能还听过另一种说法：金钱确实能买到快乐。这两种说法可能都是正确的。经济学家理查德·伊斯特林（Richard Easterlin）认为，一旦基本的财务需求得到满足，更多的钱不会增加个人的快乐。研究者将这一限值定为 75 000 美元左右。这一结果促使一位首席执行官将自己超过这一数额的收入都捐给了员工！

这一限值并非定值，也不是一个指令，让你在赚够 75 000 美元前都不会感到快乐，赚够之后不会变得更快乐。近来，更多的研究表明情况恰恰相反：钱越多越好。研究者说：“如果确实存在一个满足点的话，我们离得还很远。”

考虑到众说纷纭，幸福感和收入之间可能并不存在直接关系。事实上其他一些研究表明，收入水平并不重要，重要的是你如何使用这些收入。想一想你会被金钱激励的原因。是通过想象银行账户里数字中的零在增加吗？大概不是吧。你可能更多的是被钱能买到的东西激励，而不是被钱本身激励。通过研究，我们可以知道以下几点：

- 把钱给出去比花在自己身上更让人快乐。在一项研究中，学生们会获得一笔钱，并被告知要么把钱捐出去，要么把钱花在自己身上。然后这项研究要求人们把自己的钱捐出去。无论是哪种形式，哪怕捐赠者相对贫穷，把钱捐出去都会让人更高兴。重要的似乎并不是捐赠的数量，而是你认为自己的捐赠会对他人产生多大的影响。
- 把钱花在体验上会比花在产品上更让人快乐。教授托马斯·吉洛维奇（Thomas Gilovich）说：我们告诉自己“我的钱是有限的，能让我去某地，或让我拥有某物。如果我选择了前者，这很棒，但很快就结束了。如果我选择了后者，至少我会一直拥有某物。这是事实，但不符合我们心理上的现实。我们适应了物质生活。”
- 购买时间会让人更快乐，但前提是他们善于利用这些时间。例如，研究人员伊丽莎白·邓恩（Elizabeth Dunn）说，当你可以把一些任务外包出去时，把得到的时间当作“意外”，用它来做些好事。

把钱花在体验上（以及花时间去做这些事）会带来更多的快乐。如果未经仔细思考，这一点似乎是违反直觉的。当你刚买一部手机时你对它有什么看法，你现在又有什么看法？把手机买回来时，你可能很感兴趣，也很投入，而现在它只是一个日常用品。想想你经历过的最棒的假期，当时你是什么想法，现在又有什么看法？无论是当时的体验还是现在的回忆，都能给你带来快乐。

资料来源：Based on A. Blackman, “Can Money Buy Happiness?” *The Wall Street Journal*, November 10, 2014, R1, R2; D. Kurtzleben, “Finally: Proof That Money Buys Happiness (Sort Of),” *USNews.com*, April 29, 2013; and A. Novotney, “Money Can’t Buy Happiness,” *Monitor on Psychology* (July/August 2012): 24–26.

工作丰富化 回忆一下我们在第 7 章中讨论的一些动机概念，包括开发和培养内在动机等自我决定理论的主要焦点。它们都可以通过工作丰富化的过程来实施。**工作丰富化**（job enrichment）会把更高层次的责任添加到工作中，以增强员工的使命感、方向感、意义感和内在动机。[15]

通过这种方式将工作丰富化不同于扩展工作或者是增加更多的任务和要求。它还涉及增加新层次的责任和意义。工作丰富化源于赫茨伯格的理论：提供保健或激励因素，以增强工作动机。有时候，丰富化并不是由管理层严格控制的。众所周知，员工能够丰富自己的工作并因此感到满意，特别是那些在高速发展的行业工作的员工。[16]

对早期研究的综述表明，工作丰富化可以有效降低离职率。相比于在员工加入组织前提供"现实预览"的方法，工作丰富化的有效性几乎是其两倍。[17]一项涉及20 000多名英国员工的调查表明，通过提高工作满意度，工作丰富化的实践和组织的财务业绩、劳动生产率、缺勤率和产出质量有关。[18]

8.2.2 关系性工作设计

以工作特征模型为基础来重新设计工作，可能会使工作更具有激励作用。然而，越来越多的现代研究开始关注如何使工作更加激励人。换句话说，管理者如何设计工作，员工才会有动机去为组织的受益者（顾客、客户、患者以及员工）谋取福利？这种观点将**关系性工作设计**（relational job design）的焦点从员工转移到那些生活会受员工工作表现影响的人身上。[19]它还能够激励个人提高工作绩效。[20]

使工作在亲社会性上更有激励作用的方法之一就是通过讲故事的方法描述公司的产品或服务给顾客带来的帮助，在员工和工作的受益者之间建立更紧密的联系。例如，医疗设备制造商美敦力公司（Medtronic）邀请人们描述它的产品如何改善甚至拯救了他们的生命，并在年会上与员工分享这些故事，从而有效地提醒员工他们的工作能够产生重大的影响。又比如，研究人员发现，大学筹款人与那些接受奖学金的大学生短暂接触后，他们坚持的时间延长了42%，筹得的钱是那些没有与奖学金获得者接触过的人的两倍多。[21]即便筹款人只与一名奖学金获得者见过面，其积极影响也是显而易见的。

为产生积极影响，与受益人的个人接触并不总是必要的。美国的癌症中心有一个传统，一旦某个儿童的化疗结束并成功战胜了癌症，这个儿童就会去把钟敲响。钟声经常会在医院的各个地区播放，而员工仅仅通过听到这个钟声就能得到激励。得克萨斯州儿童癌症中心的佐安·德赖尔（ZoAnn Dryer）医生说："每次钟声一响，你就知道有人成功战胜了癌症。这就是它的意义所在。"[22]

为什么这些关联有如此积极的影响？直接与受益者见面，甚至仅仅看到他们的照片，员工就能感受到，他们的行动会影响到一个真实的人，并且会带来实实在在的效果。这会使顾客和客户更容易被员工记起，情感上更加强烈，因此员工会更多考虑他们的工作行为所带来的影响。这种联系会使员工从受益者的角度看问题，培养起更高的组织承诺。

你可能想知道，工作特征模型中的任务重要性是不是涵盖了关系性工作设计，即员工与工作受益者之间的联系。然而，一些差异使员工与受益者的联系变得独特。第一，很多工作被认为是重要的，但是从事这些工作的员工从未见过受他们工作影响的人。第二，联系受益者与帮助他人这样的亲社会行为之间似乎存在明确的关系。例如一项研究发现，如果救生员对自己的职业有所了解，明白自己的职业会使游泳者受益的话，大多会得到老板的赏识；那些只关注自身利益的救生员则不会得到这样的认可。[23]结果是什么？你可以通过很多方法把工作设计得更加激励人心，你应该根据希望实现的结果来做出选择。

注重亲社会动机的关系性工作设计对于有企业社会责任（corporate social responsibility,

CSR）计划的组织来说是一个特别突出的主题。正如我们在之前的章节所讨论的那样，企业社会责任方面的工作通常包括邀请员工志愿贡献自己的时间和精力。这些工作有时会使用工作相关的技能（例如家居装修零售店的员工帮助重建房屋），但更多的时候并非如此（例如银行员工和仁爱家园组织（Habitat for Humanity）一起帮助重建房屋）。在两种情况下员工都可以和工作的受益者进行互动。研究表明，受企业资助的志愿者计划加强了工作特征模型中的工作意义维度和任务重要性维度，并激励员工参加志愿活动。[24] 虽然这种亲社会的动机值得关注，但它和关系性工作设计是不同的：首先，企业社会责任工作是通过志愿活动而不是在工作中进行的；其次，员工所做的事也与他们在工作中做的事不同，家居装修零售店的员工在工作中也不会建造房屋。然而，关系性工作设计为企业社会责任计划的实施提供了有趣的可能性。

8.3 替代性工作安排方案

你可能已经意识到有很多激励人的方法，而我们已经讨论了其中的一些。还有一些激励方法是利用诸如弹性时间制、工作分担或远程办公等方法来改变工作设计。这些对很多员工来说尤为重要，比如双职工夫妻、单亲家庭，或者需要照顾病人或老人的员工。

8.3.1 弹性时间制

苏珊·罗斯每天早晨 5 点整准时起床，精力充沛，这得益于她晚上 7 点看完新闻之后就准备睡觉了。

苏珊在哈特福德金融服务集团（Hartford Financial Services Group）处理索赔业务，她的工作时间比较灵活。她所在的办公室早晨 6 点开门，晚上 7 点关门，在这 13 个小时内如何安排 8 小时的工作时间由她自己决定。由于苏珊习惯早睡早起，她 7 岁的儿子每天下午 3 点放学，因此苏珊选择早上 6 点至下午 3 点为工作时间。“我的工作时间棒极了，我在精力最充沛的时间段工作，还可以在儿子放学后回家照顾他。”

苏珊的工作时间就是弹性时间制的一个例子。**弹性时间制**（flextime）是“灵活的、弹性的工作时间”或“灵活的、弹性的工作安排方案”的简称。[25] 弹性时间制的员工每周工作的小时数是固定的，但在一定条件下他们可以改变工作时间。每天的工作时间包括一个公共核心时间段，通常为 6 小时，核心时间段的两端是弹性时间段，核心时间段可以从上午 9 点到下午 3 点，办公室的开门时间是早上 6 点至下午 6 点。员工必须在核心时间段内到岗，除此之外的 2 小时员工可以自由安排。一些弹性时间制还允许员工积累额外的工作时间，而且可将其兑换成休息日。图表 8－2 为弹性时间制的例子。

图表 8－2　弹性时间制实例

日程表一	
时间百分比：	100%= 每周 40 个小时
核心时间段：	9：00 am ～ 5：00 pm（午餐时间一个小时）周一到周五

工作开始时间：	8：00 am ～ 9：00 am
工作结束时间：	5：00 pm ～ 6：00 pm
日程表二	
时间百分比：	100%= 每周 40 个小时
核心时间段：	8：00 am ～ 6：30 pm（午餐时间半个小时）周一到周四上班，周五不上班
工作开始时间：	8：00 am
工作结束时间：	6：30 pm
日程表三	
时间百分比：	90%= 每周 36 个小时
核心时间段：	8：30 am ～ 5：00 pm（午餐时间半个小时）周一到周四 8：00 am ～中午（没有午餐时间）周五
工作开始时间：	8：30 am（周一到周四）；8：00 am（周五）
工作结束时间：	5：00 pm（周一到周四）；中午（周五）
日程表四	
时间百分比：	80%= 每周 32 个小时
核心时间段：	8：00 am ～ 6：00 pm（午餐时间半个小时）周一到周三 8：00 am ～ 11：30 am（没有午餐时间）周四；周五不上班
工作开始时间：	8：00 am ～ 9：00 am
工作结束时间：	5：00 pm ～ 6：00 pm

弹性时间制已成为最受欢迎的一种时间方案。最近的调查显示，大多数的美国组织（54% ～ 56%）都会提供某种形式的弹性时间，并从中受益。有 33% 的组织表示参与度有所增加，23% 的组织表示生产率水平有所提高。（相反，参与度和生产率下降的组织只有 5% 或更少。[26]）对许多员工来说，弹性时间制似乎已经成为重要的工作设计元素——53% 的员工认为弹性工作安排是影响他们的工作满意度的重要因素，55% 的员工不太可能在一年内寻求其他地方的工作机会，34% 的员工表示灵活的时间安排使他们愿意留在目前的雇主这里。[27] 根据法律，德国、比利时、荷兰和法国等国的雇主不得拒绝员工申请兼职或灵活工作时间的要求，只要这一要求是合理的，比如照顾自己年幼的孩子。[28]

大多数关于弹性时间制的证据都支持这种做法。一项对 40 多个研究的综述表明，弹性时间制与正面工作成果总体上相关，但影响不大——弹性工作制对降低缺勤率的影响要大得多，而对提高生产率和对工作安排的满意度的影响次之。[29] 弹性时间制往往会降低缺勤率。原因是员工可以根据个人需求来调整工作时间，从而减少迟到和缺勤现象。而且，员工可以把工作安排在自己效率较高的时段内完成。弹性工作时间能够帮助员工实现工作与家庭的平衡；在判断工作场所是否属于“家庭友好型”时，这是一个比较常用的标准。但来自超过 10 万名员工的经验证据表明，尽管弹性时间制在减少工作对家庭干扰方面有微弱的影响，但它并不能影响家庭干扰工作的情况。[30] 然而，弹性时间制对工作与生活平衡的影响比表面上看起来要微妙得多。例如，两项针对德国员工的研究表明，尽管弹性时间制让员工可以在工作和生活之间设定更明显的界限，但除非员工在工作时间内就完成日常目标，否则这些界限可能并不能真正发挥作用。[31] 这些研究表明，滥用弹性时间制可能会妨碍目标的完成。

弹性时间制的主要缺陷在于，它并不适合所有的工作或者所有的员工。管理者和主管们在工作中已有高度自主权，因此弹性时间制对他们来说并不像对普通员工那么有效。[32] 此外，那些强烈渴望把工作和家庭区分开来的人似乎不太愿意利用弹性工作时间。[33] 那些要求采用弹性时间制的人往往会受到指责。如果组织的大部分领导人都通过采用灵活的工作时间来表明弹性时间制是可接受的，那么这种现象可能会被避免。[34] 直觉上我们会认为弹性时间制是一种有价值的商业实践。因此这些发现表明，我们仍然需要进行额外的研究，以确定弹性时间制在各个方面的个体差异。

职业目标　如何争取弹性时间制？

我的工作很好，但我不明白为什么管理层不允许实施弹性时间制。我在办公室用笔记本电脑工作，我在家里也可以用同一台笔记本电脑工作，还不会受到同事们的打扰。我知道弹性时间制会让我更有效率，我怎样才能说服管理层允许我这么做？

——索菲亚

亲爱的索菲亚：

我们首先要问两个问题：（1）禁止在家工作是公司政策，还是管理者的政策？（2）你想要的是弹性时间制还是远程办公？例如，如果你在雅虎上班，那么你可能无法说服任何人允许你在家工作，因为首席执行官玛丽莎·梅耶尔（Marissa Mayer）公开表示反对这项政策。如果禁令只是你管理者的政策，甚至只是你所在部门的政策，那么你就有可能实现目标。

这就引出了我们的第二个问题，即关于弹性时间制还是远程办公的问题。相比完全远程办公，即所有时间都在家工作，你的雇主更有可能实现你弹性安排工作时间的愿望，即只在一些非核心时间段在家办公。例如每天在办公室工作 6 小时，在家工作 2 小时。

研究表明，员工与管理者之间的相互支持关系比公司政策更有可能赋予员工在家工作的权利。无论是弹性时间制还是交替工作制，部分时间的远程办公相比完全远程办公更有可能被接受。如果你有合理的在家工作需求，或者从事以知识为基础的工作，对你可能会有帮助。例如，贾里德·多尔顿（Jared Dalton）是安永会计师事务所的经理，他每周有两天的时间远程办公，而他的妻子克里斯蒂娜（Christina）在另外的两天里远程办公，这样他们就可以兼顾照看婴儿。

如果你觉得弹性时间制的适用取决于组织对员工的偏爱，那么你可能是对的。然而，这也反映了远程办公的现状：只有 38% 的美国组织允许部分员工定期在家工作。为了成为少数幸运儿之一，你可以考虑以下几点：

- 查看你所在组织关于灵活选项的政策。
- 制定一个在家工作的计划并告知你的管理者，包括每周的工作时间、每天的工作地点，并说明管理者的监督方式。
- 收集关于你工作效率的证据。你曾经在家工作过吗？如果有，展示一下当时取得的成绩。你说你在家工作的效率更高，高多少？

• 概述你在家工作的理由。比如，你需要帮忙照顾某位年长的亲人吗？在家工作能帮你节省通勤时间用来工作吗？

• 解决管理层所关心的问题。研究表明，管理层最关心制度被滥用的可能性和公平性问题。

• 考虑你和管理者的关系。他过去支持过你吗？你的管理者平易近人吗？

当你准备好了，和你的管理者讨论你的要求。请记住，提出远程办公的想法和提出其他任何想法都是一样的——你必须考虑它对你的雇主有什么好处，而不是对你自己有什么好处。

资料来源：Based on “The 2015 Workplace Flexibility Study,” *WorkplaceTrends.com*, February 3, 2015, https://workplacetrends .com/the-2015-workplace-flexibility-study/; T. S. Bernard, “For Workers, Less Flexible Companies,” *The New York Times*, May 20, 2014, B1, B7; and C. C. Miller and L. Alderman, “The Flexibility Gap,” *The New York Times*, December 14, 2014, 1, 5.

8.3.2 工作分担

工作分担（job sharing）指让两个或多个员工共同分担一项传统的全职工作。[35] 一个员工可以从上午 8 点工作到中午，另一个人从下午 1 点工作到 5 点，或者两个人每隔一天交替从事同一项工作。例如，福特公司高级工程师朱莉・莱文（Julie Levine）和朱莉・罗科（Julie Rocco）采用轮班制，这种工作安排允许他们花时间陪伴自己的家人，同时又可以负责重新设计探险者这款车。通常来说，其中一个人会在下午和晚间工作，另一个人则在上午工作。他们都觉得这个安排很好，虽然为让其具有可行性需要花大量时间做准备工作。[36]

2014 年，大约有 18% 的美国企业给员工提供工作分担的机会，与 2008 年相比下降了 29%。[37] 之所以没有广泛采用，是因为很难找到一位合适的搭档来分担同一项工作，以及长期以来人们对进行工作分担的员工持有负面看法：他们并不完全忠于自己的工作和雇主。然而，由于这些原因而取消工作分担可能是短视的。工作分担使组织能够在特定的工作岗位上吸引更多人才。它为获得难以完成全日制工作的熟练工人创造了机会——例如，这些人可能是退休人员或带小孩的年轻父母。从员工的角度来看，对于那些在正常情况下无法工作的人来说，如果工作分担让他们能够工作，那么工作积极性和满意度会提高。雇主之所以决定采用工作分担制，通常是基于对经济和国家政策的考虑。两个兼职员工分担工作的薪资和福利成本应比一个全职雇员更低，但实际情况可能并非如此，因为培训、协调、管理的成本都很高。理想情况下，雇主应该分别考虑每个员工和工作的情况，寻求将员工的技能、人格和需求与工作需要完成的任务匹配起来，并考虑个人的激励因素。

8.3.3 远程办公

对许多人来说，这也许是一种近乎理想化的工作方式：不用经受上下班高峰时段通勤之苦，工作时间灵活，穿着随意，几乎不受打扰。**远程办公**（telecommuting）指的是让员工每周至少两天在家或者其选择的工作场所以外的地点办公，通过与办公室联网的虚拟设备来处理公务。[38] 在家办公的销售经理是远程办公，而出差时在汽车上工作的销售经理则不是。

远程办公似乎与知识工作增加的趋势相适应（这种类型的工作通常可以在任何地方进行）。正如组织行为民意调查显示的那样，受教育水平越高的人越倾向于在家工作。然而远程办公最近成了一个热门话题，不是因为它的潜力，而是因为组织对它的接受或拒绝。尽管远程办公有种种好处，但是雅虎和百思买这样的大型组织已经取消了这种形式的工作。[39] 雅虎首席执行官玛丽莎·梅耶尔讨论了远程办公对企业文化的破坏性，她指出：“人们独处时效率会更高，但在一起工作时会更具有协作性和创新性。”[40]

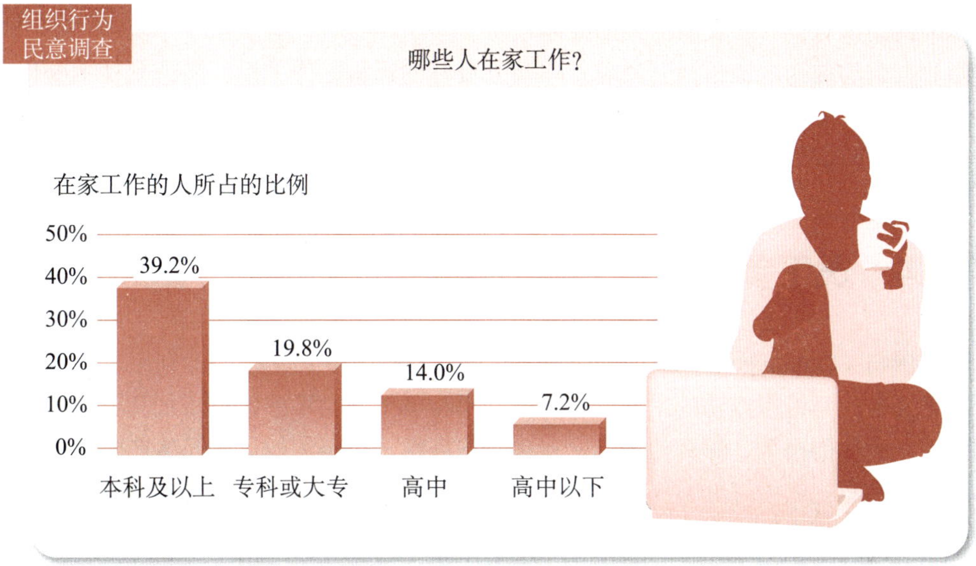

资料来源：Bureau of Labor Statistics, Table 6, from Economic News Release, “American Time Use Survey Summary,” June 24, 2016, https://www.bls.gov/news.release/atus.t06.htm.

什么类型的工作适合远程办公？作家、律师、分析员以及将大部分时间用在电话和电脑上的员工（例如电话推销员、客服代表、预订员和产品支持专家）都可以远程办公。作为远程办公者，他们可以在家通过电脑获得信息，其便利程度与在公司的办公室完全一样。

远程办公会带来一些好处。首先，它与目标评价绩效、上级评价绩效以及工作满意度呈正相关；其次，它还能降低角色压力和减弱离职意向。[41] 每周远程工作 2.5 天以上的员工比那些每周大部分时间都在办公室工作的员工更能感受到减少工作与家庭之间冲突的好处。[42] 除了对组织和员工有好处，远程办公对社会也有潜在好处。一项研究估计，在美国，如果人们有一半的时间远程办公，每年的碳排放量将会减少大约 51 吨。远程办公可以通过减少办公室能源消耗、减少温室气体的排放以及降低道路维修需求来实现环保。[43]

远程办公也有一些弊端。在当今的工作场所中，工作团队受到特别关注，而远程办公可能会导致社交惰化（social loafing），即员工在团队环境中推卸责任。当员工有家庭责任重担而其队友没有时容易出现这种情况。[44] 远程工作的管理者可能会对你的绩效产生负面影响。[45] 管理人员也面临办公室工作人员工作积极性下降这一问题的挑战，因为员工会认为自己远程办公的自由被剥夺了。[46] 与梅耶尔关于雅虎公司的结论相反，研究表明，更具创造性的工作实际上可能最适合远程办公，而数据输入等单调的重复性任务会降低动机，进而降低远程办公员工的绩效。[47]

从员工角度来说，远程办公增加了隔离感，降低了工作满意度和同事关系质量。[48] 研究表明，如果你被强制在家工作，你可能会遇到更多的工作 - 家庭间的冲突。这可能是因为远程办公经常会使每周的工作时间增加到超过合同规定的水平。[49] 远程办公者还可能受到“看不到，就记不住”这一效应的影响。那些不坐在办公桌前、不在会议上露面、不在平时的非正式社交场所中出现的员工，可能会在加薪和晋升时受到不利影响，因为上司会认为他们没有投入必要的“会面时间”。[50]

远程办公的成功取决于通信质量，以建立良好的远程工作关系。考虑到技术变化、工作性质和年轻员工的偏好，远程办公显然是有意义的。然而，雅虎的案例表明，一些领导者并不认为这些好处会超过成本。

8.4 员工参与

员工参与（employee involvement and participation，EIP）[51] 是一种利用员工对工作的投入来增强他们对组织成功的承诺的过程。如果让员工参与那些能够增加其工作生活的自主权和控制程度的决策，那么他们会变得更有积极性，对组织的承诺及生产率更高，对自己的工作更满意。这些好处不仅限于个人，如果团队对他们的工作有更多的掌控，整个团队的士气和绩效也会提高。[52]

EIP 项目只有根据地区和国家规范进行了调整，才能获得成功。[53] 一项研究通过调查四个国家（包括印度和美国）的不同情况证实了根据文化来调整员工参与方案的重要性。[54] 美国的员工可以欣然接受 EIP 项目，而那些试图赋予员工权力的印度管理者却得到员工较低的评价。他们的反应与印度高权力距离的文化是一致的，他们接受并期望权威存在差异。与印度的工作相比，处于转型期的中国的员工不那么注重权力距离。高度认同传统文化价值观的中国员工参与决策制定后，并没有明显从中受益。然而，不那么传统的员工在参与管理之后，表现出更高的满意度和工作绩效。[55] 另一项在中国进行的研究表明，员工参与会提高员工的工作安全感和幸福感。[56] 中国内部的这些差异可能反映了当前中国文化处于转型期的现实。例如，对中国城市的研究表明，EIP 项目中协商和表达而非参与决策带来更高的工作满意度。[57]

8.4.1 员工参与的形式

现在让我们具体来看员工参与的两种主要形式：参与管理和代表参与。

参与管理　在所有的**参与管理**（participative management）方案中，一个明显的共同特征是共同决策。也就是说，下属可以在很大程度上与直属上司共享决策权。[58] 这种分享可以以情况介绍或调查的正式形式进行，也可以通过日常协商等非正式形式进行，作为利用信任和承诺来增强动机的一种方式。[59] 参与管理在很多时候被认为是治疗士气低落和生产率低下的灵丹妙药或万能药。实际上，有证据表明，参与管理减少了工作不安全对满意度和离职意愿的负面影响。[60] 一项综述发现，诸如质量圈（quality circle）等参与管理技术对工作绩效有中等水平的影响。[61] 要想使这种做法奏效，关键在于追随者必须信任他们的领导者，并为管理方式的改变做好准备。而领导者应避免强制性的管理方法，要向追随者强调共同决策可能给组织带来的结果，并定期对进展情况进行考察。[62]

许多研究探讨了参与和组织绩效之间的关系，得出的结果并不一致。[63] 实施参与管理的组织可能会实现更高的股票收益、更低的离职率以及更高的员工生产率，但是这些效果通常不太明显。[64]

代表参与 大多数西欧国家要求公司实行**代表参与**（representative participation）。[65] 代表参与通过让一小部分员工成为决策参与者，从而在组织内部重新分配权力，使员工与管理层及股东的利益更为均衡。在英国、爱尔兰、澳大利亚和新西兰，EIP 项目最初只有代表参与一种形式。该项目设立的目的是让来自工会的代表讨论工会协议以外的问题。然而，这些代表群体现在更多的是工会与非工会成员的混合，独立于工会安排之外。[66]

代表参与最常采用的两种形式是：职工监事委员会和董事会代表。职工监事委员会是一群被任命或推选出来的员工，管理层在制定与员工有关的决策时必须与他们协商。董事会代表指的是进入董事会并代表公司员工利益的员工代表。

代表参与对员工的影响似乎有好有坏，但一般而言，员工需要感受到自己的利益得到较好的代表，并对组织产生各种影响，以增强动机。因此，作为一种激励工作，代表参与正被更直接的参与方式取代。

总之，EIP 项目具有明显提高员工内在动机的潜力。让员工具有做出并执行决策的机会，然后看着这些决策发挥作用，有助于实现各种想要的组织成果。给予员工对关键决策的控制权，并确保他们的利益得到维护，可以增强他们对程序公平的感受。但是，正如其他任何方案一样，EIP 项目必须经过仔细设计。

8.5 利用报酬激励员工

正如我们在第 3 章所说的那样，工资并不是导致工作满意的唯一因素。然而，它确实能够对员工产生激励作用，而企业经常低估它的重要性。美国心理协会（American Psychological Association）的一项调查显示，虽然薪酬和福利不如快乐工作以及工作与生活的其他方面相协调那么重要，但约 60% 的受访者认为，薪酬和福利是他们留在现有雇主那里的原因。[67]

既然工资如此重要，在薪酬方面，组织是处于市场领先水平、平均水平，还是低于平均水平？如何识别和确认员工个人的贡献？在这一节中，我们主要考虑：（1）向员工支付什么（通过建立薪资结构来确定）；（2）如何支付（通过浮动工资方案来确定）。

8.5.1 支付什么：建立薪资结构

付薪方式有多种。最开始确定薪资水平的过程可能相当复杂，需要兼顾内部公平——

工作对本组织的价值（通常通过工作评估的方式来确定）和外部公平——与同行业其他公司的薪酬相比，本组织所提供的薪酬的外部竞争力（通常通过薪酬调查来确定）。显然，最佳的薪酬体系既反映了工作的价值，同时又可保持在劳动力市场上的相对竞争力。

不过，有的组织更愿意支付高于市场水平的薪酬，从而成为薪酬的领导者；有的则会低于市场水平，因为它们没有能力支付市场平均水平的薪酬，或者它们想要将薪酬成本压低到市场水平之下（也就是说，这些公司会由于高薪酬对员工的吸引而存在较高的离职率）。一定程度上，一些公司正是通过压低员工工资来实现收入和利润的大幅增长。[68]

薪资高，企业就可能得到更优秀、积极性更高、愿意在本组织长久工作的员工。一项对 126 个大型企业的研究发现，如果员工认为自己获得了有竞争力的工资，他们的士气会更高，工作更有成效，顾客的满意度也更高。[69] 但薪资通常是组织运营成本中最高的一项，这意味着薪酬过高会使得本组织的产品或服务价格过于高昂。这是一个组织在权衡利弊后必须做出的战略决策。

对沃尔玛来说，它关于薪酬的战略决策似乎没有起到作用。2011 年沃尔玛美国门店的年增长率已经放缓至 1% 左右，而它的主要竞争对手之一开市客（Costco）的增长率却达到了 8%。开市客员工的平均年薪为 45 000 美元，而沃尔玛山姆俱乐部员工的平均年薪大约为 17 500 美元。开市客的策略是，支付越多，收获就越多——高工资带来的是员工生产率的提高和离职率的降低。沃尔玛最近决定提高整个组织的员工薪资，或许该公司的高管也同意这一点。[70]

8.5.2 如何支付：通过浮动工资方案奖励员工

“凭什么我要在工作中付出更多努力？”安妮问道，她是科罗拉多州丹佛市的一名小学四年级老师。“无论我做得十分出色还是仅仅达到最低水平，都没有任何差异，给我的薪水是一样的。那我为什么要做得比最低水平更好呢？”几十年来，与安妮类似的声音在教师队伍中不绝于耳，因为他们的加薪完全与资历挂钩。但是，最近不少学区开始修改它们的薪酬体系，通过将教师的薪资水平与课堂表现挂钩，以激励老师在工作上追求卓越，其他一些州也在考虑实施类似的方案。[71] 许多公共或私营组织正在放弃基于服务年限和受教育水平的薪酬体制。

计件工资、绩效工资、奖金、利润分享和员工持股计划都是**浮动工资方案**（variable-pay program，也称为绩效薪酬）的具体形式。浮动工资方案以员工个人绩效以及组织绩效为基础来确定部分薪酬。[72] 浮动部分可以是全部工资，也可以只是一部分；可以按年支付，也可以在达成某种条件时支付；可以是雇员可以选择的条件，也可以是聘用时必须接受的条件。[73] 很长一段时间以来，销售人员和管理人员的薪资都采用浮动工资方案的形式，但采用浮动工资方案的工作类型已经得到了拓展。

在全球范围内，大约 84% 的公司会提供某种形式的浮动工资方案。[74] 大多数组织（70%）会设置组织、部门、团队和个人级别的奖励组合，只有不到 1/3 的组织只使用某一级别的奖励。[75] 对于《公平劳动标准法》（Fair Labor Standards Act）未涵盖的受薪员工，各组织计划通过浮动薪酬的方式进行奖励，平均奖励水平为其工资的 11.6%。[76]

遗憾的是，并不是所有的员工都看到了薪酬与绩效之间的紧密联系，尽管这种类型的计划看起来十分重要。正如之前所说，教师绩效工资制使用得越来越频繁，尤其是基于学生考试成绩的计划。最近对美国数千名教师的研究表明，这些计划不仅没有对教师的动机和教学实践产生积极影响，实际上还带来了更高水平的压力以及更多的反生产工作行为，例如通过作弊或恐吓学生来使他们在考试中表现得更好。[77]

从实践结果来看，绩效工资方案带来的结果有好也有坏，其中环境和个人对方案的接受能力有很大的影响。例如，一项针对主管－下属关系的研究发现，只有在员工信任管理层，而关系（指下属、主管和同事之间的特定个人关系）在人力资源实践中发挥的作用较小时，员工的创造力和内在动机才能得到绩效薪酬计划的支持[78]，领导（见第 12 章）也会起到作用。当权变奖励型领导或其他积极领导行为被采用时，绩效薪酬计划能够更有效地提升绩效。[79] 性格外向、情绪稳定的个人往往更容易接受绩效薪酬计划，并在这种情况下表现得更好。而小心谨慎的员工则不那么容易接受。[80]

保密对于浮动工资方案能否成功发挥激励作用起着重要作用。一些政府和非营利组织会在特定范围内公开或普遍公开薪酬金额，但大多数美国组织都鼓励或要求保密。[81] 这是好事还是坏事？不幸的是，答案是坏事：薪资保密对工作绩效有不利影响。更糟糕的是，它对高绩效员工的负面影响比对其他员工的影响更大。保密很可能会使员工认为薪资水平是主观决定的，进而失去动力。为了恢复平衡，可能无须公布个别薪酬金额。但如果能够公布薪酬的一般类别，并使员工认为浮动工资和绩效有客观联系，那么浮动工资制的激励效应就能够体现出来。[82]

正是由于浮动工资不断波动才使得它对管理者具有吸引力。它把组织中的一部分固定劳动力成本转化为可变成本，因此在效益降低的情况下可以节省费用。例如，2001 年和 2008 年美国经济进入萧条时期，与维持非绩效薪酬体系的组织相比，采用浮动工资方案的公司可以比其他公司更快地降低劳动力成本。[83] 长期来看，绩效低的人发现自己的工资始终不变，而高绩效者的工资则随着贡献相应增长。然而，浮动工资制给组织带来的结果似乎随着时间的推移也有所不同。一项对标准普尔 500 强企业 1998—2005 年股东回报的研究表明，尽管对首席执行官的绩效薪酬计划（包括股票期权和奖金）在刚开始时很有效，但随着时间的推移，它们与股东回报之间的关系在缓慢减弱，而传统薪酬计划与股东回报之间的关系则在增强。[84]

接下来让我们更详细地考察不同类型的浮动工资方案。

计件工资　计件工资一直长盛不衰。在**计件工资方案**（piece-rate pay plan）中，按照工人完成的每一个生产单位支付固定报酬。它同样可以用在任何产出形式相似且可以用数量来评估的组织环境中。[85] 在纯粹的计件工资方案中，员工没有基本工资，而仅仅根据自己的产量得到报酬。棒球场卖花生和汽水的员工常常以计件工资的方式获得报酬。如果他仅卖出 40 包，就只能得到 40 美元。他卖出的花生越多，收入就越高。计件工资方案有时候也会以团队分配的形式进行。在这种形式下，一名球场工作人员会从团队售出的花生中挣到一部分钱。

众所周知，计件工资方案可以带来更高的生产率和更高的薪资，因此对组织具有吸引力，对员工也有激励作用。[86] 事实上，中国的一所主要大学就通过提高教授论文的计件工资水平实现了科研生产力 50% 的提高。[87] 在职场中，管理者和终身制员工最有可能受到计件工资方案的激励，而表现欠佳的员工通常对计件工资不感兴趣，原因很简单——他们拿不到多少工资！

采用个人和团队计件工资制的员工最关心的是财务风险。最近一项在德国进行的研究发现，68%的风险厌恶者更喜欢个人计件工资制，而表现较差的人更喜欢团队计件工资制。为什么？作者认为，风险规避和表现优异的个人更愿意根据他们能够掌控的东西（自己的工作）来获得薪酬，因为他们担心其他人在团队计件工资制度下会有所懈怠。[88] 这种担心是合理的，我们将在下一章中讨论这一点。另外，组织应该核实自己的计件工资方案确实对个人有激励作用。欧洲的研究表明，当工作进度是由客户要求等无法控制的外部因素决定，而不是由同事、目标和机器等内部因素决定时，计件工资方案并不能起到激励作用。[89] 无论采用何种方式，管理者都必须留心员工通过降低质量来提高产出速度的动机。

因此，尽管计件工资方案在很多组织环境中都是一个强大的因素，但其一个明显的局限性在于很多工作无法采用这种方式支付薪酬。无论病人的数量和治疗效果如何，抢救室的医生和护士的薪水都很高。如果只有病人痊愈了医生才能得到薪水，这种方式会更好吗？大多数人不会接受这样的安排，并且这有可能导致意想不到的后果，比如抢救室医生会拒绝那些病情到了晚期或受了致命伤的病人。尽管这种方案对某些工作来说具有激励作用，而且是切实可行的，但认为它能够普遍发挥作用是不现实的。

绩效工资　绩效工资方案（merit-based pay plan）是根据员工个人的绩效支付薪酬。绩效工资建立在绩效评估的基础之上。[90] 绩效工资的主要优点在于那些高绩效者可以获得更多的加薪或晋升。如果设计得当，绩效工资方案可以使员工觉得自己的绩效与获得的报酬是息息相关的。[91]

绝大多数大型组织采取绩效工资方案，尤其是对那些拿工资的员工。绩效工资方案逐渐渗透到公共部门。例如，大多数美国政府职员会加入工会，而代表他们的工会通常会要求完全按照资历决定加薪。然而，新泽西州州长克里斯·克里斯蒂（Chris Christie）在教师行业实施了绩效工资方案，并声称这是新时代的问责制度。纽瓦克教师工会批准了这一方案，脸书CEO马克·扎克伯格还提供了资金支持。[92] 纽约市的公立医院体系根据医生所降低的成本、提高的病人满意度以及改善的医疗服务质量来支付他们的薪资。[93]

有些组织不再发放绩效工资，因为它们认为仅仅区分绩效高低是不够的。人力资源咨询公司怡安（Aon Hewitt）的薪酬管理人员肯·阿博施（Ken Abosch）表示："人们相信，并且有证据和研究表明，浮动工资确实会成为员工关注的重点。"但是，当年度考核与涨薪之间相隔数月时，这种奖励对高绩效员工的作用就会减弱。即便是那些保留了绩效工资方案的公司也在重新考虑分配的额度。[94]

你可能会认为一个人的平均绩效是决定绩效工资的关键因素，它对未来绩效水平的预测也起到一定的作用。一项研究发现，美国职业篮球联赛（NBA）球员的表现比平常好并且呈上升趋势时拿到的薪酬更高。所有球队的经理可能会在不知不觉中根据他们对球员表现的预测来决定绩效工资，这就容易导致过于乐观（或悲观）的薪酬决策。[95]

尽管从直觉来看绩效工资方案确实具有吸引力，但它也有一定的局限性。一般来说，它基于年度绩效评估，因此，绩效工资的有效性就与绩效评估的有效性直接相关。而绩效评估经常是主观的，这就有可能带来歧视问题，正如我们在第2章所讨论的。研究表明，非裔美国员工的绩效评分低于白人员工，女性的评分高于男性，而在其他因素相同的情况下，薪资增长的分布仍存在人口统计学上的差异。[96] 另一个局限就是，加薪空间会受到经济状况或其他状况的约束，而这些状况与员工个人的绩效没有什么关联。例如，一所顶级大学的一名老师教学成绩突出，研究成果显著，但只获得了300美元的加薪。为什么？

因为这所大学的加薪空间非常小，这一加薪更多的是由于生活成本的增加，而不是绩效工资的增加。工会通常会抵制绩效工资方案。基于这个原因，绩效工资的实施对象很少包括教师。相反，占主导地位的是基于资历的工资方案，这样所有员工都会获得同样的加薪。

从绩效工资的概念和目标来看，应按照绩效支付员工薪酬，这是合理的。然而，出于激励员工的目的，绩效工资只应该成为绩效奖励计划的一部分。

奖金 对很多工作来说，**年度奖金**（bonus）是总薪酬的重要组成部分。[97] 奖金计划曾经是高层管理人员的专属，现在也例行提供给组织所有级别的员工。绩效奖金的激励效果应该比绩效工资更好，因为奖金奖励的是员工最近的业绩而非历史业绩，历史业绩在绩效工资方案中会成为基本工资（绩效工资是积累性的，但涨幅一般远小于奖金数额）。而且，在经济不景气时，公司能够通过削减奖金来降低薪酬成本。例如，华尔街员工的奖金下降幅度超过 1/3，因为他们的公司面临严格的审查。[98]

奖金计划有一个明显的好处：它可以激励员工。例如最近在印度进行的一项研究发现，如果将较高比例的薪酬留作管理人员和员工的潜在奖金，生产率就会得到提高。[99] 这个例子也突出了奖金制度的弊端：它使员工的薪酬更容易被削减。如果员工依赖奖金或认为获得奖金是理所应当的，奖金制度就更容易出现问题。“人们不再把奖金当作奖金，而是预期年收入的一部分。”哈佛商学院教授杰伊·洛尔施（Jay Lorsch）说。KeySpan 是纽约一家拥有 9 700 名员工的公用事业公司，它尝试将年度奖金和小幅上涨的绩效工资结合起来。伊莱恩·温斯坦（Elaine Weinstein）是该公司负责人力资源的高级副总裁，她认为该计划正在使公司的文化从强调“论资排辈”转变为强调“任人唯贤”。[100]

奖金和奖励的分类方式也会影响人们的动机。尽管这似乎有点操纵人心的意味，但将奖励和奖金划分为多个类别——即使这些类别是毫无意义的——会增强动机。[101] 为什么？因为人们有可能会觉得如果没有把每种类别的奖励都拿到手，似乎就“错失”了良机，因此他们会更努力地工作以获得更多类别的奖励。短期奖金也能够产生影响：在高科技制造厂，现金、家庭用餐券和对员工的认可（见本章后续部分）都将绩效提高了 5%，而那些非金钱形式的奖励实际上在提高绩效方面更为有效。[102]

利润分享方案 **利润分享方案**（profit-sharing plan）是根据某个围绕公司盈利能力的特定准则分配薪酬的一种方案。[103] 薪酬可以直接以现金支付，也可以是股票期权（尤其是针对高层管理者）。当你看到马克·扎克伯格这样的公司高管接受 1 美元的微薄薪水时，请记住，很多高管都得到了慷慨的股票期权。实际上，扎克伯格在部分股票期权变现后已经赚取了 23 亿美元。[104] 当然，大多数利润分享方案不会达到这么大的规模。例如，今年 13 岁的雅各布开始自己经营草坪修剪生意。他雇用了自己的兄弟伊赛亚和朋友马塞尔，每修剪一个院子，就向他们支付所获利润的 25%。

研究普遍支持这样一种观点，即有利润分享方案的组织会比没有利润分享方案的组织有更高的盈利水平。[105] 这些方案还与更高水平的员工承诺有关，在小型组织中更是如此。[106] 在组织中实施利润分享方案会对员工的态度产生积极影响：实行利润分享方案的员工有更强烈的主人翁意识。[107] 加拿大最近的研究表明，将利润分享方案和其他绩效薪酬方案结合使用，可以激励个人提高工作业绩。[108] 显然，在非营利组织或一般公共部门等没有利润的组织中，利润分享方案不会发挥作用。然而对很多组织来说，无论企业大小，利润分享都是有意义的。

员工持股计划　员工持股计划（employee stock ownership plan，ESOP）是公司制定的一项员工福利措施，允许员工以低于市场的价格购买本公司的股票。[109] 关于员工持股计划的研究表明，它们能提高员工的满意度和创新性。[110] 但仅在员工心理上产生一种主人翁的感觉时，员工持股计划才具有提高工作满意度的潜力。[111] 尽管如此，员工持股计划并不能降低缺勤率或带来更大的动机。[112] 这也许是因为员工实际的金钱收益来自日后兑换股票。因此，员工需要定期了解公司的经营状况并有机会对其施加积极影响，以提高个人绩效。[113]

对高管人员实施员工持股计划能够减少不道德行为。例如，当公司 CEO 拥有股份时，他们不太可能操纵公司的利润表，以使自己的业绩在短期内显得卓越。[114] 员工持股计划也可以作为建设社区财富的工具，例如俄亥俄州网络工作者合作社的克利夫兰模式。[115] 当然，并不是所有公司都想实行员工持股计划。员工持股计划不会在所有情况下都有效，但它们可以成为组织激励战略的重要组成部分。

对浮动工资的评价　浮动工资方案可以提高员工的动机和生产率吗？总体上说，是的。不过，这并不意味着每个员工都会同等地受到激励。[116] 许多组织会有多个浮动工资要素，例如员工持股计划和奖金，因此管理者应该根据单个要素或全要素综合获得的员工激励效果来评估计划的有效性。管理者应该监控员工的绩效 - 奖励期望关系，因为当这些要素组合使得员工认为更高的绩效会带来更大的回报时，激励作用才会最大。[117]

道德抉择　血汗工厂与工人安全

工业化国家在工人安全和赔偿问题上已经取得很大的进步。过去几十年间，工伤数量大大减少，许多员工的薪酬相比过去有所增长。然而遗憾的是，并非在所有地区都这么乐观。

为了降低成本，许多西方公司及其管理层将目光转向发展中国家的供应商，因为这里的工人几乎没有选择，只能接受低工资且无福利的工作。在这种自上而下的管理结构中，工人没有机会参与管理，也没有工会为自己发声。不受监管甚至是不安全的工作条件是很常见的，尤其是在服装产业。然而，在孟加拉国发生的三起事故引发了关于容忍和支持这种情况的道德问题的讨论。2012 年 11 月，塔兹林制衣厂（Tazreen Fashion factory）的一场大火夺去了 112 名工人的生命，这个工厂主要为包括沃尔玛在内的众多美国零售商生产低成本服装。2013 年 4 月，拉纳大厦倒塌，造成 1 100 名工人死亡，许多制衣厂都驻扎在这里。紧接着，2013 年 5 月，东海毛衣公司（Tung Hai Sweater Company）发生火灾，造成 8 人死亡。对拉纳大厦事故的调查发现，大厦是在未经许可的情况下建造的，使用的是不符合标准的材料。尽管此前有工人报告，看到大楼的裂痕并听到破裂的声响，但他们只得到回去工作的命令。孟加拉国政府已经开始采取行动。2017 年 4 月，100 多家皮革厂因多项健康和安全问题而关闭。

作为回应，诸如美国 PVH 集团（旗下有 Tommy Hilfiger 和 Calvin Klein 等品牌）以及德国零售商 Tchibo 签署了具备法律效力的全球贸易劳工联盟（IndustriALL）提案，这一提案要求生产商定期检查建筑及防火安全设备，并将结果公之于众。然而，许多公司还没有签署。在拉纳大厦生产服装的 15 家公司中，没有一家向国际劳工组织（International

Labour Organization）幸存者基金捐款。

随着企业社会责任倡议的兴起，组织对其在国内外的分包商的工作条件负有什么责任？西迪·福卡米（Cindi Fukami）教授问道："有些工作条件在美国肯定不会得到批准，但在生产国是完全合法的，企业应该把项目外包给这样的地方吗？"这个问题显然没有一个简单的解决方案。

资料来源：Based on B. Kennedy, "The Bangladesh Factory Collapse One Year Later," CBS, April 23, 2014, http://www.cbsnews.com/news/the-bangladesh-factory-collapse-one-year-later/; J. Kenny and A. Matthews, "Bangladesh Cuts Power to Leather District After Years of Environmental Violations," *PBS Newshour: The Rundown*, April 11, 2017, http://www.pbs.org/newshour/rundown/bangladesh-cuts-power-leather-district-years-health-violations/; J. O'Donnell and C. Macleod, "Latest Bangladesh Fire Puts New Pressure on Retailers," *USA Today*, May 9, 2013, www.usatoday.com; and T. Hayden, "Tom Hayden: Sweatshops Attract Western Investors," *USA Today*, May 17, 2013, www.usatoday.com.

8.6 利用福利激励员工

我们已经讨论了给员工支付什么和如何支付的问题，接下来讨论组织必须决定的另外两个激励因素：（1）提供什么福利项目和选择（例如灵活的福利项目）；（2）如何制定员工认可方案。和薪酬一样，福利既是一种供给，也是一种激励。过去，组织会向每一名员工发布同样的标准福利方案。而如今的领导者明白，每个员工衡量福利的方式是不同的。灵活的计划能把福利组合转化为激励工具。

8.6.1 灵活福利：建立福利组合

托德已婚，有3个孩子，妻子是全职家庭主妇。艾利森也已婚，她的丈夫在联邦政府部门有一份收入可观的工作，没有孩子。托德关心的是能拥有一个良好的医疗保险计划，以及他发生意外时是否有足够的人寿保险金来维持他的家庭。相反，艾利森的丈夫已把她的医疗纳入自己的医疗保险计划，而人寿保险对她和她丈夫都是次要的事。艾利森对额外的假期和一些长期福利（如税后储蓄方案）更感兴趣。

给所有员工提供标准化的福利方案似乎难以同时满足托德和艾利森两个人的需求。花旗集团提供的是灵活福利，可以满足这两种需求。

与期望理论一致，组织的报酬要和每个员工的目标紧密联系起来。**灵活福利**（flexible benefit）通过让员工自己选择报酬组合来最好地满足员工当前的需求或状况，从而为员工提供个性化的报酬。灵活福利可以量身定制，以反映员工在年龄、婚姻状况、配偶福利状况、孩子数量和年龄等方面的差异。

一般而言，福利既可以是一个人去工作的动机，也可以是一个人选择一个组织而非另一个组织的动机。灵活福利是否比传统计划更具激励作用？很难说。一些已经实施灵活福利计划的组织报告说，员工留存率、工作满意度和生产效率都有所提高。然而中国的研究表明，在动机方面，灵活福利可能不能取代高薪的作用。[118] 随着全世界越来越多的组织采用灵活福利计划，它们所激发的个人动机可能会降低，因为这些计划逐渐被视为标准的工作规定。灵活福利计划的弊端是显而易见的：管理成本可能会更高，确定不同条款带来的激励影响也更具挑战性。

灵活福利带来的激励很明显，但它并没有在全球范围内被广泛采用。在中国，只有一小部分企业提供灵活福利计划[119]，在其他亚洲国家也是如此。[120]几乎所有的美国大公司都提供灵活福利，这种模式在一些国家也逐渐成为常规模式。最近针对211个加拿大组织的调查发现，60%的组织会提供灵活福利，2005年这一比例为41%。[121]一项针对英国公司的类似调查发现，几乎所有组织都提供灵活福利方案，选择范围从私人补充医疗保险，到与同事进行假期交易、打折巴士旅行、儿童保健抵用券等，非常广泛。[122]

8.7 利用内部奖励激励员工

我们已经讨论了如何通过工作设计和薪酬福利等外部奖励来激励员工。这是组织层面唯一的员工激励方法吗？当然不是！如果忽略了组织可以提供的内部奖励，例如接下来要讨论的员工认可方案，那么我们可真算是失职了。

8.7.1 员工认可方案

佛罗里达州彭萨科拉市的劳拉在快餐店工作，每小时挣8.5美元，这项工作既没有挑战性也无乐趣可言。但是，劳拉却十分热情地谈及她的工作、她的上司以及雇用她的这家公司。"实际上我喜欢的是上司认可我所付出的努力。他常常会在大家面前表扬我。最近半年里，我已经两度被选为'月度工作明星'。你看到墙上贴着我戴奖章的照片了吗？"

越来越多的组织开始意识到劳拉所说的这种情况：认可方案是增强员工内在动机的方法。**员工认可方案**（employee recognition program）是指通过正式表彰员工贡献来鼓励特定行为的计划。[123]员工认可方案范围广泛，既可以是自发的、私人的感谢，也可以是被广泛宣传的正式方案。这些正式方案明确规定了员工获得认可的程序。

随着企业和政府组织的预算更加严格，这种不用花钱的激励更有吸引力了。华盛顿州的埃弗雷特诊所（Everett Clinic）会把奖励的卡片发给表现出色的员工。[124]激励部分来自员工得到的认可，员工收集到一定数量的卡片后会得到实质性的奖励。像赛门铁克（Symantec）、财捷（Intuit）和泛达（Panduit）这样的跨国公司也增加了员工认可方案的使用。赛门铁克声称，由于实施了"掌声表彰计划"，公司的参与度在不到一年的时间里提升了14%。该计划由专门实施员工认可方案的Globoforce公司负责。[125]在不同国家的各个分支机构中使用集中化的认可方案，可以确保所有的员工无论在哪里工作，他们对工作的贡献都能得到认可。[126]认可方案在加拿大和澳大利亚的公司也很常见。[127]

研究表明，财务激励在短期内更具激励作用，但从长远来看，非财务激励的效果更好。[128]令人惊讶的是，关于员工认可方案的激励效果或全球应用的研究并不多。然而最近有研究表明，员工认可方案与自尊、自我效能感和工作满意度有关[129]，内在动机在更广的范围内产生的结果也已经得到了良好的记录。

认可方案的一个明显优势是它的廉价性：表扬是免费的！[130]不管有没有经济奖励，

它们都能给员工带来很好的激励效果。尽管这样的方案被广泛应用，但有人提出了批评。批评人士指出，员工认可方案具有被管理层以政治手腕操纵的极大嫌疑。如果应用在绩效因素相对客观的工作上，例如销售，员工可能会觉得认可方案是公平的。在大多数工作中，绩效标准并不明确，这使得管理人员可以操纵这种方案，认可他们最喜欢的那些员工。如果这种方案被滥用，就会破坏它的价值，造成员工士气低落。因此，在正式使用认可方案时，必须注意确保公平。如果做不到这点，那么通过不断地认可员工的表现和努力来激励他们就很重要。

本章小结

正如我们在本章看到的，弄清哪些因素能够激励个人对组织绩效极为重要。如果员工的差异得到认可，感觉自己受到重视，并且能够从事适合自己的工作，发挥自己的优势，他们就会有动力发挥出自己最好的水平。员工的参与也可以提高员工的生产率、对工作目标的承诺和工作满意度。然而，我们不能忽视组织奖励对动机的强大影响。薪酬、福利和内部奖励都必须经过仔细和彻底的设计，以增强员工对积极的组织成果的动机。

对管理者的启示

- 承认个体差异。有必要花时间去了解对每个员工来说什么是重要的。将工作设计与个人需求相结合，最大限度地激发员工的潜在动机。
- 利用目标和反馈。你应该给员工设置明确的目标，员工在实现这些目标的过程中应该得到反馈。
- 允许员工参与制定和他们有关的决策。员工可以帮助组织设置目标，选择自己的福利方案，并解决生产率和质量方面的问题。
- 将绩效与奖励联系起来。奖励应视绩效而定，员工必须理解二者间的关系。
- 确保体制的公平性。员工应该看到个人努力以及成果能体现在薪酬和其他奖励上。

复习题

1. 工作特征模型是如何激励个人的？
2. 工作再设计的主要方法是什么？
3. 替代性工作安排方案在激励方面有什么好处？
4. 员工参与是如何激励员工的？
5. 不同类型的浮动工资方案是如何用来增强员工动机的？
6. 灵活福利是如何激励员工的？
7. 内部奖励在激励员工方面有什么作用？

观点碰撞

面对面交流很重要

正方

尽管越来越多的公司允许在家办公，但远程办公对员工和企业都没有好处。诚然，员工会说，公司如果允许他们灵活选择办公地点，他们会更快乐。但谁不想穿着睡衣在家假装工作？我有很多同事会眨着眼睛跟我说，自己要“回家工作”了，可谁知道他们是不是真在工作？

这种模式造成的更大问题是，员工之间缺乏面对面的互动。研究表明，伟大的创意都是在交流中产生的，闭门造车很难有所突破。那些最有创新性的想法往往是在员工茶歇或轻松随意的交流中诞生的。如果你剥夺了这种机会，就等于扼杀了组织的创新潜能。

另一个问题是信任。你会相信一个从未谋面的人吗？应该不会吧。面对面的互动可以帮助人们更快地建立起信任关系，更顺畅地社交，从而提高公司业绩。

说完雇主，再来说说在办公室工作对员工的好处。“不在老板眼前晃，老板随时会把你忘了。”想要加薪升职？如果上级根本不知道你是谁，怎么可能给你机会？

所以下次你想提前下班回家工作，或者压根儿不想来办公室的时候，一定要三思。

反方

当面交流的重要性其实被高估了。如果管理者只奖励待在办公室时间最长的员工，那他算不上好的管理者。那些吹嘘自己每周待在办公室达80小时的员工（肯定还要强调自己周末也在办公室）并不一定就是最好的员工。换言之，在场不意味着高效。

此外，远程办公对雇主和员工有多种好处。首先，这可以看作公司提供的一种极有吸引力的特殊福利。如今很多家庭都是双职工，在家办公的灵活性可以极大地帮助他们实现工作与家庭的平衡。这就意味着招聘时公司会更有吸引力，也更能留住人才。换句话说，如果你允许员工在家办公，那么你招到并且留住的将是更优秀的员工。

此外，有研究表明，在家办公的效率不但不会降低，反而会更高。这一结果并不局限于美国。例如，一项研究发现，在电话客服中心上班的中国员工回到家办公时，效率比那些坐在办公室的同行高出13%。

你以为人们在交流互动时惊天动地的好想法会一股脑儿涌现。我却要说，工作场所最大的干扰之一就是那些滔滔不绝的同事。尽管我承认某些时候当面交流是有益的，但远程办公的好处远远大于它的弊端。

资料来源：Based on J. Surowiecki, “Face Time,” *The New Yorker*, March 18, 2013, www.newyorker.com; and L. Taskin and F. Bridoux, “Telework: A Challenge to Knowledge Transfer in Organizations,” *International Journal of Human Resource Management* 21, no. 13 (2010): 2503–20.

知识应用和就业力

组织和人力资源部门可以通过多种方式对任务、职责和责任进行改变或补充，使其更能激励员工。本章介绍了工作设计和再设计、替代性工作安排、员工参与以及奖励和福利。它们都能够直接应用于组织行为，使你更具有就业力。未来的组织行为和人力资源专家都可以在工作任务中使用这些工具，以降低离职率，提高员工满意度和留存率，并减少工作场所中的冲突。到目前为止，你在本章中通过思考金钱是否可以买到快乐、考虑弹性时间制是否符合你的工作环境、研究血汗工厂和工作安全的道德问题，以及争辩在远程办公问题上面对面的交流是否重要，从而发展了你的批判性思维、知识以及技能应用。接下来，你将通过下列方式继续发展上述能力以及沟通技能：与一个团队合作为汽车销售顾问团队设计组织发展和薪酬计划；考虑不正当任务带来的影响；提供一个关于主管不听取员工反馈意见的行动方案；考虑少量多次加薪的价值。

体验练习

为汽车销售顾问制定组织发展和薪酬计划

将班级分为3～5人一组。

你们是一个人力资源专业团队，专门为新的豪华汽车经销商服务。你们的任务是为一个刚被聘用的汽车销售顾问团队设计组织发展和薪酬计划。根据对汽车销售顾问的了解，完成以下内容并以小组的形式回答各个问题。假设预算属于中等水平，即既不会太奢侈，也不会太拮据。

◆ **问题**

1. 以小组为单位，分别思考5个工作特征（技能多样性、任务完整性、任务重要性、工作自主性和反馈），写下你们认为各个汽车销售顾问职位在各个特征上的水平。为了处理5项工作特征中的每一个要素（通过改进水平低的要素或保持水平高的要素），制定一个改进或维持各个特征水平的计划。

2. 接着回答，你们认为员工参与对这些职位有多重要？制定一个合理的计划，将员工参与纳入职位的设计中，或者说明无法设计这种计划的理由。

3. 考虑在汽车销售顾问的薪酬方面，哪些因素可能是重要而合理的？你们会向他们提供哪些类型的奖励？你们会选择什么类型的奖励计划？你们会提供哪些类型的福利组合？

道德困境

你想让我做什么？

假设你是一位聪明的女性投资分析师，即将为一些支持企业收购的银行家做一场重要演讲。在演讲之前，你走进银行与银行家会面，然后你的老板说："亲爱的，给他们端上咖啡。"想象一下在这种情况下你感受到的羞辱和尴尬——你会怎么做呢？你会因为不想失去工作而完成这个任务，从而牺牲自己的尊严去做错误的事，还是会大声抗议？

一个瑞士职业健康研究小组启动了一项针对不正当任务的研究项目，这些任务违反了工作中"对某人的合理期望的规范"。因此，不正当的任务是不道德的，它冒犯了一个人的职业或任务身份。组织中的主管和管理者为什么会分配这些类型的任务呢？一项研究指出了一些组织特征，包括部门或单位之间对资源的争夺、资源分配程序的不公以及决策结构不明确。

研究人员发现，这类任务可能会产生一些不良的后果。首先，不正当的任务会导致更大的压力和反生产工作行为。即使在控制了努力－回报不平衡、组织公平以及个人特征等因素后，结论依然如此。不正当的任务确实会让你晚上睡不着觉：一项研究发现，在执行不正当任务的日子里，员工需要更长的时间才能入睡，并更频繁地在半夜醒来。另一项研究发现，这些任务会在工作结束时引发高水平的负面情绪和心理脱离。其他研究发现，不正当的任务会降低自尊水平和工作满足感，增加愤怒和抑郁情绪。其次，不正当的任务还会使人想辞职，尽管得到领导的表扬后离职的可能性会降低。

◆ **问题**

1. 你认为员工在接到不正当的任务时应该如何回应？组织应该如何监管分配给员工的

任务并确保这些任务是正当的？为什么？

2. 是否存在某种情况，其中不正当的任务应该被容忍或者具备合理性？为什么？

3. 请详细说明确定“正当性”的标准。

资料来源：Based on E. Apostel, C. J. Syrek, and C. H. Antoni, “Turnover Intention as a Response to Illegitimate Tasks: The Moderating Role of Appreciative Leadership,” *International Journal of Stress Management* (in press); L. Bjök, E. Bejerot, N. Jacobshagen, and A. Häenstam, “I Shouldn't Have to Do This: Illegitimate Tasks as a Stressor in Relation to Organizational Control and Resource Deficits,” *Work & Stress* 27, no. 3 (2013): 262–77; E. M. Eatough, L. L. Meier, I. Igic, A. Elfering, P. E. Spector, and N. K. Semmer, “You Want Me to Do What? Two Daily Diary Studies of Illegitimate Tasks and Employee Well-Being,” *Journal of Organizational Behavior* 37 (2016): 108–27; D. Pereira, N. K. Semmer, and A. Elfering, “Illegitimate Tasks and Sleep Quality: An Ambulatory Study,” *Stress and Health* 30 (2014): 209–21; N. K. Semmer, F. Tschan, L. L. Meier, S. Facchin, and N. Jacobshagen, “Illegitimate Tasks and Counterproductive Work Behavior,” *Applied Psychology: An International Review* 59, no. 1 (2010): 70–96; S. Sonnentag and T. Lischetzke, “Illegitimate Tasks Reach into Afterwork Hours: A Multilevel Study,” *Journal of Occupational Health Psychology* (in press); and M. Valcour, “How to Know Whether You're Giving Your Team Needless Work,” *Harvard Business Review*, August 26, 2016, https://hbr.org/2016/08/how-to-know-whether-youre-giving-your-team-needless-work.

案例分析 1

我们讲了，但他们不听

你的组织在做一个重要的决定时寻求你的意见和参与令人感觉良好，然而，当组织管理者听不进意见时会发生什么呢？管理顾问莉兹·瑞安（Liz Ryan）给出了一个很好的回答：“当你在一家对你的意见不感兴趣的公司工作时，你可以看出他们会表现得非常明显。一旦你通过直觉知道老板对你的意见不感兴趣，那么除了另找一份工作之外，你还有别的选择吗？”

一些人或许会建议这些老板放权。考虑到糟糕的成员会降低员工满意度和敬业度，重视控制的主管往往会更强调政治而非生产率，并滥用自己的权力，员工则因为得不到支持而开始抱怨。这些抱怨都被“扔到车底”，于是他们被迫退出信息交流的循环，导致交流变成单向的。

作为这一过程的一部分，让员工有机会表达自己的意见会带来更高水平的公平感和满足感。因此，经常不听取反馈意见可能会成为一个问题。例如，一项研究发现，员工和管理者都认识到，征求员工的意见只是口头上说说，实际上并不采纳。员工在意识到这种“假装有兴趣”的行为之后会更不愿意提建议，和同事发生更多冲突，霸凌他人并拒绝参加会议。相反，那些想法得到实现的员工会更愿意说出自己的想法，并和同事建立更好的人际关系。

◆ **问题**

1. 你认为管理者有时候不采纳员工的建议是合理的吗？为什么？

2. 管理者应该如何处理员工对自己的建议没有付诸实施而感到的不满？

3. 你认为在员工参与计划中，参与管理和代表管理哪一种形式最有效？是否有可能同时实施？为什么？

资料来源：Based on G. de Vries, K. A. Jehn, and B. W. Terwel, “When Employees Stop Talking and Start

Fighting: The Detrimental Effects of Pseudo Voice in Organizations," *Journal of Business Ethics* 105, no. 2 (2012): 221–30; H. R. Huhman, "5 Signs It' s Time to Fire a Company Manager," *Entrepreneur*, May 28, 2014, https://www.entrepreneur.com/article/234184; and L. Ryan, "The Real Reason Good Employees Quit," *Forbes*, March 31, 2017, https://www.forbes.com/sites/lizryan/2017/03/31/the-real-reason-good-employees-quit/#1fe3cfa34b4e.

案例分析 2

每天都在加薪

你在加薪的时候会有什么感受？高兴？感觉得到了奖励？受到激励要为下一次加薪而努力工作？在员工对提高薪酬抱有希望后加薪能够提高员工的积极性，然而这种影响可能并不持久。事实上，根据最近的一项研究，加薪带来的"温暖而模糊的感觉"持续不到一个月。如果按年加薪，绩效动机可以在两次评估之间维持数月。

一些组织试图通过加大加薪频率来保持这种动机。目前，只有大约 5% 的组织每年加薪超过一次。折扣网站零售商 Zulily 会按年评估薪资。Zulily 首席执行官达雷尔·卡文斯（Darrell Cavens）希望频率能够进一步增加，"如果不是负担太重，你甚至想要每周一次"。这是因为加薪能够提高员工的关注度、幸福感、敬业度和留存率。

在线照片出版商 Shutterfly 的首席执行官杰弗里·胡森博尔德（Jeffrey Housenbold）也主张经常进行薪资评估，但理由有所不同。作为对员工的关切的一部分，该公司每年会发放四次奖金，以补充其每两年一次的加薪。他认为"你可以提前解决问题，而不是让问题恶化"。另一个做法是增加反馈。手机应用程序设计公司 Solstice Mobile 每年会进行 6 次升职加薪；在这种结构下，凯利·奥里根（Kelly O'Reagan）的时薪在四年内从 10 美元增至 47.5 美元。该公司首席行政官约翰·施万（John Schwan）说，年轻员工受到反馈的激励几乎成为常态。奥利根说："看到时薪增长就会感叹'哇，这超出了我的梦想'。"

你可能想知道组织如何才能保持员工薪酬的长期增长，而组织也想知道这一点。一种策略是以较低的工资水平开始聘用员工。Ensilon 是一家营销服务公司，它将低起薪和每年两次的薪酬评估结合在一起。最初，应聘者会对此持怀疑态度，但大部分新员工在两年后的收入比传统的年度加薪结构至少高出 20%。

没人会认为频繁加薪成本更低或者易于管理。薪酬本身就是一个复杂的问题，维持薪酬的公平性又使难度增加了。频繁的薪资评估是一种激励，但仅限于接受评估的人——对于其他人来说，这是一种保持敬业的挣扎。如果一个人有过加薪的记录，之后薪资水平下降，他可能会觉得自己不再是一名表现良好的员工，而不会觉得这是争取更高水平薪资过程中的自然现象。这种挫败感可能会导致员工表现变差，高业绩人员的离职率上升。首席执行官施万承认："这当然是一种风险。"

◆ **问题**

1. 你认为频繁的小幅加薪会比每年的大幅加薪更有激励作用吗？为什么？

2. 在每年的金额一致的情况下，你认为频繁加薪还是业绩奖金对你有更强的激励作用？

3. 在未来几年里，美国每年的加薪幅度预期将在 3% 左右，你认为这个百分比对员工有激励作用吗？为什么？

资料来源：Based on R. Feintzeig, “When the Annual Raise Isn’t Enough,” *The Wall Street Journal*, July 16, 2014, B1, B5; J. C. Marr and S. Thau, “Falling from Great (and Not-So-Great) Heights: How Initial Status Position Influences Performance after Status Loss,” *Academy of Management Journal* 57, no. 1 (2014): 223–48; and “Pay Equity & Discrimination,” IWPR, http://www.iwpr.org/initiatives/pay-equity-and-discrimination.

注 释

第 III 篇

群　体

第9章 群体行为的基础

Foundations of Group Behavior

学习目标

学完本章后，你应该能够：

1. 区分不同类型的群体。
2. 描述群体发展的间断－平衡模型。
3. 说明角色要求是如何随着不同情境而变化的。
4. 描述群体规范如何影响个体的行为。
5. 说明地位和规模差异如何影响群体绩效。
6. 描述群体凝聚力和多样性对群体有效性的影响。
7. 比较群体决策的优劣。

就业技能矩阵

	传言还是科学	职业目标	道德抉择	观点碰撞	体验练习	道德困境	案例分析 1	案例分析 2
批判性思维	✔	✔		✔	✔	✔	✔	✔
沟通	✔	✔	✔		✔	✔	✔	✔
合作	✔	✔	✔	✔	✔	✔	✔	✔
知识应用与分析		✔		✔	✔	✔	✔	✔
社会责任	✔	✔	✔			✔	✔	✔

两个警察的故事

请想象你正在听一个 911 报警电话的录音，来电者描述了两名警察在停车时掏出了武器，接着是窗户破碎的声音。如果你让两个人听这个 911 电话录音，他们在听电话录音期间对警察是否应该掏枪这个问题能达成共识吗？答案是：也许能。

丽萨·马洪（Lisa Mahon）开车载着她的朋友贾迈勒（Jamal）以及两个孩子，因为没有系安全带被警察弗卡里（Fucari）拦下。警察没有记下她的驾照和车牌号，而是把她的驾照和登记件放在口袋里，当警察向她的朋友贾迈勒索要驾照时，丽萨变得不安起来。贾迈勒没带驾照，所以他弯下腰从他的包里找其他身份证明文件。这时弗卡里和现场的另一名警察拿起武器对准汽车，丽萨更担心了，于是她拨打了 911。

关于接下来发生的事情，有很多争论。在警察掏出武器后，弗卡里要求丽萨和贾迈勒下车，但正如丽萨在 911 电话中告诉调度员的那样，她和贾迈勒不敢下车。当他们拒绝下车时，警察打破了乘客侧窗，在贾迈勒身上使用了泰瑟枪（一种高能电击枪），强行将贾迈勒从车上带走。贾迈勒因未协助警察和抵制执法而被捕，丽萨则因没有系安全带而被罚款。

该事件的视频也向公众发布了。在观看视频并听到 911 电话录音后，人们对当天发生的事情有不同的解释。一些人认为，警察有理由怀疑贾迈勒在伸手拿武器，因此他们掏枪是合理的。鉴于贾迈勒拒绝服从命令，这些人也可能认为警察在这种情况下使用了可接受的武力。还有一些人认为，因为丽萨和贾迈勒是非裔美国人，警察对他们区别对待。人们认为警察对丽萨和贾迈勒异常怀疑，尽管贾迈勒没有开车，仍被要求表明自己的身份。此外，许多人认为，丽萨和贾迈勒在枪指着他们的时候不下车是合理的。

资料来源：Based on I. Glass and B. Reed, "Cops See It Differently, Part One," *This American Life*, February 6, 2015, https://www.thisamericanlife.org/radio-archives/episode/547/transcript.

作为个体，我们都属于基于我们的职业、种族、性别和其他类别的群体。当我们作为一个群体的一员时，这改变了我们对局势的看法。在本章开篇故事中，认同一个种族群体会使我们更有可能认同丽萨和贾迈勒，他们被警察的行为和指向他们的武器吓坏了。然而，如果我们在执法部门工作，我们可能更倾向于站在警察那边，认为他们是在公民没有服从命令的情况下使用武力，是在行使他们的职责。

这些分歧非常普遍，特别是在警察对非裔美国人使用武力的情况下。在谈到与非裔美国人社区的关系时，密尔沃基警察局局长埃德·弗林（Ed Flynn）指出，许多处于高犯罪率地区的非裔美国人对执法部门持有强烈的反感，部分原因是"警察经常处于极大的冲突中，他们为了维持现状，经常成为社会控制的代理人"。

非裔美国人社区和执法人员之间的紧张关系凸显了群体认同的一个陷阱。一些群体可以发挥强大的积极影响，而其他群体则可能产生偏见。本章和第 10 章的目标是让你熟悉群体和团队的基本概念，为你提供理解群体和团队工作方式的基础，并向你展示如何创建有效的工作团队。首先，让我们来定义什么是群体。

9.1 群体的定义和分类

在组织行为学中，**群体**（group）指的是为实现特定目标而组合到一起并形成互动和相互依赖关系的两个或更多个体。群体有正式群体和非正式群体之分。**正式群体**（formal group）是由组织结构界定的、根据工作岗位来确定工作任务的群体。在正式群体中，个体成员的行为由组织目标来规定，并且致力于实现组织目标。例如，某个航班由 6 名成员组成的乘务组就是一个正式群体。相反，**非正式群体**（informal group）是既没有正式结构，也不是由组织指定的群体。工作环境中的非正式群体满足了员工的社交需求。三个来自不同部门的员工定期共进午餐或喝咖啡，就是一个很好的非正式群体的例子。在非正式群体中，成员之间的互动虽然是非正式的，却能够显著影响他们的行为和绩效。

9.1.1 社会认定

人们通常对他们的群体有强烈的感受，研究表明部分原因是共享经历会增强我们对事件的感受。[1] 此外，根据澳大利亚的研究，分享痛苦的经历增进了我们与他人的联系和信任。[2] 人们为何组成群体？他们为什么对群体具有如此强烈的感觉？试想一下，一支运动队在赢得全国冠军后会举办庆功会。赢球一方的支持者会兴高采烈，与球队相关的T恤衫、夹克和帽子的销量飙升。而输球一方的球迷会很沮丧，甚至觉得很羞愧。为什么？尽管球迷与运动队的实际表现几乎没有关系，但他们的自我形象会包含在他们对团队的认同中。我们往往会对群体的成就给予个人的投入，这就是**社会认定理论**（social identity theory）的研究范围。

社会认定理论认为，人们会对自己所属群体的成功或者失败产生情绪，因为他们的自尊同群体的表现是紧密相连的。[3] 如果你的群体表现很好，你在其中会感到很荣耀，你的自尊水平会得到提升，因为你属于成功群体的一员。如果你的群体表现很糟糕，你也许会对自己感到失望，甚至可能拒绝承认自己是这个群体的一员，就像不能共患难的酒肉朋友在你失败的时候抛弃你一样。如果你的群体被贬低和不受尊重，你的社会认定可能会感受到威胁，你可能会支持越轨行为，以恢复你的群体的地位。[4] 社会认定甚至会导致人们在看到另一个群体痛苦的时候感到快乐。如果球迷讨厌的一支球队输了比赛，我们常常就会看到这种幸灾乐祸的表现。[5]

人在一生中会形成多种认定。你可能会通过你所工作的公司、居住的城市、职业、宗教背景、种族或性别来定义你自己。随着时间的推移，你所属的某些团体可能会比其他团体更重要。例如，一个在意大利罗马工作的美国移民会非常重视他美国公民的身份，但如果是从俄克拉何马州塔尔萨市迁移到亚利桑那州图森市，美国公民的身份就不会引起特别的关注。[6] 因此，对于特定情境，我们可以选择在我们的社会认定中哪个认定是特别重要的，或者我们可能发现我们的社会认定存在冲突，例如可能存在商业领袖认定和父母认定之间的冲突。[7]

社会认定能帮助我们理解自己是谁以及我们和他人有哪些共同之处。研究表明，社会认定为我们带来更高的健康水平和更低的抑郁水平，因为社会认定让我们降低了将消极情况归因于内部或不可避免的原因的概率。[8] 然而，得到这些好结果的前提是我们需要感受到我们的社会认定是积极的。[9]

到目前为止，我们主要在同一种文化背景下讨论社会认定。但是，我们对组织的认同只是我们工作相关认定的一个方面（参见组织行为民意调查）。在我们的组织和工作群体中，我们可以通过以下两种方式形成多种社会认定：（1）关系认同，当我们因为我们的角色与他人联系时；（2）集体认同，当我们与团队的集合特征联系时。我们可以同时产生对组织内的工作团队和组织的认定。通常，我们对工作团队的认同比我们的组织更强，但二者对于态度和行为的积极结果都很重要。我们认同的不同强度具体取决于工作团队在组织内部的独特性。[10] 对群体的低认同可能会导致问题。如果我们对组织的认同度较低，我们可能会降低满意度并减少组织公民行为。[11] 同样，我们不太可能去与我们的集体认定不符的组织工作。[12]

组织行为民意调查

大多数人认为和同事一起喝酒是可以接受的

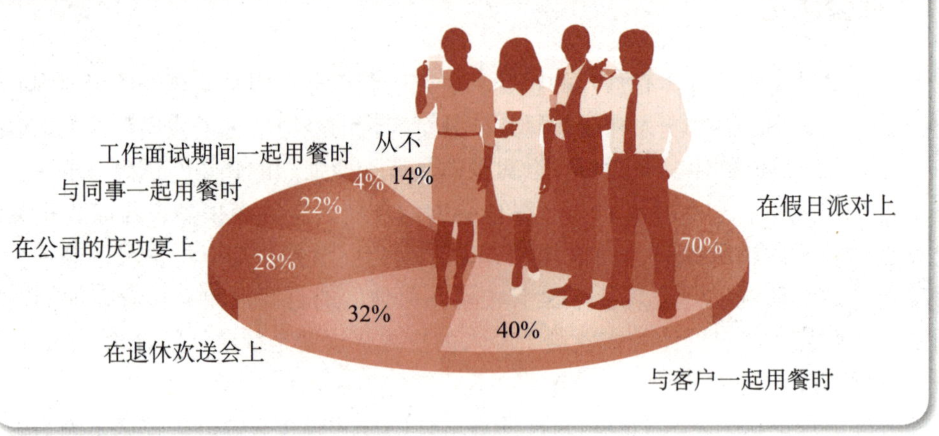

注：人力资源管理协会调查了 501 位受访者，了解他们所在组织对在工作相关活动中饮酒的看法。

资料来源：Based on S. M. Heathfield, “To Drink or Not to Drink: Does Alcohol Drinking Mix Safely with Work Events?,” *About.com Guide*, 2013, http://humanresources.about.com/od/networking/qt/drink_i3.htm.

9.1.2 内群体和外群体

当我们认为群体内的人要优于群体外的人，而群体外的所有人都是一样的时，就会出现**内群体偏爱**（ingroup favoritism）。最近的研究表明，低经验开放性和低随和性的人更容易受到内群体偏爱的影响。[13]

有一个内群体，必然会有一个**外群体**（outgroup）。外群体有时是指内群体以外的其他人，但通常是内群体成员所知的一个确定的群体。

当有内群体和外群体时，它们之间往往会有敌意。内外群体情感最有力的来源之一是宗教，即使在工作场所也是如此。例如，一项全球性研究发现，当群体沉浸在宗教仪式和讨论中时，如果外群体拥有更多的资源，他们就会对外群体产生特别的歧视和攻击性。[14]

9.1.3 社会认定威胁

以上关于内群体和外群体的讨论为引入社会认定威胁的概念奠定了基础。**社会认定威胁**（social identity threat）类似于刻板印象威胁（见第 6 章）。在社会认定威胁下，个人会认为由于与被贬低的群体有关联，他们会受到负面评价，因此可能会失去信心和绩效。例如，一项研究发现，当来自高社会经济背景和低社会经济背景的受试者参加高压数学测试时，感受到社会认定威胁的低地位受试者只有在刚开始被特意鼓励他们有能力时，才会像高地位的受试者一样自信。[15]

9.2 群体发展的阶段

有明确截止日期的临时群体拥有自己独特的活动（或不活动）顺序，如图表 9-1 所示，我们称这种模式为**间断-平衡模型**（punctuated-equilibrium model）。该模型的各个阶段包括以下内容：（1）成员的第一次会议决定了群体的发展方向；（2）第一阶段的群体活动依惯性进行，因此进展较慢；（3）第一阶段结束时，群体会发生一次巨大转变，这次转变正好发生于该群体生命周期的中间阶段；（4）这次转变会激起群体内的重大变革；（5）转变之后，群体第二个阶段的活动又会依惯性进行；（6）群体最后一次会议的特点是活动明显加快。[16] 其他有关群体发展阶段的模型表明群体的发展要经过一个形成阶段，一个解决冲突的震荡阶段，一个成员就角色达成一致和做出决定的“规范”阶段，以及一个成员开始协同工作的“执行”阶段。形成、震荡、规范和执行阶段可以在间断-平衡模型的第一阶段发生，而在短期的改革群体规范和期望之后，第二次的执行和对抗阶段可以发生在间断-平衡模型的第二阶段。[17]

图表 9-1 间断-平衡模型

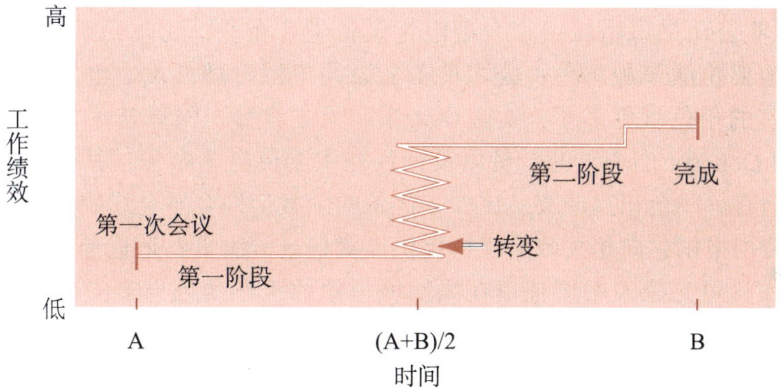

下面我们具体讨论间断-平衡模型的每一个阶段。群体成员的第一次会议将决定群体的总目标和发展方向，并且形成一个关于行为模式和行为假设的基本框架来指导该群体完成自己的任务，有时几秒内就确定下来了。群体的发展方向一旦确定，就成为“板上钉钉”的事情，在群体生命周期的前半阶段不太可能再次被审议。这是根据惯性进行群体活动的阶段，也就是说，群体往往会原地不动，或者坚持某种固定的行动方针，即便出现对最初的行为模式和假设构成挑战的新见解。

在对这种工作群体的研究中，最有趣的发现之一就是每个群体都会在固定的一个时间点发生转变，这个时间正好处于群体召开第一次会议与群体正式结束的中间点，不论是用了 1 小时就完成任务，还是花了 6 个月才完成任务，这个卡在中间的转折都会出现。这个中间点似乎敲响了警钟，促使群体成员认识到他们的时间很有限，必须“迅速行动”。这个转变标志着第一阶段的结束，其主要特点是集中爆发变革，抛弃旧有模式，采纳新的视角和观点。这次转变为第二阶段确定了一个不同的发展方向。第二阶段是一个新的平衡阶段或惯性阶段。在这个阶段，群体开始实施在转变期间形成的新计划。

群体最后一次会议的特点是，为了完成工作任务而显著加快最后的活动。总之，间断 - 平衡模型认为这种群体的特点是，群体会在长期内依惯性运行，穿插一些短暂的重大变革。这些重大变革之所以被激发，主要是因为群体成员意识到他们完成任务的最后期限以及由此产生的紧迫感。不过请记住，这个模型并不适用于所有的群体，只适用于在有限时间内完成特定任务的临时群体。[18]

9.3 群体属性1：角色

工作群体能够塑造群体成员的行为，并且帮助解释群体内的个体行为以及群体绩效。常见的能够定义群体的属性包括角色、规范、地位、规模和动态、凝聚力和多样性。我们将在后面的章节中依次讨论以上群体属性。首先，让我们从第一个群体属性角色开始。

莎士比亚说："世界是个大舞台，所有人不过是舞台上的演员。"借用这个比喻，我们可以说，所有的群体成员都是演员，每个人都扮演一种**角色**（role）。我们这里使用角色一词，是指人们对于在某个社会单元中占据特定位置的个体所期望的一套行为模式。在工作内外，我们都需要扮演多种不同的角色。正如我们将会看到的，要理解一个人的行为，关键在于弄清他所扮演的角色。

EMM 工业公司是凤凰城一家大型电气设备生产企业，比尔是该公司的一名经理。在工作中，他要扮演多种角色：公司员工、公司中层管理人员、电气工程师。工作之余，他要扮演的角色就更多了：丈夫、父亲、天主教徒、网球选手、雷鸟乡村俱乐部（Thunderbird Country Club）的会员以及社区业主委员会主席等。其中的许多角色是相互兼容的，但有一些会相互冲突。比如，比尔的宗教信仰会不会影响他作为管理者所做出的裁员、费用报销、向相关政府机构提供准确信息等决策？最近他获得了晋升，需要调往外地工作，可是家人希望他留在凤凰城。他的工作角色与丈夫和父亲角色该如何协调？

不同的群体对个人施加不同的角色要求。与比尔一样，我们每个人都需要扮演多种不同的角色，我们的行为随着自己扮演角色的不同而产生差异。但我们如何知道每个角色的要求呢？我们利用角色知觉来构建我们对适当行为的想法，并了解群体的期望。

9.3.1 角色知觉

个体对于自己在特定情境中应该如何表现的认识和了解就是**角色知觉**（role perception）。我们从周围的刺激（如朋友、书籍、电影和电视等）中获取知觉。例如，我们观看《纸牌屋》（House of Cards）时，就会对政治家产生一种印象。学徒制存在的主要目的就是让初学者观察"专家"的行为，从而学会按照人们期望的方式行动。

9.3.2 角色期望

角色期望（role expectation）是指别人认为你在某个特定情境中应该如何行事。通常，美国联邦法官的角色被视为地位尊贵、举止得体；橄榄球队的教练则被视为富有侵略性、灵活应变以及善于激励手下的球员。

在工作场所中，我们从**心理契约**（psychological contract）的视角来考察角色期望。心理契约是存在于雇主和员工之间的一种不成文的协议。这种协议确定了双方之间的期望。[19] 一般来说，员工会期望管理层公平公正地对待自己，给员工提供可接受的工作条件，明确传达合理的日工作量，提供绩效反馈以使他们了解自己的工作表现。另外，雇主会期望员工有良好的工作态度、听从指挥并对组织忠诚。当心理契约也关注雇主（或主管）与员工之间的关系时，员工更有可能参与组织公民行为。[20]

管理层没能履行义务的话会发生什么？我们可以预计，这会对员工绩效和满意度产生消极影响。一项针对餐厅经理的研究发现，心理契约的违背与离职意愿有很强的正相关关系。另一项涉及不同行业的研究发现，它还与较低的生产率、较高的盗窃率以及更严重的工作退缩行为有关。[21]

有证据表明，心理契约的观念因文化而异。在法国，人们信奉个人主义并且权力不对称，契约被视为自私自利的产物，并偏袒更有权力的一方。在加拿大，人们信奉个人主义但权力对称，虽然契约还是被视为自私自利的产物，但关注的是平衡互惠。在挪威，人们信奉集体主义但权力对称，契约被视为一种基于信任的社会关系。[22]

9.3.3 角色冲突

如果遵守某种角色要求会使另一种角色要求难以实现，就会产生**角色冲突**（role conflict）。[23] 在极端情况下，主体所面临的两种或多种角色期望是相互矛盾的。例如，如果你作为经理要对你辅导的人进行绩效评估，那么你作为评价者和指导者的角色可能会发生冲突。同样，当我们身处的不同群体的期望处于对立状态时，我们也会经历**角色之间的冲突**（interrole conflict）。[24] 一个例子是工作-家庭冲突，如前文提到的比尔，他作为丈夫和父亲的角色期望与作为 EMM 工业公司管理人员的角色期望不同，这时比尔就经历了工作与家庭的冲突。比尔的妻子和孩子希望他留在凤凰城，而公司希望他积极响应公司的要求。虽然从经济收入和职业兴趣的角度来考虑，比尔愿意接受工作调动，但现在他面临家庭和工作两种角色期望之间的冲突。实际上，大量的研究表明，工作-家庭冲突是大多数员工的主要压力来源之一。[25]

在组织中，大多数员工同时处于职业群体、工作群体、部门群体和地区群体中，当一种身份的角色期望与另一种身份的角色期望冲突时，这两种身份就会发生碰撞。[26] 在兼并和收购中，员工可能会由于原公司成员的身份和新公司成员的身份而感到苦恼。[27] 跨国经营的组织也会导致双重身份：员工会将当地的分公司和整体的组织区分开来。[28]

9.3.4 角色扮演和同化

即使我们最初不认同这些知觉和期望，我们遵守角色知觉和角色期望的程度仍然可能会令人惊讶。许多年前，斯坦福大学心理学家菲利普·津巴多（Philip Zimbardo）和他的同事完成了一项相当有说服力的角色实验。[29] 他们在斯坦福大学心理系办公楼的地下室里建起一座“监狱”，雇了大学生参加实验。这些学生情绪稳定、身体健康、遵纪守法，在各项人格测验中的得分均正常。实验者给这些学生随机分配了角色：一部分人为“看守”，另一部分人为“犯人”，并制定了一些基本规则。

犯人顷刻之间就接受了看守的权威地位，而看守同样很快适应了自己新的权威角色。与社会认定理论一致，看守开始将犯人视为消极的外群体，他们已经对“典型的”犯人人格类型形成了刻板印象。实验的第二天，看守“粉碎”了犯人们的一次反抗后，犯人们变得越来越消极。不管看守吩咐什么，犯人都唯命是从。犯人真的开始相信他们低人一等、无力改变现状。而且，在模拟实验期间，每一名看守都做过虐待犯人的事情。例如，一位看守说：“我对自己感到吃惊，我让他们相互谩骂，还让他们刷洗厕所。我真的把犯人当成牲畜，而且我一直在想，‘我必须看住他们，以防他们做坏事’。”令人诧异的是，在整个实验过程中甚至是在遭受虐待的时候，没有一个犯人站起来说：“不许这样。我和你一样是学生，这不过是一次实验而已。”由于参加实验的学生表现出病态反应，研究人员不得不在实验进行6天后终止了该实验。

你从监狱模拟实验中能够得出什么结论？就像我们中的大多数人一样，参加这次实验的学生通过自己的个人经历，例如在家庭（父母与孩子）、学校（老师和学生）以及其他情境中体会到有权者与无权者的关系，并通过大众传媒的介绍了解到关于犯人和看守角色的刻板印象。在此基础上，学生们很容易而且迅速地进入与他们内在人格特点迥异的假设角色当中。人格正常、未经新角色训练的人，会表现出与自己扮演的角色一致的极端行为。

后来，英国广播公司（BBC）组织了一档模仿斯坦福监狱实验的真人秀节目。[30] 该节目的结果同上述实验的结果有显著不同，部分原因可能是真人秀节目没有那么精确地模拟监狱环境。在节目中，看守对于自己的行为更加谨慎，对待囚犯也很少使用攻击性的行为，他们通常表示自己非常“关注别人如何看待自己的行为”。简而言之，他们并没有百分百地扮演自己的角色，这也许是因为他们知道自己的行为正被数以万计的观众观看。这些结果表明，强度较低的情境唤起的行为不会那么极端，如果使人们能够清醒地意识到自己的行为，那么他们对角色的滥用会受到限制。

传言还是科学　八卦和排斥对群体有害

上述说法不一定正确，有违直觉。让我们来探讨一下这个说法不成立的条件。

什么是八卦？大多数人可能会说八卦是谈论别人、散布谣言以及猜测别人的行为，八卦会影响一个人的声誉；也可能会说八卦是恶意的。但研究人员称，它也可以有积极的社交功能。亲社会的八卦可以暴露剥削他人的行为，从而导致积极的变化。例如，如果朱莉告诉克里斯，亚历克斯欺凌萨默，克里斯就通过八卦了解到亚历克斯的不良行为。克里斯可能会拒绝与亚历克斯合作，这可能会限制亚历克斯在该组织的机会，阻止他欺负更多的人。另一种可能是，随着八卦的传播，亚历克斯可能会觉得他的欺凌行为暴露了，从而选择服从群体反对欺凌行为的期望。事实上，根据研究，亚历克斯很可能会与该群体合作以回应八卦，而其他听到和传播八卦的人也很可能通过抑制他们采取不良行为的冲动来进行合作。

那么，排斥亚历克斯会有怎样的结果呢？工作场所有两种类型的排斥：将某人排除在一个群体之外；排斥一个人。二者导致了同样的结局——这个人不是群体的一部分。虽然简单地将某人排除在一个群体之外可能不会发出排斥的信息，但排斥肯定会存在。和八卦相比，排斥更像是一种可感觉到的惩罚，因为它更直接。研究表明，当被排斥的个体在群体周围表现出服从的意愿并希望被邀请重返该群体时，会在更大程度上合作。

八卦和排斥能同时起作用吗？最近一项研究给出了肯定的答案。当受试者有机会八卦另一个人的工作时，他会比以前更多地合作；当他同时有八卦的机会和排斥的能力时，他会在更大程度上合作。

因此，八卦和排斥可以为群体提供益处。这些益处至少会发生在八卦仅限于与工作有关的真实讨论时，在个体仍有机会重返团体时，以及在群体规范是积极的情况下时。

资料来源：Based on M. Cikara and J. J. Van Bavel, "The Neuroscience of Intergroup Relations: An Integrative Review," *Perspectives on Psychological Science* 9, no. 3 (2014): 245–74; M. Feinberg, R. Willer, and M. Schultz, "Gossip and Ostracism Promote Cooperation in Groups," *Psychological Science* 25, no. 3 (2014): 656–64; and I. H. Smith, K. Aquino, S. Koleva, and J. Graham, "The Moral Ties That Bind... Even to Out-Groups: The Interactive Effect of Moral Identity and the Binding Moral Foundations," *Psychological Science* (2014): 1554–62.

9.4 群体属性 2：规范

你是否注意到这种现象：在高尔夫球场上，当有同组球员上场击球时，高尔夫球手是不会说话的。原因何在？答案是：规范。

所有群体都建立了自己的**规范**（norm）。所谓规范，就是群体成员共同接受的一些行为标准。群体规范让成员知道自己在特定情境下应该做什么，不应该做什么。群体领导者仅仅分享他们的观点是不够的——即使成员采纳了领导者的意见，效果也可能只持续 3 天！[31] 一旦群体规范被群体成员认可并接受，它们就能够影响群体成员的行为，这时只需要最低限度的外部控制。不同的群体、社区和社会具有不同的规范。但不管怎样，所有的群体都有自己的规范。[32] 下面，我们从情绪开始，讨论规范可以在多大程度上对我们施加影响。

9.4.1 规范与情绪

你有没有注意到你的一个家庭成员的情绪，特别是强烈的情绪，会如何影响其他成员的情绪？一个家庭可以是一个高度规范的群体。一个成员每天都在一起工作的任务组也可以是一个高度规范的群体，因为频繁的沟通会增加规范的强度。最近的一项研究发现，在一个任务组中，个体的情绪会影响群体的情绪，反之亦然。这可能并不令人惊讶，但研究人员还发现，规范决定了个人和群体的情绪体验——换句话说，人们越来越倾向于以同样的方式解释他们共同的情绪。[33] 正如我们在第 5 章和第 6 章中所谈到的，我们的情绪和心境可以塑造我们的视角，因此群体的规范效应可以对群体态度和结果产生强烈的影响。

9.4.2 规范与从众

作为某个群体的一员，你肯定希望被该群体接受，因此，你往往会按照该群体的规范行事。大量证据表明，群体能够对其成员施加巨大压力，使其改变自己的态度和行为，以符合该群体的标准。[34] 群体对其成员的**从众**（conformity）压力能够影响群体成员的个人判断和态度，这在所罗门·阿希（Solomon Asch）的经典实验中得到了充分证明。[35] 阿希让 7～8 个被试者组成一个小组围坐在一张桌子旁，要求他们比较实验者手中的两张卡片。一张卡片上有一条线段，另一张卡片上有三条线段，这三条线段的长度不同。如图表 9-2 所示，第二张卡片中有一条线段和第一张卡片上的线段一样长。从图中可以看到，线段的长度差异十分明显。一般条件下，被试者做出关于第一张卡片上的线段与第二张卡片上哪一条线段等长的错误判断的概率小于 1%。

图表 9-2 阿希实验中使用的卡片

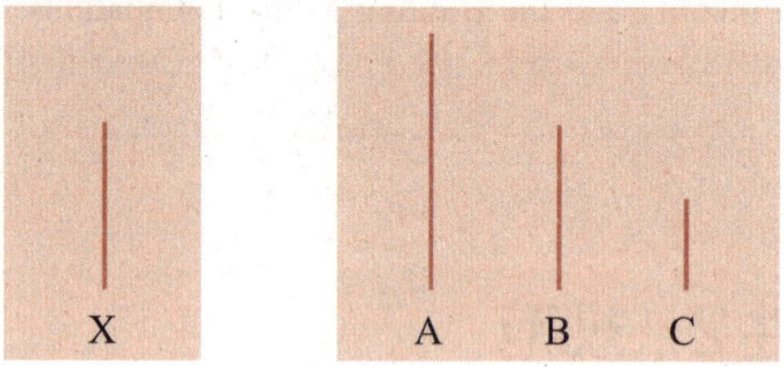

实验刚开始时，先进行几轮匹配练习。此时所有被试者都做出了正确的回答。但是，到第三轮练习时，第一位被试者（实际上是研究团队的成员）做出了明显错误的回答，比如，他说图表 9-2 中的 C 线段与 X 线段一样长。第二位被试者（也是研究团队的成员）做出了同样错误的回答，接下来的人也都如此，一直到不知情的被试者。不知情的被试者知道 B 与 X 长度相同，但别人都说是 C。他面临的选择是，公开说出与群体其他成员不同的答案，还是说出一个错误的但是与他人一致的答案？

阿希得到的结果表明：在多次实验中，75% 的被试者给出了至少一个从众答案，也就是说，他们明知自己的答案是错误的，但还是说了，因为这个错误答案与群体其他成员的答案是一致的。平均 37% 的从众者给出了错误答案。这些实验结果表明群体规范能够造成成员的从众压力。最近对道德决策的其他研究表明，当研究对象发现不一致的想法不仅是不正确的，而且令人反感时，从众的效果就会更大。[36] 这是否意味着我们只是机器人？当然不是。37% 的从众答案的另一面是 63% 的独立答案，并且 95% 的被试者至少给出了一次正确的（不从众的）回答。因此，我们感受到了从众的压力，但它并不是我们将要做的事情的完美预测指标。此外，我们往往并不喜欢让我们从众的压力。阿希写道："那些参与这项具有挑战性的实验的人几乎无一例外地认为独立比从众更可取。"[37]

个体成员是否会接受所有群体施加给自己的从众压力？很明显，答案是否定的。因为人们通常从属于多个群体，而这些群体的规范各不相同，有时还相互矛盾。个体会遵从**参照群体**（reference group）。在参照群体中，个体了解群体中的其他人，把自己视为该群体的一员或渴望成为该群体的一员，而且觉得其他群体成员对自己具有重要意义。可见，并非所有的群体都能对其成员施加相同程度的从众压力。

9.4.3 规范与行为

规范几乎涵盖了群体行为的各个方面。[38] 正如我们所提到的，工作场所的规范会显著影响员工的行为。这似乎很直观，但直到1924—1932年在西方电气公司（Western Electric Company）位于芝加哥的霍桑工厂进行了一系列研究（霍桑实验），人们才开始全面认识规范对员工行为的重要影响。[39]

霍桑实验的研究人员最初是想考察物理环境与生产率之间的关系。他们增加了实验组工人作业时的照明度，结果实验组和控制组的产出都提高了。令研究人员意外的是，当实验组的照明水平下降时，两组的生产率仍然提高。事实上，只有当照明度下降到很昏暗的程度时，实验组的生产率水平才会下降。这让研究人员相信，是群体动态而不是环境影响了行为。

在这之后，研究人员挑选了一群组装电话配件的女工作为研究对象，以便对她们的行为进行更细致的观察。几年内，这组人的产出稳步提高，并且她们由于个人及疾病原因缺勤的次数只有正常生产部门的1/3左右。这个工作组的绩效明显受到它的“特殊”地位的巨大影响。这些女工认为，她们是一个精英群体，管理层通过进行这样的实验来表明对她们利益的关注。实质上，照明实验和装配实验中的工人对他们所受到的更多关注做出了积极回应。

在接线观察室中进行的第三个实验是为了弄清一项精心设计的工资激励计划所能产生的影响。这个实验最重要的发现是，员工不会只使自己的个人产出最大化。相反，他们的产出受群体规范控制。群体成员担心，如果他们的产出水平显著提高，单位产出的工资率就会被削减，而管理层对日产出量的预期会提高，这样就可能导致裁员，或者使低产出的工人受到斥责。因此，该群体形成了自己的公平产出水平——既不太高也不太低。他们互相帮助，以确保他们的记录基本在同一水平。该群体形成的规范包括许多“不要”。例如，不要争先进，以免完成太多工作；不要磨洋工，以免工作做得太少；不要告发自己的同伴。该群体强化这些规范的方法主要有骂人、嘲笑奚落，或者殴打那些破坏群体规范的人。通过这样严格确立和大力执行的规范，该群体在低于自己的产出能力的情况下运转良好。

道德抉择　同辈压力可以作为一种影响策略

我们都感受过来自同辈的压力，想和朋友或同事表现得不一样并不是一件容易的事。由于组织中的大部分工作都是通过群体和团队完成的，对管理者来说，这种压力存在的可能性与潜在的陷阱成为越来越重要的道德问题。

从某些方面来说，同辈压力也可以是积极的。如果群体或部门中大部分人都很努力，绩效很高，那么无论来自同事的同辈压力是直接的还是间接的，都可以促使那些没有达到期望标准的人提高自己的绩效。一个以道德规范约束自身的团队也可以直接通过同辈压力来使消极行为最小化。因此，从慈善机构捐款到参加救世军志愿服务，同辈压力可以起到倡导良好行为的作用。

然而，正如本章所述，同辈压力同样可以具有破坏性。对那些没有按照群体规范行事的人来说，这会让他们感到自己格格不入，而那些对群体中的其他成员抱有不同看法的人会因此感到痛苦压抑。同辈压力本身也可能成为一种不道德的手段，过度影响员工的行为与想法。此外，组织虽然可以督促他人表现良好，但同样可以迫使他们从事不良行为。

你是否应该在群体中利用同辈压力？作为领导者，你可能需要这么做。一项调查发现，只有6%的领导者认为自己可以成功地影响员工。如果你利用同辈压力来鼓励员工实现团队目标，并使他们的行为与组织价值观相符的话，团队的道德表现可以得到提升。但你应该加强对良好行为的接纳和奖励，而不是抗拒和排斥，通过这种方式使每个人的行为与团队利益保持一致。

资料来源：Based on E. Estrada and E. Vargas-Estrada, "How Peer Pressure Shapes Consensus, Leadership, and Innovations in Social Groups," *Scientific Reports* 3 (2013), article number 2905; A. Verghese, "The Healing Power of Peer Pressure," *Newsweek*, March 14, 2011, www.newsweek.com; J. Meer, "Brother, Can You Spare a Dime? Peer Pressure in Charitable Solicitation," *Journal of Public Economics* 95, no. 7–8 (2011): 926–41; and L. Potter, "Lack Influence at Work? Why Most Leaders Struggle to Lead Positive Change," *Yahoo*, May 14, 2013, http://finance.yahoo.com/news/lack-influence-whymost-leaders-121500672.html.

9.4.4 正面规范与群体结果

具有企业社会责任计划的组织的一个重要目的是让组织的价值观（或首席执行官和高管的价值观）对员工形成规范的影响力。[40] 毕竟，如果员工使他们的思想与组织的积极规范保持一致，这些规范就会变得更加强大，产生积极影响的概率也会成倍增长。我们可能期望政治正确的规范也能获得同样的结果。但强有力的积极规范对群体结果的影响是怎样的呢？一个流行的想法是，为了提高群体的创造力应该放松规范。然而，对性别多样化群体的研究表明，强大的政治正确性规范可以提高群体的创造力。为什么？对男女互动的明确期望减少了群体期望的不确定性[41]，让成员摆脱了刻板印象的影响，这使得他们能够更容易地表达自己的创造性想法。

积极的群体规范很可能会产生积极的结果，但前提是其他因素也存在。例如，在最近的一项研究中，当有积极的合作规范时，高水平的群体外向性对助人行为的预测作用会更强。[42] 尽管规范的作用很强，但并非每个人都同样容易受到积极的群体规范的影响。个体的个性以及一个人对群体的社会认定程度也是应该考虑的因素。另外，最近在德国进行的一项研究表明，人们对他们的群体越满意，他们就越严格遵循群体规范。[43]

9.4.5 负面规范与群体结果

勒布朗因为一名同事总是散布有关他的一些无中生有的恶毒谣言而十分苦闷；林赛十分厌烦自己团队中的一名成员，这个人一遇到问题就会冲着林赛和其他队员大喊大叫，宣泄自己的挫败感；米卡最近辞去了牙科保健医师的工作，因为她长期受到雇主的性骚扰。

以上三件事情是否存在共同点？它们都表明，员工会遇到工作场所偏差行为。[44] 正如我们在第3章中讨论的，反生产工作行为（CWB），或**工作场所偏差行为**（deviant workplace behavior），也称为反社会行为或职场不文明行为，是指违反重要的组织规则从而威胁组织或者其他成员利益的自发行为。图表9-3列出了工作场所偏差行为的分类，并列举了一些例子。

图表 9-3 工作场所偏差行为的分类

类别	举例
生产方面	提前离开
	故意拖延工作时间
	浪费资源
财产方面	破坏公物
	虚报工作时间
	偷窃组织财物
政治活动	偏袒自己人
	散布谣言
	指责同事
个人攻击	性骚扰
	骂人
	偷窃同事物品

资料来源：Based on S. H. Appelbaum, G. D. Iaconi, and A. Matousek, "Positive and Negative Deviant Workplace Behaviors: Causes, Impacts, and Solutions," *Corporate Governance* 7, no. 5 (2007): 586–98; and R. W. Griffin and A. O'Leary-Kelly, *The Dark Side of Organizational Behavior* (New York: Wiley, 2004).

没有组织愿意承认自己创造或容忍了那些鼓励和维持偏差行为的工作条件。然而，偏差行为确实存在。首先，正如我们之前所讨论的，一个工作群体的特征可以受到正面或负面属性的影响。当这些属性为负面时，例如当一个工作群体的精神病态和攻击性很高时，其具有欺骗、不道德和意图伤害他人的特征是显而易见的。[45] 其次，根据上司和同事的报告，员工对待他人的方式在近年来变得更加粗鲁和缺乏尊重。职场不文明行为像许多其他的偏差行为一样对受害者有许多负面的影响。[46] 在遭受不文明行为的员工中，几乎一半人报告说正是这个原因让他们想过换工作，12% 的人由于这个原因辞职了。[47] 一项研究对近 1 500 名受访者展开调查并发现，在工作中遇到的不文明行为不仅会增强员工的离职意愿，还会导致员工的心理压力和身体疾病。[48] 一再遭受不文明行为的员工会感到不公正，并可能通过参与偏差行为来报复组织。[49] 最近的研究表明，由工作需求增加引起的睡眠缺乏通常会削弱人们调节自身情绪和行为的能力，进而导致偏差行为。组织都会试图以较少的资源做更多的事，促使员工加班，这也间接地诱发了偏差行为。[50]

总体上，像群体规范那样，员工个体的不当活动会受他们所处的群体环境的影响。换句话说，当工作场所偏差行为受到群体规范的支持时，它们更可能泛滥成灾。[51] 例如，那些在工作场所内外与经常缺勤的人打成一片的员工，他们自身缺勤的可能性也更大。[52] 因此，当工作场所中出现不正常的规范时，员工的合作、承诺和动机会受到消极影响。

工作场所偏差行为对群体造成的后果是什么？一些研究表明，严重的不当行为会在群体中造成一系列的连锁反应。[53] 这个过程始于某些消极行为，如逃避工作、陷害同事或者不配合别人的工作。由于这些行为，团队在整体上会产生负面情绪。这些负面情绪又会破坏团队协作，降低群体绩效。

9.4.6 规范与文化

集体主义文化中的人是否与个人主义文化中的人有不同的规范？当然是的。[54] 但是，即使在一个社会生活了多年，我们的取向也可能改变。在最近的一项实验中，对一组中立的被试者进行了组织角色扮演练习；这项练习强调了集体主义或个人主义的规范。然后，被试者被赋予一项个人选择的任务，或由一个群体内或群体外的人分配一项任务。当在练习中受到个体主义规范影响的被试者被允许个人选择任务，或者受到集体主义规范影响的被试者被一个群体内的人分配任务时，他们变得更有动力。[55]

9.5 群体属性3：地位；群体属性4：规模和动态

我们已经讨论了我们扮演的角色和内化的规范如何决定我们在群体中的行为。然而，影响我们如何作为一个群体成员以及群体如何运作的因素并非只有以上这两个。你有没有注意到，群体是如何分层为地位较高和较低的成员的？有时，成员在群体内的地位反映了他们在群体之外的状态，但并非总是如此。此外，不同规模的群体的地位通常会有所不同。让我们来看看这些因素是如何影响工作群体的效能的。

9.5.1 群体属性3：地位

地位（status）指的是他人对群体或群体成员的位置或层级进行的一种社会界定。它渗透到社会的各个角落。即使是最小的群体也会随时间的变化显示出成员地位的差异。当个体感到自己与其他人对自己地位的看法存在差异时，地位会成为一个重要的激励因素，而且会产生明显的行为后果。

什么决定地位？ 根据**地位特征理论**（status characteristics theory），地位主要有以下三个来源[56]：

1. 驾驭他人的权力。能够控制群体结果的人通常会被认为具有更高的地位，因为他们更有可能控制该群体的资源。

2. 对群体目标做出贡献的能力。那些对群体的成功具有重要贡献的人通常有更高的地位。

3. 个人特征。那些具有群体所看重的个人特征（如相貌出众、聪明、有钱或者个性友善）的人，其地位通常高于那些拥有较少此类特征的人。

地位与规范 研究表明，地位对群体规范的作用以及从众压力有一些有趣的影响。当地位较高的群体成员对该群体的认同（社会认定）较低时，他们更可能偏离群体规范。[57] 他们还避免了来自其他群体的低级别成员的压力。例如，医生会拒绝接受级别较低的保险公司员工所做的行政决定。[58] 地位高的成员比地位低的成员更能抵制从众压力。如果一名成员很受群体器重，而他又不需要或不在乎群体给他提供的社会性奖励，他就很有可能漠视从众规范。[59] 一般来说，将地位高的成员引入群体可能会提高群体的绩效，但作用有限，或许因为他们可能会带来一些反生产的规范。[60]

地位和群体互动 当人们寻求在某一群体中获得更高的地位时，他们往往会变得更加果断。[61] 他们经常发言，经常批评别人，要求也更多，还会经常打断别人。地位较低的成员参与集体讨论的积极性较低。当成员拥有能够帮助群体的专业技术和见解时，未能充分利用这些成员会降低群体的整体绩效。但这并不意味着一个群体中只有地位高的个人会更可取。在一组地位中等的个体中添加一些地位高的个体可能是有利的，因为在一个群体中有太多地位高的人会使得群体的绩效受到负面影响。[62]

地位的不平等 让群体成员认为本群体的地位层级是平等的，这一点至关重要。如果成员觉得群体中存在地位的不平等，就会引起群体内的失衡，并导致他们采取各种各样的措施来纠正这种失衡。群体内的层级可能会在那些处于权力底层的人中引起不满。群体内部巨大的地位差异与较低的个人绩效、较差的健康状况以及低地位成员更强的离职意愿相关。[63]

群体内通常有获得一致认可的地位标准，因此，对群体成员的地位层级常常会达成高度共识。例如，公司管理者可能把个人收入或公司发展速度作为衡量个人地位的决定因素；政府官员的标准则可能是自己手里掌握的预算规模；蓝领工人的标准可能是资历。占据社交网络中心职位的管理者通常会被下属视为地位较高的人，而该职位对组织的运行有更大的影响力。[64]

组织通常会根据排名以及谁有权获取所需资源来形成一个非正式的地位顺序。[65] 当人们从一个群体转入另一个群体时，由于群体的地位标准不同，或者群体成员具有不同类型的背景，他们可能会遇到冲突。不同的文化在赋予个人地位时也有不同的标准。如果群体由不同类型的个体组成，那么当群体试图协调不同的地位层级时，地位差异就可能会引发冲突。如同我们将在第 10 章中看到的那样，当管理者让来自本组织不同职能领域的员工组成工作团队时，地位可能会成为一个突出的问题。

地位和污名化 很明显，你的地位会影响别人对你的认知方式，而与你相关的人所处的地位也会影响他人对你的看法。研究表明，受到污名化的人会把自己的污点“传染”给其他人。这种“污名连带”效应会导致人们对那些与被污名化者相关的人产生消极的看法和评价，即便这种关联是短暂的或者纯属巧合。当然，文化地位差异的许多基础原本是没有任何依据的。例如，男性在等待工作面试的时候，如果旁边坐的是个肥胖的女人，那么别人就会觉得他能力不足。另一项研究观察了与肥胖者产生关联可能会带来的影响，该研究发现，即便告知旁观者目标人和他旁边超重的人没有关系，目标人还是会因为受牵连而被贬低。同样，以非裔美国人为主的工作群体的领导人也会受到污名连带的影响，导致同行对他的绩效评估打分较低。[66]

群体地位 在生命的早期，我们获得了一种“我们和他们”的心态。[67] 你可能已经会正确地推测，如果你在一个外群体中，你的群体在相关内群体成员眼中的地位较低。在文化上，有时内群体成员是一个社会的主导力量，并被赋予很高的地位，这可能造成对其外群体的歧视。为了应对这种歧视，低地位群体很可能利用内群体偏爱来竞争更高的地位。[68] 当高地位群体随后感受到来自低地位群体的歧视时，他们可能会增加对外群体的偏见。[69] 周而复始，这些群体变得更加两极分化。

9.5.2 群体属性 4：规模和动态

群体规模是否会影响该群体的整体行为？回答是肯定的。但是其效果取决于你所关注的因变量。[70] 成员达到12个或以上的群体擅长获取多种多样的投入。[71] 如果目标是寻求事实或者获取想法，则规模较大的群体更有效。[72]7人左右的较小的群体做某些事情更有成效。[73]

与群体规模有关的一项重要发现是**社会惰化**（social loafing）现象。社会惰化指的是个体在群体中工作时不如单独工作时那么努力的倾向。[74] 社会惰化直接质疑了无论群体规模大小，群体的整体生产率至少等于成员个体的生产率之和这一假设。

是什么原因导致了社会惰化效应？一种可能是，群体成员认为其他成员没有尽到应尽的职责。如果你觉得别人是懒惰或无能的，你就可能会降低自己的努力程度，这样你才会觉得公平。但如果只是没有贡献的话，个人还不足以被贴上"搭便车"的标签。对群体而言，真正社会惰化的人会以一种剥削的方式从其他团队成员那里获利。[75] 对社会惰化的另一种解释是责任分散。由于群体活动的结果无法归因到某个具体成员身上，因此个人投入与群体产出之间的关系就变得模糊不清。在这种情况下，个体可能会试图成为一个"搭便车者"——趁机搭上群体努力的便车而不用自己花费太大力气。[76]

这对组织行为学具有重要意义。当管理者采用集体工作方式时，他们必须能够识别个体的努力程度。更高的绩效多样性会在一个群体在一起的时间变长的情况下催生更多的社会惰化，从而降低满意度和绩效。[77]

社会惰化在西方国家似乎更为普遍。[78] 它符合个人主义文化，比如美国和加拿大都是以自我利益为主。但社会惰化并不符合集体主义社会的价值观，因为在这些国家中，个人以群体目标为动机。对不同文化的研究发现，来自东方文化的群体的社会惰化概率明显较低。

研究表明，人的职业道德感越强，越不可能产生社会惰化。[79] 此外，一个群体的责任心和随和性越高，无论是否存在社会惰化，都越有可能保持高水平的绩效。[80] 防止社会惰化的方法有以下几种：（1）设立群体目标，使群体为之共同努力；（2）增加群体间的竞争，使各群体更关注自己的绩效；（3）开展同事评估；（4）挑选愿意在群体中工作、有较高积极性的成员；（5）群体奖励在一定程度上按照每个成员的独特贡献来制定。[81] 最近的研究表明，社会惰化也可以通过公开发布群体成员的个人绩效评级来抵消。[82] 尽管上述任何一种方法都不是避免社会惰化的灵丹妙药，但它们应该可以使社会惰化的影响最小化。

9.6 群体属性5：凝聚力；群体属性6：多样性

一个群体要想运作良好，就必须作为一个整体采取一致的行动，但不是因为所有的群体成员都有相同的想法和行动。在某些方面，凝聚力和多样性的特性需要在角色和规范的默认建立中得到重视，即无论背景的差异如何，该群体是否会包容其所有成员？让我们先来讨论群体凝聚力的重要性。

9.6.1 群体属性5：凝聚力

不同的群体具有不同程度的**凝聚力**（cohesiveness）。凝聚力指的是成员之间相互吸引以及愿意留在该群体中的程度。有些工作群体的凝聚力高，原因可能是成员之间合作了很长时间，或者是群体的规模小或群体目标促进了高度的互动，或者是外界威胁使得群体成员紧密团结起来。

凝聚力影响群体的生产率。研究一致表明，凝聚力与生产率的关系取决于群体中与绩效有关的规范。[83] 如果这些绩效规范要求很高（如高产出、高工作质量、与群体外的人保持良好的协作关系），那么高凝聚力群体的生产率就会高于低凝聚力群体；但如果凝聚力高而绩效规范要求很低，生产率就会下降。如果群体凝聚力低，但绩效规范要求很高，则群体生产率也会较高，但不如凝聚力高且绩效规范要求也高的群体；如果群体凝聚力低，而且绩效规范要求也低，则生产率可能处于中低水平。图表 9－4 呈现了这些结论。

图表 9－4　群体凝聚力、绩效规范和生产率的关系

绩效规范 \ 凝聚力	高	低
高	高生产率	中等生产率
低	低生产率	中低生产率

为了增强群体凝聚力，你可以遵循以下几点建议：（1）缩小群体规模；（2）鼓励对群体目标的认同；（3）增加群体成员在一起的时间；（4）提高群体的地位，让人们觉得成为该群体的成员并不容易；（5）鼓励与其他群体的竞争；（6）奖励群体而不是成员个体；（7）使该群体拥有单独的物理空间。[84]

9.6.2　群体属性 6：多样性

我们要讨论的群体的最后一种属性是群体成员的**多样性**（diversity），也就是群体成员在多大程度上相似或彼此不同。总体而言，研究发现群体多样性既会造成损失，也能带来好处。

多样性似乎会增加群体内的冲突，尤其是在群体的早期阶段，这常常会降低群体士气，使更多的人退出群体。一项研究对比了多元文化的群体和同源文化的群体（成员来自相同国家）。在野外生存训练中，两个群体表现相当，但多元化群体的满意度和凝聚力较低，发生的冲突更多。[85] 有一项研究调查了任职时间的差异对 67 个工程研发团队绩效的影响[86]：当大多数成员的资历差不多时，群体的绩效很高；当群体成员的资历差异变大，群体绩效反而下降。但这里有一个重要的限定条件：如果在人力资源管理方面做出有效的安排，以团队为导向，那么较高的资历多样性与较低的绩效没有关系。还有一项研究表明，若团队成员在价值观或意见上存在差异，团队就会经历更多的冲突。但如果团队领导能够使成员的注意力集中到当前的任务上，并鼓励团队学习，就可以减少此类冲突，增加对团队问题的讨论。[87] 性别多样性也可能对一个群体构成挑战，但如果强调包容性，群体冲突和不满情绪就会减少。[88]

你可能已经推测出来，群体多样性的“区分标准”很重要。表层多样性——也就是能够直接观察到的特点——会提醒人们有可能存在深层多样性，例如，国籍、种族、性别等的多样性会暗示着态度、价值观和观点的多样性。一位研究人员认为，“单单是你所看到的多样性，比如一个人的种族或性别，实际上就已经向团队发出了内部意见有可能会不一致的信号”。[89] 表层多样性对团队成员来说可能是一种暗示，他们会下意识地让自己的思想和观点更加开放。[90] 例如，针对 MBA 学生群体的两项研究发现，表层多样性可以使团队更加开放。对深层多样性的影响了解较少。韩国的研究表明，将对权力有高度需求的人与对权力的需求较低的人放在一起，可以减少非生产性的群体竞争；而让具有类似成就需求的人在一起工作则可能会提高任务绩效。[91]

尽管差异会导致冲突，但它们给团队提供了一个机会，使其能以独特的方式解决问题。一项针对陪审团行为的研究发现，多样性显著的陪审团慎重考虑的时间可能更长，分享的信息更多，讨论证据时犯的事实错误更少。总体来说，多样性对组织的影响是复杂的。在较短的时间内融入一个多样化的群体是件很困难的事。然而，如果成员能够经受住差异的考验，随着时间的推移，多样性可能会帮助他们变得更加开放、更有创造力、表现得更好。例如，人们发现性别多样性可以改善中国工作组的团队绩效。[92] 另外，积极的效果可能不太明显。正如一项评论指出的，“基于现有的研究，多样性对商业的影响（可论证的财务方面的结果）很难得到支持”。[93] 然而，其他研究人员认为，我们不应该忽视同质化的影响，有些可能是有害的。[94]

多样化团队可能存在的一个负面作用就是**断裂带**（faultline），尤其是那些具有表层多样性特征的团队，也就是说，群体由于某些可见的差异（性别、种族、年龄、工作经验、受教育程度）而分裂成两个或两个以上的小团体。

例如，团队 A 由三男三女组成：三位男性的工作经验和营销方面的背景类似，三位女性有相似的工作经验和金融方面的背景。团队 B 同样由三男三女组成，但每个人的经验和背景都不一样：其中两位男性经验相对丰富，一位男性经验较少，一位女性已经在公司工作了几年，另外两位女性则是新来的。此外，团队 B 中，两位男性和一位女性具有营销方面的背景，剩下的一位男性和两位女性具有金融方面的背景。因此，基于团队成员不同的特征，团队 A 可能会分为男女两个小团体，但在团队 B 中不太可能出现这样的状况。

针对断裂带的研究表明，这种分裂通常会给团队运作和绩效带来不利影响。小团体之间可能会互相竞争，这浪费了原本应该用于完成核心任务的时间，会损害团队绩效。存在小团体的团队学习速度慢，会制定更多有风险的决策，创造力更低，感受到的冲突更严重。小团体之间不太可能相互信任。如果存在断裂带，虽然小团体内部的满意度通常比较高，但团队整体的满意度较低。[95]

断裂带有积极的方面吗？一项研究表明，在强调结果的组织文化中，基于不同技能、知识、专业而产生的断裂带可以是有益的。为什么？结果导向型的文化会使人们把注意力集中到对公司重要的事情上来，不太关注由于小团体而产生的问题。[96] 还有一项研究表明，如果团队成员角色交叉，并且团队有一个共同的目标，基于性别和所学专业的断裂带所产生的问题就会被抵消。在这些策略的共同作用下，不同小团体的成员被迫协作，把精力集中到完成目标上，进而可超越断裂带造成的界限。[97] 沿着任务相关特征形成的断裂带可能会通过促进分工来提高某些组织的绩效。[98]

总的来说，虽然针对断裂带的研究表明群体的多样性是一把潜在的双刃剑，但最近的研究发现，只要运用得当，它可以作为一种战略来提高组织绩效。

职业目标 **我可以伪造数据而不承担责任吗？**

我有一个很棒的工作小组，但小组里的其他人让我忽略有关我们小组成功背后的负面信息，而那是我作为财务主管应该负责报告的。他们联合起来对付我，侮辱我，威胁我，所以最后我按照他们的想法汇报了财务数据。他们说省略负面信息并不算错，也没有违反组织的规定，但在我看来应如实报告，然而我需要留在小组里，否则我就会失业。如果我们小组的数据造假被发现了，我可以把责任推给整个小组吗？

——尚 - 克劳德

亲爱的尚 - 克劳德：

简短的回答是，因为你在小组中担任领导角色，所以你可能不会指责其他人的选择。此外，作为领导，你可能要对这种情况的后果承担个人责任。

你的困境并不少见。一旦我们把自己看作一个集体的一部分，我们就希望留在这个群体中，承受服从的压力。来自多个成员的压力让你意识到你在群体中属于少数，他们的嘲讽会让你觉得自己不像是群体中的一员，甚至只是一个局外人。因此，你会深切感受到那些有损你在团队中地位的威胁。

所以你可以选择屈服于压力，继续歪曲事实以让你的团队显得成功，或者坚持你作为财务主管所承担的责任，保持清白。从道德的角度来看，我们希望你不要考虑将第一个选择作为可接受的选项。你可以利用社会认同来做出对你有利的改变。与其挑战整个群体，不如尝试与个别群体成员单独会面以建立信任：作为一个有价值的群体的成员，你与其他成员一一交谈，让他们相信这个群体可以在没有任何道德困境的情况下取得成功。不要试图建立一个联盟；相反，要与个人建立信任并改变群体的氛围，让他们重视道德行为。然后，当你下次报告时，你可以呼吁你的群体增强道德意识，以获得他们对你的领导决策的支持。

资料来源：Based on M. Cikara and J. J. Van Bavel, "The Neuroscience of Intergroup Relations: An Integrative Review," *Perspectives on Psychological Science* 9, no. 3 (2014): 245–74; M. A. Korsgaard, H. H. Brower, and S. W. Lester, "It Isn't Always Mutual: A Critical Review of Dyadic Trust," *Journal of Management* 41, no. 1 (2015): 47–70; and R. L. Priem and P. C. Nystrom, "Exploring the Dynamics of Workgroup Fracture: Common Ground, Trust-with-Trepidation, and Warranted Distrust," *Journal of Management* 40, no. 3 (2014): 674–795.

9.7 群体决策

长期以来，许多国家的法律体系坚持的一个基本信念是：两人的智慧胜于一人。这一点在陪审团制度中表现得最为明显。组织中的许多决策是由群体、团队或委员会做出的。在这一节，我们将讨论群体决策的优势以及群体动态给决策过程带来的独特挑战。最后，我们将提供一些使群体决策机会最大化的技术。

9.7.1 群体决策和个体决策

群体决策在组织中的应用范围很广，但这是否意味着群体做出的决策必定优于个体？这个问题的答案取决于很多因素。我们首先来看群体决策的优点与缺点。

群体决策的优点 群体可以提供更全面、更完整的信息和知识。通过综合多个个体的资源，群体给决策过程输入了更多的信息。群体决策能提高观点的多样性。这就为考虑和讨论多种方法和方案提供了机会。最后，群体提高了决策的被接受程度。如果群体成员参与到决策过程中，他们更有可能热情地支持该决策，还会鼓励别人也接受它。

群体决策的缺点 群体决策很耗费时间，因为群体通常需要更多的时间来获得解决方案。群体内部存在从众压力。群体成员希望被群体接受和重视，这可能会导致不同的意见受到明显压制。群体讨论可能会由一个人或少数几个人控制局面。如果这个（些）人具有中等或偏下的能力，则会削弱该群体的总体绩效。最后，群体决策可能会因为责任不明确而导致效果不佳。对个体决策来说，谁该承担责任显而易见。但在群体决策中，责任被分散了。

效果与效率 到底是群体决策还是个体决策更有效？这取决于你如何界定效果。就准确性而言，群体中判断最准确的成员所做出的决策通常要比群体决策更加准确，而群体决策通常比群体中普通成员所做出的决策更加准确。[99] 但就速度而言，个体决策更胜一筹。如果你认为创造力很重要，那么群体决策往往比个体决策更有效。如果你的标准是可实现的解决方案的接受程度，那么群体决策是首选。[100]

不过，在考察决策效果的同时，不能不考虑决策效率。就效率这一点来说，个体决策几乎总是胜过群体决策。当然，也存在例外情况。例如，如果在进行一项决策时需要了解多方面的信息，那么单个决策者就要花大量时间来查阅资料和向别人咨询。而在一般情况下，群体决策不如个体决策效率高。因此，在决定是否采用群体决策时，应该权衡一下群体决策在效果上的优势能否超过它在效率上的损失。

总体来看，在决策过程的许多步骤中，群体是一种出色的工具，它在信息收集的深度和广度上有很大优势。如果群体成员拥有不同的背景，那么他们应当能想出更多的办法，做出更深刻的分析。当最终方案制定出来后，会得到群体内更多成员的支持和执行。不过，群体决策的这些优势可能被一些不利因素抵消。例如，群体决策很耗费时间，容易引发内部冲突，令群体成员感到从众压力。然而，我们必须谨慎地界定冲突的类型。韩国的研究表明，有关任务的群体冲突可能会提高群体绩效，而关系冲突则可能会降低群体绩效。[101] 因此，在某些情况下，个体决策要优于群体决策。

9.7.2 群体思维和群体偏移

群体思维和群体偏移是群体决策的两种副产品，它们会影响群体客观评估各种选择方案和制定高质量解决方案的能力。

群体思维（groupthink）与群体规范有关，指的是群体中的从众压力使得该群体难以批判性地评估那些不同寻常的、由少数人提出的或者不受欢迎的观点。群体思维是一种影响了许多群体的弊病，它会严重影响群体绩效。[102] **群体偏移**（groupshift）指的是群体成员在讨论备选方案和制定决策时往往会放大自己最初的立场或观点。在某些情况下，谨慎态度占据上风，形成保守偏移。但更多的时候，群体会出现冒险偏移。[103] 接下来，我们将详细地介绍这两种现象。

群体思维 群体思维现象似乎与阿希从实验中得出的结论相符。如果个体的观点与绝大多数群体成员不一致，在群体压力下，他就可能会屈从或退缩，或者调整自己的真实情感或内心信念。作为群体的一员，我们发现自己更乐意与群体保持一致，即成为群体中积极的一分子，而不是成为干扰力量，即使这种干扰力量对于改善群体决策效果十分必要。注重绩效甚于学习的群体更容易成为群体思维的受害者，他们会抑制那些与多数人不一致的观点。[104]

群体思维会影响所有群体吗？事实证明，并不是这样。当存在以下三个特点时，群体思维最容易出现：明确的群体认同感；成员愿意维护群体的正面形象；成员觉得群体的正面形象受到严重威胁。[105] 一项研究表明，那些受群体思维影响的人对他们的行动方针更有信心。[106] 然而，与那些对自己的行动方针持质疑态度的群体相比，对自身行动方针的正确性过度自信的群体更有可能压制异议，鼓励从众行为。

管理者可以采取哪些措施来尽量弱化群体思维呢？[107] 首先，他们可以监控群体规模。随着群体规模的增加，成员会变得越来越畏缩和犹豫。尽管没有一个确切的数字可以作为群体思维的分水岭，但是当群体超过 10 人时，个体可能会感觉到更少的个人责任。其次，管理者应该鼓励群体的领导者扮演公正无私的角色。领导者应该积极地从所有成员那里听取意见，避免只表达自己的想法，尤其是在讨论的初期。再次，管理者可以任命一名群体成员扮演“吹毛求疵者”。这名成员的角色是对大部分成员所持的立场公开质疑，并提出不同的观点。最后，管理者可以利用各种练习来刺激群体成员在既不会威胁到群体又不会强化群体身份保护的情况下积极讨论各种大相径庭的备选方案。其中一项练习是让群体成员推迟谈论一项决策可能会带来的效果，从而使他们一开始就关注该决策所隐含的危险或风险。要求成员首先关注一项备选方案的负面影响，这有可能使群体减少对不同观点和意见的抑制，从而做出客观评估。

群体偏移或群体极化 群体决策与群体成员的个人决策之间存在差异。[108] 在群体讨论中往往会出现这种现象：群体讨论使群体成员最初持有的立场趋于更极端的方向。保守的立场会变得更为保守，激进的观点会变得更为冒险。事实上，群体偏移或群体极化可以看作群体思维的一种特殊形式。该群体的决策反映了在群体讨论中形成的主要决策规范。这一决策规范可以是偏向更谨慎的群体决策规范，也可以是偏向更冒险的群体决策规范。

人们对群体极化产生的原因有多种解释。[109] 有些学者认为，在群体讨论中成员之间越来越熟悉，随着相处变得融洽，他们更愿意以极端的方式表达自己最初的立场。还有学者认为，群体决策分散了责任。群体决策使得任何人最终都不必独自承担后果，所以他们更为冒险。人们采取极端立场也有可能是因为他们想要展示自己与外群体不同。[110] 处于政治和社会运动边缘的人采取越来越极端的立场仅仅是为了证明他们真正致力于这项事业，而那些更为谨慎的人则会采取温和的立场以表明自己有多么明智。

关于群体偏移的研究发现对我们有什么意义？我们应该认识到，群体决策容易放大每个群体成员最初的立场，使成员更倾向于冒险；群体决策究竟是朝更保守还是更冒险的方向偏移，取决于群体成员在讨论前的倾向性。

我们已经讨论了群体决策及其优缺点，现在我们要讨论群体决策技术。这些技术可以减少群体决策的一些负面因素。

9.7.3 群体决策技术

群体决策最常见的形式就是组成**互动群体**（interacting group）。采用这种形式时，成员之间面对面进行交流，依赖言语和非言语相互沟通。不过，我们在讨论群体思维时已经指出，互动群体为了使成员达成一致意见，常常会对成员施加压力。头脑风暴和名义小组技术能够减少传统的互动群体方式所固有的一些问题。

头脑风暴　头脑风暴（brainstorming）旨在克服互动群体中会抑制创造力的从众压力。[111] 它鼓励成员提出各种备选方案，不允许对这些创意提出批评。在一次典型的头脑风暴讨论中，6 ～ 12 人围坐在一张桌子旁。一个群体领导者讲明问题，让所有参与者都有清晰的了解。然后，在规定的时间里大家自由发言，尽可能想出解决问题的各种方案。为了鼓励成员打破常规，任何人都不得对方案提出批评，无论提议多么稀奇古怪，所有的想法都会被记录下来，以便随后进行讨论和分析。

头脑风暴确实会产生许多创意，但并不见得是一种很有效率的方式。研究一致表明，单独思考的个体会比利用头脑风暴讨论的群体产生更多的创意。为什么？其中一个原因是生产阻滞（production blocking）。换句话说，当群体中的成员正在思考时，如果有很多成员在一旁说话会阻碍思考过程，最终妨碍成员的创意分享。[112]

名义小组技术　**名义小组技术**（nominal group technique）可能更有效。这种技术在决策过程中对群体成员的讨论或人际沟通进行限定。与召开传统会议一样，群体成员都要出席会议，但成员首先进行单独决策。具体来说，在一个群体领导者提出一个问题之后，该群体采取以下几个步骤：

1. 在群体讨论之前，每个成员单独写下自己对解决该问题的想法。
2. 沉默阶段结束后，每个成员向群体提交自己的一个想法。在所有成员的所有想法都被提交和记录之前，不允许讨论。
3. 群体开始讨论每种想法，进行阐述和评估。
4. 每个成员都不出声，独自对这些想法进行排序，总体排名最高的想法是最终的决定。

名义小组技术的主要优点是，它让群体成员正式参加会议，但又不像互动群体那样限制个人的独立思维。研究总体表明，名义小组群体优于头脑风暴群体。[113]

每种群体决策技术各有优势与劣势。选择哪一种方法取决于你所强调的标准以及对成本与效益的权衡。如图表 9－5 所示，互动群体有利于实现成员对决策方案的认同，头脑风暴可以激发群体凝聚力，而名义小组技术是获取大量想法的一种有效手段。

图表 9－5　群体效果评估

效果指标	群体类型		
	互动群体	头脑风暴	名义小组技术
观点的数量	低	中	高
社会压力	高	低	中
资金成本	低	低	低

续表

效果指标	群体类型		
	互动群体	头脑风暴	名义小组技术
决策速度	中	中	中
任务导向	低	高	高
潜在的人际冲突	高	低	中
对决策结果的承诺	高	不适用	中
群体凝聚力	高	高	中

本章小结

通过对群体的讨论，我们可以得到以下几点结论。第一，通过建立对与错的标准，规范可以控制行为。特定群体中的规范可以帮助管理者理解其成员的行为。第二，地位不平等会带来挫败感，并且对生产率和员工留在组织中的意愿造成负面影响。第三，规模对群体绩效的影响取决于任务的类型。群体规模越大，满意度可能越低。第四，凝聚力可能会影响群体的生产率，这取决于群体中与绩效相关的规范。第五，多样性对群体绩效的影响好坏参半，既有研究表明多样性有利于提高绩效，也有研究表明多样性不利于绩效。第六，角色冲突与工作压力和工作不满意相关。[114] 第七，人们通常更愿意与和自己地位相当或高于自己的人交流，而不是与比自己地位低的人交流。下一章我们将更深入地探讨其中几个结论。

对管理者的启示

- 认识到群体会对组织中的个人行为产生巨大的影响，无论是积极的还是消极的。因此，要特别注意角色、规范和凝聚力，了解了角色、规范和凝聚力在群体中的运作方式，才能了解群体的行为。
- 为了减少工作场所偏差行为发生的可能性，要确保群体规范不支持反社会行为。
- 注意你所建立的群体中员工的地位层级。因为地位低的人较少参与小组讨论，地位高的人可能会压制地位低的成员，影响他们的潜力发挥。
- 组建工作团队时，如果是为了发现事实，就使用规模较大的团队；如果是为了执行任务，就使用规模较小的团队。在创建较大规模的团队时，要有衡量个人绩效的标准。
- 为了提高员工的满意度，要努力确保员工准确地认识自己的工作角色。

复习题

1. 有哪些不同类型的群体？
2. 间断－平衡模型的关键组成部分有哪些？
3. 角色要求是如何随着不同情境而变化的？
4. 群体规范是如何影响个体行为的？
5. 群体地位和规模差异是如何影响群体绩效的？
6. 群体凝聚力和多样性如何助力提升群体有效性？
7. 群体决策（与个体决策相比）有哪些优势与劣势？

观点碰撞

多样化的工作团队更聪明、更创新

正方

物以类聚，人以群分，相同羽毛的鸟会聚在一起。但是涉及一个企业时，与只有一种类型的“鸟”相比，“鸽子”与“乌鸦”聚在一起可能会更好。员工可能会觉得同与他们相似的人一起工作更舒服，但这种舒服可能是以牺牲成功为代价的。

研究一再表明，多样化程度高的公司取得了更大的成功。对全球2 400家公司进行的分析表明，执行董事会中存在至少一名女性员工会带来更高的净收入增长和股本回报率。除了组织高层的多样性，组织中较低层次员工的多样性也可能有所帮助：拥有更多样化的工作团队的公司比少数族裔或女性雇员较少的公司有更高的财务回报。

多样化的群体会更聪明地思考。当人们被要求与不同于他们的人一起工作时，他们被迫离开舒适区，进行更多批判性思维和创新。例如，在模拟陪审团中，种族多样性更高的陪审团做出了更准确的决定，并通过案件中的更多事实支持他们的决定。更多样化的金融专业人士团队在股票市场模拟股票定价的任务中也表现得更好。此外，对西班牙研究和设计团队的分析发现，更具性别多样性的团队创造了更多的创新产品。其他类型的多样性也可能是有益的。在谋杀之谜任务中，由不同任职期限的员工组成的团体更有可能猜出嫌疑人。在分析英国企业的文化多样性时，更具文化多样性的领导团队创造了更多的新产品。

所以，下次当你担心和一个与你没有太多共同点的人一起工作时，记住玛雅·安吉罗（Maya Angelou）的话：“在多样性中有一种美，有一种力量。”

反方

有证据表明，拥有多样化的领导力可能会使公司受益。但是也有研究表明，多样性与员工士气和幸福感降低、决策放缓以及冲突增加有关。工作团队多样化程度高的组织更有可能因歧视而被起诉。

有时，多样化程度高的任务可以促进创新和批判性思维，但这些好处可能不值得强迫员工与令他们感到不舒服的人一起工作。当员工被迫参与多样性举措时，可能会承受更多的压力。超过一半的人觉得他们必须显著改变自己的行为，才能让自己适应。如果员工试图表现得像同事们一样，而不是承认自己的差异，不仅会导致压力，还会带来其他的负面结果。研究表明，当团队成员不公开讨论和承认他们不同的背景时，多样性带来的对创造力的任何好处都会消失。

即使员工感觉能非常自在地表达自己，也不能保证他们真的会相处得很好。有不同种族、性别和教育背景的群体成员在某些任务中可能比同质群体略有优势，然而，当群体成员拥有不同的价值观时，优势可能会丧失。例如，人们有不同的文化背景，群体可能难以克服这些差异。

我们可能倾向于认为多样化的团队更好，但请记住，“物以类聚，人以群分”的说法是有道理的。

资料来源：Based on S. Bailey, “Why Diversity Is Bad for Business (and Inclusion Is the Answer),” *Forbes*, May 20, 2014, https://www.forbes.com/sites/sebastianbailey/2014/05/20/why-we-should-prioritize-the-i-in-d-and-i/#2c6b0e54600d; D. Rock, H. Grant, and J. Grey, “Diverse Teams Feel Less Comfortable—and That’s Why They Perform Better,” *Harvard Business Review*, September 22, 2016, https://hbr.org/2016/09/diverse-teams-feel-less-comfortable-and-thats-why-they-performbetter; and D. Rock and H. Grant, “Why Diverse Teams Are Smarter,” *Harvard Business Review*, November 4, 2016, https://hbr.org/2016/11/why-diverse-teams-are-smarter.

知识应用和就业力

群体对个人有强大的影响力，可能导致积极和消极的后果。当同辈压力和规范帮助个人表现更好并参与亲社会行为时，它们可能是有益的。然而，群体也可能对其他群体施加伤害，鼓励从众，并导致糟糕的决策。通过了解群体行为，你可以更好地了解如何在你的工作场所中，在同事、主管和下属之间获得积极的结果并避免消极的结果。在本章中，你在面对来自同事的同辈压力，听取关于同伴的八卦以及决定同辈压力是不是激励员工的合乎道德的策略时，学到了有关沟通、合作和社会责任的宝贵经验。你还利用批判性思维技能，探索多样化工作团队的优势和陷阱。你将利用后面的内容继续发展这些技能，并运用你的知识与分析技能分别独自、与集体一起在野外生存，评估是否违反心理契约，探索在决策中希望达成共识的缺点，并探讨一个群体的分裂如何影响军事行动。

体验练习

荒野求生：抱团还是单干？

你是一个徒步旅行队的成员。到达营地后的第一天，你决定在日落时分独自远足片刻。你很兴奋，走了几英里后决定返回营地。但在返回途中，你发现自己迷路了。你大声呼救，却无济于事。现在天黑了，你越来越冷。

◆ **你的任务**

不要与团队中的其他人交流，阅读以下内容并选出最佳答案。将你的答案记录在一张纸上。请在 10 分钟内答完以下题目。

1. 你决定做的第一件事是生火。你没有火柴，只能采用钻木取火的方法。什么是钻木取火？

a. 双手持一根干燥柔软的木棒，钻一块质地柔软的生木板

b. 双手持一根质地柔软的生木棍，钻一块硬木板

c. 用一根笔直的木棍快速地来回摩擦一棵枯树

d. 用两根棍子（一个做弓，一个做钻）敲击生出火花

2. 你突然想到，还可以用火来发送求救信号。你会如何做？

a. 按随机顺序点燃火堆

b. 点燃火堆，组成一个正方形

c. 点燃火堆，组成一个十字

d. 点燃火堆，排成一条线

3. 你觉得很渴，于是拿出背包里的金属茶杯到附近的小溪中盛了些水。应该将这杯水煮沸多久？

a. 15 分钟

b. 几秒钟

c. 1 分钟

d. 取决于海拔高度

4. 你现在非常饿，决定吃掉那些看起来可以食用的浆果。你将如何进行可食性测试？

a. 测试前两个小时不吃东西

b. 如果这种植物刺痛了你的嘴唇，那么用舌头覆盖痛处 15 分钟，确定刺痛感确实存在

c. 先吃一点，如果两小时后没有不良反应，就吃掉半杯浆果，再看反应如何

d. 将这种植物的每一部分分开，然后逐一吃掉

5. 接着，你决定建一个避难场所过夜，在选择地点时，以下哪一点不需要考虑？

a. 那里必须有建造避难场所的材料

b. 那里必须没有昆虫、爬行动物，以及有毒植物

c. 那里必须足够大，有平坦的空间，这样你才能舒服地躺下

d. 必须在山坡上，这样你才能向救援者发出求救信号，并留意周围环境

6. 在你建立的避难场所中，你发现一只蜘蛛。你曾听一位徒步驴友说，这个地区有黑寡妇蜘蛛。如何鉴别这是不是黑寡妇蜘蛛？

a. 它的头部和腹部是黑色的；胸腔是红色的

b. 它会被光吸引

c. 它会避开光线

d. 通体黑色，雌性的腹部有红色或橙色标记

7. 睡了一会儿，你注意到夜空开始放晴，所以你决定找一找回大本营的路。你觉得自己应该向北走，可以用北极星导航。你如何定位北极星？

a. 尽可能高举你的右手，看食指和中指之间的位置

b. 找到天狼星，然后往上找到 60° 偏右的位置

c. 找到北斗七星，然后沿着勺子尾端连成的线寻找

d. 沿着猎户座腰带连成的线寻找

8. 你遇到一条激流，最好用哪种方法穿过？

a. 找到沙洲下游的某一处，这里的水流相对缓慢

b. 建一座桥

c. 找一个岩石比较多的区域，因为这里水浅，可以找到手扶或者踩踏的地方

d. 找到水流分叉处的平坦河道

9. 步行大约一个小时后，你发现衣服上有几只蜘蛛。你感觉不到任何疼痛，但你知道有些蜘蛛的叮咬是无痛的。以下哪种蜘蛛的叮咬是无痛的？

a. 黑寡妇蜘蛛

b. 隐居褐蛛

c. 狼蛛

d. 盲蜘蛛（长脚盲蛛）

10. 你决定吃一些昆虫，以下哪种昆虫不应该吃？

a. 会咬人的虫子

b. 毛毛虫以及有刺激气味的昆虫

c. 有毛或色彩鲜艳的昆虫

d. 上述所有昆虫

◆ 小组任务

5～6人为一组。现在想象一下，整个小组都走失了。先写下你自己的答案，然后小组集体讨论，达成共识。将组内商议后得出的答案写在之前的那张纸上。请在20分钟内完成。

◆ 计算得分

老师会提供正确答案，这些答案都是经过专家审定的。得到正确答案后，计算：

（A）你的个人得分；（B）小组商议后的得分；（C）小组成员的平均分；（D）小组内的个人最高分。记下小组得分，并在小组内讨论以确保分数的准确性。

A. 你的个人得分是________

B. 小组商议后的得分是________

C. 小组成员的平均分是________

D. 小组内的个人最高分是________

◆ 问题

1. 与你的个人得分（A）相比，小组表现（B）如何？
2. 与小组成员的平均分（C）相比，小组表现（B）如何？
3. 与小组内的个人最高分（D）相比，小组表现（B）如何？
4. 将你们组的结果与其他小组进行比较。哪些小组的得分高于个人得分？
5. 根据实验结果，你对群体决策有效性有什么新认识？
6. 小组应如何提高群体决策有效性？
7. 哪些情况可能导致小组表现不如组内个人最佳表现？

道德困境

是否可以违反心理契约?

正如我们在本章中所讨论的，许多组织都存在固有的心理契约。主管和高级管理人员应该尊重员工，提供良好的工作条件，并清楚地传达期望和反馈。作为交换，员工应努力工作，并保持对组织的忠诚。相互期望是通过心理契约建立起来的。然而，由于心理契约是非正式的，而不是正式的协议，当雇主或雇员违反该协议时，可能不会产生任何影响。

在许多情况下，违反雇主和雇员之间的心理契约似乎很有吸引力。如果管理人员为员工提供不太理想的工作条件，或者解雇忠于组织的员工，就可以节约成本。员工可以通过不努力工作或离开组织来违反心理契约。雇主和雇员的期望可能没有明确传达，他们也可能不清楚心理契约是否已被违反。尽管如此，当一方没有达到另一方预期的结果时，仍然会产生一些负面后果。例如，如果管理人员不提供公平的工作条件，员工可能会推卸工作责任。另外，如果员工没有做好工作，经理可能会拒绝给予员工一些特权。

◆ 问题

1. 管理者或下属违反心理契约是否合乎道德？如果违反心理契约可能会对一些员工产生负面影响，但对其他员工有利呢？

2. 是否存在雇主可能认为雇员违反了心理契约，但雇员不认为自己做错什么的情况？是否有雇员可能觉得雇主违反了心理契约，但雇主觉得自己没有做错什么的情况？

3. 员工可能以各种方式对违反心理契约的行为做出反应，并非所有这些反应都是合乎道德的。员工做出反应的道德方式是什么？员工做出反应的不道德方式是什么？

案例分析 1

共识之灾

群体在做决策时往往会采纳大多数人的意见。所谓共识，也就是大家都同意，这样做决策似乎是不错的方法。为了达成共识，群体中的成员必须共同协作，最终会产生更深的情谊和信任。此外，如果每个人都同意的话，大家会更投入地实施决策。

然而，有时过分追求共识不利于群体的运转。想想美国政府在2012年年底面临的财政危机。为了控制预算赤字，白宫和国会需要达成一项协议。然而，共和党人和民主党人坚持自己的政党路线，拒绝让步。许多人认为，最终达成的共识并不是理想的解决方案。公众对国会的支持率只有13%，国会不愿让步，这引发了公众的不满，而对共识的需求在一定程度上影响了群体的良好运转。

达成共识是否意味着决策一定是正确的？想想最高法院支持“奥巴马医改”的裁决。在裁决的过程中，人们普遍认为，法律强制美国公民购买医疗保险的行为是违宪的。最终这一共识被证明是错误的。批评者认为，通过达成共识做决策还不如使用其他方法，比如投票或者聘请专门的智囊团为领导出谋划策，然后由领导自己做出最终决策。批评者还认为，来自群体的压力很容易导致从众心理和趋同思维，因此，通过共识达成的决策只能说反对的人最少，但也谈不上受欢迎。

◆ **问题**

1. 通过达成共识做决策在群体中是一种好方法吗？为什么？

2. 你是否有过类似的经历——你所在的群体通过达成共识来做决策？你觉得这些决策的最终效果如何？

3. 马丁·路德·金曾宣称：“真正的领袖不会寻求共识，而是创造共识。”这句话是什么意思？你认同吗？为什么？

资料来源：Based on D. Leonhardt, “When the Crowd Isn’t Wise,” *The New York Times*, July 8, 2012, SR BW 4; and K. Jensen, “Consensus Is Poison! Who’s with Me?,” May 20, 2013, https://www.forbes.com/sites/keldjensen/2013/05/20/consensus-is-poison-whos-with-me/#66603a297ce9.

案例分析2

群体内部信任与生存

当10名英国陆军士兵进行为期10天的训练演习时，他们下降进入了劳氏谷——一条穿过马来西亚京那巴鲁山的峡谷。每个人都知道“这种探险的黄金法则——永远不要分开”。然而，最健壮的三人在19天后带着脑震荡、疟疾和受感染的伤口挣扎着走出了丛林，之后一天又有两名身患重病的士兵在附近的一个村庄被找到。其余五名瘦弱和受伤的士兵在第33天被直升机从一个洞穴中救出。到底发生了什么事？

根据训练的发起人尼尔（Neill）中校和福斯特（Foster）少校的说法，从表面上看，这个士兵团队近乎悲剧性的分裂始于逻辑上的分工：

> 由于这个团队由具有不同能力的士兵组成，年轻的英国士官可能比来自他国的士兵更健壮、更有经验，因此该团队将进入峡谷的困难任务分为两部分。英国士兵利用梅菲尔德（Mayfield）的攀岩专业知识在困难的路段设置绳索，尼尔和福斯特则集中精力将他国士兵从上面带下去。侦察队不时会汇报，探险队则在侦察队汇报的基础上一步步下降，直到有必要再进行侦察时。

这些人报告说，从那时起，危险的攀爬条件、导致虚弱的疾病和季风降雨使这一群体永久分开。审查委员会则有不同的发现，他们指责尼尔和福斯特的领导能力不足，以及他们决定带一些经验不足的士兵参加演习。

尽管不存在任何使得该群体分开的决定，但更细致的调查显示，这个由以前并不熟悉的成员组成的临时工作团队一开始产生了高度的群体内部信任，然而这种信任随着时间的推移而消失。基于不同成员和临时领导人产生的团队断裂带可能是不可避免的。

最初，所有小组成员都有参加过训练、明确的角色和对任务的自愿承诺等共同点。然而，当领导人忽视了士兵对情况的严重性、缺乏准备和低水平沟通的担忧时，信任问题将这群人分成了小团体。最初的侦察队建立了共同点和信任，使他们能够完成任务并到达安全地带，之后他们再次分裂。与此同时，在一直互不信任的状况下，与领导人待在洞穴中的主要群体进一步分裂。

我们永远不会知道，将这群人集中在一起行动是否会更好。然而，我们知道，这一群接受野外生存训练的士兵因为不信任领导人或团队，至少分成了四个小团体，从而危及他们的生命。

◆ **问题**

1. 侦察队的共同点与探险队的共同点有何不同？

2. 你认为这个团队应该像现在这样分裂吗？为什么？

3. 在设计训练时，尼尔根据士兵背景（等级、单位、年龄、体能、技能等级）的相似性创建了一个伙伴系统。走出丛林的第一个小组中有两名准下士和一名来自同一单位（正规军）的下士，年龄为 24 ～ 26 岁，身体状况很好，都有顶级绳索和绳降教练证书（TR & A）。第二个从丛林中出来（在村庄中被发现）的小组中有一名中士和一名来自同一单位（精英正规军）的下士，分别是 25 岁和 37 岁，身体状况很好，都具有突击队的技能。留在洞穴中的这群人又分成了两个小组：第一个小组中包括一名中校和一名少校，他们分别来自正规军和兼职的地区军队，年龄分别为 46 岁和 54 岁，他们的身体状况良好，一人有顶级绳索和绳降教练证书，一人有滑雪教练证书；第二个小组有三个人，为来自他国的一个准下士和两个士兵，年龄为 24 ～ 32 岁，身体状况良好或很好，一个有丛林训练经验，另外两个是新手。你会像尼尔一样设置伙伴系统吗？为什么？如果你的回答是否定的，你打算做什么改变？

资料来源：Based on M. A. Korsgaard, H. H. Brower, and S. W. Lester, “It Isn’t Always Mutual: A Critical Review of Dyadic Trust,” *Journal of Management* 41, no. 1 (2014): 47–70; R. L. Priem and P. C. Nystrom, “Exploring the Dynamics of Workgroup Fracture: Common Ground, Trust-with-Trepidation, and Warranted Distrust,” *Journal of Management* 40, no. 3 (2014): 764–95; and “The Call of Malaysia’s ‘Conquerable’ Mount Kinabalu,” BBC, June 5, 2015, http://www.bbc.com/news/world-asia-33020356.

注　释

第10章 理解工作团队

Understanding Work Teams

学习目标

学完本章后，你应该能够：

1. 分析工作团队在组织中受到持续欢迎的原因。
2. 比较群体与团队。
3. 比较五种类型的团队。
4. 阐释有效团队的特点。
5. 说明组织如何培养具有团队精神的员工。
6. 判断何时应该使用个体而不是团队。

就业技能矩阵

	传言还是科学	职业目标	道德抉择	观点碰撞	体验练习	道德困境	案例分析 1	案例分析 2
批判性思维	✔			✔	✔	✔	✔	✔
沟通			✔		✔			✔
合作		✔	✔	✔	✔	✔	✔	✔
知识应用与分析	✔			✔	✔	✔	✔	✔
社会责任		✔	✔			✔		

解决成长烦恼的方法

艾泰金·汤克（Aytekin Tank）是专门开发在线表单构建工具的全球性公司 Jotform 的首席执行官，他在十多年前创建这家企业，公司表现良好并迅速扩张得益于汤克广招人才。尽管公司致力于招聘顶尖人才并培养支持性和创新性的组织文化，但这种增长是有代价的。汤克发现公司正在失去动力，却找不到原因。当 Jotform 开始成长时，这位首席执行官探索了重新获得一个较小团队的优势的方法。“我回想起我们大约有五个人的时候。我试图弄清楚发生了什么：为什么只有五个人时，我们的行动如此之快，为什么团队规模很小的时候，我们有家的感觉。”

汤克找到的解决方案是将他的组织重组为跨职能团队。这种方法是通用电气首席执行官杰克·韦尔奇（Jack Welch）率先提出的，他认为按职能划分员工会导致决策变得更慢、更差。韦尔奇的跨职能或无边界组织创建了公司内部不同角色的员工会面并协调决策制定的平台。韦尔奇发现，当来自市场营销、金融、工程和其他部门的员工有机会一起工作时，通用电气变得更有效率。自韦尔奇推广跨职能团队至今已有多年，许多组织发现采用跨职能的团队结构使其比传统公司更具竞争优势。

汤克发现，通过将公司划分为跨职能团队，他能够重新创建 Jotform 还是小型组织时所具有的紧密、高效的结构。在这个新结构中，团队成员来自组织的不同部门，可实现更好的跨职能沟通。团队通常有一名网页设计师、一名程序员和一名营销分析师（或类似的职位），他们都致力于提供组织问题的解决方案。一旦这些团队建立，汤克还确保每个团队都有自己的会议空间和用于每周午餐等有趣活动的预算。除了提高士气，汤克认为跨职能团队可以让团队成员联系在一起，相互信任。他的目标是培养合作关系而不是竞争关系。汤克还让 Jotform 的团队保持小规模，让员工对自己的成败有更大的自主权。由于来自不同职能部门，团队成员可以看到他们的工作如何影响 Jotform 的其他方面。汤克的跨职能团队的最后一个要素是自主性。员工可以自由做出对组织其他方面有影响的决策，以他们想要的方式处理问题，并以他们想要的方式工作。

汤克的决定使他的公司获得了与其规模较小时相同的优势。在重组公司后，Jotform 的生产率提高了。通过将公司的不同职能混合到团队中，员工可以更快地做出决策。团队拥有更多不同的技能组合，因此能够采取不同部门的视角，以更大的创造力解决公司面临的问题。

虽然此举是成功的，但汤克承认他在开始时害怕尝试这些新的东西。不过，他意识到，为了公司的发展，他必须承担风险。“对个人和公司来说，改变可能是困难的，”汤克在谈及转向跨职能团队时说，“然而，如果你当前的系统无效，而你不主动通过改变来改进，坚持下去可能就是灾难性的。”

资料来源：Based on J. Boss, “5 Reasons Why This CEO Leverages Cross Functional Teams for Better Business Performance,” *Forbes*, February 13, 2017, https://www.forbes.com/sites/deniserestauri/2017/07/19/how-this-woman-made-the-jump-and-beat-impostorsyndrome/# 377b26a46460, accessed April 9, 2017; R. Ashkenas, “Jack Welch’s Approach to Breaking Down Silos Still Works,” *Harvard Business Review*, September 9, 2015, www.hbr.com/2015/09/jack-welchs-approach-to-breaking-down-silos-still-works, accessed April 9, 2017; and A. Tank, “How to Scale Your Company with Small Teams,” *Entrepreneur*, December 9, 2016, www.entrepreneur.com/article/285917, accessed April 9, 2017.

像艾泰金·汤克的故事所表明的那样，跨职能团队是最好的吗？建立一个成功的团队有许多不同的方法。在本章中，我们将考虑不同类型的团队以及团队的组成、背景和团队过程如何导致成功或失败。

10.1 为什么团队如此普及

为什么团队受欢迎？简言之，因为我们相信它们是有效的。《福布斯》出版商里奇·卡尔加德（Rich Karlgaard）写道：“一个由对团队项目乐于奉献并相互支持的成员组成的团队的绩效每次都胜过杰出的个人。”[1] 从某种意义上说，他是对的。团队有时可以实现个人永远无法完成的壮举。[2] 团队比传统的部门结构或其他形式的长期部门更为灵活，更能对不断变化的事件做出反应。它们能够快速地组合、配置、重新聚焦和解散。它们是管理层增强组织中的民主气氛、提高员工参与度的一种有效手段。研究表明，我们对团队的参与塑造了我们作为个体的思维方式，甚至为我们的个人决策引入了合作思维。[3]

组织纷纷采用团队模式并不意味着团队总是有效的。决策者也是人，也会受到潮流和从众心理的影响，这会使他们偏离最佳决策。影响团队潜力的条件有哪些？团队成员如何一起工作？我们真的喜欢团队吗？根据组织行为民意调查的结果，也许我们并不是真的喜欢团队。要回答这些问题，我们首先要区分群体和团队。

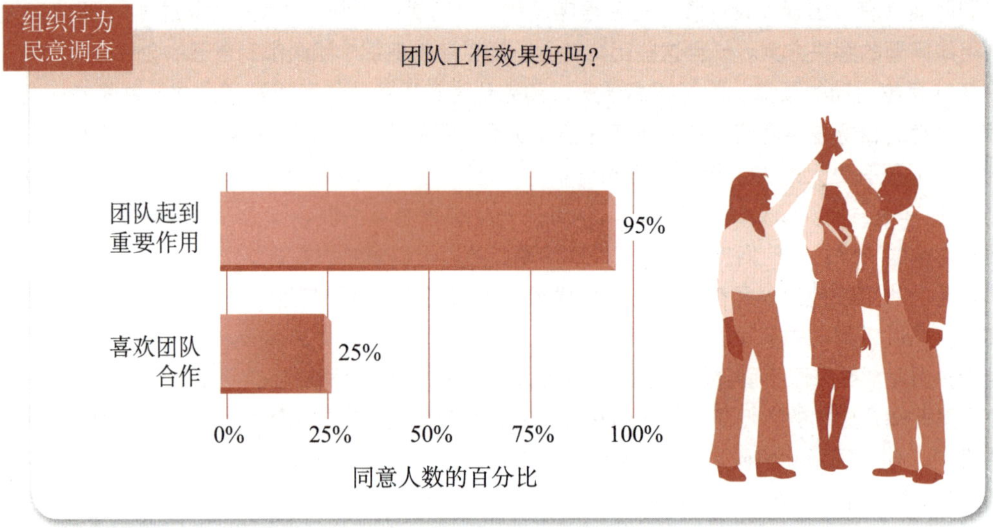

资料来源：Based on “University of Phoenix Survey Reveals Nearly Seven in Ten Workers Have Been Part of Dysfunctional Teams,” downloaded on June 9, 2013, from www.prnewswire.com.

10.2 群体与团队的差异

群体与团队不是一回事。在第 9 章中，我们把群体定义为：为实现特定目标而组合到一起并形成互动和相互依赖关系的两个或更多个体。在**工作群体**（work group）中，成员进行互动主要是为了共享信息和制定决策，以帮助每个成员更好地完成自己的职责。

工作群体并不一定需要完成要求成员共同努力的集体任务，他们也不一定有机会这样做。因此，工作群体的绩效水平主要是每个群体成员的个人贡献之和。在工作群体中，不存在一种积极的协同作用能够使群体的总体绩效大于个体绩效之和。一个工作群体是一群人在做他们自己的工作，尽管有互动和依赖。

与此相反，**工作团队**（work team）通过成员的共同努力能够产生积极的协同作用。团队成员的努力会导致团队绩效远远大于个体绩效之和。

工作群体和工作团队都对成员行为有一定的期待和要求，在集体标准化方面做出努力，奉行积极的组织动力学，并有一定的决策权（即便只是关于成员范围的非正式决策）。工作群体和工作团队都需要提出想法、整合资源、协调后勤（比如安排工作日程）。然而，对于工作群体来说，他们只需要为群体外的决策者收集信息即可。

我们可以把工作团队想象成工作群体的一个子集，成员间的互动赋予团队存在的意义（共生）。虽然有时工作群体和工作团队会交替使用，但在不同的情境下，我们还是要注意二者之间的区别。从图表 10－1 中可以看到工作群体与工作团队的差异。

图表 10－1　工作群体与工作团队的比较

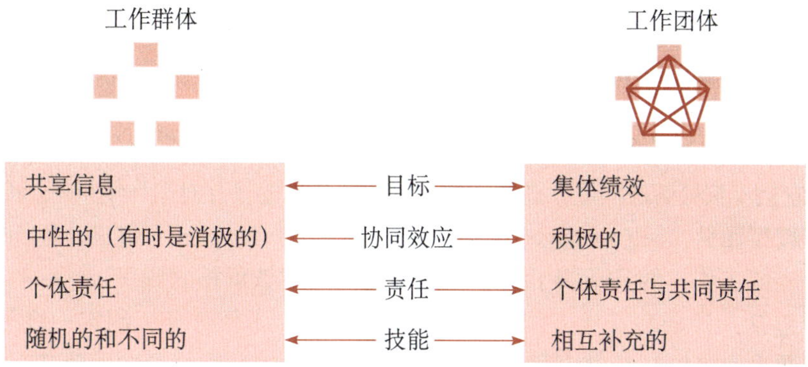

这些界定有助于我们了解为什么组织围绕工作团队来建构工作流程。管理层之所以这样做，是希望通过工作团队的积极协同作用来提高组织绩效。团队的广泛使用为组织创造了一种潜在可能性：使组织在不增加员工人数的前提下提高产出水平。但是请注意，我们这里说的是“潜在可能性”。组建团队不是变戏法，并不能保证一定会产生积极的协同作用。仅仅把工作群体换种称呼改叫工作团队并不能自动提高组织绩效。在本章后面的内容中我们将论证，成功的或高效的工作团队具有一些特定的共同特征。如果管理者希望利用团队来提高组织绩效，首先需要保证工作团队具有这些特征。

10.3　团队的类型

团队可以制造产品、提供服务、进行谈判、协调项目、提出建议以及制定决策。[4] 在本节中，我们首先要讨论组织中最常见的四种团队类型：问题解决团队、自我管理型团队、跨职能团队和虚拟团队（如图表 10－2 所示）。然后，我们会描述多团队系统，它利用的是“团队组成的团队”这一模式，随着工作复杂性的增加，这种系统越来越普遍。

图表 10－2　四种团队类型

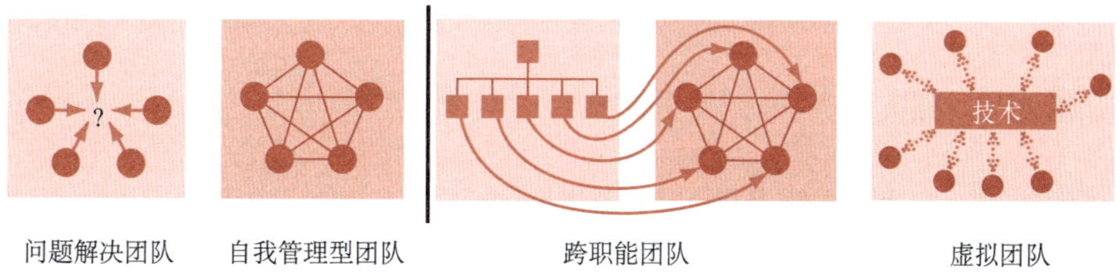

10.3.1 问题解决团队

质量控制小组已经使用多年，最初最常见于制造工厂，作为常设团队，团队成员通常定期开会，一般为每周或每天一次，以解决质量标准和所制造产品的任何问题。此外，医疗领域最近已组建了质量团队，以改善其在患者护理方面的服务。这种**问题解决团队**（problem-solving team）很少有权力单方面实施他们所提出的建议，但是如果将他们的建议与实施过程结合在一起，则可以实现一些重大的改进。

10.3.2 自我管理型团队

正如我们前面所讨论的，问题解决团队只提供建议。一些企业开始尝试建立真正独立自主的团队，它们不仅要解决问题，还要实施解决问题的方案，并对工作结果承担全部责任。

自我管理型团队（self-managed work team）通常由 10 ～ 15 人组成，他们从事息息相关或相辅相成的工作，并且承担了很多以前由他们的主管承担的职责。[5] 一般来说，他们的职责范围包括：计划和安排工作日程，给各成员分配工作任务，制定一线的工作决策，对出现的问题采取措施，与供应商和顾客打交道。完全的自我管理型团队甚至可以自主挑选队员以及让队员相互进行绩效评估。于是，当这种类型的团队建立时，以前主管的职位的重要性就下降了，有时甚至可以取消这个职位。

对自我管理型团队效果的研究并没有一致表明这种团队会带来积极效果。一些研究表明，自我管理型团队的有效性部分取决于对团队促进行为的奖励程度。例如，一项研究观察了 45 个工厂中的自我管理型团队后发现，当团队成员认为经济奖励（比如工资）取决于其他人的共同努力时，无论个人还是团队的绩效都会提高。[6]

还有一部分研究关注冲突对自我管理型团队有效性的影响。这些研究表明，当存在冲突时，自我管理型团队是无效的。当争议出现时，成员们会停止合作，权力斗争会随之而来，从而导致团队绩效和学习水平降低，尽管这可能取决于团队内的角色结构。[7] 然而，其他研究表明，如果团队成员确信他们可以自由发表意见，不会觉得尴尬、被拒绝或者被其他队友惩罚，换句话说，当他们在心理上感到安全的时候，冲突其实是有益的，可以提高绩效。[8]

还有研究探索了自我管理型团队对成员行为的影响。这些研究发现的结果喜忧参半。尽管这种团队中成员的工作满意度要高于其他员工，但是他们的缺勤率和离职率有时更高。一项针对英国机构劳动生产率的大型研究发现，尽管总体上团队确实可以提高劳动生产率，但是没有证据可以证明自我管理型团队一定比决策权较少的传统团队表现更好。[9] 因此，要想让自我管理型团队发挥优势，还需要一些促进因素。

10.3.3 跨职能团队

为了发展旗下的速溶咖啡品牌 Via，星巴克创建了一支专门的团队，从生产、全球公关、全球通信到在美国的营销，每个环节都有人负责。团队打造的这一产品在生产和分销上实现了成本效益，并采用了整合的营销策略。[10] 这个例子诠释了**跨职能团队**（cross-functional team）的运用。这种团队由组织层级相近但来自不同工作领域的员工组成，他们为了完成某项任务而一起工作。

跨职能团队可以成为一种有效的方式，它使得组织内部（甚至是不同组织）不同领域的员工能够交流信息，激发他们采用新办法解决问题，齐心协力完成复杂的项目。然而，由于需要高度协调，跨职能团队的管理并不简单。第一，当需要不同的专业知识时，权力转移是有意义的，因为成员在组织中处于大致相同的级别，这造成了领导的模糊性。因此，在权力转移发生之前，需要建立一种信任的氛围，从而保证在权力转移时不会发生不适当的冲突。[11] 第二，跨职能团队在发展初期往往要耗费许多时间，因为团队成员需要学会应对复杂性和多样性。第三，成员之间，尤其是那些背景、经历和观点不同的成员之间，需要一定时间才能建立起信任并真正地合作共事。

几十年来，许多组织都采用了这种跨越部门界限的横向小组。我们很难想象一个大型的组织项目会没有跨职能团队。主要的汽车制造商——丰田、日产、本田、宝马、通用汽车、福特和克莱斯勒——现在都采用这种团队来协调复杂的项目。其他产业也是如此。例如，思科公司依赖特定的跨职能团队来识别和利用软件市场多个领域的新趋势。思科的团队相当于社交团队，通过实时协作发现新的业务机会，然后自下而上进行实践。[12]

总而言之，传统的跨职能团队的优势是有来自不同学科、掌握不同技能的个人的共同努力。当这些成员的独特观点被采纳时，这些团队可能会非常高效。

10.3.4 虚拟团队

前面的所有团队类型都是成员面对面地开展工作。**虚拟团队**（virtual team）是利用电脑技术把分散在不同地方的成员联系起来以实现某个共同目标的工作团队。[13] 在虚拟团队中，成员在“线上”进行合作，例如，通过宽带网、公司社交媒体、可视电话会议系统、电子邮件等沟通联络方式，无论他们只有一墙之隔，还是远隔千山万水。现在，几乎所有的团队都会进行一些远程工作。

虚拟团队的管理方式应不同于办公室中的面对面团队，部分原因是虚拟团队成员可能不会按照传统的层级模式进行互动。由于互动的复杂性，研究表明虚拟团队的共享领导可以显著提高团队绩效，尽管共享领导这一概念仍在发展中。[14] 为了使虚拟团队更加有效，管理者需要确保：（1）成员之间建立信任（电子邮件中一段过激的言论可能就会严重破坏团队信任）；（2）密切监控团队的工作进展（这样，团队就不会迷失方向，团队成员也不会“消失”）；（3）在整个组织内宣传该团队的努力和成果（这样，该团队就不会在组织内变得隐形）。[15] 管理者还应仔细挑选虚拟团队的成员，因为在虚拟团队中工作可能需要不同的能力。[16]

如果认为虚拟团队可以轻松替代面对面的团队，那就错了。尽管在线交流的地域覆盖范围和即时性使虚拟团队自然而然地发展，但管理者必须确保这种类型的团队是实现所需结果的最佳选择，然后在整个协作过程中发挥监督作用。

10.3.5 多团队系统

到目前为止，我们所描述的团队类型通常都是比较小的独立团队，不过它们的活动都与组织整体目标相关。当工作任务越来越复杂时，团队规模就会变大。团队规模增加后，随之而来的是更高的协调要求，由此产生了一个临界点，一旦超过这个点，新成员的加入就会导致弊大于利。为了解决这个问题，组织开始采用**多团队系统**（multiteam system），集合两个或两个以上的独立团队来共同完成一个更高级别的目标。换句话说，多团队系统是一个“团队组成的团队”。[17]

为了对多团队系统有一个概念，你可以想象一下重大车祸发生后所需响应的协调。首先响应的是紧急医疗服务团队，他们会把伤员送往医院。急诊室团队随后接管，提供医疗护理。之后是康复团队。尽管紧急医疗服务团队、急诊室团队、康复团队是彼此独立的，但他们的活动是相互依存的，一个团队的成功依赖于其他两个团队的成功。为什么？因为他们需要共同完成拯救生命这个更大的目标。

能使传统的小型团队有效的因素不一定适用于多团队系统，甚至会对多团队的表现产生不利影响。一项研究表明，如果多团队中存在“跨边界者”并能够协调子团队中的各个成员，多团队系统就能实现更好的绩效。这就减少了团队成员沟通的需要。限制沟通是很有用的，因为它可以减少对协调工作的要求。[18] 多团队系统的领导也与独立团队有很大不同。虽然所有团队的领导都会影响团队绩效，但多团队系统的领导者必须促进团队之间的协调并领导每个团队。研究表明，从组织领导人那里获得更多关注和参与的团队感觉到更多的赋权，这使他们在寻求解决自己的问题时更加有效。[19] 在分散计划的情况下，多团队系统可能会有更高的绩效，但它们也可能在协调方面遇到更多问题。[20]

通常，当团队规模变得太大而不能发挥作用时，或者需要高度协调具有不同职能的团队时，多团队系统是最佳选择。

道德抉择　虚拟团队更环保

尽管成员分布在不同的国家乃至不同的大洲，但是虚拟团队不需要召开面对面的会议就可以有效交流。事实上，有些虚拟团队的成员可能从没见过面。一直有人争论，面对面交流与电子通信哪个更好，从道德层面来说，虚拟团队的存在有其充分的理由。

与其每次开会都把成员从世界各地召集到一起，原地不动可能是更符合企业社会责任的举措。航空、铁路、公路运输大幅增加了二氧化碳的排放量。如果团队可以通过虚拟而不是面对面的方式会谈，那么它们的“碳足迹”会大幅减少。

在如今这个全球互联的世界里，组织会采取什么行动来减少商务旅行对环境的影响？以下几点建议也许可以帮助你思考如何通过虚拟团队来实现可持续发展。

1. 要求团队成员考虑面对面会谈是否真的有必要，并鼓励他们尽量使用其他方式交流。

2. 尽量通过电子邮件、电话和视频会议等虚拟方式传递信息。

3. 如果需要开团队会议，请选择最环保的方式。同时，在预订房间前，查看酒店在环保方面的简况。

4. 如果环保不足以构成减少商务差旅的理由，那就考虑一下节省开支这一因素。一项调查表明，企业每年在商务差旅上的花费为总预算的 8% ～ 12%。这样看来，电子通信至少有两个好处：省钱、环保。

资料来源：Based on P. Tilstone, “Cut Carbon … and Bills,” *Director*, May 2009, 54; L. C. Latimer, “6 Strategies for Sustainable Business Travel,” *Greenbiz*, February 11, 2011, www.greenbiz.com; and F. Gebhart, “Travel Takes a Big Bite out of Corporate Expenses,” *Travel Market Report*, May 30, 2013, downloaded June 9, 2013, from www.travelmarketreport.com.

10.4 打造有效的团队

团队通常是出于一定目的创建的，但有时也会自然地逐步发展而形成。过去五年来“蜂巢”团队的崛起很好地诠释了团队是如何自然发展形成的。自由职业者通常是其所在领域的专业人士，他们单独工作，可以在短期内为组织提供专业知识。然而，自由职业者难以将自己有效地推销给组织，组织也难以找到适合其需求的自由职业者。为了解决这个问题，拥有不同的、互补的专业知识的自由职业者组成了团队，向客户展示一个凝聚力强的工作单元，即蜂巢。事实证明，这种基于团队的方法非常成功。[21]

研究人员试图确定哪些因素会影响团队的有效性。近来的一些研究列出了相关特征的清单。不过，我们可以把它们简化成一个相对集中的模型。[22] 图表 10－3 概括了目前我们对哪些因素会影响团队有效性的认识。正如你所看到的那样，这个模型以第 9 章介绍的很多概念为基础。

图表 10－3 团队有效性模型

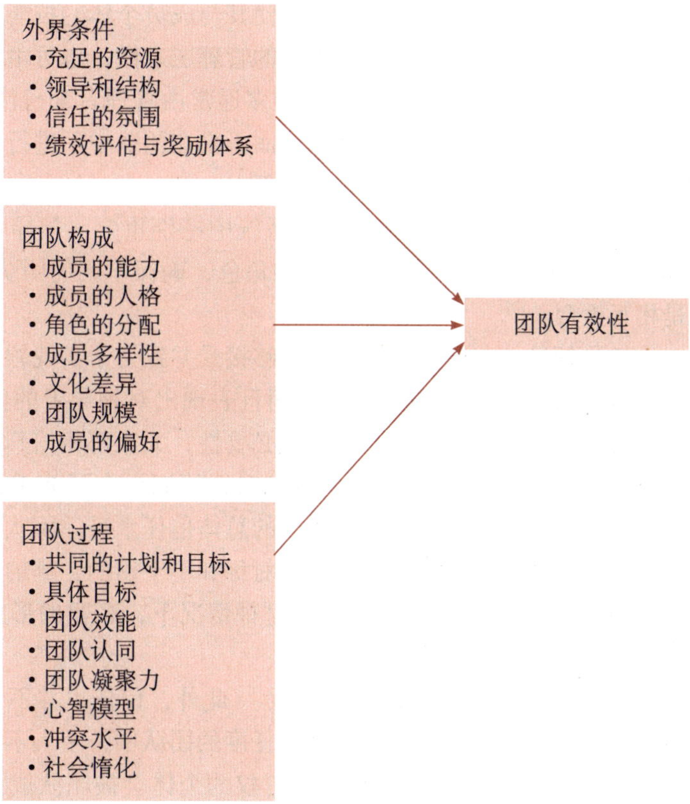

在考虑这一模型前请记住三个要点。一是不同的团队在形式和结构上存在差异。该模型试图概括各种各样的团队，但不要僵化地运用这一模型来预测所有团队[23]，只能把它作为一种指南。二是该模型的前提假设是团队工作比个体工作更为可取。因此，如果个体能够完美地解决问题，那么费尽心思地去打造“有效”团队纯属多此一举。三是考虑在这个模型中团队有效性意味着什么。它通常包含三个方面：客观测量的团队生产率、管理者评估的团队绩效、团队成员的总体满意度。

我们可以把有效团队的关键成分分为三大类。第一类是资源和其他外界条件；第二类涉及团队的构成；第三类是过程变量，它们是团队内能够影响团队效果的事件。接下来，我们将会探讨这三类关键成分的具体内容。

10.4.1 外界条件：哪些因素决定团队是否成功

有四种外界条件与团队绩效有最显著的联系：充足的资源、领导和结构、信任的氛围、反映团队贡献的绩效评估与奖励体系。

充足的资源 团队是更大的组织系统的一部分；每个工作团队都需要依靠本团队之外的资源来维持。资源的缺乏直接削弱了团队有效开展工作和实现目标的能力。一项研究在考察了与群体绩效有关的 13 个因素后总结道：“有效工作群体最重要的特征之一或许就是该群体从组织那里得到的支持。”[24] 这种支持包括及时的信息、合适的设备、足够的人员、必要的鼓励以及行政事务上的协助。一项研究表明，种族多样化的团队不太可能获得完成团队绩效所需的资源。[25]

领导和结构 如果团队无法就谁做什么达成一致意见，并且不能确保所有成员分担工作，它就无法正常运转。确定各成员的具体任务并使其与成员个体的技能相匹配，需要该团队的领导和结构发挥作用。这些事情可以由组织的管理层来做，也可由团队成员自己来做。在自我管理型团队中，团队成员确实承担了很多通常由管理者来行使的职责。不过，在这种情况下，管理者的工作就变成在团队之外（而不是在团队中）进行管理了。领导者的人格、敬业度和领导风格都会影响团队有效性。[26]

正如我们之前提到的，有效的领导在多团队系统中特别重要。领导者需要向团队授权，把职责下放给他们，自己则扮演“协调人”的角色，确保不同的团队能够齐心协力、众志成城，而不是相互拆台。[27]

信任的氛围 信任是领导的基础。它使团队能够接受并致力于实现领导者的目标和执行其决定。有效的团队中，成员之间彼此信任，而且表现出对领导者的信任。[28] 团队成员的相互信任促进了合作，减小了监督彼此行为的必要性，大家都相信其他成员不会占自己的便宜。当团队成员认为自己可以相信其他成员时，他们更有可能承担风险和坦白自己的弱点。需要指出的是，重要的不仅仅是团队中的总体信任水平，团队成员彼此之间的信任状况同样重要。如果团队成员之间的信任是不对称和不平衡的，哪怕总体信任水平很高，它对团队绩效的积极作用也会大打折扣。在这种情况下，联盟的形成常常破坏整个团队。[29]

信任是一种容易受到团队环境变化影响的知觉。此外，信任也并不是绝对可取的。例如，最近一项在新加坡进行的研究发现，在高信任度的团队中，个人不太可能主张和捍卫其对自己想法的所有权，那些仍然主张个人所有权的个体会被团队成员评为贡献较小者。[30] 团队的这种"惩罚"可能反映了团队成员的不满，这种不满产生了负面关系，增加了冲突并降低了绩效。

绩效评估与奖励体系 基于个体的绩效评估和激励可能会与高绩效团队的发展产生冲突。因此，除了评估和奖励员工的个人贡献，管理者还应该对传统的、以员工个人为导向的评估和奖励体系进行修正，以反映团队绩效，并采用混合型的体系，既认可个别成员的突出贡献，也对整个群体的积极成果进行奖励。[31] 基于群体的绩效评估、利润分享、收益分享、小组激励以及体系方面的其他调整能够强化团队努力和团队承诺。

10.4.2 团队构成

美国小企业管理局（Small Business Administration）前负责人玛丽亚・孔特雷拉斯-斯威特（Maria Contreras-Sweet）说："当我建立一个团队时，我寻找的是足智多谋的人。我也需要灵活的人以及谨慎的人。谨慎也意味着正直。"[32] 这些都是很好的品质，但并不是我们在为团队配备人员时应该考虑的全部。团队构成包括与团队人员构成相关的变量——团队成员的能力和人格、角色的分配、成员多样性、文化差异、团队规模以及团队成员对团队工作的偏好。对于领导者希望在他们的团队中加入哪种类型的成员，人们的看法大相径庭。一些证据表明，在团队发展的不同阶段，团队构成都很重要。

成员的能力 我们偶尔会听说，由普普通通的队员所组成的运动队，由于训练出色、意志坚定、团队工作有效，最终打败了一支具有天赋和才华的队伍。这种事确实存在。然而，这样的事之所以能成为新闻，就是因为它不同寻常。团队绩效在一定程度上取决于团队成员的知识、技能和能力。[33] 这些能力是我们判断成员在团队中能做什么和表现如何的重要参数。

研究结论就团队构成和团队绩效提供了一些观点。首先，当任务需要大量的思考（解决一个非常复杂的问题，例如改造一条流水线）时，高能力的团队（团队主要由聪明的人组成）会表现得更好，尤其是当工作量被平均分配时。若采取这种方法，团队绩效就不取决于最薄弱的环节。高能力的团队更容易适应不断变化的情境，能够更有效地运用现有的知识来解决新问题。

最后，团队领导者的能力也很重要。研究表明，当不太聪明的团队成员在苦苦挣扎着完成任务时，聪明的团队领导者可以为他们提供帮助，而不太聪明的团队领导者则会削弱高能力团队的效果。[34]

成员的人格 我们在第 5 章指出，人格对员工的行为有着显著影响。在大五人格模型中，很多维度都与团队的效果紧密相关。[35] 责任心对团队尤其重要。责任心强的成员善于"支持"其他成员，而且善于察觉什么时候需要提供支持。尽责的团队还具有其他优势，一项研究发现，组织、成就导向和耐力等行为倾向都与更高的团队绩效相关。[36]

团队构成可以根据个人个性来取得良好的效果。假设一个组织需要建立 20 个 4 人团队，其中有 40 个责任心很强的人和 40 个责任心不强的人。对于该组织来说，下面哪一种选择会更好？（1）把责任心强的人组成 10 个团队，把责任心不强的人组成另外 10 个团队；（2）每一个团队既包括责任心强的人，也包括责任心不强的人。令人感到惊讶的是，有证据表明，第一个选项是最优选择；如果组织建立了 10 个责任心很强的团队和 10 个责任心不强的团队，整个组织的绩效会更高。这是因为，在责任心水平不一致的团队中，责任心强的成员难以有最佳绩效。相反，群体内部因为追求一致而带来的压力（或其他成员的不满）会使成员间的互动变得复杂，迫使责任心强的成员降低自己的预期，从而降低群体的绩效。[37]

那么大五人格模型中的其他维度呢？在经验开放性这个维度上，平均得分更高的团队表现得更好。具有高度经验开放性的团队往往表现更好，研究表明，建设性的任务冲突可以强化这一正向作用。思维开放的团队成员能更好地相互沟通，并激发出更多的创意，这使得由这种类型的成员组成的团队更具创造性和创新性。[38] 任务冲突还能提高情绪稳定性水平较高的团队的绩效。[39] 需要注意的是，冲突本身并不能提高这些团队的绩效，但具有高度经验开放性和情绪稳定性的团队能够处理冲突并利用冲突来提高绩效。在随和性方面，团队成员的最低水平非常重要：如果一个或多个成员的随和性非常差，则整个团队会受到负面影响。如果团队成员在随和性上的得分很分散，那么团队绩效会下降。关于外倾性对团队绩效的影响尚不清楚，最近的一项研究表明，在外倾性这个维度上平均得分更高的团队，助人行为的水平更高。这一关系在合作氛围得分高的团队中会更为明显。[40] 因此，对于团队而言，个人的个性特征与团队的整体个性特征一样重要。

传言还是科学　机会应该留给“手气旺”的成员

在告诉你这句话是真是假之前，我们需要回答一个问题：“人在某段时间内的手气会不会真的很旺？”在体育运动中，我们常听说某些运动员连续取胜，或者“手气旺”。比如篮球运动员詹姆斯连投五篮命中，高尔夫球手麦克罗伊在欧洲莱德杯比赛中连续打出三次小鸟球，网球选手小威廉姆斯在与姐姐大威的双打比赛中连发四个 ace 球。大部分人（约 90%）相信，这些人之所以能够连续得胜，是因为他们手气很旺，比平常发挥得更好。

人们虽然相信手气旺，但手气旺是否存在有待讨论。有的研究说它存在，有的研究说它不存在。但直觉往往就是现实，所以更重要的问题也许是，如果相信它存在，那么团队策略是否会受影响。一项针对排球运动员的研究表明，教练和球员会更多地把球传给手气旺的队员。这种策略好吗？如果手气旺的球员的平常表现比其他队员差，那么只把机会给这个球员就会对整个球队不利，因为这样一来，原本能力更强的球员就没有足够多的机会。但如果手气旺的球员的水平比其他人高，那么把球更多地传给他也许对整个球队有利。

然而，如果把目前已知的研究都考虑在内，标题中的那句话貌似是错的。

资料来源：Based on M. Raab, B. Gula, and G. Gigerenzer, “The Hot Hand Exists in Volleyball and Is Used for Allocation Decisions,” *Journal of Experimental Psychology: Applied* 18, no. 1(2012): 81–94; T Gilovich, R. Vallone, and A. Tversky, “The Hot Hand in Basketball: On the Misperception of Random Sequences,” *Cognitive Psychology* 17 (1985): 295–314; and M. Bar-Eli, S. Avugos, and M. Raab, “Twenty Years of ‘Hot Hand’ Research: The Hot Hand Phenomenon: Review and Critique,” *Psychology, Sport, and Exercise* 7 (2006): 525–53.

角色的分配　不同团队有着不同的需求。团队在挑选成员时，应当确保所有必要的角色都得到分配。一项研究对 778 支职业棒球队进行了为期 21 年的考察。该研究证实了正确分配角色的重要性。[41] 你可能预计，球队中经验丰富、技术娴熟的队员数量越多，球队表现得越好。但是，核心角色需要处理更多的团队工作流程，他们是所有工作程序的关键（在这个案例中，核心角色是投手和捕手），他们的经验和能力尤其重要。换句话说，应该让最有能力、最有经验且最有责任心的员工扮演团队最核心的角色。

我们已经划分了九种潜在的团队角色（如图表10-4所示）。成功的工作团队会根据成员的技能和特长来安排他们扮演这些角色。[42]（在很多团队中，一名成员会扮演多种角色。）为了使团队成员实现良好的配合，管理者需要了解每名员工的优势（该员工可以为团队带来什么），挑选合适的团队成员并为其安排匹配的工作任务。

图表10-4 团队中的关键角色

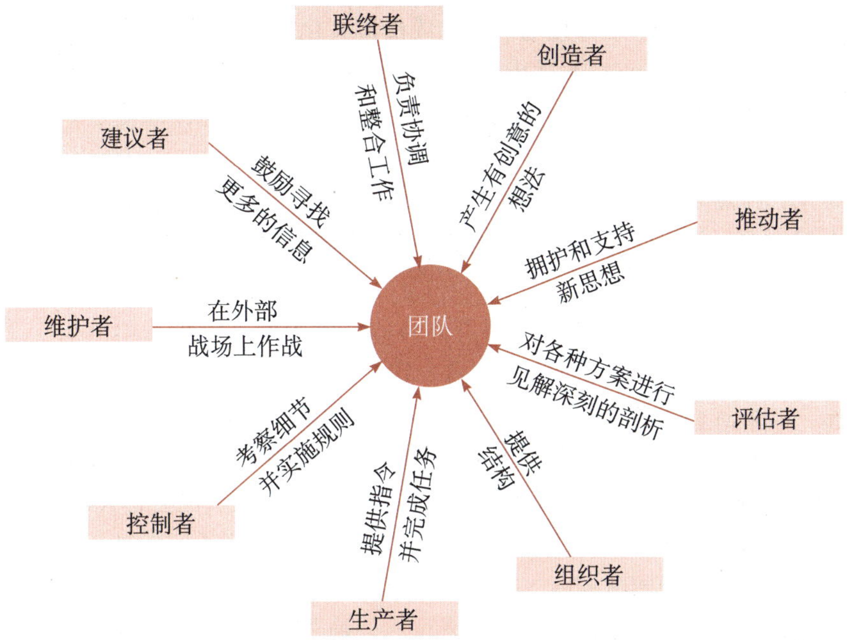

成员多样性 在第9章中，我们讨论了多样性对群体的影响。那么，团队多样性又如何影响团队绩效呢？工作单元（群体、团队或部门）中不同成员所共有的人口统计学特征，比如年龄、性别、种族、受教育水平以及在组织中的工作年限等因素，共同构成**组织人口统计学**（organizational demography）的研究主题。组织人口统计学研究表明，成员的特征，比如年龄和加入组织的时间，可以帮助我们预测员工离职率。其中存在这样一种逻辑：有不同经历的人离职率更高，因为对他们来说沟通更加困难，更有可能发生冲突。冲突的增加会使成员的身份缺乏吸引力，所以员工离职的可能性会更大。同样，在冲突中失败的人更可能主动辞职或被迫离开。[43] 以上研究的结论是多样性会对团队绩效产生负面影响。

此外，许多人对多样性持乐观态度，认为多样性是一件好事——多元化的团队能够受益于不同的观点和视角，进而表现得更出色。但是，两项对相关文献的元分析表明，总体上，人口统计学特征的多样性与团队绩效没有实质性的关系，而第三项元分析则表明种族和性别多样性对团队绩效有负面影响。[44] 其他研究结果好坏参半。在白人或男性占主导的职业中，性别和种族多样性会产生更加消极的影响，但是在人口统计学特征分布均衡的职业中，多样性就不再是一个问题。职能、受教育水平和专业知识的多样性与群体绩效呈正相关，但这些影响很小，且取决于情境。在成员之间的信任度已经很低的情况下，多样性也可能产生负面影响。

恰当的领导方式能提高多元化团队的绩效。[45] 例如，一项针对68个中国团队的研究表明，在知识、技能、处理问题的方式上具备多样性的团队更有创造力，前提是团队的领导是变革型领导（定义见第12章）并且能够鼓舞人心。[46]

文化差异 我们讨论了有关团队中种族或性别多样性的研究，也讨论了基于多种差异的团队多样性的研究。但是文化差异呢？证据表明，文化多样性会干扰团队的过程，至少会在短期内造成一定的影响。[47] 但让我们更深入地探讨一下：文化地位的差异如何？尽管这值得商榷，但文化地位较高的人通常在其国家中占多数。英国的研究人员发现，文化地位差异会影响团队绩效，在文化地位高的成员比文化地位低的成员更多的团队中，每个成员的绩效都能提高。[48] 这并不意味着不同的团队应该由在他们国家具有较高文化地位的人组成，而是我们应该意识到人们如何认同他们的文化地位，即使是在不同的群体环境中。

一般来说，在需要通过收集各种观点来完成任务时，文化多样性似乎是一笔资产，但文化上存在根本差异的团队在学习相互合作、解决问题时面临的困难更多。好消息是，这些困难似乎会随着时间而消散。

团队规模 大多数专家认为，提高群体有效性的关键在于维持团队较小的规模。[49] 亚马逊首席执行官杰夫·贝佐斯使用“两个比萨饼”规则，他说：“如果需要两个以上的比萨饼来为团队提供食物，那么团队就太大了。”[50] 对于理想的团队规模，心理学家乔治·米勒（George Miller）声称“神奇的数字是7，加上或减去2”。[51]《福布斯》出版商里奇·卡尔加德写道：“更大的团队几乎永远不会与更大的成功机会相关联”，因为随着团队规模的扩大，人与人之间的潜在联系会成倍增长，从而使沟通变得复杂。[52]

通常来说，最有效的团队拥有5～9个成员。专家建议，在能够完成任务的前提下应该使用最少的人数。遗憾的是，对管理者来说，一种普遍的错误倾向是群体规模过大。尽管为了形成观点和技能的多样性，4～5人是必需的，但管理者似乎严重低估了这样一个问题：随着团队成员的增加，成员合作方面的问题成几何级数增长。当人数过多时，团队凝聚力和相互信任就会下降，社会惰化现象会增加，成员交流的时间会越来越少。而且，大规模团队在协调每个成员的工作任务时会有麻烦，尤其在有时间压力时。因此管理者应该尽量使团队人数不超过9人。如果一个自然形成的工作单元中人数过多，无法有效协作，而你希望采取团队方式，那么你应该考虑把群体拆分成几个小团队。[53]

成员的偏好 并非每个员工都是团队选手。如果让他们自己选择，不少员工会选择不加入团队。那些更喜欢独自工作的员工如果被要求加入团队，会对团队的士气和成员满意度产生直接的威胁。[54] 在选择团队成员时，除了考虑能力、人格特征和技能，也应考虑员工的个人偏好。高绩效团队可能是由那些喜欢成为团队一分子的成员组成的。

职业目标

我宁愿我的团队中都是男性，这有错吗？

请不要叫我性别歧视者；女性是伟大的同事和同样有效的管理者，但我更希望我的团队中都是男性。我认为，和男性一起工作对于我和其他人来说更轻松，因为我们能自然地理解对方，可以自由交谈。我曾经待过的所有由男性组成的团队都很有生产率。

——乔治

亲爱的乔治：

目前所有的谈话都集中在组织中的性别多样性上，你的观点非常诚实。你的偏好并不少见。对美国一家大型组织进行了 8 年员工调查的研究人员发现，在以和自己性别相同的人员为主的团队中工作的个人更快乐，与之相对，在以和自己性别不同的人员为主的团队中工作的个人拥有的快乐、信任和合作较少。研究员萨拉·费希尔·埃利森（Sara Fisher Ellison）指出："人们和与他们一样的人在一起会更舒服。"

在某些方面，人们对团队中和自己同性别的人的偏爱是一个丑陋的事实。毕竟，如果没有性别多样性的倡议和保护，日本、奥地利和委内瑞拉等男性文化占主导的社会中大多数专业职位可能仍然不会给女性（见第 5 章霍夫斯泰德的文化价值观）。幸运的是，随着人们日益认识到团队多元化对提高士气、满意度和增进信任的潜力，许多国家的价值体系已经发生了变化。请注意，这些价值观与事实相反。埃利森总结道："人们认为他们喜欢的工作场所和让他们更快乐的实际工作场所之间不匹配。"

不过，不要以为以上事实是你进入纯男性团队的门票。除了快乐，这项研究还发现，多元化的团队实现了更高的收入、生产率和绩效。另外西班牙的研究表明，性别多元化的团队能以更快的速度实现新的解决方案和彻底的创新。还有其他研究表明，性别多元化的团队在销售和利润方面比男性主导的团队表现更好。需要注意的是，外部环境是实现性别多样性的好处的关键条件。一项元分析发现，性别平等和集体主义是多元化团队高任务绩效的重要条件。丹麦的一项研究表明，只有当组织结构支持跨职能团队工作时，多元化的高层管理团队才能实现更高的财务绩效。韩国的一项研究表明，合作的团队规范可以降低性别多样性的负面影响。

所有这些对你来说意味着，虽然你可能天生更喜欢和男性一起工作，但这不利于企业。你最好努力创造一个平等的氛围，并根据对团队的潜在贡献来选择成员。

资料来源：Based on C. Diaz-Garcia, A. Gonzalez-Moreno, and F. Jose Saez-Martinez, "Gender Diversity within R&D Teams: Its Impact on Radicalness of Innovation," *Innovation-Management Policy & Practice* 15, no. 2 (2013): 149–60; S. Hoogedoorn, H. Oosterbeek, and M. van Praag, "The Impact of Gender Diversity on the Performance of Business Teams: Evidence from a Field Experiment," *Management Science* 59, no. 7 (2013): 1514–28; N. Opstrup and A. R. Villadsen, "The Right Mix? Gender Diversity in Top Management Teams and Financial Performance," *Public Administration Review* (2015): 291–301; M. Schneid, R. Isidor, C. Li, et al., "The Influence of Cultural Context on the Relationship between Gender Diversity and Team Performance: A Meta-Analysis," *International Journal of Human Resource Management* 26, no. 6 (2015): 733–56; J. Y. Seong and D.-S. Hong, "Gender Diversity: How Can We Facilitate Its Positive Effects on Teams?" *Social Behavior and Personality* 41, no. 3 (2013): 497–508; and R. E. Silverman, "Do Men and Women Like Working Together?," *The Wall Street Journal*, December 16, 2014, D2.

10.4.3 团队过程

与团队有效性有关的最后一类因素是过程变量，包括成员对共同目标的承诺、设置本团队的具体目标、团队效能、团队认同、团队凝聚力、心智模型、可控的冲突水平以及最低水平的社会惰化。对规模较大的团队以及成员之间依存度很高的团队来说，这些过程变量尤为重要。[55]

为什么过程对团队有效性很重要？团队的输出应该大于输入的总和。图表 10－5 表明，群体过程能够影响群体的实际有效性。[56] 实验室通常会采用团队工作形式，因为作为一个团队，研究者可以充分利用不同成员的多种技能。与这些研究者独自工作相比，团队可以从事意义更重大的研究。也就是说，他们组成的团队可以产生积极的协同效应，而且过程收获超过了过程损失。

图表 10－5 群体过程的效果

潜在的群体效果 ＋ 过程收获 － 过程损失 ＝ 实际的群体效果

共同的计划和目标 有效的团队首先会分析本团队的使命，设置目标来实现该使命以及制定战略来实现这些目标。如果团队能够清楚地认识到自己需要做什么以及如何去做，就能表现得更好。[57] 这似乎显而易见，但是许多团队忽略了这一基本过程。

在成功的团队中，成员通常会花大量的时间和精力来讨论、塑造和完善一个在团队层面和个体层面都得到认可的目标。这个共同目标一旦被团队接受，就像 GPS（全球定位系统）对船长的作用一样——在任何情况下都能指引前进的方向。如同在错误航道上行驶的船只，没有良好规划技巧的团队注定前景黯淡；即使完美地执行了错误的计划，也是一种失败。[58] 团队应该在目标上达成一致，明确团队的目标是学习和掌握一项任务，还是执行一项任务。有证据表明，如果成员对目标的看法存在差异，就会在整体上导致较低的绩效。强调学习的团队更有可能就共同的目标达成共识，并且当团队成员高度认同团队时，对团队目标的认同也更容易。[59]

有效团队还表现出**反思性**（reflexivity）。也就是说，它们在必要时能够反思和调整自己的计划。一个团队需要有一个好的计划，愿意并且能够根据具体状况的要求来调整自己的计划。[60] 反思性对于过去绩效不佳的团队尤为重要。[61] 有证据表明，反思性强的团队更善于应对团队成员在计划和目标上产生的冲突。[62]

具体目标 成功的团队会把自己的共同目标分解成具体的、可测量的、切实可行的绩效目标。具体的目标会促进明确的沟通。它们还有助于团队保持全神贯注的状态，以实现这些目标。

另外，与对个人目标的研究结果相一致，团队目标也应该具有挑战性。困难但可实现且给出特定指标的目标会提高团队在特定方面的绩效。例如，关于产量的目标往往会提高产量，关于精确性的目标会提高精确性。[63]

团队效能 有效的团队很自信，它们相信自己能够成功。我们把这种特征称为**团队效能**（team efficacy）。[64] 如果一个团队过去曾取得成功，那么该团队对未来获得成功的信念就会变强，这种信念反过来又激励团队成员更努力工作。此外，在那些成员之间相互了解各自的能力的团队中，团队成员的自我效能与创造力之间的相关性更强，因为成员可以更有效地向队友征求意见和建议。[65]

管理层可以做些什么来提高团队效能？有两种选择方案：帮助团队取得较小的成功来树立该团队的信心；通过一些培训来提高团队成员的技术技能和人际技能。团队成员的能力越强，团队就越有可能树立信心并将其运用于实践。

团队认同 在第 9 章中，我们讨论了社会认定在人们生活中的重要作用。当人们与所处的群体建立情感联系时，他们更有可能投资于与这些群体的关系。团队也是一样。例如，对荷兰士兵的研究表明，那些感到被团队成员包容和尊重的人更愿意为团队努力工作。同样，当团队认同感很强时，受绩效目标高度激励的团队成员更有可能将自己的努力导向团队目标，而不是个人目标。因此，通过认识个人的特定技能和能力，并营造一种尊重和包容的氛围，领导者和成员可以建立正向的**团队认同**（team identity）并改善团队结果。[66] 管理者应特别注意在虚拟团队中建立团队认同。虚拟团队中的团队认同可能较低，这会导致虚拟团队成员的努力程度较低。[67]

组织认同也很重要。团队不是在真空状态中运作，更多的是与其他团队互动，需要团队间的协调。具有正向的团队认同但没有正向的组织认同的个人可能会固守自己的团队，并且不愿意与组织内的其他团队合作。[68]

团队凝聚力 你曾经融入一个真正凝聚在一起，团队成员感到彼此联系的团队中吗？**团队凝聚力**（team cohesion）描述的是成员在情感上彼此依恋，并因依恋而更贴近团队。团队凝聚力是预测团队结果的有用工具。例如，在中国进行的一项大型研究表明，如果团队凝聚力强，任务复杂，而且在晋升、奖励、培训等方面进行大量的投入，则会产生更多能够带来盈利的团队创造力。另外，凝聚力弱、任务简单的团队不太可能对激励措施做出更大的创造性反应。[69]

团队凝聚力是团队绩效的一个强有力的预测指标。当凝聚力受到损害时，绩效也可能受到影响。消极关系是凝聚力降低的一个驱动因素。为了减弱这种影响，团队可以培养高水平的相互依赖和高质量的人际互动。当团队规模更大、功能更多样化时，拥有女性领导者的团队凝聚力更高。在共享领导的团队中以及当领导者公平时，团队凝聚力也更高。[70]

心智模型 有效的团队中的成员能够共享准确的**心智模型**（mental model）——成员对团队内部环境的关键因素有着同样的心理描述。[71]（团队的使命和目标与团队需要做什么才能提高有效性有关；心智模型则与团队需要怎么做有关。）如果团队成员的心智模型是错误的（在巨大压力下的团队特别容易发生这种情况），他们的绩效就会受到严重影响。[72] 一项针对 65 项研究的元分析发现，在心智模型相同的团队中，成员会更频繁地互动，更有动力，工作态度更积极，并且客观的绩效水平更高。[73] 如果团队成员对于做事方式有不一样的看法，则团队会争论应该采取哪种方法，而不是把注意力放在需要完成的事情上。[74]

通常在行动团队（一个由从事高强度、相互依存且不可预测的任务的专家组成的团队）中工作的个人可能会共享心智模型。即使他们经常处于巨大的压力下，他们的绩效水平也可能很高，因为压力已经通过预期的环境标准化了。这些行动小组已经了解到，分享心智模型的最好方法是发声。医院中的麻醉小组就是具有共同心智模型的行动团队的一个例子。例如，瑞士的一项研究发现，麻醉小组在手术中采用两种截然不同的方式沟通：以语音方式监控彼此的表现（不是批评而是保留事件的语音记录）和"与房间对话"（对每个人进行通告，例如"病人的血压正在下降"）。该研究发现，绩效较高和较低的团队使用这两种方式进行交流的频率是相同的。对绩效至关重要的是沟通的顺序，这决定了能否维持一个共享的心智模型。高绩效团队会在监控对话后跟进协助和指导，并在"与房间对话"后进行团队对话。[75] 这项研究结果传递的信息看起来很简单：要维护共享心智模型，需要就团队进行手术时发生的事情共享对话。

冲突水平 冲突与团队绩效之间存在复杂的关系，团队中的冲突未必就是坏事。关系冲突——由于人际关系失调、关系紧张或敌视他人而产生的冲突——更可能是功能失调的和破坏性的。但是，对于从事非常规活动的团队而言，成员之间在任务内容方面的意见不一致（称为任务冲突）可以激发成员之间的讨论，促进对问题和备选方案的批判性评估，带来更佳的团队决策，尽管它可能不会带来更多创新的产品。冲突对绩效的正面（和负面）影响可能更大或更小，这取决于许多因素，例如任务类型、设置和绩效评估。[76] 当团队成员拥有高经验开放性且情绪稳定时，任务冲突是有益的。[77] 当一些团队成员感知到高任务冲突，而其他团队成员感知到低任务冲突时，任务冲突也可能是有益的。[78] 在中国进行的一项研究发现，在实现团队绩效的最初阶段出现适度的任务冲突会提高团队的创造力，但是很低或者很高的任务冲突都与团队绩效呈负相关。[79] 换句话说，在团队完成创造性任务的最初阶段，太多或者太少的分歧都对绩效不利。

根据解决冲突的方式能够区分有效团队和无效团队。对 37 个自治工作团队的研究表明，有效团队通过直截了当地讨论具体问题来解决冲突，而无效团队则使得冲突更侧重于成员的人格和表述方式。[80]

哪些团队比其他团队更有可能发生冲突？这没有一个简单的答案。尽管我们可能认为多样性会增加冲突，但答案可能比这要微妙得多。例如，西班牙最近的一项研究发现，当各个团队成员对组织支持的看法差异很大时，任务冲突会增加，沟通会减少，最终团队绩效会受到损害。[81] 如果研究人员只比较组织对团队的平均支持水平，而不是团队成员感知到的支持，他们会错过正确的因果关系。对中国团队进行的一项研究发现，社会资本高的团队会经历较高的任务冲突和较低的关系冲突，但这只有在团队成立数年之后才会真正发生。[82] 因此，我们分析时不要过于笼统。

社会惰化　正如我们在前面提到的，当无法准确衡量每个成员的具体贡献时，个体成员就会表现出社会惰化，顺势搭上群体努力的便车，滥竽充数。有效的团队会让成员在团队和个体这两个层面对团队的目的、目标和行动方式承担责任，从而削弱社会惰化倾向。[83] 因此，在有效团队中，成员们很清楚哪些是个人责任，哪些是共同责任。

10.5　使个体转变成团队选手

我们已经充分诠释了团队的价值以及团队的普遍性。但是，许多人并非生来就适合充当团队选手。另外，许多组织一向重视培养个人成就感。团队与集体主义国家似乎匹配得更好。如果一个组织的员工都是在个人主义国家出生和长大的，那么该组织如何在员工中采用工作团队呢？

组织可以采取哪些措施来提高团队效果——将强调个人贡献的员工塑造成团队选手？我们概括了几种方案供管理者参考。

10.5.1　甄选：雇用团队型选手

有些人已经具备必要的人际技能，可以成为有效的团队型选手。在招募团队成员时，除了确保候选人具备必要的技术技能，还要确保他们能够完成自己在团队中将要扮演的角色。[84]

建立工作团队时，人们都想要聘请最优秀的人才，因而忽略了其他因素。我们应该抑制这种冲动，因为优秀的人才有可能不是团队选手。例如，纽约尼克斯队为卡梅洛·安东尼（Carmelo Anthony）支付的工资很高，因为他在比赛中为球队得到很多分，但有数据显示，与 NBA 中其他高收入的球员相比，他投篮的次数更多，这就意味着他的队友投篮次数更少。[85]

最后要考虑的是，个人特质似乎会让某些人更适合在多样化的团队中工作。如果团队成员喜欢解决难题，工作就会更有效，并且能够利用由年龄和受教育水平的多样性带来的多种观点。[86]

10.5.2 培训：打造团队型选手

培训专家可以通过各种练习让员工体验到团队工作带来的满意感。专家们通常让员工参加培训班，帮助他们提高解决问题、沟通、谈判、处理冲突和指导他人等技能。举例来说，欧莱雅公司发现，成功的销售团队不仅需要高素质的销售人员，还需要管理层在团队建设上投入大量精力。“我们没有想到的是，顶尖销售团队的许多成员都因其出色的技术技能和执行能力而得到晋升。”欧莱雅公司负责销售的高级副总裁戴维·沃尔多克（David Waldock）说，经过团队培训，“我们不再是一个各自为战的纸上团队，现在我们有一种真正的群体动力，而且它确实奏效”。[87] 培养有效团队不是一夜之间就能完成的，需要时间的积累。但是，无论员工和培训如何，良好的团队培训都会对绩效产生积极的有形影响，对 112 个医疗团队培训项目的研究证明了这一点。[88]

10.5.3 奖励：激励员工成为优秀的团队型选手

组织的奖励机制应有所调整，从而鼓励员工共同合作，而不是增加员工之间的竞争。[89] 例如，贺曼贺卡公司（Hallmark Cards Inc.）在主要的个人奖励机制基础上补充了基于团队目标完成情况的年度奖金。全食超市（Whole Foods）在很大程度上把基于个人绩效的奖励体系转变为基于团队绩效的奖励体系。在这种奖励体系下，团队会认真挑选新成员，力求使新员工有助于提高团队的绩效（从而获得更多的团队奖金）。[90] 在团队建立之后，最好尽早确定合作的基调。我们已经指出，由内部竞争机制转向合作机制的团队不会共享信息，并且可能会做出轻率、糟糕的决策。[91] 很明显，在实施内部竞争的群体中，成员之间的相互信任程度会很低。这种低信任度并不会因为奖励体系的迅速调整而轻易地被高信任度取代。

组织中的晋升、加薪和其他形式的认可应该给予那些善于在团队中与他人合作且表现出色的个体。作为团队成员，这些人会培训新成员、分享信息、帮助解决团队中的冲突，并且迅速掌握必需的新技能。这并不意味着组织应当忽视个人贡献，而是说应当综合考虑个人贡献以及为团队做出的无私贡献。

最后，请不要忘记员工能够从团队工作中获得的内在奖励，例如同事般的友爱。作为成功团队的一员是令人振奋的。对员工来说，在团队中得到自我发展的机会以及帮助伙伴们成长是一种非常令人满足的经历和奖励。

10.6 警惕：团队并非总是问题的答案

团队工作比个体独自工作需要更多的时间和资源。例如，团队增加了相互沟通的需求，需要管理更多的冲突，召开更多的会议。因此，采用团队所带来的效益必须超过成本，但情况并不总是这样。[92]

如何知道你的工作群体以团队方式工作效果会更好呢？你可以进行三种测试。[93] 首先，由多名员工来从事该任务效果是否更好？一个不错的指标是任务的复杂性和对不同观点的需求。简单任务并不需要多元化的输入，这种工作留给个体来做会更好。其次，该任务是否可以为群体成员创造一个共同目标或一套目标，而且该目标超越了个体目标的简单加总？例如，新车经销商的许多服务部门采用了由客服人员、机械师、零部件专家和销售代表组成的工作团队。这种团队可以更好地承担集体职责，确保顾客的需求得到很好的满足。

最后，评估一下群体成员是否相互依赖。如果群体成员的任务是相互依赖的，即整体的成功取决于每个成员的成功，每个成员的成功还取决于其他成员的成功，那么采用团队方式是必要的。例如，足球是一项团队运动。要想获得成功，需要相互依赖的队员之间协作。相反，除了接力赛以外，游泳队并不是一个真正的团队。它是由独自完成任务的个体组成的群体，它的总体绩效仅仅是队员们个体成绩的简单加总。

本章小结

几乎没有什么别的浪潮像在工作场所中引入团队那样会对员工的工作产生巨大的冲击。在团队中工作要求员工善于与他人合作，共享信息，坦然面对彼此之间的差异，同时把个人利益升华到团队利益。了解问题解决团队、自我管理型团队、跨职能团队和虚拟团队以及多团队系统之间的区别，有助于为基于团队的工作选择合适的团队类型。诸如反思性、团队效能、团队认同、团队凝聚力和心智模型等概念揭示了与团队的外界条件、团队构成和团队过程相关的重要问题。为了使团队以最佳方式运作，必须重视雇用、创造和奖励团队成员。然而，有效的组织认识到团队并不总是有效完成工作的最佳方法。需要对组织行为进行仔细的辨别和理解。

对管理者的启示

- 有效团队有着充足的资源、有效的领导、信任的氛围、反映团队贡献的绩效评估和奖励体系；团队成员具备技术技能、合适的个人特质和人际技能。
- 一般来说有效团队的规模较小。在这样的团队中，成员可以满足角色要求，希望成为团队中的一分子。
- 在有效团队中，成员们认同共同的目标和计划，相信本团队的能力，对将要完成什么任务能够共享一种准确的心智模型，致力于具体的团队目标。
- 甄选那些人际技能较强、可以成为有效的团队型选手的个体，对员工进行培训以开发他们的团队工作技能，对努力开展合作的个体给予奖励。

- 不要假设总是需要团队。当任务不能从相互依赖中受益时，个体可能是更好的选择。

复习题

1. 团队在组织中越来越受欢迎的原因是什么？
2. 群体与团队的差异是什么？
3. 团队的五种类型是什么？
4. 哪些条件或者情境可以决定团队的有效性？
5. 组织如何培养具有团队精神的员工？
6. 什么情况下应该通过个体而不是团队完成工作？

观点碰撞

充分赋权，才能有效发挥

正方

如果你想建立一支高绩效团队，成员之间相互欣赏且热爱工作，那么我可以给出一个简单的方案——只要取消管理上的限制，让他们自己做决策就可以了，换句话说就是赋权。这一趋势很早之前就出现了，组织已经意识到，层层叠加的官僚体系极大地阻碍了创新发展，减缓了进步速度，使员工束手无策、寸步难行。

你可以从两方面给团队赋权。一是结构上，把决策权从管理者手中交到团队成员手中，正式赋予团队权力，量身定制团队策略。二是心理上，增强团队成员的信心，让他们觉得自己更有权力，尽管最终还是由组织领导来掌控。组织结构上的赋权会强化心理赋权，在团队（以及组织）中互相作用，达到两全其美的最佳状态。

研究表明，被赋权的团队能从多个方面获益。首先，成员更有动力。他们在团队和组织中更加投入，表现也比之前好得多。赋权传递给团队的信息是，他们受到信任，不需要上级领导时刻监管。此外，团队拥有自主权后，无论结果好坏，他们都更愿意承担责任。

诚然，这种责任也意味着被赋权的团队必须不断学习，主动发展，如果团队有权决定自己的命运，必然会对自己负责。所以，为了你自己（也为了你的公司），一定要确保团队拥有自主权，不必受到中层管理者的限制。

反方

在某些情境下，赋权确实有好处，但它显然不是万应灵药。

过去几十年，组织结构日趋扁平化，这为决策权在组织中的下放铺平了道路。但想想看，许多团队之所以被赋予权力，往往是因为管理队伍越来越薄弱，以至于没有人来做关键决策。因此，赋权只是一个借口，只是为了让团队承担更多的责任，却不给他们相应的报酬，比如增加薪水。

此外，组织领导层本来就很清楚团队（以及员工）应该完成什么任务。如果管理者让团队自己做主，那么团队的选择有没有可能违背管理者的意愿？即便管理者对团队的运作提出建议，拥有自主权的团队也很容易忽略这些建议。相反，追求什么样的目标，应该如何追求，团队需要得到明确的指示。这才是有效的领导力。

想想看，如果把决策权分散给团队成员会出现什么状况。每个成员原本清晰明确的角色会变得模糊，没有领导可以给他们提建议。最后，自我管理的团队会变得像筒仓一样，与组织中的其他部门以及组织目标脱节。简单地把权力下放给员工并不意味着他们就能有效地利用权力。所以，决策权还是应该交给那些依靠自身努力进入组织高层的人。毕竟，他们能当上领导是有原因的。

资料来源：Based on S. I. Tannenbaum, J. Mathieu, E. Salas, and D. Cohen, “Teams Are Changing: Are Research and Practice Evolving Fast Enough?” *Industrial and Organizational Psychology* 5 (2012): 2–24; and R. Ashkenas, “How to Empower Your Team for Non-Negotiable Results,” *Forbes*, April 24, 2013, downloaded June 10, 2013, from www.forbes.com.

知识应用和就业力

团队合作是现代工作场所的重要组成部分。与工作群体不同，团队的目的是创造比个体绩效总和更高的绩效水平。在本章中，你根据团队的外在条件、团队构成和团队所经历的各种过程，了解了团队实现此目标成功或失败的一些原因。对如何构建一个强大的团队以及如何成为一个强大的团队成员的深刻理解可以帮助你在从虚拟团队到跨职能团队乃至其他任何团队环境中取得更好的绩效。在本章中，你学习并理解了与男性和女性成员合作的价值以及如何带着环保意识与团队成员进行沟通，提高了合作技能和社会责任。通过重新审视“手气旺”现象以及评估赋权的优缺点，你运用了自己的知识和批判性思维技能。在下一章中，你将进一步发展这些技能以及沟通技能，因为你将决定是否雇用“明星”员工，弄清如何在合并后组建团队，尝试建立对虚拟团队的信任，并了解是什么让团队变得聪明。

体验练习

你是否应该使用自我管理型团队？

4～5人为一组。假设你在一家大型高科技公司工作，该公司最近收购了一家本地初创公司，这家公司在你的公司试图进入的领域拥有更多的专业知识。为了充分利用初创公司的员工，你正在负责筹建一个新的研发部门，这个部门的团队成员将来自母公司和新收购的公司。在公司被收购之前，许多初创公司的员工都是自我管理型团队的一员。你必须决定是采用传统的管理方式还是允许团队进行自我管理。

1. 作为一个团队回答这些问题。哪些问题会影响自我管理型团队的生产率？拥有来自不同公司的成员的团队中是否可能存在这些问题？来自新公司的员工是否可能存在这些问题？如何解决这些问题？

2. 作为一个团队回答这些问题。如果团队是自我管理型的，你会如何改变绩效的奖励体系（如果有的话）？为什么？

3. 小组中的每个人都要解释，如果你是本公司的主管，你将允许团队成员自我管理团队的哪些方面。然后，以小组为单位，在小组中对比各自的答案。对于应该自我管理哪些职责或责任，大家有相同的看法，还是存在一些差异？如果可以的话，你会让一个团队完全自我管理吗？为什么？

道德困境

雇用明星而不是团队成员值得吗？

200年前，“prima donna”一词只有一个含义，指的是一部歌剧的首席女歌手。她是舞台上最有才华的表演者，也是演出的焦点。在现代，这个词已经很少用于形容歌剧歌手了。然而，首席歌剧女歌手的许多特征仍然适用于现代职场中的首席女歌手（明星员工）。这些明星员工喜欢被关注，他们会与他人交谈以确保自己的想法在会议中被听到。他们也很喜欢成为焦点，但他们可能很难与团队成员一起工作。就像 200 年前的首席女歌手一样，这些员工可能非常有才华。职场中的许多明星员工都有很高的个人绩效，尽管与他人合作有困难，以自我为中心的明星员工可能会在多年的成功中获得更大的价值感。

可能很难想象为什么经理会雇用或提拔一个不擅长团队工作的员工。随着团队越来越受欢迎，不需要大量团队合作的工作越来越少。然而，在某些情况下，相比雇用擅长团队工作的员工，雇用明星员工可能也没那么糟糕。有些角色需要更多的单独工作而不是团队工作。有些团队可能有共同的目标，但相互依赖的任务较少。尽管明星员工会寻求关注，这种团队结构可以帮助团队成员获得应得的荣誉。有些情况下，雇用一个能力很强但团队合作能力差的员工可能是公司的最佳决定。雇用一个在难以填补的职位上拥有罕见技能的更不讨人喜欢的申请者，可能比雇用一个需要接受广泛培训的申请者更容易。将有良好销售记录和广泛个人联系的销售人员补充到销售部门有助于组织的发展和繁荣。即使在职业运动队，雇用一个有着令人惊叹的统计数据但对与他人合作态度很差的球员可能也很有诱惑力。

雇用一个不善于与他人合作的员工，即使只有一个员工，也会存在弊端。正如我们在本章中了解到的，关系冲突几乎总是无效的。这些员工造成的冲突可能会导致生产率下降。如果团队中的明星员工经常破坏他们的贡献或想得到主管更多的关注，团队中其他员工的士气和工作满意度可能会受到影响。如果员工感到不开心，就更有可能离职或从事反生产工作行为。

◆ **问题**

1. 想想我们在本章学到的有关团队的知识，例如团队认同和团队凝聚力。一个难以与他人合作的团队成员会对此产生什么影响？

2. 回想一下第 9 章讨论过的不文明行为对员工的影响。想想明星员工的不文明行为可能会如何影响组织。你还会雇用一个个人表现很好但不喜欢和别人一起工作的员工吗？为什么？

3. 如前所述，大多数运动队的目标是尽量选择表现最好的运动员。这个决定背后的逻辑是，拥有最有才华的运动员的运动队会赢得最多的比赛。有证据表明这是不正确的。对职业篮球和足球运动员团队表现的分析发现，拥有更多明星球员的球队（根据他们是否入选全明星赛等信息）实际上比明星球员较少的球队表现更差。请你思考一下，为什么太多的明星球员会影响球队的表现。

资料来源：Based on D. Gillaspie, “You Can Turn a Prima Donna into a Performer without Drawbacks,” *Entrepreneur*, February 12, 2016, https://www.entrepreneur.com/article/270726, accessed April 9, 2016; and M. Weber, “Building a Team That Works: Are Prima Donnas Worth the Risk?” *Forbes*, September 16, 2013, https://www.forbes.com/sites/netapp/2013/09/16/dont-hire-aprima-donna/#185a5cc76f77, accessed April 9, 2016.

案例分析 1

信任你看不见的人

信任是团队成功的最重要决定因素之一。为了使团队成功，员工必须相信团队成员是可靠的和有能力的。他们必须相信团队成员会朝着团队的目标而不是自己的目标努力。团队中的信任可以通过创造一种环境来建立，在这种环境中，团队成员不必害怕承认自己犯了错，并愿意提出自己的意见，而不是附和团队领导或自信的团队成员的意见。在团队成员之间建立信任是很重要的，但是如果你从未见过团队中的同事怎么办？

在虚拟团队中，信任特别重要，但也更难建立。在对52个独立研究的综述中，研究人员发现，在虚拟团队中，信任和团队绩效之间的关系比面对面的团队更强。管理者可以通过仔细记录团队互动来抵消虚拟团队中低信任度的一些负面影响。通过这种实践，团队成员对他们在虚拟团队中所做的工作负有责任，团队成员的贡献也会得到认可。

针对缺乏信任的补偿措施可能只是一个更大的问题的创可贴，因为信任是决定团队有效性的最重要的因素之一。对112个独立研究的综述发现，无论团队成员过去的表现或对团队管理者的信任度如何，信任是团队绩效的最强预测指标之一。这项综述的研究人员还发现，信任对于拥有不同技能或相互依赖的成员的团队尤其重要。信任对于短期团队也非常重要，因为团队成员在相信自己的同事会为团队目标做出贡献之前，没有长期团队那样的调整期来更深入地了解同事。

◆ **问题**

1. 回想一下你觉得自己不能信任团队成员的时候。你为什么会有这种感觉？这会如何影响团队的绩效？

2. 你能想出有助于虚拟团队成员之间建立信任的策略吗？

3. 假设你是一家全国性公司的经理。你被要求为一个虚拟的问题解决团队选择员工。你会选择哪些类型的员工？为什么？

资料来源：Based on W. Vanderbloemen, “Is Your Staff a High-Trust Team?,” Entrepreneurs, March 21, 2017, https://www.forbes.com/sites/williamvanderbloemen/2017/03/21/is-your-staff-a-high-trustteam/#2997197230cd, accessed April 9, 2016; D. B. Nast, “Trust and Virtual Teams,” The Huffington Post, March 28, 2017, http://www.huffingtonpost.com/entry/trust-and-virtual-teams_us_58da7e2be4b0e96354656eb5, accessed April 9, 2017; L. L. Gilson, M. T. Maynard, N. C. J. Young, M. Vartiainen, and M. Hakonen, “Virtual Teams Research: 10 Years, 10 Themes, and 10 Opportunities,” Journal of Management 41, no. 4 (2015): 1313–37; and B. A. De Jong, K. T. Dirks, and N. Gillespie, “Trust and Team Performance: A Meta-Analysis of Main Effects, Moderators, and Covariates,” Journal of Applied Psychology 101, no. 8 (2016): 1134–50.

案例分析2

聪明的团队和愚蠢的团队

在本章中，我们已经确定了用来描述个人的一些特征如何用于描述团队。例如，个人可能具有很高的经验开放性特征，团队也是如此。你有没有注意到有些团队看起来很聪明，有些看起来很愚蠢？这个特征与团队成员的平均智商无关，而是反映了整个团队的功能。能发挥协同作用的聪明团队在逻辑分析、头脑风暴、协调、计划和道德推理方面表现出色。而那些愚蠢的团队的表现呢？想想长时间无用的会议、社会惰化和人际冲突。

你可能会想起你曾经看到的几支愚蠢的球队，但我们希望你能想到一些聪明的球队。聪明的团队往往在任何事情上都很聪明——对于任何任务，它们都会找到一个可行的解决方案。是什么使它们变得聪明呢？麻省理工学院的研究人员将697名受试者分成每组2～5

名成员的团队来解决任务，以寻找聪明团队的特征（它们并不都是聪明的）。以下是调查结果：

1. 聪明的团队不允许个别成员占主导。与其他团队相比，来自成员的贡献更为平等。

2. 聪明的团队有更多能够“读心”的成员。开玩笑啦！但是成员们能够通过别人的眼睛来解读复杂的情感。有一项针对此能力的测试叫作“从眼睛里读心”。

3. 聪明的团队有更多的女性。这并不是说聪明的团队性别更平等，这些团队只是有更多的女性。该结果可能部分归因于以下事实：更多的女性在“从眼睛里读心”的测试中得分更高。

研究人员最近使用 68 个团队重复了这项研究，再次发现一些团队比其他团队更聪明。这项研究比此前的研究增加了一个新的角度：在现场面对面工作的团队与在线工作的团队有何不同。令人惊讶的是几乎没有区别：所有聪明的团队都有更多更平等的团队成员之间的沟通，并且擅长解读情感。当在线合作者彼此看不见时，他们会践行心智理论，记住他们通过任何交流模式探测到的情感线索并做出反应。心智理论与我们在本书第 4 章讨论的情绪智力有关。

当我们有机会亲自挑选团队成员时，我们可以寻找那些既听又说的人，他们能表达同理心并记住别人对自己说了些什么。当我们被分配到特定的团队中时，我们可以在其他人身上寻找这些属性，并帮助引导团队实现最好的自我。至于智商，好消息是：最近的研究表明，我们在团队中的成员身份实际上能使我们成为更聪明的个人决策者！

◆ **问题**

1. 根据你的团队工作经验，你同意研究人员关于聪明团队特征的发现吗？为什么？

2. 在你曾经加入过的运作良好的团队中，还有哪些特征可能有助于成功？

3. 提出团队成员资格使我们变得更聪明的研究者发现，团队能比个人更理性、更快地找到概率问题和推理任务的解决方案。在参与这项研究后，团队成员自己的决策能力都大大提高，甚至在 5 周后也是如此。你认为这种溢出效应会在来自聪明团队的成员和来自愚蠢团队的成员身上都发生吗？为什么？

资料来源：Based on E. E. F. Bradford, I. Jentzsch, and J.-C. Gomez, “From Self to Cognition: Theory of Mind Mechanisms and Their Relation to Executive Functioning,” Cognition 138 (2015): 21–34; B. Maciejovsky, M. Sutter, D. V. Budescu, et al., “Teams Make You Smarter: How Exposure to Teams Improves Individual Decisions in Probability and Reasoning Tasks,” Management Science 59, no. 6 (2013): 1255–70; and A. Woolley, T. W. Malone, and C. Chabris, “Why Some Teams Are Smarter Than Others,” The New York Times, January 18, 2015, 5.

注 释

第11章 沟通

Communication

学习目标

学完本章后，你应该能够：

1. 描述沟通的功能及沟通过程。
2. 比较小群体网络和小道消息中的下行沟通、上行沟通和横向沟通。
3. 比较口头沟通、书面沟通和非言语沟通。
4. 解释为什么渠道丰富度是选择沟通渠道的基础。
5. 区分说服性信息的自动处理和控制处理。
6. 识别有效沟通的常见障碍。
7. 说明如何克服跨文化沟通中可能存在的障碍。

就业技能矩阵

	传言还是科学	职业目标	道德抉择	观点碰撞	体验练习	道德困境	案例分析 1	案例分析 2
批判性思维			✔	✔	✔	✔	✔	✔
沟通	✔	✔	✔		✔		✔	✔
合作		✔			✔		✔	✔
知识应用与分析	✔	✔	✔	✔	✔	✔	✔	✔
社会责任		✔	✔	✔		✔	✔	

奥克赫斯特乳业公司与一个逗号

任何一个玩过填字游戏（或者它的现代版本即单词接龙）的人都知道有些单词会比其他单词的分值更高。但是你想过一个逗号价值多少吗？依据美国第一巡回上诉法院法官戴维·巴伦（David

Barron）的裁决，一个逗号的价值高达数百万美元。

从 2014 年到 2017 年，整整三年过去了，三位乳制品运输车司机仍在与他们的前雇主对簿公堂。2009—2013 年，这些司机平均每天加班 12 个小时，但他们并没有获得州和联邦法律规定的加班费。2014 年，司机们向前雇主——缅因州的奥克赫斯特乳业公司（Oakhurst Dairy）提起了集体诉讼，要求雇主支付他们被拖欠了四年的加班费。原告在下级法院败诉了，但获准上诉。乳制品运输车司机是否有权获得加班费将取决于一个逗号。

奥克赫斯特乳业公司辩称自己并不欠员工加班费，因为缅因州列出了一些不符合加班费发放条件的职业。请大声朗读这份职业名单："易腐食品的罐装、加工、腌制、冷冻、干燥、销售、储存、包装运输或分销工作。"（"The canning，processing，preserving，freezing，drying，marketing，storing，packing for shipping or distribution of perishable foods."）当你读这句话的时候，你会在运输一词后停顿吗？如果是的话，你可能会认为上面列出来的职业名单既包括那些为了运输易腐食品从事包装工作的员工，也包括那些从事易腐食品分销工作的员工。然而，有些人读完这句话之后，会认为这个名单仅仅包括那些从事易腐食品的包装工作以供运输或分销的员工。令奥克赫斯特乳业公司大为懊恼的是，法院属于后者。法院认为这项法律排除的是那些包装易腐食品以供运输或配送的员工，而不是那些实际使用卡车运输或配送食品的员工。

你们大多数人在阅读这份名单时在哪里有停顿？牛津逗号或序列逗号是英语中争论最激烈的规则之一，它们用于在列举多个对象时将末位两个分割开来以避免歧义，然而常常被格式指南忽略。在一起涉及数百万美元的案件中，仅仅依靠一个逗号来做出裁决看起来很傻，不过，奥克赫斯特乳业公司不是第一家因为一个逗号而损失至少 100 万美元的公司。2006 年，两家加拿大公司就曾遇到类似的纠纷。多伦多的罗杰斯通信公司（Rogers Communication）和贝尔阿利安特公司（Bell Aliant）就属于后者的电线杆的使用权问题进行了谈判。贝尔阿利安特公司想终止合作关系，但罗杰斯通信公司坚称，合同对何时终止合作做出了限制，基于以下条款："本协议自订立之日起生效，有效期持续五年，直到任何一方以书面形式提前一年通知终止为止。"（"This agreement shall be effective from the date it is made，and shall continue in force for a period of five（5）year terms，unless and until terminated by one year prior notice in writing by either party."）

你能猜到法官是如何解释上面这句话的吗？罗杰斯通信公司认为，贝尔阿利安特公司必须在自动续约的一年内取消协议。法官们认为，单词 terms 后边的逗号改变了合同的释义，因此贝尔阿利安特公司可以在一年后的任何时候取消协议。罗杰斯通信公司负责监管事务的副总裁肯尼思·恩格尔哈特（Kenneth G. Engelhart）并不赞同法院的解释。他表示："我不明白为什么他们觉得逗号在某种情况下可以超越单词本身的意思。"

这两个案例说明了沟通中的许多问题。首先，沟通是复杂的，单词的意思并不总是清晰的。写作和其他沟通方式的习惯在不同的受众之间可能有很大的差异。例如，没有多少新闻媒体会使用有争议的牛津逗号，但是《芝加哥格式手册》（*Chicago Manual of Style*）和《牛津大学格式指南》（*University of Oxford Style Guide*）却要求使用。为了成为高效的沟通者，我们应该注意这些差异，如果可能的话要分析听众的理解程度。其次，不同的沟通方式会影响信息的清晰程度。如果缅因州的法律以口头方式阐述而不是以书面方式阐述，对法律的解释可能会更清晰。

资料来源：Based on D. Victor, "Lack of Oxford Comma Could Cost Maine Millions in Overtime Dispute," *The New York Times*, March 16, 2017, https://www.nytimes.com/2017/03/16/us/oxford-comma-lawsuit.html?_r=0, accessed April 13, 2017; and I. Austen, "The Comma That Costs 1 Million Dollars (Canadian)," *The New York Times*, October 25, 2006, http://www.nytimes .com/2006/10/25/business/worldbusiness/25comma.html, accessed April 16, 2017.

正如罗杰斯通信公司和奥克赫斯特乳业公司两个案例中所体现的那样，不清晰的沟通会给组织造成数百万美元的损失。在本章中，我们将探讨现代工作场所中的沟通，了解沟通过程以及沟通过程中会出现哪些问题。我们还将学习各种沟通方式以及最新技术如何塑造沟通方式。

沟通包括两方面，既要传递意图，也要理解意图。因为沟通不仅仅是为了传递意图，还要理解这种意图。只有这样我们才能通过沟通传递信息和想法。如果确实存在完美的沟通，那么人们的想法就可以被完整无误地传播，接收者和发送者的头脑中将出现相同的画面。尽管听起来很简单，但完美的沟通在现实中并不存在，稍后我们将说明其中的原因。

11.1 沟通的功能

在群体或组织中，**沟通**（communication）有五种主要功能：控制、反馈、情绪表达、说服和信息交换。[1]

沟通可以通过几种方式来控制员工的行为。员工必须遵守组织中的权力等级和正式指导原则。例如，当员工遵守工作说明书或公司的政策法规时，沟通就是在行使控制功能。非正式沟通也能控制行为。比如，当工作群体因为某个成员工作十分努力（从而使其他成员相形见绌）而对其冷嘲热讽时，他们就是在进行非正式沟通，并控制该成员的行为。

明确地告诉员工必须做什么、他们表现得如何、没有达到标准时应如何改进工作，通过这些方式，沟通可以提供反馈。我们在第7章讨论目标设置理论和强化理论时可以看出这一点。具体目标的设置、对实现目标过程的反馈以及对理想行为的奖励，这些行为都激发了员工的动机。

对很多员工来说，工作群体是主要的社交场所。群体内的沟通是员工表达自己的失落感和满足感的一种重要机制。因此，沟通提供了一种释放情感的情绪表达机制，可以满足员工的社会需求。例如，2015年，在密苏里州弗格森市发生了一起白人警官枪杀非武装黑人的事件后，软件工程师卡尔·琼斯（Carl Jones）希望通过与公司同事交流来分享自己的感受。星巴克让咖啡师在咖啡杯上写下“Race Together”，想要开展一个讨论种族关系的活动。在这两种情况下，最初的沟通都很尴尬，以至于星巴克取消了这项活动，但琼斯和其他人通过情绪表达建立起亲密的关系。[2]

与情绪表达一样，说服功能既有好的方面，也有不好的方面。例如，领导者试图说服下属相信组织对企业社会责任的承诺，或者反过来，说服下属为了实现组织目标进行违法行为。这些例子可能过于极端，但一定要记住，说服既可能使组织受益，也有可能危害组织。

沟通的最后一种功能是通过信息交换为决策提供帮助。它通过传递数据和资料来帮助形成和评估各种备选方案，从而为个体和群体提供制定决策所需的信息。

在群体或组织中，几乎每种沟通都具备一种或多种功能，而这五种功能没有主次之分。要想有效发挥沟通的作用，群体需要对其成员维持某种形式的控制，提供反馈以激励员工，为他们提供情绪表达方式，监控个体的说服行为，并鼓励信息交换。

沟通的目的是在发送者与接收者之间传递信息。这个信息首先被编码（转化为信号形式），然后通过某种媒介（渠道）传送至接收者，由接收者将收到的信号解码。这样，信息的意义就从一个人传给了另一个人。[3]

图表 11－1 描述了**沟通过程**（communication process）。这个模型包括八个关键部分：（1）发送者；（2）编码；（3）信息；（4）渠道；（5）解码；（6）接收者；（7）噪声；（8）反馈。

图表 11－1　沟通过程模型

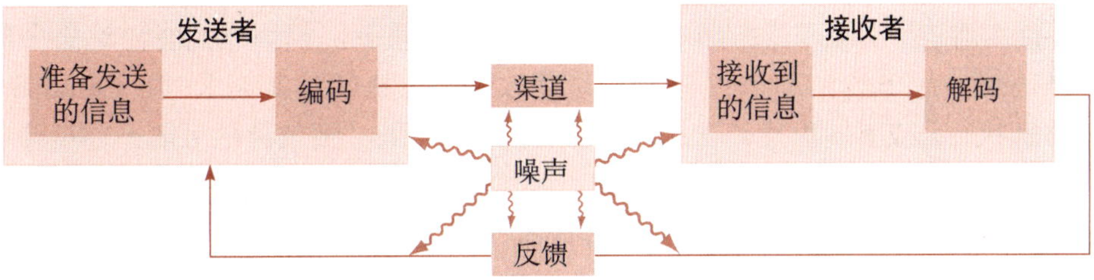

发送者把头脑中的想法进行编码从而生成信息，信息实际上是发送者进行编码后产生的一种物理产品。当我们说话时，说出的话语是信息。当我们撰写时，写下的内容是信息。当我们做手势时，胳膊的动作和面部的表情是信息。渠道是传递信息的媒介。由发送者确定是使用正式渠道还是非正式渠道。**正式渠道**（formal channel）由组织建立，它传递与员工的工作活动有关的信息。从传统上说，正式渠道沿着组织中的权力链延伸。其他形式的信息，例如个人信息或社交信息，在组织中通过**非正式渠道**（informal channel）传递。这些非正式渠道是自发形成的，是个体选择的结果。[4] 接收者是信息指向的客体。接收者首先必须将接收到的信号转化为可以理解的形式。这个步骤就是对信息的解码。噪声代表那些使信息失真的沟通障碍，例如知觉问题、信息超载、语义问题或文化差异等。沟通过程的最后一环是反馈回路。反馈是对信息传递是否成功以及传递的信息是否符合原本意图进行的核实。它被用来确定信息是否被正确地理解。

11.2　沟通的方向

沟通可以是垂直方向的，也可以是水平方向的；可以通过正式的小群体网络，也可以通过非正式的小道消息。垂直方向还可以进一步划分为下行方向和上行方向。[5]

11.2.1　下行沟通

在群体或组织中，从一个层级向另一个更低层级进行的沟通称为下行沟通。群体的领导者和管理者向群体成员分配目标、提供工作指导、解释规章制度、指出需要注意的问题以及提供工作绩效反馈时使用的都是下行沟通。

在下行沟通中，管理者必须对决策的原因做出解释。尽管这看起来更像是一个常识，但很多管理者仍然觉得他们没有时间向员工解释，或者认为解释将引来大量问题。然而，有证据表明，解释能够增强员工对决策的认同和支持。[6] 尽管管理者可能会认为向低层员工传递信息一次就够了，但大多数研究表明，管理层的信息必须通过多种媒介反复传递才能真正有效。[7]

下行沟通的另一个问题是它的单向性。通常，管理者会将信息告知员工，但很少征求他们的建议和看法。一项研究显示，将近2/3的员工表示自己的上司很少或从未征求过他们的建议。该研究指出："组织一直在争取获得更高的员工敬业度，然而有证据表明，它们犯了各种不必要的重大错误。很简单，员工需要的只是被尊重和倾听。"征求意见的方式同样很重要。如果员工觉得表达自己的看法会违背自己的最佳利益，那么即便是在较好的条件下他们也不会这么做。[8]

在下行沟通中，信息交换的传递方式和背景非常重要。稍后我们将讨论更多的沟通方法，但是想一想下行沟通的终极方式：绩效评估。嘉年华邮轮公司（Carnival Cruise Lines）首席执行官艾伦·巴克卢（Alan Buckelew）表示："绩效评估可能是你最希望自己亲临现场的时候。"新秀丽首席执行官对此表示赞同："电话会议无法取代面对面的互动。"自动化的绩效评估让管理者可以无须现场讨论就对下属进行评估，这样虽然效率很高，但会使管理者错失成长、激励和建立关系的关键机会。[9]一般来说，没有进行直接的个性化沟通的员工，往往没有办法准确理解信息的意图。

最好的沟通者既要向下属解释清楚决策背后的原因，也要向下属征求意见。因此我们需要讨论另一种沟通方式：上行沟通。

11.2.2 上行沟通

上行沟通是群体或组织中信息流向更高层级的沟通。员工利用它向上级（管理层）提供信息反馈，汇报工作进度，报告存在的问题。上行沟通使得管理者能够了解员工如何看待其工作、同事和整个组织。管理者还通过这种沟通来获得关于如何改进工作条件的观点和建议。下属给予诚实、真实的反馈也很重要，因为如果管理者在分配资源时没有得到合理的负面反馈，他们就更有可能牺牲下属利益，做出利己的决定。[10]

如今大部分管理者的工作职责都扩大了，这使上行沟通越来越困难，因为更多的职责让管理者不堪重负，容易分心。为了进行有效的上行沟通，应该用简洁的语言而不是长篇大论来与上司沟通，用切实可行的内容支持自己的主题，准备一份议程，以确保上司给予你的关注是值得的。[11]注意你说话的方式，尤其是和主管交流一些令人不愉快的事情时。例如，如果你拒绝了一项任务，在被询问你是否面临工作过载的困境或者缺乏相关任务经验时，就一定要表现出一种能干的态度。[12]记住，沟通方式和沟通内容一样重要。

11.2.3 横向沟通

同一工作群体的成员之间、不同工作群体但处于同一层级的员工之间或任何等级相同的人员之间的沟通都称为横向沟通。[13]

横向沟通能够节省时间和促进协调。有些横向关系是由组织正式规定的。但更多的时候，它们是为了绕过垂直层级、加快工作速度而产生的。因此，从管理层的角度来看，横向沟通有有利的一面，也有不利的一面。如果所有沟通都严格遵循正式的垂直结构，则会阻碍信息传递的效率和精确性。在管理层知情和支持的情况下进行的横向沟通是有益的。但是，在下列情况下，横向沟通会导致恶性冲突：当正式的垂直渠道被破坏时；当成员绕过或避开自己的直接领导而擅自行事时；当上司发现下属在自己不知情的情况下制定决策或采取行动时。

11.2.4 正式的小群体网络

正式的组织网络可能十分复杂，包括上百名员工和七个以上的层级。我们将其精简为由五名成员组成的小群体，而这种小群体的沟通网络包括三种主要类型：链式、轮式和全通道式（如图表 11－2 所示）。

图表 11－2 三种常见的小群体网络

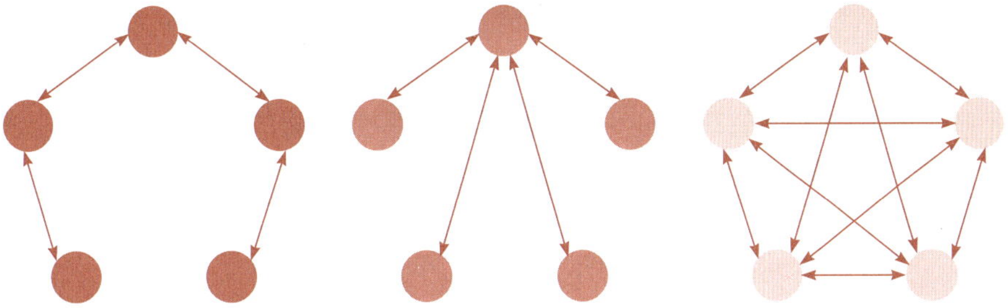

链式沟通网络严格遵循正式的指挥链。在严格的三层级组织中，你会发现它们的沟通渠道与这种链式网络十分相似。轮式沟通网络依赖一个核心人物作为该群体的所有沟通渠道。这种沟通网络模拟了具有一位强有力的领导者的团队。全通道式沟通网络允许所有群体成员之间进行积极沟通；在实践中，自我管理型工作团队通常采用全通道式沟通网络。在这种团队中，所有成员都可以做出贡献，没有一个人扮演绝对领导的角色。当代组织更倾向于采取全通道式沟通网络，这样可以使成员之间自由交流（虽然有时不应如此）。

如图表 11－3 所示，每种沟通网络的效果取决于你所强调的因变量。比如，轮式结构有利于领导者涌现；如果你注重的是成员满意度，则全通道式结构最佳；如果你认为精确性最重要，则链式结构最佳。通过图表 11－3 我们可以得出结论：没有一种网络在所有情况下都是最好的。

图表 11－3 小群体网络及有效性指标

指标	沟通网络		
	链式	轮式	全通道式
速度	中	快	快
精确性	高	高	中
领导者涌现（个体被视作领导者）	中	高	无
成员满意度	中	低	高

11.2.5 小道消息

在群体或组织中，正式沟通系统并不是唯一的沟通网络。还有非正式的沟通系统，我们称之为**小道消息**（grapevine）。[14] 尽管通过小道消息传播的流言或八卦是非正式的，但对于员工和求职者来说，它仍是一种重要的信息来源。从同伴那里获得的关于某家公司的小道消息或口述信息对求职者是否加入该公司有重要影响[15]，甚至比 Glassdoor 这类网站上非正式评级的影响还要大。

对于任何群体或组织的沟通网络来说，小道消息都是其重要组成部分，值得我们认真考察。小道消息服务于员工的利益：闲聊有助于增进信息共享者之间的友谊和亲密感，尽管研究表明这通常是以牺牲“外部群体”为代价的。[16] 它也可以使管理者了解组织的士气，找出员工认为很重要的一些事情，并且有助于发现员工的焦虑。有证据表明，八卦的主要驱动因素是员工的社交网络，管理人员可以对此进行研究，以了解积极和消极信息是如何在组织中传播的。[17] 管理者还可以通过关注那些爱闲聊的人（那些经常交流无关紧要的问题的人）来识别有影响力的人（同事信任的、与他人联系紧密的人[18]）。爱闲聊的人往往是有影响力的人。一项研究发现，健谈者的影响力非常大，他们在裁员期间更有可能保住工作。[19] 其他研究发现，通过办公室里的小道消息联系在一起的人往往更有创造力，一部分原因是这种人可以通过他的非正式网络接触到一些独特的思想。[20] 因此，虽然组织中的小道消息无法受到制裁或控制，但可以被理解和利用。

如果管理者愿意的话，他们能完全消除小道消息中的八卦和流言吗？不能。那他们应该这样做吗？或许也不应该除了让管理者有机会从小道消息中了解信息外，某些形式的八卦和流言还可以带来亲社会动机，让员工愿意帮助彼此从而实现组织目标。虽然有些人认为流言是一种越轨行为，但并非所有的流言都是有害的。[21] 管理者应该做的是通过限制流言的范围和影响，尽量弱化流言的消极后果。图表 11－4 提供了一些相关建议。

图表 11－4 处理八卦和流言的方法

1. 分享你拥有哪些信息和没有哪些信息——如果正式沟通中有充分的信息，谣言就无处滋生了。如果你并不知道别人在寻找的信息，那就讨论一下你什么时候能够知道这些信息并跟进。
2. 解释，解释，再解释。作为一名管理者，要阐明自己做了哪些决定，为什么要做出这些决定，以及未来的计划是什么。
3. 不要对流言进行表态，然后尽你所能弄清事实。同时一定要确保考虑了事情的每个方面。
4. 鼓励员工一起讨论他们对于组织问题的关注、意见、建议、想法和感受。帮助他们把自己的想法转变成更客观的观点。

11.3 沟通模式

群体成员之间如何传递某种意思？有三种基本模式：口头沟通、书面沟通和非言语沟通。这三种模式的字面意思很好理解，但是正如我们将要讨论的，对模式的选择会极大地影响信息接收者对消息的反应。对于某些类型的沟通来说，有的模式会更加有效。接下来，我们将介绍有关沟通模式的最新理论和应用实践。

11.3.1 口头沟通

最主要的信息传递方式是口头沟通。常见的口头沟通包括演说、正式的一对一讨论和群体讨论以及非正式的小道消息。

口头沟通的优点在于快速传递、快速反馈和信息交换。采用这种方式，信息可以在最短的时间里进行传递并得到对方的回复。一位专家指出："连续的面对面沟通仍然是向员工传递信息和从员工那里获取信息的最佳方式。"[22] 如果接收者对信息不确定，迅速的反馈可以使发送者及时核查其中不够明确的地方，并予以纠正。我们收到的反馈既包括信息，也包括情感；然而我们不得不承认，我们通常是糟糕的倾听者。研究人员指出，我们很容易"听腻了"，在这种情况下，我们会忽视他人的感受，急于提出建议。格雷厄姆·博迪（Graham Bodie）教授说："好的倾听者可以克服急于解决他人的问题、力求保持对话简短的倾向。"想要做真诚而非武断的倾听者，就要积极倾听——减少干扰，拉近距离，进行眼神交流，复述对方的话，并鼓励谈话者继续[23]，这可以帮助我们学到更多，并建立信任。[24] 口头沟通包含社会、文化和情感三方面内容。我们有意识地跨越文化边界来进行社会文化交流，它可以在个人和团队之间建立信任与合作，以达成共识。[25]

但是，当信息必须经过多人传递时，口头沟通的主要缺点便会暴露出来。在此过程中，涉及的人越多，信息失真的潜在可能性就越大。如果你玩过"传话"游戏，就会了解口头沟通的问题所在。每个人都以自己的方式解读信息，当信息到达终点时，它的内容常常与最初的真实内容大相径庭，即使我们认为信息再简单明了不过。因此，在组织中口头沟通"链条"更像是一个负担，而非有效的工具。接下来让我们详细介绍口头沟通的一些常见方式。

会议 会议可以是正式的，也可以是非正式的，通常包括两人或两人以上，几乎在任何地点都可以举办。在美国，平均每天举办 1 100 万次会议，总有人会讨厌这些会议。因此，我们要努力提高会议效率：亚马逊首席执行官杰夫·贝佐斯在会议开始前会留出 30 分钟的时间，让与会者静静地阅读自己的报告；推特和苹果只在周一开会；BuzzFeed 每周有 2 天不允许开会；还有一些组织会限制会议时间。[26]

即便是与他人随意的业务交流，也可以作为会议的一种，帮助我们专注于业务的进展。正如 BetterWorks 公司 CEO 克里斯·达根（Kris Duggan）所说的，每一次会议都是"完成工作"并且"发光发亮"的机会。他指出："在你自己的领域你可能是个专家，但如果你无法很好地沟通，无法让人兴奋，或者没有激情，这会是你的障碍。"[27] 高效会议的另一个绊脚石是过度使用术语[28] 和限定词，这些术语和限定词会影响你的表达（例如，"坦率地说"或"说实话"之类的词语意味着你 99% 的时间都不诚实）。[29]

良好的人际沟通对会议的有效性来说是很重要的。一些专家建议以幽默作为破冰的方式，公关公司 Peppercomm 甚至开设了脱口秀研讨班来帮助企业教会自己的员工如何利用幽默。会议中幽默的使用甚至可以预测两年后的团队绩效。[30] 但是，如果你在会议中不能发出声音（voice）怎么办？我们并非在讨论在职业目标栏中提及的那种有听力和言语障碍的人。发出声音是指能够在工作场所的会议或其他论坛上发表有价值的观点的能力。[31] 根据定义，声音能够挑战现状，支持他人的观点，提出具有建设性或具有防御性/破坏性的观点。[32] 如你所见，声音指的是会议中某个人的表达和反应，而缺少声音会造成表达障碍（当没有人讲话时，很少有人想成为打破沉默的第一个人）。有的人不发言是因为无话可说，但是研究表明，女性尤其不愿意在会议上发表意见，即便她们担任了领导职务。这表明某些群体动力会阻碍与会者平等地参与会议。[33] 此外，发言权也可能受到员工的自我评价、个人主动性、责任感和敬业度，以及工作环境、上司的情感和行为的影响。[34] 如果做不到公平参与会议，就很难保证会议的好处。

视频会议和电话会议 视频会议使得组织中的成员可以和处于不同地点的人举行会议。现场的音频和视频图像可以使成员相互看到、听到并进行交谈。视频会议技术允许员工不必亲自赶往同一地点参加会议。电话会议通常是指电话交流，其中一些人可能会聚集在一个扬声器电话周围，一些人则通过安全线路进行呼叫。 每个人都可以在计算机上看到一些共享文件或视频。 员工可以根据实际情况选择这两种模式。

彼得·夸克（Peter Quirk）是EMC公司的信息技术主管，他利用视频会议与分布在各地的员工召开每月例会和其他许多会议。这样做能够节省旅行成本和时间，但他指出，为了避免出现保持连接但心思不在会议上的情况（一个常见的问题），提出问题并激发所有与会者参与其中就显得格外重要。有的领导者可能宁愿自己的会议有前述问题，也不愿处理与会者彼此交谈并产生过多噪声的情况。销售主管埃丽卡·皮尔斯（Erica Pearce）对一个电话会议的参加者说："如果你正在用吸尘器吸尘，我会很欢迎你以后来我家，并非常感激你。 但是现在我只能把你静音了。" [35]

你可能认为人们会更喜欢视频会议而不是电话会议，因为视频能够提供更"现场式"的体验，但65%的远程会议都是通过语音通话完成的。由于一些尚不明确的原因（除了有些人不愿意暴露在镜头面前），人们花在语音通话上的时间每年增长近10%。[36] 为了弥补视频会议和电话会议的不足，专家提出了以下建议：

1. 制定比面对面会议更明确的议程和更严格的规则。

2. 让与会者从自我介绍开始，介绍他们在项目中的角色以及参会目的。他们还应该在每次发言前先说自己的名字。

3. 领导者应该用40%的时间说话，60%的时间倾听。

4. 在会议前分发讨论问题，并在会议期间记录每位与会者的回答。

5. 指定一个会议主持人（不是领导者）和一个秘书（同样不是领导者）。

6. 在会议前了解人们对视频会议和电话会议的偏好，并确保每个人都能运用这种技术。《执行力核心》（*Execution Is the Strategy*）一书的作者劳拉·斯塔克（Laura Stack）说："我简直无法告诉你有多少次我听到人们说，'我不知道我的摄像头出了什么问题，所以我只能在这里用语音说话'。" [37]

电话 电话的普遍存在往往会让我们忽略它作为一种沟通方式的效率。电话交流快速、有效，不像电子邮件那么模棱两可。然而，电话传递的信息很容易被忽视，而且由于电话缺少一些功能，在没有电子辅助工具的情况下很难达到效果。但是最近有一系列新出现的软件可以使电话更加多功能化。Switch能够使用电脑拨打电话号码，用户可以在通话过程中更换电话并查看文档。Voice允许人们使用一个能够连接多个电话的电话号码。

Talko 软件为语音备忘录、文本和照片提供了一个讨论平台。此外，Twilio 能够为企业提供更便宜的电话和自动短信。支持者表示，这些工具使我们在电子邮件之外多了一种商务交流工具。“你有多少次把时间花费在电子邮件的往返上却没有任何进展？”Switch 的创始人问道。他说，有了这些工具，“你就可以消除电话会议造成的时间浪费，剩下的就是那些真正重要的时刻，你可以与某人进行实时交谈和情感交流”。[38]

职业目标　我们是不是过于包容这些残疾人士了？

在我的经理雇用一个有听力障碍的人时，我认为这是一个负责任的好举动，但现在我不太确定。我们可以和他交流，主要借助电子邮件和短信。我们谁都不懂手语，但有时我们可以用手比画拼出单词。但问题在于，这家伙会发出很多令人不舒服的声音：放屁、打嗝、咳嗽、呻吟，还有你能想到的任何声音。这让人忍受得了吗？

——杰基

亲爱的杰基：

简而言之，这并不是无法忍受的。工作场所的包容不仅仅是容忍残疾员工的存在。也许你可以从你的聋哑同事的角度来考虑这个问题（顺便说一句，根据全美聋哑人协会（National Association of the Deaf）的规定，聋哑人是首选术语）。

- 他工作时的沟通条件如何？你有没有帮助他让他参与到讨论中来？比如说，你有没有指派团队中的一个人为他写下要点，并在会议上征求他的意见？在网上搜索“听力正常人士令人讨厌的十大习惯”，你就可以知道他是怎么想的了。
- 你知道他对你的“用手比画”有何看法吗？你可能不知道美国手语（ALS）不仅仅是英语。你的同事也许并不感激你这种“用手比画”的手语，甚至会有被冒犯之感。但是如果你们愿意学习一些手语或者采用翻译器的话，他会感激你们。例如，有些应用程序和在线翻译器可以让你输入一个短语，然后看到有人在屏幕上做出手语的表达。同样，来自 MotionSavvy 的新技术可以将手语翻译成书面语言。
- 看来当你的同事制造噪声时，你会把不满的情绪归咎于他，但是他也许并未察觉到。你认为他不关心这些听力健全的同事吗？更有可能的情况是，他根本没有意识到自己在制造噪声，或者认为制造的噪声比实际的更小。想想当你在一个嘈杂的房间里是什么感觉，你可能会比在一个安静的房间时更不注意你的声音，因为在安静的房间里，每个人都可能会对你的声音做出反应。

如果你不再只想着让你的同事靠自己来融入环境，而是表现出你的团队愿意为了与他沟通而做出努力，你们就可以开始相互理解。也只有到了那时，你们才能以尊重、友好的态度一对一地解决噪声的问题。在这样做之前，记得在网上搜索有关与聋哑人沟通的技巧，并表示对他的尊重。

资料来源：Based on C. Swinbourne, “The 10 Annoying Habits of Hearing People,” *The Huffington Post*, September 17, 2013, http://www.huffingtonpost.com/charlie-swinbourne/the-10-annoying-habits-of_b_3618327.html; National Association of the Deaf website, www.nad.org, accessed June 30, 2015; and R. Walker, “An Office Distraction,” *The New York Times*, March 22, 2015, 8.

11.3.2 书面沟通

书面沟通包括信件、电子邮件、即时通信、组织内部发行的期刊，以及其他任何通过书面文字来传递信息的手段。当今的书面沟通通常有信件、PPT、电子邮件、即时通信、文本通信、社交网站、应用软件和博客等。我们对这些形式都很熟悉，接下来让我们来思考一下它们在当代的商务交流中是如何应用的。

信件 如今可以利用的科技这么多，为什么还会有人写信呢？在所有的书面沟通方式中，信件是最古老也是最持久的一种。写信在商务中非常有用，它可以为沟通增添个人色彩，也可以创造一份持久的记录，以示正式。研究表明，手写比打字更容易帮助我们记住写下的内容。[39]

PPT PPT 以及其他格式的幻灯片（如 Prezi）是一种很好的沟通方式，因为幻灯片生成软件将文字和视觉元素结合起来，这样既可以吸引读者，又能更好地解释复杂的想法。幻灯片通常与口头演示结合起来，但由于幻灯片的吸引力非常直观，所以一般把幻灯片作为主要的沟通方式。然而，也有人反对使用幻灯片，他们认为幻灯片太没有人情味，没有吸引力，并且听者难以跟上。

电子邮件 电子邮件自出现之后发展迅速，如今它的使用是如此普遍，以至于我们很难想象没有电子邮件的生活。全球有超过 31 亿活跃的电子邮件账户，公司员工平均每天发送 105 封电子邮件。[40] 图表 11－5 展示了管理者和专业人士每天花在各项任务上的时间。许多管理者称他们在电子邮件上花了太多的时间。你是否也是如此呢？

图表 11－5 管理者和专业人士在工作上的时间分配

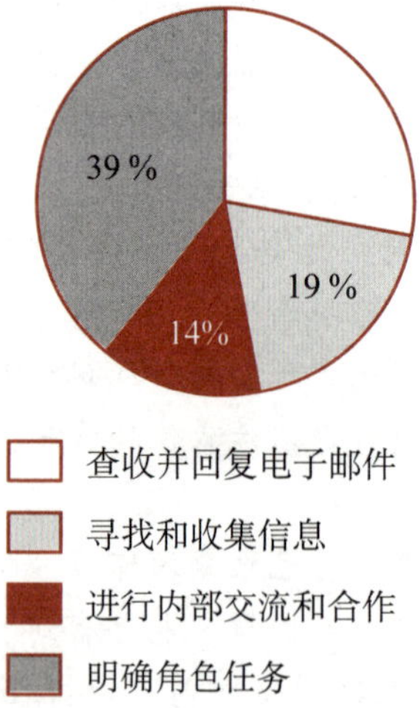

资料来源：Based on M. Chui et al., "The Social Economy: Unlocking Value and Productivity through Social Technologies," McKinsey & Company, July 2012, http://www.mckinsey.com/insights/high_tech_telecoms_internet/the_social_economy.

使用电子邮件的优点显而易见：它可以快速实现书写、编辑、发送和存储功能。然而，电子邮件不是没有成本的。事实上，电子邮件软件公司 Messagemind 称，每年在处理不必要的邮件沟通上所花的时间为企业造成了 6 500 亿美元的损失。[41] 一项研究表明，员工如果无须查看邮件，就能更长时间地专注于任务，压力也会更小。有研究表明，只有当员工已经出现工作过载的情况时，邮件才会给员工带来压力。[42]

高管教练、礼仪专家杰奎琳 • 惠特莫尔（Jaqueline Whitmore）表示，尽管成本高昂，电子邮件仍会被使用，而且“通常是别人想要联系你时的第一选择”。[43] 不过，即使是经验丰富的电子邮件使用者，也会为在沟通中选择合适的措辞而烦恼。

惠特莫尔提供了以下建议：

1. 不要省略标题，但标题要简短并与主题相关。

2. 表达问候 / 使用称呼。“亲爱的”（dear）和“你好”（hello）是很好的开头。在以后的交流中，“嗨”（hi）可能会是合适的。也可以称呼这个人的名字。在问候和邮件正文中“写得越正式越好”。邮件结尾也是一样，“祝好”（best regards）更正式。

3. 保持句子、段落和观点的简洁。尽可能列出要点。

4. 不要太唐突。“没有人能看到你的面部表情或听到你的语气，所以他们衡量你情绪的唯一方法就是你在邮件中使用的语气。”

5. 不要使用短信用语。“即使你刚从大学毕业，现在已经找到了工作，也要记住，你的很多客户可能是婴儿潮一代。保持专业是很重要的。”

6. 检查你的拼写。多检查几遍。

7. 回信时，要在 24 小时内回复。“即使你不知道发件人想要的答案，也要及时回复。”[44]

即时通信 和电子邮件一样，即时通信（IM）通常也要通过计算机完成。即时通信既有优点也有缺点，但是在商务交流中，它的负面作用更加明显。如果信息发过来的时候你在场，你就可以通过打字的方式进行实时对话，但是信息不会被记录下来，日后也没法参考。如果你错过了消息，下次登录的时候可能会收到提示，让你知道有人曾试图联系你，但这时距离应该回复的时间往往已经过去了很久。

文本通信 文本通信（TM）可能比即时通信好一点，但在商业使用上也有许多相同的误区。在商业中关于文本通信的使用指南仍在不断改进，专家一再提醒说，商务文本通信应该和其他商务交流一样正式。私人短信的非正式表达和我们常用的缩写在正式工作中通常是不可取的。[45]

社交网站 脸书和领英这类社交网站的崛起给沟通带来了前所未有的变化，企业纷纷利用社交媒体带来的机遇。许多组织已经开发出内部的社交网络应用程序，也就是企业社交软件，并且有自己的脸书和推特主页。[46] 社交网站已经成为潜在员工、招聘经理、员工和人力资源部门的一项工具（见组织行为民意调查）。

脸书每月有超过 14.4 亿活跃用户[47]，重要的是，用户可以通过在他们的主页发帖（公开）、发送消息或建立聊天（私人）来向其他用户发送消息。他们还可以通过发布状态更新、视频和照片与多个其他用户（“朋友”）交流。有些沟通方式适合企业应用（如组织的脸书页面），但还有许多并不适合。研究发现，世界上前 50 位最富有的公司的 CEO 中没有一位使用脸书。[48] 这与 2010 年相比发生了巨大的变化，当时这些 CEO 使用脸书、领英和推特的比例是相当大的。莱斯利 · 盖恩斯 – 罗斯（Leslie Gaines-Ross）是这项研究的代表，“我认为 CEO 们已经发现了哪个平台真正适合自己”。[49] 隐私是很多脸书用户非常担心的一个问题，而世界上还有一些地区没有访问脸书的渠道。[50]

组织行为民意调查

你会利用社交网站来搜寻人才吗?

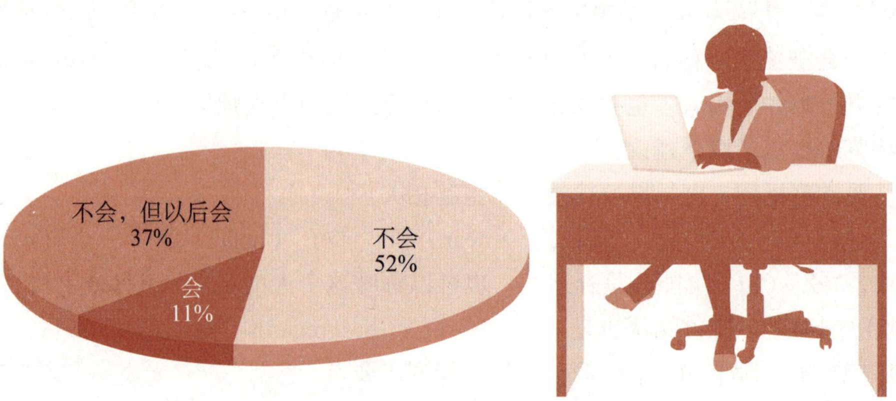

注：CareerBuilder survey of over 2,000 hiring professionals.

资料来源：Based on CareerBuilder at http://www.careerbuilder.com/JobPoster/Resources/page.aspx?pagever=2012SocialMedia&template=none.

与许多社交网站不同的是，领英是一个在线商业网络，每月有1.87亿活跃用户。[51]用户在网站上的简介相当于他们的虚拟简历。用户间的沟通有时局限于对他人技能的认可和业务联系，用户也可以进行直接的私人沟通，创建或加入群组。领英越来越多地被顶级CEO使用，并且成为最受他们欢迎的社交网站（排名前50的公司的CEO中有22%使用领英）。[52]

推特提供的是混合型社交网络服务，用户可以向粉丝发布140字以内的“微博”，话题内容不限。推特每月平均有2.36亿活跃用户。[53]作为一个商业场所，推特的活跃用户数量还在增长。虽然只有10%的顶尖公司的CEO是推特用户[54]，但其中一些已经有很多粉丝，比如维珍集团（Virgin Group）的理查德·布兰森（Richard Branson）拥有599万粉丝。正如美敦力（Medtronic）前首席执行官比尔·乔治（Bill George）所指出的，“你能想出一种更有效的接近客户和员工的方式吗？”[55]拥有众多追随者对公司或经理来说是一种优势，但当帖子写得不好或具有负面色彩时，这将是一个巨大的负担。

应用软件 领英和推特是应用最广泛的两种企业社交媒体平台。应用软件这种易于访问、适用于移动设备的平台正成为公众选择的交流平台。一些网站有应用软件，一些应用软件则没有相应的网站。最大的应用软件之一是WhatsApp，每月有4.5亿活跃用户。应用软件在那些大量使用智能手机的地区最受欢迎。[56]亚洲拥有世界上最多的社交媒体用户，诸如Line（日本）、微信（中国）和Kakao（韩国）等应用软件发挥着重要作用。[57]

博客 博客（网络日志的简称）是关于某个个人或公司的网站。专家认为，对组织而言博客是一种商务必需品，因此不应忽略它是与员工和客户交流的一种重要形式。如果员工和顾客愿意，他们可以发表反馈意见。[58]然而，过时的博客对员工、客户和公众来说都不友好，因此，必须不断更新内容以确保博客与组织紧密相连。

传言还是科学 如今书面表达能力比口头表达能力更重要

管理者和员工的书面表达能力从未如此引人注目。无论我们是敲击键盘还是点击屏幕，与他人的这种沟通通常都是未经审查的（尽管进行了拼写检查）。由于我们目前采用的多是书面沟通方式，很容易让人认为高层管理人员看重的是书面表达能力而不是口头表达能力。但是，有证据表明事实并非如此。

正如我们在第 1 章中讨论的那样，无论在哪个行业，软技能对雇主都至关重要。美国企业研究所（American Enterprise Institute）的尼克·舒尔茨（Nick Schultz）称："大量证据表明，许多雇主愿意选择那些拥有软技能的候选人，尽管这种软技能在过去被视为理所当然的。"软技能指的是通过说话和写作表现出来的人际交往技能，这种技能大多体现在一对一的讨论、访谈、会议和演讲中。良好的口头表达能力，尤其是英语表达能力，已经成为许多跨国公司的首要招聘条件。

好消息是，我们可以通过培训来提高口头表达能力，包括何时说话、如何说话、如何发声、说什么。根据领导力教练和作家克里斯蒂·赫奇斯（Kristi Hedges）的说法，大多数人可以自己训练，不需要参加正式的演讲课程。你可以通过研究演讲技巧、观看视频并在会议中练习新技巧来取得显著的进步。如果学习如何流利地说外语是一个问题，那么沉浸式课程和海外任务（如果可以选择）可能会有所帮助，比如收听收看广播电视节目来模仿。能否说得好取决于表达的清晰度和真诚度。

只要认清书面表达能力比口头表达能力更重要是一个错误，我们所有人都可以很快地提高口头表达能力。

资料来源：Based on R. J. Aldrick and J. Kasuku, "Escaping from American Intelligence: Culture, Ethnocentrism and the Anglosphere," *International Affairs*, September 2012, 1009–28; K. Hedges, "Confessions of a Former Public Speaking Trainer: Don't Waste Your Money," *Forbes*, April 19, 2012, www.forbes.com/sites/work-in-progress/2012/04/19/public-speaking-trainer-confesses-dont-waste-your-money-on-this/; and N. Schultz, "Hard Unemployment Truths about 'Soft' Skills," *The Wall Street Journal*, September 20, 2012, A15.

其他 Flickr、Pinterest、谷歌、YouTube、维基百科、Jive、Socialtext 以及 Social Cast，这些只是众多公共及特定行业社交平台中的一小部分，每天都会有新的社交网站建立。有的网站被设计成单一类型的发布平台，比如 YouTube 只能发视频，Flickr 只能发视频和图片。其他一些网站则有自己特定的文化，比如 Pinterest 上发布的非正式的菜谱和装修建议。对社交媒体的商业需求还没有完全被满足，可能不久之后，每种类型的沟通需求都会有与之相对应的社交媒体。

11.3.3 非言语沟通

我们使用言语进行沟通时通常都包含着非言语信息。[59] 有时，这些非语言成分还可以作为企业沟通中的一种重要信息而单独存在。在有关沟通的讨论中不包括非言语沟通肯定是不全面的。非言语沟通包括肢体动作、说话的语调或用词的强调、面部表情，以及发送者和接收者之间的身体距离。

有人认为每一个肢体动作都有意义，没有一种动作是随便做出来的（虽然有些动作是下意识的）。我们常常下意识地释放出这些信息。例如，我们可以通过微笑来表示自己值得信任，张开双臂表示我们可以接近，以站立来传达权威。[60]

肢体语言可以表达地位、投入程度以及情绪状态。[61] 肢体语言补充了言语沟通，常常使言语沟通变得更为复杂。事实上，研究表明人们从非语言暗示中获取的对他人态度和情绪的解读要远远多于语言。如果讲话者的非语言暗示与语言信息相矛盾，人们可能更相信非语言暗示。[62]

即使你一字不差地读完会议纪要，你还是很难像亲自参加了会议或看过会议录像那样能抓住会议的实质内容。为什么？因为会议纪要缺乏对非言语信息的记录，也缺乏对词汇或短语的强调。二者都会使含义变得更清晰。图表 11－6 表明，对于重音的强调可以改变信息的意思。面部表情也可以传递意义。一张咆哮的面孔所表达的信息显然与微笑不同。面部表情和语调可以展现出各种特点，如自负、好胜、畏惧、害羞等。

图表 11－6　语调：你说话的方式

当你的语调改变时，你要表达的意思也会改变：

重音位置	句子的意思
为什么我今晚不能请**你**吃晚饭？	我要请别人吃晚饭。
为什么**我**今晚不能请你吃晚饭？	而不是你和别人一起吃晚饭。
为什么我今晚**不能**请你吃晚饭？	我正在找一个理由来解释我为何不该请你。
为什么我今晚不能请你吃晚饭？	你和我之间存在矛盾吗？
为什么我今晚不能**请**你吃晚饭？	而不是你自己去。
为什么我今晚不能请你吃**晚饭**？	而不是明天一起吃午饭。
为什么我**今晚**不能请你吃晚饭？	而不是明天晚上。

资料来源：Reproduced in A. Huczynski and D. Buchanan, *Organizational Behavior*, 4th ed. (Essex, UK: Pearson Education, 2001), 194.

身体距离也是有意义的。但是，彼此间的空间距离保持在什么范围才是恰当的呢？这在很大程度上取决于文化规范。比如同样的距离，有些欧洲国家认为是“商务”的距离，在北美许多地方看来却是“亲密”的距离。如果某人和你的距离比正常的距离更近，则可能意味着攻击性或者对你有“性”趣。但如果他站得比正常距离更远，则可能意味着他对谈话内容不感兴趣或感到不快。

11.4　沟通渠道的选择

现在让我们讨论一下企业沟通的不同渠道。为什么人们会选择某种沟通渠道而不选择其他类型？沟通渠道丰富度的模型有助于我们解释管理者对渠道的选择。[63]

11.4.1　渠道丰富度

各种渠道在传递信息的能力上存在差异。有些渠道是丰富的，因为它们能够：（1）同时处理多种线索；（2）有利于快速反馈；（3）非常个性化。有些渠道则是贫乏的，因为它们在上述三方面表现较差。由图表 11－7 可以看到，从**渠道丰富度**（channel richness）角度来看，面对面交谈的得分最高，因为它在沟通过程中传递的信息量最大，也就是说，它提供了大量的信息线索（语言、体态、面部表情、手势、语调）、即时反馈（言语和非言语两种方式）以及“就在面前”的私人接触；而不带个人色彩的书面媒介，例如正式报告和通报，在丰富度方面得分最低。

总而言之，丰富渠道的共同点是给了我们观察的机会。沟通中的潜意识可以帮助我们理解信息的全貌。如果这些方面缺失了，我们就必须寻找其他线索来推断信息发送者的情绪和态度。

图表 11－7 渠道丰富度与沟通渠道

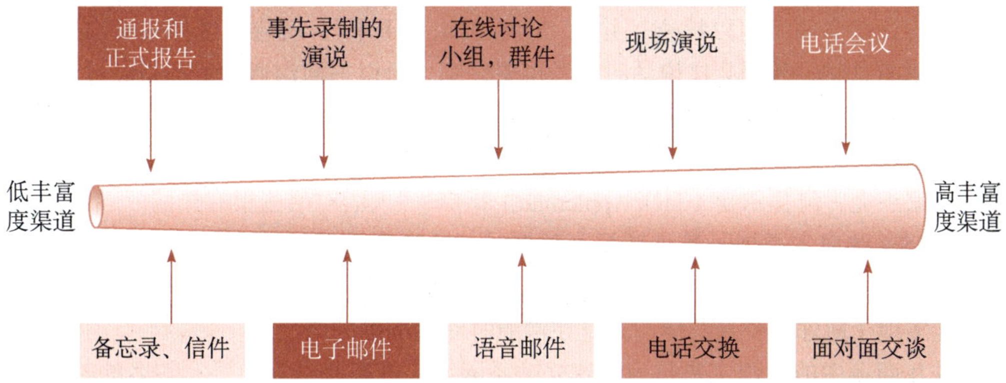

资料来源：Reproduced from R. L. Daft and R. A. Noe, *Organizational Behavior* (Fort Worth, TX: Harcourt, 2001), 311.

11.4.2 选择沟通方式

对渠道的选择取决于信息是不是常规的。常规信息通常是简单明确的，其模糊性最低。非常规信息较为复杂，存在产生误解的潜在可能性。管理者可以采用丰富度低的渠道对常规信息进行有效沟通。非常规信息很可能是复杂的，并且容易误解。因此，管理者在沟通中选择丰富度高的渠道才有效。

在选择沟通方式时，渠道丰富度是一个很有用的框架。例如，有时我们很难决定究竟应该选择口头沟通还是书面沟通。专家认为，与同事、客户、领导进行口头或“面对面”交流是成功的关键。然而，如果你去找 CEO 只是为了跟他说句“你好”，那么他不但不会觉得你讨人喜欢，反而会觉得你很讨厌。为了增加露脸的机会，但凡是个会议都去参加会给工作带来适得其反的影响。在选择沟通方式前好好考虑一下：你需要传递的信息更适合讨论还是用图表展示？让我们探讨一下一些决定要素。

当你需要测量接收者的接受能力时，口头沟通通常是更好的选择。比如，制定一个新产品的营销计划时，你可能需要与客户当面沟通、共同完成，这样你才能看到他们对你提出的每一个想法有什么样的反应。同时要考虑以接收者更喜欢的方式进行沟通，有些人在电话中比在会议中更能集中注意力，关注实质内容。工作环境中的节奏也很重要。如果你的经理要求和你召开一次会议，你可能不会要求他换成电子邮件的方式沟通。快节奏的工作场所可能会通过各种临时会议来帮助组织快速成长、迸发活力，而时间压力很大的项目团队根据日程安排进行 Skype 视频会议，也许能够更快地进步。

面对面交流的大部分内容需要以讲话的方式传递，所以在选择沟通方式时要考虑到说话技巧。研究表明，你讲话的声音比内容还要重要。好的声音——清晰、温和——会对你的事业有所帮助，而音量过大、语气质疑、令人恼怒、不成熟、捏着嗓子、带有喘息声或者声音单调，都会对你不利。如果你的声音有问题，工作团队可以帮助你增强意识，这样就可以进行改善，找一名声音教练或许对你有很大的帮助。[64]

对于复杂冗长的沟通来说，书面交流通常是最可靠的方式，在传递简短的信息时，它也是最有效的一种方式，比如有时写下两句话就足以代替十分钟的电话交流。但需要注意的是，书面交流在情绪表达方面有局限性。

若你想让信息明确可以核查，并且“能够被记录下来”，就应该选择书面沟通。人们在传递书面消息时，通常会比说话时思考得更仔细，所以书面沟通一般都是经过深思熟虑的，逻辑清晰。但需要注意的是，和口头沟通一样，传达的方式和内容一样重要。管理者称，语法错误、缺乏商业正式性的书面沟通是不专业的表现，这是不能接受的。企业写作讲师、作家杰克·阿普尔曼（Jack Appleman）指出，“人们对语法很有热情。”最近一项研究发现，45% 的雇主开展了培训项目来教授员工语法和沟通技巧。[65] 也有专家认为，社交媒体用语和缩略语对于发展业务有好处。总之，对你来说，为了获得职业上的成功，应当尽可能多地了解你的受众群体，并且在沟通时使用准确的语法。

信件在商业中的使用主要是为了建立关系网络，或者是在需要手写签名的时候使用。比如，面试之后，求职者手写一份感谢信永远不会是错误的选择，手写的信封通常会被放在收信人的桌子上，行政管理人员不会擅自打开。尽管电子的书面沟通方式可以通过查看发送人和发送日期来确认对方的身份，但手写的签名还是首选，有的时候在信件和合同中是必需的。

一般来说，你只需要回复那些与职业相关的即时通信，只发送那些你认为会受欢迎的内容。记住，你的谈话不会被记录下来供以后参考。

在商业中引入文本通信既可以带来巨大的收益，也会产生巨大的挑战。文本的发送和接收都很便宜，并且客户和管理者愿意被快速联系到，这有利于业务的开展。然而，一些用户以及管理者认为文本信息具有侵入性并且很容易让人分心。由于这方面的商务礼仪还没有建立，所以很多人会在文本通信过程中受到冒犯，比如不恰当的发送时间，或者发送一连串短消息，使接收者的手机不停地发出烦人的嗡嗡声。它们的不断出现使得员工很难集中注意力。请思考以下来自专业调查的最新结果：

- 84% 的人认为在正式会议上写短信或电子邮件是不合适的。
- 75% 的人认为在正式会议上阅读短信或电子邮件是不合适的。
- 66% 的人认为在任何会议期间写短信或电子邮件都是不合适的。
- 至少 22% 的人认为在任何会议中都不宜使用电话。[66]

由于这些原因，最好严格限制办公时间的文本通信，并且在以商业为目的进行文本通信时格外谨慎。在第一次给人发信息前，你应该先和需要联系的人讨论一下是否可以使用这种方式沟通，建立一些基本的规则，并且从对方的暗示中揣摩出什么时候发信息合适。如果是比较长的信息，最好发电子邮件；虽然接收者有可能在手机上翻阅较长的信息，但人们还是倾向于在电脑上查看和保存这样的信息。

在企业层面，社交媒体带来的回报有好有坏。某些最大的收益体现在销售领域，既包括企业对公众，也包括企业对企业。例如，虚拟会议公司 PGi 的一名销售代表完成了公司历史上最快的一笔交易：一位 CEO 在推特上发信息，称自己对目前的网络会议感到很不满意，TweetDeck 把这条信息推送给 PGi 的销售代表，这个销售代表立即联系了这名 CEO。[67] 企业也开始发展自己的内部社交网络平台，鼓励员工合作、改进培训效果，这使得企业网络活动的年增长率达到 300%。

有些公司会制定政策管理社交媒体的使用，但许多公司没有此类政策。管理层很难控制员工发布的内容。即便员工本意是好的，他们发布的评论还是有可能会损害公司名誉，或者泄露机密及敏感信息。一些软件可以帮助公司通过社交网站来挖掘求职者的信息，正在发展中的数字取证领域可以帮助企业调查员工的潜在问题，但网络侦查很耗时，并且代价高昂。[68] 违反组织社交媒体政策的行为处理起来很困难。因此，作为一名管理者，如果你想把社交媒体用于商业目的，就一定要确保你与这个过程中各级别的管理人员都是有联系的。如果你想利用自己的社交媒体来宣传自己的业务，最好提前与组织沟通好你想做什么，以及你认为这么做可以为公司带来什么样的回报。谨慎选择业务沟通中可接受的个人社交媒体平台及软件。最后，要确保自己了解公司关于企业机密的社交媒体政策，以及公司对个人隐私的态度。[69]

站在个人的角度，你可以在自己的博客页面上发布内容，也可以到别人的博客里发表评论。这两种选择的公开程度可能都超出你的想象，通过谷歌搜索引擎，只要输入你的名字，你说过的话就很容易被找到。如果公司里有人碰巧看到对你的批评，或者与你有关的负面的博客内容，谁也无法阻止他和其他人分享这些信息。你有可能因此被解雇。

在沟通的非语言方面要保持警惕，除了理解发送者的字面意思，还要寻找非语言暗示，这些都很重要。你应该特别注意消息之间的矛盾。比如，如果一个人不停地看手表，这说明他希望快点结束对话，不管他实际说了什么。我们口头表达的信息有时可能是错误的，比如嘴上说信任，而非语言暗示却传递出“我对你没有信心”的信息。

11.4.3　信息安全

组织的客户、顾客和员工信息是机密和隐私，因此信息安全是几乎所有组织都极为关注的重大问题。组织担心电子信息的安全性，因此会尽力保护重要信息，比如医院病人的信息，并把信息安全的责任托付给知情的员工。大多数公司会主动监控员工的网络使用和电子邮件记录，甚至会进行视频监控和通话监听。监控可能是必要的，但这样的行为看起来似乎是对员工隐私的侵犯。组织可以让员工参与制定信息安全政策，在个人信息的使用方面给予他们一部分控制权，以减少员工的担忧。[70]

道德抉择　**在社交媒体策略中发挥员工的作用**

社交媒体有利于业务沟通，但社交媒体的使用对雇主和员工来说都是一个道德雷区。一项针对 115 个国家 24 个行业的研究表明，63% 的管理者认为，社交媒体将在未来 3 年内对他们的业务产生重要影响。研究表明，社交媒体的使用已经成为公司盈利能力和股权价值的一项指标，走在前面的公司包括麦当劳、IBM、Salesforce、SAP以及Yammer。通过频繁且极具个性化的沟通，社交媒体可以将潜在客户发展成粉丝，然后通过有效的互动将粉丝或员工发展成自己的品牌代言人。其中的关键在于建立情感纽带或者利用现有的关系将公司的良好形象传递给潜在客户。

社交网络也带来了一系列道德问题。具有较强网络影响力的员工（所谓的联名员工）可以将这种影响力用于个人或公司宣传，但如果他们泄露公司信息、损害公司形象或者离开公司，就会对公司不利。此外，还有对员工个人隐私和言论自由的担忧：如果管理公司推特账户的员工为公司吸引来一名新顾客，她可以在自己的私人账户上说："新战绩：又一个心满意足的顾客"，这当然没什么问题。但如果她在自己的推特上说"真是一大败笔：我们又搞砸了"，可能就会损害公司的利益。

其他一些道德方面的考虑因素包括：确保员工合理利用工作时间，补偿他们在个人社交媒体上为公司宣传所耗费的时间，明确规定用于公司宣传的个人设备应该由谁保管和持有，限制公司对员工宣传效果的期待值，解决授权/版权方面的问题，以及清除所有法律上的障碍。

专家建议，组织应当起草与社交媒体相关的政策以体现公司的道德准则，而不是试图掩盖所有潜在不利因素。例如，虽然组织可以要求求职者公开账户密码，但这破坏了相互间的信任并侵犯了个人隐私。组织应当制定员工网上行为规范，合理监管，明确违规后需要承担的后果，并向员工解释清楚制定这些规范的原因。即便如此，美国国家劳工关系委员会（National Labor Relations Board，NLRB）发现，许多公司制定的社交媒体政策违反了《国家劳工关系法案》(National Labor Relations Act)。良好的社交媒体政策应当维护公司的道德准则，并改善组织文化。

资料来源：Based on S. F. Gale, "Policies Must Score a Mutual Like," *Workforce Management* (August 2012): 18; B. Giamanco and K. Gregoire, "Tweet Me, Friend Me, Make Me Buy," *Harvard Business Review* (July–August 2012): 88–93; D. Kiron, D. Palmer, A. N Phillips, and N. Kruschwitz, "What Managers Really Think about Social Business," *MIT Sloan Management Review* (Summer 2012): 51–60; X. Luo, J. Zhang, and W. Duan, "Social Media and Firm Equity Value," *Information Systems Research* (March 2013): 146–63; C. M. Sashi, "Customer Engagement, Buyer-Seller Relationships, and Social Media," *Management Decision* 50 (2012): 253–72; and A. Smith, "NLRB Finds Social Media Policies Unlawful," *HR Magazine* (August 2012): 18.

11.5 说服性沟通

至此，我们已经讨论了多种沟通方式。现在我们把注意力转向沟通的功能之一——说服，以及那些使信息更有说服力或者缺乏说服力的特性。

11.5.1 自动处理和控制处理

我们需要考虑两种不同的信息处理方式，这有助于我们了解沟通的过程。[71] 想想你上一次买苏打水的经历。你是仔细研究品牌之后再挑选，还是拿了广告最吸引人的那一个。如果我们足够坦诚的话，就会承认炫目的广告和朗朗上口的口号确实会影响消费者的选择。我们经常依赖于**自动处理**（automatic processing），这是一种相对较浅层的处理证据和信息的方法，利用的是我们在第 6 章提到的那些直觉。自动处理花费的时间和精力都很少，所以如果不是特别在意的事情，采用这种方式来处理说服性信息是合情合理的。缺点在于，它使我们很容易被各种各样的小伎俩迷惑，比如一首悦耳的广告歌曲或者一张迷人的照片。

现在想一想你上次选房时的经历。你很可能询问了了解这一片区域的专家，收集有关价格的信息，并且对比租房子和买房子的性价比。你此时采取的是需要投入更多精力的**控制处理**（controlled processing），这种方法依赖于事实、数据和逻辑，对证据和信息的考量更加仔细。控制处理需要人们付出努力、投入精力，花时间了解之后就不会那么容易被人骗了。所以决定人们采取浅层还是深层处理的原因是什么？接下来我们将讨论哪些因素影响了人们采用何种处理方式。

11.5.2 兴趣水平

要想判断人们接收到说服性信息后是选择自动处理还是控制处理，最好的预测因素之一就是他们的兴趣水平。[72] 兴趣水平反映了这一决定将会对你的生活产生怎样的影响。如果人们对一个决策的结果很感兴趣，他们就更有可能仔细地处理信息。这大概就是为什么人们在做一些重要决定（比如住在哪里）时会寻找更多的信息，而对那些不太重要的事不会这样（比如穿哪种颜色的 T 恤）。

11.5.3 先验知识

如果人们对某一个主题领域很了解，就更可能使用控制处理的策略。在支持或者反对一个具体的行为时，他们对各种论点都有深入的了解，因此不会轻易改变自己的立场，除非对方给出的理由特别充分。另外，对某个话题不太了解的人更容易改变自己的想法，即便没有太多证据，理由肤浅。换句话说，了解越多的人越难被说服。

11.5.4 人格

你是否总要读完至少五篇影评才决定要不要看一部电影？或许你还会去寻找主演和导演最近参与的电影。如果是的话，那么你的**认知需求**（need for cognition）就比较高，具有这种人格的个体更容易被证据和事实说服。[73] 那些认知需求较低的人更有可能使用自动处理策略，依靠直觉和情绪来对说服性信息进行评价。

11.5.5 信息的特点

另一个会对信息处理策略产生影响的因素是信息本身的特点。通过相对较窄的渠道传递信息，接收者通常没有什么机会就信息内容进行交流，因此更有可能采用自动处理。相反，通过更为丰富的渠道传递的信息会受到更加审慎的处理。

11.5.6 信息的选择

最重要的是，让你所传递的说服性信息与接收者可能使用的处理方式相匹配。如果接收者对某个说服性信息的主题不感兴趣，知之甚少，认知需求低，并且信息传递的渠道相对较窄，他们更有可能采用自动处理。在这样的情况下，你应该使用情绪更加饱满的信息，并将你希望得到的结果与积极正面的形象联系起来。另外，如果接收者对话题感兴趣，认知需求高，或者信息传递的渠道较为丰富，沟通的时候采用理性的论点和证据将会取得更好的效果。

11.6 有效沟通的障碍

很多沟通障碍会阻碍或歪曲有效沟通，因此我们要注意识别这些障碍并想办法减少障碍。本节我们主要关注一些最重要的障碍。

11.6.1 过滤

过滤（filtering）指发送者有意操纵信息，以改善接收者对信息的看法。如果一名管理者告诉上级的信息都是上级想听到的，这名管理者就是在过滤信息。

组织中的垂直层级越多，过滤的机会就越多。只要存在地位差异，信息过滤就会存在。害怕传递坏消息、希望取悦上司等因素常常会导致员工向上司“报喜不报忧”，从而导致上行沟通失真。

11.6.2 选择性知觉

选择性知觉（selective perception）很重要，因为在沟通过程中接收者会根据自己的需要、动机、经验、背景及其他个人特征去有选择地观察或倾听。信息接收者在解码过程中会把自己的兴趣和期望融入其中。举例来说，如果一名面试官认为女职员总是把家庭看得比事业重要，就可能会在所有女性求职者身上都发现这一点，无论她们是否真有这种想法。我们在第 6 章中说过，人们看到的不一定是事实；我们只是把自己看到的东西加以解读，然后将其称为事实。

11.6.3 信息超载

个体处理信息的能力是有限的。在前面的讨论中我们提到，当需要处理的信息超过我们的信息加工能力时，就会出现**信息超载**（information overload）。对组织和员工来说，应对信息超载都是极大的挑战。信息超载是一种沟通障碍，但你可以遵循上一节提出的步骤，在某种程度上对其进行管理。

当信息量过大以至于个体无法对全部信息进行分类和利用时，会发生什么情况？他们会筛选、忽略、跳过或忘记某些信息。或者他们会暂停更深入的处理，直到信息超载情况结束。无论采取哪种方式，最后都会导致信息丢失或沟通效果受损，因此，解决信息超载问题就变得更为重要。

从英特尔的一项研究来看，我们应该在更大的范围内减少与科技的联系，借用一篇文章中的话来说，这是为了“避免数字信息不断地打乱我们的待办事项”。一种根本的解决办法是限制我们使用的设备数量。例如，库尔斯啤酒公司（Coors Brewing）的高管弗里茨·范帕森（Frits van Paasschen）不再使用台式电脑，而使用移动设备；礼来公司（Eli Lilly & Co.）的销售团队则用 iPad 替代了笔记本电脑和其他设备。这两项举措都提高了生产率。[74]

信息技术和即时通信已经成为现代组织生活的一部分，越来越多的员工发现，他们已经无法从中脱身。举例来说，自从飞机上开始提供无线网络连接服务，一些经常出差的人对此感到很失望，因为如果没有网络，他们就不会被公司发来的各种消息打扰，在飞机上可以享受难得的放松机会；而有了网络，这一切都改变了。各种通信设备的消极影响还有可能蔓延到员工的私人生活中。员工及其配偶都认为，在工作之外使用电子通信设备会带来更严重的工作 - 生活冲突，尽管也有其他研究表明，冲突的严重程度取决于员工的个人特点。[75] 员工必须在保持沟通需求和个人休息需求中找到平衡，如果全天 24 小时都待命的话，他们会有倦怠的风险。

11.6.4 情绪

对于同一份信息，愤怒或暴躁时的解读可能与快乐时的解读截然不同。例如，拥有积极心境的人在读完说服性信息后，会更加坚信自己的观点，所以精心设计的论点对他们的影响更大。[76] 拥有消极心境的人可能会更仔细地检查接收到的信息，而心境积极的人则倾向于接受较为浅层的沟通。[77] 极端的情绪体验（例如狂喜或悲痛）最有可能阻碍有效沟通。在这种状态下，我们最容易抛弃理性、客观的思维活动，而代之以情绪化的判断。

11.6.5 语言

即便以同一种语言进行沟通，同样的词语对不同的人来说意义也会不同。年龄和情境是导致差异的两个最显著的因素。

迈克尔·席勒是一名公司顾问，当他和 15 岁的女儿讨论她应该和朋友去哪里玩时，他告诉女儿：“你需要认识到自己的 ARA（ARA 代表责任、职责和权力这三个单词），并按照它们来行事。”席勒描述说，女儿听到这句话之后“不可思议地看着他，仿佛他是外星人”。对公司行话不了解的人可能对一些首字母缩略词（如 ARA）、单词（如 deliverables 代表 verifiable outcomes of a project）和短语（“get the low-hanging fruit”就是“deal with the easiest parts first”）一头雾水。同样，父母也会被儿女们的俚语搞糊涂。[78] 语言的说服力还取决于人们最初对信息的认同程度。例如，当听众的政治观点与信息不同时，具体的语言更有说服力，而当政治观点与信息相似时，抽象的语言更有说服力。[79]

简而言之，我们在语言的使用上极不一致。如果我们能知道每个人是如何修饰语言的，将会极大地减少沟通中的问题，但我们通常并不知道。信息发送者往往假设自己使用的单词和术语对接收者来说也代表相同的意思。

11.6.6 沉默

沉默或者沟通的缺乏很容易被我们忽略掉，因为它本身意味着没有信息。但是，认为沉默没有信息通常是一个错误——沉默本身就可以传递出一种信息，表明你对某个话题不感兴趣，或者无能为力。如果员工受到管理者的不公正对待，经常遭受负面情绪和进行过度反思，或者感觉自己在组织中的权力地位低，他们更可能会保持沉默。[80] 沉默也可以是信息过载或信息延迟的直接结果。无论由于何种原因，研究表明，沉默和不沟通是非常普遍和棘手的。[81] 一项调查发现，超过 85% 的管理者声称自己至少在一个重大事项上保持沉默。[82] 这种沉默的后果是不利于组织的。员工沉默意味着管理者缺乏相关信息去发现工作中存在的问题。员工对歧视、骚扰、腐败、行为不当等问题保持沉默意味着高层管理者无法采取行动来消除这些问题。

11.6.7 沟通恐惧

据估计，约 20% 的大学生有某种程度的**沟通恐惧**（communication apprehension）或社交焦虑。[83] 这些人在口头沟通或书面沟通时会过分紧张和焦虑。[84] 例如，他们可能发现自己很难与其他人进行面对面的交谈，或者在需要打电话时极为焦虑，从而依赖备忘录或电子邮件来传递信息，即使打电话更快捷、更合适。

研究表明，口头沟通的焦虑者会回避那些需要进行口头沟通的情境，比如授课，因为它最主要的要求就是口头沟通。[85] 但是，几乎所有的工作都要求一定程度的口头沟通。有证据表明，对口头沟通感到焦虑的员工会抑制其工作所需的沟通，以尽可能减少沟通。因此，我们要意识到，在组织中确实有极少数人竭力避免使用口头沟通，他们会告诉自己，不需要太多沟通就能有效工作，从而使自己的行为合理化。

11.6.8 撒谎

有效沟通的最后一个障碍就是对信息的歪曲或者撒谎。人们对谎言有着不同的定义。例如，故意隐瞒与某个错误有关的信息算是说谎吗？你会不会极力否认自己在这个错误中扮演的角色？对于伦理学家和社会学家来说，谎言的定义很有迷惑性，不可否认的是，撒谎这种现象是普遍存在的。普通人每天都会说一两个谎言，有些人撒谎的次数比这多得多。[86] 在一个大型组织中，每天都有无数次的欺骗。有证据表明，打电话时撒谎比面对面时更容易，在电子邮件里撒谎比手写时更加心安理得。[87]

你能发现谁在说谎吗？研究表明，大多数人不是很擅长识别谎言。[88] 问题在于，没有哪种语言或非语言的信号是专属于撒谎的——回避目光、停顿、改变姿势，这些也可能是紧张、害羞或者怀疑的表现。大多数撒谎的人会采取一些措施防止被人发现，所以他们撒谎时可能会故意盯着你看，因为他们知道直接的目光接触会被（错误地）认为是真诚的象征。最后，很多谎言中夹杂着事实；为了避免被发现，撒谎的人通常会讲述一个真实的事件，只是改变其中的一些关键细节。

总之，撒谎的频率以及识别谎言的难度使谎言成为有效沟通中的一大障碍。

11.7 文化要素

即使具备了最有利的条件，要想实现有效沟通也是十分困难的。跨文化因素显然增加了沟通问题产生的潜在可能性。在一种文化中可以被轻易理解和接受的手势，在另一种文化中却可能毫无意义甚至有负面的含义。遗憾的是，仅有 18% 的公司制定了关于跨文化沟通的政策文件，仅有 31% 的公司要求对本公司的信息进行量身改造，以便在其他文化中使用。

11.7.1 文化障碍

在跨文化沟通中有多个具体问题与语言障碍有关。首先是语义造成的障碍。我们在前面指出，相同的词语对于不同的人来说含义不同，尤其是对于具有不同民族文化的人来说。例如，有些词语难以在两种文化中互译。理解“sisu”一词的意思有助于和芬兰人交流，但这个单词很难译成英语，它的意思接近“勇气”或“坚持不懈”。同样，俄罗斯的新兴资本家在与英国、加拿大的同行交流时也存在困难，因为英语中的效率、自由市场、规则等词语很难直接译成俄语。

其次是词语的内在含义造成的障碍。在不同的语言中，相同的词语的意义也不相同。例如，美国和日本的管理者在商业谈判中面临很多困难，因为日语单词“hai”被翻译为“是”，但它的真正含义是“是，我正在认真听”，而不是“是，我同意”。

再次是口气和语调差异造成的障碍。有些文化的语言是规范的，有些文化的语言却是不规范的。在一些文化中，语调的变化取决于交谈的环境：在不同环境中，如在家里、在社交场合或者工作环境中，人们说话的方式也不相同。在一个应该使用正式风格的情境中使用非正式的、个性化的语言很可能会令人尴尬并且不合时宜。

最后是冲突容忍度和冲突解决方式上存在的差异所造成的障碍。来自个人主义文化的人更习惯于直面冲突，并且公开导致分歧的根源。集体主义者倾向于含蓄地承认冲突并尽量避免情感上的纠纷。他们可能会把冲突更多地归因于情境而不是个人，因此不需要通过道歉来恢复关系。而个人主义者更愿意承担冲突的责任并公开道歉以恢复关系。

此外，尽管有的行为在任何一种文化中都是具有冒犯性的，但由于文化的不同，有些行为更容易被认定为消极的。在以色列、巴基斯坦和日本，口头攻击和身体攻击之间有很大的区别。在美国和以色列，侵犯个人资源的行为被认为是冒犯性的，而巴基斯坦则会区分威胁程度的不同。对于冒犯标准的不同界定反映了一个国家对于冲突的理解和反应。[89]

11.7.2 文化情境

不同文化中，情境影响沟通的显著程度存在差异。[90] 中国、韩国、日本、越南这样的国家具有**高情境文化**（high-context culture）：在与他人沟通时，人们依赖于非言语线索和微妙的情境线索；一个人的正式职位、社会地位以及名誉、声望在沟通中十分重要。没有说出来的内容可能比说出来的更重要，可谓“一切尽在不言中”。相反，欧洲和北美的国家具有**低情境文化**（low-context culture）：人们主要依赖意义传递过程中使用的词语。肢体语言和正式头衔的重要性位居口头语言和书面文字之后（如图表 11－8 所示）。

图表 11－8　高情境文化与低情境文化

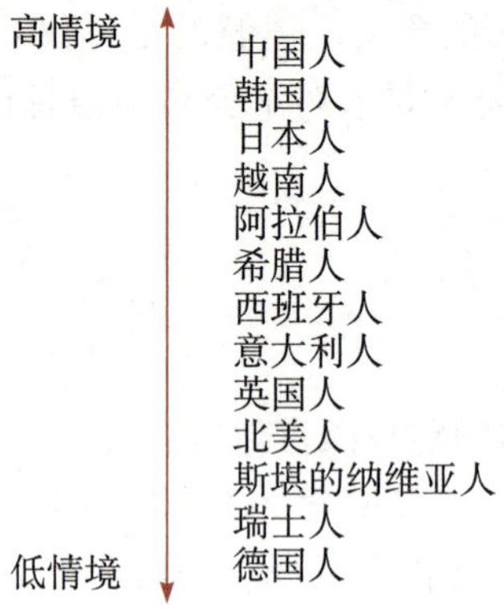

在沟通中，这些情境差异意味着什么？实际上，它们代表了很多内容。高情境文化中的沟通意味着彼此之间更加信任。在外人眼里看似随意和不重要的交谈实际上可能是十分重要的，因为它反映了人们建构关系和形成信任的愿望。在高情境文化中，口头协议是一种很强的承诺。你是谁——你的年龄、资历、在组织中的头衔会受到高度重视，而且对你的信誉有着十分重要的影响。在这样的情境下，管理者更可能“提供建议”而不是下达命令。但是，在低情境文化中，具有实际效力的契约更可能是书面的，它使用精确的文字并具有高度的法律约束作用。同样，低情境文化重视直截了当。人们期望管理者在传递自己的意图时是清楚明白、准确无误的。

11.7.3　文化指南

跨文化的商业沟通可以给我们带来很多收益。可以说，每个人都会由于文化的影响而产生不同的观点。正是由于差异的存在，我们才有机会通过有效的沟通从别人的帮助中获取最有创造性的解决方案。

弗雷德·卡西米尔（Fred Casmir）是跨文化交流研究领域首屈一指的专家。他认为，我们往往不善于和自己文化以外的人交流，因为我们对他们的文化知之甚少，很容易以偏概全。由于缺乏对文化差异的敏感度，这种情况具有潜在的灾难性，尤其是当我们根据一些显著特点来对他人做出假设时。比如，民族背景是丰富多样的，如果有人根据外在的文化特征来称呼我们，我们可能会感觉受到冒犯。此外，我们通常会因为媒体宣传的刻板印象而对他人表现出文化上的敏感，这些刻板印象通常是错误的或者过时的。

卡西米尔指出，由于不同种类的文化太多，谁也无法完全理解每一种文化，并且每个人对自己的文化有不同的解读，因此跨文化交流应该以敏感性和追求共同的目标为基础。

他发现，最理想的情况是，组织在整合每个成员在文化交流上的偏好时可以形成一种临时的“第三方文化”。通过认可个人差异，这种亚文化建立起来的规范可以为有效沟通奠定基础。能够有效沟通的跨文化群体可以实现高效和创新。

在和不同文化中的人沟通时如何减少误解？卡西米尔等专家给出以下建议：

1. 了解自己。为了理解他人的独特观点，你要认识到自己的文化身份和偏见，这一点很关键。

2. 营造相互尊重、公平民主的氛围。建立起平等且相互关心的氛围。这是建立“第三方文化”的基础，以此超越个人文化规范，实现有效的跨文化交流。

3. 强调描述而不是解读或评价。相比描述，对他人言行的解读和评价大多是基于观察者自己的文化和背景，而不是从当时的情境来考虑。因此，你要给自己留有充足的时间，以便根据不同的文化因素调整你的视角来进行观察和解释，不要急于做出判断。

4. 考虑对方的观点。发出信息之前，先把自己置于接收者的立场上。他的价值观、经历、参照点是什么？你对他的受教育水平、成长和背景有多少了解？试着认识别人原本的面貌，如果潜在的冲突出现，试着通过合作的方式解决问题。

5. 积极维护群体的身份。和任何文化一样，为了有效沟通而建立起来的共同的“第三方文化”也需要花时间维护。提醒群体中的成员：你们有共同的目标，应相互尊重，要适应个人在沟通上的偏好。[91]

本章小结

在本章中，你或许已经发现了沟通与员工满意度之间的联系：信息的不确定性越低，工作满意度越高。信息的失真和模棱两可、言语信息与非言语信息之间的不一致都会提高不确定性，进而降低员工满意度。一定要注意沟通的不同模式和方法，从而确保信息接收者能够准确理解信息。

对管理者的启示

- 记住，你所选择的沟通方式在一定程度上决定了沟通的有效性。
- 不管通过哪种方式传递信息，都要从信息接收者那里获得反馈，以确保你的信息被准确地理解。
- 记住，书面沟通产生的误解比口头沟通更多；尽量以面对面会议的方式与员工进行沟通。
- 确保你所采用的沟通策略适合接收者以及你所发送的信息类型。
- 留意沟通中的障碍，比如性别和文化。

复习题

1. 沟通具有哪些功能？沟通的过程是怎样的？
2. 小群体网络和小道消息中的下行沟通、上行沟通和横向沟通有哪些区别？
3. 口头沟通、书面沟通和非言语沟通的方法都有哪些？
4. 为什么渠道丰富度是选择沟通渠道的基础？
5. 说服性信息的自动处理和控制处理有什么差异？

6. 有效沟通的常见障碍有哪些？
7. 如何克服跨文化沟通中可能存在的障碍？

观点碰撞 我们应该关注员工在社交媒体上的影响力

正方

所有人都在使用社交媒体。好吧，确切地说应该是几乎所有人。皮尤研究中心的一项调查发现，使用社交网站的成年人所占百分比最高的国家依次是：以色列（53%）、美国（50%）、俄罗斯和英国（43%），以及西班牙（42%）。

商业即社交，利用员工的社会关系来扩大业务一直是市场营销的一个方面。不懂得利用这一点的组织就会错失扩大业务、优化劳动力的良机。在外界看来，员工是公司的重要代表。社交媒体扩大了这种影响的潜在范围，公司可以关注并挑选出最有潜力为公司代言的员工。原本只能向自己的30个朋友宣传公司产品的本田员工，现在通过脸书或推特可以向数百名乃至更多的粉丝宣传本田的最新车型。熟悉社交媒体的员工可以从根本上帮助企业盈利。

关注员工在社交媒体上的影响力，可以帮助公司挑选出最优秀的人才，提高公司的劳动力水平。管理者可以寻找具有潜力的网络红人——他们在社交媒体上往往有大量的粉丝——并与他们建立起合作关系。关注员工在社交媒体上的表现，可以帮助雇主发现问题，比如那些因为被解雇而变得有暴力倾向的员工。关注员工社交媒体上表现的管理者也许能够提前观察到这种迹象。人力资源部通过观察员工在社交媒体上发布的内容，也许能够发现员工是否存在滥用药物的问题，并通过公司的干预政策为员工提供帮助。

了解应聘者在社交媒体上的表现，可以给公司多一个参考，很多公司已经开始利用这种方式。在现实中，员工是普通人，无论在工作中还是生活中，没什么两样。

通过对社交媒体的关注，雇主还可以发现哪些员工在自己的平台上发布了对公司形象不利的内容或泄露了公司信息。出于这种考虑，也许在未来，监管员工在社交媒体上发布的内容并对违反公司政策的行为做出制裁将成为管理者的职责。很多公司已经这样做了。

因此，管理者应制定可行的社交媒体政策，并为企业定期研究和监控社交媒体活动奠定基础。为了潜在的业务增长并限制不利因素，投入时间和人力来建立一个成功的监控体系是值得的。

反方

组织监控求职者或员工在社交媒体上的表现，不但得不到什么好处，还会损失惨重。管理者可以通过员工在网上的活动加深对他们的了解，组织可以利用员工发布的内容来宣传自己的形象，但这必然存在侵犯个人隐私的风险。管理者无法有效地监控、解读、限制员工在社交媒体上发布的内容，并且很少有管理者具有将社交媒体运用到业务中的实际经验。

管理者很容易误解他们得到的信息。很少有公司为合理利用社交媒体专门开展培训；只有40%的企业制定了与社交媒体相关的政策。即便是那些使用社交媒体并有相应政策的公司也依然如履薄冰，因为监控政策必然与个人隐私冲突。

员工在网络上的形象并不能反映他所从事的工作，也无法保证公司在监控上花费的时间和金钱能够得到相应的回报。大多数用户将社交媒体视为私人娱乐场所，他们在脸书或其他网站上注册账号就相当于成为俱乐部的会员，应当受到同样的尊重。在这种情况下，监控员工的社交媒体账户是不道德的，侵犯了他们的隐私权。

美国平等就业机会相关法律规定，企业在招聘员工时不得考虑种族、年龄、宗教、民族或身体残疾等因素。如果管理者查看求职者在社交媒体上发布的内容，通常会看到一些求职者不愿与之分享的东西，而了解到这些信息后，管理者最终的决策不可能不受到影响。因此，查看社交媒体的行为可能会给公司带来歧视方面的起诉，使公司付出惨重的代价。

从多种角度来看，将员工在社交媒体上的影响力作为一种营销工具并要求他们发布对公司有利的内容是不道德的。首先，要求员工通过人脉来为公司扩大客户群，这种行为本身就不道德。其次，工作时间以外还要求员工为公司做宣传也是不合理的。此外，要求员工交出社交媒体的账户密码，显然是对他们个人生活的侵扰。

总之，人们有权在工作和个人生活中呈现出不同的形象。除非员工自己提出要在社交媒体上加公司为"好友"，否则雇主无权干涉员工的个人生活。

资料来源：Based on S. F. Gale, "Policies Must Score a Mutual Like," *Workforce Management* 91, no. 8 (2012): 18-9; R. Huggins and S. Ward, "Countries with the Highest Percentage of Adults Who Use Social Networking Sites," *USA Today*, February 8, 2012, 1A; A. L. Kavanaugh et al., "Social Media Use by Government: From the Routine to the Critical," *Government Information Quarterly* (October 2012): 480–91; and S. Johnson, "Those Facebook Posts Could Cost You a Job," *San Jose Mercury News*, January 16, 2012, www.mercurynews.com/business/ci_19754451.

知识应用和就业力

能否有效地与他人进行沟通决定了你能否在工作场所取得成功。沟通使我们能够管理团队成员，提供和接收反馈，分享我们的情绪，说服他人，并实现信息的交换。深刻理解如何与他人进行有效沟通可以帮助你成为一个更好的同事，帮助你设定目标，与团队协调，并通过反馈不断改进。在本章的学习中，通过分析组织是否仍然重视口头沟通、学习如何与聋哑人沟通以及研究员工使用社交媒体的优缺点，你已经掌握了更好的沟通和分析技巧。在接下来的部分，你将了解通过电子邮件进行情感分享存在的困难，研究个人设备在工作场所的使用，了解沟通风格中的性别差异，并学习管理流言的一些方法。

体验练习

通过电子邮件分享情感

最好和以前没合作过的人搭档。在这个练习中，假设你在一家小型空调公司工作。有时候，你的一个同事丹尼尔会在客户有问题的时候让你去拜访他们。这并不属于你的工作职责，你这样做只是为了帮助丹尼尔，如果你不想帮他，可以拒绝他的请求。你正要去吃午饭时，看到了下面这封电子邮件。

主题：菲利普斯公园动物收容所空调的问题

中午好，你之前说你要去菲利普斯公园的汉堡包店买午餐。我刚接到菲利普斯公园动物收容所的电话，我们刚安装的空调今天早上坏了。你能在午饭前去那里把事情搞定吗？服务技术员今天下午3点才能赶到那里，所以收容所的人非常生气。

谢谢！

丹尼尔

你的工作进度已经落后了，但你也知道丹尼尔需要你的帮助。接下来花五分钟，每个人写一句话回复丹尼尔，告诉他你是否会在午饭前去动物收容所。从下面的几种语气中选择一种：愤怒、讽刺、道歉、同情、热情或中立。然后交换你们的回答，猜猜对方选择了哪种语气。

◆ **问题**

1. 你猜对了吗？为什么？

2. 让你的搭档用自己的语调读这封电子邮件，然后用你自己的语调读同样的电子邮件。邮件的语气是否因为朗读者不同而发生了改变？为什么？

3. 把你的电子邮件用三句话重新写一遍。邮件的语气是否更明显了？为什么？

道德困境

自带设备

“你的手机号码是多少？好的，我会打电话通知你开会的事。”你很有可能在工作中使用智能手机。事实上，你的雇主甚至可能鼓励你在工作中使用智能手机、平板电脑或笔记本电脑。这就是自带设备（bring-your-own-device，BYOD）的趋势。一开始自带设备是为了方便，现在带来了一些道德问题。

- 你知道你的雇主可能会删除你个人设备上的信息，而且是远程的，没有提前提醒你？这种情况时常会发生，而且不仅仅发生在那些会在员工离职时删除设备信息的21%的公司中。任何时候，一个组织只要有隐私方面的担忧，就会清除设备信息，以免防火墙被攻破。一天，医疗顾问迈克尔·欧文（Michael Irvin）突然丢失了他的个人电子邮件账户、应用程序、音乐、联系人和照片，他的多功能iPhone变得“就像直接从工厂运来的一样”。还有一个人丢失了已故亲人的照片。
- 不论是明确的规定还是一种潜规则，你的个人设备是你雇佣合同的一部分吗？如果是这样，谁来为设备买单？如果是你买单，你后续还得继续为这项服务付费。如果设备坏了，谁来支付更换设备的费用？如果你买不起设备和服务，你会失业吗？
- 你会使用个人设备来进行所有与工作相关的沟通吗？云技术的使用使得人们可以随时随地发送有关工作的机密信息。一般组织会关注员工在使用什么社交媒体和文档协作共享软件，这是正当的。但是有一些公司政策会限制你使用个人设备。
- 一旦你在工作中使用个人设备，工作和家庭生活的界限在哪里？研究表明，那些总使用智能手机的用户需要在下班时间休息，以防止工作－家庭平衡的压力和倦怠。然而，并不是每个人都能做到这一点，即使他们可以这样做。研究表明，无论是否有必要，很大一部分智能手机用户都面临不得不全天候使用设备的压力。

员工面临的一大困境是，是否该承认自己携带了一台智能设备，以及是否要为了雇主的便利而使用它。换言之，回答“不”似乎是显而易见的：你为什么要冒被公司清理数据而失去一切的风险呢？但携带一部手机的便利也是显而易见的。有些人认为携带两部手机比较好，一部是工作用的，一部是私人用的。律师卢克·科卡利斯（Luke Cocalis）尝试了一下，得出的结论是：“坦白地说，这可以让我更清醒。”

◆ **问题**

1. 你在工作时会使用智能手机或其他个人设备吗？如果是这样，你认为这会增大你的压力还是能够为你提供便利？

2. 科卡利斯喜欢携带两部手机，因为他的老板只会在面临突发事件时联系他的私人号码。但人才经理助理克洛艾·伊夫辛（Chloe Ifshin）表示，在实际工作中这种方式并没有那么好。她说："我的朋友中有客户，客户中也有朋友。"因此，工作伙伴会联系她的私人电话，朋友们也会打她的工作电话。看完他们的观点，你对于在工作和自由时间使用个人设备有什么想法？

3. 组织正在采取措施防止员工使用个人设备可能带来的危害，比如只允许使用特定的电脑程序，出台更严格的公司政策，却没有联邦法律来保护员工免受限制。为了对大家都公平，组织可以采取哪些道德举措？

资料来源：Based on S. E. Ante, "Perilous Mix: Cloud, Devices from Home," *The Wall Street Journal*, February 20, 2014, B4; D. Derks and A. B. Bakker, "Smartphone Use, Work-Home Interference, and Burnout: A Diary Study on the Role of Recovery," *Applied Psychology: An International Review* 63, no. 3 (2014): 411–40; L. Duxbury, C. Higgins, R. Smart, and M. Stevenson, "Mobile Technology and Boundary Permeability," *British Journal of Management* 25 (2014): 570–88; E. Holmes, "When One Phone Isn't Enough," *The Wall Street Journal*, April 2, 2014, D1, D2; C. Mims, "2014: The Year of Living Vulnerably," *The Wall Street Journal*, December 22, 2014, B1, B2; L. Weber, "Leaving a Job? Better Watch Your Cellphone," *The Wall Street Journal*, January 22, 2014; and E. Yost, "Can an Employer Remotely Wipe an Employee's Cellphone?" *HR Magazine* (July 2014): 19.

案例分析 1

男人和女人说的是同一种语言吗？

我们已经讨论了很多关于文化如何影响沟通方式的问题。你知道在不同的文化中，男人和女人可能由于社会化的原因而具有不同的沟通风格吗？正如存在文化沟通障碍一样，也可能存在基于性别的沟通障碍。

波士顿咨询公司研究了为什么女性员工对男性员工感到不满，获得的答案似乎是：不同的沟通风格。许多女性认为，为了适应占主导地位的男性文化，她们不得不采取更加男性化的沟通风格。《非语言优势：工作中的肢体语言》（*The Nonverbal Advantage: Body Language at Work*）的作者、金西咨询公司（Kinsey Consulting）的创始人卡罗尔·金西·戈曼（Carol Kinsey Goman）发现，男性和女性的沟通风格有很多不同之处。戈曼认为，传统的男性和女性的沟通方式各有利弊。女性的沟通风格通常包括读懂肢体语言和解释非语言暗示、良好的倾听技巧以及表现出移情能力。另外，女性的沟通风格可能过于迂回和顺从。人们一般会鼓励男性通过占据空间、精简表达和强调力量来体现权威。但是，传统的男性沟通风格也有许多缺点。有时，过于强调简洁性会使男性的沟通太过直率、迟钝和过于自信。

是否有一种沟通风格总是更有效？根据戈曼的说法，不是。关键是要充分利用各种沟通风格，而不要采用极度男性化或女性化的风格。在需要决断力的情况下，男性的沟通风格更好；而在协作环境中，女性的交流风格更有效。根据情况调整沟通方式，员工会更有效率。通过在这两种风格中找到一个合适的平衡点，无论是男性员工还是女性员工，都可以表现得既自信又富有同情心。

根据这一建议，波士顿咨询公司启动了一项培训计划以指导高层管理人员如何使用这两种沟通风格。在参加培训计划时，许多高级合伙人意识到，他们一直在鼓励年轻的女性员工采用更男性化的沟通风格，而没有意识到女性沟通风格的优势。一位高级顾问回忆起他曾告诉一位女性员工，如果她“占用更多的空间”就会显得更有魅力。他还意识到，由于在互动中过于强势，他让女性更难畅所欲言。

◆ **问题**

1. 在什么情况下采用传统的男性沟通风格会更有利？在什么情况下采用女性沟通风格会更有利？

2. 男性和女性的沟通风格在不同文化中有何不同？

3. 你觉得自己的沟通风格与性别相符吗？为什么？

资料来源：Based on C. K. Goman, “Is Your Communication Style Dictated By Your Gender?” *Forbes*, March 31, 2016, https://www.forbes.com/sites/carolkinseygoman/2016/03/31/is-your-communicationstyle-dictated-by-your-gender/2/#6832ffe555b9, accessed April 13, 2017; and A. Elejalde-Ruiz, “To Retain Women, Consulting Firms Target Gender Communication Differences,” *The Chicago Tribune*, September 6, 2016, http://www.chicagotribune.com/business/ct-bcg-women-communication-0906-biz-20160906-story.html, accessed April 13, 2017.

案例分析 2

是否要消除小道消息？

八卦对组织是否有益仍无定论。在某些情况下，八卦可能是有益的。一些领导者，例如 Pacesetter 首席执行官阿维娃·利博·沃尔默（Aviva Leebow Wolmer），相信管理人员可以利用八卦来对组织产生积极影响。虽然沃尔默认为一般情况下八卦具有负面影响，但她也认为八卦是一种与同事建立联系并在办公室中产生兴奋感的方式。此外，当员工与客户八卦时，客户可能会觉得自己更受公司重视，因为他们认为自己听到了内部的独家新闻。

那么什么时候八卦会排斥员工呢？根据人类学家的说法，人类在进化中获得了传播八卦的能力。八卦使我们的祖先结成同盟，知道应该将什么人排斥在外。根据最近的研究，负面八卦可以用来识别那些违反群体共享规范的个人（请参阅第 9 章）。通过排斥不符合群体最大利益的个人，整个群体都可以从中受益。不幸的是，在现代工作场所中，办公室八卦可能会排挤其他人。与我们的祖先不同，八卦通常针对的不是与某群体有冲突的员工。谈论某个特定的人通常是一种不礼貌的行为（参见第 9 章）。

如果员工成为办公室恶意八卦的攻击目标，可以通过几种方式来应对。迈阿密大学的贝丽特·布罗加德（Berit Brogaard）博士建议不要与那些通过小道消息散布谣言的人发生正面冲突。相反，与主管（如果他不是制造谣言的人中的一员）或者人力资源部门联系可能会有所帮助。以一种冷漠的方式公开谈论八卦可能会让八卦者失去动力。像许多欺凌行为一样，通常八卦的目的在于伤害目标对象的感情。当八卦者意识到自己未达到目标时，就会停止这种行为。

八卦还可能会伤害目标对象以外的人。当人们开始拉帮结派时，针对个人的八卦可能会破坏办公室氛围。由于人们拒绝合作，工作满意度和信任度降低，工作效率下降。一旦办公室文化开始变得糟糕，有才华的员工就会选择离开，加入一家工作环境更好的公司。管理人员可以通过召开团队会议讨论这个问题，或制定有关工作场所八卦的正式规章制度来避免这种情况。

◆ **问题**

1. 员工可以采取哪些策略来避免成为办公室八卦的目标？

2. 如本章所述，八卦有积极的一面。管理者如何制定针对消极八卦的政策，同时又保留积极八卦的好处？

3. 如上所述，八卦最初是一种帮助群体成员识别不符合群体最大利益的人的方法。八卦可以在办公室中达到相同的目的吗？为什么？

资料来源：Based on M. Schwantes, "Head Off Harmful Office Gossip," *Chicago Tribune*, January 30, 2017, http://www.chicagotribune.com/business/success/inc/tca-head-off-harmful-office-gossip-20170130-story.html, accessed April 14, 2017; A. L. Wolmer, "Five Ways to Transform Work Gossip into Positive Communication," *Entrepreneur*, April 7, 2017, https://www.entrepreneur.com/article/290522, accessed April 14, 2017; L. Dodgson, "Four Ways to Deal with a Coworker Who's Spreading Gossip about You," *Business Insider*, March 22, 2017, http://www.businessinsider.com/how-to-deal-with-gossip- at-work-2017-3?r=UK&IR=T, accessed April 14, 2017; and B. Brogaard, "How to Deal with the Gossipmonger at Your Workplace," *Psychology Today* (October 2016), https://www.psychologytoday .com/blog/the-superhuman-mind/201610/how-deal-the-gossipmonger-your-workplace, accessed April 14, 2016.

注　释

第12章 领 导

Leadership

学习目标

学完本章后，你应该能够：

1. 总结特质理论的研究结论。
2. 指出行为理论的核心原则和主要局限。
3. 比较各种权变理论。
4. 描述当代领导理论及其与早期基础理论的关系。
5. 讨论领导者在创建道德型组织中的作用。
6. 描述领导者如何通过建立信任和导师制对组织产生积极影响。
7. 指出我们理解领导所面临的挑战。

就业技能矩阵

	传言还是科学	职业目标	道德抉择	观点碰撞	体验练习	道德困境	案例分析 1	案例分析 2
批判性思维	✔		✔	✔	✔	✔	✔	✔
沟通		✔			✔	✔	✔	
合作		✔			✔	✔	✔	
知识应用与分析	✔	✔	✔	✔	✔	✔	✔	✔
社会责任			✔		✔	✔		

从奇怪的愿景到颠覆酒店业

2008 年，硅谷设计学院毕业生布赖恩·切斯基（Brian Chesky）和乔·杰比亚（Joe Gebbia）有了一个古怪的想法。杰比亚的室友突然搬走了，他需要为空出来的房间找个新房客。当杰比亚邀请切斯基住进来后，他们有了一个建立房屋共享平台的想法，这一想法的产物便是爱彼迎（Airbnb）。由此起步爱彼迎发展成为一家价值 310 亿美元的组织，它一个房间都没有，估值却几乎与万豪国际（Marriott International）相同。到目前为止，该公司已经在 191 个国家 65 000 多个城市接待了超过 1.5 亿名客人。它在全球共有 300 多万个住处选择（包括 1 400 多个城堡）。

爱彼迎取得重大成功的部分原因在于其行政领导和最高管理团队。切斯基作为 CEO，之前没有任何商业经验，却带领组织在整个发展过程中度过了非常动荡的时期。2017 年，切斯基被《财富》评为全球最伟大的领导者之一。切斯基的关怀式领导风格与优步等其他共享经济品牌的领导风格形成了对比。优步因其明显的侵略性和性别歧视文化而受到抨击，其首席执行官特拉维斯·卡兰尼克（Travis Kalanick）被拍到口头斥责优步司机。

也许切斯基的成功源于他面对领导力方面的挑战时的魅力、真实和道德。他的导师沃伦·巴菲特指出："布赖恩能够看到长远的未来。我认为，即使他没有得到一分钱的报酬，他也会做现在正在做的事情。"切斯基认为，谦虚是应对领导力挑战的重要特征。切斯基意识到，领导者在受到挑战时很容易进入防御状态，但有时领导者必须后退一步，以谦逊和包容的态度面对挑战。

领导者也需要指导和帮助。切斯基认识到："作为领导者，我们需要导师。我从一开始就厚着脸皮去寻找比我更聪明、更有经验的人……而且我获得的成功越大，所寻找的导师就越多，无论是投资者，还是脸书的谢丽尔·桑德伯格，或是沃伦·巴菲特。"切斯基领导爱彼迎所倡导的道德精神也许正反映在该公司新的愿景声明中，即"属于任何地方"。公司中的新任领导者，如员工体验副总裁贝丝·阿克塞尔罗德（Beth Axelrod），正通过爱彼迎的招聘、选拔、员工敬业度和激励等措施践行这一使命，以实现"无处不在的归属感"。

资料来源：Based on Airbnb, *About Us*, https://www.airbnb.com/about/about-us, accessed April 12, 2017; L. Gallagher, "Airbnb's IPO Runway," *Fortune*, March 17, 2017, http://fortune.com/2017/03/17/airbnbs-ipo-runway/; L. Gallagher, "Q&A with Brian Chesky: Disruption, Leadership, and Airbnb's Future," *Fortune*, March 27, 2017, http://fortune.com/2017/03/27/chesky-airbnb-leadership-uber/; L. Gallagher, *The Airbnb Story: How Three Ordinary Guys Disrupted an Industry, Made Billions ... and Created Plenty of Controversy* (New York, NY: Houghton Mifflin Harcourt, 2017); L. Gallagher, "Why Airbnb CEO Brian Chesky Is Among the World's Greatest Leaders," *Fortune*, March 24, 2017, http://fortune.com/2017/03/24/airbnb-brian-chesky-worlds-greatest-leaders/; and V. Zarya, "Exclusive: Meet the Woman Joining Airbnb's Executive Team," *Fortune*, January 13, 2017, http://fortune.com/2017/01/13/airbnb-executive-beth-axelrod/.

像布赖恩·切斯基这样的领导者会拥有一些特殊之处使得他们与众不同。然而，有效的领导方式并非只有一种。在本章中，我们将了解所有类型的领导者以及领导者与非领导者的区别。首先，我们将介绍领导特质理论。然后，我们将讨论对领导的意义和重要性的挑战。在此之前，我们首先需要弄清"领导"这个词的意思。

我们把**领导**（leadership）界定为影响一个群体实现愿景或目标的能力。但是，并非所有的领导者都是管理者，也不是所有的管理者都是领导者。组织赋予管理者某些正式权力，并不意味着他们可以实施有效的领导。群体的领导者可以通过外部的正式任命产生，也可以从群体内部自发产生。我们发现那些非正式任命的领导者，即那些影响力来自组织正式结构之外的领导者，他们的影响力常常与正式影响力同等重要，甚至更为重要。

为了实现最佳的效果，组织需要强有力的领导和强有力的管理。在今天的动态世界中，我们需要领导者挑战常规，提出未来的愿景，并激励组织成员实现该愿景。我们需要管理者制定具体计划，构建高效的组织结构，并监管组织的日常运行。

12.1 特质理论

长期以来人们使用领导特质来描述那些强有力的领导者，因此，相关的研究一直在探寻能够把领导者与非领导者区分开来的人格、社交、生理或智力方面的属性。**领导特质理论**（trait theories of leadership）强调的是个人品质和特征。[1]

在人格方面，一些全面的文献综述基于大五人格模型对相关文献进行了归纳和梳理。这些综述发现，外倾性是有效领导者最重要的特质。[2] 不过，外倾性与领导力展现方式的相关程度也许要大于外倾性与领导效果的相关程度。善于交际、有支配欲的人更有可能在群体情境中坚持己见并脱颖而出，这可能会使得外倾性的人更容易被认定为领导者。然而，有效的领导者并不会偏向专横霸道。一项研究显示，在主见这个维度上得分非常高的领导者不如得分适中的领导者那么有效，而主见正是外倾性特质的一个方面。[3] 外倾性的领导者在面对被动型员工而不是主动型员工时可能会更加有效。[4] 虽然外倾性对领导有效性有预测作用，但这种相关性可能源于特质和情境的独特方面。

随和性和情绪稳定性与领导力的相关度不高，但责任心和经验开放性与领导力有强相关关系，尤其是在领导有效性方面。例如，来自《财富》500 强企业的多源（即来自员工、同事和主管）数据表明，责任心方面的一些特质，例如为成就奋斗和尽职尽责，都与一个人能否成为领导者相关。[5] 此外，为成就奋斗和可靠性也被发现与管理者的有效性相关。[6] 总体来说，在领导力方面，具有外倾性（喜欢与他人待在一起，并且能够坚持己见）和责任心（有原则，信守承诺）的领导者具有明显的优势。

那么马基雅维利主义、自恋、精神病态黑暗三特质（见第 5 章）又如何呢？研究表明，它们并不一定都对领导不利。欧洲与美国的一项研究表明，黑暗三特质处于中等水平最有利于领导，而过高或过低的得分都与无效领导相关。研究表明，高情绪稳定性可能会加剧无效行为。[7] 然而，在黑暗三特质及情绪稳定性方面得分高可能有助于成为领导者。值得庆幸的是，这项研究和其他国际研究都表明，建立自我意识和自我调节技能可能有助于领导者控制自己黑暗三特质所带来的影响。[8]

能够预测有效领导的另一种特质是我们在第 4 章中讨论过的情绪智力。情绪智力的一个核心成分是同理心。同理心强的领导者可以察觉到他人的需求，倾听下属所说的话（及弦外之音），并且能够读懂他人的反应。能够有效展示和管理情绪的领导者将会发现，通过向绩优员工表达热情，向绩效欠佳的员工表达恼怒，他们更容易影响其下属的感受。[9] 领导者自我评价的情绪智力和变革型领导（我们将在本章后续部分讨论这一概念）之间具有中等水平的相关性，但当下属对领导者的领导行为进行评分时，这种相关性会弱得多。[10] 然而，研究表明，情绪智力较高的人更可能会成为领导者，即使我们将认知能力和人格因素都考虑在内，结果仍然如此。[11]

根据最新的研究，我们可以得出两个结论。首先，我们认为特质可以预测领导。其次，相比区分有效领导和无效领导，特质可以更好地预测领导者涌现（即哪些人被视作领导者）。[12] 某人表现出领导特质，而且被其他人认为是一位领导者，并不意味着这个人一定能够成为有效的领导者。

特质理论有助于我们预测领导，但它们并不能够完全解释领导。成功的领导者都做了些什么让自己变得有效？不同类型的领导者行为是否同样有效？我们接下来将讨论行为理论，以帮助我们定义领导的参数。

12.2 行为理论

特质研究为甄选合适的领导者奠定了基础。与此相反，**领导行为理论**（behavioral theories of leadership）表明我们可以把人培养成领导者。

最全面且得到最多验证的领导行为理论来自俄亥俄州立大学的系列研究。[13] 这些研究希望为领导者的行为确定独立的维度。研究者最初收集了 1 000 多个维度，最终缩减为两个维度。这两个维度充分体现了员工所描述的绝大多数领导行为。研究者把这两个维度称为结构维度和关怀维度。

结构维度（initiating structure）指的是领导者为了实现组织目标而对自己与下属的角色进行界定和建构的程度。它包括对工作、工作关系和目标进行组织。结构维度得分高的领导者会为下属安排特定的工作任务，设定具体的绩效标准，并且强调最后期限。

关怀维度（consideration）指的是领导者的工作关系以相互信任、尊重下属意见和重视下属情感为特征的程度。关怀维度得分高的领导者会帮助下属解决个人问题；友善且平易近人；对所有下属一视同仁；欣赏和支持自己的下属（以人为导向）。大部分人都希望为体贴他人的领导者工作——当被问及最能够激励其工作的因素时，美国有 66% 的受访员工提到了欣赏。[14]

行为理论的研究结果是相当积极的。例如一项综述发现，如果领导者在关怀维度上得分高，下属会有更高的工作满意度和积极性，并且更加尊重该领导者。结构维度上的得分也有类似影响，但影响程度较小。研究发现，关怀维度和结构维度与领导者绩效、团队绩效以及领导有效性评分之间都存在中等相关关系。[15] 然而，行为理论测试的结果可能会因文化而异。在第 5 章中，我们讨论了 GLOBE 项目。该项目对来自 62 个国家 825 个组织的 18 000 名领导者进行了研究，结果表明在结构维度和关怀维度上都存在国际差异。[16] 研究发现，在文化价值观中不喜欢单方面决策的国家，例如巴西，那些具有高关怀维度的领导者取得了最大的成功。相比之下，法国人对领导者的看法更官僚化，较少期待领导者是有人情味的和善解人意的。在结构维度（对应任务导向）上得分较高的领导者会表现得更好，并且能够通过相对独裁的行为模式来进行决策。在其他文化中，两个维度可能都很重要——中国文化强调礼仪、关怀和无私，同时具有较高的绩效导向。因此，关怀维度和结构维度对于成为一个有效的中国管理者而言可能同等重要。

12.2.1 对特质理论和行为理论的小结

总体而言，研究表明，特质理论和行为理论都是有效的。理论的每个部分都可以帮助解释领导涌现和有效性的各个方面。然而，确定确切的关系并不是一项简单的任务。第一个困难在于正确识别一种特质或行为是否可以预测某种结果。第二个困难在于探索哪些特质与行为的组合可以带来某种结果。第三个困难在于确定特质与行为之间的因果关系，以便对领导结果进行预测。

尽管特质和行为在识别有效领导时非常重要，但它们不能保证领导者一定可以取得成功。有些领导者可能表现出正确的特质和行为，但还是失败了。情境也很重要，这就涉及接下来我们要讨论的权变理论。

职业目标　让老板成为更好的领导者

我的老板是首席执行官，她喜欢八卦，经常过度介入别人的生活。她总是向高级管理团队询问私人问题，并和他人随意分享信息。前几天，我发现她给我的同事发电子邮件询问我的薪水和职业预期！面对她那糟糕的领导能力，我该怎么办？

——菲尔

亲爱的菲尔：

没人会喜欢过度分享者。也许你的老板并没有意识到自己行为所带来的影响，认为自己只是出于友好。在这种情况下，你可以让她在分享信息之前先想一想。如果你愿意和她对话，你可以建议私下会面来讨论你的担忧。你应该准备一份关于她所寻求并分享的信息类型的清单，并附带一两个例子。如果她愿意讨论，就和她一起来解决她的习惯问题。她可能会意识到自己和别人的相处方式正在削弱她的领导有效性。

另一种策略可能需要先从研究关于隐私的最佳实践、法律和业务指南开始。请你务必参考组织的人力资源手册，了解有关隐私的所有内容，然后你可以在会议上展示自己的研究成果。

以上两种直接的方法都会让你有冒犯老板的风险。如果她感到尴尬，这种风险就很可能成为现实。如果她的过度分享实质上是一种战略性的八卦，那么她可能会为自己的行为辩护而看不到问题所在，进而影响她对你的看法以及言论。

以上方法仍然值得一试。但从你对她的评价来看，她总体上不太可能改变自己的行为。研究表明，随着时间的推移，她的个性倾向将占据上风。例如，根据你的描述，她是一个外向的人，而你改变不了这一点。她可能很聪明，善于操纵他人，会有目的地利用信息来获得个人利益而不关心他人（高水平的马基雅维利或自恋）。在这种情况下，自我意识会所有帮助，但她的行为并不会改变，除非她愿意进行自我调节。

也许更重要的问题在于，你似乎不喜欢你的老板。这可能是你无法解决的真正问题。如果你希望有动力继续工作，那么你需要信任她。你将如何建立信任关系？如果你在这种环境里无法顺利成长，最好继续前进。

祝你好运并得到最好的结果！

资料来源：Based on A. E. Colbert, M. R. Barrick, and B. H. Bradley, "Personality and Leadership Composition in Top Management Teams: Implications for Organizational Effectiveness," *Personnel Psychology* 67 (2014): 351–87; R. B. Kaiser, J. M. LeBreton, and J. Hogan, "The Dark Side of Personality and Extreme Leader Behavior," *Applied Psychology: An International Review* 64, no. 1 (2015): 55–92; and R. Walker, "A Boss Who Shares Too Much," *The New York Times*, December 28, 2014, 7.

12.3　权变理论

一些领导者在接管陷入困境的公司并带领它走出危机的过程中经常获得许多仰慕者。然而，预测领导者是否会取得成功比找到几个“英雄”来帮助组织走出泥潭要复杂得多。此外，在困难时期行之有效的种种特质或行为并不一定会转化为长期的成功。根据费德勒的研究，x 风格在条件 a 下是合适的，y 风格则更适合条件 b，而 z 风格更适合条件 c。但是，条件 a，b，c 到底是什么？接下来，我们将介绍费德勒模型——一种分离情境变量的方法。

12.3.1　费德勒模型

第一个全面的领导权变模型是由弗雷德·费德勒（Fred Fiedler）提出的。[17] **费德勒权变模型**（Fiedler contingency model）指出，有效的群体绩效取决于以下两个因素的合理匹配：领导者的风格以及领导者对情境的控制程度。这一模型假设个人领导风格是固定不变的，并通过**最难共事者问卷**（least preferred co-worker（LPC）questionnaire）来确定一个人是任务导向型还是关系导向型。该问卷要求受访者描述他们最不喜欢与之共事的同事。[18] 如果你以相对正面的词汇来描述最难共事者（LPC 得分高），那么你就是关系导向型。与此相反，如果你对这位最难共事的同事看法比较消极（LPC 得分低），那么你可能感兴趣的是生产率，因而被称为任务导向型。

为了提高领导有效性，在得到分数之后，还需要将组织情境与领导风格进行匹配。费德勒确定了三种权变或情境维度：

1. **领导–成员关系**（leader-member relation）。即下属对领导者的信任、信赖和尊重程度。

2. **任务结构**（task structure）。即工作任务的条理化（或者说结构化或非结构化）程度。

3. **职位权力**（position power）。即领导者对诸如招聘、解雇、处罚、晋升和加薪等权力变量的影响程度。

根据这一模型，任务的结构化程度越高，添加的程序越多，职位权力越强，则领导者拥有的控制力越强。比方说，有一位薪资经理，下属对其十分信赖和尊敬（领导–成员关系好），所从事的工作任务（诸如薪金计算、开支票、填写报告）具体而明确（任务结构化程度高），拥有相当大的权限来奖励和惩罚员工（职位权力强），这就是一种非常有利的情境（在这种情境中，领导者具有很强的控制力）。这种有利的情境位于图表 12–1 的最左列。与之相反，联合之道（United Way，美国最大的慈善机构）志愿募款团队中一个不受待见的负责人所处的可能是一种不利的情境，位于图表 12–1 的最右列（领导–成员关系差，任务结构化程度低，职位权力弱）。因为在这个岗位上，该负责人拥有的控制力非常弱。因此，当面对Ⅰ，Ⅱ，Ⅲ，Ⅶ，Ⅷ型情境时，任务导向型的领导者效果更好，而关系导向型的领导者（用实线表示）在中等有利即Ⅳ，Ⅴ，Ⅵ型情境中效果更好。

一些研究检验了费德勒模型的总体效度，起初的结果支持该模型的内容，但近年来对该模型的研究并不多。[19] 尽管它为我们提供了一些思考的角度，但其严格的实践应用仍存在问题。

图表 12－1 费德勒模型的发现

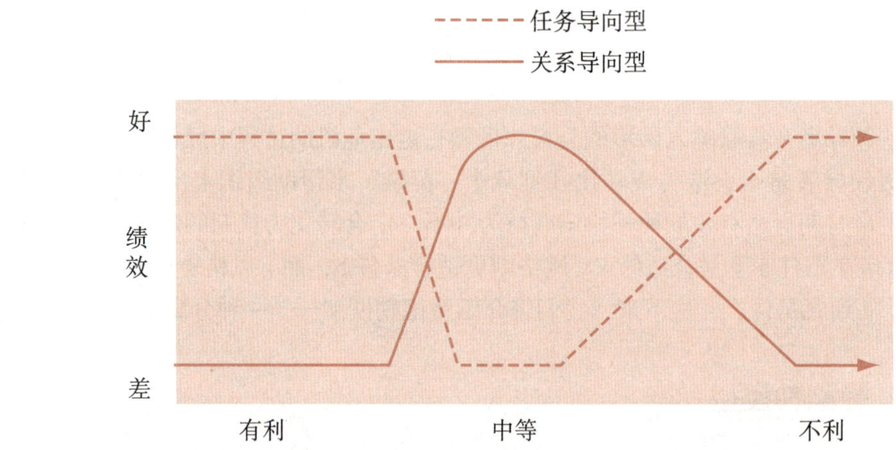

类型	Ⅰ	Ⅱ	Ⅲ	Ⅳ	Ⅴ	Ⅵ	Ⅶ	Ⅷ
领导-成员关系	好	好	好	好	差	差	差	差
任务结构	高	高	低	低	高	高	低	低
职位权力	强	弱	强	弱	强	弱	强	弱

12.3.2 情境领导理论

情境领导理论（situational leadership theory，SLT）将关注点放在下属身上。该理论认为，成功的领导是通过选择与下属的成熟度相一致的领导风格实现的。成熟度指的是下属完成某项具体工作的意愿和能力。一位领导者应当根据下属的成熟度来选择四种行为中的一种。[20]

当下属对完成某一任务既无能力又无意愿时，领导者就需要给他们提供明确具体的指示；如果下属缺乏能力但有意愿从事工作，则领导者需要实施任务导向的行为来弥补下属能力的欠缺，并实施关系导向的行为使下属接受自己的意愿；如果下属有能力却无意愿从事工作，则管理者需要采用支持性的、参与性的领导风格；如果下属既有能力又有意愿，领导者则不需要做太多事情。

从直觉上来看，情境领导理论是合理的。它承认下属的重要性，而且基于这样一种逻辑，即领导者可以弥补下属在能力和动机方面的欠缺。但是，不少试图对该理论进行检验与支持的研究却得到让人失望的结果。[21] 原因何在？可能的解释包括两方面：该模型内在的模糊性和不一致性；检验该理论时所采用的研究方法存在问题。尽管该模型看上去说得通而且非常流行，但就目前的证据而言，还应该慎重地审视和应用。

12.3.3 路径－目标理论

路径－目标理论（path-goal theory）是由罗伯特·豪斯（Robert House）提出的，它从对关怀维度和结构维度的研究以及期望理论中吸取了很多重要元素。[22] 路径－目标理论认为，为下属提供信息、支持或其他必要的资源来帮助他们实现目标是领导者的工作。（路径－目标这个概念意味着有效的领导者应当为下属指明通向他们工作目标的路径，并为下属扫清前进途中的各种障碍以使该路径更为顺畅。）该理论认为：

- 与高度结构化和安排完好的任务相比，当任务不明确或者压力过大时，命令型领导会带来更高的员工满意度。
- 当下属从事结构化的任务时，支持型领导会带来更高的员工绩效和满意度。
- 对于认知能力强或经验丰富的下属来说，指示型领导可能被视为多余的。

与情境领导理论一样，路径 – 目标理论在直觉上很有吸引力，尤其是从实现目标的角度来看，但在应用时应当谨慎。不过，它仍是检验领导重要作用的有用框架。[23]

12.3.4 领导者 – 参与模型

我们介绍的最后一种权变理论认为，领导者的决策方式与决策内容同等重要。**领导者 – 参与模型**（leader-participation model）将领导行为与下属的决策参与联系到一起。[24]与路径 – 目标理论类似，该理论认为领导者必须对自己的行为加以调整以适应任务结构（例行的，非例行的，或介于二者之间的）。但它并不涵盖所有领导行为，而仅限于推荐哪些类型的决策最好有下属参与。它为研究最能让下属接受的情境和领导行为奠定了基础。

一位研究领导的学者指出，“领导者并非生活在真空中”；领导是领导者与下属之间的一种共生关系。[25]然而，我们介绍的这些理论却假设领导者对每个下属都采取同样的领导风格。考虑一下你在群体中的经历。领导者是否以不同的方式对待不同的下属？在深入探讨领导者之间的差异之前，请先考虑组织行为民意调查的结果以及你自身对领导技能的追求。

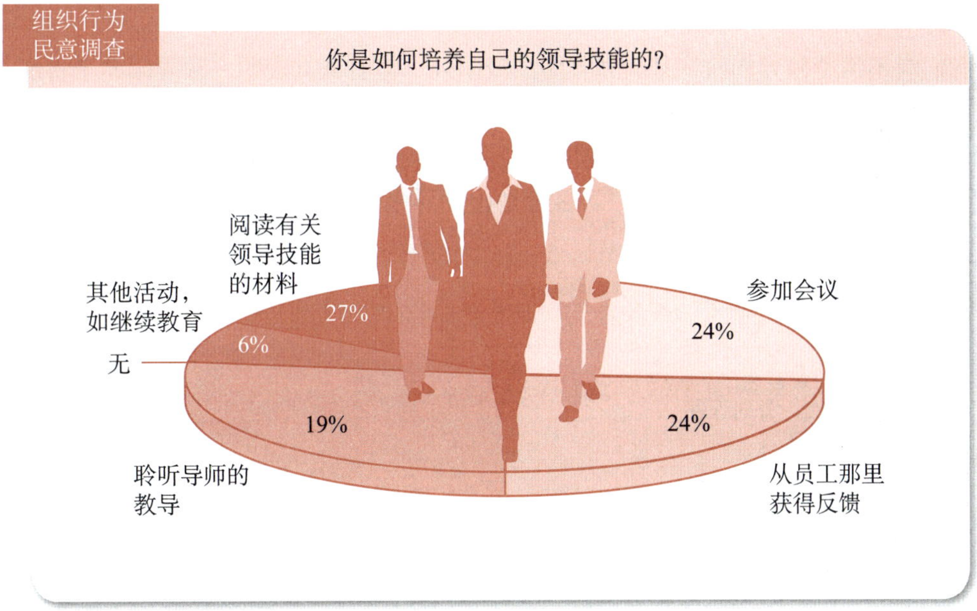

注：对 700 名受访者的调查。

资料来源：Based on J. Brox, “The Results Are In: How Do You Ensure You’re Constantly Developing as a Leader?” May 14, 2013, http://www.refreshleadership.com/index.php/2013/05/results-ensure-youre-constantly-developing-leader/#more-4732.

12.4 当代领导理论

领导者对组织和员工而言都很重要。对领导的理解是一门不断发展的科学。当代理论建立在我们最近才发现的理论基础上。这些理论的目标是发现领导者涌现和影响及指导其员工和组织的独特方式。让我们来探讨一些当前的领先概念，并寻找我们已经讨论过的理论的各个方面。

12.4.1 领导-成员交换理论

回想一位你认识的领导。这位领导是否对自己的圈内人更好？如果你的回答是肯定的，那么你就承认了领导-成员交换理论。[26] **领导-成员交换理论**（leader-member exchange（LMX）theory）指出，由于时间压力，领导会与一小部分下属建立特殊关系。这些下属成为圈内人，他们被领导所信任，得到更多的关照，更可能享有特权；而其他下属则成为圈外人。

该理论指出，在领导与下属互动的初期，会隐含地将其划为圈内人或圈外人，而且这种关系会变得相对稳固，不随时间的推移而改变。通过对他希望与其建立更密切关系的员工进行奖励，对不想与其建立密切关系的员工进行惩罚，领导建立了领导-成员交换关系。[27] 但是要想使领导-成员交换关系保持完整，领导和下属都必须对这种关系进行投资。

我们尚不清楚领导如何将某人划入圈内或圈外，但有证据表明，领导倾向于将那些在人口统计学特征、态度和人格方面与自己相似，或者相比圈外人来说能力更强的下属归为圈内人（如图表 12-2 所示）。[28] 领导和下属如果性别相同，则往往具有更密切的（更高的领导-成员交换水平）关系。[29] 尽管是由领导来做出选择，但下属的特征会左右该决策。

图表 12-2 领导-成员交换理论

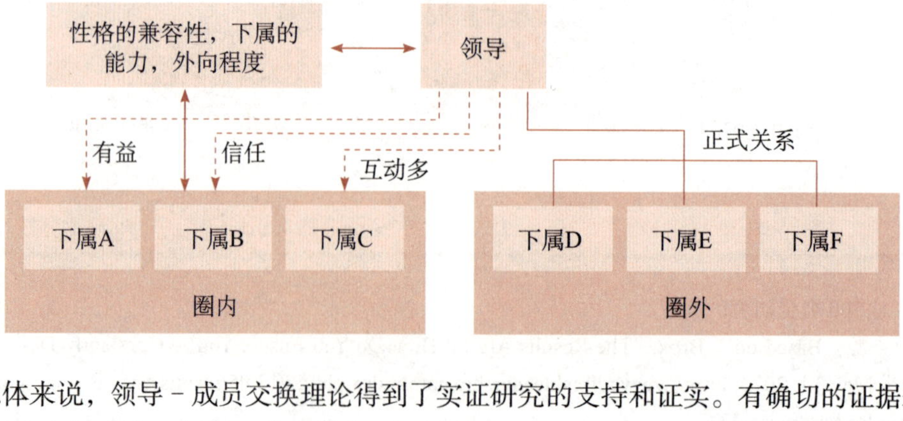

总体来说，领导-成员交换理论得到了实证研究的支持和证实。有确切的证据表明领导会区别对待下属。这种区别对待绝不是随机发生的。与圈外下属相比，圈内下属会得到更高的绩效评估结果，在工作中更乐于提供帮助或做出“公民”行为，在工作中更少做出越轨或反生产工作行为，而且对上司更满意。[30] 领导－成员交换通过增强员工的信任、动机、授权和提高工作满意度来影响他们的工作结果（尽管对领导者的信任影响最大）。[31] 对中国东南部一家创业公司进行的研究发现，领导－成员交换与创意和创新行为存在相关性。[32]

最近的研究还弄清了以下问题：领导－成员交换是如何随着时间而变化的，当有多名领导者监督一位员工时会发生什么，以及领导－成员交换的影响是否会扩散到工作场所之外。新员工对领导－成员交换的发展的体验似乎与工作时间更长的老员工不同——新员工往往更看重公平。[33] 当员工有两个领导者时，他和二者的领导－成员交换程度都很重要——如果一名员工和其中一位领导者的领导－成员交换程度高而和另一位的领导－成员交换程度低，那么当“主要”领导者的领导－成员交换水平低的时候影响会更大。[34] 最近印度的一项研究表明，当离开组织的员工与原老板有良好的领导－员工交换关系时，他们往往会有更高的薪水、更强的责任心，并且对原公司会有更多的善意。[35]

研究表明，当领导者有所偏爱、用完全不同的方式来对待圈内和圈外成员时，圈内人和圈外人都会受到来自领导－成员交换的负面影响。例如，土耳其的一项研究表明，当领导的差异化对待倾向比较明显时（有些下属与领导的交换关系非常好，有些则很差），所有员工的工作态度都会更消极，表现出更多的退缩行为。[36] 中国和美国的研究表明，区别对待式的领导会损害团队信任以及对程序正义的看法，尤其是在团队需要一起紧密合作时。[37] 其他研究表明，在领导－成员交换的氛围中，虽然圈内人的绩效水平会提高，但整个团队会变得不协调，整体绩效也会受到影响。[38] 紧密结合的团队可以为圈外的成员提供支持性的环境，以保持他们的信心和自我效能感[39]，但这会以损害员工与领导者之间的关系为代价。

12.4.2　魅力型领导

你认为领导者是天生的还是后天培养的？诚然，一个人可能生来就处于领导地位（如福特和希尔顿等家族的继承人），由于过去的成就而被赋予领导地位（如在组织中一路晋升的首席执行官），或者被非正式地认定为领导者（如推特员工，他们知道一切，因为他们“一开始就在那里”）。但在本书中我们并非在讨论领导者是如何获得这一角色的；相反，我们关注的是伟大领导者的非凡之处。当代的两种领导理论——魅力型领导和变革型领导——在关于伟大领导者的辩论中具有一个共同的主题：将领导者视为通过其语言、观念和行为来鼓舞下属的人。

什么是魅力型领导？　社会学家马克斯·韦伯（Max Weber）是第一个提出魅力型领导的学者。一个多世纪前，他把魅力（源自希腊语中的“天赋”）定义为：“个体的一种特定的人格品质，该个体因为该品质而区别于普通人，并且会被视为拥有超凡才能的人、超人或者至少是拥有非凡权力或特征的人。普通人是无法获得这些品质的，但是会把它们看作神圣的起源或者学习的榜样。具有这类品质的人被当作领导者。”[40]

罗伯特·豪斯是第一个从组织行为学角度来思考魅力型领导的研究人员。根据**魅力型领导理论**（charismatic leadership theory），当下属观察到某些特定的行为时，会把它们归因于英雄主义的或者超乎寻常的领导能力。[41] 大量研究都在寻找魅力型领导者的特点：他们都有一个愿景；他们都有使命感；他们都愿意承担个人风险；他们都对下属的需求十分敏感；他们都对愿景的实现充满信心；他们展现出超乎常规的行为（即他们会“逆流而上”）。[42] 图表 12－3 描述了这些特点。

图表 12－3 魅力型领导者的关键特点

1. 愿景及对愿景的清晰表述。他们拥有一个愿景（表述为一个理想化的目标），它勾勒出比现状更美好的未来；他们用易于理解的语言来清晰地阐述该愿景的重要性。
2. 冒险。他们敢于冒风险，不惜高成本，为了实现愿景能做出自我牺牲。
3. 对下属需求的敏感性。他们对他人的能力有深刻的了解，并能对他人的需求与情感做出积极回应。
4. 打破常规的行为。他们的行为常被认为是新奇的和不合规范的。

资料来源：Based on J. A. Conger and R. N. Kanungo, *Charismatic Leadership in Organizations* (Thousand Oaks, CA: Sage, 1998), 94.

魅力型领导者是先天的还是后天的？ 魅力型领导者天生具有这些品质吗？人们可以通过学习而成为魅力型领导者吗？对这两个问题的回答都是肯定的。

一般而言，个体天生就具备能够使自己变得更有魅力的人格特质。人格与魅力型领导同样是相关的。魅力型领导者很可能是情绪稳定而外向的，这些特征更可能在压力大、变化快的环境中影响魅力型领导者的行为。[43] 考虑一下美国总统巴拉克·奥巴马、比尔·克林顿、罗纳德·里根和英国首相玛格丽特·撒切尔在任上的传奇品质：无论你喜不喜欢他们，他们都经常因为展示出魅力型领导者的特质而被拿来做比较。

研究表明，魅力型领导并非世界级领导者的专属，我们所有人都可以在自己的能力范围内发展出更有魅力的领导风格。对德国管理者的研究表明，通过培训管理者如何在与下属的交流中鼓舞人心，可以增加管理者的魅力行为。[44] 为了产生魅力的光环，你需要使用激情作为激发他人热情的催化剂。用富有魅力的语调来说话，通过眼神交流和生动的面部表情来强化信息，并使用姿势来强调。你可以调动跟随者的情绪来激发他们的潜能，并且创建一个能够鼓舞他人的纽带。请记住，热情是会传染的！

魅力型领导者如何影响下属？ 首先，领导者会清晰地阐述一个有吸引力的**愿景**（vision）。愿景就是为达成一个或多个目标的长期战略，它通常是将组织的现状和更美好的未来联系起来的一个纽带。[45] 好的愿景应该契合组织的形势，并且反映组织的独特性。因此，下属并不仅仅是因为领导者的热情沟通而得到激发，还必须有一个潜在愿景来吸引下属。

愿景需要有与之相应的**愿景陈述**（vision statement）。愿景陈述是对组织愿景或使命的正式阐述。[46] 魅力型领导者会用愿景陈述让下属对总体目标或目的产生印象。领导者通过自己的言语和行为向下属传递一套新的价值观，并且以身作则为下属树立榜样。

研究表明，魅力型领导会在下属“捕捉”领导者所传递的情绪时发挥作用，进而使下属对组织产生情感认同。[47] 一项研究检验了美国总统选举数据，发现当领导者具有魅力型领导者行为的历史时，下属倾向于将魅力型领导品质归因于领导者自己；当领导历史不清楚时，下属则会把候选人与他们对魅力型领导者的心理原型或模型进行比较。[48] 值得注意的是，有魅力的管理者似乎被一种神秘感和磁场围绕。当他们看起来由于神秘原因而成功时，当他们的魅力所带来的影响扩散给下属时，就会引起这种感觉。[49]

具备某些人格的人特别容易受到魅力型领导的影响。[50] 例如，一个缺乏自尊并质疑自我价值的人更有可能接受领导者的方向，而不是建立自己的领导方式或思考方式。对这些人来说，所处情境的重要性要远小于领导者的魅力品质。

有效的魅力型领导是否取决于情境？ 魅力型领导在许多情况下都会有积极的倾向。然而，下属和情境的特征会增强或在一定程度上限制其效果。

增强魅力型领导效果的因素之一是压力。当人们感受到危机或处于压力之下时，他们尤其容易接纳魅力型领导者。这也许是因为此时我们会认为需要大胆的领导。然而，有一些因素可能会更加原始。即便是在实验室中进行研究，当被试者从心理上被唤醒时，他们也更容易对魅力型领导者做出响应。[51] 这可以解释为什么魅力型领导者更有可能出现在政治或宗教领域，或者是在战争时期，或者是在企业刚刚创建或面临生存危机时。[52] 睡眠剥夺对领导者和下属都有很大的影响：睡眠剥夺可以通过减少深层扮演来减少魅力型领导（见第 4 章）。[53]

你可能会猜测限制领导者魅力发挥作用的另一个情境因素是不是其在组织中的层次。高层管理者创造愿景。你可能会认为在低层管理工作中发挥魅力型领导特质是较为困难的，他们也很难使特定的高层管理目标与自己的愿景保持一致。尽管魅力型领导对组织高层可能更为重要，但它可能在远程或小范围内有效。

魅力型领导的缺点 遗憾的是，有传奇色彩的魅力型领导者未必会基于组织的最佳利益行事。[54] 研究表明，自恋的人在某些行为中更容易表现出魅力型领导者的特质。[55] 许多有魅力但腐败的领导者会将自己的个人目标凌驾于组织目标之上。安然（Enron）、泰科（Tyco）、世通（WorldCom）和 HealthSouth 等公司的领导者不计后果地使用组织资源来谋取个人利益，通过违反法律来提升股票价格，然后将股票期权兑换成巨额现金。如果魅力是一种力量，那么这种力量既可以用来做好事，也可以用来做坏事。

并不是说魅力型领导无效。总体说来，它是有效的，但并不总是有效。这种成功在一定程度上取决于情境和领导者的愿景，以及组织为了监管结果而设置的核查和制衡。

12.4.3 交易型和变革型领导

魅力型领导理论依赖于领导者激励下属的能力。相比之下，费德勒模型、情境领导理论和路径 - 目标理论描述的是**交易型领导者**（transactional leader），他们通过澄清工作角色与任务要求来指导下属实现既定目标。有的研究流派关注变革型领导者与交易型领导者的差异。[56] **变革型领导者**（transformational leader）鼓励下属将个人利益升华为组织利益。

变革型领导者及其团队和组织都有很好的表现，并对下属产生超乎寻常的深远影响。这些下属会以更高水平的绩效、组织公民行为、创造力、工作满意度、心理健康程度以及动机来作为回应。[57] 维珍集团的理查德 · 布兰森是变革型领导者的一个典型例子。变革型领导者关注员工个体的利益和需求；他们帮助下属用创新的视角来看待老问题，从而改变下属对问题的看法；他们能够激励、调动和鼓舞下属为实现群体目标付出更多的努力。研究表明，当下属可以通过与客户或其他受益者的直接互动来看到自身工作带来的积极影响时，变革型领导者是最有效的。[58] 图表 12 - 4 简要介绍了区分交易型领导者和变革型领导者的几个特点。

图表 12－4 交易型领导者与变革型领导者的特点

交易型领导者
权变奖励：制定努力与奖励的交换规则，承诺对良好绩效给予奖励，认可成就。
例外管理（主动的）：观察并寻找那些偏离规则和标准的行为和事件，并予以纠正。
例外管理（被动的）：只有当不符合标准时才进行干预。
放任：放弃责任，避免制定决策。
变革型领导者
领导魅力：提供愿景和使命感，灌输荣誉感，赢得尊重和信任。
感召力：传递高期望，使用各种方式实现众志成城，以简单的方式来传递重要的目的。
激发智力：激发人们的智力和理性，并且培养人们解决问题的能力。
个性化关怀：关爱员工，区别对待不同员工，为员工提供指导和建议。

资料来源：Based on B. M. Bass, *Leadership and Performance Beyond Expectations* (New York, NY: Free Press, 1990); and T. A. Judge and R. F. Piccolo, "Transformational and Transactional Leadership: A Meta-Analytic Test of Their Relative Validity," *Journal of Applied Psychology* 89, no. 5 (2004): 755–68.

变革型领导与交易型领导是互为补充的，在工作中这两种方式并不是相互对立的。[59] 最好的领导者既是交易型领导者，又是变革型领导者。变革型领导是在交易型领导的基础上形成的。与仅仅利用交易型领导方式相比，变革型领导方式可以使下属更努力从而产生更高的绩效水平。一篇综述表明，变革型和交易型领导的重要性可能会根据结果而产生变化。尽管二者都很重要，但变革型领导似乎对团队绩效和领导者的满意度更重要，而交易型领导（主要指权变奖励）对领导者有效性和下属工作满意度更重要。[60]

全范围领导模型 图表 12－5 展示了**全范围领导模型**（full range of leadership model）。放任型领导正如其字面意思一样，指的是顺其自然、什么都不做的领导。这是最被动因此也是效果最差的领导行为。[61] 例外管理型领导（无论是主动的还是被动的）指的是领导者只在正常运行程序发生例外带来危机时才出来指导，但这通常意味着为时已晚而无法发挥效果。权变奖励型领导会对员工的努力给予预先设定的奖励，它能够成为一种有效的领导风格，却不能让员工更上一层楼，也不能让他们超越职责所在。

另外四种领导风格（全都属于变革型领导）能够更好地让领导者激励下属有超出期望的表现，为实现组织利益而超越个人利益。也就是说，个性化关怀、智力激发、感召力和领导魅力（称为"4I"）会给组织带来出色的成果。

变革型领导如何发挥作用？ 总体而言，大部分研究表明，变革型领导之所以有效，是因为它能够激励和鼓励下属。例如，德国和瑞士的研究发现，通过满足下属的自主性需求、能力需求以及关系需求（参见第 7 章对自我决定理论的讨论），变革型领导提高了员工的工作满意度、自我效能以及对领导者的承诺水平。[62] 一项研究发现，通过给员工赋权（见第 3 章），变革型领导能够带来工作绩效和组织公民行为的提升，尤其是在组织性更强的组织（即适应能力强、角色能够流动、共享价值观以及相互沟通的组织）中效果更明显。[63] 中国的一些研究发现，通过提高员工对领导的信任水平和亲社会动机，变革型领导对员工的助人行为产生了积极的影响。[64] 以色列和英国的多项研究表明，变革型领导可以通过增加内在动机和预防定向（见第 7 章）来改善工作场所的安全状况。[65]

图表 12－5 全范围领导模型

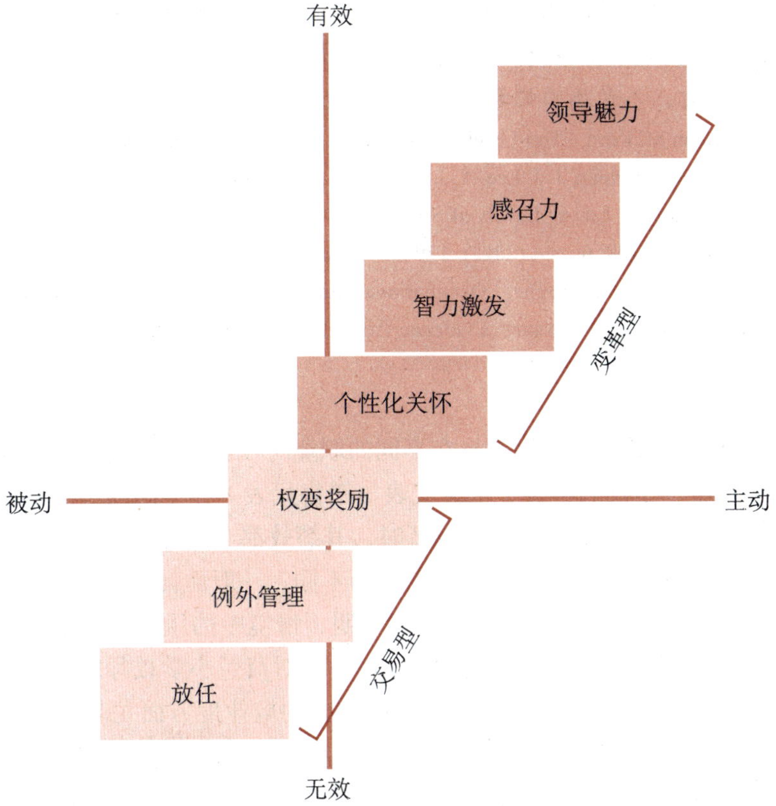

在拥有变革型领导者的公司中，高层管理者往往对本组织的目标表现出更高的认可，进而产生更高的组织绩效。[66] 针对以色列军队的研究得出了类似的结果：变革型领导者通过在群体成员中达成共识而提升了绩效。[67] 对中国西北高科技组织的研究表明，双重关注的变革型领导的公司既注重领导每个员工，又注重领导整个团队。这样的公司可以通过发展员工技能和促进整个团队的知识共享来提高员工的创造力等。[68] 专注于个人的变革型领导行为能够使下属发展自己的想法，增强自身的能力并提高自我效能。专注于团队的变革型领导强调群体目标、共享的价值观和信念，以及团结一致的努力。然而中国的研究表明，对于团队而言，成员对团队的认可比变革型领导的影响更大。[69]

传言还是科学　高层领导压力最大

大公司的领导要应对来自董事会、客户、管理者以及员工等各方面的压力。他们难道不是组织中压力最大的人吗？显然不是。哈佛大学、加州大学圣迭戈分校以及斯坦福大学合作完成的一项研究表明，领导这一角色可以给人带来一种幸福感，这种感觉可以缓解压力，不处在管理层的人则不会有这种感觉。领导比非领导焦虑少，他们的皮质醇（引起压力的激素）水平也较低，这说明他们在生理上感受到压力的可能性较小。有研究发现，与职位较低的人相比，职位较高的人感受到的压力和血压水平更低。

这是“身居高位”的另一个好处，至少在一定程度上你可以这么认为。除了收入更高、任期更长，“压力小”也是当领导的一个好处。然而，研究人员并没有在组织中发现所谓的“转折点”，或者说职位到了某个级别压力必然会减小。

一项研究发现，压力的减小与支配感相关。与支配感较低的人相比，拥有更多下属和权力的领导者感受到的压力更小。因此，掌控公司资源并对许多员工发号施令的高层领导可以提前击退压力源，不受压力的影响。

资料来源：Based on M. Korn, “Top-Level Leaders Have Less Stress Than Others,” *The Wall Street Journal*, October 3, 2012, B6; G. D. Sherman, J. J. Lee, A. J. C. Cuddy, J. Renshon, C. Oveis, J. J. Gross, and J. S. Lerner, “Leadership Is Associated with Lower Levels of Stress,” *Proceedings of the National Academy of Sciences of the United States of America* 109, no. 44 (2012): 17903–7; and E. Wiernik, B. Pannier, S. Czernichow, H. Nabi, O. Hanon, T. Simon, … and C. Lemogne, “Occupational Status Moderates the Association between Current Perceived Stress and High Blood Pressure: Evidence from the IPC Cohort Study,” *Hypertension* 61 (2013): 571–77.

对变革型领导的检验 变革型领导在不同的职业（校长、学校老师、海军指挥官、部长、MBA 协会主席、军校的学生、工会代表、销售代表）和不同的岗位职级中都获得了支持。一般来说，当组织拥有变革型领导者时，其绩效都会变好。

变革型领导对绩效的影响会因情境的不同而不同。一般而言，它对小型私营企业的影响要大于结构更为复杂的组织。[70] 大量研究表明，情境中的压力和要求会影响变革型领导能否改善健康状况和工作投入（见第 3 章）。一项对荷兰小学教师的研究发现，当认知要求高、工作量大时，校长的变革行为在提高教师的敬业度方面尤其有效。[71] 当时间压力很大时，变革型领导者能够帮助德国信息技术专业人员减少情绪耗竭，并改善他们对工作－生活平衡的感知。[72]

与向公司董事会汇报或采用一种复杂的官僚结构相比，当领导者能够与员工直接接触以做出决策（具有高度任务自主性）时，变革型领导的个性化风格可能效果最佳。一项研究显示，当团队具有高权力距离和集体主义特征时，变革型领导在提高群体效能方面更加有效。[73]

领导者与下属的特征也可能对变革型领导的有效性产生影响。例如，变革型领导在员工对经验高度开放的情况下能够更好地激励员工学习并在工作中成长。[74] 一项研究表明，智力对变革型领导非常重要——“太聪明”的领导者可能不太具有变革性，因为他们的解决方案可能“过于复杂”而让人无法理解。他们可能会使用复杂的沟通形式，破坏了影响力。而且他们还可能被认为“过于理智”。[75] 但这并不意味着智力对变革型领导不重要，这意味着在领导行为方面存在一个智力水平的最优点。

一项针对来自不同职业的荷兰员工的研究发现，情境和个人可能都很重要。对于工作自主性水平较高的员工来说，变革型领导与员工的积极主动行为有关，但这仅发生在员工的自我效能感较高的时候。[76]

对比变革型领导与交易型领导 研究表明，当对比变革型领导与交易型领导时，变革型领导与工作场所中各种结果之间的相关性更强。[77] 然而，变革型领导理论并不完美。全范围领导模型明确区分了交易型领导和变革型领导，但这种区分可能并不一定存在。尤其是研究表明变革型领导与权变奖励型领导高度相关，以至于这一概念显得多余。[78] 与全范围领导模型的观点相反，变革型领导的效果并不总是比交易型领导更胜一筹。有时，权变奖励型领导，即领导者在员工实现特定目标时发放奖励的效果与变革型领导不分伯仲。[79] 目前这一领域还需要进行更多的研究，但总体上可以得到支持的结论是：在得到正确应用的情况下，变革型领导是可取和有效的。

对比变革型领导和魅力型领导 在对比变革型领导和魅力型领导的时候，你肯定注意到其中的一些共同之处以及不同之处。魅力型领导在某种程度上更注重领导者的沟通方式，如是否充满激情与活力；而变革型领导则更注重沟通内容，如这是不是一个有说服力的愿景。尽管如此，这些理论展示更多的是相似性而非差异性。在研究者心目中，两种理论都专注于领导者激励下属的能力，有时候他们也是以同样的方式这么做的。正因为如此，一些研究人员认为这些概念在某种程度上是可以互换的。[80]

12.5 责任型领导

尽管到目前为止我们讨论的各种领导理论加深了我们对有效领导的理解，但是它们并没有明确阐述道德和信任的作用。而对于领导理论的完整拼图来说，道德和信任也许是不可缺少的一部分。这些理论与我们讨论过的理论并不矛盾，变革型领导者可能同时是责任型领导者。但在这里，我们考虑的是那些明确阐述领导者在创建道德组织过程中的作用的一些当代概念。

12.5.1 真实型领导

SAP 首席执行官比尔·麦克德莫特（Bill McDermott）的座右铭是“保持饥饿，保持谦虚”，他确实做到了这一点。麦克德莫特就是真实型领导者的代表。[81]

真实型领导注重领导者的道德方面。**真实型领导者**（authentic leader）清楚地知道自己是谁，知道自己的信念，并且能够坦率、公开地按照自己的信念和价值观行事。[82] 下属会认为他们是有道德的人，并且因此信任他们。真实型领导者会与下属分享信息，鼓励开诚布公的沟通，并坚持自己的理想。真实型领导者还很谦虚——研究表明，将谦虚的领导者作为榜样可以帮助下属了解成长的过程，以促进自身的发展。[83]

真实型领导可以带来一种积极的激励效应，从而加强公司的合作、提高团队生产率以及公司绩效，尤其是当高管层成员表现出真实型领导行为时。[84] 当领导者践行自己所宣扬的东西，或者公开坦率地按照自己的价值观行事时，下属往往会产生强烈的情感承诺和信任，他们的绩效和组织公民行为也会有所改善。[85] 真实性不仅对领导者很重要，对下属也很重要。一项针对比利时服务公司的研究发现，领导者与下属的共同真实性能够带来基本需求的满足（见第 7 章关于自我决定理论的讨论），这反过来又导致了绩效的改善。[86] 与上一节中专注于团队和个人的变革型领导研究的结果类似，团队和个人对真实性的感知都会对下属的结果产生影响。[87]

12.5.2 道德型领导

领导不能脱离价值观。在评估领导的效果时，我们应该思考两个问题：领导者为了实现目标而使用的手段，以及这些目标的内容。领导者在为所有成员创建道德期望方面的作用是至关重要的。[88] 道德型高层领导不仅会影响其直接下属，其影响还会沿着指挥链向下传播。这是因为高层领导者会设定期望，并期望较低级别的领导者按照道德准则行事。[89]

被认为道德水平较高的领导者往往也会得到下属非常积极的评价，下属的满意度也更高，压力水平和离职意愿都会更低。[90] 这些领导的下属往往会更有动力，绩效更高，参与更多的组织公民行为，反生产工作行为则会更少。[91] 道德型领导者可以改变规范：员工参与更多组织公民行为和反生产工作行为减少的原因之一是，他们对各种组织公民行为是否公平的看法会发生改变（参见第 7 章中关于公平理论的讨论），因此认为组织公民行为更加公平。[92] 道德型领导者还增强了群体对道德问题的意识，提高了群体愿意就道德问题发表意见的程度，并且增强了下属对他人的同理心。[93] 研究还发现，道德型领导减少了人际冲突。[94] 道德型领导对客户服务结果也很重要——一项对银行出纳员的研究发现，当银行出纳员表现出道德型领导行为时，他们的同事会看到并认识到这一点，进而会更加遵守客户服务准则。这是因为他们对什么行为是适当的、什么行为是不适当的信念发生了改变。[95]

道德型领导与魅力型领导在许多问题上都有交叉之处。通过提出**社会化的魅力型领导**（socialized charismatic leadership）这个概念，学者们试着将道德型领导与魅力型领导结合起来。社会化的魅力型领导指的是在道德方面以身作则的领导者在领导时展现出以他人（而不是以自己）为中心的价值观。[96] 社会化的魅力型领导可以通过言行使员工的价值观与自己的价值观相一致。[97]

尽管组织中的每个成员都要对道德行为负责，但是旨在提高组织道德行为水平的措施主要还是靠管理者。因为高层管理者能够为本组织确定道德基调，所以他们需要设立高水平的道德标准并以身作则，鼓励和奖赏他人的正直行为，避免滥用权力。[98] 特别是对于那些到国外执行工作任务或管理多元文化团队的领导者，组织应当要求他们参与包含文化价值观相关内容的道德型领导培训项目。[99] 尽管对道德型领导的研究主要专注于领导者，但下属也很重要。一项对德国道德型领导的研究发现，当下属的正念更强时（见第 4 章），道德型领导对下属的组织公民行为的影响会更大。这表明，如果员工通过培训或冥想技术来发展正念，道德型领导可能会更加有效。[100]

要使道德型领导产生效果，领导者仅仅具备较高的品德是不够的。毕竟，道德行为没有统一的标准，不同的文化、不同的行业，有时甚至是不同的组织，都会有自己的道德规范。领导者必须愿意表达自己的道德信仰，并说服他人遵循他们的标准。为了传递信念，领导者应该学会表达他们的道德信仰，以反映组织成员共同的价值观。领导者可以信任为基础，展现他们的品质，加强团结，并得到下属的支持和参与。领导者传递的信息应该是雄心勃勃的目标并表达出实现目标的信心。

道德领袖的话语通常是在传递积极的信息，比如温斯顿·丘吉尔在第二次世界大战胜利后演讲的开场白为："这是属于你的时刻。这一胜利不属于某个党派或者某个阶级，它是属于整个大不列颠的。"也有传递消极信息的例子，比如甘地在演讲中说："即便整个联合国反对我，即便整个印度放弃了我，我还是会说，'你错了'，印度将以非暴力的形式从那些不情愿者的手中夺回她的自由。"道德型领导者所说的话无论是积极的还是消极的，可以同样有效，只要他们传递的话语清晰、道德、具有包容性、目标明确且有说服力。事实上，他们可以鼓舞人心，让原本看似牵强的成为理所应当的。[101]

尽管道德型领导可以带来许多积极的成果，但它也可能会有坏处。例如最近的一项研究认为，道德型领导可能会引发后续的辱虐管理（我们将在下一节中讨论）。有时候道德行为会耗尽我们的资源——我们甚至会觉得自己在过去“表现得好”，因此可以在接下来的日子里表现得不好。[102]

道德抉择 **领导者应承担道德责任**

大部分人认为领导者应该对他们的行为负责。领导者必须平衡多方利益冲突。最重要的一点是实现财务业绩；与其他因素相比，因未能实现财务目标而将领导者撤职或许最为普遍。大多数领导者希望在极端的财务压力和行为合乎道德之间达到平衡，即使在没有正式的问责制的情况下也是如此。考虑到这些相互冲突的目标，道德型领导并不会受到奖励，领导者的行为举措完全取决于自身的品行。

道德型领导是一个相对较新的研究领域。它强调公平和社会责任，这些甚至与许多老派的管理模式背道而驰。比如，管理学大师彼得·德鲁克曾在 1967 年建议：“一定要清除掉那些从未有过优异表现的人，尤其是管理者，这是高管的职责所在。把这样的人留在公司只会带坏其他人。”现代道德型管理的指导原则强调，这种思维模式未能考虑到如果组织把人当成物品来对待可能产生的道德影响。

如今很少有组织会“为了业绩不惜一切代价”，金融家、股东、董事会可以利用手中的权力，通过奖赏制度教会领导者什么样的结果受到重视。道德型领导在组织的任何层面都可以起到积极作用，为组织带来负责任且极具利润潜力的成果，但股东及领导者必须在这些责任之间达到平衡，这才是合乎道德的。

资料来源：Based on T. E. Ricks, “What Ever Happened to Accountability?,” *Harvard Business Review*, October 2012, 93–100; J. M. Schaubroeck et al., “Embedding Ethical Leadership within and across Organizational Levels,” *Academy of Management Journal* 55 (2012): 1053–78; and J. Stouten, M. van Dijke, and D. De Cremer, “Ethical Leadership,” *Journal of Personnel Psychology* 11 (2012): 1–6.

12.5.3 辱虐管理

这种情况可能发生在所有人身上——我们作为管理者，都可能虐待他人。[103] 一项研究表明，当真正发生这种情况时，可能会带来高昂的成本，每年会给美国组织造成约 238 亿美元的损失。[104] 在最近的研究中，美国的辱虐管理处于相对较低的水平，辱虐管理得分最高的地区包括菲律宾等。[105] 尽管**辱虐管理**（abusive supervision）并非总是一种领导形式，但它被定义为主管在言语或非言语行为中怀有敌意。[106]

最近的一项综述发现了几个与辱虐管理有关的因素。[107] 几乎所有的公平（尤其是人际公平）都与辱虐管理呈负相关，这表明不公平是辱虐管理的核心。尽管有一些人格特征，如随和性和责任心，似乎与辱虐管理的感知有较弱的负相关关系，但消极情感与之有很强的相关性。家庭暴力史在菲律宾被证明与各种情况下的辱虐管理有关。[108]

同一篇综述还表明，辱虐管理会带来可怕的后果。[109] 最重要的一点是，辱虐管理会对健康产生负面影响：它会导致抑郁、情绪低落和工作紧张。此外，它还会导致组织承诺、工作满意度和组织支持感的下降，以及工作－家庭冲突的增加。它会对员工绩效和其他员工行为产生负面影响。辱虐管理的受害者容易出现反生产工作行为和其他越轨行为（特别是针对其主管的报复性行为），并且更少地参与组织公民行为。

辱虐管理经常会陷入恶性循环。当员工成为辱虐管理的受害者时，他们倾向于通过进行反生产工作行为和越轨行为来反击组织和主管，然后主管反过来继续对员工进行虐待报复。[110] 你可能想知道为什么主管是施虐者，而员工会对组织进行反击。更多的研究表明，当员工受到虐待时，往往会责怪组织，并将主管视为整个组织的代表。[111] 作为辱虐管理的受害者，员工的人格和应对策略很重要。有责任心的员工以及通过避免问题来应对的员工往往能够更好地应对虐待。[112]

12.5.4 公仆型领导

近来，学者们从公仆型领导这个新角度研究了道德型领导。[113] **公仆型领导**（servant leadership）是一种超越自身利益，将注意力集中在帮助下属成长和发展上的领导方式。典型的表现包括倾听、移情、说服、有管家精神和责任感、积极开发下属的潜力。由于公仆型领导专注于满足他人的需求，所以研究的重点是公仆型领导为下属带来的福祉。也许并不让人惊讶的是，最近一项针对 126 名 CEO 的研究发现，公仆型领导与自恋这一特质呈负相关。[114]

公仆型领导有什么作用？一项对美国 71 家餐馆的总经理和超过 1 000 名员工进行的研究发现，第一，公仆型领导者倾向于创造一种服务型文化（见第 16 章），这反过来又改善了餐馆的业绩，并通过增加员工对餐馆的认同感改善了员工的态度和绩效。[115] 一项对中国发型师的研究发现了类似的结果，公仆型领导与顾客满意度和发型师的服务表现相关。[116] 第二，对那些职责和义务受到鼓励的下属来说，公仆型领导与其组织公民行为之间的关系会变得更密切。[117] 第三，公仆型领导可以提高团队潜能（员工认为自己的团队技能和能力要高于平均水平），进而使团队取得优异的绩效。[118] 第四，一项有代表性的研究发现，高水平的公仆型领导有利于组织把重点放在增长和进步上，因此会带来更高水平的创造性绩效。[119]

在某些文化中，公仆型领导可能更普遍、更有效。[120] 例如，当要求描述心目中的领导者时，美国人更倾向于把领导者描述成“站在团队的前面对下属发号施令”。新加坡人对领导者的描述则是“站在团队后面，收集大家的意见，并将他们团结起来”。这表明，东亚文化中领导者的原型更符合公仆型领导的形象，这可能暗示着公仆型领导在这些文化中更有效。

12.6 积极领导

在我们讨论过的每个理论中，你都可以发现实践好的、差的或者平庸的领导的可能性。接下来让我们思考一下如何有意识地发展积极领导环境。

12.6.1 信任

信任（trust）是个体由于对事情走向抱有积极预期而使自己易受他人影响的一种心理状态。[121] 即便你没有使情况完全处于自己的掌控之中，你还是愿意相信对方会与你患难与共。信任是一种与领导有密切关系的主要属性；当信任遭到破坏时，会给群体绩效带来十分严重的后果。[122]

当下属信任一个领导者时，他们会相信自己的权力和利益不会被人限制和剥夺。[123] 例如，变革型领导者声称自己所指示的方向符合每个人的最佳利益，从而为自己的理念寻求支持。当人们觉得某个人不诚实或有可能利用自己时，就不会尊重和追随他。因此，正如你所料，变革型领导者的确能从下属那里获得更高水平的信任，这有可能意味着更强的团队信心，最终带来更高的团队绩效。[124]

在一份简单的劳动合同中，当你履行了工作描述中的职责时，你的雇主要按照约定向你支付薪水。然而在当今社会中，快速的企业重组、职责的扩大以及以团队为基础的协作型工作意味着雇佣关系不再是稳定的包含明确条款的长期合约。可以说，与以往相比，当今的雇佣关系更多建立在信任的基础之上。你必须相信当你向上级展示一个创新项目时，对方不会背着你将你的功劳据为己有。你必须相信你付出的额外努力会在你的绩效评估中被认可。在组织中，越来越少的工作任务得到仔细记录和明确阐述，员工基于信任的自愿贡献是必不可少的。因此，只有被信任的领导者才能够鼓励员工超越自我，实现变革型领导的目标。

信任的结果 上级和员工之间的信任可以带来许多好处。下面仅列举研究得出的一些重要结论：

- 信任能鼓励承担风险。当领导者和员工决定偏离常规方式行事，或当员工决定从一个新的角度来解读上级的指示时，他们就在承担风险。在这两种情况下，信任关系有助于员工实现这种跨越。[125]
- 信任有助于信息分享。有时员工无法表达对工作的想法，其中一个重要原因是他们对于表达自己的观点感到不安。当管理者表明自己会公正对待员工的想法，并且重视积极主动的变革时，员工更加愿意提出想法。[126]
- 存在信任关系的群体更加有效。当领导者为本群体设定了信任的基调时，成员会更加愿意互相帮助并付出额外的努力，这会进一步加深信任。在缺乏信任的群体中，成员们往往怀疑彼此，警惕对方以防被利用，并且限制和群体中其他成员的交流。这些行为很有可能削弱甚至最终毁灭整个群体。[127]
- 信任有利于提高生产率。信任还会对公司的根本利益产生积极影响。那些信任上级的员工往往会获得更高的绩效评估，这代表他们的生产率有所提升。不信任上级的员工通常会隐瞒信息，并秘密地追求个人利益。[128]

信任的发展 哪些关键特征会使人们相信某个领导者值得信任？研究证据确定了三种特征：正直、仁慈和能力（见图表 12-6）。[129]

图表 12－6　信任的本质

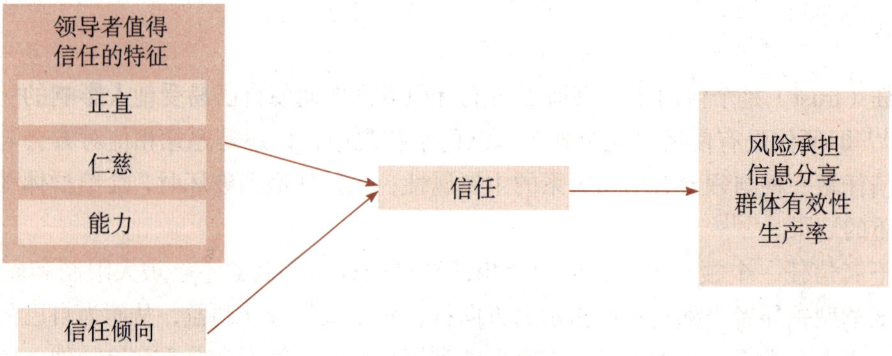

正直意味着诚实和真诚。最近的一项调查中，570 位白领对与领导有关的 28 项属性打分，结果显示诚实为最重要的属性。[130] 正直还意味着保持言行一致。

仁慈意味着你信任的那个人会考虑你的利益，即使你的利益与他的利益并不一致。关爱和支持是领导者和下属之间情感纽带的一部分。

能力包括个体在技术和人际关系方面的知识和技能。你很可能不会依靠那些你不相信其能力的人，即使这些人很有原则而且出于好意。

信任倾向　有效的领导建立在领导者与下属的信任之上。信任倾向指的是某个员工信任一个领导者的可能性。一些人会更容易认为其他人是可信任的。[131] 那些仔细记录每一个承诺或者与其上司的每次对话的人具有较低的信任倾向，他们很可能不相信领导者的言辞。那些认为绝大多数人具有诚实和坦率品质的人更有可能会寻找证据以证明自己的领导者表现出值得信任的行为模式。信任倾向与随和性这种个性特质息息相关，而那些缺乏自尊的人更不容易相信他人。[132]

信任与文化　信任在各种文化中看起来都一样吗？根据信任的基本定义，当然是的。然而，在工作环境中，雇佣关系的信任可能建立在对不同文化间差异很大的感知上。例如，一项研究表明，当家长式领导是仁慈和道德的时候，员工反应中的信任表现会有所增加。[133] 这种对家长主义的积极回应可能是集体主义语境中所特有的。在这种文化中，主张等级和关系的儒家价值观占主导地位。在个人主义社会中，我们可能预期家长式领导会激怒许多员工，他们不愿将自己视为等级制家庭工作小组的一部分。例如，个人主义文化中的员工可能会根据领导支持和一致性的维度建立信任。

时间的角色　时间是建立信任的最后一个因素。我们对他人的信任产生于对其行为进行一段时间的观察之后。[134] 第一，在信任具有重要作用的情境中，领导者需要表现出正直、仁慈和能力，或者在可以投机取巧或使员工失望时拒绝这样去做。第二，人们可以通过表现出胜任力或者在领导者的能力导致失败时选择道歉而不是否认来获得在能力领域的信任。[135] 第三，面向世界各地 100 家公司的研究表明，领导者可以通过改变沟通的方式来获取信任，将自上而下的命令变成组织中不间断的对话机制。[136] 第四，如果领导者定期以亲密、互动和包容的方式与员工进行面对面的交流，下属就会展现出更高水平的信任和对工作的投入。[137]

重获信任　那些破坏和员工之间的心理契约并表现得不可信的管理者将发现，员工具有更低的满意度、更低的忠诚度、更高的离职意愿、更少的组织公民行为以及更低的任务绩效。[138]

一旦信任遭到破坏，即使可以重建，也仅限于特定场合且取决于破坏的类型。[139] 如果破坏的原因是缺乏能力，通常最好的解决方式是道歉并承认自己本可以做得更好。然而当原因是不够正直时，道歉不会有太大作用。忽略信任被破坏这个事实，沉默应对、拒绝承认或者否认责任永远不会是重建信任的有效策略。当我们观察到犯错者始终表现出可信的行为方式时，信任就可以重建。然而，如果犯错者使用了欺骗的手段，那么即使采用道歉、承诺或者始终可信的行为方式，信任也不能完全恢复。[140]

12.6.2 导师制

领导者通常要负责培养未来的领导者。**导师**（mentor）指的是为经验不足的员工（徒弟）提供支持和帮助的资深员工。[141] 成功的导师都是好老师。他们能够清晰地陈述自己的想法，善于倾听意见，并对徒弟遇到的问题感同身受。导师制关系能够发挥两种职能：职业职能和心理职能（见图表 12－7）。[142]

图表 12－7 导师制关系的职业职能和心理职能

职业职能	心理职能
● 通过游说让徒弟获得具有挑战性且能够被他人注意到的任务 ● 指导徒弟，帮助他们开发技能和实现工作目标 ● 帮助徒弟，把他们引荐给组织内有影响力的人物 ● 保护徒弟，避免潜在的风险影响他们的名声 ● 支持徒弟，帮助他们获得晋升 ● 充当传声筒，向徒弟的直接主管转达徒弟的想法或意见	● 为徒弟提供咨询和建议，帮助他们建立自信 ● 与徒弟分享个人经验 ● 建立友谊和认可 ● 做榜样

在正式的导师制关系中，徒弟候选人会根据对其领导潜力的评估，与对应组织职能中的领导者进行匹配。当领导者发现一个欠缺经验的低层级员工展示出发展潜力时，就会建立起非正式导师制。[143] 这位徒弟会经常接受各种具有挑战性的任务以作为测试。如果徒弟的表现可以被接受，导师会进一步发展这种关系。无论是在正式还是非正式的关系中，导师制的目的都是向这位徒弟展示组织在正式的结构和程序之外是如何运转的。

组织中的所有员工都能获得同等机会来参与导师制关系吗？遗憾的是，对这一问题的回答是否定的。[144] 然而，不断有研究表明，雇主还是应当建立导师制，因为无论对导师还是徒弟来说，这一制度都是有利的。[145]

尽管出发点是好的，但这些正式关系不如非正式关系那样有效。[146] 糟糕的规划、设计以及沟通通常是原因所在。导师必须认为这种关系对自己和徒弟都有好处。徒弟也必须感觉到自己真正投入到这种关系之中。[147] 如果正式的导师制能够正确地匹配徒弟和导师的工作风格、需求和技能，那么它最有可能获得成功。[148]

导师的有效性不取决于他们发挥的作用，而是取决于他们可以获得的资源：一位拥有强大社会关系网的导师可以为徒弟建立有助于其未来发展的人际关系。社会关系（无论是不是通过导师建立的）是预测事业成功的一个重要指标。[149] 如果一个导师没有良好的社会关系或不是一个好的执行者，那么即使是世界上最好的指导建议也不会太有利。

你可能会认为导师制对薪酬和业绩这样的客观结果比较有价值，研究结果却暗示这种收获主要是心理层面的。因此，导师制虽然会对事业的成功产生一定的影响，但其影响力并没有能力和人格那么大。有导师的感觉或许很好，但是拥有好的导师或者任何形式的导师并不是事业成功的关键。导师可以增强你的信心。

12.7 对领导的理解所面临的挑战

“16 世纪，人们把所有他们不可理解的事件归因于上帝。为什么庄稼不能收获？因为上帝。为什么某人会死？因为上帝。而现在，我们对所有问题的解释都是领导。”[150] 这可能是管理咨询公司敏锐观察得出的结果，但一个组织的成败在很大程度上取决于领导之外的其他因素。在很多例子中，组织的成败仅仅取决于在某个特定的时间处于正确还是错误的位置。在本节中，我们将考察对关于领导重要性的流行观念的一些质疑。

12.7.1 领导作为一种归因结果

在第 6 章中，我们介绍了归因理论。你可能还记得，它考察的是人们如何理解因果关系。**领导归因理论**（attribution theory of leadership）声称，领导仅仅是人们对其他个体进行的一种归因。[151] 于是，我们将下列特质都归于领导者：高智商、开朗的性格、很强的语言表达能力、进取心、理解力强且勤奋。[152] 在组织层面，不管对错，我们都倾向于认为领导者应当对极坏或极好的绩效结果承担责任。[153]

下属对领导者的看法强烈影响着领导者的有效能力。第一，一项针对 128 家美国大型公司的纵向调查发现，尽管对 CEO 超凡魅力的感知并没有促成客观的公司绩效，但公司绩效的确促成了对 CEO 超凡魅力的感知。[154] 第二，员工对领导者行为的看法是预测领导者是否会因为失败而受到指责的显著指标，无论领导者是如何评价自己的。[155] 第三，一项对西欧、美国以及中东的 3 000 多名员工的研究发现，那些喜欢将领导“浪漫化”的人更容易相信自己的领导者是变革型的。[156]

我们还会对领导者做出人口统计学特征上的假设。在一项研究中，对于一位没有提供具体种族信息的领导者，受访者猜测他是白人的比例超过了白人员工占该公司员工总数的比例。[157] 在领导情境相同但以领导者的种族作为自变量的实验中，白人领导者被认为比其他种族的领导者更加有效。[158] 一项大规模的总结发现，在许多人的刻板印象中，男性比女性拥有更多的领袖特征，尽管你可能会认为，随着时间的推移，这种把男性气概等同于领导力的趋势已经有所下降。[159] 其他数据显示，女性作为变革型领导者取得成功可能会因情况而定。当与别的团队激烈竞争时，团队会偏爱男性领导者。但是当竞争存在于团队内部而且需要改善团队内部的人际关系时，团队会偏爱女性领导者。[160]

领导归因理论认为，重要的是展示出有效领导者的外在形象，而不是关注实际成就。立志要成为领导者的后起之秀如果能够塑造出睿智、有风度、擅长言谈、进取和勤奋的形象，并且始终保持这种风格，则可以增加上司、同事和下属将其视为有效领导者的可能性。

12.7.2　领导的替代因素和抵消因素

有领导理论表明：在很多情境下，领导者的行为无关紧要。[161] 经验和培训就是领导的**替代因素**（substitute），可以取代人们对以下两种因素的需求：领导者的支持以及领导者创建组织结构的能力。电子游戏生产商 Valve Corporation、防水布料生产商 Gore 以及协作软件公司 GitHub 试着在企业中取消领导和管理层。构建"没有老板"的工作环境需要的是同事间的问责制度，以此来决定团队构成甚至是薪酬。[162] 某些组织特点，如具体明确的目标、严格的规章制度、高凝聚力的工作群体可以取代正式的领导。**抵消因素**（neutralizer）使领导者的行为无法对下属的结果产生影响（见图表 12－8）。

图表 12－8　领导的替代因素和抵消因素

特征	关系导向的领导	任务导向的领导
个体特征		
经验 / 培训	无影响	替代
专业性	替代	替代
对奖励无动于衷	抵消	抵消
工作特征		
高度结构化的任务	无影响	替代
自身提供反馈	无影响	替代
提供内在的满足感	替代	无影响
组织特征		
具体明确的目标	无影响	替代
严格的规章制度	无影响	替代
高凝聚力的工作群体	替代	替代

资料来源：Based on K. B. Lowe and W. L. Gardner, "Ten Years of the Leadership Quarterly: Contributions and Challenges for the Future," *Leadership Quarterly* 11, no. 4 (2000): 459–514.

有时，替代因素与抵消因素之间的差异很模糊。如果一个人发自内心地喜欢现在所从事的工作，那么该理论预测，领导的重要性在这个时候很小，因为任务本身就提供了足够的激励。但是，这意味着给员工带来内心喜悦的工作任务抵消了领导的效果，还是替代了领导的效果，或者是二者兼备？另一个问题是，虽然领导的替代因素（例如员工的特征、工作任务的性质等）对于绩效很重要，但并不意味着领导本身对绩效不重要。[163] 如果认为员工在实现目标的过程中完全是靠领导者的指引，那就太过简单了。我们在本书中已经介绍了许多能够影响员工绩效和满意度的变量，例如态度、人格、能力以及群体规范。领导不过是组织行为总体模型中的一个自变量而已。

12.7.3 选拔领导者

从本质上来说，组织选拔人才以填补管理岗位是一个设法找出有效领导者的过程。你或许会首先考察有效完成这项工作所必需的知识、技能和能力。人格测试可以用来确定与领导有关的特质——外倾性、责任心以及经验开放性。高自我监控者（见第5章）更擅长阅读情境线索，并能相应地调整自己的行为。情绪智力高的候选人应该更有优势，尤其是在需要变革型领导的情境中。[164] 丰富的经验并不是预测领导效果的一个好指标，但是针对具体情境的经验却很重要。

因为万事万物都会变化，所以组织需要未雨绸缪的首要事项就是领导的改变。彭尼百货（JCPenney）聘请了一位没有百货公司工作经验的CEO，他在上任后迅速改变了公司的总体战略，这个行为给公司带来了灾难性的后果。在他任职的一年中，公司股价下跌了69%。在此期间公司重新聘用了之前被迫离开的CEO，直到公司股价有所回升。在这次失败之后，彭尼百货公司似乎吸取了教训，聘请了家得宝（Home Depot）前高管马文·埃利森（Marvin Ellison）。埃利森还在塔吉特（Target）任职15年。公司在新闻稿中一再将埃利森描述为“一位非常成功的零售业高管，对门店运营有着广泛的了解”。[165]

一般而言，组织在更换领导的时候似乎并没有花时间仔细考察，当挑选的继任者表现很差时，它们会感到惊讶。过去的10年间惠普更换了四名CEO，其中一名只待了几个月，以至于观察家怀疑董事会在更换领导前是否做过功课。基于梅格·惠特曼（Meg Whitman）作为eBay首席执行官的经验，他们选择她担任现任首席执行官。在eBay任职期间，她被称赞为表现最佳的领导者。她还曾在政治上投入了大量资金来竞选加利福尼亚州州长。领导惠普期间，她被评为“业绩最差的首席执行官”，尽管惠普的股价由于她试图撤销前任的工作而大幅上升。[166]

12.7.4 培养领导者

组织在领导培训与开发上花费的资金高达数十亿美元。[167] 这些努力表现为各种各样的形式——从在哈佛等名校开办的收费5万美元的高级经理项目中学习，到在户外拓展训练学校进行航海旅行。高盛（Goldman Sachs）在开发领导者方面十分出名，《商业周刊》（*BusinessWeek*）称其为“领导工厂”。[168] 商学院也开始重新重视领导开发。

管理者如何从领导培训的预算中获得最大收益？第一，我们来看看显而易见的事情。高自我监控者在任何类型的领导培训上都可能更为成功，因为这些个体在改变行为方面具有灵活性。第二，组织应该教授执行技能。第三，可以指导他们提高诸如信任建设和导师辅导等方面的技能，并教给他们对情境的分析技能，让他们学会如何评估情境，如何调整情境使其更贴近自己的风格，以及在具体情境下如何确认最有效的领导行为。例如，必和必拓（BHP Billiton）、百思买（Best Buy）、诺基亚、Adobe都雇用了这种教练来一对一地帮助高层管理者提高自己的人际技能并减少专制行为。[169] 相比计算机软件技能培训这种更封闭或技术性的培训类型，领导培训的有效性似乎更多地取决于外部特征。[170] 第四，诸如模拟练习这类行为培训能提高个体展现领导魅力的能力。有研究表明，在关键的组织事件发生后，领导者应该定期回顾并反思他们的领导力，将其作为自身发展的一部分。对于那些责任心强、经验开放性高且情绪稳定（神经质低）的领导者来说，这样的回顾尤其有效。[171] 第五，领导者可以通过培训获得变革型领导技能。

本章小结

在理解群体行为方面，领导者发挥着核心作用，因为通常是领导者带领我们去实现目标。因此，了解如何成为一个优秀的领导者对改善群体绩效具有重要价值。大五人格框架表明，人格与领导之间存在始终一致的显著相关关系。行为理论的主要贡献在于它把领导归为两种风格：任务导向（结构维度）和员工导向（关怀维度）。通过考虑领导者所处的情境，权变理论具有改进行为理论的潜力。当代理论为我们理解领导有效性做出了主要贡献。关于道德和积极领导的研究带来令人兴奋的希望。

对管理者的启示

- 为了使领导有效性最大化，请确保你对结构维度和关怀维度的偏好与你的工作动力及文化相匹配。
- 要雇用那些能够展现变革型领导素质并在与他人合作中表现出色的求职者。人格测试可以挑选出在外倾性、责任心以及经验开放性方面得分较高的候选人，这些特质可能代表其已经做好成为领导者的准备。
- 雇用那些你认为道德且诚实的求职者，让他们扮演管理者的角色，并对组织中已有的管理者进行道德标准培训，以提高领导有效性并减少辱虐管理。
- 努力与下属建立信任关系，随着组织稳定性和可预测性的降低，在界定期望值和彼此间的关系时，强大的信任纽带正在取代官僚规则原本扮演的角色。
- 考虑投资领导力培训和开发，例如正规课程、研讨会以及导师制。

复习题

1. 特质理论都有哪些结论？
2. 行为理论的核心原则和主要局限有哪些？
3. 什么是权变理论？
4. 当代领导理论与早期基础理论有何关系？
5. 领导者可以通过什么方法来创建道德型组织？
6. 领导者如何通过建立信任和导师制对组织产生积极影响？
7. 我们对领导的理解面临着哪些挑战？

观点碰撞

CEO 起步都很早

正方

如果你仔细了解，就会发现 CEO 很早就开始担任领导角色。他们有相似的背景，从童年开始就面对挑战并制定应对策略。事实上，你在附近的柠檬水摊上很容易就能看到一位正在工作的 CEO。

新兴CEO的形象是怎样的呢？第一，故事开始于他们的父母，这些父母几乎都是通过勤奋获得成功的。例如，出版公司霍顿·米夫林·哈考特（Houghton Mifflin Harcourt）前首席执行官琳达·泽克（Linda Zecher）的父亲经营好几家企业。软件公司Smartsheet.com首席执行官布伦特·弗赖（Brent Frei）的父亲拥有并经营800英亩的农场。阿斯佩拉（Aspera）首席执行官米歇尔·芒森（Michelle Munson）的母亲是一名教授，她的父亲是农场的第五代领导者。

第二，未来的CEO肩负着责任。公用事业公司美国水务的首席执行官苏珊·斯托里（Susan Story）从小就学到："无论事情有多么糟糕，你都需要努力工作和承担个人责任，因为没有人欠你任何东西。"弗赖回忆说自己"很早就有机会做大事"，他6岁时，他爸爸将他放进皮卡，调到第一挡，让弗赖和坐在副驾驶座上5岁的妹妹一起开车回家。许多CEO从小就在家庭农场工作或照顾兄弟姐妹。

第三，新兴CEO在年轻时就是成功的领导者。哈莱姆教育活动基金会（Harlem Educational Activities Fund）首席执行官露丝·拉思布洛特（Ruth Rathblott）在读七年级时就是班长，后来成为中学学生会主席；视频制作服务公司Animoto首席执行官布拉德·杰斐逊（Brad Jefferson）在高中曾担任四分卫、足球队队长和班长；数字机构Paramore的创始人汉娜·帕拉莫尔（Hannah Paramore）一直是负责人，担任各种组织的队长。

显然，CEO们起步都很早。

反方

起步早的CEO在获得成功后可以讲一些很好的故事，但这并不意味着他们代表了大多数人。让我们看看CEO在青涩岁月中的其他方面。

第一，我们知道个性很大程度上可归因于遗传，但以下两个推断是不正确的：（1）我们可以绘制从祖先到CEO的人格特征遗传轨迹；（2）我们可以判断年轻人的性格特征将会产生什么结果。同样，我们不能说，如果父母通过勤奋获得成功，他们的孩子就会成功。斯托里的父母分别在一家棉纺厂和一家污水处理厂工作，他们"没有很多钱"。弗赖的家庭农场的收入"略低于盈亏平衡点"。Vitals网站首席执行官米奇·罗思柴尔德（Mitch Rothschild）说："父母之所以对你造成影响，要么是因为你想像他们那样，要么是因为你不想像他们那样。"

第二，什么样的孩子是在没有承担责任的情况下被抚养长大的？没有人是这样，即使他们所要做的只是去上学。有很多CEO在成长过程中肩负着很多责任。芒森的父母强调了两件事，其一是教育，其二是参加4-H。泽克"曾经去送过报纸，她是一名女童子军，高中时参加过很多俱乐部和体育活动"。

第三，如果认为CEO都是从年轻领导者开始做起，那就错了。那些并非如此的人根本就不会谈论这件事。制造商Trex的首席执行官罗恩·卡普兰（Ron Kaplan）是一名射击选手。直到大学毕业，泽克才开始有计划，担任领导角色。

那些起步很早的CEO的故事可以成为好的新闻报道，但是从定义上看CEO并不一定要很早起步。不过，遗传和经历塑造了年轻人，这些因素和CEO的成功之间有着复杂的关系。

资料来源：Based on A. Bryant, "A Good Excuse Doesn't Fix a Problem," *The New York Times*, December 28, 2014, 2; A. Bryant, "Always Respect the Opportunity," *The New York Times*, October 19, 2014, 2; A. Bryant, "Don't Let Your Strengths Run Amok," *The New York Times*, May 18, 2014, 2; A. Bryant, "Knowing

Your Company's Heartbeat," *The New York Times*, May 30, 2014, B2; A. Bryant, "The Danger of 'One Size Fits All,'" *The New York Times*, March 29, 2015, 2; A. Bryant, "The Job Description Is Just the Start," *The New York Times*, September 14, 2014, 2; A. Bryant, "Making Judgments, Instead of Decisions," *The New York Times*, May 4, 2014, 2; A. Bryant, "Pushing Beyond Comfort Zones," *The New York Times*, January 25, 2015, 2; A. Bryant, "Tell Me What's Behind Your Title," *The New York Times*, April 11, 2014, B2; and C. Crossland, J. Zyung, N. J. Hiller, and D. C. Hambrick, "CEO Career Variety: Effects on Firm-Level Strategic and Social Novelty," *Academy of Management Journal* 57, no. 3 (2014): 652–74.

知识应用和就业力

了解领导者涌现的方式，领导者如何变得更有效，以及如何引导和影响人们追求愿景和实现组织目标，这些技能都是无价之宝，能帮助你变得更有竞争力，也许还能增加你在工作中获得晋升的机会。这些信息不仅对于弄清如何引导很重要，而且对于知道如何与管理者或主管有效地互动和沟通也很重要。在本章中，我们知道领导是一个多方面的概念：人格特征可以影响一个人能否成为一名领导者以及是否擅长担任领导者。当你在任命团队或部门领导方面有发言权时，这一点可能很重要。你现在应该对领导者所做的事情以及他们受到情境约束的情况有更好的想法。你也知道关注管理者与下属之间特定关系的新领导概念有多么重要，以及魅力型、真实型、道德型和变革型领导风格如何才能最有效。显然，你会发现成为一名领导者和成为一名管理者是两回事——通过激励和挑战下属，你树立了威信，他们有所发展。这样他们不仅可以作为员工成长，还可以帮助组织实现目标。在本章中，你通过以下方式增强批判性思维、知识应用与分析技能：揭穿领导者压力最大的神话，学习如何面对过度八卦的老板，处理道德型领导与关于领导的旧理论之间的紧张关系，并讨论 CEO 们是否在生活中都会早早开始担任领导角色。在接下来的部分中，你将通过以下方式继续发展这些技能以及沟通和合作技能：识别来自不同背景的领导者，考虑 CEO 在打算离职时对员工的道德义务，分析共享领导的有效性，并考虑使用领导力算法来发展领导力。

体验练习

什么是领导力？

将全班学生分为（或自愿组成）5 组：

A 组：政府领导（总统、议员、州长、众议员、州众议员）

B 组：商业领导（CEO、总裁、商界领袖）

C 组：大学领导（大学校长、教务长、院长、教授）

D 组：体育领导（教练、非正式队长、队长）

E 组：社会 / 思想领导（活动家、作家）

◆ 问题

1. 每个小组从流行文化或历史中选出一位适合作为本小组榜样的领导者。小组对这个人进行讨论，并确定该领导者的一个或多个特征。讨论方式不限于简单的集体讨论，而是需要找出大多数小组成员都认可可以代表该领导者特征的例子。

2. 再次召集全班同学。老师将在黑板上为每个小组画出一列，并在每一列中记录被选中的人及其特征。对于每个小组所选出的人，判断其人格特征或属性是否会影响小组领导者的有效性，并说明原因。在这种情况下，对抗或替代策略都有哪些，为什么？你从这两个列表中看到了哪些相似之处？从这个练习的结果中你是否发现不同情境中领导者所需要具备的特质有所不同？对于每一种情境，导致领导者涌现的因素是否与使领导者有效的因素有所不同？

道德困境

我该留下还是离开？

尽管许多CEO是由于政治原因和权力斗争而被解雇的，还有一些人是因为不道德的行为而被解雇的，但有很多人是自愿离开组织的。这是一个艰难的决定，因为领导者不仅要为自己做出最好的决定，同时他们还是组织里许多人的依靠，这些人需要领导者的领导技能来保持成功。领导者的离开可能会导致依附于领导者的下属脱离组织并且考虑离开。但人们可以理解为什么首席执行官可能会离开或改变职业。例如，太平洋投资管理公司（PIMCO）首席执行官穆罕默德·埃里安（Mohamed El-Erian）于2014年离开公司。此前他的女儿在睡觉前递给他一份清单，上面列出了他因为工作而错过的她生活中的所有重大事件和活动。

CEO对公司有义务，公司对首席执行官也有义务。埃丽卡·安德森（Erika Andersen）是《福布斯》的一位作家，他指出："顶尖人才会在管理不善、组织混乱、缺乏吸引力时离开一个组织。"这些理由同样适用于领导者。

一种新的方法表明，我们应该将离职视为不可避免的，即使对明星员工而言也是如此。达特茅斯学院的芬克尔斯坦（Finkelstein）教授指出："我研究的老板们都从一个奇妙的悖论中获得了好处：当你停止挽留员工，为人才流动创造条件时，你会发现更多的顶尖人才最终会留下来。"此外，当这些CEO离开时，他们会被添加到所谓的前员工网络中，可以在未来成为该组织的强大盟友。

◆ **问题**

1. 你认为领导者在考虑离开组织之前应该做些什么？这些CEO或领导者对员工有什么亏欠？为什么？

2. 你认为CEO或领导者是否有合适的时机考虑或宣布离开组织？离职时机不当的例子有哪些？CEO离职的最佳时机是什么？

3. 组织可以做些什么来挽留CEO和领导者？这些行为注定是徒劳吗？换句话说，任何尝试都是没有意义的吗？为什么？

资料来源：Based on E. Andersen, "Why Top Talent Leaves: Top 10 Reasons Boiled Down to 1," *Forbes*, January 18, 2012, https://www.forbes.com/sites/erikaandersen/2012/01/18/why-top-talent-leavestop-10-reasons-boiled-down-to-1/#5eef38a04e43; N. Bozionelos and S. Mukhuty, "Why CEOs Resign: Poor Performance or Better Opportunities?," *Academy of Management Perspectives* 29, no. 1 (2015): 4–6; R. Derousseau, "5 CEOs Who Quit for the Right Reasons," *Fortune*, October 21, 2014, http://fortune .com/2014/10/21/ceos-quit-right-reasons/; M. N. Desai, A. Lockett, and D. Paton, "The Effects of Leader Succession and Prior Leader Experience on Postsuccession Organizational Performance," *Human Resource Management* 55, no. 6 (2016): 967–84; S. Finkelstein, "Why the Best Leaders Want Their Superstar Employees to Leave," *The Wall Street*

Journal, October 3, 2016, https://www.wsj.com/articles/why-the-best-leaders-want-their-superstar-employees-to-leave-1475460841; and D. L. Shapiro, P. Hom, W. Shen, and R. Agarwal, "How Do Leader Departures Affect Subordinates Organizational Attachment? A 360-Degree Relational Perspective," *Academy of Management Review* 41, no. 3 (2016): 479–502.

案例分析 1

共享领导

卡罗尔·克赖斯特（Carol T. Christ）接替尼古拉斯·德克斯（Nicholas Dirks）担任加州大学伯克利分校校长后，采取了一种前任没有使用的策略：共享领导。值得一提的是，前任校长和教务长提议解散化学学院时，并没有咨询大学的其他决策者和利益相关方。另外，克赖斯特会见了主管学术事务的副校长弗朗西丝·麦金利（Frances McGinley），她负责了解（学生会）正在做什么，以及（她）如何能提供帮助。这一举动是不寻常的，因为麦金利经常必须追着其他主管才能获得会面机会（或者仅仅是委派工作）。在英国埃塞克斯一所高中里，吉尔·马丁（Jill Martin）与戴维·巴尔斯（David Barrs）之间也有类似的安排。他们确定了各自主导的特殊兴趣领域。他们具有相同的教育理念，每天开会，有权当场做出决定并相互挑战。

正如德克兰·菲茨西蒙斯（Declan Fitzsimons）在《哈佛商业评论》（*Harvard Business Review*）的一篇文章中所建议的，21 世纪发展太快，动态性太强，一个人无法应对，通过在多人之间共享领导，组织可以更灵活地应对挑战，分享有所不同但彼此互补的观点，并减轻传统领导者所承担的责任。然而，共享领导有其自身的问题和障碍，这在团队成员、下属和其他员工之间的多重关系中表现得很明显。这一问题不仅涉及个人，而且涉及参与共享的集体。同样重要的一点是，我们要认识到共享领导不是一种授权，而是一种协调和协作，以及对个人目标和集体目标的平衡。

对共享领导研究的综述表明，总体上，共享领导在改善团队绩效、态度和行为方面是有效的，特别是当领导类型属于变革型或魅力型，以及团队任务复杂时。

◆ **问题**

1. 在采用共享领导方式时，你可以预见到哪些障碍？如何解决这些问题？或者说这些问题能够解决吗？

2. 假设你在一家公司担任 CEO，你将如何实施共享领导计划？你可以利用工作设计和重新设计中的哪些要素来提高共享领导计划的有效性？

3. 你能想出说明传统的非共享领导方式比共享领导方式更可取的例子吗？这些例子是什么，为什么更可取？哪些情境或个人因素会导致传统方式在这些情况下更有效？

资料来源：Based on J. Bell, P. Cubías, and B. Johnson, "Five Insights from Directors Sharing Power," *Nonprofit Quarterly*, March 28, 2017, https://nonprofitquarterly.org/2017/03/28/five-insights-directors-sharing-power/; D. Fitzsimons, "How Shared Leadership Changes Our Relationships at Work," *Harvard Business Review*, May 12, 2016, https://hbr.org/2016/05/how-shared-leadership-changes-our-relationships-at-work; N. Morrison, "Two Heads Are Better Than One: A Model of Shared Leadership," *Forbes*, December 21, 2013, https://www.forbes.com/sites/nickmorrison/2013/12/21/two-heads-are-better-than-one-a-model-of-shared-leadership/#d3bfeec540ac; D. Wang, D. A. Waldman, and Z. Zhang, "A Meta-Analysis of Shared Leadership and

Team Effectiveness," *Journal of Applied Psychology* 99, no. 2 (2014): 181–98; and T. Watanabe and R. Xia, "UC Berkeley's new Chancellor Is Hailed as a 'Brilliant Choice,'" *Los Angeles Times*, March 13, 2017, http://www.latimes.com/local/lanow/la-me-ln-uc-berkeley-new-chancellor-20170313-story.html.

案例分析 2

领导力算法

有没有哪种单一的领导方式是永远正确的？无论从研究结果还是从本章探讨过的各种领导方法来看，这种方式都是不存在的，就连常识也告诉我们，"一刀切"的做法会带来灾难性的后果，因为组织的存在具有多种目的，往往会形成独特的组织文化。领导力发展计划通常传授的是最佳实践模型，但专家建议，如果违背自己的本性而刻意训练某些领导技能，很可能会使一个人失去本真，而这正是有效领导的关键所在。一条有希望的领导之路可能存在一定的算法。

如果你曾做过某种能力优势测试，比如哈里森职业评估报告（Harrison Assessment）或者盖洛普的克利夫顿优势识别（Clifton StrengthsFinder），你会了解到，这些测试是为了发掘你的人格、技能、偏好，最终做出个人综合分析。这些工具很有用，但通过个性化定制和实际应用，领导力算法可以将你的领导力发展到另一个层次。比如，它们可以利用你在测试中得到的结果，根据你的需求和能力，为你量身定制一套发展方案。

管理培训组织 TMBC 公司的创始人、*StandOut* 一书的作者马库斯·白金汉（Marcus Buckingham）是领导力方案的专家，以下是他推荐的几个步骤。

第一步：寻找或开发测评工具。可能包括人格组成因素，如大五人格鉴定测试，以及公司可以利用的其他一些测试方法，或者根据所关注的领导特征自创一套测试。

第二步：找出组织中的高层领导并让他们参与测试。这个步骤不是为了发现领导者有什么共同点，而是根据领导者的相似性分为不同的类别。

第三步：对同类型的领导者进行访问，了解他们在工作中运用了哪些技巧。通常这些技巧都很独特，是一种自发的能力，并与他们在领导者测试中展现出来的优势紧密相关。整理每种领导类型所具备的独特技巧。

第四步：可以将高层领导的分类结果以及每种类型所具备的领导者技巧发展成一种算法，或者一种定制方案，用于领导力的开发。公司要求正在成长的领导者完成这些评估测试，并将他们分类。成功的领导者可以将自己的技巧分享给与自己相似的后辈，因为他们属于同一类型。

这些步骤可以帮助成功的领导者将自己的技巧传承给成长中的新一代，这些技巧会让新人觉得真实有效，并且可以激发他们的创造力。这些技巧将成为简短、个性化、互动性强且适用的提示和建议，不断传递给后人，为期两周的领导力培训课程不可能达到这样的效果。

◆ 问题

1. 如果你参加了这个领导力培训项目，你觉得自己在以下方面会有哪些收获：教给了你哪些领导技巧？为你提供了哪些实际可用的策略？该项目还可以做出哪些改进？

2. 利用马库斯的方法培养领导力存在哪些潜在的弊端？

3. 你会向自己的组织推荐马库斯的方法吗？为什么？

资料来源：Based on M. Buckingham, "Leadership Development in the Age of the Algorithm," *Harvard Business Review* (June 2012): 86–94; M. D. Watkins, "How Managers Become Leaders," *Harvard Business Review* (June 2012): 64–72; and J. M. Podolny, "A Conversation with James G. March on Learning about Leadership," *Academy of Management Learning & Education* 10 (2011): 502–6.

注 释

第13章 权力与政治

Power and Politics

学习目标

学完本章后，你应该能够：

1. 比较领导和权力。
2. 解释正式权力的三种基础和个人权力的两种基础。
3. 解释权力关系中依赖性的作用。
4. 指出权术或影响策略及其使用条件。
5. 指出权力滥用的影响因素和影响后果。
6. 描述政治在组织中的运作方式。
7. 指出政治行为的原因、后果和道德问题。

就业技能矩阵

	传言还是科学	职业目标	道德抉择	观点碰撞	体验练习	道德困境	案例分析 1	案例分析 2
批判性思维	✔	✔		✔	✔	✔	✔	✔
沟通			✔		✔			✔
合作		✔			✔			
知识应用与分析	✔		✔	✔	✔	✔	✔	✔
社会责任		✔					✔	✔

有关腐败的故事

请快速回答这个问题：如果某人有能力为了自己的利益而对他人施加自己的意志，那么这个人会这么做吗？

2012 年 12 月 19 日，朴槿惠成为韩国首位女总统，她被认为是韩国政治的先驱和长期政治遗产的继承人。这位 60 岁的政治家是韩国前总统朴正熙的女儿，在 22 岁时就开始了自己的政治生涯。她的母亲被一名朝鲜枪手暗杀，之后她开始承担第一夫人的工作。朴槿惠在成为韩国总统时做出了许多承诺，民众对她能重振经济充满希望。这些承诺包括推动监管韩国最大的公司，如三星和现代。朴槿惠竞选胜利基于她对支持中小企业并鼓励出口的承诺。

不到四年，朴槿惠就被弹劾并以腐败的罪名受审。朴槿惠的闺蜜崔顺实拥有不同寻常的权力，除了利用自己与总统的关系为非营利基金会募款，还被允许非法获取机密文件、修改总统演讲稿。韩国在过去几十年里已有两位总统被监禁。李明博在卸任总统前卷入了一起贿赂丑闻。与朴槿惠类似，李明博的朋友尚德利用自己和总统的关系收受了两家韩国银行的贿赂。李明博的几名助手也被指控受贿。

是什么导致朴槿惠从一位看起来清廉的韩国政客变为一位被指控犯有腐败罪而遭弹劾的总统呢？一些韩国人认为崔顺实获得权力是罪魁祸首。

这类故事并不是韩国独有的。透明国际组织（Transparency International）2013 年的全球腐败调查发现，1/4 的受访者曾经在过去一年内向政客行贿。在世界各地，从印度到南欧再到美国，政治领导人为了自身利益而利用权力的故事都在上演。这一现象发生在各个层级。在佛罗里达州，前 Opa-locka 委员会委员路易斯·圣地亚哥（Luis Santiago）利用他的职位获得了 4 万美元的贿赂。在马里兰州，州参议员纳撒尼尔·奥克斯（Nathaniel T. Oaks）被发现为推动一项假房地产项目而接受了 1.5 万美元的贿赂。

在所有这些故事中，官员当选都是为了公众利益，然而他们却用权力为自身利益服务。其中很多平民之所以会当选，是因为他们声称自己可以消除腐败。而当他们获得权力时却开始利用自己的影响力来推进自己的目标。除了在政治上获得领导地位以外，还有其他获得权力的方式。很多贿赂丑闻之所以会发生，是因为有人控制了财富或经济权力等资源。

资料来源：Based on M. Park, P. Hancocks and K. J. Kwon, “Park Guen-hye Claims South Korea Presidential Victory,” *CNN*, December 19, 2012, http://www.cnn.com/2012/12/18/world/asia/south-korea-presidential-election/; K. J. Kwon and M. Park, “South Korean President Apologizes for Bribery Scandals in His Inner Circle,” *CNN*, July 24, 2012, http://www.cnn.com/2012/07/24/world/asia/south-korean-president-apology/index.html; Associated Press, “Impeached South Korean President Indicted, Faces Trial,” *New York Post*, April 17, 2017, http://nypost.com/2017/04/17/impeached-south-korean-president-indicted/; BBC Profiles, “Profile: South Korean President Park Guen-hye,” *BBC News*, March 10, 2017, http://www.bbc.com/news/world-asia-20787271; A. E. Marimow and O. Wiggins, “Code Word ‘Lollipop’: That Was Bribe Cue for Maryland State Senator, Investigators Charge,” *The Washington Post*, April 7, 2017; J. Weaver, “Opa-locka Politician Pleads Guilty to Bribery, as FBI Continues Corruption Probe,” *Miami Herald*, January 10, 2017, http://www.miamiherald.com/news/local/article125617409.html; R. Jennings, “Five Things to Know about South Korea’s Presidential Scandal,” *Forbes*, November 9, 2016, https://www.forbes.com/sites/ralphjennings/2016/11/09/5-sad-and-creepy-things-you-should-know-about-south-koreas-presidential-scandal/#59a510541556; and K. Rapoza, “Transparency International Spells It Out: Politicians Are the Most Corrupt,” *Forbes*, July 9, 2013, https://www.forbes.com/sites/kenrapoza/2013/07/09/transparency-international-spells-it-out-politicians-are-the-most-corrupt/#7497bca21c33.

在本章中，我们将了解权力，包括一个人获得权力的方式以及员工对他人施加自己意志的策略。我们还将了解政治行为在维持组织内部权力方面的作用。权力极具诱惑力。拥有权力的人矢口否认，追逐权力的人尽力掩饰，而那些擅长获取权力的人则对如何获取权力讳莫如深。[1] 我们首先对权力和领导之间的天然联系进行探索。

13.1 权力和领导

在组织行为学中，**权力**（power）指的是A对B的行为产生影响从而使B按照A的意愿行事的能力。[2] 因此，一个人可以拥有权力，但不运用权力；它是一种能力或潜力。权力的最重要方面也许表现为它是关于**依赖性**（dependency）的函数。B对A的依赖性越大，那么在他们的关系中，A的权力就越大。此外，依赖性取决于B认为总共有多少备选方案以及A控制的备选方案的重要性。只有当某人控制了你渴望获得的事物时，他才对你拥有权力。如果你想获得一张大学文凭，必须通过某门课程，而你目前的授课教师是全校唯一讲授这门课的老师，那么她就对你拥有权力。因为你的选择方案非常有限，而且你对通过这门课程极为重视。同样，如果你依靠父母的资助上大学，那么你可能会意识到他们对你拥有权力。但是，一旦你从学校毕业并拥有一份工作和不错的收入，那么父母对你的权力就会明显减弱。

金钱是依赖性的一个强有力的变量。我们谁没听说过这样的例子呢：某位富有的亲戚只需通过明确或隐讳的威胁——"小心我把你排除在财产继承人之外"——就能控制住家族成员。华尔街一名投资组合经理曾强迫手下的分析师服用雌激素，并涂口红、化妆。为什么经理会有这样的权力？因为他控制着分析师的日交易权限，因此也控制了其生计。[3]

将我们对领导的阐述（见第12章）和本章对权力的阐述进行仔细比较就会发现，这两个概念是紧密交织在一起的。领导者把权力作为实现群体目标的一种手段。领导和权力这两个术语之间的差异何在？第一个差异是权力不要求目标的兼容性，只需要依赖性。相反，领导则要求领导者和被领导者双方的目标存在某种程度的一致性。第二个差异在于影响的方向。对领导的研究侧重于对下属的影响，它尽可能忽略横向影响和自下而上的影响。权力则需要考虑所有因素。第三个差异是，对领导的研究经常强调领导风格，并试图回答这样的问题：一位领导者应该为下属提供多大支持？他应当与下属分享多少决策权？与此相反，对权力的研究则聚焦于人们为令他人服从而使用的权术。领导关注的是单个领导者的影响力，而对权力的研究认为群体和个体都可以使用权力来控制其他个体或群体。

你可能已经注意到，要使权力情境存在，一个人或一个群体要对另一个人或另一个群体所重视的资源拥有控制权。这通常发生在已经存在的领导情境下。然而，权力关系在生活的各个领域都有可能发生，权力的来源也多种多样。接下来我们将探索权力的各种来源。

13.2 权力的基础

权力从何而来？是什么赋予个体或集体影响他人的能力？为了回答这些问题，我们首先要把权力的基础或来源划分为两大类——正式的和个人的，然后进一步细分为具体的类别。[4]

13.2.1 正式权力

正式权力以个体在组织中的职位为基础。它可以来自惩罚或奖赏的能力，或者来自正式职权。

强制权力 **强制权力**（coercive power）依赖于目标对不服从命令会导致的消极后果的惧怕。在身体层面，强制权力的主要措施是使用或威胁使用某些体罚手段，如皮肉之苦，来限制对方行动而使其产生挫败感，或限制基本的生理需求或安全需求。

在组织中，假设 B 很在乎自己的工作，如果 A 能对 B 进行解雇、停职和降级，那么 A 对 B 就拥有强制权力。同样，如果 A 能够给 B 分派 B 不喜欢的工作或以让 B 感到尴尬的方式对待 B，那么 A 对 B 也拥有强制权力。强制权力也可以来自对关键信息的控制。在组织中，那些拥有他人所需的数据或知识的人员能使这些人依赖自己。当下属遭到上司欺辱的时候，强制权力是阻止他们反击的主要力量。[5]

奖赏权力 与强制权力相反的是**奖赏权力**（reward power）。人们之所以服从奖赏权力是因为它能带来好处。如果某人能够给人们带来他们认为有价值的奖赏，那么他就对他们拥有奖赏权力。这些奖赏可以是金钱方面的，例如工资、加薪和奖金；也可以是非金钱方面的，例如认可、晋升、有趣的工作任务、友善的同事、有利的工作轮换或销售区域。[6]

法定权力 在正式的群体和组织中，获取一种或多种权力基础的最常见途径很可能就是通过**法定权力**（legitimate power）。它代表组织成员根据自己在组织结构中的职位来控制和使用组织资源的正式职权。

法定权力比强制权力或奖赏权力更为宽泛。具体而言，法定权力包括组织成员对某个层级的职位所具备的职权的接受和认可。我们把权力与层级结构这个概念如此紧密地联系起来，人们通过组织结构图就可推断出哪些领导者权力很大。[7] 一般我们会认为，当学校校长、银行总裁和部队军官发话时，老师、出纳员和副官通常都会遵照执行。

13.2.2 个人权力

在英特尔公司，许多极有能力和效率的芯片设计师都拥有权力，但他们并不是管理者，也没有正式权力。他们拥有的是个人权力，它来自个体的独特特征。[8] 个人权力有两种基础：专业知识；他人的尊重和敬佩。个人权力和正式权力并不矛盾，但它可以独立存在。

专家权力 **专家权力**（expert power）是专长、特殊技能或知识产生的影响。[9] 随着工作日益专业化，我们变得越来越依赖各种专业人员来实现目标。人们普遍认为医生具有专业技能，因而具有专家权力：大多数人都会遵循医生的建议。计算机专家、税务会计师、经济学家、工业心理学家以及其他各行各业的专家都会因为自己的专业技能而获得权力。

参照权力 **参照权力**（referent power）的基础是人们认同某个拥有令人羡慕的资源或特质的人。[10] 如果我喜欢、尊重和崇拜你，你就对我拥有权力，因为我想取悦于你。

参照权力源于他人的钦佩和效仿的意愿。这一点有助于解释为什么人们要花几百万的大价钱请名人为产品做广告。市场研究表明，勒布朗·詹姆斯和汤姆·布拉迪（Tom Brady）这样的名人能够影响人们对运动鞋和信用卡等商品的选择。其实，只需经过少许练习，你我都能掌握名人的那点推销术，但是作为买方的公众并不会认同我们。有些人虽然没有正式的领导职位，却具有参照权力并能够对他人施加影响，这是因为他们的领袖魅力、受喜爱程度和情绪感染力。[11]

13.2.3 哪种权力基础最有效？

上述三种正式权力（强制权力、奖赏权力、法定权力）和两种个人权力（专家权力、参照权力），哪一种最重要？许多研究表明，个人权力最有效。专家权力和参照权力都与员工的满意度、组织承诺和绩效呈正相关。而奖赏权力和法定权力似乎与这些结果没什么关系。此外，正式权力中的强制权力可能会带来损害。

参照权力可能会具有强大的激励作用。史蒂夫·斯托特（Steve Stoute）创建的公司 Translation 的主要业务是为歌星与想要提升自己品牌的公司牵线搭桥。斯托特已经促成了贾斯汀·汀布莱克（Justin Timberlake）与麦当劳、碧昂斯（Beyonce）与 Tommy Hilfiger、Jay-Z 与锐步的合作。他的公司主要是帮助品牌利用明星的名气来触及年轻人的文化。[12] 这些知名公司的成功证明了斯托特的预期，即购买这些商品的公众会认同并模仿商品代言人，并对其所代言的品牌给予很高的评价。

13.3 依赖性：权力的关键

权力最重要的一个方面在于它是关于依赖性的函数。在这一节中，我们将介绍充分理解依赖性是如何帮助我们更好地理解权力等级的。

13.3.1 依赖性的一般假设

让我们先做一个一般性的假设：B 对 A 的依赖性越大，则 A 对 B 的权力越大。当你拥有他人需要的某种东西，而且你是唯一的控制者时，你就会使他们依赖你，因此获得了对他们的权力。[13] 古语说得好："在失明者的国度里，独眼者就是国王。"但如果某种东西大量存在，那么拥有它并不会增加你的权力。因此，你越是能够扩展自己的选择余地，别人对你的权力就越小。这可以解释大多数组织为何要开发多个供应商而不是把所有业务都交给一家厂商。此外，这还可以解释为何很多人都渴望保持经济独立。经济独立能减少其他人限制我们获得机会和资源的权力。

13.3.2 什么造成了依赖性？

如果你掌控的资源是重要的、稀缺的和不可替代的，那么他人对你的依赖性就会增加。[14]

重要性 如果没有人想得到你掌握的资源，就不会产生依赖性。然而请注意，资源的重要性程度各有不同，既有生存所需的资源，也有只是为了变得更流行或增加便利性的资源。

稀缺性 制造了具有异国情调的超级跑车并以自己名字命名的费鲁乔·兰博基尼（Ferruccio Lamborghini）深谙稀缺性的重要性，并利用这一点在第二次世界大战中大显身手。当时，兰博基尼和意大利军队驻扎在罗得斯岛。长官对他的机械技能印象深刻，因为他在修理其他人无法修好的坦克和汽车时表现出卓越的能力。战后，他宣称自己是岛上第一个获得维修手册的人，而且他记住了其中的内容并销毁了维修手册，从而使自己变得不可或缺。[15]

我们还能从就业的权力情境中进一步看到稀缺性与依赖性的关系。如果是劳动力供给少于市场需求的职业，员工往往可以在工资和福利方面提出更高要求；相反，如果是劳动力供给充足的职业，员工则无法做到这一点。例如，如今的大学管理者不费吹灰之力就可以找到英语教师，而网络系统分析员却相当紧缺，市场对他们的需求量很大，而供给又十分有限。因此，计算机工程专业的教师所具备的实力使得他们能够与大学管理者就更高的薪金、更低的教学负担和其他福利待遇进行谈判。

不可替代性 一种资源的有效替代物越少，控制这种资源的人所具有的权力就越大。例如，在看重教师发表论文的高校，教师通过发表论文获得的认可越多，他们的控制权就越大，这是因为其他高校都希望得到著述多、知名度高的教师。

13.3.3 社交网络分析：一种资源评估工具

社交网络分析是评估组织内资源交换和依赖关系的一种工具。[16] 这种方法通过检查组织成员之间的交流模式以确定他们之间的信息流动方式。在一个社交网络中，或在具有相同职业利益的人之间的联系中，每个人或群体被称为一个节点（node），而节点之间的连接被称为一个边（tie）。当节点之间经常通信或交换资源时，就称它们之间具有强关联。其他没有直接关联的节点通过中间节点实现资源流动。换言之，某些节点充当了其他未连接的节点之间的代理（broker）。描述社交网络中个人之间的联系的图形称为社交网络图（sociogram），其功能类似于一个非正式的组织结构图。不同之处在于，正式的组织结构图显示了权力应该如何流动，而社交网络图则显示了资源实际上如何在组织中流动。社交网络图的示例如图表 13－1 所示。

网络可以创造大量的权力动态，如强制执行规范（见第 9 章）或在组织内创造变革。因此，与组织社交网络联系密切的员工不太可能参与腐败。[17] 处于代理位置的人往往拥有更大的权力，因为他们可以利用来自不同群体的独特资源。换句话说，很多人对代理有依赖性，这就给了代理更多的权力。例如，组织文化的变革如企业社会责任意识通常由单个相互连接的个人群体开始，随着时间的推移逐渐扩展，通过代理转移到其他相互连接的群体。[18] 变革推动者指的是受委托帮助一个组织进行重大变革的人。来自英国国家卫生局（National Health Service）的数据表明，如果变革推动者是信息代理，那么他们就能取得更大的成功。[19] 然而，这些功能并非没有代价。一项研究表明，被认为是咨询网络核心的人更有可能会辞职，因为他们在没有回报的情况下做了大量额外的工作。[20]

图表 13－1 组织社交网络图

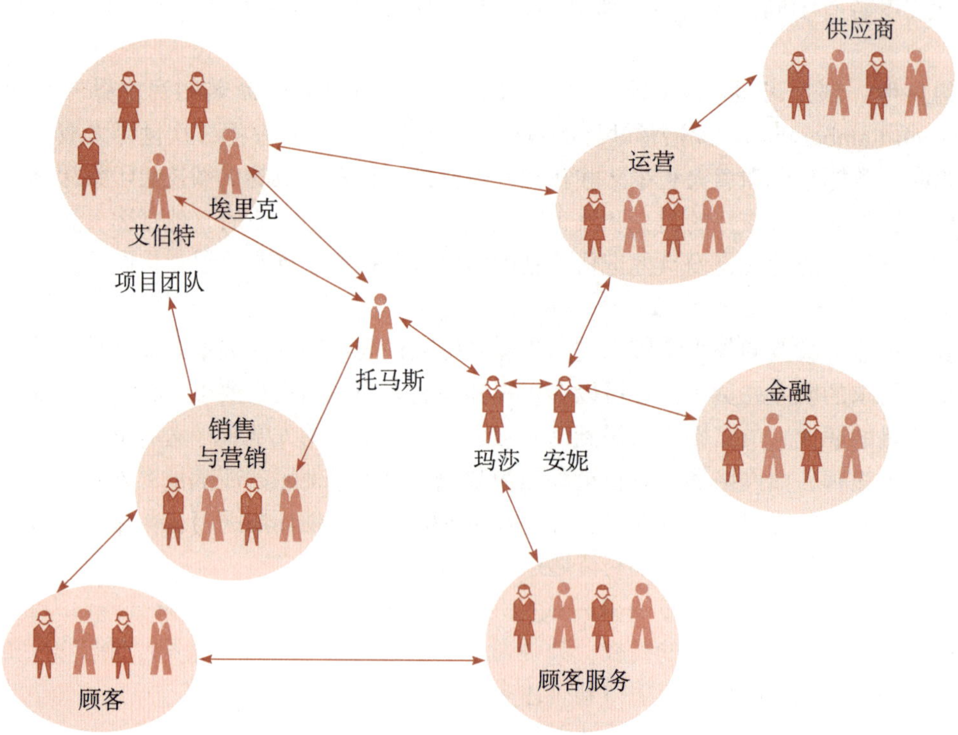

组织中的社交网络分析可以通过多种方式实现。[21] 有些组织会跟踪部门的电子邮件通信或文档共享的流程。这些大数据工具是收集个人如何进行信息交换的客观信息的简单方法。还有一些组织会查看来自人力资源信息系统的数据，分析主管和下属之间的互动方式。这些数据资源可以用来生成展示资源和权力如何流动的社交网络图，然后领导者可以找出能够对多个群体施加最大影响力的最有权力的代理，并处理好这些关键人物。

13.4 权术

人们使用什么样的**权术**（power tactics）把权力基础转化为具体行动？人们可以使用哪些办法来影响自己的老板、同事或员工？研究已经确定了以下九种权术[22]：

- 合法性。依靠你的职权，或者强调你的要求符合组织的规章制度。
- 理性说服。提出符合逻辑的观点和事实依据来证明某个请求的合理性。
- 鼓舞式诉求。通过呼吁某个目标的价值观、需求、希望和渴望来引起情感认同。
- 商议。通过让目标对象参与决定如何实施你的计划来增加其对你的支持。
- 交换。通过给他人提供某些利益或好处来换取其对某项要求的遵循。
- 个人式诉求。利用友谊或忠诚来获得他人的同意。
- 逢迎。在提出请求之前先采取吹捧、赞扬或友善行为。
- 施压。使用警告、威胁和反复要求等手段。
- 联盟。通过寻求他人的帮助或支持来说服目标对象同意。

13.4.1 使用权术

有的权术通常比其他权术更有效。理性说服、鼓舞式诉求和商议往往是最有效的，尤其当听众对决策的结果非常感兴趣时。相反，施压策略经常会有反作用，通常是九种权术中效果最差的。[23] 你可以同时或相继使用多种权术来增加成功的可能性，只要你的这些选择相互兼容即可。[24] 例如，使用逢迎和合法性可以减少消极反应，但这只有当听众不在乎决策的结果或者政策仅仅是例行公事时才成立。[25]

让我们考虑一下获得加薪的最有效方式。你可以首先从理性的方法开始——弄清你的工资与组织中的同事相比如何，或者表明你已经获得一个有竞争力的工作机会，或者收集一些可以证明你绩效水平的数据，或者利用各种薪酬计算工具（例如网站 Salary.com）来比较你和同行业其他员工的薪酬——然后将你的结论分享给管理者，结果可能会令人印象深刻。Don Jagoda Associates 公司的副总裁姬蒂·邓宁（Kitty Dunning）在给老板的邮件中提供了一些数据，这些数据表明她的销售业绩是不断攀升的。很快，她便得到了 16% 的加薪。[26]

虽然理性说服在这种情况下可能是有效的，但是有些权术的效果取决于影响的方向[27]，当然也取决于受众。如图表 13－2 所示，理性说服是在所有组织层面都有效的唯一权术。鼓舞式诉求作为上司影响下属的权术最为有效。当施压有效时，它通常只是上级对下级的影响。个人式诉求和联盟作为横向影响最有效。除了影响的方向之外，其他很多因素也和权术的效果有关，其中包括权术的先后顺序、使用权术的能力以及组织文化。

图表 13－2　影响的方向与权术选择

上行影响	下行影响	横向影响
理性说服	理性说服	理性说服
	鼓舞式诉求	商议
	施压	逢迎
	商议	交换
	逢迎	合法性
	交换	个人式诉求
	合法性	联盟

一般来说，如果你开始使用依赖于个人权力的“更柔性的”权术，例如个人式诉求、鼓舞式诉求、理性说服以及商议，那么你更有可能取得效果。如果这些行不通，你可以转而采用“更强硬的”权术，例如交换、联盟和施压，它们强调正式权力，并且导致更高的成本和风险。[28] 研究发现，单一的柔性权术比单一的强硬权术更有效；将两种柔性权术结合起来，或者将某种柔性权术与理性说服结合起来，其效果比任何单一的权术或者各种强硬权术的结合更好。[29]

我们之前提到过，权术的效果还取决于受众。[30] 那些最有可能服从柔性权术的人往往更加深思熟虑，属于自我激励型，具有高自尊和高控制欲。而那些最有可能服从强硬权术的人则以行动为导向，属于外部激励型，更重视与他人处理好关系而不是妨碍别人。

13.4.2 权术的文化偏好

处于不同文化中的人对权术的偏好不同。[31] 个人主义国家的人倾向于从个人的角度看待权力，将其视为实现个人目标的合理手段；集体主义国家的人则从社会的角度看待权力，将其视为帮助他人的合理手段。[32] 一项对美国和中国管理者进行的比较研究发现，美国管理者更喜欢使用理性诉求，中国管理者则偏好联盟策略。[33] 美国人更喜欢开门见山，利用理性说服来影响他人和解决分歧，这种特征与基于理性的策略是一致的。另外，中国人更喜欢用迂回的方式来解决困难或争议，这种特征与联盟策略一致。

13.4.3 应用权术

人们的**政治技能**（political skill），或者说影响他人以实现自己目标的能力，往往是不同的。政治技能熟练的人能够更有效地使用权术，进而给工作带来很多积极的结果。政治技能熟练的人有更高水平的自我效能、工作满意度、工作生产率和事业成就。他们不太可能成为职场侵犯行为的受害者。另外，当涉及重大的利益关系时，比如当个体对重要的组织绩效负责时，政治技能会更有效。最后，政治技能熟练的人更有可能在不被他人察觉的情况下施加自己的影响。对权术的有效性而言这一点至关重要（当被贴上政治手腕的标签时，就难以取得预期效果）。[34] 这些人能够在程序公平和分配公平程度较低的环境中使用自己的政治技能。政治技能熟练的人通过战略性地提供反馈来优化自己在组织中的形象，往往可以得到更高的绩效评分。[35] 然而，如果组织以公平的规则运行，没有偏袒或偏见的话，政治技能与工作绩效评估实际上呈负相关。[36]

我们知道，不同组织的文化是截然不同的：有些组织文化是热情的、自由开放的、支持型的，有些组织文化则是正式的、保守的；有些组织文化鼓励参与和商议，有些组织文化则鼓励理性，还有一些组织文化依赖于施压。与组织文化一致的组织成员往往会拥有更大的影响力。[37] 具体而言，外倾者在以团队为导向的组织中更有影响力，而责任心强的成员在重视独立从事技术任务的组织中更有影响力。与组织文化一致的成员之所以更有影响力，是因为他们能够在那些对本组织最重要的领域表现得更出色。因此，组织本身会影响我们在权术上的选择，告诉我们使用哪些权术是可以接受的。

13.5 权力如何影响人们

至此，我们已经讨论了什么是权力，以及权力是如何获得的。但是我们还没有回答一个重要的问题："权力会使人腐败吗？"

有确切的证据表明，权力有其令人腐化的一面——权力会导致人们把自己的利益凌驾于他人的需要和目标之上。为什么会这样？权力会使人们关注自身的利益，因为他们可以利用权力获得这些利益；权力会使人向内聚焦，释放自己的欲望，从而更加注重自己的目标和利益。权力似乎还会使人们"物化"他人（把他们看作实现自己目标的工具），并把人际关系看作次要的。[38]

这还不是全部。权力大的人会对任何威胁到他们能力的行为做出反应，尤其是用消极的方式。处于权力位置的人会尽己所能抓住权力，自身权力受到威胁的个人会具有很强的意愿去采取保持权力的行动，无论这些行动是否会伤害他人。被赋予权力的人在道德风险面前更有可能做出自私的决策。比如，对冲基金经理会拿别人的钱来冒险，因为他们根据收益来获取奖励，即使出现损失，受到的惩罚也较少。当权者会更愿意诋毁他人。权力还会导致自负的决策。[39]

弗兰克·劳埃德·赖特（Frank Lloyd Wright）或许是美国最伟大的建筑师，从他的故事中我们可以看到权力的腐败效应。在职业生涯的早期，赖特曾师从著名建筑师路易斯·沙利文（Louis Sullivan）（有时被称作“摩天大楼之父”）。在赖特取得伟大的成就之前，他对沙利文不吝溢美之词。但后来，赖特对沙利文的赞美越来越少，甚至还从沙利文的设计中抢夺功劳。赖特从来都不是仁慈之人，对待他人的方式也令人难以接受。[40]

13.5.1 权力的变数

正如我们之前所讨论的，权力确实会对我们产生一些令人不安的重要影响，但这不是全部，实际上权力的影响更为复杂：它对每个人的影响都是不同的，它也可以有积极影响。让我们逐一进行分析。

第一，权力的毒性取决于持有者的人格。研究表明，如果我们容易焦虑的话，权力就不会腐蚀我们，因为焦虑的人不太会认为权力能够给自己带来好处。[41] 第二，组织体系可以对权力的腐蚀性起到限制作用。例如，一项研究发现，虽然权力会让人变得自私，但如果受到责问，自私的行为就会停止。第三，我们有方法弱化权力的消极影响。一项研究表明，仅仅是对有权力的人表达感激，就足以让他们对我们少一些攻击和敌意。第四，请记住这句格言：越是权力小的人，越容易滥用仅有的那一点权力。这句话似乎是有道理的，因为地位低的人在获得权力后最有可能滥用手中的权力。为什么？地位低似乎也是一种威胁，因此在获得权力后，人们会以消极的方式利用这种威胁。[42]

正如你所看到的，有些因素可以减小权力的负面影响。总体来说，权力能带来积极影响。权力可以激发并增强实现目标的动机。它还可以增强我们帮助他人的动机。例如，一项研究发现，当人们感觉自己有权力的时候，帮助他人的愿望会转化成实际的工作行为。[43]

关于权力，一项研究揭示一个重要的观点。与其说权力导致腐败，不如说它会暴露我们所重视的东西。有一项研究支持了这一推理，该研究发现，只有对那些道德认定感（也就是道德在个人身份认定中的核心程度）弱的人来说，权力才会导致自私自利的行为。对道德认定感强的人来说，权力实际上提高了他们的道德意识和行动的意愿。[44]

13.5.2 性骚扰：工作场所的不平等权力

性骚扰（sexual harassment）是任何带有性色彩的、能够影响个体成员就业或产生不友善的工作环境的不必要行为。根据平等就业机会委员会（Equal Employment Opportunity Commission，EEOC）的说法，当一个人在工作中遇到“不受欢迎的性侵犯、性请求以及其他和性有关的语言或身体行为”时，就表示发生了性骚扰。[45] 尽管不同国家的定义有所不同，但大多数国家都有一些保护员工的政策。然而这些政策或法律是否得到遵守则是另一个问题。例如，巴基斯坦、孟加拉国和阿曼都制定了平等就业机会法，但研究表明这些法律可能并没有得到良好的实施。[46]

一般而言，性骚扰在男性占主导地位的社会中更为普遍。例如，巴基斯坦的一项研究发现，多达 93% 的女性员工曾经受到性骚扰。[47] 而在新加坡则有多达 54% 的员工（包括女性和男性）报告称自己曾经受到性骚扰。[48] 这一比例在美国和其他一些国家一般会低得多。调查显示，美国大约有 1/4 的女性和 10% 的男性曾受到性骚扰。[49] 来自平等就业机会委员会的数据表明，性骚扰正在减少：在所有针对歧视的指控中，性骚扰如今占 10%，而在 20 世纪 90 年代中期，这一比例为 20%。然而，男性发起的性骚扰指控却从 1997 年的 11% 增长到 2019 年的 17.5%。[50] 性骚扰对某些特定职位的女性来说普遍存在。例如在餐饮业中，80% 的女服务员报告称自己曾受到同事或顾客的性骚扰，而男服务员的这一比例为 70%。[51]

大多数研究证实，权力对理解性骚扰至关重要。[52] 无论性骚扰来自上级、平级还是下级，这个观点似乎都是正确的。而且，当存在很大的权力差异时，更有可能发生性骚扰。上司 - 下属组合最能体现不平等的权力关系。在这种关系中，正式权力使得上司能够给予下属奖赏和惩罚。下属想要获得良好的绩效评估、加薪以及诸如此类的东西，而管理者显然控制了下属认为重要和稀缺的大多数资源。当没有有效的控制措施来监测和防止性骚扰时，骚扰者就更有可能采取行动。例如，瑞士的一项研究显示，在公平程度低的组织中，如果男性受访者表现出较严重的性别歧视，那么他们实施性骚扰的意图就更明显。这说明，如果组织在政策和程序上缺乏公平一致，就会增加性骚扰发生的可能性。[53]

性骚扰会对个人和组织造成有害的影响，但性骚扰是可以避免的。要防止性骚扰，管理者的作用至关重要。

1. 制定有效的政策：界定哪些行为构成性骚扰；明确规定实施不恰当行为的员工会被解雇；建立申诉程序。
2. 确保提出申诉的员工不会遭到报复。
3. 调查每一份申诉，让组织的法律和人力资源部门参与其中。
4. 确保冒犯者受到纪律处分或被解雇。
5. 开展内部培训，以提高员工对性骚扰及相关事项的意识。

毋庸置疑，管理者有责任保护自己的员工远离有敌意的工作环境。他们可能很难注意到自己的员工正在遭受性骚扰，因疏忽而难以保护员工或者组织。如果调查者认为一位管理者本该知道这些情况，那么该管理者和这家公司都要承担责任。

13.6 政治：权力的行使

只要人们组成了群体，权力就会得以行使。组织中的人们都希望找到一个合适的位置来施加影响、获得奖赏以及促进自己事业的发展。如果他们把自己的权力付诸行动，我们就说他们参与了政治。政治技能高超的人能够有效运用自己的权力基础。[54] 政治不仅是不可避免的，也可能是必不可少的（见组织行为民意调查）。

组织行为民意调查

组织政治的重要性

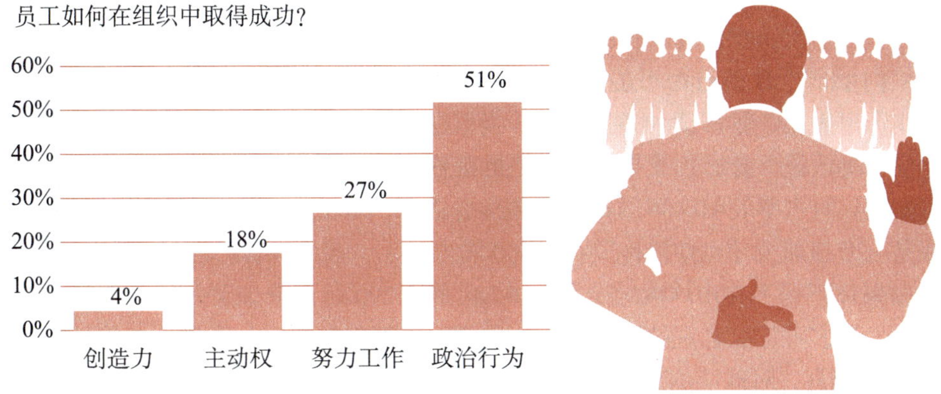

资料来源：Based on D. Crampton, "Is How Americans Feel about Their Jobs Changing?" (September 28, 2012), http://corevalues.com/employee-motivation/is-how-americans-feel-about-their-jobs-changing.

13.6.1　组织政治的定义

组织政治的定义可谓五花八门。从本质上来说，这些定义聚焦于运用权力来影响组织决策，有时也会聚焦于成员在组织许可的范围内追逐自身利益的行为。[55] 根据我们的目的，我们将组织中的**政治行为**（political behavior）定义为：可以影响或试图影响组织内部的利益分配，但并不是组织成员的正式角色必须实施的那些活动。[56]

这个定义涵盖了大多数人在谈及组织政治时想要表达的意思。政治行为并不属于具体的工作要求。它要求人们设法运用权力基础，包括人们为影响目标、标准或决策程序而付出的努力。我们的这个定义是非常宽泛的，足以囊括各种不同的政治行为，例如，隐瞒决策者所需的关键信息、结盟、告密、散布谣言、向媒体泄露机密信息、与其他人进行交易以使双方获益、游说他人支持或反对某人或某个备选方案，等等。在这种情况下，政治往往是消极的，但也并非总是如此。

13.6.2　政治行为的现实

针对经验丰富的管理者的访谈显示，他们当中的绝大多数人认为政治行为是组织生活的重要组成部分。[57] 很多管理者说，运用政治行为是符合道德的，只要它不直接伤害他人即可。他们将政治描述为必要的，并且认为那些从不使用政治行为的人将难以完成任务。大多数被访者还表示，他们从没接受过关于如何有效使用政治行为的培训。也许你会觉得奇怪，政治行为为何必须存在？一个组织是否有可能完全不存在政治行为？基本上不太可能。

组织包含有不同价值观、目标和兴趣的个体和群体。[58] 这导致组织成员有可能就有限资源（如预算、工作空间、薪资以及奖金池）的配置发生冲突。如果资源充足，那么组织中所有部门和成员的目标都可以满足。但资源是有限的，无法满足每个人的利益。此外，个体或群体获得的利益往往被认为是他人牺牲的利益（无论事实是否如此）。这些因素导致成员为争取组织的有限资源展开竞争。

组织内部产生政治行为可能是由于存在这样一种认识：用来分配有限资源的绝大多数“事实”可做出各种解读。举例来说，当根据绩效来分配薪酬时，什么是优异的绩效？什么是恰当的改进？什么因素导致不合格的工作？美国职业棒球大联盟中，任何球队的总经理都知道，打击率* 为 0.400 的击球手是优秀选手，打击率为 0.125 的击球手则比较差劲。你不用是一个棒球天才也知道你要找 0.400 的击球手，而把 0.125 的击球手送到小球队去。但是，如果你不得不在击球成绩分别为 0.280 和 0.290 的两个选手中进行选择，你会怎么办？此时，许多不那么客观的因素就会起作用：上场经验、工作态度、潜能的发挥、赢得关键比赛的能力、对球队的忠诚，等等。更多的管理决策类似于在 0.280 和 0.290 之间做出选择，而不是在 0.400 和 0.125 之间做出选择。正是由于组织生活存在这种广泛而模糊的中间地带——在这个地带，事实不是不容辩驳的——政治行为非常盛行。

绝大多数决策是在充满不确定性的环境中做出的——在这种环境中，事实很少是客观的，因而存在对它们给出不同解释的余地——所以组织成员可以充分运用他们的影响力，从对自己有利的角度来支持自己的目标和利益。当然，这样就会产生我们所称的政治活动（politicking）。某人“为了组织的利益而付出的无私努力”可能被另一个人看作“为了进一步获得个人利益而进行的公然尝试”。[59]

现在我们回答刚才的问题：一个组织是否有可能完全不存在政治行为？我们可以回答说“是的，有可能”——如果该组织的所有成员具有相同的目标和利益，如果组织的资源并不稀缺，如果绩效结果是非常明确和客观的。但是，这种描述并不符合绝大多数人所在组织的实际情况。

13.7 政治行为的前因和后果

现在我们已经讨论了政治活动在组织中持续存在，接下来让我们讨论这些行为的前因和后果。

13.7.1 引发政治行为的因素

并非所有群体或组织都采取完全相同的政治行为。例如，在有些组织中，政治活动是公开的、普遍的；而在有些组织中，它们对结果的影响相当有限。为什么会存在这种差异？研究和观察发现，一些因素似乎会鼓励政治行为。其中一些因素属于个人特征，来自组织成员的品质；一些因素则是组织文化或组织内部环境的结果。图表 13 - 3 指出了个人因素和组织因素如何增加政治行为，并为组织中的个体和群体提供有利的结果（例如增加

---

* 安打数量 / 打数，一般而言，职棒选手的打击率在 0.280 以上，高于 0.400 的为天才型球员。——译者

报酬和避免惩罚）。

图表 13-3　影响政治行为的因素

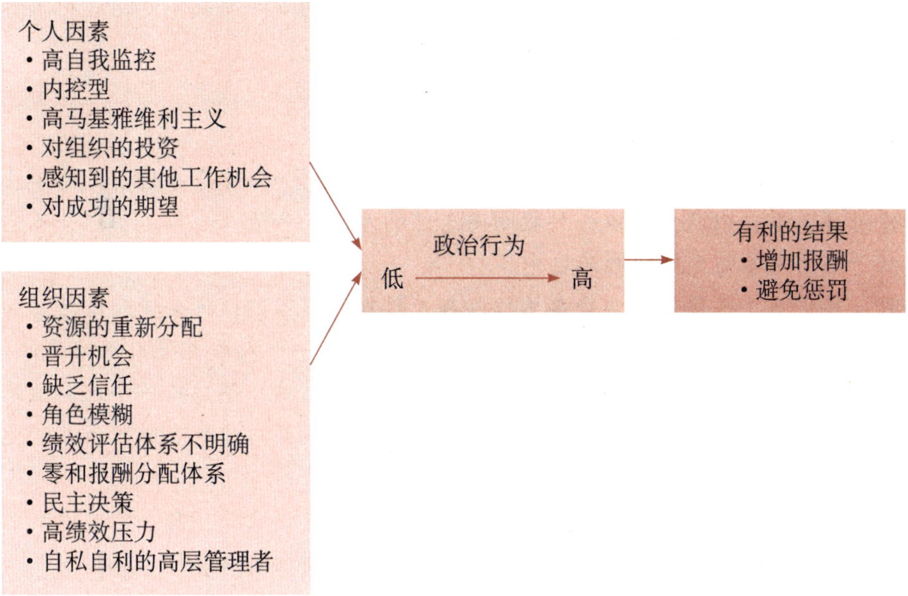

个人因素　研究者已经发现，在个体层面上，某些特定的人格特质、需求以及其他因素很可能与政治行为有关。就人格特质来说，我们发现高自我监控、内控型、高权力需求的员工更可能参与政治行为。与低自我监控者相比，高自我监控者对社交线索更加敏感，表现出更高的社会从众程度，更有可能擅长政治行为。内控型个体相信自己能够掌控所处的环境，因此更容易采取积极主动的立场，并尝试按照自己的意愿来操控局面。毫不奇怪，具有马基雅维利主义人格特质的个体具有操纵欲和权力欲，这和把政治行为当作进一步获得个人利益的手段是一致的。

个体对组织的投资以及感知到的其他选择都会影响人们采取不当政治行为的程度。[60] 一个人期望从组织获得的利益越多，那么如果他被迫离开组织，造成的损失就会越大，因而他采用不当政治行为的可能性就越小。相反，一个人可以选择的工作机会越多（因为就业市场比较有利，或者其拥有稀缺的技能或知识、很高的声望，或者在组织外部拥有重要关系），那么他采取政治行为的可能性就越大。

如果一个人预计使用政治行为获得成功的可能性很小，他就不会贸然行事。对使用不当手段获得成功有较高期望的往往是两类人：一类是经验丰富、政治技能娴熟而且拥有权力的人；一类是那些天真的、缺乏经验的人，他们错误地判断了自己成功的可能性。

有些人之所以会采取更多的政治行为，只是因为他们更擅长此道。这些人能够很好地理解人际互动，使自己的行为更符合情境需求，并且擅长社交。[61] 这些人经常会因为自己的政治行为而得到间接奖励。例如，对一家建筑公司的研究发现，政治技能熟练的下属更有可能得到主管的推荐而获得奖励。以政治为导向的领导特别有可能对政治技能熟练的下属做出积极的回应。[62] 世界各国的研究也表明，政治技能水平越高，感知工作绩效的水平也会越高。[63]

职业目标　我应该变得政治化吗？

我的办公室太政治化了！每个人都在考虑如何通过钩心斗角而不是通过把工作做好来赶超别人。我是否应该随大流，也制定自己的政治策略呢？

——茱莉亚

亲爱的茱莉亚：

当别人都表现得非常政治化时，你肯定会受到诱惑。如果你想推进自己的事业，你就需要考虑社会关系，以及如何以一种聪明而老练的方式来和他人合作。但这并不意味着你必须屈从于压力而参与到组织政治之中。

当然，在很多工作场所中，勤奋工作以及工作成就得不到认可会使政治活动加剧，工作绩效下降。但政治不仅仅对公司有潜在的坏处。如果一个人被其他人认为是政治化的，那么这个人可能会被逐渐排除在社交网络和非正式交流之外。通过给一个人贴上不诚实或操纵他人的标签，同事可以毁坏这个人的声誉，这样就不必与其打交道了。政治化的人也可能会成为那些觉得自己被冤枉的人直接报复的目标。

如果你希望为工作场所的政治行为提供一个积极的替代选择，那么你可以采取以下几个步骤：

- 记录你为工作付出的努力，并找到数据来支持你的成就。一个标准模糊的环境会滋生政治行为。在这种环境中，成功的标准是主观的且可以被操纵。要跨越政治行为，最好的办法是把焦点转移到明确、客观的工作绩效指标上。
- 当看到有人采取政治行为的时候，予以揭露。政治行为就其本质而言是秘密而见不得光的。通过揭露政治行为，你就能限制其操纵大家互相对抗的能力。
- 试着构建一个只和那些对提高工作绩效感兴趣的人建立联系的人际网络。这会使非常政治化的人难以完成很多事情。另外，值得信赖和合作的人将能够找到许多真诚支持他人的盟友。这些支持性的人际网络能够带来的绩效水平远高于那些单打独斗的政治化人物。

记住这一点：长远来看，良好的声誉是你最有价值的资产！

资料来源：Based on A. Lavoie “How to Get Rid of Toxic Office Politics,” *Fast Company*, April 10, 2014, http://www.fastcompany.com/3028856/work-smart/how-to-make-office-politicking-a-lame-duck; C. Conner, “Office Politics: Must You Play?,” *Forbes*, April 14, 2013, http://www.forbes.com/sites/cherylsnappconner/2013/04/14/office-politics-must-you-play-a-handbook-for-survivalsuccess/; and J. A. Colquitt and J. B. Rodell, “Justice, Trust, and Trustworthiness: A Longitudinal Analysis Integrating Three Theoretical Perspectives,” *Academy of Management Journal* 54 (2011): 1183–206.

组织因素　虽然我们承认个体差异能够促进政治行为，但研究证据更有力地支持了这个观点：特定的情境和文化促进了政治行为。具体地讲，当组织的资源不断减少时，当现有的资源分配模式发生变化时，当存在晋升机会时，更有可能出现政治行为。[64] 当资源减少时，组织成员可能会采取政治行为来保护自己的利益。任何变革，尤其是那些能够显著改变组织内资源分配的改革，很可能引发冲突并导致更多的政治行为。

有如下特征的组织文化——缺乏信任、角色模糊、绩效评估体系不明确、零和（赢-输）报酬分配体系、民主决策、高绩效压力、自私自利的高层管理者——往往会成为滋生政治行为的温床。[65] 政治行为是处于员工正式角色之外的活动，因此角色越模糊，员工就越容易采取政治行为而不会被他人察觉。角色模糊性意味着对员工行为的规定并不明确。因此，对员工政治行为的范围和功能也几乎没有什么限制。

组织文化越是强调采用零和方法来分配报酬，就会激励越多的员工参与政治行为。**零和方法**（zero-sum approach）把报酬当作一块大小固定的“蛋糕”，因而某个成员或群体的任何所得就是来自另一个成员或群体的损失。例如，如果要把 15 000 美元的工资增长额度分配给 5 名员工，那么工资增长超过 3 000 美元的员工就是从其他一个或几个员工那里拿走了钱。这种做法激励人们设法使自己显得劳苦功高并使其他人显得无关紧要。

政治力量在组织间的关系中同样发挥作用。在这些关系中，依照组织文化的不同，政治所发挥的作用也会有所不同。[66] 一项研究表明，当两个环境非常政治化的组织互动时，它们间的政治互动会降低合作项目的绩效。另外，当内部政治行为较少的公司互动时，它们之间即使有政治纠纷，也不会降低合作项目的绩效。这项研究表明，公司在与内部政治行为水平较高的公司合作时应当保持警惕。

传言还是科学　强大的领导都会有几个亲密的友敌

这句话似乎是真的。

我们都听说过“友敌”这个词，可以形容既是朋友又是对手的关系，也可以形容那些表面是朋友、暗地里却彼此厌恶的人。一些观察人士认为，工作中的友敌越来越多，是因为“大量紧密交织的人际关系将人们的工作和个人生活联系起来了”。

主动接近敌人也许是奥巴马任命希拉里为国务卿的原因之一。两人曾激烈争夺美国总统之位，奥巴马获胜后随即任命希拉里为国务卿。商界也不乏这样的案例。一位女企业家在遭到大学同学的背叛后决定不起诉，她的同学先是在她的新公司做顾问，之后利用积累的信息自己开了一家公司，成为她的竞争对手。

接近敌人真的是明智的做法吗？如果是，为什么？

近期的一项研究也许可以回答这些问题。在三组试验研究中，第一组参与者选择与自己的对手在同一房间工作，即便研究人员告诉他们，分开的话也许可以表现更好；第二组表示愿意在一起工作时与对手坐得更近；第三组明确表示自己更愿意接近对手。研究进一步发现，人们之所以想要接近对手，主要是为了监视对方的行为。

研究人员还发现，只有在特定的条件下才容易出现“主动与敌人接近”的效应——个体在社交方面占据主导地位时，个体从某个特定团队成员那里感受到更多的竞争时，或者所得奖励与领导力取决于自己的表现时。

以上结果表明，友敌是真实存在的，我们之所以选择与竞争对手接近，是为了时刻警惕他们可能带来的竞争。

资料来源：Based on M. Thompson, “How to Work with Your Startup Frenemies,” *Venture-Beat*, December 22, 2012, http://venturebeat.com/2012/12/22/frenemies/; and N. L. Mead and J. K. Maner, “On Keeping Your Enemies Close: Powerful Leaders Seek Proximity to Ingroup Power Threats,” *Journal of Personality and Social Psychology* 102 (2012): 576–91.

13.7.2 人们如何应对组织政治?

作为一部美国喜剧连续剧的一名编剧，特里施很喜欢自己的工作，但她厌恶部门内的政治行为。“一些编剧用来拍制片人马屁的时间要多于工作的时间。而且，我们的总编剧显然有自己的一帮亲信。虽然他们给我的报酬很高，而且我能够发挥自己的创造力，但我十分厌恶在这里需要时刻提防遭人暗算，并且总是需要自我吹嘘。我已经厌倦了这种环境：大部分工作任务由我完成，功劳却被别人抢走。”我们都有像特里施那样的朋友或亲戚经常抱怨他们工作当中的政治行为。但是总体来说，人们如何应对组织政治？让我们来看看研究证据。

对于大多数人来说——他们只具有有限的政治技能，或者不愿意参与这种政治游戏——政治行为所导致的结果往往是消极的。图表 13-4 展示了这种情况的示意图。然而，有非常确切的证据表明，组织政治感知与工作满意度呈负相关关系。[67] 组织政治会导致员工绩效下降，或许是因为员工认为存在政治的工作环境是不公正的，从而失去了工作动力。[68] 毫不奇怪，当面对的政治活动太多以至于难以应对时，员工会离职。[69] 在尼日利亚进行的一项研究发现，当两家机构的员工认为他们的工作环境存在政治行为时，他们感受到的工作压力更大，帮助同事的现象变少。因此，在尼日利亚这样的发展中国家，虽然工作环境可能更加模糊，政治行为可能更多，但政治行为产生的消极影响似乎与美国是一样的。[70]

图表 13-4 员工对组织政治的反应

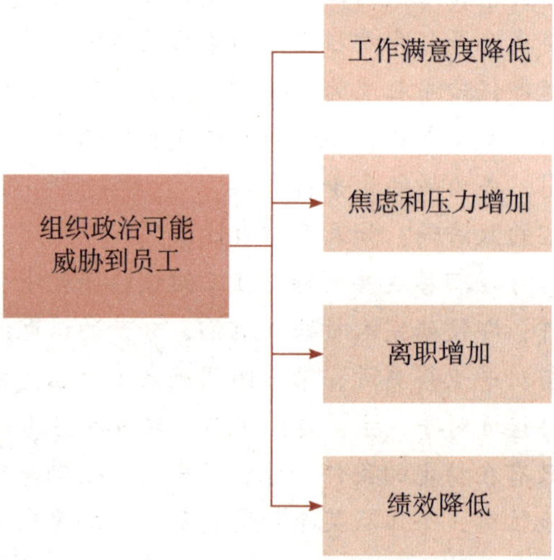

这里有几个情境条件。第一，个体成员对组织政治的运作方式和原因的理解似乎会影响组织政治与绩效水平的关系。研究者指出：“如果某个组织成员充分了解谁负责决策以及他们为何被任命为决策者，那么与那些不了解这个决策过程的组织成员相比，他能够更好地理解某些事情的来龙去脉。”[71] 当某个成员的政治技能和理解能力都很强时，他的工作绩效很可能会提高，因为他会把政治活动视为一种机会。这符合你对具有高超政治技能的个体所持的看法。但是，当人们对组织政治的领悟能力较差时，他们更有可能把组织政治视为一种威胁，从而对工作绩效产生不利影响。[72]

第二，工作中的政治行为会调节道德型领导的影响。[73] 一项研究发现，男性员工更容易对道德型领导有所反应，当组织中的政治和道德型领导水平都比较高的时候，他们会表现出更多的公民行为；女性最有可能在有道德、无政治的环境中参与公民行为。

第三，当人们把组织政治视为一种威胁时，他们常常会采取**防卫行为**（defensive behavior）——为避免行动、指责或变化而采取的保护性的应对行为。[74]（图表 13－5 提供了一些例子。）短期内，员工可能会发现防卫行为保护了他们的自身利益。但长此以往，他们就会感到厌烦。总是依赖于防卫行为的员工会发现，他们最终只剩下这一种行为方式。到那时，他们就失去了同事、上司、员工和客户的支持与信任。

图表 13－5　防卫行为

避免行动

- 过度遵从。通过“规章制度明确表示……”或“这是我们一贯的做法”等措辞来严格解读你的职责。
- 推诿责任。把执行某项任务或决策的责任转移给他人。
- 装聋作哑。假装自己没注意或缺乏能力，从而回避某项不合意的任务。
- 耽搁时间。拖延某项任务，使自己显得脱不开身。例如，把原本两周就可以完成的一项任务延长到 4 个月。
- 搪塞。在公开场合表现出或多或少的支持，而私下里却做得很少或根本不做。

避免指责

- 缓冲。为树立一种能力强、考虑周全的形象而记录工作活动的方方面面，也被称为“不留后患”。
- 明哲保身。远离那些可能会变得不利的情境。它包括只承担那些成功可能性很大的项目，把有风险的决策交由上级批准，不贸然表达自己的判断或意见，在冲突中保持中立。
- 辩护。寻找各种解释来减轻自己对某个不利结果的责任，以及 / 或者通过道歉来表达自己的悔恨。
- 替罪羊。将不利结果归咎于外部因素，而外部因素往往是无法指责的。
- 虚报信息。通过歪曲、润色、欺骗、有选择性地汇报、混淆视听等手段来操纵信息。

避免变化

- 阻止。设法阻止具有威胁性的变化的发生。
- 自我保护。在变革过程中通过控制信息或其他资源来保护个人利益。

13.7.3　印象管理

众所周知，人们对于别人如何看待和评价自己总是很感兴趣。例如，北美人为减肥、获得健身俱乐部会员资格、购买化妆品、做整形手术花费不少钱，只是为了使自己更具吸引力。在组织中，在他人心目中留下积极的印象会对自己大有裨益。例如，这首先可以帮助我们得到自己想要的工作；一旦被录用，还可以获得有利的绩效评估、丰厚的加薪以及更快的晋升。个体试图控制他人对自己形成印象的过程称为**印象管理**（impression management，IM）。[75]

是否每个人都重视印象管理？答案是否定的。那么，我们能否预测谁会运用印象管理？毫不奇怪，答案是高自我监控者。[76] 低自我监控者往往表现出与自己的人格特征相一致的真实自我形象，无论这种形象会对自己产生有利还是不利的影响。与此相反，高自我监控者善于观察情境，并能及时调整自己的行为和形象以适应不同的情境。如果你想控制他人对你的印象，那么你可以运用哪些印象管理技巧？图表 13－6 概括了最常用的技巧，并提供了一些实例。

图表 13－6 印象管理技巧

从众
赞同某人的观点以获得他的认可，属于逢迎的一种形式。
实例：一名管理者对上司说："您对西部地区办事处的重组计划绝对正确，我非常赞同。"
讨好
为某人做好事以获得对方的同意或认可，属于逢迎的一种形式。
实例：一名销售员对一位潜在客户说："我有两张今天晚上的电影票，但我没时间去看。你拿着吧，感谢你抽空和我交谈。"
借口
对造成困境的事件进行解释，尽可能减轻事件的严重性，是一种防卫性的印象管理技巧。
实例：销售经理对上司说："我们未能及时在报纸上登出那些广告，但是，没有人会对那些广告做出反应。"
道歉
主动承担不良事件的责任，同时请求谅解，是一种防卫性的印象管理技巧。
实例：雇员对上司说："对不起，我在报告中犯了一个错误，请原谅。"
自我推销
强调自己最突出的品质，忽略自己的不足，引起人们对自己成绩的关注，是一种强调自我的印象管理技巧。
实例：销售人员对上司说："马特用了 3 年都没有收回这笔款。我仅用 6 周就成功完成了任务。我是公司中最好的催款员。"
强化
强调自己做的某件事情的价值超乎绝大多数组织成员的想象，是一种强调自我的印象管理技巧。
实例：记者对编辑说："我为这个明星的离婚故事付出的努力是我们报纸销量上升的主要原因。"（尽管这篇故事只登在娱乐版的第三页。）
吹捧
赞扬别人的优点，设法使自己显得有洞察力和讨人喜欢，是一种进取性的印象管理技巧。
实例：一名新销售人员对同事说："对于那位顾客的抱怨，你处理得太高明了，我也许永远也做不到你那么好。"
示范
努力做一些额外的事情，以展示自己多么专注和勤奋，是一种进取性的印象管理技巧。
实例：一个员工在他工作到很晚时给上司发邮件，让上司知道自己工作了多久。

资料来源：Based on M. C. Bolino, K. M. Kacmar, W. H. Turnley, and J. B. Gilstrap, "A Multi-Level Review of Impression Management Motives and Behaviors," *Journal of Management* 34, no. 6 (2008): 1080–109.

请记住，人们通过印象管理展现的形象并不一定是虚假的，他们有时也会展示真实的形象。[77] 例如，人们所提出的借口可能是真实的。以图表 13－6 所举的例子来说，你确实可以相信广告对提升你所在地区的销售额无济于事。但是，虚报信息可能会付出沉重代价。平时你总喊"狼来了"，等到狼真的来时就没人相信你了。所以，采用印象管理的人必须加倍小心，不要让人觉得你不真诚或在玩把戏。[78]

一项研究发现，当管理者认为员工的公民行为是出于印象管理的目的时，他们会感到愤怒（可能是因为他们觉得自己被操纵了），因此给下属的绩效评估较低。如果管理者把同样的行为看作是亲社会的并且是出于对组织的考虑，他们就会觉得满意，并给出更高的绩效评估。[79] 总之，人们不喜欢被人用印象管理来操纵的感觉，所以使用这种权术时要格外小心。并非所有的印象管理都采用了自我吹捧的方式。研究表明，谦逊，即慷慨地归功于他人并低估自己对成功做出的贡献可能会给他人留下更积极的印象。[80]

研究者开展了许多研究来检验印象管理技巧的效果，其中绝大多数研究涉及两个指标：（1）面试成功；（2）绩效评估。让我们逐一说明。

面试与印象管理 研究证据表明，绝大多数求职者会在面试中使用印象管理技巧，而且确实会产生效果。[81] 面试官不易察觉求职者使用了印象管理技巧，尤其是当求职者使用了欺骗手段进行印象管理的时候。[82] 为了解不同印象管理技巧在面试中的有效性，一项研究对几千次招聘和筛选面试的数据进行了分类，主要包括以下类型：外貌导向的努力（例如让自己看起来很专业）、明确的策略（例如奉承面试官或夸大自己的成就）和口头暗示（例如使用积极的术语和表现得很热情）。[83] 很明显，印象管理在各个维度上都有很强的印象效果，能够预测人们的表现如何。然而也存在例外。当面试是高度结构化的时候，即当面试官的问题是事先写好的且将重点放在求职者的资质上时，印象管理的效果要弱很多。类似印象管理等操纵性行为在模糊和无组织的面试中更有可能产生影响。此外，印象管理的有效性还取决于求职者正确识别面试官想要的特质或技能的能力。[84]

道德抉择 面试官印象管理应到什么程度?

几乎所有人都同意，专业的着装、突出过往成就和表达对工作的兴趣是合理的印象管理策略。而诸如奉承面试官和采用积极的非语言暗示（例如微笑和点头）等策略也经常被推荐。

这样的印象管理会带来好处吗？研究表明确实普遍如此。求职者越是强调自己的技能、动机以及对组织的钦佩，他们被录取的可能性就越大。中国的一项研究调查了这种联系，发现面试官认为那些自信地谈论自身经历的人更适合工作，而对组织发表积极看法的申请者会更适合组织。积极的非语言暗示可以改善面试官的情绪，进而提高求职者的得分。

尽管有证据表明努力给面试官留下深刻印象可以带来好处，但你也可能会做过头。在应聘过程中谎报资历通常可以作为立即解聘的理由。哪怕是所谓的善意谎言，只要它们带来了没有根据的期望，也算是问题。例如，如果你提到自己过去从事预算管理，而实际上你所做的全部工作就只是跟踪支出，那么你就缺乏老板期望你所具有的技能。当你不能满足期待时，就可能对你很不利。然而，如果你能更准确地描述自己的履历，同时提到自己愿意去学习，公司就会知道你需要额外的培训以及一些额外的时间。

那么，一个合乎道德而有效的面试策略是怎样的呢？关键是找到一个积极、真实的印象管理方法。不要害怕让雇主知道你的技能和成就，务必表现出自己对这份工作的热情，同时保持陈述尽可能准确，并注意不要夸大自己的能力。从长远来看，当你和面试官都能诚实地评估你是否适合这份工作时，你才更有可能获得快乐和成功。

资料来源：Based on C. Chen and M. Lin, “The Effect of Applicant Impression Management Tactics on Hiring Recommendations: Cognitive and Affective Processes,” *Applied Psychology: An International Review* 63, no. 4, (2014): 698–724; J. Levashina, C. J. Hartwell, F. P. Morgeson, and M. A. Campion “The Structured Employment Interview: Narrative and Quantitative Review of the Research Literature,” *Personnel Psychology* (Spring 2014): 241–93; and M. Nemko, “The Effective, Ethical, and Less Stressful Job Interview,” *Psychology Today*, March 25, 2014, https://www.psychologytoday.com/blog/how-do-life/201503/the-effective-ethical-and-lessstressful-job-interview.

绩效评估与印象管理 在绩效评估方面，情形则十分不同。逢迎与绩效评估呈正相关。这意味着对上司采用逢迎策略的员工会获得更高的绩效评估。但是，自我推销似乎具有反作用：实际上，进行自我推销的员工可能会得到更低的绩效评估。[85] 这个一般性的发现有一个重要的限定条件：那些拥有高超政治技能的人似乎能够将印象管理转化为更高的绩效评估，而那些欠缺政治技能的人更有可能因为自己的印象管理努力而适得其反。[86] 一项对760位董事会成员的研究发现，那些逢迎现任董事会成员的个体（即赞同董事的意见，指出双方一致的态度和观点，恭维董事）进入董事会的可能性更大。[87] 一项研究发现，试图逢迎上司的实习生通常不受欢迎，除非他们有高水平的政治技能。对于那些拥有这种能力的人来说，逢迎会让上级更喜欢自己，并得到更高的绩效评估。[88]

如何解释不同研究和场景中得到的一致结果？如果你仔细思考这些结果，就会觉得它们是有道理的。逢迎总是有效的，因为每个人——无论是面试官还是上司都喜欢被友好相待。不过，自我推销仅仅在面试中有效，在绩效评估中具有反作用。虽然面试官不清楚你是否在夸大自己的成绩，但你的上司一清二楚，因为他的工作就是观察你。

我们先前得出的结论在全球范围内适用吗？例如，我们是否可以预料以色列的员工应对办公室政治的方式与美国员工一样？关于员工如何应对组织政治的几乎所有结论都基于在北美进行的研究。把其他国家也包括在内的少数几项研究指出了一些微小的差异。[89] 一项研究对美国文化和中国文化中的管理者进行了考察。该研究发现，与中国同行相比，美国管理者认为“温和的说服”策略（例如商议和鼓舞式诉求）更加有效。[90] 有一项研究显示，有效的美国领导者通过关注群体成员的个人目标和手头的任务（分析取向）来发挥自己的影响力，而有影响力的东亚领导者则把重点放在维持群体成员关系以及满足周围人的需求上（整体取向）。[91] 一项针对中国上司和下属的研究发现，当下属采取谦虚的行为时，他们会被认为是更宜人和负责的，但前提是这些行为使他们显得更谦逊而不是卑微。[92]

13.7.4 政治行为的道德问题

虽然还没有明确的界限来区分道德的和不道德的政治行为，但有几个问题是你应当考虑的。例如，采取政治行为会带来什么效用？有时，我们的一些政治行为没有充足的理由。例如，美国职棒大联盟的球员阿尔·马丁（Al Martin）声称自己在南加州大学踢过橄榄球，但事实上他并没有。作为一名棒球选手，他的这个谎言不会给他带来任何好处。这种彻头彻尾的谎言或许是印象管理的一个罕见而极端的例子，但我们很多人会歪曲信息以制造一种有利的形象。需要提醒自己的是，它是否值得你去冒这个险。要考虑的另一个问题是：采取政治行为所带来的效用如何抵消该行为对他人造成的伤害（或潜在伤害）？与恭维某位主管的外貌相比，把他人在某个项目中的功劳据为己有会造成更严重的伤害。

最后一个问题是：该政治行为是否符合公正和公平原则？有时候很难权衡某种政治行为的成本和收益，但该行为是否合乎道德却很明显。部门经理夸大自己喜欢的员工的绩效，贬低不喜欢的员工的绩效，然后根据这些绩效考核结果给前者大幅加薪，而后者什么也得不到，这是该经理对后者的不公正对待。

遗憾的是，掌权者通常善于从组织利益的角度来解释自己追逐私利的行为。他们还能以相当有说服力的方式声称那些不公正的行为是公正无私的。那些拥有权力、巧舌如簧、极具说服力的人最容易犯道德错误，因为他们更有可能犯了错却平安无事。当你面对一个涉及组织政治的道德困境时，试着考虑一下：冒险运用政治手腕是否值得？这个过程是否会伤害他人？如果你拥有牢固的权力基础，那么你需要意识到权力对你的腐化能力。请记住，无权力者更容易遵循道德原则行事，原因很简单，他们通常没有什么空间来施展政治技能。

13.7.5 绘制你的政治生涯版图

正如我们所见，政治并不专属于政客。在你的组织中，你可以通过前面详细列出的这些方式来利用本章提出的概念。当然，你还可以用政治来为自己服务。

要想了解权力和政治，最有效的一种方法就是把它们放到你自己的职业生涯中去思考。你的志向是什么？谁有权力帮助你实现？你和这些人是什么关系？为了回答这些问题，最好的方式就是绘制一幅政治版图，它可以勾勒出你与那些决定你职业生涯的人之间的关系。图表 13－7 展示了这样一幅政治版图。[93] 我们进行仔细分析。

图表 13－7 绘制你的政治版图

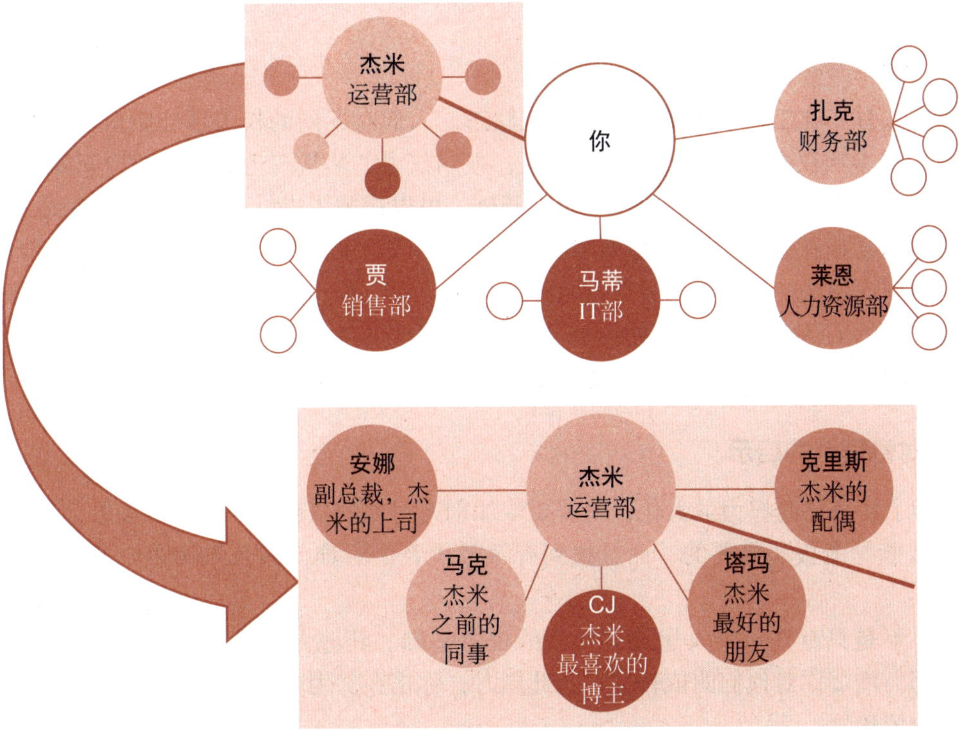

注：圆圈的底色由浅至深分别代表关系紧密、关系松散、完全没有关系。

资料来源：Based on D. Clark, "A Campaign Strategy for Your Career," *Harvard Business Review* (November 2012): 131–4.

假设你未来的晋升取决于五个人，其中包括你的直接主管杰米。正如你在图中看到的，你和杰米关系密切（不然你就有大麻烦了）。你还和财务部的扎克关系密切。然而，你和其他人要么关系松散（莱恩），要么完全没有关系（贾、马蒂）。这张版图给你一个明确的提示，你需要制定一个计划来拉近你与这些人的关系，提高你对他们的影响力。你会怎么做？

这张版图还提供了一种对权力网络有用的思考方法。假设这五个人都有自己的人际网络。在这种情况下，不要以为他们的权力网与你的一样，他们通过影响处于权力位置上的个人来对网络上的人产生影响。

影响别人的最佳方式之一就是采用间接方式。马克是杰米之前的同事，他们现在依然是朋友，如果你和马克在一个联盟中打网球的话会怎样？在很多情况下，影响马克可能等同于影响杰米。此外，为什么不去 CJ 的博客上发条评论呢？你可以针对其他四个决策者完成类似的分析。

当然，这张版图无法给你提供所有的信息，任何版图都没办法做到。例如，通常来说这五个人的权力不会是一样的。在大型的社交网络中，这样的版图会更难建立。尽量保持它的基本特性，只涵盖那些对你的职业真正有影响的人。

对你来说，这看起来可能有点阴险狡诈。但是要记得，能升职的只有一个，你的竞争对手可能早就画好了自己的版图。正如我们在本章前面指出的，权力和政治是组织生活的一部分。不去使用它们就意味着无效。与其在此过程中假装权力和政治不重要，还不如有一个清晰明确的政治版图。

本章小结

没有人甘于在工作和组织中处于无权状态。人们对不同的权力基础做出不同的反应。专家权力和参照权力来自个人品质。相反，强制权力、奖赏权力和法定权力来源于组织。将卓越的工作能力尤其是号召力作为权力基础，可以让群体成员有更好的工作业绩。

有效的管理者会接受组织的政治性。有些人的政治敏锐性高于其他人，这意味着他们能够意识到深层次的政治行为并管理自己的形象。可以预料到，政治技能高超的人将比政治技能欠缺的人获得更高的绩效评估，因而获得更多的加薪和晋升。具有政治敏锐性的人可能会表现出更高的工作满意度，能够更好地化解工作压力。

对管理者的启示

- 为了使自己的权力最大化，就需要增加别人对你的依赖性。例如，如果你新获得的知识或技能是老板所需要的，而且找到有效替代者很困难，那么你就增加了你对上司的权力。
- 并不是只有你一个人想建立自己的权力基础。其他人，特别是你的下属和平级同事，会努力增加你对他们的依赖性；与此同时，你正在努力减少对别人的依赖性并增加别人对你的依赖性。
- 尽量避免把他人置于没有权力感的职位中。
- 通过在一个政治框架内评估各种行为，你可以更好地预测他人的行动并且根据这些信息来制定自己的政治策略，以便给你和你的工作部门带来利益。
- 对于欠缺政治技能或者不愿意采取政治行为的员工来说，如果他们在工作环境中感知到组织政治，通常会表现出更低的工作满意度、更多的焦虑和更高的离职率。因此，如果你善于利用组织政治，应帮助其他人认识到提高政治技能的重要性。

复习题

1. 领导和权力有何不同？
2. 权力的五种基础有哪些异同？
3. 在权力关系中，依赖性起到什么样的作用？
4. 最常见的权术或影响策略是什么？它们有哪些使用条件？
5. 权力滥用的影响因素和影响后果是什么？
6. 政治在组织中是如何发挥作用的？
7. 政治行为的影响因素、后果和道德问题有哪些？

观点碰撞

人人渴望权力

正方

我们不会承认自己想要的一切。例如，一位心理学家发现，人们很少承认自己对金钱的渴望，却认为除了自己，其他所有人都是爱钱的。他们说对了一半——人人都爱钱，且人人都爱权力。

哈佛大学心理学家戴维·麦克利兰（David McClelland）因在潜在动机领域的研究而声名鹊起。基于人们描述图像的方式，麦克利兰测量了他们对权力的动机（这种方法称为主题统觉测验，简称TAT）。他为什么不直接询问人们对权力有多渴望？因为他认为，大多数人并不愿意承认自己对权力的渴望，他们甚至没有意识到这一点。而这正是他要发掘的。

我们为什么想要得到权力？当然是因为它能给我们带来好处。它会使我们对自己的生活更有掌控力，赋予我们更多的自由去做想做的事。生活中，最糟糕的莫过于无助，而最令人欣喜的莫过于对命运的掌控。研究表明，拥有权力和地位的人能够得到更多的尊重，自尊心更强（这一点不足为奇），并且比一般人更健康。

以史蒂夫·科恩（Steve Cohen）为例，他是SAC Capital Advisors的创始人，也是华尔街最有权势的人之一。科恩身价111亿美元，购买毕加索的画作，住着豪宅，有专门的管家，坐头等舱满世界飞。人们不择手段地想要接近他、取悦他。一位作家说："他坐在办公室里指点江山，巨额财富滚滚而来，他既可以给人工作机会，也可以让人丢掉饭碗，既可以让你自信心膨胀，也可以轻易粉碎你的自尊。所有这一切都可以在几个小时内发生。"所有这些怎么可能会对史蒂夫不利？

通常来说，告诉你权力不重要的人都是那些自己得不到的人。对权力的渴望就像嫉妒心一样，属于人们不愿意承认的秘密之一。

反方

有些人确实渴望权力，通常会为了得到权力而不择手段。然而，对大多数人来说，权力的优先级并不靠前；对某些人来说，权力甚至是令人讨厌的。

研究表明，位高权重会让大多数人感到不舒服。第一项研究要求四人一组，在小组任务开始之前，先根据每个人在团队中的地位、影响力以及想要实现的目标从1（最高）到4（最低）排名。大约只有1/3（34%）的人将自己排在最前面。第二项研究侧重于为亚马逊的土耳其机器人项目提供在线服务的员工。研究人员发现，人们之所以渴望权力，主要是为了获得尊重。如果不通过权力就能得到尊重，当然更理想。在第三项研究中，研究人员发现，个人只有在能力很强的时候，即当他们的影响力对所在群体有所帮助时才会偏爱权力。

这些研究表明，我们通常会把人们对权力的渴望与其他事情混淆，比如尊重，帮助群体和组织获得成功的欲望。在这些情形下，大多数人追求权力其实是为了更利他的目的——也只有在这种情况下，我们才会对权力抱有正面看法。

一项研究确认了多数人希望得到同伴的尊重，而不是权力。研究者卡梅伦·安德森（Cameron Anderson）精辟地总结道："富有不是快乐的前提，成为一个对群体有贡献的成员才是快乐的秘诀。一个人之所以能在群体中德高望重、身居要职，是因为他专注奉献，慷慨待人，并且愿意为了更大的利益牺牲自我。"

既然你提到了史蒂夫·科恩，那你应该知道他因未能阻止内幕交易而认罪并支付12亿美元的罚款，然后不得不关闭SAC吧。

资料来源：Based on B. Burrough and B. McLean, "The Hunt for Steve Cohen," *Vanity Fair*, June 2013, http://www.vanityfair.com/news/business/2013/06/steve-cohen-insider-trading-case; C. Anderson, R. Willer, G. J. Kilduff, and C. E. Brown, "The Origins of Deference: When Do People Prefer Lower Status?," *Journal of Personality and Social Psychology* 102 (2012): 1077–88; C. Anderson, M. W Kraus, A. D. Galinsky, and D. Keltner, "The Local-Ladder Effect: Social Status and Subjective Well-Being," *Psychological Science* 23(7) (2012): 764–71; S. Kennelly, "Happiness Is about Respect, Not Riches," *Greater Good*, July 13, 2012, http://greatergood.berkeley.edu/article/item/happiness_is_about_respect_not_riches; and P. Lattman and B. Protess, "$1.2 Billion Fine for Hedge Fund SAC Capital in Insider Case," *The New York Times Dealbook*, November 4, 2013, http://dealbook.nytimes.com/2013/11/04/sac-capital-agrees-to-plead-guilty-to-insider-trading/?_r=0.

知识应用和就业力

权力是组织行为的重要组成部分。谁拥有权力，谁没有权力，决定了哪些员工可以做出决定并在职业生涯中取得进步。人们有很多策略可以用来获得权力和影响当权者。个人也可以通过政治行为来影响他人。在本章中，你在了解权力和政治时使用了许多对就业力很重要的技能。通过阅读关于是否大多数人都想拥有权力的辩论、了解和敌人保持密切关系的研究以及学习如何避免政治，你提高了批判性思维技能。你还将自己的知识应用于在求职面试中使用印象管理技巧。在接下来的部分中，你将进一步应用你的知识和批判性思维技能来处理办公室恋情、促进执行董事会的性别多元化，并了解逢迎老板所带来的问题。

体验练习

比较影响策略

每三人组成一个小组，随机确定角色：一个人担任影响者，一个人担任被影响者，还有一个人担任观察者。

首先我们为练习中需要使用的7种策略创建一副牌组，这些策略包括：合法性、理性说服、鼓舞式诉求、商议、交换、逢迎和施压。它们的定义见本章之前的部分。影响者从牌组中抽牌，其他人都不能看已经抽出的牌。

影响者抽出一张牌，迅速制定并实施相应的策略，将这种策略应用于被影响者。在一段较短的时间里，被影响者要在来回交流中真实地做出反应，并声明该策略是否有效。观察者尝试确定正在使用的是哪种策略，以及哪种权力基础（强制权力、奖赏权力、法定权力、专家权力、参照权力）能够加强这种策略。影响者对观察者给出的答案给予确认或否认。

每轮更换角色和牌组，然后讨论以下问题。

◆ 问题

1. 根据你的观察，哪种影响情境可能会为影响者带来最好的结果？

2. 制定的策略和每个人承担的具体角色之间的匹配是否良好？换句话说，考虑到影响者相对于被影响者的权力基础，这种策略对他有用吗？

3. 本次练习让你学到了哪些关于权力和影响力的知识？

道德困境

性骚扰和办公室恋情

在本章中，我们讨论了性骚扰以及不对等的权力会如何引发性骚扰。性骚扰之所以会发生，通常是因为一个员工，例如某个主管，可以利用自己对资源的控制来奖励或强迫其他员工。例如，当管理者要求女下属和他约会时，由于他控制着组织中的资源，因此女下属更有可能会选择答应。如果她拒绝了他的要求，他有可能会报复并剥夺她的权利。

很多公司尝试通过禁止同事间的约会来防止性骚扰。有些规则会稍微宽松一些，禁止员工和同一部门的直接领导或同事约会，这大概是为了让员工不能利用自己的权力进行性骚扰。这些不太严格的政策没有考虑到组织中可能存在的非正式权力。一名员工即便处于初级岗位，也可能能够阻止他人获得资源，或者有足够的政治技能来损害另一名员工的职业生涯。

另外，试图强制执行反对办公室恋情的政策可能是不切实际的。现代的美国人一生中有 1/3 的时间都在工作，所以员工很可能会在办公室遇到自己的伴侣。根据 Careerbuilder.com 在 2015 年的一项调查，超过 1/3 的员工曾与同事约会过。很多这样的恋情涉及权力上的差异：15% 的人承认自己曾经与上司约会过。

阻止办公室恋情是值得的吗？同一次调查还显示，办公室恋情中有 1/3 最终走向了婚姻。如果丘比特之箭在茶歇间里击中了你，你该怎么办呢？职场专家林恩 · 泰勒（Lynn Taylor）建议："不管是否有政策，爱情都会发生。因此，在没有成文规定的情况下……关键在于你的常识。"

◆ 问题

1. 你认为禁止办公室性骚扰的政策中应包括关于办公室恋情的规则吗？为什么？

2. 上司可以和下属约会吗？如果某人在恋情开始后成了另一半的上司，该怎么办？

3. 为什么有 36% 的受访者说他们对同事隐瞒了自己的恋情？这和我们在第 9 章中提到的办公室八卦有什么关系？

资料来源：Based on J. Smith, "Eight Questions to Ask Yourself before You Start Dating a Coworker," *Business Insider*, May 29, 2016, http://www.businessinsider.com/questions-to-ask-before-you-start-dating-a-coworker-2016-5/#-1; J. Grasz, "Workers Name Their Top Office Romance Deal Breakers in New CareerBuilder Survey," *CareerBuilder*, February 11, 2015, http://www.careerbuilder.com/share/aboutus/pressreleasesdetail.aspx?sd=2%2F11%2F2015&id=pr868&ed=12%2F31%2F2015.

案例分析 1

女性应该掌握更多的权力吗?

我们在本章提到，女性在组织中的权力往往会小于男性。要证明权力的性别差异，我们只需看看表现最好的公司的执行董事会的性别构成就可以了。截至2015年,《财富》1 000强公司的董事会中只有18.8%的席位是女性；在《财富》500强公司中，只有20.6%的董事会席位是女性。这种不公平不仅凸显了很多女性所面对的歧视和玻璃天花板，也可能对企业造成不利影响。

在第9章中我们了解到，多元化的群体可能会更具创造力和创新性。当一个群体里存在不同观点时，决策会更加准确。在执行董事会多元化的问题上，这一原则似乎是正确的。对140项研究的综述表明，执行董事会中拥有女性成员可以提高回报，尤其是在股东保护水平更高的国家。该综述还表明，在性别平等程度较高的国家，拥有女性董事会成员有利于公司的市场表现。此外，性别更加多元化的董事会更善于监控公司业绩，并参与更多的战略投入。其他研究表明，执行董事会的多元化并非总是有益的。在大多数情况下，董事会中女性的权力越大，组织中的战略变革就越多。然而这些结论仅适用于那些没有受到低绩效威胁的公司。

很多国家正尝试通过制定配额促进公司董事会成员的性别更加多元化，进而改善经济。2008年，挪威要求公司董事会应有36%的席位为女性。法国在2011年通过了促进公司董事会性别多元化的立法。根据这项法律，2013年48%的新董事职位由女性担任。

◆ **问题**

1. 你认为为什么董事会中女性拥有更大的权力会改变公司业绩?
2. 你认为通过配额制度来促进性别多元化是一个好主意吗？为什么?
3. 你认为一些国家的公司的董事会比其他国家的公司更加多元化的原因是什么?

资料来源：Based on M. Farber, “Justin Trudeau Perfectly Sums up Why We Need More Women in Power,” *Fortune*, April 7, 2017, http://fortune.com/2017/04/07/justin-trudeau-women-in-the-world-summit-2017/; S. H. Jeong and D. Harrison, “Glass Breaking, Strategy Making, and Value Creating: Meta-Analytic Outcomes of Females as CEOs and TMT members,” *Academy of Management Journal*, in press; C. Post and C. J. Byron, “Women on Boards and Firm Financial Performance: A Meta-Analysis,” *Academy of Management Journal* 58, no. 5 (2015): 1546–71; T. M. del Carmen, T. L. Miller, and T. M. Trzebiatowski, “The Double-Edged Nature of Board Gender Diversity: Diversity, Firm Performance, and the Power of Women Directors as Predictors of Strategic Change,” *Organization Science* 25, no. 2 (2014): 609–32; and M. Liautaud, “Breaking Through: Stories and Best Practices from Companies That Help Women Succeed,” *Huffington Post*, April 29, 2016, http://www.huffingtonpost.com/martine-liautaud/stories-and-best-practices-from-companies-that-help-women-succeed_b_9722518.html.

案例分析 2

阿谀奉承会给你带来什么?

奉承或恭维他人是人们在工作中使用的一种印象管理技巧。很多人相信阿谀奉承对职业前途有积极的影响。《301道面试难题的巧妙应对》(*301 Smart Answers to Tough Interview Questions*)一书的作者维基·奥利弗(Vicky Oliver)建议使用奉承的方法来要求加薪。奥利弗建议员工使用自我推销（如突出自己的成就）和强化（如展示自己的工作表现比同事的更优秀）等印象管理技巧，但她也建议在坐下来讨论加薪之前要赞美老板或策略性地“奉承”老板。

奉承总是有效的吗？有两种答案。阿谀奉承可能会影响当权者，前提是他们认为这些奉承是真诚的。然而，令奉承显得真诚可能特别困难，因为位高权重的人往往很难被愚弄，毕竟他们有更多的相关经历。研究表明，有一种方法也许可以让奉承更有效：尝试说服自己真的喜欢所要奉承的人。在这项研究中，花更多时间来思考自己和老板的共同之处的员工更有可能通过奉承实现自己的目标。

即便员工成功通过奉承实现了目标，这一技术也有一个很大的缺点。一项研究发现，那些奉承 CEO 的员工在未来更有可能会怨恨他们的 CEO。虽然这些 CEO 并没有要求员工赞美自己，但当员工竭尽全力战略性地讨好老板的时候，他们会觉得自己遭到了贬低。恭维老板的员工也更有可能向第三方抱怨自己的老板，其中有些人甚至会向记者抱怨。

◆ **问题**

1. 在工作中使用奉承会带来什么其他后果？为什么会出现这些后果？

2. 案例中提到的研究还表明，和奉承白人男性相比，高管更讨厌对女性和少数族裔 CEO 的奉承。你认为这个发现为什么是真的？

3. 有没有比奉承更有效的印象管理技巧？

资料来源：Based on V. Oliver, “How to Suck Up to Your Boss and Get a Raise,” *Fortune*, January 9, 2017, http://fortune.com/2017/01/09/pay-raise-career-advice-leadership-self-promotion-boss/; C. Romm, “How to Suck Up Without Being Obvious About It,” *NY Magazine*, July 5, 2016, http://nymag.com/scienceofus/2016/07/how-to-suck-up-without-being-obvious-about-it.html; and J. McGregor, “Bosses Be Warned: Your Biggest Kiss-Up Could Be Your Biggest Backstabber,” *Daily Herald*, April 19, 2017, http://www.dailyherald.com/business/20170416/bosses-be-warned-your-biggest-kiss-up-couldbe-your-biggest-backstabber; M. G. McIntyre, “Disgruntlement Won’t Advance Your Career,” *Pittsburgh Post-Gazette*, September 2.

注 释

第14章 冲突与谈判

Conflict and Negotiation

学习目标

学完本章后，你应该能够：

1. 描述冲突的三种类型和三个范围。
2. 阐述冲突过程。
3. 比较分配式谈判和整合式谈判的差异。
4. 应用谈判的五个步骤。
5. 指出个体差异如何影响谈判。
6. 评价第三方谈判的角色和功能。

就业技能矩阵

	传言还是科学	职业目标	道德抉择	观点碰撞	体验练习	道德困境	案例分析 1	案例分析 2
批判性思维				✔	✔	✔	✔	✔
沟通	✔	✔			✔		✔	
合作	✔	✔	✔		✔	✔	✔	
知识应用与分析		✔		✔	✔	✔	✔	✔
社会责任			✔			✔		✔

谈判筹码

一个人的谈判能力从何而来？权力？金钱？关系？一个表面上看起来没有权力、与外界接触极少、几乎没有经济资源的人有谈判的权力吗？答案是肯定的。

德里克·休斯敦（Derrick Houston）似乎是个毫无谈判筹码的人。这名囚犯于2017年4月因持枪抢劫而被送到密西西比州利克斯维尔的一所州立监狱服刑。他的刑期超过 20 年。休斯敦不知道自己能否在监狱提供的不人道的生活条件下坚持那么长的刑期。尽管国家官员声称监狱中的条件是出于安全而设，但许多囚犯都觉得自己受到了严酷的对待。法律规定每周至少有 5 个小时的娱乐活动时间，但很多囚犯被一次禁闭好几天。与此同时，对访客的限制意味着许多囚犯很少能见到家人和朋友。

设施的卫生条件也需要改善。许多囚犯有严重的心理健康问题，会把脏东西扔在牢房里，导致蟑螂、老鼠、蜘蛛和苍蝇滋生。最重要的是，监狱里没有空调，当夏季气温极高时可能会危及人的生命。

一名囚犯说："如果一个人在气温高达 130 华氏度时把自己的狗或其他宠物遗留在室外炎热的狗屋里，那么他会因虐待动物而被捕，宠物也将被带走。那么，为什么人要受到比动物还糟糕的待遇呢？"囚犯们试图利用自己唯一的谈判筹码：他们的胃。他们开始绝食，因为他们知道饥饿带来的健康问题会引起媒体和官员的注意。这个策略被证明是成功的。到了月底，休斯敦及其他抗议的囚犯被转移到条件更好的监狱。

德里克·休斯敦的妻子温迪（Wendy）松了一口气。她在给记者的电子邮件中写道："（我们）一年多来一直试图将我的丈夫从密西西比州的监狱中转移出来。如果我们知道绝食管用的话，他一年前就应该这么做了。"

绝食看起来很极端，但它是囚犯想要通过谈判获得更好条件时一种相对常见的策略。这种情况在美国的监狱里经常发生。就在休斯敦等囚犯在密西西比州抗议的同一个月，数百名囚犯在华盛顿州塔科马的西北拘留中心也进行了绝食抗议。华盛顿监狱的囚犯尤其容易受到伤害，因为他们是无证件移民，没有密西西比州囚犯那样的合法权利。和休斯敦一样，他们抗议监狱的条件以及让人难以置信的低工资。他们认为这些做法违反了反奴隶制的法律。

绝食抗议体现了我们将在本章讨论的许多概念。首先，它们强调了对冲突的回应。在本案例中，囚犯和监狱官员之间的冲突是恶性的。然而，正如你将从本书中了解到的那样，一些冲突是有益的，甚至是必要的，因为它们增强了创造力并推动了组织的变革。其次，谈判过程倾向于缓解冲突。通过将自身健康作为谈判筹码，密西西比州的囚犯获得了更好的生活条件。同样的策略在任何情况下都会成功吗？不一定。我们还将解释从情绪到人格等在不同情况下影响谈判能否成功的因素。

资料来源：Based on I. Fisher, "Over 1,000 Palestinian Prisoners in Israel Stage Hunger Strike," *New York Times*, April 17, 2017, https://www.nytimes.com/2017/04/17/world/middleeast/marwan-barghouti-hunger-strike-israel.html; J. Amy, "Mississippi Corrections Says Prison Hunger Strike Over," *The Clarion-Ledger*, April 12, 2017, http://www.clarionledger.com/story/news/2017/04/12/mississippi-prison-hunger-strike/100365860/; J. Mitchell, "Inmates Say They're On Hunger Strike to Protest Leakesville Prison Conditions," *USA Today*, April 4, 2017, https://www.usatoday.com/story/news/2017/04/04/hunger-strike-enters-third-day-at-leakesville-prison/100026768/; and S. Bernard, "Detainees Launch New Hunger Strike at Northwest Detention Center," *Seattle Weekly*, April 10, 2017, http://www.seattleweekly .com/news/detainees-launch-new-hunger-strike-at-northwest-detention-center/.

14.1 冲突的定义

世界上对冲突的定义实在太多。[1] 不过大多数定义认为冲突是一种知觉。如果人们没有意识到冲突，那么一般会认为没有冲突。对立或不一致以及某种形式的互动是冲突过程开始的必要条件。

我们将**冲突**（conflict）定义为，当一方感觉对方对自己关心的事情已经产生或将要产生不利影响时发生的一个过程。它描述了正在进行的活动从互动变成不一致时的转折点。人们在组织中会经历各种冲突——目标不一致、对事实的解读存在分歧、对行为预期的不一致，等等。另外，这一定义非常灵活，它可以涵盖从公开的暴力行为到微妙的意见分歧等各个层面的冲突。

人们对冲突在群体和组织中扮演的角色还没有达成共识。过去，研究人员倾向于将冲突作为一个整体来争论其好坏。这种简单化的观点最终被新方法取代。新方法认识到并非所有冲突都是一样的，不同类型的冲突具有不同的影响。[2]

根据冲突的影响可将冲突分为不同类型。**良性冲突**（functional conflict）能够支持群体的目标和提高群体的绩效，是具有建设性的冲突。[3] 例如，如果独特的观点可以得到公开的讨论和比较，那么工作小组成员之间关于提高生产效率的方法的辩论可以认为是一种良性冲突。妨碍群体绩效的冲突则称为**恶性冲突**（dysfunctional conflict）或破坏性冲突。[4] 在团队中为了争夺控制权而导致手头任务分散的个人斗争就是一种恶性冲突。图表 14－1 描述了不同冲突水平造成的影响。为了理解不同类型的冲突，接下来我们将讨论冲突的类型和冲突的范围。

图表 14－1　冲突水平与部门绩效的关系

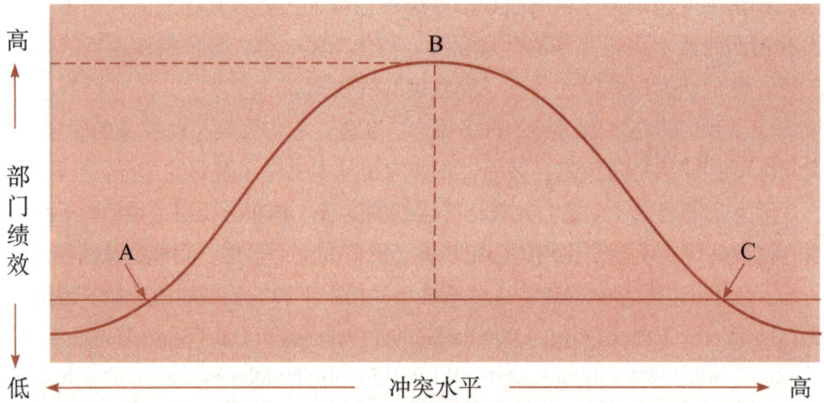

情况	冲突水平	冲突结果	部门的内部特征	部门的绩效水平
A	低或无	恶性结果	冷漠 迟钝 对变化反应慢 缺乏新思想	低
B	最佳	良性结果	生命力强 自我批评 不断革新	高
C	高	恶性结果	分裂 混乱 不合作	低

14.1.1 冲突的类型

理解冲突的一种方法就是找出分歧的类型，或者冲突是关于什么的：是对目标产生了分歧、和别人相处不好还是为了寻找最好的解决方法？尽管每种冲突都是独特的，研究人员还是将它们分成三类——任务冲突、关系冲突、程序冲突。**任务冲突**（task conflict）与工作的内容和目标有关。**关系冲突**（relationship conflict）侧重于人际关系。**程序冲突**（process conflict）与完成工作的方式有关。[5]

研究表明，绝大多数关系冲突至少在工作中是恶性的。[6] 尽管它们在某些情况下也可能会起到提高创造力的作用。[7] 为什么？因为关系冲突中人与人之间的敌意、矛盾与摩擦会加剧彼此之间的性格差异并削弱相互的理解，妨碍组织任务的完成。在这三种类型中，关系冲突似乎最有可能使个体出现心理耗竭。[8] 对于新加入组织的员工而言，这种类型的冲突也是很有问题的，因为新员工需要依赖同事来了解工作的相关信息。[9] 由于冲突基本上是围绕人格产生的，你可以看到关系冲突是如何变得具有破坏性的。我们不能指望去改变同事的人格，如果有人批评我们的为人而不是行为方式的话，我们通常会很生气。

学者们一致认为关系冲突是恶性的，但是在任务冲突和程序冲突是否有用上产生了分歧。早期研究表明，群体内部的任务冲突与更高的群体绩效相关，但一项涉及 116 项研究的元分析却发现，广义上的任务冲突在本质上与群体绩效无关。然而，有些冲突的因素却可以在冲突和绩效之间建立联系。[10] 其中一个因素是冲突发生在高层还是低层。高层管理团队之间的任务冲突与他们的绩效呈正相关，而组织低层的冲突与群体绩效呈负相关。这可能是因为高层人员不会因为冲突而感到个人在组织中的角色受到威胁。这项元分析还发现，另一个重要因素在于，其他类型的冲突有没有同时发生。如果任务冲突和关系冲突一起发生，任务冲突更有可能是消极的；但如果任务冲突单独发生，则更有可能是积极的。此外，一些学者认为，冲突的强度也很重要——如果任务冲突水平非常低，那么人们并没有真正地投入或者去解决重要的问题；而如果任务冲突水平过高，暗斗很快就会恶化成关系冲突。因此，适中的任务冲突可能是最理想的。中国的一项研究支持了这一观点，该研究发现，在最初的发展阶段，适度的任务冲突可以提高群体的创造力，但高水平的冲突会使团队绩效降低。[11]

团队成员的人格似乎也很重要。一项研究表明，如果团队成员平均的经验开放性和情绪稳定性较高，则更有可能通过任务冲突提高群体绩效。[12] 这可能是因为经验开放性和情绪稳定性可以使人们正确地看待任务冲突，并利用想法上的差异来更好地解决问题，而不是任由任务冲突恶化成关系冲突。

那么程序冲突呢？研究人员发现，程序冲突和授权及角色有关。与授权有关的冲突通常表现为一些成员的规避和推脱；与角色相关的冲突会使一些群体成员感到被边缘化。因此，程序冲突往往会变得高度个人化，很快发展成关系冲突。当然，讨论如何做某事可能会浪费掉原本可以用来做这件事的时间。群体中的成员可能会为了角色和责任而争论不休，最终不了了之，类似的经历我们都有过。

14.1.2 冲突的范围

理解冲突的另一种方法是考虑它的范围，也就是冲突在何种框架下发生。此时冲突有三种类型：**二元冲突**（dyadic conflict）是两个人之间的冲突；**群内冲突**（intragroup conflict）发生在群体或团队的内部；**群际冲突**（intergroup conflict）是群体或团队之间的冲突。[13]

几乎所有与任务冲突、关系冲突和程序冲突相关的文献都会关注群内冲突。这是合理的，因为通常群体和团队存在的目的就是执行特定的任务。然而，我们无法知道关于冲突的背景和后果的一切。例如，研究发现要想使群内的任务冲突对绩效产生积极影响，团队就要有一个支持性的氛围，犯了错误不会惩罚，并且团队成员相互扶持。[14] 类似地，团队成员的个人需求也决定了任务冲突是否会对绩效产生积极影响。在一项对韩国工作小组的研究中，当小组成员对成就有很高的需求时，任务冲突对绩效是有益的。[15]

这个概念是否适用于了解群际冲突的影响？让我们以美国国家橄榄球联盟中的队伍为例。正如我们说过的那样，如果球队希望调整和改进的话，一定数量（但不要太多）的群际冲突也许有利于提高团队绩效，尤其是当团队成员相互支持的时候，但我们会在意联盟里一个团队中的成员是否支持另一个团队中的成员吗？事实上，如果群体之间存在竞争，只有一个能“获胜”的话，群体之间的冲突几乎是不可避免的。然而这种情况必须得到管理。剧烈的群际冲突会令团队成员感受到压力，并且影响到他们互动的方式。例如，一项研究发现，团队之间高水平的冲突会使个人把重点放在遵守自己团队的规范上。[16]

你可能会感到惊讶的是，个人成为群际冲突中最重要的因素。一项针对群际冲突的研究发现，个人在群体内的职位和其处理群际冲突的方式会相互影响。群体中相对来说不那么重要的成员能更好地处理自己所在群体和其他群体间的冲突，前提是这些成员仍然可以对他们的群体负责。[17] 因此，身处群体中的核心位置并不会使你成为解决群际冲突的最佳人选。

关于冲突范围的一个有趣的问题是，冲突之间是否存在互动或缓冲的关系。例如，假设贾和马库斯在一个团队中，如果他们两个人处不来（二元冲突）并且团队内部存在较高水平的任务冲突，将会发生什么？任务可能会停止。如果另外两名成员肖娜和贾斯汀相处得很好，又会给团队带来什么影响？团队可能依然功能失调，或者积极的关系占上风。

因此，要了解有利冲突和不利冲突，我们不仅要对冲突的类型有所了解，还要知道冲突发生在哪里。虽然有关任务冲突、关系冲突和程序冲突的概念可以帮助我们理解二元冲突乃至群内冲突，但如果用它们来解释群际冲突，可能就没那么有效了。但我们如何才能使冲突尽可能地发挥促进生产的作用呢？为了更好地理解冲突过程，下面我们将讨论关于潜在可控变量的一些洞见。

14.2 冲突过程

我们可以把**冲突过程**（conflict process）划分为五个阶段：潜在的对立或失调、认知和人格化、行为意向、行为、结果。图表 14－2 描绘了这一过程。[18]

图表 14－2 冲突过程

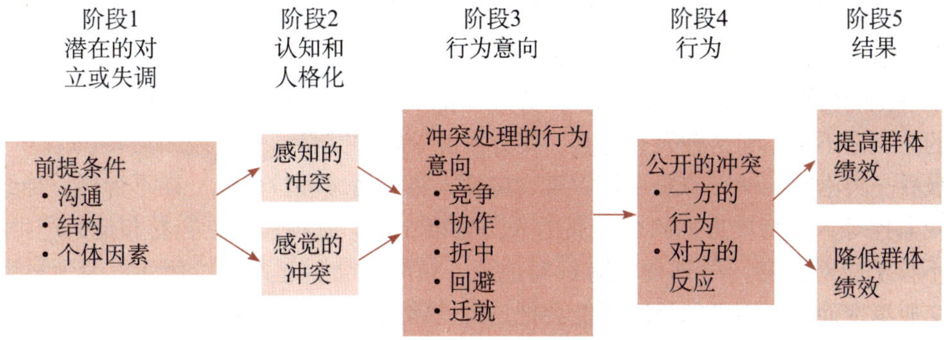

14.2.1 阶段 1：潜在的对立或失调

冲突过程的第一个阶段是导致冲突的前提条件。这些条件并不会直接导致冲突，但它们中的某一项是产生冲突的必要条件。我们将这些条件分为三大类：沟通、结构、个体因素。

沟通 苏珊在百时美施贵宝公司（Bristol-Myers Squibb）的供应链管理部门已工作了 3 年，她喜欢这份工作，这在很大程度上是因为她的上司哈里是一位非常棒的领导。后来，哈里获得了晋升，职位由查克接替。6 个月之后，苏珊说她的工作总是一团糟。"哈里和我很合拍，查克却完全不一样。查克今天让我做这件事，我照办了，明天他却说我做错了。我觉得他心里想的是一回事，表达出来的却是另一回事。从他来的第一天就是这样。而且，他几乎天天冲着我大喊大叫。你知道，有些人非常容易沟通和交流，但查克绝不是这样的人。"

苏珊的话表明，沟通会成为一种冲突源。[19] 这些不一致的因素来自误解、语义理解上的困难以及沟通渠道中的"噪声"（见第 11 章）。这些因素加上行话、信息交流不充分等共同构成了沟通障碍，可能会成为冲突的潜在前提条件。无论是沟通过少还是过多，都会提高发生冲突的潜在可能性。显然，在某个特定范围内，沟通的增加会产生积极效果；但是如果超过这个范围，就可能导致过度沟通，增加发生冲突的可能性。

结构 夏洛特和梅塞德丝都就职于波特兰家具大卖场（Portland Furniture Mart），这是一家大型家具折扣店。夏洛特是柜台销售人员，梅塞德丝是该公司的信贷部经理，这两位女士相识多年，而且有很多共同之处：她们住得很近，女儿在同一所中学读书而且是好朋友。如果夏洛特和梅塞德丝从事不同的工作，她们可能会成为朋友。但实际上，她们在工作中经常出现分歧——夏洛特的工作是销售家具，她干得很出色，但她的很多主顾采用信用卡付款方式；梅塞德丝的工作是将信贷方面的损失降至最低，因此她经常会拒绝夏洛特刚洽谈好的客户。她们之间的冲突无关个人问题，是各自的工作要求所导致的。

从本质上来说，夏洛特和梅塞德丝之间的冲突是结构造成的。我们在这里使用的术语"结构"包括这样一些变量：群体规模、员工任务的专业化程度、管辖范围的清晰度、员工与目标之间的匹配性、领导风格、薪酬体系以及不同群体间的依赖程度。群体的规模越大，任务越专业化，越可能出现冲突。研究发现，任职时间与冲突呈负相关关系，这意味着一个人在同一个组织中待的时间越长，发生冲突的可能性就越小。因此，如果群体成员年轻，而且离职率很高，那么出现冲突的可能性很大。

个体因素 你是否遇到过一见面就不喜欢的人？他的大多数观点你都不赞同。即使是一些很细微的特点——声音、表情、措辞——都令你感到厌烦。有时我们对别人的印象是负面的，当你不得不和这种人共事时，就有可能导致冲突。

最后一类潜在的冲突源是个体因素，包括人格、情绪和价值观。在不合群、神经质或低自我监控等人格特质方面得分较高的人（见第5章）更频繁也更容易和他人产生冲突，而且不善于应对冲突。[20] 即便没有针对他人，情绪也会引起冲突。例如，因为早晨上班途中交通堵塞而愤怒不已的员工可能会把这种情绪带到当天的工作中，导致开会的时候气氛紧张。[21] 偏好和价值观的差异可能会导致更高水平的冲突。例如韩国的一项研究发现，当小组成员所期望的成就水平不一致时会产生更多的任务冲突；当小组成员所期待的人际亲密程度不一致时则会有更多的关系冲突；当小组成员对权力的渴望不同时就会出现更多关于地位的冲突。[22]

14.2.2 阶段2：认知和人格化

如果阶段1中提到的那些条件对其中一方关心的事物造成消极影响，那么潜在的对立和失调就会在阶段2中成为事实。

在冲突的定义中我们强调，需要有一方或多方意识到已经存在冲突的前提条件。不过，仅仅因为分歧是一种**感知的冲突**（perceived conflict）并不意味着冲突被人格化。当个体投入情感时，则会出现**感觉的冲突**（felt conflict），此时双方会体验到焦虑、紧张、挫败或敌意。

阶段2之所以重要，是因为冲突事项往往在这个阶段被明确界定。在这个阶段，双方会确定冲突的主要内容是什么。[23] 对冲突的界定非常重要，因为它通常会勾勒出各种潜在的解决方案。在人际交往中，人们倾向于默认采取合作策略，除非有明确的信号表明他们面对的是一个有竞争性的人。然而，如果把薪水上的分歧界定为一种零和情境（也就是说，你的薪水增加多少，我的加薪池就相应减少多少），我当然不愿意妥协。但如果把这次冲突界定为一种潜在的双赢情境（即薪水总量有可能会增加，你我都可以得到自己希望的加薪），那么我可能愿意接受妥协方案。

此外，情绪会显著影响认知。[24] 消极情绪可能会导致我们过于简单地处理问题，失去信任，从消极的方面来解读对方的行为[25]；相反，积极情绪往往促使我们发现某问题组成要素间的潜在关系，用更开阔的视野来看待整个情境，开发出更加创新的解决方案。[26]

14.2.3 阶段3：行为意向

行为意向（intention）介于人们的认知、情感与公开行动之间。它是以某种特定方式行动的决策。[27]

我们之所以把行为意向划分为一个独立的阶段，是因为我们必须推断对方的行为意向，知道自己如何应对对方的行为。很多冲突之所以不断升级，主要是因为一方错误地推断了另一方的行为意向。另外，行为意向与行为之间通常还存在明显的间隔，因此一个人的行为并不总能准确体现他的行为意向。

我们也可以沿着以下两个维度来思考处理冲突的行为意向。这两个维度即主见性（一方愿意满足自己愿望的程度）与合作性（一方愿意满足对方愿望的程度），可以帮助我们确定以下五种行为意向——竞争（有主见但不合作）、协作（有主见且合作）、回避（没主见且不合作）、迁就（没主见但合作）、折中（合作性与主见性均处于中等程度）。[28]

竞争 当一方在冲突中寻求自我利益的满足，而不考虑冲突对另一方的影响时，他就是在**竞争**（competing）。例如，当资源稀缺时，我们会更倾向于竞争。

协作 当冲突双方均希望充分满足双方的利益时，他们就会开展合作，并寻求共同受益的结果。在**协作**（collaborating）中，双方通过厘清差异与分歧而不是迁就不同的观点来设法解决问题。如果你想找到一个能够使双方的目标都充分实现的双赢方案，这个方案就是协作。

回避 一个人意识到冲突的存在，但希望退出或抑制该冲突。有关**回避**（avoiding）的例子包括：竭力忽略冲突；远离与自己存在意见分歧的人。

迁就 如果一方想安抚对方，则可能愿意把对方的利益放在自己的利益之上。换句话说，**迁就**（accommodating）指的是为了维持相互关系，一方愿意做出自我牺牲。例如，你愿意支持某人的观点，尽管你对该观点持保留意见，这就是迁就。

折中 在**折中**（compromising）的做法里，没有明显的赢家或输家。冲突双方愿意合理化冲突目标，并接受一种双方都无法完全满意的解决方案。因此，折中的明显特点是，双方都打算放弃一些东西。

14.2.4 阶段 4：行为

在考虑冲突情境时，大多数人聚焦于阶段 4，因为在这一阶段冲突才变得显而易见。行为阶段包括冲突双方的声明、行动和应对，它们通常是冲突双方为实现自己的行为意向而做的公开努力。由于判断失误或在实施过程中缺乏经验，公开的行为有时候会偏离最初的行为意向。[29]

阶段 4 是一个动态的互动过程，比如，你向我提出一个要求，我对此加以争辩，于是你威胁我，而我反过来又威胁你，如此继续下去。图表 14 - 3 形象地表现了冲突行为。所有的冲突都处于这个连续体的某一位置上，在该连续体的底端，冲突以微妙、间接、受到严格控制的紧张状况为特点，学生对老师讲的某个观点提出疑问就是这样的例子。如果冲突水平不断升级到连续体的顶端，则具有极大的破坏性。罢工、骚乱和战争显然都处于顶端位置，处于连续体顶端位置的冲突通常都是恶性的。一般来说，良性冲突位于该连续体的较低位置。

引起冲突的行为意向最终会转化为行为。竞争会引起个人与团队成员争相尝试，以及为了实现目标个人付出更多努力而非合作。协作会促使个人与团队其他成员一起对各种解决方案进行调查，并试图找到一个尽量让大家都满意的解决方案。回避体现在拒绝讨论问题和减少对团队目标的努力等行为中。迁就他人的人在冲突中把彼此之间的关系

图表 14－3　冲突强度的连续体

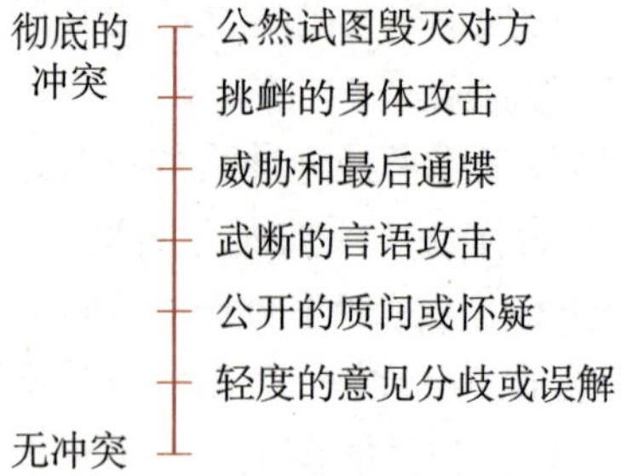

资料来源：Based on S. P. Robbins, *Managing Organizational Conflict: A Nontraditional Approach* (Upper Saddle River, NJ: Prentice Hall, 1974): 93–97; and F. Glasi, "The Process of Conflict Escalation and the Roles of Third Parties," in G. B. J. Bomers and R. Peterson (eds.), *Conflict Management and Industrial Relations* (Boston: Kluwer-Nijhoff, 1982): 119–40.

放在比问题更重要的位置，听从他人的意见，有时会和大家作为一个群体来行动。当人们选择折中时，他们都期待并且确实牺牲了自己的利益，希望每个人都这样做来达成协议。

对多项研究中四组行为的影响进行分析发现，开放和协作都与优秀的团队绩效相关，而回避和竞争策略则与明显较差的团队绩效相关。[30] 这些影响几乎和关系冲突造成的影响一样大。协作对于需要创新的任务可能会特别有效。但当团队根据任务分为两到三人的小组时，它有可能会导致不信任或冲突。[31] 被赋予权力的人在使用协作策略时往往会遇到更多的困难。[32] 这进一步表明，问题的产生不仅与冲突的存在乃至冲突的类型有关，而且与人们应对冲突和管理冲突的方式有关。

如果是恶性冲突，那么冲突双方如何降低冲突水平，或者反过来说，当冲突水平低于良性冲突的标准并需要升级时，双方可采取哪些办法。**冲突管理**（conflict management）策略可以教给我们一些方法。图表 14－4 列出了一些主要的冲突解决和激化策略，它们可以帮助管理者控制冲突水平。请注意，我们已经将其中一些策略描述为处理冲突时的行为意向。因为在理想情况下，个体的行为意向会转化为相应的行为。

图表 14－4　冲突管理策略

解决冲突的策略	
解决问题	面对面交流，通过坦率、真诚的讨论来确定并解决问题。
提出一个更高目标	双方提出一个共同的目标，该目标不经冲突双方的协作努力是不可能达到的。
扩大资源	扩大稀缺资源（例如资金、晋升机会、办公室空间）的供应。
回避	逃避或抑制冲突。
缓和	弱化彼此间的分歧，强调冲突双方的共同利益。
折中	冲突双方各自放弃一些有价值的东西。
权威命令	让管理层运用正式职权来解决冲突，并且向冲突双方传达自己的要求。
改变个人特征	通过行为改变技术（例如人际关系培训）来改变引起冲突的态度和行为。
改变结构特征	通过工作再设计、工作调动、设立协调性质的职位等方式来改变正式的组织结构以及冲突双方的互动模式。

激化冲突的策略	
沟通	利用模棱两可的或具有威胁性的信息来提高冲突水平。
引进外人	在群体中补充一些在背景、价值观、态度或者管理风格方面与当前群体成员不同的人员。
重组组织	调整工作群体，改变规章制度，提高相互依赖性，并且实施其他类似的结构变革，以打破现状。
任命吹毛求疵者	安排批评者，其有意与该群体中大多数人的观点相悖。

资料来源：Based on S. P. Robbins, *Managing Organizational Conflict: A Nontraditional Approach* (Upper Saddle River, NJ: Prentice Hall, 1974): 59–89.

14.2.5 阶段 5：结果

冲突双方的行为——反应互动会导致结果，正如我们的模型（见图表 14－1）所示，如果冲突提高了群体的工作绩效，那么这些结果是良性的；如果冲突妨碍了群体的绩效，那么这些结果是恶性的。

良性结果 冲突如何充当一种动力来提高群体绩效？很难想象公开或激烈的挑衅与攻击会带来良性结果。但中低水平的冲突有可能提高群体的有效性。请注意，这些例子中强调的都是任务冲突或程序冲突，而不是关系冲突。

如果冲突能够提高决策质量，激发创新与创造力，激发群体成员的兴趣与好奇心，提供一种渠道使问题公开化并缓和紧张状况，促进一种有利于自我评估和变革的环境，那么该冲突就是建设性的。温和的冲突也可能会产生让人振奋的情绪，使小组成员变得更加活跃，更具活力，对工作更加投入。[33]

恶性结果 冲突对群体或组织绩效的破坏性结果已经广为人知——失控的对立与冲突会滋生不满，导致共同纽带断裂，最终使群体灭亡。有大量文献阐述了恶性冲突如何削弱群体有效性。[34] 比较明显的不良结果有：沟通受到阻碍，群体凝聚力降低，群体成员之间的明争暗斗摆在首位而群体目标降到次要位置。所有形式的冲突（甚至包括良性冲突）似乎都会降低群体成员的满意度和彼此之间的信任。[35] 当群体成员之间的积极讨论演变为公开冲突时，成员间的信息分享会显著减少。[36] 在极端情况下，冲突会导致群体停止运转，进而威胁到该群体的生存。

管理良性冲突 如果管理者认识到冲突在有些情况下是有益的，那么应该如何有效管理组织中的冲突？除了知晓我们刚才讨论的冲突动机的原则以外，下面还有一些管理者的实用指南。

第一，使不良冲突最小化的关键之一就是识别是否存在真正的分歧。很多明显的冲突都是因为人们在讨论同一件事时使用了不同的措辞。例如，在描述同一件事情的时候，营销部门的人可能会关注“分销问题”，业务部门的人则会关注“供应链管理问题”。成功的冲突管理会认识到这些方法上的差异，并努力化解差异，鼓励开放、坦率的沟通，关注共同的利益而非问题本身。

第二，让对立的群体选择解决方案中对他们来说最重要的部分，然后把关注的重点放在满足各方的首要需求上。任何一方都无法完全得到自己想要的，但是每一方都会实现对自己来说最重要的部分。[37]

第三，能够成功解决冲突的群体会开诚布公地讨论观点分歧，并且事先做好准备，以便发生冲突时对其进行有效管理。[38] 始终采取回避的态度，不直接解决冲突，冲突就会产生最大的破坏力。对所面临的问题进行一次开诚布公的讨论更容易达成一致意见，更有可能形成一个双方认可的解决方案。

第四，管理者在解决冲突时需要强调双方的共同利益，从而使存在观点分歧的双方不至于变得过于固执和情绪化。以合作的方式解决冲突并强烈认同整体目标的群体要比以竞争的方式解决冲突的群体更加高效。[39]

研究显示，不同国家在冲突解决策略方面的差异可能是基于集体主义倾向的程度和动机强弱。[40] 集体主义文化认为人处于社会关系之中，个人主义文化则认为人是独立自主的。因此，相比个人主义者，集体主义者更可能维系关系并改善整个群体的利益。为了维系和谐的关系，集体主义者会避免直截了当地表达冲突，倾向于通过迂回的方式来解决观点分歧。他们更喜欢表示关注，通过第三方来解决争端，而个人主义者希望直接而公开地面对观点分歧。

一些研究支持了这一理论。与集体主义的日本谈判者相比，个人主义的美国谈判者更有可能将方案看作是不公正的并予以拒绝。一项研究显示，美国管理者更可能在面对冲突时采取竞争策略，但在中国，折中和回避是最受欢迎的冲突管理方法。[41] 然而面谈数据显示，相对于折中和回避，中国高科技企业的高层管理团队更偏好力求双赢的整合策略。[42]

跨文化谈判也会产生信任问题。[43] 一项针对印度和美国谈判者的研究发现，根据受访者报告，他们对跨文化谈判对手的信任水平较低。较低的信任水平和较少地发现各方之间的共同利益有关，其原因在于跨文化谈判者不太愿意披露或索要信息。一项研究发现，美国和中国的谈判者都容易有一种群体内的偏见，这导致他们倾向于选择有相同文化背景的谈判伙伴。对于中国谈判者来说，当问责要求很高的时候，这种倾向尤其明显。

我们已经讨论了冲突的本质、原因和结果，接下来我们将讨论谈判，因为谈判常常使冲突得以解决。

14.3 谈判

在组织和群体中，谈判几乎渗透到每个成员的互动中。有些谈判是很明显的，如劳资双方进行的谈判；有些谈判则不那么明显，如管理者与上司、同事、下属之间的谈判，销售人员与客户之间的谈判，采购人员与供应商之间的谈判；还有一些谈判十分微妙，如一名雇员同意为某位同事提供几分钟的掩护，以换取将来的某种好处。当今的许多组织具有非常松散的结构，成员常常需要与不同的同事合作，他们可能对这些同事没有直接管辖权，甚至归属于不同的上司。在这种情况下，谈判技能就至关重要。

我们把**谈判**（negotiation）定义为双方或多方决定如何分配稀缺资源的过程。[44] 虽然我们通常只是从经济角度来考虑谈判结果，比如对汽车价格进行谈判，但是组织中的每一次谈判会影响到谈判者之间的关系以及谈判者对自己的看法。[45] 对于谈判双方来说，考虑到双方未来发生互动的频繁程度，维系双方之间的社交关系并按照道德规范行事有时候与每次谈判达成的直接结果一样重要。请注意，在这里谈判和洽谈（bargaining）两个术语可以互换使用。

14.3.1 谈判策略

谈判有两种基本方法——分配式谈判和整合式谈判。[46] 如图表 14－5 所示，分配式谈判和整合式谈判在目标、动机、焦点、利益、信息共享以及关系持续时间方面是不同的。接下来，我们将分别定义分配式谈判和整合式谈判，并说明二者之间的差异。

图表 14－5 分配式谈判与整合式谈判

谈判特点	分配式谈判	整合式谈判
目标	本方获得尽可能多的“蛋糕”	把“蛋糕”做大，满足双方的利益
动机	零和	双赢
焦点	立场（“对于这个问题，我必须坚持这个立场”）	利益（“你能解释一下为什么这个问题对你如此重要吗？”）
利益	针锋相对	存在共同利益
信息共享	低（信息共享会让另一方占优势）	高（信息共享可以让双方找到满足各自利益的方案）
关系持续时间	短期	长期

分配式谈判 你在网络上看到一辆二手车的销售广告，你去看了车，很满意，于是想把它买下来。车主报了价，可你不想花那么多钱，于是你们俩开始谈判。这时候，你所运用的谈判策略称为**分配式谈判**（distributive bargaining）。分配式谈判最明显的特点是在零和条件下操作。也就是说，我所获得的任何收益恰恰是你所付出的代价，反之亦然。以上面所说的二手车为例，你从卖家那里砍下来的每一美元都让你省了钱；相反，卖主多得的每一美元都让你多花了钱。因此，分配式谈判的本质是对于一份固定大小的利益谁应分得多少进行协商。**固定大小的利益**（fixed pie）是指谈判双方用来分配的产品或服务在量上是固定的。如果利益大小固定，或者谈判双方认为如此，他们往往就会采取分配式谈判的方式。

图表 14－6 描绘了分配式谈判的实质。A，B 代表谈判双方。每一方均有自己希望实现的目标点，也有自己的抵制点，抵制点代表本方可接受的最差结果。如果远离愿望范围在抵制点以外，本方宁可终止谈判也不会接受。目标点与抵制点之间的区域为本方的愿望范围。如果双方的愿望范围存在一定的重叠，就会有一个解决区间使双方的愿望均能实现。

图表 14－6 谈判区的标示

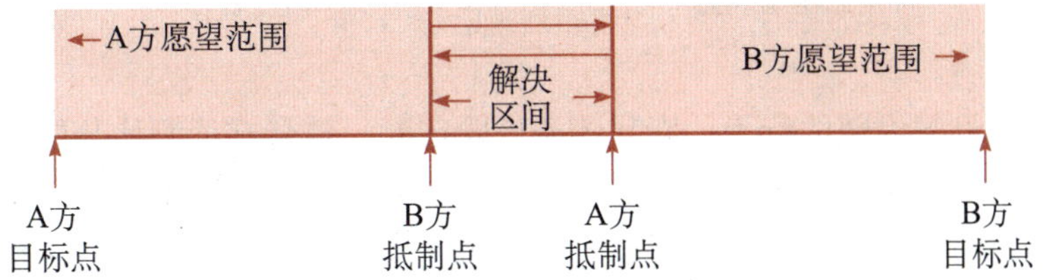

大量研究一致表明，当你进行分配式谈判时，能采取的最有效的行动之一就是首先出价，并给出一个激进的价位。这样做的理由之一就是显示你的强势，强势的个体更有可能首先出价，在会议中先发言，因此获得优势。另一个原因就是第 6 章提到的锚定偏见，人们往往会聚焦于最先出现的信息。一旦锚定偏见被设定，人们就无法根据随后的信息进行准确的调整。聪明的谈判者会通过首先出价来设定基准。数十项谈判研究表明，这样的基准可以为设定者提供极大的帮助。[47]

假设你获得一次工作机会，而你的未来雇主询问你期望的起薪。于是，你获得了一份很好的礼物——你有机会设定基准，这意味着你应该提出你认为的在正常情况下雇主可以提供的最高薪水。对于我们大多数人来说，要价 100 万美元会显得很可笑，所以这是我们建议你要考虑合理性的原因。更普遍的情况是，我们错在过于谨慎，害怕吓走雇主，因此要价太低。吓走雇主也是有可能的，而且雇主的确不喜欢那些在薪酬谈判中过于自信的应聘者。但是“喜欢”并不意味着他们就会雇用或留住你。[48] 更常见的情况是，我们的要价低于我们原本可以获得的标准。

整合式谈判 芝加哥一家名叫 Jake 的奢侈品商店由吉姆·韦策尔（Jim Wetzel）和兰斯·劳森（Lance Lawson）共同所有。在创业初期，韦策尔和劳森从很多崭露头角的设计师那里拿来了价值几百万美元的商品。他们得到了这些设计师的大力支持，很多设计师甚至愿意先发货给该商店而不预先收费。当 2008 年出现经济衰退时，该店很难卖出存货，设计师发现他们没有按时获得先前所提供商品的款项，尽管很多设计师愿意延迟支付时间继续与该商店保持合作，但是韦策尔和劳森开始拒绝回复他们的电话。设计师多里·钟（Doo-Ri Chung）感叹道：“对那些长期支持你的人，你会有一种亲近感。当他们面临资金周转困难时，你也想支持他们。”[49] 她的态度体现了**整合式谈判**（integrative bargaining）的承诺。与分配式谈判相反，进行整合式谈判是基于这样的假设：有一种或多种能够实现双赢的解决方案。当然，正如 Jake 的例子所展示的那样，整合式谈判必须双方共同合作才能奏效。

图表 14－7 展示了如何在同一次谈判事件中使用两种谈判策略。在事件的早期，我们可以采取整合式谈判，而在事件的后期，我们可以使用分配式谈判。在前面的例子中，如果韦策尔和劳森同意与钟合作解决自己的库存困境，那么钟可以先向韦策尔和劳森阐明她的需求，说明自己通过维持这段关系可以获得的利益，避免立即达成折中意向。一旦双方确定了所有的需求和利益，她就可以转而采用分配式谈判的策略。在这种策略中，她会根据自己的需求和利益设定目标，并试图最大限度地实现这些目标。

图表 14－7 如何在同一次谈判事件中使用两种谈判策略

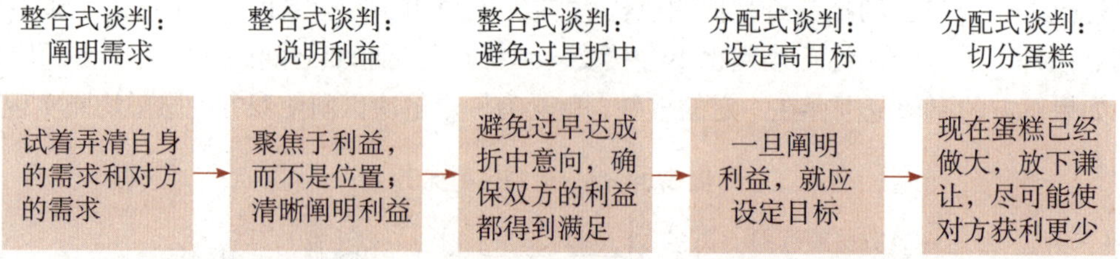

对于发生在组织内部的行为，当其他条件既定时，整合式谈判比分配式谈判更可取，因为前者能够建立长期的合作关系。整合式谈判可以使谈判双方团结起来，并让每一方在离开谈判桌时都感到自己圆满实现了目标。相反，分配式谈判则会使其中一方成为失败者，而当谈判双方需要长期共同合作时，它可能会导致双方加深分歧并产生憎恨。研究显示，当需要进行多次谈判时，如果本次谈判的“输”方对谈判结果持积极态度，那么他更可能在以后进行合作性的谈判。

那么，为什么我们在组织中看不到更多的整合式谈判呢？答案在于，这种谈判要想取得成功，必须具备一些条件，包括信息的公开和谈判双方的坦诚、对另一方需求的敏感性、双方的信任、双方保持灵活性的意愿。[50] 组织通常无法满足这些条件，因此谈判常常采取零和方式。员工的个人特征和感知责任感对谈判者是否能够达成整体解决方案也发挥了作用。谈判策略的使用和有效性可能取决于所涉及的各方的监管重点（即促进重点和预防重点，见第 7 章）和对第三方要负的责任。当另一方表达情感上的矛盾时，个人会更倾向于使用整合式谈判的策略。[51]

传言还是科学　在集体主义文化中，团队比个人更擅长谈判

从近期的一项研究结果来看，这个说法似乎是错误的。

通常人们会认为，团队谈判比个人谈判更有效。有证据表明，团队谈判可以实现更大的目标，在谈判的过程中团队之间会有更多的交流。

常识告诉我们，如果情况确实如此，那么在集体主义文化中这一优势将尤为突出，因为集体主义文化中的个体更愿意为集体目标考虑，也更适应团队合作。然而，一项针对团队谈判的研究表明，常识是错误的。该研究在美国和中国完成，研究人员进行了两组实验，对比了二人团队和个人在谈判中的表现。评判标准是，谈判是否能产生有利于双方的最佳结果。在美国，两次研究中都是团队表现更好。在中国，则是个人表现更好。

为什么会这样？研究人员认为，在中国，尊重和谐的习惯本身就存在，在团队谈判中只会放大这种倾向。这样一来就会产生问题，因为如果过分看重合作共赢，团队就会通过自我牺牲来规避冲突。达成这种方案的目的是让大家满意，而不是达到最优结果。而当中国人单独谈判时，他们至少能够清楚地代表自身的利益。相比之下，由于美国奉行个人主义，个体在谈判时会更加关注自身的利益，因此很难得到对双方都有利的解决方案。而在团队谈判中，他们不那么关注个人利益，因此可以达成解决方案。

总的来看，以上案例说明，在集体主义文化中单独谈判的效果更好，在个人主义文化中则是团队谈判效果更好。

资料来源：Based on M. J. Gelfand, et al., “Toward a Culture-by-Context Perspective on Negotiation: Negotiating Teams in the United States and Taiwan,” *Journal of Applied Psychology* 98 (2013): 504–13; and A. Graf, S. T. Koeszegi, and E.-M. Pesendorfer, “Electronic Negotiations in Intercultural Interfirm Relationships,” *Journal of Managerial Psychology* 25 (2010): 495–512.

折中可能是实现双赢谈判的最大敌人。折中会减小整合式谈判的压力。毕竟，如果你或你的对手很容易就让步，就不需要任何人发挥创造力来达成一项更好的解决方案。因此，如果谈判双方不得不考虑对方的利益、对谈判事项进行反复权衡并且努力发挥创造力，那么最终达成的方案会更胜一筹，更好地满足双方的利益。[52] 想一下那个经典的例子：姐妹俩为了一个橘子发生争执，却不知道其中一个想喝橘子汁，另一个想用橘子皮烤

蛋糕。如果一方轻易让步把橘子给另一方，她们就不会被迫去讨论彼此想要橘子的原因，也就不会发现双赢的解决方案——她们都得到了这个橘子，因为她们需要使用的部分是不同的。

14.4 谈判过程

图表14-8提供了一个简化的谈判过程模型，该模型表明，谈判包括五个阶段：（1）准备与计划；（2）确定基本规则；（3）阐述与辩论；（4）讨价还价与问题解决；（5）结束与实施。[53]

图表14-8 谈判过程

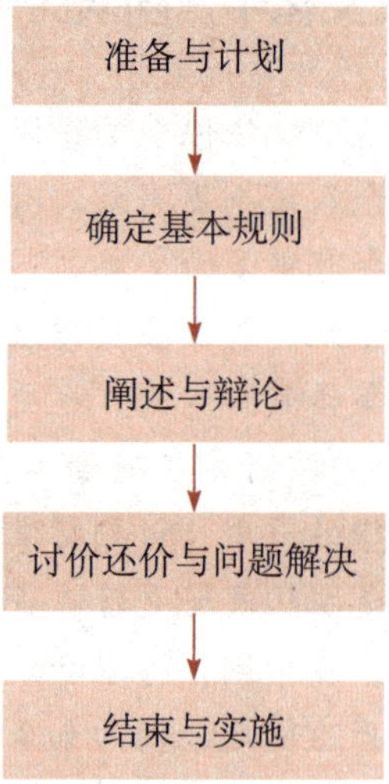

准备与计划 在谈判开始前，你需要做一些必要的准备工作。本次冲突的实质是什么？是什么情况导致了这次谈判？谁卷入了本次冲突，他们对该冲突持什么观点？你想从本次谈判中得到什么？你的目标是什么？例如，假设你是戴尔公司的一名采购经理，你的目标是对供应商提供的键盘大幅压价，并且确保这个目标不被其他问题干扰，成为本次谈判的中心内容。那么，以下做法会对你有所帮助：把你的目标写下来，勾出自己可以接受的结果范围——从“最理想的结果”到“可接受的最低限度”——并把你的精力集中在这上面。

你还要评估一下对方的谈判目标是什么。他们可能会提出什么要求？他们会如何坚持自己的立场？有哪些无形的或隐含的利益可能对他们很重要？他们希望达成什么协议？如果你能预料到对方的立场，你就能更好地利用支持本方立场的事实和数据来反驳对方的观点。

关系会随着谈判而改变。这是需要考虑的。如果你赢得一场谈判，但是让对方对你产生憎恨或厌恶，那么更明智的做法也许是采取一种折中的方式。如果维持现有关系会使你显得软弱或很容易被剥削，那么你可能需要考虑一种更具侵略性的方式。举一个例子来说明在谈判中确定的关系基调有多么重要：无论谈判的实际结果如何，那些对招聘谈判过程感觉良好的新员工对工作的满意度更高，一年后跳槽的可能性更小。[54]

一旦你收集到所需的信息，就要制定一种战略。作为谈判策略的一部分，你应该判断双方在本次谈判中的**最低接受方案**（best alternative to a negotiated agreement，BATNA）。你的最低接受方案决定了谈判时你可以接受的底线。只要你得到的报价高于该方案，这个报价就比僵局要好。

在几乎所有的情况下，拥有更好的替代方案的一方都会在谈判中占据优势。因此，专家建议谈判者在开始互动之前完善自己的最低接受方案。这个一般规则存在一个有趣的例外——当谈判者对于谈判方案完全没有其他选择的时候，他们有时会“孤注一掷”，因为他们甚至不会考虑假如谈判失败会发生什么。[55] 仔细考虑对方愿意放弃什么。如果你在谈判前低估了对方在关键问题上让步的意愿，必然会影响你最终获得的结果。[56] 反过来说，如果你的报价不能让对方感到高于他的最低方案，你就别指望自己能获得谈判的成功。

确定基本规则 一旦你制定了计划和战略，你就可以和对方共同确定本次谈判的基本规则和程序。谁将进行本次谈判？谈判在哪里进行？谈判时间是多长（如果有时间限制的话）？本次谈判仅限于哪些事项？在谈判陷入僵局时是否采取某个特定程序？在这个阶段，谈判双方将交换各自的最初提案或要求。

阐述与辩论 彼此交换了最初提案后，双方都会对自己的提案进行解释、阐明、澄清、论证和辩论。这个过程不必是对抗性的。相反，它是双方就谈判事项交换信息的机会。为什么这些事项很重要？本方为何要提出这些方案或要求？在这个阶段，你可以向对方提供任何支持你方立场的材料。

讨价还价与问题解决 谈判的实质是为达成协议而相互讨论的过程。在这个阶段，毫无疑问谈判双方都需要做出让步。

结束与实施 谈判过程的最后一步是协议规范化，并为实施和监控该协议制定必要的程序。对于一些重要的谈判，需要在正式合同中敲定各种细节，而在大多数情况下，谈判过程仅以双方握手而告终。

职业目标 如何得到更好的工作

我感觉自己的职业生涯停滞不前。我想和老板谈谈以得到更具发展性的任务。为得到更好的工作职位，我如何才能有效地进行谈判？

——魏

亲爱的魏：

你的出发点肯定是正确的。很多人将高薪视为取得成功的一种标志，通过谈判来获得最好的短期工作机会。这种策略显然在短期内是有优势的，但从长远来看，持续的职业发展会带来更多的回报。发展技能可以为你带来多次加薪。你从具有发展性的任务中所获得的技能也会让你在未来的谈判中更有优势，因为你将有更多的职业选择。

基于发展性任务的长期职业谈判通常也更容易向主管提出。这是因为针对薪资的谈判往往是零和谈判，但针对职业发展的谈判可以为双方带来积极的结果。在就发展性任务进行谈判时，请确保向主管强调以下几点：

- 在进行薪资谈判时，要么你拿到了钱，要么公司留下了钱。因此你的利益和管理者的利益是直接对立的。而就发展性任务进行谈判通常意味着找到一种方法，既使你的技能得到提高，也能增加你对公司盈利的贡献。你可以完全坦诚地围绕这些共赢之处展开讨论。

● 让你的主管知道你对在工作中成长感兴趣，并且具有通过发展性任务提升自己的动力。向主管寻求成长机会是一个明确的信号，表明你是一个值得投资的员工。

● 对创造性的解决方案持开放态度。可能有一些特殊的解决方案（也称为 I-交易），可以同时增加你和主管的利益。整合式谈判最好的一点是，你和你的谈判对象可以找到新的解决方案，而这种解决方案是任何一方都无法自己想出来的。

从战略层面考虑自己的职业生涯，你不仅可以为了明天的薪水而谈判，还可以为未来几年薪资的不断增长而谈判。

资料来源：Based on Y. Rofcanin, T. Kiefer, and K. Strauss, "How I-Deals Build Resources to Facilitate Reciprocation: Mediating Role of Positive Affective States," *Academy of Management Proceedings* (August 2014), doi:10.5465/AMBPP.2014.16096abstract; C. Liao, S. J. Wayne, and D. M. Rousseau, "Idiosyncratic Deals in Contemporary Organizations: A Qualitative and Meta-Analytical Review," *Journal of Organizational Behavior* (October 16, 2014), doi:10.1002/job.1959; and V. Brenninkmeijer and M. Hekkert-Koning, "To Craft or Not to Craft," *Career Development International* 20 (2015): 147–62.

14.5 谈判效果中的个体差异

有些人是否天生就是更好的谈判者？答案比你想象的还要复杂。有四种因素会影响个体在谈判中的效果：人格、心境 / 情绪、文化以及性别差异。

人格与谈判 如果你对对方的人格有一定的了解，那么你是否能够预测他的谈判策略？由于人格和谈判结果只有微弱的相关性，因此这个问题的答案最多是“在一定程度上”。[57] 大多数与此相关的研究都把重点放在大五人格特质中的随和性上，原因很明显——随和的人乐于合作、顺从、善良、不喜欢冲突。我们可能认为，这样的特征会使随和的人在谈判中轻易成为他人的猎物，尤其是在分配式谈判中。然而，证据显示，总体上随和性与谈判结果之间的关联很弱。为什么会这样呢？

随和性，或总体来说，人格对谈判结果的影响程度取决于当时的情境。比如，外倾性在谈判中的重要程度取决于另一方对自信和热情的人会做出什么样的反应。令随和性变得复杂的一个因素是它的两面性：乐于合作和顺从只是一方面，另一方面，随和的人也会表现得温暖和善解人意。[58] 前者也许会对有利的谈判结果造成阻碍，后者则会起到帮助作用。毕竟，移情是一种能力，可以帮助你从他人的角度看问题，获得对方的认识和理解。我们知道换位思考有利于整合式谈判，所以随和性对谈判没什么影响，也许是因为它的这两个方面相互抵消了。如果是这个原因，那么最好的谈判者应该是既争强好胜又善解人意的，最糟糕的谈判者则是既温和又善解人意的。最近的研究还表明，诸如随和性和外倾性等人格特征确实有影响，但这种影响取决于谈判各方之间人格的相似性，而不是总体水平。例如，如果双方的随和性水平都比较低，那么他们之间的谈判就会比一方不随和而另一方随和的情况更有效。[59]

谈判的类型可能也很重要。在一项研究中，较之分配式谈判，随和的人在整合式谈判中表现得更加积极，感受到的压力更小（通过测量他们的皮质醇）。低水平的压力会带来更有效的谈判结果。[60] 同样，在针锋相对的分配式谈判中，泄露信息会对自己不利。外倾性高的谈判者表现得就没那么好了，因为他们往往会分享过多的信息。[61]

自我效能感似乎是一个与谈判结果相关的个体差异变量。[62] 这是一个很符合直观的发现——那些相信自己在谈判中会取得成功的人往往会表现得更有效率，这一点并不会令人感到惊讶。更自信的人可能会提出更有力的主张，更不可能放弃自己的立场，从而表现出让对方畏惧的自信。虽然我们仍未了解确切的机制，但谈判者在开始谈判前增强自信心可能会有利于谈判。

研究还显示，智力与谈判结果存在一定关系。但是正如人格与谈判结果的关系一样，这种相关性并不是那么显著。[63] 从某种意义上讲，这些微弱的相关性意味着即使你是一个随和、外向的人，你在谈判时也不会处于明显劣势。我们都可以通过学习变成更好的谈判者。[64]

心境 / 情绪与谈判 心境和情绪会影响谈判吗？是的，但是它们的影响方式同样取决于谈判类型。例如，一方的谈判者如果表现出愤怒的话，可能会使另一方让步，因为后者会认为生气的一方已经没有让步的可能性了。然而，决定这一结果的还有一个因素，那就是权力——如果想在谈判中表现出愤怒，你首先要确保自己和对方至少拥有同样大的权力。如果你的权力较小，表达愤怒实际上会刺激对方采取强硬手段。[65] 唤起同情或表达悲伤等情绪也可以用来说服他人。[66]

另一个因素则是你的愤怒有多真实。“假装”愤怒，或者通过表层扮演（见第 4 章）表现出来的愤怒并没有效果，真实的愤怒（深层表演）才是有效的。[67] 此外，如果谈判者有过发怒的经历，而不是埋下复仇的种子的话，实际上会使对方做出更多的让步，因为对方会认为这个谈判者“不好惹”。[68] 最后，文化似乎也很重要。例如，一项研究发现，与美国和欧洲的参与者相比，当东亚的参与者表现出愤怒时，会使对方做出更多的让步，这也许是因为刻板印象中东亚人一般都会克制自己的怒气。[69]

道德抉择　道德的谈判更需要感同身受

你或许已经注意到，关于有效谈判，我们给出的许多建议都是鼓励双方了解彼此的视角和目标。列出谈判对象关心的利益、可能使用的策略以及达成谈判协议的最低接受方案，可以有效改进谈判结果。但这些方法会使谈判的过程更加道德吗？研究表明，或许会有这样的作用。

研究人员要求参与者说明自己会在多大程度上考虑他人的感受和情绪，并描述他们在实际谈判中使用了哪些策略。善解人意、移情能力更高的人在谈判中较少出现不道德的行为，比如虚假承诺、操纵信息和情绪等。

思考如何提高谈判中的道德感时，你可以遵循以下指南：

1. 在谈判中试着理解对方的立场。要做到这一点，你不仅要了解对方想要什么，还要注意对方对可能产生的结果会有怎样的情绪反应。

2. 注意自己的情绪，因为许多关乎道德的反应本质上都受情绪的影响。一项研究发现，不道德的谈判策略会增加人们的负罪感，因此延伸来看，如果在谈判中感到愧疚，也许意味着未来你会对自己的行为后悔。

3. 不要过分强调道德而损害了自己的利益。尽管你已经尽力去了解对方的动机和情绪反应，但这并不意味着对方也会以诚相待，所以应当保持警惕。

资料来源：Based on T. R. Cohen, "Moral Emotions and Unethical Bargaining: The Differential Effects of Empathy and Perspective Taking in Deterring Deceitful Negotiation," *Journal of Business Ethics* 94, no. 4 (2010): 569–79; and R. Volkema, D. Fleck, and A. Hofmeister, "Predicting Competitive-Unethical Negotiating Behavior and Its Consequences," *Negotiation Journal* 26, no. 3 (2010): 263–86.

还有一个与此相关的情绪是失望。一般来说，谈判者在感觉到对方的失望之后，会做出更多的让步。在一项研究中，荷兰学生一共有 100 个筹码用来讨价还价，那些表现出失望情绪的谈判者比没有表现出失望的谈判者多得到 14 个筹码。在另一项研究中，表现失望平均会令对方让出 12 个筹码。与表达愤怒不同，在这两项研究中，谈判者相对于彼此的权力并没有对结果产生影响。[70]

焦虑似乎也会对谈判产生影响。例如，一项研究发现，感觉到更多焦虑的谈判者在与别人打交道时会使用更多的欺骗手段。[71] 另一项研究发现，焦虑的谈判者对结果的期望较低，更容易接受对方给出的条件，并且会更快地退出谈判程序，从而导致他们得到的结果较差。[72]

正如你所看到的，情绪——尤其是消极情绪——会对谈判产生影响。情绪的不可预测性甚至会影响谈判的结果。研究人员发现，谈判者如果以不可预测的方式表达积极或消极的情绪，会使对方做出更多的让步，因为这种行为会减少对方的控制力。[73] 正如一位谈判者所说的，"谈判的过程可能会出乎你的意料，当你正专注于某件事的时候，对方可能会突然谈到另一件事，这就使你不得不转移话题并做出调整"。[74]

文化与谈判 文化背景不同的人的谈判方式也不同吗？显而易见答案是肯定的。但这当中有很多微妙之处，不能简单地说"这种谈判者最好"，谈判成功与否还要取决于情境。

我们该如何描述文化和谈判之间的关系？首先，相比跨文化谈判，来自同一文化的人可以更有效地进行谈判。例如，哥伦比亚人和本国人谈判就比和斯里兰卡人谈判更容易。其次，在跨文化谈判中，谈判者的经验开放性尤其重要。这表明，一个好的策略是在跨文化谈判中选择经验开放性高的谈判者，并避免那些会阻碍双方相互了解的因素，比如时间压力。[75] 最后，人们会根据自己所属的文化而更倾向于使用特定谈判策略。例如，来自中国和卡塔尔的人比来自美国的人更有可能使用竞争性的谈判策略。[76]

由于情绪具有文化敏感性，因此跨文化谈判中双方需要特别注意彼此的情绪波动。例如，一项研究专门对比了美国和中国谈判者对愤怒的反应，结果发现中国的谈判者会增加使用分配式谈判策略，而美国谈判者则会减少使用这种策略。也就是说，中国谈判者一旦看到对方发怒，就会使用更加强硬的谈判手段，而美国谈判者在愤怒的情形面前会缴械投降。为什么会有这样的差异？这可能是因为东亚文化中的人会觉得在谈判中利用愤怒来获取好处是一种不合理的策略，所以当他们的对手发怒时他们会拒绝合作。[77]

性别差异与谈判 在组织行为学的很多领域中，男女差异并没有那么明显。但谈判不属于这种情况。显而易见，男性和女性的谈判方式存在差异，谈判伙伴对待男性和女性的方式也有所不同，这些差异会影响谈判的结果（见组织行为民意调查）。

组织行为
民意调查

男性要求更多

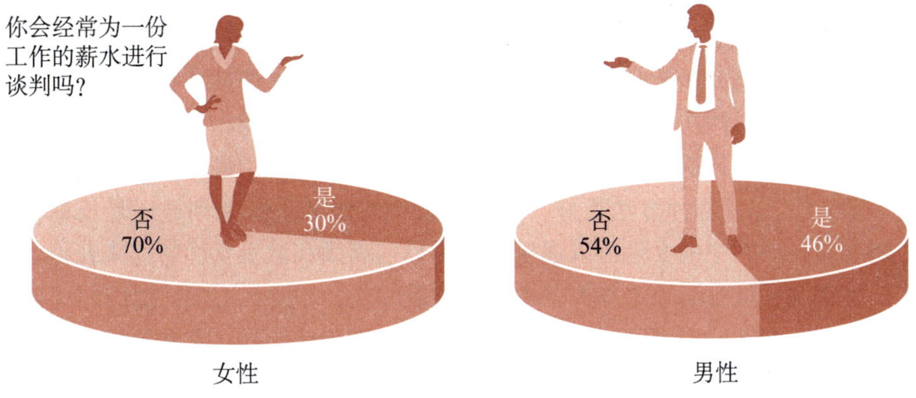

资料来源：Based on A. Gouveia, "Why Americans Are Too Scared to Negotiate Salary," *San Francisco Chronicle*, April 3, 2013, downloaded May 30, 2013, from http://www.sfgate.com/jobs/.

一个较为普遍的刻板印象是，谈判中女性比男性更乐于合作且令人愉快。虽然这种说法存在争议，但确实有一定的道理。男性更重视地位、权力、认可，女性更注重同情和利他。女性往往比男性更加重视关系结果，男性则比女性更加重视经济结果。[78]

这些差异会对谈判行为和谈判结果造成影响。与男性相比，女性往往表现得不那么自信，也不那么自私，并且更愿意适应他人。一份文献综述总结道，女性"更不愿意发起谈判，当她们真正发起谈判时，她们的要求更少，更愿意接受对方给出的条件，并且与男性相比，她们给对方开出的条件更加慷慨"。[79] 一项针对卡内基梅隆大学 MBA 的研究发现，男性学生在接到第一次出价后，57% 的人会进行谈判，而女性中这一比例只有 4%。结果是什么？男女之间存在高达 4 000 美元的起薪差异。[80]

有文献综述表明，男性在某些情况下会获得更好的谈判结果，但这一倾向并不包括所有情况。[81] 事实上，有证据表明男性和女性在某些情况下谈判会更加平等，女性有时会比男性表现得更好。男性和女性在代表他人进行谈判时获得的结果更接近。换句话说，每个人都更善于为他人辩护而不是为自己辩护。一份对 123 项研究的综述发现，有谈判经验的谈判者的性别差异较小。角色不协调程度较低时，女性的表现也会更好。[82]

可以提高谈判可预测性的因素往往也可以缩小性别差异。当谈判的议题范围得到清晰的界定时，男性和女性会得到更相近的结果。当参与谈判的谈判者更有经验时，男性和女性也会更接近于平等。研究者指出，当情况更模糊、条款的定义更不明确、谈判者经验更少时，刻板印象的影响可能会更强烈，进而导致结果中的性别差异更大。

该如何改变这种糟糕的状况？首先，组织文化可以起到作用。如果一个组织无意之中强化了有关性别的刻板印象（男性在谈判中争强好胜，女性在谈判中倾向于合作），当有人违背了这一刻板印象时，就会对谈判产生负面影响。男性和女性需要知道，他们可以表现出各种各样的谈判行为。因此，争强好胜的女性谈判者和爱好合作的男性谈判者需要知道，他们这么做并不是违背别人的期望。确保将谈判放在定义明确并与工作相关的条款上也能够最大限度地减少模棱两可的区域，进而缩小性别差异。这种对结果与工作相关性的关注显然也有助于将谈判的重点放在改善组织绩效的因素上。

女性是否可以利用性别刻板印象获得更好的谈判结果，对此研究人员还不太清楚。研究人员劳拉及其同事指出，在谈判中，懂得利用“女性魅力”（肢体动作、与对方频繁的眼神接触、微笑、大笑、风趣幽默、频繁地称赞对方）的女性谈判者比不会利用这些优势的女性表现得更好。男性在谈判时则无法通过这些行为得到好处。[83]

有些研究人员不同意这一观点，他们认为，对于女性来说，最好的方式是打破对方的性别刻板印象。[84] 究竟哪种方法更好，取决于我们着眼的是短期利益还是长期利益：如果看重短期利益，谈判中的女性可以通过表现得自信满满和散发女性魅力来获得优势；但如果是从长远来说，只有消除这些关于性别的刻板印象，才能真正维护她们的利益。

有证据表明，女性的态度和行为会在谈判中对她们造成伤害。女性管理者对谈判的预期表现出较低的自信，她们在谈判结束后对自己的成绩更不满意，即使她们的表现以及所实现的谈判结果与男性旗鼓相当。[85] 女性不太可能将模糊的情况视为谈判机会。对于那些能为自己带来益处或符合自身利益的谈判，如果女性未能参与或未能进行有效谈判，她们很可能会过度惩罚自己。一些研究表明，女性之所以在谈判中不够强硬，主要是因为她们担心受到别人的强烈抨击。

14.6 社会背景下的谈判

我们之前主要讨论的是彼此独立的各方之间只进行一次会面的谈判。然而在组织中，许多谈判是不设限期和公开的。当你试图确定由谁来完成一项单调乏味的任务、和老板谈判以获得一个国际旅游的机会，或者为某个项目要求更多的资金时，谈判中便有了社会成分。你可能正在与已经认识且将会再次合作的人谈判，谈判的内容和结果可能是人们谈论的话题。为了理解实践中的谈判，我们必须考虑声誉和关系等社会因素。

14.6.1 声誉

声誉指别人考虑或谈论你的方式。在谈判这件事上，拥有值得信赖的声誉很重要。简言之，谈判过程中的信赖使多种形式的整合式谈判策略成为可能，这对谈判双方都是有利的。[86] 建立信任最有效的方法是在反复互动中保持诚实的表现，这样其他人就会感到安心，可以提供更开放的报价以得到更多不同的结果。这种做法有助于实现双赢，因为双方都可以努力达成自己最重要的目标，同时依然为对方带来利益。

有时候我们会根据对某人性格的口头评价来决定是否信任这个人。什么类型的特征可以帮助一个人建立值得信赖的声誉呢？答案是能力与正直的结合。[87] 自信和认知能力较强的谈判者会被谈判伙伴认为更有能力。[88] 大家会认为他们能够更准确地描述情况和拥有的资源。当他们提出有创造性的打破僵局的建议时，更受信任。以正直著称的人在谈判中也会更有效。[89] 大家会认为他们更有可能会信守承诺并准确地提供信息，因此其他人会更愿意接受将他们的承诺作为交易的一部分。而这为谈判者提供了更多的选项。对于那些被认为不可信赖的人来说，则没有这些选项。最后，信誉更可靠的人会更受欢迎，朋友和盟友也会更多。换言之，他们拥有更多的社会资源，这可能会让他们在谈判中获得更多隐藏的权力。

14.6.2 关系

反复谈判不仅涉及声誉问题，还涉及社会、人际关系的成分，这意味着个人不仅会重视那些对自己有好处的东西，也会考虑什么对对方和彼此间的关系来说是最好的。[90] 建立在信任基础上的反复谈判拓宽了选择范围，因为今天提供的帮助或让步可以用来换取未来的一些回报。[91] 反复谈判也促进了整合性问题的解决。这在一定程度上是因为，随着时间的推移，人们开始以更加个人的方式来看待自己的谈判伙伴，并开始分享感情上的联系。[92] 反复谈判也让整合式的方法变得更加可行，因为彼此间已经建立了信任和依赖。[93]

总之，一个高效的谈判者需要考虑的不仅仅是一次互动的结果。从长远来看，一贯表现出有能力、诚实和正直的特质的谈判者通常能够得到更好的结果。

14.6.3 第三方谈判

前面我们讨论的是双方之间的直接谈判。但有时，谈判中的个体或者群体代表会陷入谈判僵局，无法通过直接谈判来解决分歧。在这种情况下，他们会寻求第三方的帮助以找到一种解决办法。在谈判中，第三方主要扮演三种基本角色：调停人、仲裁人、和解人。

调停人（mediator）是使用推理、说服、提出其他方案等措施来帮助谈判双方达成解决方案的中立第三方。在劳资谈判和民事纠纷中广泛使用调停人。他们的总体效果相当明显。例如，根据平等就业机会委员会的报告，通过调停解决问题的比例达 72.1%。[94] 调停能否成功的关键因素是情境，也就是说，冲突双方必须愿意通过谈判来解决他们的冲突。另外，冲突强度不能太高，当冲突处于中等程度时，调停最为有效。最后，对调停人的印象也很重要，要想变得有效，调停人必须被谈判双方认为是中立的、非强制的。

仲裁人（arbitrator）是运用自身权威来达成协议的第三方。仲裁可以是自愿的（谈判双方主动要求），也可以是强制的（法律或合同迫使谈判双方申请仲裁）。相比调停来说，仲裁最大的优点在于它总是会达成一项解决方案。这种做法是否存在副作用取决于仲裁人的强硬程度。如果其中一方感到彻底失败，显然不会满意，之后冲突有可能再度发生。

和解人（conciliator）是受谈判双方信任的第三方，为谈判双方之间提供非正式的沟通渠道。电影《教父》（Godfather）第一集中罗伯特·杜瓦尔（Robert Duval）的角色就是一个著名的例子。作为唐·科莱奥内（Don Corleone）的继子、一位训练有素的律师，杜瓦尔扮演的正是科莱奥内家族与其他黑手党家族之间的和解人。比较和解与调停的有效性确实是件难事，因为二者在很多地方是重叠的。在实践中，和解人通常不只是充当沟通渠道，他们往往还进行实情调查、解读信息并说服争论双方达成协议。

本章小结

很多人想当然地认为冲突会降低群体和组织的绩效，这种观点往往是不正确的。冲突对群体或组织单元的作用可以是建设性的，也可以是破坏性的。冲突的水平可能过高或过低，任何一种极端情况都会削弱工作绩效。冲突的最优水平是它可以防止迟钝、缓解紧张感、激发创造力、促进变革的萌芽，同时不会干扰或妨碍群体或组织内的协作。

对管理者的启示

- 面临以下情况，可以运用权威式管理：发生紧急状况时；当需要采取一项不受欢迎的重大措施（削减开支，推行一项不受欢迎的规章制度，处罚）时；当该事项对组织的利益极为重要时。要确保在条件允许时告诉某些人你为什么要这么做，以维持他们的参与度和生产效率。
- 面临以下情况，需要寻求整合式方案：当你的目的是学习时；当你希望考虑不同人的不同观点时；当你需要兼顾双方考虑的事项以达成共识，进而获得对方的承诺时；当你需要考虑双方的关系和感受时。
- 面临以下情况，可以运用迁就来建立信任：当你发现自身的错误时；当你需要表现得通情达理时；当其他职位的人需要得到倾听时；当该事项对别人比对你更重要时；当你想要满足别人并维持合作时；当你想为以后的事情建立社会信任时；当别人胜过你，为了使损失最小化时；当他人需要从错误中吸取教训以获得进步时。
- 面临以下情况，可以运用折中：当目标十分重要，但不值得采用独断的方式来造成潜在的破坏时；当对手的实力与你旗鼓相当并且目标与你截然不同时；为了暂时解决复杂的事项而需要采取权宜之计时。
- 分配式谈判能够解决争端，但它常常对谈判一方或多方的满意度产生消极影响，因为它注重短期效果，而且是对抗性的。相反，整合式谈判更容易为谈判双方提供满意的结果，并建立起持久的关系。

复习题

1. 冲突的三种类型和三个范围是什么？
2. 冲突过程有哪些阶段？
3. 分配式谈判和整合式谈判有哪些区别？
4. 谈判的五个步骤是什么？
5. 个体差异是如何影响谈判的？
6. 第三方谈判的角色和功能是什么？

观点碰撞

非工会职位和零工经济对工人不利

正方

优步、Etsy 和 Amazon Turk 有什么共同之处？以上这些平台都推动了短期自由职业者的发展，反映了经济学家所称的“零工经济”（gig economy）。50 年前，雇主希望员工在公司工作 30 年。作为对员工忠诚度的回报，员工得到了更多的机会和一笔养老金。和当今的劳动力市场不同，过去公司员工是从内部升职的。随着这种做法逐渐遭到舍弃，雇主雇用员工的时间越来越短。如今许多新的工作都不是长期的，甚至连短期都算不上，只能算是零工。员工作为独立的承包者工作，通过第三方平台与客户连接。这些员工没有传统的雇佣合同，十分灵活，可以随心所欲地决定自己的工作量。

不幸的是，很多平台都有一个肮脏的秘密。与常规就业不同，主要通过零工形式就业的人得不到常规就业的好处。他们被认为是自由职业者，没有加班费，没有福利，也没有集体谈判权。也有证据表明，这种零工是对那些更稳定的工作的取代而非补充。例如，2012—2014 年，硅谷的优步和 Lyft 司机增加了两倍，而同期计程车和豪华出租车的工作岗位减少了 31%。

由于没有集体谈判的能力，劳动力市场变得像狂野的西部一样。这就使得平台上的许多自由职业者都试图加入工会。在纽约和西雅图，工会正尝试让拼车司机、房屋清洁工和送货员等有能力建立集体谈判的组织。这种做法将使得员工可以要求健康福利和加班费，确保这些员工的时薪能够满足生活需求，而根据目前的研究，零工员工很少能做到这一点。很多员工虽然每周工作 60 个小时，仍然没有传统的员工挣得多。

雇主向年轻一代推销的这些岗位具有很大的灵活性，但为了换取灵活性，从业者也失去了为争取公平的工作条件进行谈判的权力。我们不能假装认为像优步这样的自由职业工作平台对经济是有好处的，并把零工经济的趋势抛在一边。

反方

虽然零工经济有缺点，但这些平台的存在是有理由的。雇主和员工都厌倦了传统的工作。一些通过自由职业应用程序来工作的人把它当作自己主要的收入来源，也有很多人只是想通过一份灵活的兼职来获得一些额外的收入。如果这些职位和它们所要取代的服务（如出租车司机）一样的话，这些零工员工就必须同意病假等特定政策，并按照既定的时间表工作。

我对自由职业者正在取代传统职业的看法持怀疑态度。一些城市的数据显示，以零工形式为基础的工作增加了，而工资形式的工作减少了。但 2010—2014 年的数据表明，在有自由职业平台的大多数行业，独立承包者和领薪工作的岗位都有所增加。例如，虽然像爱彼迎这样的自由职业平台在过去四年的使用量有所增加，但酒店行业的领薪工作也同样增加了。同一时期的运输业也是如此。如果说有什么不同的话，这些自由平台取得成功的原因是所在行业的成长。这并不意味着它们正在取代传统的服务，而是它们正在满足传统服务所无法满足的需求。

集体谈判协议的好处可能被夸大了。每当一个团体试图制定集体谈判协议时，就可能会引起冲突。2016 年的一项民意调查显示，大部分员工（80%）认为领导者不会保护整个集团的利益，相反，领导者通常会在谈判中利用自己的权力来保护自己的利益。

集体谈判不仅伤害了企业，也伤害了公众。例如，国际民用航空组织（International Civil Aviation Organization）一直试图在商业航空公司的座舱里安装摄像头。这些摄像头将允许管理部门和雇主监控工作中的飞行员。这些视频可以帮助找出飞机坠毁的原因。然而，飞行员一直在使用集体谈判的方式来对抗这一主张，理由是它侵犯了航空公司飞行员的隐私。他们还坚持认为，这项技术可能用来“诱导调查员得出偏离实际的员工表现的结论”。

传统的就业形式允许员工作为一个整体来进行谈判，但这也会引起对员工和雇主都没有好处的让步和冲突。

资料来源：Based on A. Nunes, "Unions Are Hurting Public Safety," *Forbes*, April 10, 2017, https://www.forbes.com/sites/ashleynunes/2017/04/10/unions-are-hurting-public-safety/2/#396682da516e; Rasmussen Polling, "Most Say Union Leaders Out of Touch with Members," *Rasmussen Reports*, August 10, 2016, http://www.rasmussenreports.com/public_content/politics/general_politics/august_2016/most_say_union_leaders_out_of_touch_with_members; D. DeMay, "Driver Union, for Lyft, Uber, Forces Seattle to Ask Tough Questions about 'Gig' Economy," *Seattle Post-Intelligencer*, December 19, 2016, http://www.seattlepi.com/local/transportation/article/Driver-union-for-Lyft-Uber-forces-Seattle-to-10797019. php; M. Murro, "The Gig Economy: Complement or Cannibal?," *Brookings*, November 17, 2016, https://www.brookings.edu/blog/the-avenue/2016/11/17/the-gig-economy-complement-or-cannibal/; Reuters, "Unions and the Gig Economy Are Gearing Up for Battle in This State," *Fortune*, November 28, 2016, http://fortune.com/2016/11/28/unions-gig-economy-new-york/; and K. Kokalitcheva, "Uber Lost Hundreds of Millions in the Most Recent Quarter," *Fortune*, December 19, 2016, http://fortune.com/2016/12/19/uber-financials-2016/.

知识应用和就业力

冲突是每个工作场所都不可避免的。正如你在本章中所学到的，冲突在某些情况下也是有益的。你还学习了谈判以及特定谈判和冲突解决策略的使用方法和时机。在探讨这些话题的同时，你使用了许多可以帮助你更好地就业的技能。你在探索为什么集体主义团队不是更好的谈判者时学习了协作，学习了如何使用本章中的概念来推进自己的职业生涯，并分析了如何才能成为一个更有同理心的谈判者。你将关于谈判的知识应用于美国不断发展的零工经济。在接下来的部分中，你将进一步发展这些技能，并将你的批判性思维应用于评估工会的利弊，解决同事之间的冲突，评估如何与过于有主见的员工相处，以及参与一个谈判角色的扮演。

体验练习

谈判角色扮演

在本案例中，你将考虑两种场景：一种更接近分配式，另一种更接近整合式。两人结对，其中一人担任工程总监的角色，另一人担任营销总监的角色。两人都只阅读自己一方关于谈判过程的具体信息。两种方案的总体情况是相同的，但双方的优先级和对各方的期望会根据谈判场景的不同而发生变化。两种场景分别为“争夺资源”场景或“合作未来”场景。

案例

Cytrix 开发了集成自行车和跑步性能系统。跑步者和骑行者佩戴 Cytrix 手表，就可通过 GPS 信号来识别他们的位置并记录移动的距离。这些信息随后上传到 Cytrix Challenge 网站，用户可以在那里记录他们的表现。社交媒体工具使得他们可以将自己的表现和朋友的表现进行对比。大多数用户要么是业余学生运动员，要么是像马拉松跑步者那样的成人业余爱好者。

组织需要确定如何在营销团队和工程团队之间分配固定的资源以用于未来的开发。最高管理团队没有就资源分配做出最终决定，而是要求两个团队各自分配 3 000 万美元用于计划的开发，并决定项目的各个部分分别由谁来运行。

营销团队的具体信息（只有营销总监才能阅读这一部分）

营销团队一直在跟踪主要的销售领域，并得出结论：Cytrix 的市场早已饱和，需要考虑新的客户来源，特别是注重健康但不是专业运动员的普通消费者，以适应未来的增长。公司需要对竞争产品的销售以及竞争对手无法满足消费者需求的领域进行研究。营销团队的主要目标是分到足够的资源来资助研究。团队还希望保留对开发哪些新产品的决定权。营销人员更希望工程人员扮演咨询角色，以确定如何最好地制造满足营销团队需求的设备。

工程团队的具体信息（只有工程总监才能阅读这一部分）

工程团队最近一直在跟踪新硬件的开发。这些硬件将提高对偏远地区的距离及速度的估计精度。其他几家公司已经在对类似的设计进行试验。为了充分实现这一改进，工程团队认为有必要进一步发展这项技术，使得它能够既轻巧又便宜，生产成本也很低。工程团队的主要目标是分到足够的资源来开发这些新技术。工程人员更希望销售人员扮演咨询角色，以决定如何最好地去做广告和交付新设备。

“争夺资源”场景

营销团队和工程团队陷入了权力争夺战。你所在的一方（营销团队或工程团队）应该尝试将资金和权力最大比例地用于你提出的计划。你仍然需要想出一个解决方案，使得对方最终同意协助你实施该方案。如果你不能就资源的共享达成协议，那么首席执行官将会为两个团队任命新的领导者。

“合作未来”场景

营销团队和工程团队都迫切希望找到一个积极的解决方案。双方都应该努力确保公司的未来需求得到满足。你知道，为了取得成功，需要大家团结协作，所以你希望找到一种方法来分配资金和资源，使营销团队和工程团队都受益。计划可以包括多种用于资源共享和协作的技巧。

谈判

在谈判开始时，讲师随机将一半的团队成员分配给“争夺资源”场景，另一半的团队成员分配给“合作未来”场景。谈判将从概述谈判双方的目标和资源开始。随后大家就分配到的场景中所描述的条件进行协商，并尝试提出一个和你的观点相匹配的解决方案。

汇报

谈判结束后，你将和其他学生一起讨论上述过程，尤其是考虑“争夺资源”和“合作未来”两种场景之间的结果差异。这两种场景都有可能出现在实际的工作环境中，因此请大家考虑不同的谈判场景会如何导致不同的战略、策略和结果。

道德困境

过于有主见的员工案例

本章中，我们了解了处理冲突的几种行为意向。这些意向中的每一个都涉及两个维度，即主见性（一方愿意满足自己愿望的程度）与合作性（一方愿意满足对方愿望的程度)。考虑这两个维度，并将自己放在接下来所描述的管理者的位置上。

汤姆是一家小型复印公司的经理。他们的营销团队主要由两名员工组成：詹娜和金姆。金姆有着令人难以置信的自主性，詹娜则有着令人难以置信的合作性。虽然你是他们的经理，但他们有时也有自由裁量权，可以就谁负责项目中的哪些任务进行谈判。你注意到，詹娜似乎总是在做那些最乏味、最不愉快的工作。当你问詹娜是否乐意做这些工作时，她温顺地回答说："我不介意。我不想惹是生非。"

你感觉詹娜不是很开心，但她害怕与金姆对峙。金姆得到了 CEO 更多的认可和称赞，因为她做的都是高调的工作。你知道这会让詹娜在职业生涯中处于劣势。另外，金姆过于有主见。你知道，如果要求她变得更具合作性，可能会在办公室里引发更多的冲突。

正如我们之前对关系冲突所了解的那样，它几乎不会带来好处。是的，现在的做法可能对詹娜不公平，但你也不想将冲突引入办公室而扰乱团队。你也知道，冲突通常会在办公室蔓延——如果金姆和詹娜彼此不合，可能会分散其他团队成员的注意力。

◆ 问题

1. 如果汤姆什么都不做，是否符合道德？他负有解决詹娜的担忧的责任吗？

2. 在本章中，你了解了调停人、仲裁人、和解人三种角色，汤姆可能会扮演这些角色中的一个吗？为什么？

3. 如果汤姆在这种情况下什么都不做，你认为詹娜和金姆之间的情况会如何发展？你认为会发生冲突吗？

案例分析 1

无序行为

现在办公室里的每个人都对马特和彼得的争吵声非常熟悉了。为了最大限度地利用空间，确保讨论和想法的自由传播，Markay Design 的创始人决定将公司的单层办公室改为开放式的设计，员工之间没有围墙。这种布局的目的是消除边界，提高创造力。但是对于马特和彼得来说，新的安排带来了一种日益增加的紧张感。

他们之间的争论归结为工作场所秩序和组织的问题。彼得喜欢保持书桌干净整洁，他在抽屉里放了一叠清洁纸巾，以消除灰尘或污垢。而马特喜欢将自己所有的工作都放在桌面上，因此草图、计划、杂志和照片随处可见。彼得发现，当他看到马特堆积如山的材料时，很难集中注意力。而马特觉得，当他不需要经常打扫或整理时，他可以自由思考并且更有创造力。这两个男人过去有着良好的工作关系。彼得对细节的关注和周密的计划有助于控制马特的一些过于狂野的灵感。但最近，他们的合作关系因为纠纷而破裂了。

每个人都知道，因工作场所中的一个小矛盾而发生冲突会降低生产率。然而，完全避免发生冲突也是消极的。一个新兴的研究机构研究了组织中的冲突文化。研究结果表明，积极避免及抑制冲突的文化和较低水平的创造力相联系。将冲突掩盖起来却未能缓解潜在紧张局面的文化可能会带来被动攻击性，表现为暗中攻击其他同事。

最后，找到一种解决争议的方法可能需要一个过程，以便在不同的观点之间找到平衡。马特和彼得都担心，如果找不到解决方案，过去那种积极的工作关系会因为争议过大而变得难以忍受，那将会真正变得一团糟。

◆ 问题

1. 描述导致这种情况演变为公开冲突的一些因素。

2. 你认为这是一个值得引起冲突的问题吗？马特和彼得公开讨论这些问题的潜在成本和好处是什么？

3. 马特和彼得应该如何主动开展一次讨论来解决冲突？其中哪些部分可以被有效改变，哪些部分可能仍然是问题？

资料来源：Based on S. Shellenbarger, “Clashing over Office Clutter,” *Wall Street Journal*, March 19, 2014, http://www.wsj.com/articles/SB10001424052702304747404579447331212245004; S. Shellenbarger, “To Fight or Not to Fight? When to Pick Workplace Battles,” *Wall Street Journal*, December 17, 2014, http://www.wsj.com/articles/picking-your-workplace-battles-1418772621; and M. J. Gelfand, J. R. Harrington, and L. M. Leslie, “Conflict Cultures: A New Frontier for Conflict Management Research and Practice,” in N. M. Ashkanasy, O. B. Ayoko, and K. A. Jehn (eds.), *Handbook of Conflict Management Research* (Northampton, MA: Edward Elgar, 2014): 109–35.

案例分析 2

集体谈判的利弊

美国私营企业领域的工会人数大幅下降，仅有 6.5% 的劳动者加入工会。然而，公共部门却是另一番景象，大约 40% 的政府雇员加入工会。这两个数字与 20 世纪 50 年代的趋势截然相反，基本实现了反转，当时私营企业有 35% 的劳动者加入工会，而公共部门只有 12%。

研究人员给出了公共部门工会发展壮大的两个核心原因。首先，各州和全美劳动法的变化使公共部门的雇员更容易组织起来。有人认为，执法部门纵容了私营企业的反工会行动。其次，私营企业工会的工作区域发生了变化：制造业、钢铁业以及其他私营行业中高薪的工作大都转移到海外或南方，这些地方的工人很难组织起来。而政府工作不可能远离它们所服务的社区。比如，一所位于费城的学校不可能把所有的老师都迁到亚特兰大。同时，公共部门的劳动力比私营企业更加稳定。毕竟，倒闭的工厂数量比邮局要多。

这种趋势存在问题吗？尽管这在一定程度上是个政治问题，但我们还是可以客观地分析一下利弊。

从积极的方面看，通过集体谈判，加入工会的工人比未加入工会的工人平均多赚约 15%，工会还可以限制雇主随便裁人，以保护工人的权利。请思考下面这个例子。

莉迪亚在工作中批评了五名同事，他们很不高兴，于是在脸书上发布了一些发泄愤怒情绪的信息。莉迪亚向她的上司投诉，称他们发布的信息违反了公司对欺凌和骚扰行为的“零容忍”政策。雇主随后进行了调查，确认这些行为确实违反了公司政策，便解雇了这五个人。然而，美国国家劳资关系委员会（National Labor Relations Board）裁定这种做法有失公允，要求公司恢复他们的职位。

谁都不想因为自己在脸书上发布的内容而被解雇，工会的存在可以避免这种情况发生。

从消极的方面看，公共部门的工会虽然可以就雇佣问题与企业进行谈判，但谈判结果往往难以维持。在过去的 25 年内，代表加利福尼亚狱警的工会——加州惩治警官协会

（CCPOA）一直在游说政府增加监狱和判决数量（主要通过“三振出局”提案）。他们的游说起了作用，加利福尼亚州建起了新的监狱，入狱犯人激增，监狱工作人员新增数千人。目前 CCPOA 的会员接近 3 万人，加上花费在游说上的数百万美元费用，现在怎么高估 CCPOA 的权力都不为过。一名刚入职的惩教干事在经过四个月的免费培训后，就可以获得高达 65 000 美元的基本工资和丰厚的福利，外加超过 10 万美元的加班费和奖金。在一个预算“未达到稳定的平衡，未来几年可能出现赤字”的州，这一切都需要纳税人付出代价。

要解雇一名公共部门的工会成员通常非常困难，即便工会成员的表现差得离谱。埃勒之前是纽约皇后区 Hillcrest 高中的一名音乐教师，由于一再对女学生进行性骚扰而被赶出学校，他已经承认自己面临的各项指控。但这种“不适合工作”的工会成员会被安排到所谓的隔离室，坐在那里就可以领工资，由于之前签署了教师工会合同，埃勒的工资随着工作年限的增长自动涨到 85 000 美元。几乎每个州的教师都受这样的保护，甚至连性侵未成年人、向未成年人提供毒品的人也受到工会的保护。除了教师行业，许多行业的工会都设有这样的隔离室。

对于工会的利弊和作用，人们也许有不同的看法，但无须争论的是，在职场冲突与谈判策略研究中，工会扮演着非常重要的角色。

◆ **问题**

1. 劳资双方谈判的整合性（照顾双方利益）可能比分配性（争取一方利益）更显著。你同意吗？为什么？想要对此做出改变的话，你会怎么做？

2. 如果工会谈判达成的协议不合理，而管理者或监管者对此表示同意的话，他们应该承担哪些责任？你认为他们同意这些条款的理由是什么？

3. 假如你要给工会和管理代表就协议谈判提出建议，根据你在本章学到的这些理论，你会怎么说？

资料来源：Based on L. Apple, “Spoiled California Prison Guards Have It Easy,” *Gawker Media*, April 30, 2011, http://gawker.com/5797381/spoiled-california-prison-guards-have-it-easy; “Aryeh Eller, New York Teacher Removed from Classroom for Sexual Harassment, Paid Nearly $1 Million to Do Nothing,” *Huffington Post*, January 28, 2013, downloaded May 20, 2013, from www.huffingtonpost.com; “Hispanics United of Buffalo, Inc. and Carlos Ortiz,” Case 03–CA–027872, *National Labor Relations Board*, December 14, 2012, www.nlrb.gov/cases-decisions/board-decisions; E. G. Brown, “2015–16 May Revision to the California State Budget,” http://www.ebudget.ca.gov/2015-16/pdf/Revised/Budget Summary/Introduction.pdf; S. Soriano, “CCPOA’s Clout High, but Profile Low,” *Capitol Weekly*, November 19, 2014, http://capitolweekly.net/ccpoa-transition-powerful-low-profile-campaign-spending/; and J. Weissmann, “Who’ s to Blame for the Hostess Bankruptcy: Wall Street, Unions, or Carbs? *The Atlantic*, November 16, 2012, downloaded May 29, 2013, from www.theatlantic.com/.

注 释

第15章 组织结构的基础

Foundations of Organization Structure

学习目标

学完本章后，你应该能够：

1. 指出组织结构的七个要素。
2. 指出职能结构、官僚结构和矩阵结构的特点。
3. 指出虚拟结构、团队结构和圆形结构的特点。
4. 描述精简规模对组织结构和员工的影响。
5. 对比使用机械模型和有机模型的原因。
6. 分析不同的组织设计对员工行为的影响。

就业技能矩阵

	传言还是科学	职业目标	道德抉择	观点碰撞	体验练习	道德困境	案例分析 1	案例分析 2
批判性思维	✔	✔	✔	✔	✔	✔	✔	✔
沟通					✔			
合作	✔		✔	✔	✔		✔	
知识应用与分析	✔	✔	✔	✔	✔	✔	✔	✔
社会责任			✔			✔	✔	✔

扁平化容易太单薄?

GitHub 是一个价值 20 亿美元的软件开发组织，由首席执行官克里斯·万斯特拉斯（Chris Wanstrath）和汤姆·普雷斯顿－沃纳（Tom Preston-Werner）于 2007 年创立。它彻底改变了软件的开发和制作方式。GitHub 已经从一家只有几名员工的旧金山小型初创公司成长为一家拥有 600 多名员工的较大型公司。2016—2017 年，它的规模几乎翻了一番。截至 2017 年，GitHub 已经拥有 2 200 多万用户以及 5 900 多万个托管项目。GitHub 起初是一家扁平化、结构简单的小型组织。这种组织在早年是有助于创新的。GitHub 一开始并没有设立中层管理职位，它的员工中甚至没有多少人有职务。员工以团队形式被有机地组织起来，围绕项目而工作，同时所有人都分担了一部分管理责任。GitHub 采用这种结构所带来的一个好处是，人们不会被随意划分，也不会被产品、专业或其他分类限制。公司的开源结构反映了其开源产品的本质。

然而随着组织的成长，不同形式的组织结构的适用性可能会发生变化。这一点在 2014 年体现得很明显。当时，开发者朱莉·安·霍瓦特（Julie Ann Horvath）声称她一直被 GitHub 的一名工程师性骚扰，因为她拒绝了这名工程师，这名工程师便拒绝她参与好几个产品的工作。如果不是在一个扁平化或结构简单的组织中，她也许会有更多的渠道通过问责或权力来更早、更有效地处理这种不满，而不是让问题持续两年。

乔·弗里曼（Jo Freeman）在《无结构的暴政》（*The Tyranny of Structurelessness*）一文中强调了这些扁平化组织的局限性，她写道："不存在无结构的群体……任何群体，无论其中是何种性质的人，为了何种目的，在什么时候聚集到一起，都会不可避免地以某种形式构建群体自身。"这带来的问题是，如果没有正式的控制机制，权威和影响力将会是不可见的，因为它们并非通过明确的渠道运作。例如，霍瓦特讲述了她和汤姆·普雷斯顿－沃纳妻子的一次谈话，她受到了非正式的威胁，被要求不能写关于公司的负面评论。对方告诉霍瓦特她在组织内有"间谍"，可以访问员工的私人聊天记录。另一个问题是缺乏决策清晰度。朱里奥·阿瓦洛斯（Julio Avalos）是 2012 年最早聘用的 100 名员工之一，现担任首席商务官（CBO）。他指出："如果连最低限度的管理层都没有，那么我们很难通过对话来让人们理解对他们的期待，让他们得到为了更好地完成工作所需的支持。"

万斯特拉斯等 GitHub 领导者吸取了教训："我鼓励每一家初创企业都考虑一下自己的建设方式……现在有如此多的企业认为可以把这件事放到以后再考虑——然后爆炸就发生了。这是我们最大的教训。"到目前为止，万斯特拉斯和 GitHub 董事会已经将企业从扁平化、灵活、任人唯贤的组织转变为一个拥有中间管理层的组织。这些中间管理人员必须在办公室工作，而非远程上班。

资料来源：Based on J. Bort and M. Weinberger, "GitHub Is Undergoing a Full-Blown Overhaul as Execs and Employees Depart," *Business Insider*, February 6, 2016, http://www.businessinsider.com/github-the-full-inside-story-2016-2; K. Finley, "GitHub Swaps CEOs, Proves It Doesn't Need No Stinking Bosses," *Wired*, January 22, 2014, https://www.wired.com/2014/01/github-ceo/; K. Finley, "Why Workers Can Suffer in Bossless Companies Like GitHub," *Wired*, March 20, 2014, https://www.wired.com/2014/03/tyranny-flatness/; J. Freeman, *The Tyranny of Structurelessness*, May 1970, http://www.jofreeman.com/joreen/tyranny.htm; GitHub, About Page, accessed April 16, 2017, https://github.com/about; M. Mittelman, "Why GitHub Finally Abandoned Its Bossless Workplace," *Bloomberg*, September 6, 2016, https://www.bloomberg.com/news/articles/2016-09-06/why-github-finally-abandoned-its-bossless-workplace; D. Roberts, "GitHub CEO: What I Learned from Our Harassment Scandal," *Forbes*, September 29, 2015, http://fortune.com/2015/09/29/github-ceo-40-under-40/; and A. Wilhelm and A. Tsotsis, "Julie Ann Horvath Describes Sexism and Intimidation behind Her GitHub Exit," *Tech Crunch*, March 15, 2014, https://techcrunch.com/2014/03/15/julie-ann-horvath-describes-sexism-and-intimidation-behind-her-github-exit/.

即使是对于一个只有几名员工的初创企业而言，选择一种组织结构所要做的也远远不是简单地决定谁是老板以及需要多少员工。组织结构决定了关系形式、这些关系的正规性以及许多工作成果。随着组织的扩大或缩小，有关管理潮流的研究发现了最大限度提高生产率的更佳方法，组织结构也可能会发生变化。

为了维持组织增长，结构方面的决策是领导者必须做出的最基础的决策。[1] 在本章中，我们将探讨结构如何对员工行为和整个组织产生影响。

15.1 什么是组织结构

组织结构（organizational structure）界定了对工作任务进行正式划分、组合和协调的方式。[2] 管理者设计组织结构时应该考虑七个关键要素：工作专门化、部门化、指挥链、管理幅度、集权与分权、正规化以及边界跨越。[3] 在图表 15－1 中，每个关键要素分别是一个关键的结构问题的答案。接下来，我们将对这些结构要素逐一介绍。

图表 15－1　与设计恰当的组织结构有关的关键问题和答案

关键问题	答案
1. 把活动分解成相互独立的工作岗位时，应细化到什么程度？	工作专门化
2. 对工作岗位进行组合的基础是什么？	部门化
3. 员工个体和群体向谁汇报工作？	指挥链
4. 一名管理者可以有效率、有成效地领导多少员工？	管理幅度
5. 决策权应该放在哪一级？	集权与分权
6. 规章制度应在多大程度上指导员工和管理者的行为？	正规化
7. 来自不同区域的人需要定期互动吗？	边界跨越

15.1.1 工作专门化

20 世纪初，亨利·福特通过利用流水线来制造汽车而发家致富、享誉全球。他的做法是给公司每一位员工分配具体的、重复性的工作。例如，一个员工只负责安装汽车的右前轮，另一个员工只负责安装右前门。通过把工作分解成细微的标准化任务，工人能够重复进行同一种操作，利用技能水平相对有限的员工，福特公司每 10 秒钟能够生产出一辆汽车。[4]

工作专门化（work specialization），或者说劳动分工，描述了把组织中的工作活动分解成单独的工作岗位的程度。[5] 工作专门化的实质是把工作分解成若干步骤，每人只完成其中一个步骤。即每个人专门从事工作活动的一部分，而不是全部活动。

工作专门化可以最有效地利用所有员工的技能，甚至还能通过重复操作来提高员工的技能水平。通过工作专门化，企业减少了变动工作任务所花费的时间，人们不必花时间把前一工作流程中的工具和设备放在一边，再为下一个流程准备好工具。

但到了 20 世纪 60 年代，越来越多的证据表明工作专门化也会物极必反。员工的厌烦情绪、疲劳感、压力感、低生产率、低质量、高缺勤率和高离职率等人力不经济因素开始出现，超过了它带来的经济优势（如图表 15－2 所示）。[6] 这种情况下，通过扩大而不是缩小工作活动的范围，可以提高劳动生产率。另外，许多公司发现，通过让员工从事多种工作活动，允许他们从事一项完整的工作任务，以及让他们加入技能互补的团队，往往会大幅提高他们的产出和工作满意度。[7]

图表 15-2 工作专门化的经济性和不经济性

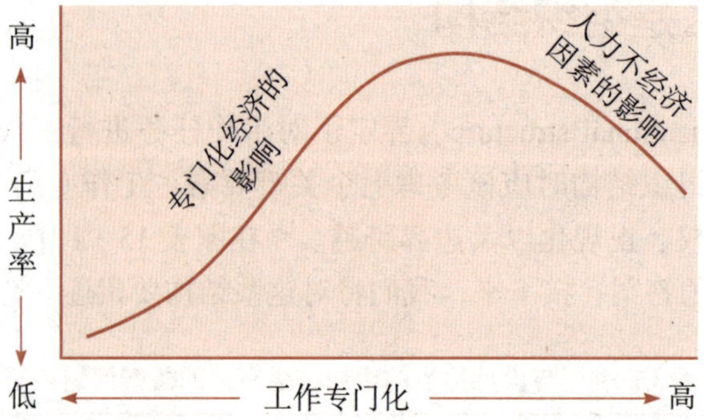

福特证明，工作通过专门化可以表现得更有效率，而这种做法仍然适用于许多行业。例如，你能自己造一辆车吗？恐怕不太可能。同样重要的是，找到并培训执行特定任务的工人会更加容易，成本也更低，在高度精细和复杂的操作中更是如此。工作专门化通过鼓励创造定制化的发明和机器提高了生产率。

今天，大多数管理者认识到工作专门化在某些类型的工作中带来的经济性，以及使用过度所产生的问题。例如，高度的工作专门化帮助快餐店非常有效率地制作和销售汉堡包和薯条。大多数医疗卫生机构中的医学专家也使用工作专门化。只要工作角色可以分解为具体的任务和项目，专门化就有可能派上用场。专门化在制造业之外的其他行业也能够带来优势，尤其是在工作分担和兼职工作盛行的行业中。[8] 亚马逊的土耳其机器人项目、TopCoder*，以及其他一些类似项目促进了微专业化、线上兼职或众包等新趋势的发展。通过这些新趋势，管理者会把少量的编程、数据处理或评价任务分配到世界各地的人才手中，然后汇总。[9] 这使得雇主可以通过在线平台将多个员工分配到更广泛的职能角色（如市场营销）中。[10] 组织内的自动化以及计算机和信息系统的使用正在创造一种新的工作专门化形式。计算机在这种形式中承担了专门的任务。[11]

因此，过去的专门化主要是把生产任务分解成同一个工厂中的各个职责，而今天的专门化是把复杂的任务根据技术、专业知识和区域审慎地分解成特定的部分。然而，核心原则是相同的。

15.1.2 部门化

通过工作专门化来划分工作岗位之后，需要对它们进行组合以协调相同或相似的工作任务。对工作岗位进行组合的基础就是**部门化**（departmentalization）。[12]

对工作岗位进行组合通常会依据所从事的职能。一家制造厂的管理者可能会在工厂内组建工程、会计、制造、人力资源和供应链等方面的部门。一家医院可能设有研究部、护理部和财务部等。一支职业足球队的独家代理商可能设有球员事务部、票务部、差旅与食宿部等。这种职能部门化的主要优势在于，把同类专业人员集中在相似的领域，由此提高

* 一个项目分包平台。——译者

了工作效率。

我们也可以根据组织提供的产品或服务类型来进行部门化。宝洁公司将自己的每一项主要产品（例如，汰渍洗衣粉、帮宝适婴儿纸尿裤、Charmin 纸类卫生用品和品客薯片）交由一位高管负责，他在全球范围内全权负责该产品。这种部门化的主要优势在于增加了高管对绩效的责任，因为公司中与这一具体产品或服务有关的所有活动都由同一个人指挥。[13]

还有一种方法是根据地域进行部门化。例如，营销等职能可以根据地域分为东、西、南、北四个区，实行分片负责。如果一个公司的客户在地域上分布较广，而且每个区域的客户都有类似的需求，那么这种部门划分方法很有价值。由于这一原因，丰田首席执行官丰田章男（Akio Toyoda）表示，丰田将把自己的管理结构改为以地理区域为基础，“以便开发和交付更好的产品”。[14]

针对流程进行部门化的方法适用于服务和产品需要分步骤进行的活动。例如，假设你到某个州机动车辆管理办公室去办理驾驶执照，在获得驾照之前，你可能要去好几个部门。在某个州，申领驾照通常有三个步骤，每个步骤由一个单独的部门负责：（1）机动车管理部进行核查；（2）执照部负责具体工作；（3）财务部负责收费。最后一种部门化方法以顾客的类型为依据。

组织最初采用的部门划分基础并非永远不会改变。例如，微软长期以来都以顾客类型作为部门化基础，它将顾客分为个人消费者、大型公司、软件开发商和小型企业。然而，在 2013 年 6 月，首席执行官史蒂夫·鲍尔默（Steve Ballmer）致信全体员工，宣布对职能部门进行重组，理由是需要促进持续创新。新部门将按照传统职能对工作进行分组，包括工程、市场营销、业务开发、战略研究、财务、人力资源和法律。[15]

鲍尔默预计，微软组织结构的变化将“重塑微软与客户、开发人员及关键创新合作伙伴的互动方式，传递更连贯的信息和产品系列”。[16] 正如我们在书中所看到的，当组织有意识地进行变革以使实践与组织目标保持一致时，变革的良好执行就更有可能带来改进。尤其是这些组织目标来自强势领导人时，这一点更为明显。在微软的案例中，这种变革的结果则仍未确定——组织的强势领导人鲍尔默在重组开始两个月后宣布退休，并于 2014 年正式离开微软。随后组织发生改变，微软继续在重组中挣扎，在不到一年的时间里宣布了领导层人员和团队结构的进一步变化。这些变化包括产品专门化和功能专门化等方面。例如，PowerPoint、Excel 和 Access 团队已经重组为内容创建和数据可视化团队。[17]

15.1.3 指挥链

尽管指挥链这一概念是组织设计的基石，但在今天，你可以看到它的重要性大幅降低了。不过，管理者仍需考虑指挥链的意义，尤其是那些可能涉及生死攸关的情境、人们需要依赖果断的决策者的行业。**指挥链**（chain of command）是一条从组织最高层贯穿到最基层，明确规定谁向谁汇报工作的不间断的职权线。

在讨论指挥链之前，应该先讨论两个辅助概念：职权和统一指挥。**职权**（authority）是管理岗位所固有的发布命令并且使下属遵从命令的权力，人们预计这种命令会被遵从和执行。为了促进相互之间的协作，每个管理岗位在指挥链中都有自己的位置。为了完成自己的工作职责，每位管理者都被授予一定的职权。**统一指挥**（unity of command）原则有助于保持职权链条的连续性和完整性。它意味着一名下属应该有且只有一位直接上司。如果违背统一指挥原则，一名下属可能就得忙于应付多位上司提出的相互冲突的要求或优先事项，这种情况经常发生在员工需要向多个管理者报告的组织结构中。[18]

然而时代在变化，组织设计的基本原则也在变化。今天，一名基层员工可以在几秒钟内得到 30 年前只有高层管理者才能得到的信息。过去只能由管理层做出的决策，现在已经授权给了很多员工。[19] 除此之外，随着自我管理型团队和跨职能团队的日益流行（见第 10 章），以及包含多位老板的结构设计的出现，职权和统一指挥越来越无关紧要。然而，仍有不少组织发现，强化指挥链可以使组织的生产率最大化。事实上，一项针对 1 000 名管理者的调查发现，59% 的被调查者同意以下说法："我所在的公司组织结构中存在一条假想出来的分界线。这条线之上的人制定决策，这条线之下的人执行决策。"然而，这项调查还发现，低层员工对决策层的依赖阻碍了他们对组织整体战略的认同（赞同和积极支持）。[20]

15.1.4 管理幅度

一名管理者可以有效率、有成效地指挥多少名直接下属？**管理幅度**（span of control）描述一个组织要设置的层级和管理者数量。[21] 当其他条件相同时，管理幅度越宽，管理层级越少，每个层级的员工越多，组织就越有效率。[22]

假设有两个组织，都有 4 100 名基层操作员工，如图表 15－3 所示。如果一个组织的管理幅度为 4，另一个为 8，那么管理幅度宽的组织比管理幅度窄的组织在管理层级上少两层，并且可以少配备 800 人左右的管理者。如果管理者的平均年薪为 60 000 美元，则管理幅度宽的组织每年在管理者薪水方面就可节省 4 800 万美元。显然，从成本方面来说，管理幅度宽的组织效率更高。但是，当管理幅度宽到一定程度时，管理者就没有足够的时间来为下属提供必要的领导和支持，效率就会下降，员工绩效则会受到不利影响。[23]

图表 15－3 管理幅度的对比

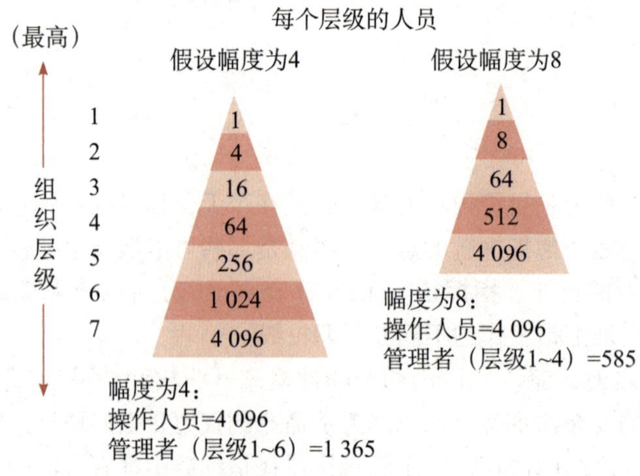

有人提倡狭窄的管理幅度。把管理幅度保持在 5 ～ 6 名下属，管理者就可以对他们实行密切监控。[24] 但狭窄的管理幅度有三个主要缺点[25]：第一，正如前面已指出的，管理层级会增多，管理成本会大幅增加；第二，组织中的垂直沟通更加复杂，管理层级增多会减慢决策速度，并使高层管理者处于隔离状态；第三，管理幅度过窄容易造成对下属监督过严，妨碍下属的自主性。

近年来的趋势是加宽管理幅度。[26] 这与各公司致力于降低成本、削减一般管理费用、加快决策速度、增加灵活性、更贴近顾客以及给下属授权等是一致的。不过，为了避免因管理幅度加宽而使员工绩效降低，公司显著增加了对员工培训的投资。这是因为管理者认识到，如果下属充分了解各自的工作或者有问题时能够求助其他同事，自己就可以驾驭更宽的管理幅度。

15.1.5 集权与分权

集权（centralization）指的是组织的决策权集中于一点的程度。[27] 在集权组织中，高层管理者做所有的决策，基层管理者只负责执行高层管理者的指示。与此相反，分权组织把决策权下放给最接近实际行动的管理者或者工作群体。[28] 集权这个概念只包括正式职权，也就是某个岗位所固有的权力。

集权组织与分权组织有着结构上的差异。分权组织采取行动来解决问题的速度更快，更多的成员为决策提供建议并参与决策，员工与那些影响到自己工作与生活的决策者之间隔阂更少。[29] 集权和分权带来的影响是可以预测的：集权组织能更好地避免委托错误（如做出一个糟糕的战略选择），分权组织则能更好地避免遗漏错误（如错失一个重要的机会）。[30]

管理者致力于使组织变得更加灵活以快速应对变化，这种努力导致组织日益将决策权下放给基层管理者，因为他们更接近实际行动，通常比高层管理者更了解相关问题。宝洁授予小型工作团队关于新产品的决策权，这些工作团队不再受到原来的组织层级的限制，推向市场的新产品迅速增加。[31] 至于创造力，一项研究在调查了多家芬兰企业后发现，与那些将所有研发活动都集中在一个机构中的企业相比，研发机构分散在多个地点的企业可以更好地进行创新。[32] 然而，分权有时也可能是一把双刃剑。一项对近 3 000 名美国空军军官的研究表明，在具有多团队系统的组织中，分权有时候会产生负面影响，包括过度寻求风险或协调失败。[33]

设有海外机构的企业往往需要分权，因为企业制定的决策要符合当地的盈利点、客户群以及具体的法律法规，同时还要对各地区的管理者进行集权化监督。如果企业不能成功平衡这些重点事项，受影响的不仅是组织本身，还有组织与该国政府的关系。[34]

15.1.6 正规化

正规化（formalization）指的是组织中的工作实现标准化的程度。[35] 一种工作的正规化程度越高，意味着员工对工作内容、工作时间、工作手段的自主权越小，从而保证更稳定、一致的产出结果。在高度正规化的组织中，有明确的工作说明书，有大量的组织规章制度，有对工作流程的详尽规定。工作正规化不仅消除了员工实施其他方案的可能性，还使得员工无须考虑其他选择方案。相反，当正规化程度较低时，工作行为就不那么程序化，员工对自己工作的处理权限也比较大。

无论是在组织内部还是在不同组织间，正规化程度都可能存在很大差别。一项针对 94 家中国高科技公司的研究表明，在分散的组织结构中，正规化会损害团队的灵活性，这说明对于那些本质上需要互动或者要求灵活创新的任务，正规化起不到作用。[36] 例如，出版公司的销售代表向大学教授推销新书，他们的工作权限比较大，使用的推销用语不要求完全标准划一，对他们的要求不过是给新书出版提一些建议，并每周交一次销售报告。另一种极端的情况是，同一家出版公司的办公室职员和编辑必须在上午 8 点准时坐在办公桌前，并且遵守管理层制定的一套明确详尽的规章制度。

15.1.7 边界跨越

我们已经描述了组织创建清晰明确的任务结构和指挥链的方式。这些系统促进了对特定任务的控制和协调。但是，如果一个组织内部有太多的分区，那么尝试跨组进行协调可能是一场灾难。为了克服这种区划意识但仍保留组织结构的益处，一种方法是鼓励或创造跨越边界的角色。

在单个组织内部，当个人与其正式所处的群组以外的人形成关系时，就会出现**边界跨越**（boundary spanning）。[37] 一个人力资源主管经常与 IT 团队打交道，研发团队的成员实施生产团队的想法，都属于边界跨越。这些活动有助于防止正式结构变得僵化，还可以增强组织和团队的创造力，提高决策能力、知识共享能力和绩效水平。[38]

边界跨越的活动不仅发生在组织内部，也发生在组织之间。在鼓励广泛进行内部沟通的组织之间，边界跨越带来的积极效果才会更明显。换言之，外部边界跨越只有建立在内部边界跨越的基础上才是最有效的。[39] 此外，一项对中国 225 对制造商 - 分销商关系的研究表明，相比于跨组织的高管之间的关系，跨组织的销售人员和买家之间的关系与两个组织之间的关系更紧密。但是，当高管和员工之间的关系更强时，可能会带来合作，冲突可以得到更好的解决。[40]

组织可以用正式机制来促进边界跨越。一种方法是设置正式的联络员角色，或者是建立由组织不同领域的人组成的委员会。[41] 开发活动也可以促进边界跨越。具有会计和市场营销等多种职能的经验的员工更有可能从事边界跨越工作。[42] 很多组织会尝试通过建立岗位轮换计划来为积极关系奠定基础，这样新员工就可以更好地了解组织的不同领域。鼓励边界跨越的另一种方法是引起对效率和创新等组织整体目标的关注，并共享身份概念。[43]

领导者在学校或工作场所会做出一些与组织结构要素相关的决策，而你可能已经体验过这些决策带来的一些结果。通过绘制组织结构图，我们可以描述组织框架，帮助你理清领导者的决策。下一节我们将讨论这一问题。

15.2 常见的组织框架和结构

组织设计有许多名称，并且随着工作方式的变化而不断发展。下面我们将从三种常用的组织框架开始：简单结构、官僚结构和矩阵结构。

15.2.1 简单结构

请思考以下几个组织有哪些共同点：一家小型零售商店、一家由创业者白手起家经营的电子公司和一家航空公司在飞行员罢工期间成立的“作战室”。答案也许是，它们很可能都使用**简单结构**（simple structure）。[44] 简单结构具有部门化程度低、管理幅度宽、权力集中在一个人手中、正规化程度低的特点。这是一种扁平化的组织，通常仅有 2 ~ 3 个垂直层级，员工数量不固定，决策权集中在一个人手中。大多数公司起步的时候都采用简单结构，许多以创新技术为基础、预期寿命较短的公司（比如手机 App 开发公司）会维持小而紧凑的结构设计。[45]

图表 15－4 是这种组织设计的一个范例。这是一家零售商店的组织结构图。杰克·戈尔德（Jack Gold）拥有并管理这家商店，虽然他雇用了五名全职销售人员和一名收银员，并在周末和节假日雇用额外的人手，但一切都由他“负责和掌管”。尽管这种类型的组织对小企业而言是典型的，不过在危急时刻，大公司也会在短期内采用这种结构（尽管不会到这种程度），以集中资源来应对挑战。

图表 15－4　简单结构（杰克·戈尔德男士用品商店）

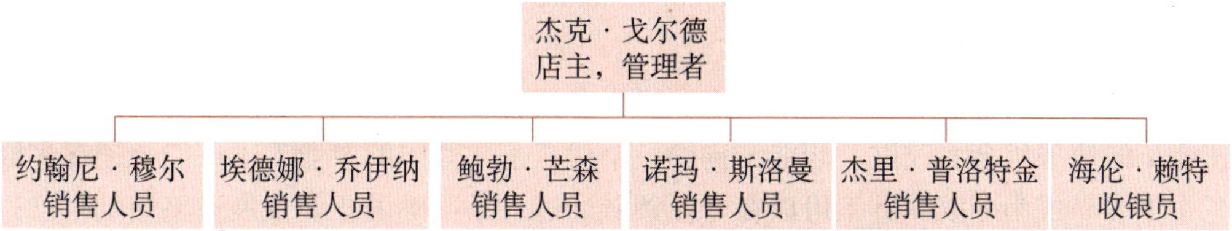

简单结构的优势当然就在于它的简单性。它反应敏捷、灵活可变、运营成本低，而且责任明确。其主要缺陷在于，这种组织形式由于低正规化和高集权化导致上层的信息负荷过重，难以适应组织扩展的需要。如果经营者依然企图独揽大权，那么组织决策就会日渐迟缓。这往往导致小型企业的毁灭。如果此时还不调整组织结构，使之变得更加精细，这个企业就会失去很多发展机会，甚至可能以失败告终。[46] 简单结构的另一个缺陷在于它的风险性，即一切都取决于一个人。事实上，管理者兼拥有者生病一次就足以使整个组织的信息与决策能力陷入停滞。[47]

15.2.2 官僚结构

标准化——这是所有官僚结构的关键概念。你若去银行、服装店，或者去征收个人所得税、执行卫生制度或提供当地消防服务的政府部门，就不难了解这种组织结构。这些组织都依赖标准化的工作程序来进行协调和控制。

官僚结构（bureaucracy）的特点是：通过工作专门化获得十分规范的操作任务、非常正规的规章制度、按组分配的任务、集权化、管理幅度窄、决策通过指挥链下达。[48] 在官僚结构中前面描述的所有部门化特点都达到了最高水平。

“官僚结构”在很多人的脑子里都是一个负面的词汇。但是，这种类型的组织确实具有自身的优势。其主要优势在于，它能够高效地实施标准化的活动。通过把同类专业人员配置在一个单元中从而实现规模经济，它最大限度地降低了人员与机器的重复配置，员工可以使用共享的通用语言。而且，这种结构形式对中低层管理者的要求较低，因此可以节约成本。在组织中广泛存在的规章制度代替了管理者的决策自主权。对高层管理者以下的组织成员来说，他们不太需要创新能力和决策经验。创新的员工往往不能很好地适应官僚结构型组织。[49]

官僚结构型组织的一个主要不足可以从一家公司四位主管的对话中得到验证。生产部主管说："你看，除非我们生产出产品，否则公司就什么也没发生。"研发部主管评论道："不对，除非我们设计出产品，否则公司就什么也没发生。""你们说什么？"市场营销主管说："除非我们卖掉产品，否则公司就什么也没发生。"最后，被惹恼的财会主管反唇相讥："你们生产、设计和销售什么都无关紧要，除非我们核算出结果，否则谁也别想知道发生了什么。"这段对话表明了在官僚结构型组织中，工作专门化是如何导致各部门之间的冲突的。职能部门的观点有时会凌驾于组织的整体目标之上。

官僚结构的另一个不足是过分拘泥于对规则的遵从。我们在日常生活中与官僚组织打交道时或多或少有过这样的经历。当某件事与规则不完全相符时，根本没有变通的余地。只有当员工处理他们熟悉的问题，而且相关的程序化规则已经存在时，这种结构才有效率。[50] 我们应该了解两种类型的官僚结构：职能结构和部门结构。

职能结构 采用**职能结构**（functional structure）的组织会根据员工的专业、角色或任务将相似的员工分为一组。[51] 一个被分为生产部门、营销部门、人力部门和会计部门的组织就是职能结构的一个例子。很多大型组织会使用这种结构，尽管这种结构仍为了适应快速变革的业务机会而改进。职能结构的一个优点是，其中的专业人士可能会比在多样化单元中更容易成为专家。员工可以在专业领域通过一条明确的职业发展道路激励自己达到组织结构图的顶端。

对于专注于一种产品或服务的组织，职能结构可以发挥很好的效果。然而，由于层级结构限制了交流方式，功能结构中的交流都是严格而正式的。因此，不同单元之间的协调成了一个问题。单元内部和单元之间的内讧会降低动机。

部门结构 采用**部门结构**（divisional structure）的组织会根据产品、服务、客户或区域市场将员工分组。[52] 这种结构是高度部门化的，具体的部门结构类型包括：产品 / 服务组织结构（例如，宠物食品生产商的猫粮、狗粮和鸟食单元）、客户组织结构（例如，医院管理部门所管理的门诊护理、住院护理和药房单元）或地理组织结构（例如，公司总部所管理的欧洲、亚洲和南美单元）。

部门结构具有与职能结构相反的优点和缺点。它通过促进各单元之间的协调来实现目标，同时解决了各个单元具体关注的问题。它明确了与产品相关的所有活动的责任，但存在功能和成本上的重复。这一点有时是有帮助的。比如，某企业在西班牙和中国均有某一业务单元且面对完全不同的市场。当它们需要制定新产品的营销策略时，两地的营销专家都可以将恰当的文化视角融入营销活动中。然而，组织在两地均设置营销职位可能会增加成本，因为他们在两个国家从事基本相同的工作。组织似乎可以从部门结构转变为职能结构，反之亦然。然而，从职能结构转变为部门结构的组织往往表现得更好。[53]

15.2.3 矩阵结构

矩阵结构（matrix structure）结合了职能结构和产品结构。它普遍存在于广告公司、航空公司、研发实验室、建筑公司、医院、政府机关、大学、管理咨询公司以及娱乐公司中。[54] 使用矩阵结构的公司有 ABB、波音、宝马、IBM 和宝洁。

矩阵结构最明显的特点在于，它打破了统一指挥原则。在矩阵结构中，员工有两个上司：职能部门经理和产品经理。因此，它的指挥链是双重的。图表 15－5 是一个工商管理学院的矩阵结构图。会计系、决策与信息系统系、营销系等属于职能部门。另外，具体项目（即产品）与职能部门相互交织在一起。于是，矩阵结构中的成员就面临一个双重指挥链：职能部门的指挥链和产品组的指挥链。一位讲授本科生会计学课程的教师可能处于本科项目主管和会计系主任的双重领导之下。

图表 15－5　一个工商管理学院的矩阵结构图

系	项目					
	本科	硕士	博士	研究	高管培训	社区服务
会计						
金融						
决策与信息系统						
管理						
营销						

矩阵结构型组织的优势在于，当组织具有比较复杂但又相互依存的活动时，它有助于协调这些活动。[55] 在矩阵组织中，不同类型的专业人员可以通过直接频繁的接触进行更好的交流，达到更大的灵活性，使信息能够迅速到达需要它们的人员那里。矩阵结构还可以减少所谓的官僚主义现象，因为双重职权链可以限制组织成员以组织整体目标为代价来保护本部门的利益。[56] 此外，通过提供最好的资源，并且确保这些资源得到高效利用，矩阵结构还可以更好地配置不同类型的专业人员并实现规模经济。[57]

矩阵组织的主要不足在于，它会带来混乱，使组织增加争权夺利的倾向，并给员工带来压力。[58] 对于渴望获得安全感和减少模糊性的员工来说，这种工作氛围会造成压力。员工要向多个上司汇报工作，这带来了角色冲突；模糊不清的期待又会导致角色模糊。缺乏统一指挥的概念，报告制度的模糊性会显著增加，还经常会导致职能管理者和产品管理者之间的冲突和权力斗争。

15.3 组织设计的一些替代方案

随着扁平化结构趋势的不断发展，许多组织开始致力于开发新型组织结构。新型组织结构减少了组织层级，更强调取消组织边界。[59] 接下来，我们将介绍三种新型的组织结构设计：虚拟结构、团队结构和圆形结构。

15.3.1 虚拟结构

如果能租赁，何必要拥有？这个问题道出了**虚拟结构**（virtual organization）（有时也称为网络结构或模块结构）的实质。虚拟组织通常是核心成员数量很少，大部分业务职能被外包出去的组织。[60] 虚拟结构是高度集权化的，其部门化程度很低，甚至根本没有。

虚拟组织的原型来自当今的电影制片业。在好莱坞的黄金时代，电影由纵向一体化的大公司出品。像米高梅、华纳兄弟和20世纪福克斯这样的制片公司拥有大量的签约演员，并雇用了成千上万的全职专业人员——舞美设计师、摄影师、剪辑师、导演。时至今日，大多数电影是由一群个体和小公司组合起来进行制作的。当需要拍摄一部电影时，他们集中到一起，电影完成之后就各奔东西。这种结构类型使得每一部电影都能够配备最符合其需要的各种人才，而不只是制片公司自己雇用的员工。它最大限度地避免了官僚结构的管理成本，因为根本就不需要维持一个长期存在的组织。它也降低了长期的风险和成本，因为这些组织不再是长期的——所组建的工作团队只在短期内存在，之后便会解散。

图表15－6描绘了一个虚拟结构。从中可以看出，管理层把主要的业务职能都外包出去，组织的核心是一小群高层管理人员，他们的工作是直接监控组织内部的所有活动，并协调本组织与为自己执行生产、流通以及其他重要业务职能的组织之间的关系。图中的虚线表示这些关系主要通过契约来维持。虚拟结构中的管理者把大部分时间用于协调和控制外部关系。

图表15－6 一个虚拟结构

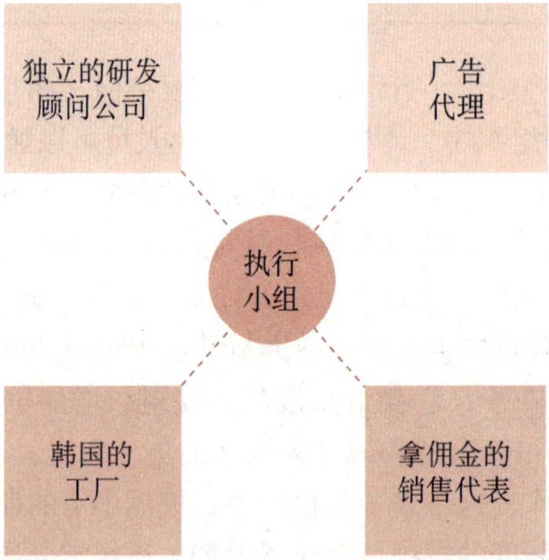

网络组织通常会采用多种组织形式。[61] 一些比较传统的形式包括特许经营。在这种形式中，中央节点（即执行小组）由管理者、系统及其他专家组成，特许经营单元负责销售和客户服务。这种流行的网络组织形式在服务行业中很常见，如7-11、麦当劳、Jimmy John's和Dunkin' Donuts都采用了特许经营形式。然而在这种形式下，加盟商之间并不容易相互协作或协调，实际上会直接竞争执行小组所给的资源。另一个例子是星爆形式（starburst form），在这种形式下，母公司会把自己的一个职能剥离成新的公司。[62] 例如，网飞在2012年将其DVD业务拆分为一个独立的实体，即现在的DVD.com。[63]

虚拟结构的主要优势在于它的灵活性，这使拥有创意但缺乏资金的人能够与大公司展开竞争。除去固定的办公室和角色层级，这种结构还可以通过外包职能省下一大笔钱。[64] 随着虚拟组织的流行，其劣势也渐渐变得清晰。[65] 虚拟组织处于持续的变动和重组中，这意味着角色、目标和责任都是不明确的。这一切都为政治行为提供了舞台。

15.3.2 团队结构

团队结构（team structure）寻求消除指挥链，用经授权的团队来取代部门。[66] 这种结构既打破了公司与其客户和供应商之间的外部障碍，也消除了纵向和横向的界限。

通过取消组织的纵向界限，管理层可以使组织更为扁平化，并且尽可能减少头衔和级别。跨层级工作团队（由公司的高层管理者、中层管理者、基层主管和一线员工组成）、决策参与、360 度绩效评估（员工绩效由他的同事等其他人共同评定）都是可以采用的方法。例如，奥迪康公司（Oticon A/S）是全球最大的助听器生产商。在这家公司，组织层级的一切痕迹都不存在。[67] 每个人都在相同的移动工作站中工作，由项目团队而不是职能或部门来协调工作。

职业目标　我应该选择何种结构？

我经营着一家规模虽小但不断发展的企业。我需要你的帮助。我们应该如何在扩张的同时保持岗位的灵活性呢？关于设计结构，你有什么建议可以帮助我将当前的成功和未来的发展结合起来？

——安妮卡

亲爱的安妮卡：

在成长的初期就失败的小企业数量惊人。原因有很多，包括融资赤字和竞争对手抄袭自己的创意。然而一个经常出现的问题是，这些公司一开始所采用的结构就不适合更大的公司规模。

迎接这些挑战的办法是有的。让我们先从了解个人工作和各自的责任开始。为每一项工作列出一个清单。在工作角色和职责还未确定时，你有很大的灵活性来根据需要给员工精确分配各项任务。不过，这种灵活性也意味着很难确定有哪些技能是可用的，或者很难确定计划战略和可用的人力资源之间的差距。

其次，你可能会希望基于跨组织功能级别的广泛能力来定义各个角色。在这种战略能力模型中，工作角色和激励是在一个清晰的结构的基础上定义的。请参考以下步骤：

- 先从顶层开始，思考公司的未来。在能力模型中，你应该使用任务描述和整体的组织战略来评估组织的未来需求。
- 一旦确定了组织的未来需求，你需要找出一种明智的方式将责任分配给个人。你显然需要一些具有专业知识的人，同时你也要考虑对增长和长期可持续性都有用的一般技能。
- 随着业务的增长，找出有潜力满足未来需求的求职者，并制定员工激励措施以鼓励他们掌握更广泛的技能。你会希望将自己的计划结构化，这样员工会随着能力的提升而在组织结构中往上移动。

最重要的是，要记住你并非在为当下建立工作结构——你要确保它有能力随着公司的业务一同成长和变化。祝你的公司发展顺利！

资料来源：Based on G. W. Stevens, "A Critical Review of the Science and Practice of Competency Modeling," *Human Resource Development Review* 12 (March 2013): 86–107; P. Capelli and J. R. Keller, "Talent Management: Conceptual Approaches and Practical Challenges," *Annual Review of Organizational Psychology and Organizational Behavior* 1 (March 2014): 305–31; and C. Fernández-Aráoz, "21st Century Talent Spotting," *Harvard Business Review*, June 2014, https://hbr.org/2014/06/21st-century-talent-spotting.

正如我们之前所讨论的，职能部门创造了组织不同职能、产品线和工作单元之间的横向界限。减少这种障碍的方法是以跨职能团队取代职能部门，围绕工作流程来组织活动。例如，施乐公司开发新产品的方式是利用包含多个学科的跨职能团队来开展整个流程，而不是围绕狭窄的职能任务来进行。[68]

团队结构在全面运转后还可以打破地理障碍。如今，大多数的大型美国公司都认为自己是团队导向的全球性企业，其中很多公司在海外开展的业务和在美国一样多，比如可口可乐和麦当劳，还有一些公司为如何把地理因素融入组织结构中绞尽脑汁。在其他情况下，应根据实际需要来采用团队。比如，通过每次将收购对象合并为一个新的团队单元，中国企业在石油及天然气领域 5 年内完成 93 起收购，以满足本国的需求。[69] 团队结构提供了一种解决方案，因为它将地理因素看成一个战术和后勤问题，而不是一个结构问题。简言之，团队结构的目标就是打破文化障碍并开放机会。

一些组织会成立包含员工、客户或供应商在内的团队。例如，为了确保重要产品部件是可靠的且能够满足供应商的严格规范，霍尼韦尔国际公司（Honeywell International）的一些工程师会和供应商的管理者合作。

15.3.3 圆形结构

想象一个箭靶的同心环，中心是最高管理层，按职能往外分层辐射。高管之后是管理者，然后是专家，最后是员工。这就是一个**圆形结构**（Circular Structure）。[70] 这看起来像是一种组织无政府状态，但其中仍然存在层级制度。在这种结构中，最高管理层是组织的核心，其愿景往外逐层扩散。

圆形结构对有创意的企业家而言具有直觉上的吸引力，一些小型的创新公司已经认可了这一点。然而，就像目前的许多混合结构一样，员工往往不清楚自己应该向谁报告，谁在负责项目。但是，圆形结构依然有可能流行开来。例如，这一概念对于企业社会责任的愿景传播具有直观上的吸引力。

15.4 更精干的组织：精简规模

我们上面介绍的这些组织结构的目标是通过打造一个精干、灵活、关注重点的组织来提高敏捷性。精简规模是一种系统性的努力，通过关闭分公司、裁员、出售不盈利的业务单元来使组织变得更精干。[71] 精简规模并不意味着缩小办公室的面积，尽管这种情况确实一直在发生（见组织行为民意调查）。

组织行为民意调查

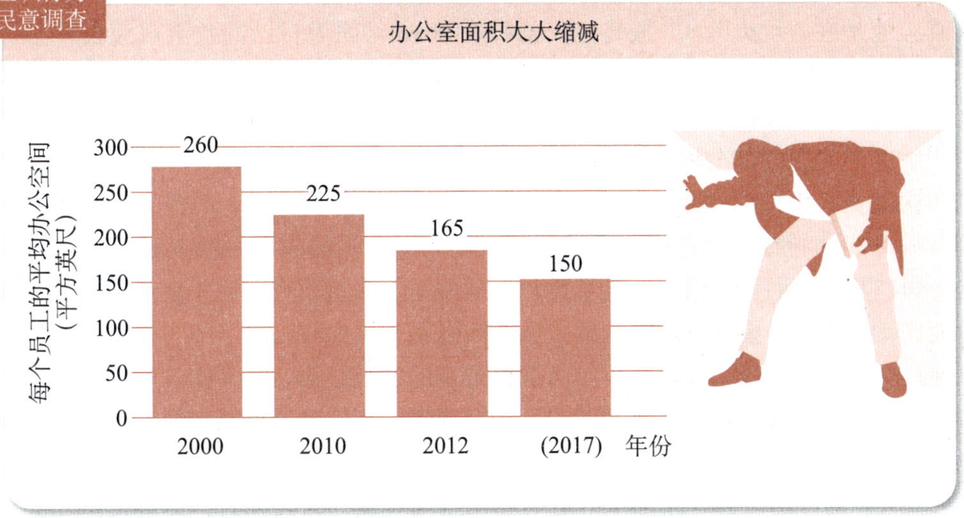

资料来源：Based on February 28, 2012, press release "Office Space per Worker Will Drop to 100 Square Feet or Below," http://www.corenetglobal.org/files/home/info_center/global_press_releases/pdf/pr120227_officespace.pdf.

2011 年谷歌以 125 亿美元收购摩托罗拉后，摩托罗拉在 2012—2013 年急剧缩减就是为了生存而精简规模的一个例子。为了应对智能手机销量下滑这一状况，摩托罗拉在 2012 年 8 月裁掉了 20% 的员工。然而，摩托罗拉当年第四季度的收入下降 40%，亏损 3.5 亿美元。为此，公司再次裁员 10%。谷歌将这种做法称为"规模优化"。[72] 摩托罗拉移动在 2014 年以 29.1 亿美元的价格被中国联想收购。

其他公司精简规模是为了集中精力提高核心竞争力。美国运通声称过去十年来公司一直在为精简规模而裁员：2001 年，裁减 7 700 个工作岗位；2002 年，裁减 6 500 个工作岗位；2008 年，裁减 7 000 个（劳动力的 10%）工作岗位；2009 年，裁减 4 000 个工作岗位。2013 年裁减 5 400 个（剩余劳动力的 8.5%）工作岗位是"公司十年来最大的紧缩"，随后在 2015 年又裁掉了约 4 000 人。每一次裁员都伴随着组织结构的重组，以适应不断变化的客户偏好，从个人客户服务向在线客户服务转型。CEO 肯·谢诺尔特（Ken Chennault）说："我们的业务和行业将继续被技术改变。由于这些变化，我们有需求和机会去改进自身的组织和成本结构。"[73]

一些公司专注于精简的管理方式，以减少官僚主义，提高决策速度。[74]2009 年，星巴克采用更为精简的管理计划，涉及各个管理层，同时加快制作咖啡的速度和生产流程。[75] 结果顾客等待的时间缩短了，产品质量的一致性也得到了改善，顾客普遍给予好评。

精干的组织拥有许多优势，但精简规模对组织绩效的影响一直处于争议之中。大多数证据表明，精简规模对之后一年的股票收益有负面影响（尽管这可能取决于组织的裁员目标以及其他背景因素），但从长远来看，缩小员工队伍的规模可能会带来积极的结果。[76] 一个体现这种可能性的例子是俄罗斯的高尔基汽车厂（Gorky Automobile Factory），这个工厂多年来首次实现盈利，正是因为总裁安德森（Andersson）解雇了 50 000 名工人（约占劳动力的一半）。[77] 然而，当安德森担任俄罗斯最大汽车制造商 AvtoVAZ 的首席执行官时，裁员政策终于让他引火烧身。2014—2016 年，他对托格利亚蒂工厂的裁员导致数万名工人失业。时任俄罗斯总统普京的盟友谢尔盖·切梅佐夫（Sergei Chemezov）告诉安德森，他是在“玩火”。[78] 最终，安德森在2016年因为自己的政策被免去首席行政官一职——裁员这种西方的标准做法在俄罗斯遭到了反对。在俄罗斯，汽车行业是被推崇的具有民族自豪感的行业，其工作岗位往往更倾向于保留而不是削减。[79]

产生这个问题的部分原因来自精简规模对于员工态度的影响。[80] 留下的员工会担心未来再次裁员，因此对组织的忠诚度会下降，还可能会承受更大的压力和感到紧张。[81] 精简规模可能会导致心理退缩和更多员工主动离职，关键的人力资本流失。[82] 最后的结果是公司“贫血”而不是精干。与直觉相矛盾的是，一些研究表明，精简规模的受害者甚至可能比幸存者过得更好，能体验到更强的控制感和更少的压力。[83]

通过事先准备，公司可以减少精简规模带来的消极影响，从而减少员工压力，增加员工对新战略方向的支持。以下是一些关于精简规模的有效战略以及如何实施这些战略的具体建议。

- 投资。对于那些为了聚焦核心竞争力而精简规模的公司而言，如果它们在事后能够采取高投入的工作实践，那么它们会变得更有效。
- 沟通。如果雇主事先和员工充分探讨精简规模，那么员工对结果的担忧会减轻，并且觉得公司考虑了他们的观点和意见。
- 参与。如果员工能够以某种方式参与这个过程，他们的担忧会减轻。在一些公司，自愿提前退休计划或遣散计划可以帮助公司不用裁员就达到精简的目的。
- 援助。提供遣散费、延期医疗福利和再就业援助会切实表明一个公司真正关心自己的员工并尊重他们的贡献。

那些使自己变得更精干的公司能够提高企业的敏捷性、效率和生产率，但这仅在它们谨慎行事并帮助员工顺利度过精简时期的条件下成立。

道德抉择　灵活的结构，开放工作场所

以前，刚从商学院毕业的学生们迫不及待地想要拥有属于自己的办公隔间，中层管理人员渴望拥有自己的办公室，高管们则对最靠里面的那间办公室梦寐以求。如今，办公室的墙壁逐渐减少。随着组织结构的变化，组织的物理环境也发生了变化。很多组织一直尝试使自己的物理环境反映出其所采用的组织结构。

在线零售公司Zappos的CEO甚至不需要办公室，1 500名员工可以在开放的办公空间任意走动。像谷歌这样的公司在工作场所设计了带有大面积的休息区和可供多人使用的办公桌的公共空间。负责制药公司葛兰素史克（GlaxoSmithKline）办公策略的经理爱德华（Edward）说，开放的工作环境可以带来更有效的工作效益。比如，据他估计，决策速度可以因此提高45%。但组织结构的双重瓦解（办公区域、等级制度）存在一些道德隐患。

- 保密性的讨论应该在哪里进行？在某些现代办公场所中，专门设置的会议室满足了单独会见的需求。如果墙是玻璃的，可能就不太理想。出于隐私上的担忧，员工会觉得被叫进去单独会谈是很丢脸的事，员工遇到问题时也不愿意去找人力专员解决。
- 如何克服人格特质上的差异？在没有指定办公地点的情况下，外向的员工更善于建立合作关系，而内向的人会无所适从，因为原本在办公室里他们还可以慢慢去了解别人。

● 如何保护个人隐私？Zappos 给每个员工分配了储物柜，要求员工调整笔记本屏幕的角度，不让身旁的人看到，并尽量把开放空间变得更加私密，鼓励员工在工作时戴上耳塞隔音。

● 如何帮客户保密？即便在隔音会议室里，也不一定能达到客户想要的安全级别，他们需要确保这些业务信息只有相关人士知情。

● 如何确保目标和责任的执行？在一个没有办公室，有时也没有工作头衔的环境中，目标、角色和要求的明确分配显得尤为重要，否则开放合作的结构会使责任分散、令人困惑。

资料来源：Based on S. Henn, "'Serendipitous Interaction' Key to Tech Firm's Workplace Design," NPR, March 13, 2013, www.npr.org/blogs/alltechconsidered/2013/03/13/174195695/serendipitous-interaction-key-to-tech-firms-workplace-design; H. El Nasser, "What Office? Laptops Are Workspace," *USA Today*, June 6, 2012, 1B–2B; R. W. Huppke, "Thinking Outside the Cubicle," *Chicago Tribune*, October 29, 2012, 2-1, 2-3; "Inside the New Deskless Office," *Forbes*, July 16, 2012, 34; and E. Maltby, "My Space Is Our Space," *The Wall Street Journal*, May 21, 2012, R9.

15.5 为什么组织结构存在差异

在前面的内容中，我们介绍了许多组织设计的选择。图表 15－7 展示了组织设计中的两个极端模型，并对我们前面的讨论进行了重新整理。[84] 其中一个极端模型为**机械模型**（mechanistic model），它一般与官僚结构是同义词。其特点是广泛的部门化、高度的正规化和更多的管理层级。另一个极端模型称为**有机模型**（organic model）。其结构扁平化，正式的决策程序较少，有多个决策者，并鼓励灵活的工作实践。[85]

图表 15－7 机械模型与有机模型

机械模型

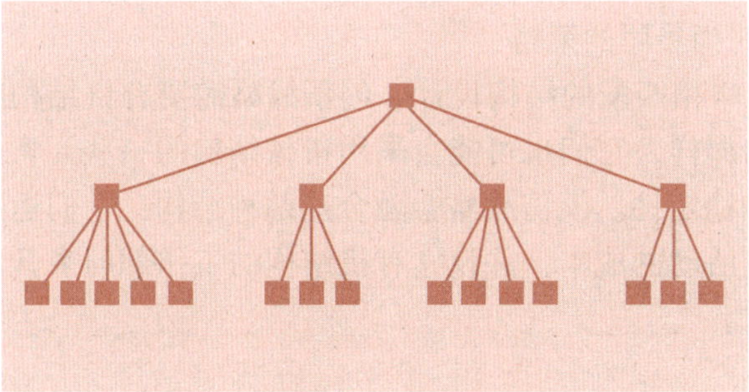

• 高度的工作专门化
• 严格的部门化
• 指挥链明晰
• 控制幅度窄
• 决策集权化
• 正规化程度高

有机模型

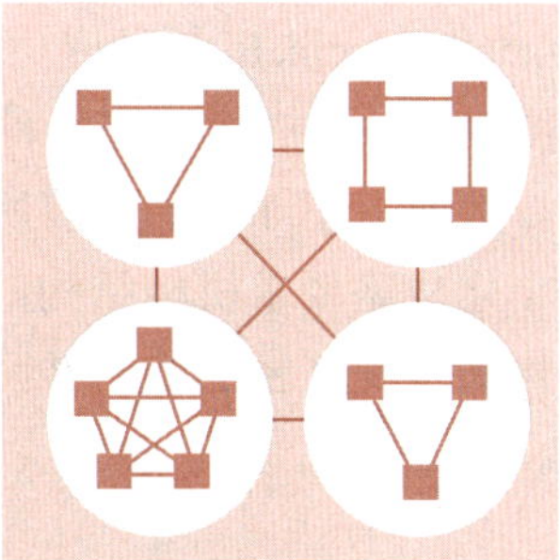

• 跨职能团队
• 跨层级工作团队
• 信息自由流动
• 控制幅度宽
• 决策分权化
• 正规化程度低

了解这两种模型后，我们来看两个问题：为什么有的组织选择更机械的结构，而有的组织则选择更有机的结构？选择组织设计时受到哪些因素的影响？在这一节，我们将讨论组织结构的主要决定因素有哪些。[86]

15.5.1 组织战略

组织结构是实现组织目标的一种手段，而组织目标源于组织的总体战略。因此，组织战略与组织结构之间关系密切是完全符合逻辑的。如果管理层针对组织战略或价值观做出重大调整，则组织结构也必须做出相应改变，以适应和支持组织战略的变化。例如，最近的研究表明，组织文化可能会影响企业社会责任倡议的成功。[87] 如果组织文化得到组织结构上的支持，那么倡议就更有可能具有明确的应用路径。当前大多数组织战略框架重点关注三个战略维度——创新、成本最小化和模仿——以及与每个战略维度最匹配的结构设计。[88]

一个组织应当在多大程度上推出重要的新产品或服务？**创新战略**（innovation strategy）致力于实现有意义的、独特的创新。[89] 显然，并非所有的公司都追求创新。3M 公司和苹果公司确实追求创新，但传统的零售商玛莎百货（Marks & Spencer）并不这样做。创新型企业会使用有竞争力的薪酬和福利去吸引最优秀的人才，并鼓励员工冒险。一定程度的机械结构有利于创新。完善的沟通渠道、强化长期承诺的政策以及清晰的授权通道都可以使组织更容易实施迅速、顺畅的变革。

一个追求**成本最小化战略**（cost-minimization strategy）的组织会实行严格的成本控制，限制各种不必要的费用，降低价格来销售基本产品。[90] 沃尔玛公司和一般的日用百货制造商都实行这种战略。成本最小化的组织通常很少制定有关政策来培养员工的忠诚度。

奉行**模仿战略**（imitation strategy）的组织设法寻求风险最小化而利润最大化的机会，在创新者已经证明新产品或新市场的价值之后才大胆进入。[91] 那些抄袭设计师风格的大众服装生产厂家奉行的正是该战略。一些知名的大企业也会使用这种战略，例如惠普公司和卡特彼勒公司。它们跟随那些较小的、更加锐意创新的竞争者的脚步，当竞争对手证明市场存在后，它们再以优质产品争夺市场。意大利的 Moleskine SpA 是一家小型时尚纸质笔记本制造商，为了以独特的方式在世界各地开设更多的零售商店，它模仿的是菲拉格慕和 Brunello Cucinelli 这种成功的大型时尚集团的策略。[92]

图表 15－8 描述了与每种组织战略相匹配的结构设计。创新战略需要有机结构的灵活性。然而，正如我们之前所指出的那样，它们也可能会采用机械结构的一些元素。成本最小化战略要求机械结构的效率和稳定性。模仿战略会融合这两种结构：它们运用机械结构来实现严密的控制并降低当前活动的成本，并设立有机结构的工作部门来开展新业务。

图表 15－8 战略－结构关系

战略	结构设计
创新战略	有机结构：结构松散、工作专门化程度低、正规化程度低、分权化
成本最小化战略	机械结构：控制严密、广泛的工作专门化、正规化程度高、高度集权化
模仿战略	有机结构和机械结构的融合：松紧结合，对当前活动控制较严，但对新业务控制较松

15.5.2 组织规模

组织规模对组织结构有显著影响。[93] 例如，大型组织——雇用人数一般达到或超过 2 000 人——往往比小型组织的工作专门化和部门化程度更高，有更多的纵向层级和规章制度。不过，随着组织不断扩展，规模的影响力会渐渐减弱。为什么会这样？一旦组织拥有 2 000 名员工，其机械性特点已经很明显，再增加 500 名员工也不会有太大影响；但是，对于一个仅有 300 人的组织而言，再增加 500 人可能会导致组织结构的机械化程度大大增加。

15.5.3 技术

技术（technology）描述一个组织把投入转化为产出的方式。每个组织都至少拥有一种将人、财、物等资源转化为产品或服务的技术。例如，海尔集团对大规模生产的产品采用流水线流程，辅以更灵活的创新结构，以满足客户需求和设计新产品。[94] 不管怎样，组织结构需要适应本组织采用的技术，反之亦然。组织结构和文化可以体现在组织使用的数据结构、软件和硬件之中。[95]

15.5.4 环境

一个组织的**环境**（environment）包括在组织外部可能对组织结构造成潜在影响的各种机构或力量，例如供应商、客户、竞争者和公众压力群体等。[96] 与动态环境相比，静态环境给管理者带来的不确定性要小得多。为了使不确定性对主要市场领域的影响最小化，管理者可能会拓宽组织的结构，以更好地察觉和应对各种威胁。绝大多数公司，如百事公司和西南航空公司（Southwest Airlines），都在自己的组织结构中增加了社会媒体部，以应对网络上的博客文章所发布的负面消息。

组织的环境存在三个关键维度：容量、易变性和复杂性。[97] 容量指的是环境支持组织成长和发展的程度。富饶的、不断发展的环境可以产生丰富的资源，在组织面临资源短缺时为组织提供缓冲的余地。

易变性描述的是环境的不稳定程度。当环境中存在大量不可预测的变化时，这种环境就是动态的，此时管理层难以做出准确的预测。由于信息技术发展得如此迅速，越来越多的组织发现自己正面临动态的环境。

复杂性是指环境要素的异质性和集中程度。简单的环境是同质的、集中的，例如烟草行业，无论是生产方式还是竞争和管理压力等因素，很久都没有发生变化。相反，以异质性和分散性为特点的环境是复杂、多元化的，存在大量的竞争对手，例如宽带行业。

图表 15-9 概括了用三个维度进行界定的环境。图中箭头指向不确定性更大的方向。可见，当组织在稀缺的、动态的和复杂的环境中运作时，它面临的不确定性最大。原因何在？因为这种环境具有高度的不可预测性，组织犯错的机会很少，而且存在多种多样的环境要素需要组织进行持续监控。

图表 15-9 环境的三维度模型

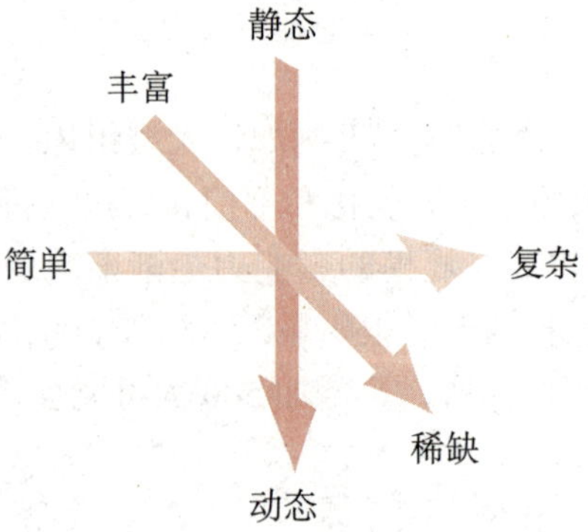

在环境的三维界定的基础上，我们可以得出一些普遍适用的结论。有证据表明，环境的不确定性与组织结构的不同安排有关。具体来说，环境的稀缺性、动态性和复杂性显著，就应该采用有机结构；环境的丰富性、静态性和简单性显著，就可以考虑实行机械结构。

15.5.5 习俗

影响组织结构的另一个因素是**习俗**（institution），指作为恰当行为准则的文化因素。[98] 习俗理论描述了导致多个组织具有类似结构的一些力量。和我们至今为止所描述的理论不同，它关注的不一定是具有适应性的压力。事实上，许多习俗理论家试图强调，企业行为有时似乎以绩效为导向，同时却受到不可置疑的社会规范及顺从性的指导。

最明显的习俗因素源于监管压力。例如，和政府有合同关系的特定行业必须有明确的汇报关系和严格的信息控制。有时，组织形式会由简单的惯性来决定——公司采取某种特定方式来建立结构，仅仅因为事情一直都是这样处理的。在权力距离水平较高的国家，组织可能会有一种具有严格权威关系的结构形式，因为在相应的文化中这种形式会被认为更具合法性。一些人把日本组织的适应性问题归因于维持权威关系的制度压力。

有时，组织会由于潮流或趋势而具有特定的结构。组织可能会为了使投资者觉得不错去尝试复制其他的成功公司，而不是因为自己需要这种结构才能表现更好。最近，许多公司试图复制谷歌等公司的有机结构，结果却发现不适合自己的运营环境。由于我们认为习俗是理所当然的，因此习俗方面的压力通常很难被看到，但这并不意味着它们不强大。

15.6 组织设计与员工行为

在本章开头我们说过，组织结构对员工有着深刻的影响。这些影响会是什么呢？

通过回顾相关的研究，我们可以得出一个相当明确的结论：你无法进行概括和推广。并非每个人都喜欢有机结构带来的自由和灵活。不同的组织结构在几个要素上具有不同特征。在高度正规化、结构化的机械组织中，正式规章制度和程序的公平程度（组织公平）是员工满意度十分重要的预测指标。在更加个人化、更具个人特色的有机组织中，员工更加看重人际公平。[99] 有些人在任务标准化程度高、不确定性非常小的结构（也就是机械结构）中工作最有效，也最为满意。因此，在讨论组织设计对员工行为的影响这一问题时应该考虑到个体差异。为了做到这一点，我们来看看员工对于工作专门化、管理幅度和集权的偏好。[100]

传言还是科学　在家办公一样好

这句话虽然不假，但尚有模棱两可之处。有些员工虽然只是部分时间在家工作，但也声称自己变得更加快乐，正如我们从第 3 章中了解到的，快乐的员工比不满的员工生产效率更高。从组织角度来看，在家办公的员工每周会多工作 5 ～ 7 小时。此外，在家办公还可以节约成本，既减少了办公空间和设备的开支，也消除了没有价值的社交时间。如果大部分员工都在家办公的话，老板在建立团队和组织上下级关系时就不必考虑办公室政治的因素，这样一来，每个人分配到的角色和任务有可能会更加客观。这也许就是越来越多的组织采取远程办公的部分原因，如今已有 310 万美国在职员工在家办公。

我们可以想到，有些工作（比如服务行业的许多工作）并不适合在家完成，并且不是所有“可以”在家完成的工作都“应该”在家完成。研究表明，某个工作是否适合在家完成更多取决于工作结构而不是任务本身。团队或组织上下级关系中员工彼此间的依赖，有时也包括认知上的依赖，反映每个员工预测其他员工行为的能力。要留意员工的角色在组织结构中是如何相互关联的，并意识到主动建立联系很关键。因此，虽然员工独自在家也可以出色地完成工作，但会失去团队合作的优势。我们目前还无法完全了解与他人在时间和空间上的距离可能造成的影响，也许这就是雅虎、百思买以及其他公司要求员工重返办公室的原因。

在家办公的方案能否成功取决于个人、工作本身以及组织文化。虽然在家办公既可以令员工满意，也可以提高组织效率，但我们还是逐渐发现了它的局限性。

资料来源：Based on M. Mercer, “Shirk Work? Working at Home Can Mean Longer Hours,” *TriCities.com*, March 4, 2013, www.tricities.com/news/opinion_columns/article_d04355b8-83cb-11e2-bc31-0019bb30f31a.html; P. Puranam, M. Raveendran, and T. Knudsen, “Organization Design: The Epistemic Interdependence Perspective,” *Academy of Management Review* 37, no. 3 (2012): 419–40; N. Shah, “More Americans Working Remotely,” *The Wall Street Journal*, March 6, 2013, A3; and R. E. Silverman and Q. Fottrell, “The Home Office in the Spotlight,” *The Wall Street Journal*, February 27, 2013, B6.

总体上，研究表明，工作专门化会带来更高的员工生产率，但这是以降低工作满意度为代价的。不过前面已经指出，工作专门化并不是提高生产率的不竭之源。人们从事单调重复的工作时，如果工作专门化带来的“不经济性”超过了它的“经济性”，问题就会浮出水面，生产率也会受到影响。如今，随着越来越多的劳动力受过高等教育，他们渴望工作具有内在激励性，因此与几十年前相比，工作专门化似乎会导致生产率达到峰值水平，而后迅速下降。虽然生产率的下降通常会使公司增加一些监管类的角色，但更好的方式可能是重新安排工作职能和责任。[101]

仍有一部分劳动力偏爱高度专门化的工作所具有的常规性和重复性。有些人希望从事对智力要求很低的工作，希望工作能够提供一种常规化的安全感。对他们来说，高度工作专门化是工作满意度的一种来源。问题在于这类人是占总劳动力的2%还是52%？在决定职业时人们拥有一定的选择权，因此我们可以推断，高度工作专门化导致的消极后果最有可能出现在对个人发展和多元化具有强烈需求的个体所从事的专业工作中。

没有证据支持管理幅度与员工绩效之间的关系。有人认为，较宽的管理幅度会提高员工绩效，因为它们可以提供更宽松的监管，使员工更有机会发挥自己的主动性。尽管这种说法在直观上可能具有吸引力，但并未得到足够的研究支持。有些人喜欢单独工作，有些人更喜欢随时得到上司的指点。与我们在第12章中讨论的权变理论一致，我们可以预料到，在解释管理幅度的宽窄是否影响员工绩效和工作满意度这一问题时，还应考虑员工的经验和能力、工作任务的结构化程度等因素。不过有证据表明，大跨度的控制可能会给工作场所带来更多不安全行为和事故。[102]

对于集权与工作满意度的关系，我们同样发现了证据。[103]部分原因在于，总体来说，集权程度较低的组织中存在更大的自主性。但是，这里同样要考虑员工的个体差异。某个员工可能看重自由，其他员工可能觉得自主的工作环境是极其模糊的，会令人感到沮丧。

我们可以得出一个明确的观点：人们并不是随机挑选雇主的。大量证据表明，个体被那些符合自己人格特点的组织吸引，进而被这些组织选中并留下来。[104]例如，对可预测性有偏好的求职者很可能寻觅并加入机械结构的组织；而那些喜欢自主性的个体更愿意留在有机结构的组织中。可见，如果甄选过程能够促进求职者个人特征与组织特征的匹配，那么组织结构对员工行为的影响无疑会降低。企业应该努力建立、促进并维护它们独特的结构，因为熟练的员工可能会因为过于突然的变革而选择离职。[105]

研究表明，民族文化会影响人们对结构的偏好。[106]许多组织发现，与来自低权力距离国家的员工相比，来自高权力距离国家（如希腊、法国和拉丁美洲的大部分国家）的员工更容易接受机械结构。因此，在预测结构如何影响员工绩效和满意度时，不但要考虑个体差异，还要考虑文化差异。

组织中不断变化的结构设计会影响个人职业生涯发展。一项关于日本、英国和美国管理者的研究发现，经历过组织精简规模、身处混合型组织结构中的员工认为自己的职业前景受到不利影响。无论这种结论是否正确，他们的想法都表明组织结构确实会影响员工，因此必须精心设计组织结构。[107]

本章小结

本章的主题是，组织的内部结构有助于解释和预测员工行为。也就是说，除了个体和群体因素，员工所在组织的结构关系也会影响员工的态度和行为。这种说法的基础是什么？在一定程度上，组织结构减少了员工感受到的模糊性，回答了一些问题，如“我应该做什么？”“我应该怎样做？”“我向谁汇报工作？”“如果有问题，找谁来帮我？”组织结构会影响员工的态度，并激励和帮助他们实现更高的绩效水平。图表15-10概括了我们在本章中讨论的内容。

图表 15-10　组织结构：影响因素及其结果

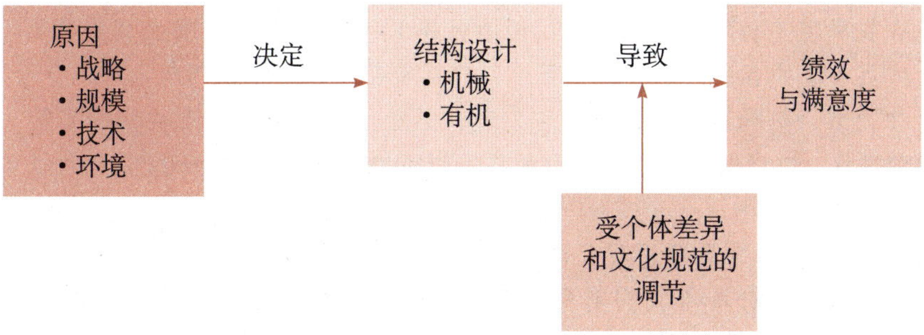

对管理者的启示

- 专门化可以提高业务效率，但要记住，过度专门化会导致不满并削弱动机。
- 避免设计严苛的层次结构，这会过度限制员工自主权。
- 决定在组织结构中采用灵活的组织设计前，要在远程工作的优势和潜在陷阱之间找到平衡。
- 通过精简组织规模来实现成本节约，并把重点放在公司的核心竞争力上——前提是只在必要的时候采取这种做法，因为精简规模会对员工产生极大的负面影响。
- 要考虑环境的稀缺性、动态性和复杂性，并在设计组织结构时在有机和机械元素之间找到平衡。

复习题

1. 定义组织结构的七个要素是什么？
2. 职能结构、官僚结构和矩阵结构的特点是什么？
3. 虚拟结构、团队结构和圆形结构的特点是什么？
4. 精简规模会如何影响组织结构和员工？
5. 机械结构模型和有机结构模型有何异同？
6. 不同的组织设计对员工行为有什么影响？

观点碰撞　开放式办公室可以激发创造力，提高生产率

正方

埃里克·布隆（Eric Prum）是纽约布鲁克林 W&P 设计公司的联合创始人。他和其他 12 名同事在一个由四层仓库改造的开放式办公室工作。虽然偶尔会很吵，但这种布局确实引发了一些卓有成效的头脑风暴会议。事实上，他们的最新项目 ¡Buenos Nachos！就是开放式办公室计划的直接成果。当时两位联合创始人正在办公室里讨论玉米片食谱，同事们听到后很快变成了一个头脑风暴会议。这一开放式计划促成了一本书的诞生，其中包含来自比尔·黑德（Bill Hader）、安德鲁·齐默恩（Andrew Zimmern）和雷切尔·雷（Rachael Ray）等超过 75 个著名厨师和名人的食谱。

除了成本最小化外，开放式办公室的原则还包括拆除工作场所中人与人之间的物理障碍。当障碍消除时，人与人之间职能上的沟通将变得最大化。我们可以从组织的功能目标

入手对开放式工作场所进行设计，通过预留特定的区域或空间来实现这一目标，使它们变得非常适合完成特定功能（如会议室、阅读区等）。例如，纽约品牌公司柯林斯（Collins）围绕开放式办公室的各种限制，改造环境，包括重新安排桌子，任何人都不会面对另一位员工。总体而言，柯林斯在内部研究中发现，开放式办公室提高了共同的愿景、使命感、社区感和创造感。其他研究也表明，开放式计划可以减少花费在会议上的时间。

反方

“我们位于翠贝卡的崭新而现代的办公室很漂亮，但也很压抑，没有什么东西是私人的。第一天，我坐在分配给我们创意部门的座位上，旁边坐着一位女士。我怀疑她上辈子是一个号角，一整天都伴随着PA系统传来的响亮音乐在不断地洗牌、叫喊、大笑。”林赛·考夫曼（Lindsey Kaufman）是布鲁克林的一位广告专业人士。他所描述的这个场景凸显了员工在开放式办公环境中可能感受到的紧张和不满。罗伯特·普罗布斯特（Robert Probst）是隔间的创造者。他在1964年设想的其实是一种完全不同的设计：一个员工可以定制自身工作场所的空间，以适应各自的隐私水平、空间需求和灵活性，并在开放式办公室中给他们一种自主感。而实际上这种“活动办公室”变得量产化，在尺寸、质量和可定制性方面都受到了限制，逐渐变成我们所说的现代格子间。

对开放式办公室和现代办公室狭小隔间的研究描绘出了一幅关于其有效性的黯淡图景。一项分析了数百个办公环境的研究表明，开放式办公室具有提高凝聚力的好处，却降低了员工的注意力跨度、生产率、创造性思维和满意度。其中最大的因素之一是噪声，这会导致动机的降低和潜在的态度问题。研究人员使用加州大学伯克利分校的数据库对来自300多座办公楼的42 764项观察结果进行了分析，主要涉及满意度水平与噪声、隐私、交互便捷性等因素的联系。他们发现，开放式办公室的满意度与私人办公室的满意度存在明显差异，后者的满意度要高得多。他们还发现，开放式办公室中的交互便捷性并不比私人办公室更好，而这是开放式办公室计划的目标之一。

资料来源：Based on D. Burkus, “Why Your Open Office Workspace Doesn’t Work,” *Forbes*, June 21, 2016, https://www.forbes.com/sites/davidburkus/2016/06/21/why-your-open-office-workspace-doesnt-work/#336a42f6435f; G. W. Evans and D. Johnson, “Stress and Open-Office Noise,” *Journal of Applied Psychology* 85, no. 5 (2000): 779–83; L. Kaufman, “Google Got It Wrong. The Open-Office Trend Is Destroying the Workplace,” *The Washington Post*, December 30, 2014, https://www.washingtonpost.com/posteverything/wp/2014/12/30/google-got-it-wrong-the-open-office-trend-is-destroying-the-workplace/?utm_term=.d716ef9fe41a; S. Khetarpal, “The Popular ‘Open Office’ Design Has Many Disadvantages, but Some Employers Are Going Beyond It to Create an Empowering Environment at the Workplace,” *Business Today*, March 12, 2017, 100–6; M. Konnikova, “The Open-Office Trap,” *The New Yorker*, January 7, 2014, http://www.newyorker.com/business/currency/the-open-office-trap; P. Rosenberg and K. Campbell, “An Open Office Experiment That Actually Worked,” *Harvard Business Review* (October 3, 2014); R. Saunderson, “Learning in an Open Office Environment,” *Training*, January 1, 2016, 134–5; D. Ward, “Beyond the Open Office,” *HR Magazine*, April 1, 2015, 30–5; and M. D. Zalesny and R. V. Farace, “Traditional versus Open Offices: A Comparison of Sociotechnical, Social Relations, and Symbolic Meaning Perspectives,” *Academy of Management Journal* 30, no. 2 (1987): 240–59.

知识应用和就业力

了解组织结构的来龙去脉可以让你改进制定战略和做出道德决策的方式，改进在工作场合与他人协作和沟通的方法可帮助你提高未来的就业力。不同形式的组织结构对员工、管理者和客户的行为有不同影响。认识到这些影响可以帮助你更好地适应行为。也许有一天你会着手建立自己的组织，或者需要合作重组或重新设计组织里的工作。在这些情况下，了解不同的结构形式将帮助你改进所使用的技能。在本章中，你已经通过以下方式提高了批判性思维以及知识应用与分析技能：确定员工在家中是否可以同样出色地工作，考虑为小型和成长型企业选择适当的结构，考虑工作场所的灵活性和结构变革的道德规范，以及对开放式办公室的有效性进行辩论。

在接下来的部分中，你将通过以下方式进一步发展这些技能以及你的社会责任知识：参加体验练习“三明治店”，研究当前就业市场中就业流动性背后的道德问题，考虑越轨式创新及其在对抗组织等级制度方面所带来的好处，并思考一家大型航空公司的官僚结构的有效性。

体验练习

三明治店

每组至少包含四人，将以下信息作为练习背景：

一家新开业的三明治连锁店的管理者需要确定消费者想要哪种三明治，并找到相应的食谱和配料。需要确定的东西包括：成分来源、价格及其他物流需求（如制冷）。采购决策处于制定过程中，供应商关系也需要管理，在这一早期阶段还需要安排融资。在上述基础上，公司将进入下一阶段，包括定价和开发广告材料。最后你们将进行员工的选拔和培训。各个组将根据以下结构推进。

简单结构

确定这个组织对应的简单结构是什么样子的。回忆一下，简单结构是一种层次结构少、管理幅度宽、决策权集中的结构。上述背景中所描述的各项任务将分配给谁？可能会有什么样的授权？谁来协调各项行动？大约有多少人扮演的是管理者角色，各自的管理幅度如何？随着组织的发展，这种结构将面临哪些挑战？

官僚结构

确定这个组织对应的官僚结构是什么样子的。官僚结构的特点是更多的层级、较窄的管理幅度以及专门的决策过程。考虑任务分配、委派和协调计划并确定所需的人数，同时考虑官僚结构未来增长的可能性。

虚拟结构

如果组织将很多方面的业务都外包出去，确定这个组织的虚拟结构是什么样子的。考虑哪些任务可以完全由连锁店以外的人执行，哪些任务应该保留在组织内部。

汇报

每个小组发展出不同的结构选项后，各小组集中进行课堂讨论。描述各组是如何为不同个体确定责任的。然后，班级讨论哪种组织结构对三明治店的业务最有利。

道德困境

灵活组织中的后千禧年紧张局势

商业媒体一直都在给出一致的信息：不要指望长期就业。多年来，求职者被告知应该对自己的职业负责，做好频繁更换工作的准备。简单看一下就业趋势就可以证实这一点，高度按部就班和定义明确的工作一直在减少。

这种转变通常会被描述为一种积极的变化。管理者致力于建立具有各种良好特征的组织，如具有适应性、灵活性和创造力。作家米夏·考夫曼（Micha Kaufman）指出，在现代商业环境下，做得好意味着“具有放弃过去想法的灵活性，具有不断重新评估未来计划的勇气，具有适应当下生活的心态”。在工作中创造属于自己的未来是很有吸引力的。

同时，很多员工的岗位都有危险。研究人员发现，对未来就业感到不安全或不确定的人会有更高水平的心理紧张或担忧。缺乏安全感的员工还会更频繁地生病。我们一般认为自由职业者具有精力充沛和富有创造力的正面形象，事实恰好相反，有证据表明，对很多人来说，缺乏工作保障可能会导致精力耗竭，并对工作问题非常忧虑。

企业领导者自问在就业保障方面应该扮演什么角色。一些人指出，看重稳定和安全的公司在竞争中不太可能成功，可能会倒闭。许多组织试图保持灵活性和一定水平的安全性。例如，Scripps Health 为工作职能已不再被需要的人准备了一系列的内部调动机会和培训。因此，即使在变化剧烈的医疗保健行业，它也能够避免裁员。然而，提供有工作保障的体系成本并不低，因此不适用于所有公司。

◆ **问题**

1. 你认为稳定性对员工是好是坏？为什么？

2. 雇主是否有为员工提供安全保障的道德责任？或者仅需要对缺乏安全保障提出警告？

3. 在长期就业保障不可行的情况下，雇主可以提供哪些替代方案来帮助员工更顺利地过渡？

资料来源：Based on M. Kaufman, “The Wisdom of Job Insecurity,” *Forbes*, October 3, 2014, http://www.forbes.com/sites/michakaufman/2014/10/03/the-wisdom-of-job-insecurity-dont-be-lulled-by-falling-unemployment/; C. Van Gorder, “A No-Layoffs Policy Can Work, Even in an Unpredictable Economy,” *Harvard Business Review*, January 26, 2015, https://hbr.org/2015/01/a-no-layoffs-policy-can-work-even-in-an-unpredictable-economy; J. Zumbrun, “Is Your Job ‘Routine’? If So, It’s Probably Disappearing,” *Wall Street Journal*, April 8, 2015, http://blogs.wsj.com/economics/2015/04/08/is-your-job-routine-if-so-its-probably-disappearing/; and U. Kinnunen, A. Mäikangas, S. Mauno, N. De Cuyper, and H. De Witte, “Development of Perceived Job Insecurity across Two Years: Associations with Antecedents and Employee Outcomes,” *Journal of Occupational Health Psychology* 19 (2014): 243–58.

案例分析 1

越轨式创新：与等级制度的斗争？

在组织中，等级制度的一个主要功能是帮助高层管理者实现标准化，并加强对组织的管控。通过指挥链，管理人员可以引导下属朝着共同目标努力。如果等级制度的负责人极富创造力，组织将取得成功。例如，乔布斯去世前，苹果一直采取自上而下的创意流程，乔布斯将主要的决策和创新分配给不同的子团队来完成。

越轨式创新通常意味着研发人员研制出极为成功的产品，尽管这些产品一度被高层管理人员喊停。静电显示器（惠普超过半数的产品都在使用）、多滤芯（3M 公司历史上最重要的发明之一）以及 LED 照明技术（日亚化学公司（Nichia）价值数十亿美元的发明），都被公司管理层正式否决过。如果按照苹果公司的方式来处理，这些取得巨大成功的发明可能一开始就胎死腹中。在必须“一切照旧”的等级制组织中，新想法不但不会被当作发展机遇，还会被视为威胁。

尽管我们还不太清楚为什么自上而下的决策制度在苹果这样极具创造力的公司竟然也能行得通，但这种等级制度几乎摧毁了其他一些公司的创新能力。也许是因为苹果的组织结构很简单，层级较少，并且每个人需要承担大量的责任，为自己的结果负责。或者只是因为苹果有一位非常独特的领导者，可以突破传统 CEO 的局限性，建立起不断创新的企业文化。

◆ 问题

1. 你认为一个组织是否能够建立起一种“反等级”的组织结构，以鼓励员工更多地参与越轨式创新？公司可以采取哪些具体步骤？

2. 为什么像苹果这样的公司在严格的等级制度下依然可以持续创新，其他一些公司却受限？

3. 你认为苹果公司的成功是否完全依赖于乔布斯在等级制度中扮演的角色？如果公司过于依赖某个人的决策，可能会产生哪些潜在的不利影响？

资料来源：Based on C. Mainemelis, “Stealing Fire: Creative Deviance in the Evolution of New Ideas,” *Academy of Management Review* 35, no. 4 (2010): 558–78; and A. Lashinsky, “Inside Apple,” *Fortune*, May 23, 2011, 125–34.

案例分析 2

美国联合航空公司的漩涡

美国联合航空公司在 2017 年没能开个好头，几起事件都涉及公司工作人员在与顾客的互动过程中对各种法规、规则和协议的执行，引起了国际社会的强烈抗议。第一起事件涉及两名穿紧身裤从明尼阿波利斯飞往丹佛的少年。他们在登机口被拦住，不允许登机，原因是他们不符合美国联合航空公司的旅行优惠计划，旅行优惠通行证附有对使用者穿着的要求。联合航空公司在推特上对自己的决定进行辩护：“紧身裤并非不合适的着装，这只是对持优惠通行证的乘客的要求。”喜剧演员赛思 · 罗根（Seth Rogan）在推特上写道：“我们 @United 只是试图监督员工女儿的着装而已！就这样！很酷吧？”

第二起更严重的事件发生在戴维 · 达奥（David Dao）身上。他是一名医生，第二天早上要去看他的病人，于是他登上了从芝加哥飞往路易斯维尔的航班。由于四名联合航空公司员工需要在最后期限前赶往路易斯维尔，因此此次航班要求四名乘客放弃座位，否则将会取消飞行。在没有人同意的情况下，工作人员报了警。警察走近达奥并强行把他从飞机上带走，达奥的头部撞到了扶手，导致鼻骨骨折和脑震荡。联合航空公司的政策允许将乘客在非自愿的情况下带离航班，但此次事件中的行为并非防御措施，达奥后来对联合航空公司提起了诉讼。

第三起事件发生在休斯敦，一对新人迈克尔和安珀前往哥斯达黎加举办婚礼。在进入飞机后，他们看到有一个人睡在他们那一排座位上。他们没有打扰这个人，而是找了另一排座位坐下。很快，一名乘务员要求他们回到自己的座位上，他们照做了。不久之后，一名美国警察将他们赶下飞机。根据联合航空公司的声明，这对夫妇“多次”试图坐在升舱座位上，不听从乘务员和机组人员的指示，因此他们有权驱逐乘客。

这些事件表明，在设立 CEO 之初，联合航空公司的员工在处理日常违规行为时没有太大的自由度或灵活性。将成本最小化和效率提升策略发挥到极致可能对这些事件产生了影响，因为员工关注的焦点从客户转移到对规则的遵守上。很多人将这种僵化归因于联合航空公司的管理者建立的严格的、守规的官僚体制。在这种官僚结构中，该公司 85 000 名员工并不愿意违反规则，因为公司内部的先例表明，如果员工违反规则，就会面临解聘。

◆ 问题

1. 你认为联合航空公司应该如何处理这一连串事件？你认为公司有权力把乘客从航班上赶走吗？为什么？

2. 航空公司采取官僚结构的利弊是什么？你认为这些利弊对联合航空公司来说是合理的吗？它应该保持现有的结构吗？为什么？

3. 你认为联合航空公司未来应该做些什么？你对联合航空公司组织结构的强化或提升有什么建议？你会考虑重新改变结构吗？为什么？

资料来源：Based on S. Carey, “Behind United Airlines’ Fateful Decision to Call Police; Airline’s Rules-Based Culture in Spotlight after Man Was Dragged off Flight by Law Enforcement,” *The Wall Street Journal*, April 17, 2017; J. Disis and J. Ostrower, “United Airlines in Twitter Trouble over Leggings Rule,” *CNN Money*, March 27, 2017, money.cnn.com/2017/03/26/news/united-airlines-twitter-dress-code/; A. Hartung, “Why United Airlines Abuses Customers: The Risks of Operational Excellence,” *Forbes*, April 10, 2017, https://www.forbes.com/sites/adamhartung/2017/04/10/why-united-airlines-abuses-customers-the-risks-of-operational-excellence/#78a1af3fbb10; M. Hiltzik, “At United Airlines and Wells Fargo, Toxic Corporate Culture Starts with the CEO,” *Los Angeles Times*, April 17, 2017, http://www.latimes.com/business/hiltzik/la-fi-hiltzik-toxic-united-wells-20170411-story.html; and E. C. McLaughlin, “Man Dragged off United Flight Has Concussion, Will File Suit, Lawyer Says.” *CNN*, April 14, 2017, http://www.cnn.com/2017/04/13/travel/united-passenger-pulled-off-flight-lawsuit-family-attorney-speak/.

注 释

第 Ⅳ 篇

组织系统

第16章 组织文化

Organizational Culture

学习目标

学完本章后，你应该能够：

1. 描述组织文化的共同特征。
2. 比较组织文化对员工和组织的积极影响与消极影响。
3. 指出创建和维系组织文化的因素。
4. 说明如何将组织文化传递给员工。
5. 描述创建道德文化、积极文化和灵性文化的异同。
6. 说明民族文化如何影响组织文化向另一个国家传播的方式。

就业技能矩阵

	传言还是科学	职业目标	道德抉择	观点碰撞	体验练习	道德困境	案例分析1	案例分析2
批判性思维	✔			✔	✔	✔	✔	✔
沟通	✔	✔	✔		✔	✔	✔	
合作	✔	✔			✔		✔	
知识应用与分析	✔			✔	✔	✔	✔	✔
社会责任			✔			✔		✔

雪佛龙之道

提到组织文化，你会想到什么？办公室宠物，奇怪的现代家居，桌上足球，还是诸如私人用餐优惠等奇怪的福利？对很多人来说，组织文化这个术语已经变成了一种对独特、时尚和创新的痴迷。但更一般的理解是，组织文化应该代表一套共享的意义体系。以雪佛龙（Chevron）为例，雪佛龙的员工对公司给予了好评，并称赞雪佛龙之道：致力于安全、健康、互助的使命。这一理念可以追溯到公司成立之初。Glassdoor Career Trends 的分析师斯科特·多布罗斯基（Scott Dobroski）指出，对于这样一个通常会受到负面评价的行业（石油天然气）而言，"与该行业的其他企业不同，'雪佛龙之道'确实得到了员工的认可……这是他们文化的一部分，对于该行业而言是特有的"。

雪佛龙成功地打造了一种积极的组织文化，并提供了许多与其使命有关的福利，比如公司内部健身中心和免费健身俱乐部会员资格。它也提供各种项目来推进有关健康的使命，包括按摩和个人训练。企业强制执行定期休息的政策。前员工杰米·胡克（Jamie Hooker）写道："我喜欢为雪佛龙工作……他们要求我们每45分钟休息一次，甚至在我们的电脑上安装了一个锁定程序，使我们不得不休息5分钟。"雪佛龙还为员工家庭提供了很多支持政策，进一步强调了企业的互助价值观。它为新妈妈提供护理室，为员工的家庭和孩子提供大学咨询，还为领养提供报销计划。ContentMarketer.io 联合创始人苏扬·帕特尔（Sujan Patel）指出："组织文化不一定非得是乒乓球桌和免费啤酒。组织只需要为员工提供安全感和幸福感，并制定大家互相照顾的政策，就可以很容易地满足大家的要求。"

总体而言，发展雪佛龙之道的领导者明确表达了一个简单的使命："成为因其成员、合作者和业绩而最受人钦佩的全球能源公司。"除了这份使命宣言，他们还阐明了多种价值观，包括：（1）多元化和包容性；（2）高绩效；（3）正直和信任；（4）伙伴关系；（5）保护人类和环境。领导层持续宣传雪佛龙的价值观，阐明组织的使命，并在网站上发布演讲和新闻稿。例如，副总经理2012年在库尔德斯坦 - 伊拉克石油和天然气会议（Kurdistan-Iraq Oil & Gas Conference）上阐明了伙伴关系的三大支柱，即坚持不懈、协作和正直，以及雪佛龙在促进与哈萨克斯坦人民和政府的伙伴关系时所遵循的价值观。公司 CEO 约翰·沃森（John Watson）还强调领导在为其他员工树立道德准则和培养领导者方面的关键作用，使他们成为雪佛龙之道的优秀榜样。

资料来源：Based on Chevron, *The Chevron Way: Getting Results the Right Way* (San Ramon, CA: Self, 2016); J. Demers, "Why a 'Living and Breathing' Company Culture Isn't Always a Good Thing," *Entrepreneur*, April 3, 2017, https://www.entrepreneur.com/article/292095; K. T. Derr, "Managing Knowledge the Chevron Way" [Speech] (San Francisco, CA: Knowledge Management World Summit, 1999); K. Dill, "The Top Companies for Culture and Values," *Forbes*, August 22, 2014, https://www.forbes.com/sites/kathryndill/2014/08/22/the-top-companies-for-culture-and-values/#2a74e4d03b7c; I. MacDonald, "Three Pillars of Partnership" [Speech] (Erbil, Kurdistan Region of Iraq: Kurdistan-Iraq Oil & Gas Conference, 2012); B. O'Keefe, "How Chevron Creates Leaders," *Fortune Video*, March 25, 2015, http://fortune.com/video/2015/03/25/how-chevron-creates-leaders/; S. Patel, "10 Examples of Companies with Fantastic Cultures," *Entrepreneur*, August 6, 2015, https://www.entrepreneur.com/article/249174; and R. Wile, "Chevron Is the Best Employer in a Red Hot Industry," *Business Insider*, February 5, 2013, http://www.businessinsider.com/chevron-best-oil-company-to-work-for-2013-2.

组织拥有管理其成员行为的价值观、信念、假设和规范，我们把这些期望称为组织文化。每个组织都有自己的文化，强有力的组织文化会对成员的态度与行为产生极大的影响，即使这种影响很难被精确衡量。在本章中，我们将讨论什么是组织文化，组织文化影响员工态度和行为的方式，组织文化的来源以及它是否可以被改变。

16.1 什么是组织文化

多年前，一位高管曾被问及组织文化是什么。他的回答是："我没法定义它，但当我看到它时我就会认出来。"在这一节，我们将给出一个定义，并讨论几种相关的观点。

16.1.1 组织文化的定义

组织文化（organizational culture）指的是组织成员共享的一套能够将本组织与其他组织区分开来的意义体系。[1] 这套共享的意义体系包括价值观、信念和假设，它们构成了组织的特征。以下六个主要特征似乎体现了组织文化的本质。[2]

1. 适应性。员工在多大程度上受到鼓励去进行创新、保持灵活、承担风险以及进行实验。

2. 细节导向。员工在多大程度上被期望做事缜密、仔细分析和注意细节。

3. 结果 / 成果导向。管理层在多大程度上重视结果和效果，而不是为了实现这些结果所使用的技术与过程。

4. 员工 / 客户导向。管理决策在多大程度上考虑到决策结果对组织成员和外部客户的影响。

5. 合作 / 团队导向。工作活动在多大程度上围绕团队而不是个体进行组织。

6. 正直。在何种程度上，组织成员在工作中表现出的是正直与高道德标准。

以上每个特征都表现为一个从低到高的连续体。根据这六个特征的强度来评价某个组织，我们可以得知其组织成员共享的对本组织、组织开展工作的风格以及组织成员应有的行为方式的理解。图表 16－1 对比了两家公司是如何因为这些特征上的差别而变得风格迥异的。

图表 16－1　组织文化的比较

组织 A

这是一家制造公司。管理者被期望忠实地执行所有决策；"优秀的管理者"是指那些能够提供详尽的数据和资料来支持其决策的人。公司不鼓励容易引发显著变化或风险的创新性决策。由于管理者开展的项目一旦失败就会受到公开批评和处罚，因此他们尽量不采取那些明显背离现状的观点和办法。一位基层管理者引用了公司中流行的一句话："只要不破不漏，就别动手去修。"

公司要求员工遵守大量的规章制度。管理者对员工严格监督以确保不出差错。管理层关心的是高生产率，而不在乎对员工士气或员工离职率的影响。

工作活动围绕个体来设计。公司有清晰的部门和职权链，员工被期望尽量减少与本职能领域或指挥链以外人员的正式联系。绩效评估和报酬体系强调个体努力，不过，在决定加薪和晋升时，资历往往是一项主要因素。

组织 B

这也是一家制造公司。但在这里，管理层鼓励并奖励冒险与变革。公司既重视理性思考基础上的决策，也重视凭直觉做出的决策。管理层颇感自豪的是，公司具有尝试新技术的光荣传统，并在推出创新产品方面一直做得很成功。无论是管理者还是一般员工，只要有好创意，公司就会鼓励他们去“实践”。失败被视为“学习经验”。公司引以为豪的是，公司是受市场驱动的，对顾客需求的变化能够迅速做出响应。

公司要求员工遵守的规章制度很少，对员工的监督也比较宽松，因为管理层相信自己的员工工作努力、值得信赖。管理层看重高生产率，但认为只有以正确的方式对待员工，才能实现高产出。公司对于自己“良好工作环境”的声誉感到十分自豪。

工作活动围绕团队进行设计，公司鼓励团队成员与其他职能领域、其他权力层级的成员交往。员工对团队之间的竞争持积极态度。员工个体和团队都有自己的目标，奖金的分配基于他们的目标实现程度。员工有充分的自主权来选择实现目标的手段和途径。

另一种常见的文化框架将组织分为四种类型。每种类型都有各自的假设、信念、价值观、工艺，甚至是有效性标准。[3]

1. 宗族型文化：以人际关系为基础的文化。员工强调依赖、协作、信任和支持。

2. 活力型文化：以变革为基础的文化。员工强调成长、多元化、重视细节、刺激和自主性。

3. 市场型文化：以成就为基础的文化。员工强调沟通、能力和竞争。

4. 层级型文化：以稳定为基础的文化。员工强调沟通、正规化和例行公事。

这些文化之间的差异体现在其焦点是在内部还是外部，以及各自的灵活性和稳定性上。[4] 例如，宗族型文化强调内部，重视灵活；活力型文化强调外部，重视灵活；市场型文化强调外部，重视稳定；层级型文化强调内部，重视稳定。一项基于过去对宗族型文化、活力型文化和市场型文化的综述发现，宗族型文化中的员工满意度和投入度更高。尽管三种类型的文化都倾向于生产高质量的产品和服务，市场型文化和宗族型文化更具创新性。关于层级型文化的研究尚不足以得出结论。[5]

16.1.2 文化是描述性概念

如果你曾经在某个组织中工作过——当然你肯定已经参加过很多组织——那么你可能会注意到成员之间普遍存在的文化。组织文化描述的是员工如何认识组织的特征，而不是他们是否喜欢这些特征。换言之，组织文化是一个描述性概念。这一点很重要，因为它把组织文化与工作满意度区分开来。对组织文化的研究致力于测量员工如何看待本组织：它鼓励团队工作吗？它奖励创新吗？它抑制员工的主动性吗？相反，工作满意度想要测量的是员工对组织的要求、薪酬体系等方面的感受。这两个术语无疑存在一定的共同特征，但请记住，组织文化是描述性概念，用它来描述一个组织的方式和通过人格特征描述员工的方式是一样的；工作满意度则是评价性概念，它可以是正面或负面的，工作不满这一概念也一样。

16.1.3 组织拥有统一的文化吗？

组织文化代表组织成员的共享认知。只有当组织中来自不同背景或处于不同层级的成员都倾向于使用相似的词语来描述组织的文化时，有关组织文化的陈述才是有效的。[6] 例如，采购部可以有本部门成员共享的一种亚文化，它既包含主导文化中的核心价值观，如进取性，又包含部门成员所特有的一些附加价值观，如承担风险。

主导文化（dominant culture）体现的是组织中绝大多数成员所认可和共享的**核心价值观**（core value），正是这种主导文化使组织具有独特的个性。[7] **亚文化**（subculture）通常在大型组织内部发展起来，产生于同一个部门或者同一个地点的成员所面临的共同问题、情况或经历。[8] 很多大型组织中都存在一种主导文化和众多亚文化。[9] 然而有时候亚文化可能非常强大，以至于它们微妙地拒斥了“官方”文化并与之不一致。[10]

如果组织中只是由多种亚文化组合成组织文化，那么，组织主导文化的影响力就会大大减弱。组织文化中的“共享意义”使其成为引导和塑造员工行为的有力工具。正因如此，我们可以说 Zappos 的文化重视客户服务以及对效率的投入，这解释了 Zappos 的管理者和员工的行为。[11]

16.1.4 强文化与弱文化

划分强文化与弱文化是有可能做到的。[12] 如果员工对于组织的使命和价值观具有相同的看法，那么这种组织文化是强文化；如果看法普遍不同，那么这种文化是弱文化。

在**强文化**（strong culture）中，组织的核心价值观得到强烈而广泛的认同。[13] 接受核心价值观的组织成员越多，对核心价值观的信念越坚定，组织文化就越强，对员工行为的影响也就越大。例如，诺德斯特龙公司（Nordstrom）的员工清楚地知道公司期望自己所做的事情，这种期望又对塑造他们的行为有着相当深远的影响。

强文化应当能够更直接地影响组织结果，因为组织成员与组织的立场保持高度的统一。这种目标一致性造就了凝聚力、忠诚、意义和组织承诺。例如，一项研究表明，在文化适应性维度上文化共识和强度较高的组织，其净收入、收入和经营现金流方面都有所收益。[14] 一项对来自 137 个组织近 9 万名员工的研究发现，当使命感较强以及员工参与度较高时，文化强度或一致性与许多财务成果相关。[15]

传言还是科学　**组织文化是无法改变的**

这句陈述并不正确。尽管组织文化很难改变，而且需要花很长时间才能有显著的改变，但这并不意味着做不到，有时这种改变对组织的存亡至关重要。多年来，威斯康星州一家名为 Wellspring 的护理机构的服务一直很差，住院病人得不到真正的关怀，固有的组织文化使组织内部标准越来越松。因此，Wellspring 旗下的 11 家疗养院发起了文化变革。管理层将重点放在护理人员的协作、教育、责任和赋权上，收到了非常好的效果。Wellspring 发现，违规操作减少了，各家疗养院的员工留存率提高了。对病人来说，效果更加显著：与其他疗养院相比，这几家疗养院中卧床不起的病人减少了，行动限制和精神药物的使用减少了，尿失禁和管饲的情况也减少了。

Wellspring 的案例说明，组织文化的积极变革可以带来显著的效果。休斯敦电力巨头 Dynegy 公司濒临破产，CEO 鲍勃·弗莱克森（Bob Flexon）通过改变组织文化挽救了公司。首先，他放弃了舒适的 CEO 办公室、价值 15 000 美元的大理石办公桌，以及昂贵的手工地毯，在仓库一样的大办公室里给自己安排了一个小隔间，与总部 235 名员工一起办公。接着，他走访各个工厂，培养“文化冠军”，并恢复每年的业绩报告，加强了组织协作。他还专门挂起一块小牌子，提醒人们“专注于此刻”，而不是同时处理多件事，并禁止员工在会议期间使用智能手机。鲍勃说：“我想向他们灌输一种必胜的精神。”利用 CEO 的身份，他将文化变革传达到组织结构的最底层。

Dynegy 产生的积极结果包括人员流动率的变化，从 2011 年的 8% 降至 2012 年的 5.8%。鲍勃说：“大家开始慢慢相信公司是可以翻身的。”尽管公司收入仍在大幅减少，但鲍勃对 Dynegy 起死回生很有信心。“我们在文化方面的不懈努力必将给公司带来真正的转机。”Dynegy 在濒临破产后经历了大幅增长，到 2017 年，其年收入约为 55 亿美元。

资料来源：Based on J. Bellot, “Nursing Home Culture Change: What Does It Mean to Nurses?,” *Research in Gerontological Nursing* (October 2012): 264–73; T. Linquist, “Interview with Bob Flexon, CEO of Dynegy in Houston,” *Leadership Lyceum: A CEO’s Virtual Mentor* [podcast], https://www.linkedin .com/pulse/part-1-2-interview-bob-flexonceo-dynegy-houston-thomas-linquist; J. S. Lublin, “This CEO Used to Have an Office,” *The Wall Street Journal*, March 13, 2013, B1, B8; and J. Molineux, “Enabling Organizational Cultural Change Using Systemic Strategic Human Resource Management—A Longitudinal Case Study,” *International Journal of Human Resource Management* (April 1, 2013): 1588–612.

16.2 组织文化的作用

在本节中，我们要讨论组织文化扮演的角色，并评价文化是否会成为组织的一种束缚。

16.2.1 文化的功能

文化界定了“游戏规则”。第一，它起着界定边界的作用。也就是说，它使不同组织区分开来。第二，它表达了组织成员的一种身份感。第三，它促使组织成员认同和致力于比个体的自身利益更高层次的事物。第四，它增加了社会系统的稳定性。文化是一种社会黏合剂，它通过为组织成员提供言行举止的恰当标准把整个组织凝聚起来。第五，文化作为一种意识形态和控制机制，能够引导和塑造员工的态度和行为。我们尤其感兴趣的是最后这项功能。[16]

由正式规章制度（即组织基础结构）支持的强文化能够确保员工以相对统一和可预测的方式行事。今天，迈向分权化组织的趋势（见第 15 章）使文化变得前所未有的重要。具有讽刺意味的是，这使创建一种强文化变得更加困难。当正式职权和控制系统被分权削弱时，组织文化的“共享意义”会为组织中的每个人指明同一方向。然而，以团队组织起来的员工可能会表现出对团队以及团队价值观而不是组织价值观的高度认同。强大的领导力可以通过对共同目标及优先事项进行频繁交流来培养强文化，这一点对于组织而言可能特别重要。一项对数百名首席执行官及高层管理团队成员的研究表明，文化与领导风格在互补而非重合时会取得更积极的组织成果。[17] 当领导行为和组织文化价值观互相重叠时，领导者对组织结果的影响比较小。然而，当领导者可以提供组织文化中所缺失的部分时，他们就可以替代或填补这些缺失的元素。例如，官僚型、层级型文化中的变革型领导者会比同一文化中的交易型领导者效率更高。

谁获得进入组织工作的机会，谁获得良好的绩效评估以及谁获得晋升，这些都受到个体 - 组织“匹配”的强烈影响。[18] 这里的“匹配”指的是，求职者或员工的态度和行为是否与组织文化相容。迪士尼主题公园里的员工几乎都是漂亮、整洁和健康的，并带着灿烂的笑容，这绝不是偶然的。迪士尼公司寻找的就是这种形象，并挑选维持这种形象的员工。

16.2.2 文化创建组织氛围

如果你和一个持积极态度并激发你达到最好状态的人共事过，或者和一个缺乏激情并使你毫无动力的团队合作过，你就已经体会到氛围的影响了。**组织氛围**（organizational climate）指的是组织成员对于其所在组织和工作环境的共同认知。[19] 这些认知受员工所经历的政策、实践和程序的引导。当每个成员对于什么是重要事项或事情进展如何具有大致相同的感受时，这种总体态度的影响会大于个体态度的简单加总。一项元分析发现，在几十个不同的样本中，心理氛围与成员的工作满意度、工作投入、组织承诺和动机显著相关。[20] 在工作场所中，积极的整体氛围通常会带来更高的顾客满意度和组织财务绩效。[21]

最近的理论还表明，对文化价值观、信仰和价值的支持（即在表面上采纳）和践行（即付诸实践）之间存在差异。这种差异对氛围的产生会有影响。[22] 在理解所处氛围时，员工们从回忆、备忘录、规则手册中“听到”或“看到”的都是组织领导所支持的内容，但他们会把这些内容和他们“实际”看到的内容进行区分。因此，组织氛围是员工所感知到的奖励的函数。澳大利亚的一项研究表明，当支持和践行的组织价值观一致时，员工的组织承诺水平更高。[23]

学者们研究了组织氛围的几十个维度，其中包括创新、创造力、沟通、相互支持、参与度、安全、公正、多元化和客户服务。[24] 例如，处在安全氛围中的人会有更高水平的工作满意度和组织承诺，更加健康，更倾向于采取安全行为。[25] 氛围会影响人们习惯的养成。如果组织高度重视安全，那些在私底下常常不会考虑太多安全事项的员工也会穿戴安全装备并遵守安全条例。事实上，很多研究表明，积极的安全氛围确实减少了记录在案的工伤数量。[26] 氛围之间也会相互作用，产生不同的结果。例如，如果组织有为员工赋权的氛围，同时有问责的氛围，则员工有可能表现出更高的组织绩效。[27]

16.2.3 文化的道德维度

组织文化的道德取向不会是中立的，即便它们没有公开追求道德目标。随着工作场所中大家共有的是非观的逐渐发展，**道德文化**（ethical culture）会随着时间的推移而发展起来。道德文化反映了组织真实的价值观，并且影响着组织成员的道德决策。[28] 研究表明，道德文化支持明确的道德标准。这些标准由道德行为以及有能力并致力于道德行为的员工构成，而道德行为被领导所塑造。员工和管理者能够公开讨论道德问题，并加强自身的道德行为。[29]

研究人员提出道德氛围理论和道德氛围指数，以对关于道德工作的背景与环境的共同看法进行分类和衡量，这些背景与环境反映在组织的政策、实践和程序中。[30] 在道德氛围理论已经确定的九种氛围类型中，有五种在组织中最为普遍：工具型、关怀型、独立型、法律法规型、规则型。每一种都解释了管理者和员工在其组织中的总体心态、期望和价值观。例如，在工具型道德氛围中，管理者在做决策时可能会假设员工（以及公司）的行为是受自我利益驱动的（以自我为中心）。相反，在关怀型道德氛围中，管理者可能会期待他们的决策会对尽可能多的利益相关者（员工、客户、供应商）产生积极影响。

独立型道德氛围要求每个人根据自己的道德观念来决定在工作场所中的行为。法律法规型道德氛围则要求管理者和员工将外部标准化的道德指南作为员工的职业行为准则。规则型道德氛围则倾向于依靠内部的标准化预期来规范员工的行为，比如关于组织政策的员工手册。随着企业生命周期的推进，组织常常会经历不同类型的道德氛围。

一个组织的道德氛围对个体成员所选择的行为方式有极大的影响，以至于研究人员仅凭氛围的类型就可以预测其行为结果。[31] 工具型氛围与员工满意度以及组织承诺呈负相关，尽管对于关注自我利益的员工和公司来说这种氛围很有吸引力。工具型氛围与员工离职意向、工作场所的霸凌行为和偏差行为呈正相关。关怀型和规则型氛围则能带来更高的工作满意度。关怀型、独立型、规则型以及法律法规型氛围还可以降低员工的离职意向，减少工作场所的霸凌行为和其他不良行为。最近的研究还表明，当组织具有客户服务氛围的支持时，随着时间的推移，道德氛围对销售增长有很大的影响。[32]

有关道德环境及其影响结果的研究表明，某些类型的道德氛围在特定的组织中很常见。[33] 强调严格标准的行业（比如工程、会计、法律）通常有规则型或者法律法规型氛围。依靠竞争而发展的行业（比如金融交易）常常有工具型氛围。以慈善事业为己任的行业（比如环保）很有可能有关怀型氛围，即便它们本身要盈利。然而，我们不能就此得出结论，认为工具型氛围不好，而关怀型氛围好。工具型氛围也许可以促进个人层面的成功，公司会因此而蓬勃发展，表现不佳的人能认识到，他们的个人利益也许可以在其他地方得到更好的满足。在关怀型氛围中，管理者只能在服务大多数人的选项中做出最优决策，这种限制也许会使他们内心受挫。[34] 道德氛围指数最早于 2010 年提出，是研究人员用于了解组织中道德情境驱动因素的一种方式。通过测量组织在道德敏感度、判断、动机、特征方面的集体水平，或许可以确定道德环境对我们的影响有多大。[35]

虽然道德氛围理论 25 年前就已经存在，但研究人员最近更加仔细地研究了组织中的道德准则，不仅要确定道德氛围是如何发挥作用的，还要搞清楚它们是如何培养乃至于如何改变的。[36] 最终，我们或许能够为领导者提供明确的蓝图，帮助他们创建有效的道德氛围。

16.2.4 文化与可持续性

可持续性（sustainability）是指在很长的一段时间内保持实践。[37] 要做到这一点，支持实践的工具或结构就不能被实践过程所破坏。一项调查发现，绝大多数高管认为可持续性是未来成功的重要组成部分。[38] 可持续管理的概念起源于环保运动，因此，与自然环境相协调的程序会受到鼓励。社会可持续性实践解决了以下问题：组织行为随着时间推移对社会系统造成影响的方式，以及不断变化的社会系统可能会如何影响组织。

例如，澳大利亚的农民一直共同致力于提高水的利用效率，最大限度地减少土壤侵蚀，并通过耕作和收获方法的应用来确保其农场业务的长期生存能力。[39] 在另一个背景完全不同的案例中，3M 公司有一个创新的污染预防计划。该计划的基本原则是节约资源，创造对环境影响最小的产品，并与监管机构合作以改善对环境的影响。[40]

要做到可持续管理，纯粹的利他主义并不是必需的。对研究文献的系统综述表明，可持续发展与财务绩效之间存在着普遍的正相关关系。[41] 然而，要做到可持续发展，往往需要组织的道德和伦理部分足够强大，并且作为价值观而存在。

要创建真正可持续的企业，组织必须发展长期文化，并将其价值观付诸实践。[42] 换言之，要创造可持续性需要有一个可持续的系统。在一项对工作场所的研究中，一家寻求降低能源消耗的公司发现，相比于仅仅发布关于环保重要性的阅读材料，征求群体的反馈更能减少能源使用。[43] 换言之，讨论节能并将价值观构建到组织文化中会引起员工行为的积极变化。正如我们之前讨论过的其他文化实践一样，可持续性需要花时间培育才能够得到发展。

16.2.5 文化与创新

最具创新精神的公司通常以开放的、非传统的文化为特点，它们强调协作，被愿景所驱动，不断加快发展的步伐。[44] 创业公司通常都有创新的文化，因为它们往往规模较小、比较灵活，为了生存和发展，它们会把注意力集中到解决问题上。以数字音乐领域的领导者、被 Spotify 收购的 Echo Nest 为例，作为一家创业公司，它从不拘泥于传统，灵活而开放。它专门为用户设立了音乐 App“黑客”日，以培养一种音乐文化。[45] 这些特征也都是 Spotify 文化的标志，它们之间能够无缝配合。[46] 由于组织文化相似，Spotify 在收购 Echo Nest 后能够继续保持过去的创新水平。

与创业公司相对的是那些较为成熟却依然保持创新的公司，比如已经有 30 多年历史的 Intuit 公司，《福布斯》将其评为全球最具创新精神的 100 家公司之一。Intuit 的员工会参加培训班，学习如何创造性地思考和打破常规的限制。这些培训课程使管理者萌生出很多创意，比如通过与木偶对话、售卖纸杯蛋糕来推销公司的 App 产品。Intuit 公司的文化强调公开问责。《精益创业》（*The Lean Startup*）一书的作者埃里克·里斯（Eric Ries）说：“我曾亲眼见到，Intuit 的一名主管花 9 个月时间想出的创意在一天之内就被否定了，因为其他人有更好的创意。于是他起身站在所有人面前说：‘这是我的错，我应该早点检查一下自己的假设是否正确。’”作为一名创业咨询顾问，里斯认为这家老牌软件公司和那些创业公司具备同等的创新能力，因为它的文化是创新性的。[47]

Alexion 制药公司也是《福布斯》榜单上最具创新精神的公司之一，和 Intuit 一样，它早就过了企业生命周期中的创新阶段，却依然保持着创新能力。它和 Intuit 的不同之处在于，公司生产的药物是用来救命的，因此它不能在管理实践中强调打破传统。Alexion 维持创新的关键在于关怀型文化，这驱使员工不断研制治疗罕见疾病的药物，即便患者数量不多，研发成本极高，并且成功的可能性很小，他们还是一如既往。[48]

以色列的研究表明，重视自我引导的 CEO 可以促进创新性文化的形成，这反过来又能促进员工的创新行为，使员工更容易得到创造性的解决方案。[49]

16.2.6 文化作为一种资产

正如我们已经讨论过的，组织文化可以提供积极的道德环境并促进创新。文化还可以通过多种方式极大地改善组织的运营状况。

ChildNet 就是一个很好的例子。[50]ChildNet 是佛罗里达州一家非营利的儿童福利机构，从 2000 年该机构抚养的一名儿童失踪，到 2007 年 CEO 被解雇，面临 FBI 欺诈和造假的指控，其组织文化一度可以用“可怕”一词来形容。“我们不知道还能不能在这里工作下去，也不知道谁会来接管。”员工玛吉说。然而，经历艰难的转变后，ChildNet 改变了组织文化，在 4 年内成为佛罗里达州最出色的机构之一，并于 2012 年获得《劳动力管理》（*Workforce Management*）杂志颁发的年度杰出奖。现任总裁兼 CEO 埃米利奥·贝尼特斯（Emilio Benitez）从 2008 年开始接管 ChildNet，他上任后更换了组织的行政人员，采用创新科技为一线的社工和总部的新管理者提供支持，启动员工认可计划，帮助员工和管理者排解压力，并创建跨部门的圆桌会议（工作组），以创造性地解决问题，这些措施影响了机构的转变。圆桌会议使他们在面对困难的客户时能够找到解决方案，帮助寄养儿童找到更好的归宿。“从业务的角度来看，这种新方法极大地节约了成本。”贝尼特斯说，“但归根结底，这一切都是为了我们所服务的那些家庭。”

ChildNet 向我们展示了文化是如何对组织的成果产生积极影响的，Dish Network 的例子却表明，我们很难将文化与某一行业或者组织进行匹配。[51] 无论从哪个方面来看，Dish Network 都是商业成功的典范：它是美国第二大卫星电视供应商，其创始人查利·埃尔根（Charlie Ergen）因此成了全世界最富有的人之一。但 2012 年以来，Dish Network 几乎每年都被 24/7 Wall Street 网站评为全美最差雇主之一。员工说这是因为埃尔根创立并强制推行“微管理”文化。无休止的强制加班令员工难以忍受，他们需要通过指纹打卡机来记录工作时间，一分钟都不能差。此外，公开的指责（主要来自埃尔根）、管理层的傲慢和不信任、每个季度“大屠杀”般的裁员以及禁止在家工作等做法引来了员工的抱怨。一名员工在线上向自己的同事建议：“你所在的环境是有毒的……换份工作吧，把你的才华用在好的地方，而不是拿来作恶。”

对 ChildNet 来说，组织绩效方面的积极变革之所以能够发生，显然是因为组织文化的转型。而对 Dish Network 来说，文化对它的成功并没有产生影响。如果 Dish Network 能改变一下自己的企业文化，也许会比现在成功得多。凭借良好的组织文化而成功的公司要远远多于那些有着糟糕文化却依然取得成功的公司，也就是说没有哪个公司是因为糟糕的组织文化而取得成功的。研究表明，文化能够影响组织绩效的部分原因在于客户满意度。一项对近 100 家汽车经销商进行的为期 6 年的研究表明，积极文化会提高销售业绩，因为其提高了客户满意度。[52]

16.2.7 文化作为一种束缚

组织文化会增强组织承诺，提高员工行为的一致性，显然，这对企业是大有裨益的。

从员工角度来说，组织文化也很重要，因为它能告诉员工应该怎样做事情，以及哪些事情是重要的。但是，我们不应忽视组织文化——特别是强组织文化对组织有效性可能造成的不利影响。惠普曾是首屈一指的计算机制造商，却由于高管层的无效管理导致员工对公司漠不关心，缺乏创造力，不被赏识，逐渐处于两极分化的环境中，快速丢掉了市场份额和利润。[53] 接下来让我们从制度化开始了解一些象征着负面组织文化的主要因素。

制度化 当一个组织经历了**制度化**（institutionalization）过程时——该组织的价值来源于自身而非其产出的商品或服务——这个组织就有了自己的生命，脱离了它的创立者或成员。[54] 即使组织的最初目标不复存在，这个组织也不会停业破产。对于组织成员来说，可接受的行为模式在很大程度上是不言而喻的。虽然这不是完全消极的，但是意味着行为和习惯已变得理所当然，从而压制创新并把维持组织文化当作目标本身。

变革的障碍 如果组织的共享价值观与进一步提高组织有效性的要求不一致，组织文化就会成为组织的束缚。当组织面对动态环境时，最有可能出现这种情况。如果环境正在迅速发生变化，那种牢固不变的组织文化就可能不合时宜。[55] 当组织面对稳定的环境时，行为的一致性是组织的资产；但是在面临动态环境时，这就有可能束缚组织的手脚，使组织难以应对变幻莫测的环境。

多元化的障碍 雇用在种族、年龄、性别、身体状况或其他方面与绝大多数员工存在差异的新员工可能会使管理层陷入两难境地[56]：首先，管理层想公开表明他们支持这些员工给工作场所带来的变化，但也希望新成员接受组织的核心文化，否则这些新成员难以融入组织或不被组织接受；其次，随着新成员融入组织，这些多元化的行为和独特的优势有可能会丧失，强文化会消除多元化的优势，成为组织的束缚；再次，当强文化容忍并支持偏见，或者对人与人之间的差异变得麻木或过分强调时，它会损害企业的多元化政策以及人口多元化的积极影响。[57] 这些阻碍多元化的障碍似乎是从社区层面开始的：一项对美国近150家零售银行网点的研究发现，社区人口构成是多元化规范的重要设定信号，而这些规范会成为组织文化和氛围的一部分。[58]

毒性与功能失调 总体而言，我们之前讨论的文化都是围绕积极的价值观和态度而建立的。围绕公司中消极、功能失调的管理系统同样可以产生一股自上而下的强有力的力量，然而这股力量却是有害的。例如，对美国一家大型银行约150家分行的862名员工进行的研究表明，分行管理者对冲突的管理风格会导致各个分行的冲突分化。[59] 协作型文化（即鼓励主动的、建设性的和协作式的冲突解决方案）可以提高分行的凝聚力和满意度，降低倦怠水平。支配型文化（即在员工之间发生冲突时鼓励积极对抗和积极竞争）往往会降低分行的凝聚力和客户服务绩效。回避型文化（即被动地避免冲突的文化）往往会缺乏创造性。

兼并和收购的障碍 长期以来，管理层在研究兼并或收购决策时，考虑的关键决策要素是潜在融资优势或产品的协同作用。不过，近年来，文化的兼容性成了人们最主要的考虑事项。[60] 在其他条件相同的情况下，收购是否能够见效似乎更取决于两个组织的文化匹配程度。当它们不能很好地融合在一起时，二者的组织文化都会成为新组织的负担。贝恩公司（Bain and Company）进行的一项研究发现，70%的合并都不能为股东增加价值。合益咨询公司（Hay Group）发现，欧洲超过90%的合并都未能实现财务目标。[61] 考虑到这种令人沮丧的成功率，德勤咨询公司（Deloitte Consulting）的劳伦斯·基亚（Lawrence Chia）指出：“最大的失败之处在于人。A公司的人和B公司的人做事的方式不同，双方无法找到彼此目标的共同之处。”

文化冲突被普遍认为是导致美国在线时代华纳（AOL Time Warner）各种问题的原因之一。2001年美国在线（America Online，AOL）和时代华纳（Time Warner）1 830亿美元的并购是美国公司史上最大的一起并购。此次并购也是一场巨大的灾难——仅两年时间，新公司的股价暴跌90%，令人惊骇。新公司公布了当时美国历史上最大的财务损失，后来它被威瑞森收购，随后又以“Oath”的名义与雅虎合并。[62]

最近对中国电子行业并购的研究表明，并购成功与否取决于并购方式、组织结构（如集中和分区整合）和组织文化。[63]

16.3 组织文化的创建与维系

一个组织的文化并不是凭空产生的。它一旦形成，就很难消失。组织文化的形成受到哪些因素的影响？组织文化一旦建立，又有哪些因素会强化和维系它的存在？

16.3.1 组织文化如何开始

组织的惯例、传统、做事的一般方式在很大程度上取决于过去的实践以及这些实践的成功程度。这使我们找到了组织文化的源头：该组织的创始人。[64] 创始人为组织应该做的事情勾画了一幅愿景，因为新建组织通常规模较小，所以他们很容易把这种愿景灌输给所有的组织成员。

组织文化的形成有三种途径。[65] 第一，创始人仅仅聘用和留住那些与自己的想法和感受一致的人员；第二，他们把自己的思维方式和感受方式灌输给员工并使其社会化；第三，创始人的行为鼓励员工认同这些信念、价值观和假设，并内化为自己的想法和感受。当组织获得成功时，创始人的人格特点会根植于组织文化之中。

例如，韩国汽车巨头现代公司激烈的竞争风格以及纪律严明、高度权威的特色同样可以用来描述其创始人郑周永。[66] 创始人对组织文化产生持续影响的例子还有比尔·盖茨之于微软，英瓦尔·坎普拉德（Ingvar Kamprad）之于宜家，赫布·凯莱赫（Herb Kelleher）之于西南航空公司，弗雷德·史密斯（Fred Smith）之于联邦快递，以及理查德·布兰森之于维珍集团。

16.3.2 保持组织文化的活力

组织文化一旦建立，组织内的实践活动就会通过为员工提供一系列类似的体验来把这种文化维系下去。[67] 例如，下一章讨论的许多人力资源管理活动都会进一步强化组织文化。组织的员工甄选程序、绩效评估标准、培训和开发活动以及晋升程序可以确保组织雇用的是符合这种文化的员工，奖励的是支持和拥护这种文化的员工，而那些质疑组织文化的员工则会受到惩罚（甚至被解雇）。[68] 在维系组织文化的过程中，有三个因素起到举足轻重的作用：甄选或招聘活动；高层管理者的举措；社会化或入职方法（即教育及接纳新员工）。下面我们来仔细考察这三个因素。

甄选 组织的甄选过程有着明确的目标：识别并雇用那些有知识、技能和能力来成功开展工作的人。通常，能够满足某项工作要求的求职者肯定不止一位。决策者对求职者与本组织的匹配程度的判断会显著影响哪位求职者最终被雇用。这种试图确保员工与组织相匹配的努力，不管是有意还是无意，都会导致受聘员工的价值观与组织的价值观一致，或者至少与组织价值观中的相当一部分保持一致。[69] 另外，甄选过程也为求职者提供了一些有关本组织的信息。如果求职者发现自己的价值观与组织价值观存在冲突，他们就会自动退出候选人之列。[70] 因此，甄选成为一种双向选择过程，避免雇主和求职者错误匹配。通过这种方式，甄选过程筛选掉那些可能对组织的核心价值观有攻击性或构成威胁的人。无论这种筛选是好是坏，都有助于维持组织文化。

例如，Gore-Tex 化纤（用来做外套）制造商戈尔公司（W. L. Gore & Associates）为自己的民主文化和团队工作感到骄傲。在戈尔，没有工作头衔，没有上司，也没有指挥链。所有的工作都在团队中完成。在戈尔的甄选过程中，团队会对求职者进行全面的面试，以确保剔除那些不能应对不确定性、灵活性和团队工作（这是戈尔员工必须面对的）的求职者。不出意料，该公司经常在《财富》“最佳雇主 100 强”榜单上出现（2017 年排名第 52 位），部分原因在于它在甄选过程中对文化契合度的强调。[71]

高层管理者 高层管理者的活动对组织文化有着重要影响。[72] 高层管理者通过自己的言行举止建立起规范，并渗透到组织各个层级，其中一些规范涉及：组织是否鼓励冒险？管理者应该给自己的下属多大自由度？什么样的着装是得体的？什么样的行为可以得到加薪或其他奖励？

连锁超市 Wegmans 的组织文化——相信愉快、忠诚和有动力的员工更愿意帮助其他员工和提供优秀的客户服务——是韦格曼家族所持信仰的直接写照。公司致力于提供优质食品，从众多食品商中脱颖而出。公司雇用了很多对食品感兴趣的员工，他们帮助公司专注于生产优质食品。公司高层管理者相信关怀员工可以提高满意度和忠诚度。例如，自 1984 年以来，Wegmans 已经向超过 3.3 万名员工支付 1.05 亿美元的教育奖学金。高层管理者还支持员工的薪酬高于平均水平，这使得全职员工的年离职率仅有 5%（该行业的平均年离职率为 27%）。Wegmans 常常出现在《财富》“最佳雇主 100 强”榜单上（2017 年排名第 2 位），这在很大程度上是因为高层管理者支持其创办者所开创的积极组织文化。[73]

社会化 不管组织在人员的甄选和选拔录用方面做得多好，新员工都需要帮助才能适应当前的组织文化。这种帮助是通过**社会化**（socialization）的形式进行的。[74] 当新工作与预期有所不同时，新员工会产生许多问题，而社会化可以帮助解决这些问题（见组织行为民意调查）。例如，咨询公司博思艾伦（Booz Allen Hamilton）在新员工第一天上班前就开始了社会化程序。新员工会通过内部网来了解公司以及组织文化。工作之余，他们还可以通过社交 App 来与公司的老员工建立联系，以确保组织文化得到加强。[75] 清晰频道通信公司（Clear Channel Communications）、脸书、谷歌以及其他一些公司都在开展新员工入职（新员工适应）培训，包括老员工对新员工的帮扶、社交活动、个性化的辅导项目以及快速分配工作任务。哈佛大学研究员弗朗西丝卡・吉诺（Francesca Gino）说：“如果我们可以强调员工的个人身份，允许他们在工作中更多表现自我的话，他们会对工作更加满意，并带来更好的结果。”[76]

组织行为民意调查

工作并不像宣传那么好

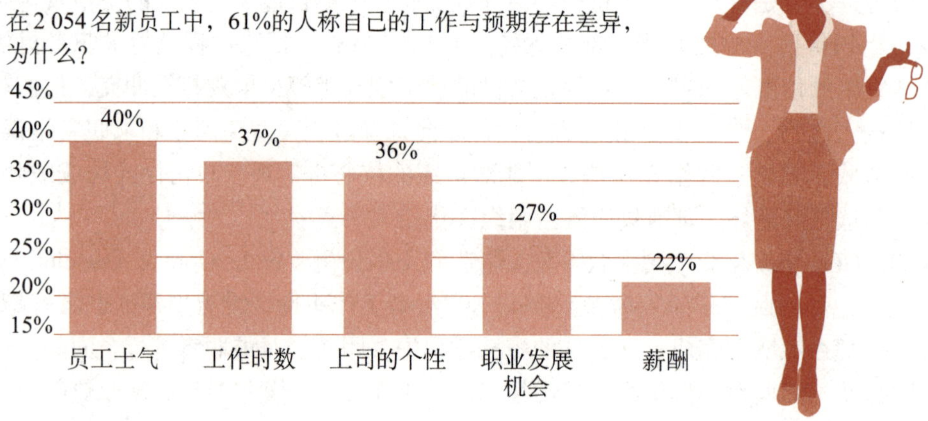

资料来源：Based on S. Bates, "Majority of New Hires Say Job Is Not What They Expected," *Society for Human Resource Management*, May 28, 2012, http://www.shrm.org/hrdisciplines/employeerelations/articles/pages/newhiresfeelmisled.aspx.

社会化可以视为一个包括三个阶段的过程：原有状态阶段、碰撞阶段和调整阶段。[77] 这个三阶段过程会影响新员工的生产率、对组织目标的承诺，以及员工的去留决定。图表 16－2 概括了这一社会化过程。

图表 16－2　社会化模型

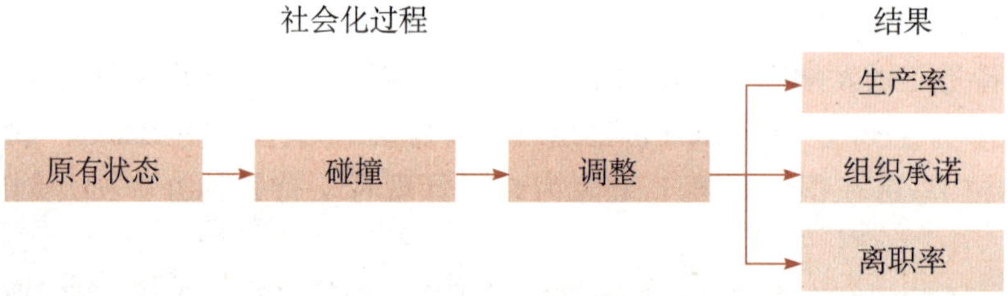

在**原有状态阶段**（prearrival stage），可以清晰地看到每一个体所带来的价值观、态度和期望，包括对工作及组织所持的态度和期望。例如，商学院的一个主要目的就是，通过社会化过程使学生具有公司期待未来的员工所具有的态度与行为。到业界地位高、市场份额大的组织就职的新员工会猜测在该组织工作是什么样子的。[78] 大多数新员工会猜测耐克是充满活力和激情的，股票经纪公司会有很大的工作压力和很高的薪酬。人们在加入组织前对组织文化的判断的准确性，他们具有多么积极主动的行为，以及他们与组织的预期"心理契约"，是预测他们对新文化的适应情况的重要因素。[79]

甄选过程帮助未来的员工了解组织的整体情况。新员工一旦进入组织，就开始了**碰撞阶段**（encounter stage）。在这一时期，员工可能会遇到自己的期望——对工作、同事、上司及整个组织的期望——与现实不符的情况。如果员工的期望比较准确，那么这一阶段主要是进一步验证先前认知的过程。但实际情况常常并非如此。在极端情况下，新员工可能对他的工作现实彻底失望，并辞职离开。有效的员工招聘、甄选和社会化过程（例如提供工作的实际情况预览）应该显著降低这种情况发生的概率。组织可以通过鼓励员工在组织中建立友谊来帮助新员工完成社会化——当友好的同事帮助新员工掌握工作诀窍时，新员工的忠诚度会提高。[80]

最后，为解决在碰撞阶段发现的问题，新成员要发生变化或经历**调整阶段**（metamorphosis stage）。[81] 图表 16－3 展示了几种社会化方案。大多数研究显示，主要有两大类社会化措施。[82] 管理层在新员工的社会化过程中越是依赖于正规的、集体的、固定的和成套的社会化程序，越强调强制性，则新员工的差异性就越可能被摒弃，取而代之的是标准化的、可明确预测的行为。这些系统化的措施在警察部门、消防部门以及其他强调遵守制度和秩序的组织中更加常见。社会化程序越是非正规的、个性化的、可变的和随机的，越强调个性，就越有可能使新员工对自己的角色和工作方法产生独特的认识。重视创造力的领域（如研发、广告和电影制作）往往会依赖于这种个性化的措施。大多数研究表明，高度系统化的措施可以促进个体和组织的匹配以及高水平的组织承诺，而个性化的措施则促进更多的角色创新。[83]

图表 16－3　新员工入职社会化方案

正式的 vs. 非正式的。新员工越与当前的工作环境隔离，越以某种方式受到区别对待以表明他的新员工角色，则社会化过程越正式。具体的上岗培训和其他培训项目就是这方面的例子。非正式的社会化让新员工直接开展工作，很少强调或不特别强调社会化。

个体的 vs. 集体的。新员工可以单独完成社会化，在很多专业办公室里就是如此。新员工也可以聚集到一起并经历一系列共同的体验，例如在新兵训练营中接受训练。

固定的 vs. 可变的。这指的是新员工从局外人转变为局内人的日程安排。固定日程设定了标准化的转变阶段。它的特点是循环式培训方案。它还包括试用期。例如，在会计师事务所或律师事务所，在决定某位候选人可否成为一名合伙人之前，有一个 8～10 年的“副职”身份。可变的日程安排不会提前给出关于升职的时间表。可变日程可以描述典型的晋升系统：一个人在没有“做好准备”之前不会晋升到下个阶段。

成套的 vs. 随机的。成套的社会化的特点是使用角色榜样来培训和鼓励新员工。学徒制和导师制就是这样的例子。在随机的社会化中，角色榜样被有意隐蔽起来。新员工需要自己去进行思考和理解。

自由的 vs. 强制的。自由的社会化假设新员工的特征和资质是工作成功的必要组成部分，因此这些特征和资质将获得强化和支持。强制的社会化设法去掉新员工的某些特征。兄弟会和妇女联谊会的“誓言”就属于强制的社会化，其目的是把新员工塑造成合适的角色。

当新员工觉得在组织和工作中如鱼得水时，我们就可以说，包含这三个阶段的入职社会化过程完成了。新员工已经内化和接受了本组织和自己所属工作群体的规范。此时，新员工对自己的能力抱有信心，觉得自己受到了同事们的信任和重视。此外，新员工能够理解整个系统——不仅是自己的工作任务，而且包括组织的规章制度、工作程序以及被认可的非正式行为。而且，他们知道组织和群体对自己的期望是什么，哪些标准将被用来衡量和评估自己的工作。如图表 16－2 所示，成功的调整过程应当提高新员工的生产率和组织承诺，并且降低员工的离职意向。

通过测量入职后前几个月中几个关键的时间点，研究人员考察了社会化是如何改变员工态度的。几项研究记录了新员工的“新鲜期”和之后的“疲乏期”，这表明，员工在经历了最初的适应阶段后，工作满意度通常会降低，因为他们的愿望最终还是与现实的组织生活有差异。[84] 新员工可能会发现主管和同事对他们的社会支持水平在入职几周后逐渐降低，这是因为每个人都回归了日常。[85] 随着时间的推移，新员工经历的角色冲突和角色过载会增加，并且角色问题增加最多的员工在组织承诺和工作满意度方面下降最多。[86] 最初的适应阶段可能会使新员工所面临的要求和困难逐渐增加，至少在短期内是如此。

16.3.3 小结：组织文化是怎样形成的

图表 16－4 总结了组织文化是如何形成的。最初的组织文化源于组织创建者的哲学，随着组织的成长，该文化会显著影响组织的甄选标准。社会化的成功取决于两点：一是在甄选过程中，新员工的价值观与组织价值观相互匹配的程度；二是高层管理者所偏好的社会化方法。高层管理者的行为确定组织的总体氛围，包括哪些行为可以接受，哪些行为不可以接受，而员工则维持和延续这种文化。

图表 16－4 组织文化是怎样形成的

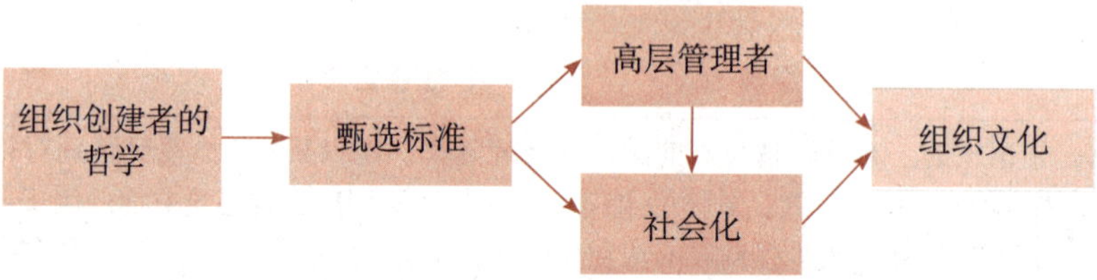

16.4 员工怎样学习组织文化

组织文化通过多种形式传递给员工，最常用的方式有故事、仪式、物质象征和语言。

16.4.1 故事

在亨利·福特二世担任福特汽车公司的董事长期间，要找到一个没听过下面这个故事的管理者恐怕很难。当福特公司的管理者骄傲自满时，福特先生就会提醒他们：“福特公司的大楼上写的是我的名字。”其意思很明确：是我，亨利·福特二世，主宰着公司！

如今，耐克公司的很多高层管理者也会花相当多的时间来讲述公司的故事。[87] 当他们讲到公司创立者（同时也是俄勒冈田径教练）之一比尔·鲍尔曼（Bill Bowerman）为了制造更优质的跑鞋，亲自进入工作间往他太太的华夫饼干模具里灌橡胶时，他们其实是在说耐克的创新精神。当新员工听到俄勒冈跑步明星史蒂夫·普雷方丹（Steve Prefontaine）为使跑步成为一项职业体育运动和为获得更优质的运动装备而奋斗的故事时，他们了解到的是耐克对帮助运动员的承诺。

许多组织中都流传着类似的故事，起到追根溯源、借古喻今的作用，还可以为组织如今的实践提供解释和支持。[88] 它们通常包括发生在组织创始人身上的故事，讲述他们是如何打破规则的，从乞丐到富翁的发迹史，以及员工队伍的缩减、员工的重新安置、对以往错误的纠正、组织的应急事件等。[89] 员工也会通过创建自己的故事来说明自己在社会化过程中是如何适应或者不适应组织的，包括刚入职的那段日子、自己与他人最开始的互动以及对组织生活的第一印象。[90]

16.4.2 仪式

仪式（ritual）是表达并强化组织核心价值观的一组重复性活动。这些核心价值观包括：什么样的目标最重要，哪些人至关重要，哪些人无足轻重。[91] 一些公司会通过非传统的仪式来支持自己的组织文化。例如，金普顿酒店及餐厅（Kimpton Hotels & Restaurants）被《财富》杂志评为 100 家最佳雇主之一，它始终维持以客户为导向的文化，并形成自己的一些传统，包括蒙眼铺床和吸尘器竞赛。[92] 联合娱乐集团（United Entertainment Group）是一家营销公司，其员工每年都要经历几次不同寻常的上班时间，他们下午很晚才到公司，一直工作到第二天清晨。CEO 贾罗德·摩西（Jarrod Moses）这么做是为了支持一种激发创造力的文化。他说："你把别人的生物钟打乱，他们就能给你带来一些有趣的想法。"[93]

16.4.3 物质象征

公司总部的布局、公司给高层管理者配备的车型以及是否有公司专机，这些都是**物质象征**（material symbol）的例子，有时也被称为象征造物（artifact）。[94] 其他的物质象征还有办公室的大小、办公家具的档次、高层管理者的额外津贴和衣着，等等。[95] 这些物质象征向员工传递以下信息：谁是重要人物、高层管理者期望的平等程度，以及哪些行为类型（例如，冒险、保守、独裁、参与、个人主义或者善于交际）是恰当的。物质象征也提供了一种互相联系感，并在理解这些物质象征的员工中激起情绪。[96]

一个有意识地使用物质象征的例子是电力公司 Dynegy。Dynegy 的总部与其他办公楼典型的布局很不一样，独立的办公室很少，即便对高管来说也是如此。办公空间基本上都是由小隔间、公共空间以及会议室组成的。这种非正式性向员工传递了 Dynegy 开放、平等、创新、灵活的价值观。有些组织会为高管提供由专职司机驾驶的豪华轿车以及商务飞机，有些 CEO 则自己开车，乘坐经济舱出差。在某些公司，"怎么都行"这种氛围有助于强调创造力文化，比如芝加哥的衬衫制造商 Threadless 对联邦快递的仓库进行改造，然后把房车开进仓库里，人们就在房车里开会，员工穿着短裤、拖鞋，工作区域里装饰着迪斯科球，每个团队可自己选择花哨的装饰品。[97]

有些文化则以特殊福利而闻名，比如谷歌的室外地掷球球场、Factset Research 现场的派 / 芝士 / 蛋糕车、软件设计公司 Autodesk 的宠物狗办公室、SAS 的免费医疗诊所、微软的有机水疗，以及探险装备公司 REI 的免费设备租赁。其他一些公司会专门安排时间来传递组织文化的价值观，使员工创造性地思考，他们既可以与领导交流，也可以在公司以外的地方思考。例如，生物科技领域的领导者 Genentech 以及很多优秀的公司会提供带薪休假。每工作 5 年，Genentech 的员工就能得到 7 周的带薪假期，以此体现公司一视同仁、鼓励创新思维的文化。[98]

道德抉择

组织文化中的同情心

对银行业来说，成功与道德的组织文化没有必然联系。想在这些组织中建立起道德文化的领导者，必须将道德准则植根于公司对成功的定义中，并确保管理者和员工的行为符合道德标准。我们可以比较一下金融业的两个成功案例，高盛银行和摩根大通。这两大银行都入围《财富》100 强，也都入选《财富》杂志评选的全球最受尊敬企业名单（根据包括社会责任感在内的 9 项标准给公司排名）。然而这两家公司的文化似乎截然不同。高盛银行很难在道德方面使客户和员工满意，而摩根大通的组织文化则充满同情心。请看一些新闻头条：

- 迈克是高盛银行的一名门卫，2012 年超级风暴桑迪登陆纽约时，迈克和同事在曼哈顿高盛大楼内共同经历了这次风暴，他们夜以继日、不辞辛劳，成功将洪水挡在大楼外。可高盛银行的一名经理却要将他赶出大楼，并且不给任何解释。迈克对这位经理理说，自己住在斯塔滕岛，现在是紧急状态，没有汽车、没有火车、没有灯光。水位已经达到人脖子那么高。“我求他救救我的命，他却要我立刻离开大楼。”迈克只好离开，随后就被解雇了。“我没日没夜地工作，他们却随随便便就毁了我的生活，没有任何理由。”
- 摩根大通首席执行官杰米·戴蒙（Jamie Dimon）宣称：“人是我们最重要的资产。摩根大通的长期发展和成功取决于我们吸引和留住员工的能力。保持一个多元化和包容性的工作场所，让每个人都能茁壮成长，是明智之举，也是正确之举。”摩根大通的文化是由业绩和价值、组织内外关系以及坦率所驱动的。它还有支持女性和少数族裔获得成功的项目。

所谓组织文化，就是通过领导的道德选择体现出领导对所有员工的道德期望。这些案例表明，两种文化可能会导致截然不同的道德选择。

资料来源：Based on JP Morgan Chase & Co., “People and Culture,” https://www.jpmorganchase.com/corporate/About-JPMC/ab-people-culture .htm, accessed April 18, 2017; B. Ross, A. Ng, and C. Siemaszko, “Ex-Goldman Sachs Janitor Sues for Being Forced into Post-Hurricane Sandy Destruction,” *New York Daily News*, June 7, 2013, www.nydailynews.com/new-york/janitor-sues-tossed-aftermath-hurricane-sandy-article-1.1366334; and M. Schifrin and H. Touryalai, “The Bank That Works,” *Forbes*, February 13, 2012, 66–74.

16.4.4 语言

许多组织及其内部的各部门都使用语言来帮助成员识别组织文化，表明自己对该文化的接纳并维系该文化。[99] 随着时间的推移，组织往往会创造一些特定术语来描绘与自己业务有关的设备、管理者、关键人员、供应商、顾客或产品等。一般来说，新员工最初会对这些术语和行话困惑不已，但一旦他们掌握了，就会成为一个共同特征，把某种特定文化或亚文化中的成员联系在一起。

16.5 影响组织文化

正如我们之前所讨论的，组织的文化由其创始人建立，之后就很难改变。理想的场景当然是由一个或多个强势创始人事先仔细地对组织文化进行规划，然而这种情况很少出现。组织文化通常会随着时间推移而有机地发展。在接下来的讨论中，我们将把文化的发展视作一个由各个员工完成的持续过程，了解如何发展道德、积极和灵性的文化。

16.5.1 发展道德文化

尽管不同的行业和文化之间存在差异，但组织道德文化的价值和过程依然有共通之处。[100] 因此，为了创建更有道德的组织文化，管理者可以坚持以下几条原则 [101]：

1. 做一个清晰可见的角色榜样。员工在界定恰当行为时，会把高层管理者的行为视为标杆，其实每个人都可以成为对道德氛围产生积极影响的榜样。管理者需要向所有员工传递一种积极的信息。

2. 传达道德期望。当处于领导岗位时，你需要在道德规范中指出主要价值观，以及期望员工遵守的判断准则，通过传达本组织的道德规范，使道德方面的模糊性降到最小。

3. 提供道德方面的培训。安排研讨会、工作坊以及其他类似的培训项目。通过这些培训课程可以强化组织的行为标准，澄清组织允许什么样的行为，并针对那些可能出现的道德困境进行讨论。

4. 公开奖励道德行为和惩戒不道德行为。评估下属的决策是否符合组织道德规范，既包括实现目标的手段，也包括目标本身。行为道德的人将受到奖励，行为不道德的人则会受到公开的惩戒。

5. 提供保护机制。组织应该为每个人寻求可以针对道德困境进行讨论的正式机制，在举报不道德行为时不必担心受到报复。这可能包括设置道德顾问、舞弊行为调查员或道德纠察员等联络者角色。

要建立一种广泛而有道德的积极氛围，必须从组织的最高管理层开始。[102] 当最高管理层强调合乎道德的价值观时，中低层管理者更有可能表现出道德型领导行为。这种合乎道德的积极态度会传递给基层员工，他们会表现出较少的行为偏差、更高水平的相互合作和支持。其他几项研究也得出了同样的一般结论：高层管理者的价值观是员工道德行为很好的预测指标。例如，一项针对审计人员的研究发现，如果员工从领导者那里感受到必须从事不道德行为的压力，会增加他们从事不道德行为的意图。[103] 很明显，不良的组织文化会对员工的道德行为产生负面影响。相反，道德领导已经被证明可以通过改善道德文化来改善群体的道德声音，或者让员工在说出自己认为不道德的问题时感到更自在。[104] 最后，如果员工所持的价值观与部门的价值观相似，那么他们更有可能获得晋升。因此，我们可以把这种现象视为道德文化从组织最基层向更高层级的传递。[105]

16.5.2 发展积极文化

第一眼看上去，创建积极的组织文化似乎显得无比幼稚，或像是一个可笑的阴谋。然而，使我们相信这种趋势会持续的原因是，种种迹象表明管理实践和组织行为学研究正在融合。**积极的组织文化**（positive organizational culture）强调利用员工优势，奖励多于惩罚，并且鼓励个人活力和成长。[106] 接下来让我们分别讨论这几个方面。

利用员工优势 尽管积极的组织文化并不会忽略问题，但它会强调向员工展示如何利用自己的优势。正如管理学大师彼得·德鲁克所说，"大多数美国人并不知道他们的优势在哪里。当你问他们的时候，他们会眼神空洞地望着你，或者从学科知识方面进行回答，而这些答案是错误的"。[107] 处于一种可以帮助你发现自身优势以及如何充分利用这些优势的组织文化之中不是更好吗？

拉里·哈蒙德（Larry Hamond）是 Auglaize Provico 公司的 CEO，这是一家位于俄亥俄州的农业综合企业。他在公司面临最糟糕的财务状况时运用了这种方法。当时企业不得不解雇 1/4 的员工，哈蒙德并没有纠缠于所犯的错误，而是充分利用正确的措施。他认为，"如果你真的想要变得出色，你就必须了解自己——你必须知道自己擅长什么和不擅长什么。"在盖洛普的顾问巴里·康奇（Barry Conchie）的帮助下，哈蒙德强调发现和利用员工优势，从而帮助公司转危为安。"如果你问拉里差别是什么，他会说差别在于员工正在利用他们的天赋。"康奇说。[108]

奖励多于惩罚 尽管大多数组织充分专注于外在的奖励（如加薪和晋升），但它们常常忘记更加细微的（和便宜的）奖励（如表扬）。创建积极的组织文化的一部分就是"发现员工做得对的地方"。很多管理者不会去表扬员工，或是因为他们害怕员工变得自大，或是因为他们认为表扬无足轻重。因为员工通常不会要求获得表扬，所以管理者往往不会意识到没有进行表扬所造成的损失。

让我们看看古尔斯卡·科沃杰伊奇克（El'zbieta Górska-Kolodziejczyk）的例子。她是国际纸业公司（International Paper）在波兰克维曾分厂的一名经理。这个分厂的工作环境非常恶劣。员工在没有窗户的地下室工作。人员配置大约只有先前的 1/3，而生产量却变成之前的 3 倍。这些挑战已经难倒了之前的三名经理。因此当她接任时，首要的任务是对员工表示认可和表扬。最初，她发现自己难以表扬那些不习惯被表扬的员工，尤其是男性员工。"最初他们像木头一样"，然而随着时间的推移，她发现员工们看重她的表扬，甚至会反过来表扬她。有一天，一位部门主管将她拉到一边，表扬她做得很好。她说："我对此印象深刻。"[109]

鼓励活力和成长 如果员工仅仅将自己看成组织的工具或零件，那么组织将无法充分利用员工的能力。积极的文化能够识别一份工作和一份事业之间的差异，不仅支持员工为组织效力做出贡献，而且支持组织采取各种措施来使员工（在个人层面和职业层面）变得更加有效。最优秀的公司能意识到帮助员工成长的价值所在。Safelite AutoGlass 公司获得了《劳动力管理》（*Workforce Management*）杂志颁发的 2012 年度最具竞争优势奖。公司将其成功部分归因于"人才优先"的发展计划。"我们能够脱颖而出的唯一方式就是依靠最优秀的人才。"高级副总裁史蒂夫·米戈（Steve Miggo）说。[110]

在某些行业中，公司需要投入更多的创造力来鼓励员工成长。菲利普·莱斯科内兹（Philippe Lescornez）在 Masterfoods 公司总部领导一个销售推广团队。其中一个团队成员名叫迪迪埃·布赖内特（Didier Brynaert），他在距公司总部布鲁塞尔 150 公里的卢森堡工作。莱斯科内兹认为，如果他把布赖内特视为一名了解卢森堡市场特征的专家，那么布赖内特的角色可以变得更有意义。因此，莱斯科内兹经常向布赖内特征询可以汇报给公司总部的各种信息。“我开始更频繁地把他的工作表现告诉（公司里的）其他人员，因为布鲁塞尔和他的工作地点相隔太远。于是，我开始反复宣传。我宣传得越多，他提供的素材就越多。”莱斯科内兹说，“现在他已经被看作卢森堡市场的专家，通过他能和卢森堡的客户建立紧密的关系。”当然，对布赖内特有益的事情也有益于莱斯科内兹，布赖内特的成长和发展有他的功劳。[111]

积极组织文化的局限　积极的组织文化是万能的吗？虽然许多公司引入了积极组织文化的某些方面，但它是一个如此新颖的理念，我们还不能确定它如何以及何时才能发挥最大效用。

并不是所有的民族文化都重视积极的组织文化，即使重视，也只是在一定限度内，而这种限度可能要根据行业和社会来规定。例如，英国的一家保险公司 Admiral 就在呼叫中心建立了一个娱乐部，专门组织一些相关活动，如诗歌写作、桌上足球赛、康克戏（用七叶树果进行的一种英式游戏）以及奇装异服日，等等。这些活动可能与行业偏严肃的文化价值观相冲突。对积极组织文化的追求什么时候会变成强制性的？一位评论家说：“要提倡一种积极的社会正统观点，就需要聚焦于一系列特定的理想状态和特质，但是这样做会使那些不符合这一模板的人受到指责。”[112] 创建一种积极的组织文化可能是有益的，但是组织需要保持客观，紧紧围绕组织效力来追求这种文化。

16.5.3　灵性文化

西南航空、惠普、福特、服装零售商 The Men’s Wearhouse、泰森食品（Tyson Foods）、威赛瑞尔联合（Wetherill Associates）和 Tom’s of Maine，以上这些公司有什么共同之处？它们都把职场灵性这一概念引入职场，而且这类组织的数量日益增加。

什么是灵性　职场灵性并不是那种有计划、有组织的宗教活动。它不是关于神学和上帝的。**职场灵性**（workplace spirituality）认为，人们的内心生活会支持社会背景下有意义的工作，与此同时，个体的内心生活也受到有意义的工作的培养和支持。[113] 提倡职场灵性文化的组织认为，既有思想又有灵魂的人会在工作中寻找意义和目标，希望与其他人建立联系，并成为某个团体的一员。我们讨论过的很多主题——从工作设计到企业社会责任——与组织灵性的概念是完美契合的。当一个企业强调自己会向第三世界的咖啡供应商支付一个公正的价格（高于市场价格）以帮助该国实现社区发展（比如星巴克的做法）或者鼓励员工通过电子邮件分享励志信息（比如洲际电池公司的做法）时，它可能是在鼓励一种更具灵性的文化。[114]

为什么现在需要灵性　正如我们在第 4 章讨论情绪时指出的那样，理性的神话认为运行良好的组织消除了情绪色彩。同样，在绝对理性模型中，对员工内心生活的关注也没有占据一席之地。但是，我们认识到对情绪的研究加深了我们对组织行为的理解，而对灵性的认识能够帮助我们更好地理解员工行为。

当然，员工始终都拥有自己的内心生活。那么，对工作中的意义和目的的寻求为什么现在才浮出水面？我们在图表 16－5 中对这些理由进行了概括。

图表 16-5 对灵性的兴趣日益增长的原因

- 为了缓解变化的生活节奏所导致的压力和焦虑。当代生活方式中，例如单亲家庭、流动性、工作的短期性、使人与人之间更疏远的新技术使得许多人颇感社会联系的缺乏，从而使归属需求与社交需求日益增加。
- 正规的宗教对很多人不起作用，他们不断寻求精神支柱以弥补自己信仰的缺失，使日益增长的空虚感得以消除。
- 工作要求使得工作场所在许多人的生活中占据主导位置，但他们又不断质疑自己工作的意义。
- 人们渴望把自己的生活价值观与职业生活统一起来。
- 越来越多的人发现，追求更多的物质占有无法让他们获得满足。

灵性组织的特点 职场灵性这一概念源于我们前面对诸如价值观、道德、动机、领导、工作-生活平衡等主题的讨论。有关这一问题的研究尚处于起步阶段，我们在这里概括的是灵性组织中非常明显的一些文化特征[115]：

1. 仁慈。灵性组织重视对他人的善意以及员工和组织中的其他利益相关者的幸福。

2. 强烈的目的感。灵性组织围绕着一个有意义的目的来塑造它们的文化。尽管利润可能很重要，但这并不是首要价值观。

3. 信任与尊重。灵性组织以相互信任、诚实和开放为特点。每一名员工都会得到组织的尊重。

4. 思想开放。灵性组织重视员工灵活思考的能力和创造力。

打造组织灵性 许多组织都对灵性表现出兴趣，却很难将其中的原则付诸实践。我们可以通过几种实践方法来激发职场灵性[116]，其中包括那些有助于工作-生活平衡的措施。领导者通过展示价值观、态度和行为来激发员工的内在动机以及工作的价值实现感。鼓励员工思考如何获得工作的使命感同样有助于灵性组织的建立。组织常常会通过团体咨询和组织发展来实现这一点，我们将在第18章探讨这一主题。

有的公司向信仰基督教的员工提供企业牧师的咨询服务，不过这种做法存在争议。[117]

对灵性的批评 对组织中灵性运动的批评意见集中于三点。[118] 首先是科学基础问题。什么是真正的职场灵性？灵性只是管理的时髦词语吗？其次，灵性组织合法吗？具体来说，组织有权宣扬灵性层面的价值观吗？最后是经济问题。灵性与利润兼容吗？

首先，有关职场灵性的研究很少。灵性的定义如此宽泛，以至于从工作轮换到公司务虚会等各种各样的实践都被界定为灵性。在这些所谓的灵性组织中，员工也认为自己是在一个灵性组织中工作吗？虽然有些研究支持职场灵性，但在这一概念获得完全认可之前，我们刚提出的那三个问题需要获得解答。

其次，对灵性的强调显然会让有些员工感到不自在。批评家可能会认为，世俗机构（尤其是商业组织）不应该给员工强加精神价值观。[119] 如果把灵性界定为把宗教引入工作场所之中，这种批评意见无疑是合理的。但是，如果把灵性的目标限定在帮助员工找到工作生活的意义，那么这些批评就显得不那么理直气壮了。假如图表 16-5 中列出的问题真实地反映了员工队伍中大量成员的特征，那么组织或许可以提供帮助。

最后，灵性与利润这两个目标能否兼容，是企业的管理者与投资者都非常关注的问题。尽管目前的证据还相当有限，但已有的证据表明，这两个目标是可以相容的。一家大型咨询公司最近进行的一项研究发现，引入灵性技巧的公司提高了生产率，并且显著降低了离职率。还有研究发现，为员工提供灵性开发机会的组织，其绩效要优于那些没有提供这种机会的组织。[120] 其他一些研究报告说，组织的灵性与创造力、员工满意度、工作投入及组织承诺存在正相关关系。[121]

职业目标　我该如何学会领导？

几周后我将开始一份新工作，这是我第一次担任团队领导。我知道，我有很多地方需要学习。为了作为一个领导者取得成功，我应该采取什么方法呢？

——戈登

亲爱的戈登：

学习关于新工作的知识是一件复杂的事，而学习如何成为一名领导者就更复杂了。作为领导者，你会被期待具有为员工提供方向和目标的能力，尊重团队现有文化和个体成员的能力。为了让你成功过渡到领导岗位，下面一些建议供你参考：

1. 学会提问。新领导者通常不敢向自己的直接下属提出问题，因为他们害怕被视为无能或软弱。然而，询问过去的做法以及个人的目标能够表明你对团队成员的关心。熟悉团队文化和实践也可以帮助你发展利用团队优势并克服挑战的技术。

2. 与其他领导者建立联系。请记住，你被安排到这个岗位是有原因的。公司希望看到你的成功，所以你需要充分利用他人的资源。对特定的成功活动和策略做详细记录，检查记录并讨论这些策略是如何随着时间推移发挥作用的。你会发现，如果你能表明自己确实处于学习过程中，其他人会更愿意为你提供帮助和建议。

3. 从小事做起。关于通过获得早期的小型胜利来建立声誉的重要性已经有很多论述。"你永远不会有第二次机会给人留下第一印象"，这句话在职场中绝对适用。尝试推动有明确成果的新计划，使你能够展示自己的领导才能。最好的领导力转变包括了解情况所需，并且一开始就让团队为成功做好准备。

保持积极主动！

资料来源：Based on T. B. Harris, N. Li, W. R. Boswell, X. Zhang, and Z. Xie, "Getting What's New from Newcomers: Empowering Leadership, Creativity, and Adjustment in the Socialization Context," *Personnel Psychology* 67 (2014): 567–604; Y. H. Ji, N. A. Cohen, A. Daly, K. Finnigan, and K. Klein, "The Dynamics of Voice Behavior and Leaders' Network Ties in Times of Leadership Successions," *Academy of Management Proceedings* (2014): 16324; and B. Eckfeldt, "5 Things New CEOS Should Focus On," *Business Insider*, June 1, 2015, http://www.businessinsider.com/5-things-new-ceos-should-focus-on-2015-6.

16.6 全球化层面的意义

在第 5 章我们讨论了全球的文化价值观（集体主义 - 个人主义、权力距离等）。这里我们会缩小范围：组织文化如何受到全球化背景的影响？组织文化的力量很强大，常常会超越国界。但是这并不意味着组织应该或者能够忽略当地文化。

组织文化常常会体现民族文化。[122] 比如马来西亚的亚航（AirAsia）强调开放和友好。乘务员会举办很多聚会，可以参与管理，并且没有私人办公室，这些都反映了马来西亚相对集体主义的文化。然而，美国各家航空公司的组织文化并没有体现出相同程度的非正式化。如果美国的航空公司要与亚航合并，就需要将这些文化差异考虑在内。然而，组织文化的差异并不一定是不同国家在文化上的差异造成的。全美航空公司（US Airway）和美国航空公司（American Airlines）在合并时面临的最主要挑战之一就是文化上的融合，前者强调的是"轻松开放"，后者则坚持"严谨保守"。[123]

美国管理者可以采取的基本措施之一就是保持文化敏感性。美国在商业和文化方面都占据主导地位，这种影响带来了名声。一位美国高管说："全世界的人都认为我们是傲慢自大的，完全沉浸在自我的世界中并且很吵闹。"能够帮助美国管理者增强文化敏感性的方式包括：压低说话的声调、放慢讲话的速度、更多地倾听以及避免谈论宗教和政治等。

对道德行为的管理可能是民族文化与组织文化产生摩擦的一个方面。[124] 美国管理者拥护自由市场的力量，将其视为商业组织的一项道德义务。这种世界观将贿赂、裙带关系和任人唯亲视为极度不道德的行为。他们同样看重利益最大化的价值观，因此任何偏离利润最大化的行为都意味着不恰当或腐败。相反，发展中国家的管理者更有可能认为要从整体的社会环境来看待道德决策。这意味着为家庭和朋友提供特别照顾不仅是合适的，还可能被视为一种道德责任。另外，很多国家的管理者认为员工的利益和股东的利益应该是同等重要的，这可能会限制利益最大化。

建立跨国组织文化可能会引发传统竞争国家的员工之间的冲突。当瑞典、挪威、芬兰和丹麦的银行合并成立北欧联合银行（Nordea Bank AB）时，国家间历史关系的刻板印象导致了一些员工的紧张关系。北欧联合银行内部形成了按照民族主义划分的复杂联盟。为了弥合差异，北欧联合银行采取了讲故事的方式来帮助员工产生积极认同。该组织通过新闻稿、公司通信、高层管理者中平等的各国代表以及对共同价值观的拥护加强了共同身份认同。尽管该组织仍在与跨国文化问题做斗争，但它所取得的成功可以归因于对民族差异的认真关注。[125]

当组织开始在海外招聘员工经营业务时，管理层必须决定在组织文化许多方面提供标准化规范。例如，企业应该为不同地区提供同样的福利及工作－生活平衡计划，还是针对不同地区具体的社会习俗和规范来量身定制？二者可能都会存在问题。例如，美国公司 Rothenberg International 将其酗酒援助计划作为员工援助方案（EAP）的一部分引入俄罗斯的分公司，但它没有预料到，俄罗斯人对"援助"这一概念非常抵触，他们更倾向于"支持"这种说法。Rothenberg International 可以做出调整，但有的时候，当一些公司在异国推行本国计划时，还要面临法律的介入（可能是帮助也可能是阻碍）。例如，巴西的雇主可以利用本国政府颁布的抗击艾滋病病毒计划；英国国家卫生服务中心会资助戒烟计划；而在德国，私人保险赔付必须包含健康计划。[126] 关于这一点，大家尚未对最佳行动方针达成明确共识，但公司首先应该对不同的标准保持敏感。

本章小结

图表 16－6 描述了组织文化所造成的影响。根据组织对冒险的宽容程度、对团队的重视程度以及对员工的支持程度等因素，员工会对组织形成一种总体的主观认知。这种总体

认知实际上代表了该组织的文化或个性，并且会影响员工的工作绩效和工作满意度。组织文化越强有力，产生的影响就越大。

图表 16－6　组织文化如何影响员工绩效和工作满意度

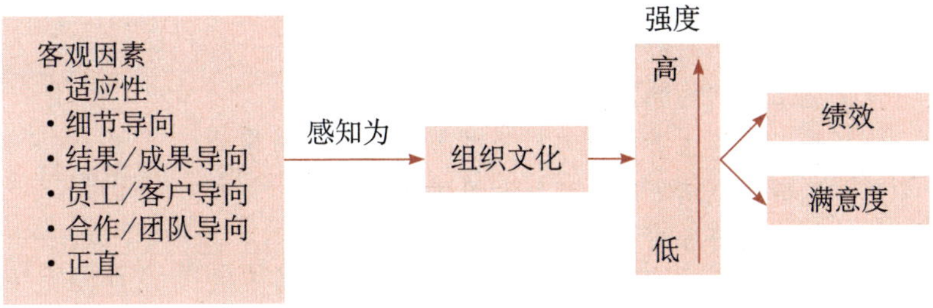

对管理者的启示

● 要认识到组织文化在短期内是相对稳定的。要想实现有效的变革，高层管理者必须参与其中并制定长期战略。

● 雇用那些自身价值观与组织价值观一致的人，这样的员工通常会有更高的组织承诺和工作满意度。“不适应”组织价值观的员工离职率最高，这一点并不奇怪。

● 要明白，员工的绩效表现和社会化在很大程度上取决于他们是否知道什么该做、什么不该做。好好培训你的员工，始终让他们知道自己的工作角色发生了哪些变化。

● 你能塑造工作环境中的文化，有时它会反过来影响你。所有的管理者都可以为道德文化的建立贡献自己的力量。认真思考灵性的含义以及它在创建积极的组织文化时发挥的作用。

● 要明白，轻易地把公司的组织文化直接“带到”其他国家或许行不通。在把新的计划或方案引入国外公司之前，首先要了解组织规范在文化上的关联性。

复习题

1. 什么是组织文化？它有什么特征？
2. 组织文化的积极影响和消极影响是什么？
3. 创建和维系组织文化的因素有哪些？
4. 如何将组织文化传递给员工？
5. 创建组织的道德文化、积极文化和灵性文化有什么异同点？
6. 民族文化如何影响组织文化向另一个国家传播的方式？

观点碰撞

组织文化可以衡量吗？

正方

格雷·贝斯纳（Greg Besner）是 CultureIQ 公司的首席执行官，他花了 15 年的时间从企业家和领导者的角度跟踪了数百家公司，以确保能够准确地衡量组织文化。CultureIQ 专注于使用软件包来衡量和管理文化，发现了自认为可以帮助公司评估组织文化（尤其是在使命感和价值观方面）的 10 个指标。贝斯纳建议公司应该评估以下方面：

1. 沟通，包括员工的声音以及领导与下级的沟通。
2. 创新，包括员工的创造力以及组织对新想法的接受能力。
3. 敏捷，包括员工对组织能否适应变化的感知。
4. 健康，包括员工的心理和生理健康。
5. 环境，包括办公空间的舒适性和可用性。
6. 协作，包括员工之间的协作情况。
7. 支持，包括员工从其主管、同事以及整个组织获得的帮助。
8. 绩效导向，包括角色清晰度、奖励和员工认可。
9. 责任，包括员工问责和自主权。
10. 使命感和价值观，包括认识和执行。

除了贝斯纳的方法之外，还有许多研究者和实践者声称自己能够准确地评估组织文化。他们主要通过调查和访谈来评估组织文化，并积累了证据来证明调查和访谈起到了衡量的作用，且始终具有一致性。其中一个例子是要求员工回答本章开头提出的组织文化维度方面的相关问题（与图表16-6中列出的客观因素相同），并比较他们在这些价值观上的立场与组织立场的一致程度。

反方

组织文化是如此复杂、如此深刻、如此难以定义，是否能够通过访谈或调查某人来衡量？根据一些研究者的看法，可能做不到。约翰·特拉法根（John Traphagan）指出："文化这个术语的问题在于它倾向于将群体本质化，即简单地将一群人作为一个统一的整体来表示，这些人简单地共享价值观、思想、实践和信仰。"它不仅将复杂的系统还原为统一的整体，同时还具有确定性。这意味着它是一个给定的完整实体，变化缓慢，并且经常会对行为产生强烈的直接影响。但实际情况是，这些假设可能没有根据。

用于评估组织文化的调查测量和访谈往往并不能满足标准。它们要么评估的是被我们不恰当地称为"文化"的现象，如沟通、绩效、态度等，要么并没有完全把握住组织文化的深层复杂性。例如，组织文化评估是否应该侧重于传说、故事、价值观、行为、信物、信仰、潜在假设？虽然调查很容易用于评估价值、行为和信念，但对于组织的故事、信物和潜在假设却很难理解。此外，我们应该如何准确地区分亚文化或民族文化以及整体文化产生的影响？

最后一个问题是，我们应该衡量什么？从本章可以看出，过去几十年中组织行为研究者提出了各种形式的组织文化和维度，其中哪些是正确的？这个问题的答案关乎我们应该如何衡量组织文化。尽管组织文化似乎是一种真实存在，并且会对人们产生影响，但要"衡量"它却极其困难。

资料来源：Based on N. M. Ashkanasy, L. E. Broadfoot, and S. Falkus, "Questionnaire Measures of Organizational Culture," in N. M. Ashkanasy, C. P. M. Wilderom, and M. F. Peterson (eds.), *Handbook of Organizational Culture and Climate* (Thousand Oaks, CA: Sage, 2000): 131–46; G. Besner, "The 10 Company Culture Metrics You Should Be Tracking Right Now," *Entrepreneur*, June 3, 2015, https://www.entrepreneur.com/article/246899; C. Ostroff, A. J. Kinicki, and R. S. Muhammad, "Organizational Culture and Climate," in I. B. Weiner (ed.), *Handbook of Psychology*, 2nd ed. (Hoboken, NJ: Wiley, 2012): 643–76; B. Schneider, M. G. Ehrhart, and W. H. Macey, "Organizational Climate and Culture," *Annual Review of Psychology* 64 (2013): 361–88; and J. Traphagan, "Why 'Company Culture' Is a Misleading Term," *Harvard Business Review*, April 21, 2015, https://hbr.org/2015/04/why-company-culture-is-a-misleading-term.

知识应用和就业力

在本章中，我们向你介绍了组织文化和组织氛围以及它们的区别。现在你应该知道它们非常重要——糟糕的组织文化可能会成为组织在各个方面失败的因素。组织通常会非常认真地对待组织文化。通过了解组织文化及其工作原理，你可以适应不同类型的文化，在领导岗位上设计出积极的组织文化，并且证明你与面试公司的价值观相适应，从而提高你的就业力。同样你也了解到组织文化的负面影响，这将帮助你避免在具有负面组织文化的组织中工作或求职时可能遇到的麻烦。在本章中，通过考虑使组织文化发生变化的力量、学习如何成为更好的领导者、区分银行业中不同企业的同情文化，以及辩论组织文化是否能够被衡量，你提高了沟通技能。接下来，你将会设计自己的组织文化，研究文化会如何导致不诚实或腐败现象，讨论办公室和组织设计的各个方面如何对组织文化产生影响，并质疑积极文化的优缺点，以此来提高自己的批判性思维能力、知识应用与分析技能。

体验练习

文化建筑师

3～4 名学生一组，每组将分别成为一个新组织的创始人。各个小组的成员将借鉴他们在本章及其他材料中学到的知识，为新公司建立有效的组织文化奠定基础。每个小组都需要提供和新公司文化有关的以下信息，并说明答案的合理性：

- 组织名称；
- 提供的产品和服务；
- 创始成员；
- 使命或愿景陈述；
- 三个指导组织的主要价值观；
- 五个指导组织业务行为的核心信念；
- 三个促进组织愿景或强化价值观的组织政策、实践或程序的例子；
- 一个或多个代表组织使命或价值观的实物或符号（可以是徽标、服装描述、语言或行话使用，等等）。

◆ **问题**

1. 在设计文化时，你们会很难就其中某些要素达成共识吗？产生了什么样的分歧？你们是怎么解决的？
2. 这些基础一定会导向你们想要的文化吗？为什么？可能会出现什么样的变化、障碍或事件使文化发生改变或者朝意想不到的方向偏移？
3. 为了让新员工更好地适应组织文化，你们会使用哪些类型的专门社交实践？

道德困境

欺骗文化

我们在书中提到，诚实通常是管理组织行为的最佳策略，但这并不意味着诚实交易是唯一的商业规则。

事实上，研究发现可能会有整个行业鼓励不诚实的情况出现。在一项实验中，受试者要么完成一项一般的调查，要么在考虑自身职业的情况下完成调查。调查中他们被要求报告抛硬币的结果，并事先被告知，出现头像的次数越多，他们赚到的钱就越多。在一般调查中，银行从业者和在其他领域工作的人同样诚实地报告抛硬币的结果。然而，当被告知要考虑自己的职业身份时，银行从业者夸大了硬币出现头像的频率，而其他职业的受试者没有这样做——职业认同与不诚实行为之间的这种联系只在银行从业者中出现。这种结果当然不局限于银行业。其他激起人们考虑金融交易的方法似乎都能产生更多的不诚实行为。研究还发现，许多人对通过不诚实行为来满足底线而感到有压力。金钱为不诚实提供了强大的动机。

金钱动机在职业运动中非常强大。例如，国际足联在 2015 年遭到起诉的高层领导者的数据表明，国际足联在内部已经接受了不诚实行为，并且鼓励掩盖他人的不诚实。国际足联审计与合规委员会主席多梅尼科·斯卡拉（Domenico Scala）指出："为了支持这一变化，我们需要一种文化来谴责不恰当的行为，积极公平地执行规则并做出回应。"人们一致认为，要克服腐败，当权者必须表现出对道德文化的承诺。正如斯卡拉所指出的，"领导的定调能够确保这种文化嵌入组织的各个层面。必须诚实，在语言和行动上都需要真诚的沟通"。当有利可图时，人们可能会有变得不诚实的倾向，因此领导者要特别警惕，并传达对道德行为的明确期待。

幸运的是，有证据表明，要求人们关注人际关系和时间的消耗方式可以让他们的行为更加诚实和有益。这表明，关注自身行动的社会后果确实有助于杜绝腐败。

◆ **问题**

1. 鼓励不诚实和腐败的文化对组织声誉和员工的负面影响有哪些？

2. 为什么一些组织可能会迫使员工做出不诚实或腐败的行为？组织文化是否可以抵消腐败带来的个人利益？

3. 作为一名新员工，如果你在工作中被迫违背自己的道德标准，你可以采取什么行动？中层员工对这个问题的回应与更高级别的管理者可能有何不同？

资料来源：Based on F. Gino, "Banking Culture Encourages Dishonesty," *Scientific American*, December 30, 2014, http://www.scientificamerican.com/article/banking-culture-encourages-dishonesty/; A. Cohn, E. Fehr, and M. A. Maréchal, "Business Culture and Dishonesty in the Banking Industry," *Nature*, 2014, doi:10.1038/nature13977; L. Geggel, "FIFA Scandal: The Complicated Science of Corruption," *Scientific American*, May 31, 2015, http://www.scientificamerican.com/article/fifascandal-the-complicated-science-of-corruption/; and K. Radnedge, "Culture Change Required if FIFA Is to Eliminate Wrongdoing," *World Soccer*, May 29, 2015, http://www.worldsoccer.com/columnists/keir-radnedge/culture-change-required-if-fifa-is-to-eliminate-wrongdoing-362278.

案例分析 1

环境塑造了人

在格森·莱尔曼集团（Gerson Lehrman Group），你不会看到员工日复一日地在隔间里工作，你也不会发现员工一直在自由的开放式办公区域工作。原因是格森·莱尔曼投资建立了基于活动的工作系统。在这个系统中，员工可以前往私人使用的隔间、召开小组会议的会议室、可使用笔记本电脑的咖啡厅，以及完全开放式的工作环境。你某天在何处工作完全取决于自己。

大家可能已经不记得，办公室分配一直是等级与地位的象征，同时也是组织文化的一部分。随着组织越来越扁平化，对创造力和灵活性的需求增加，开放式办公室已经成为商界的主流。我们的目标是鼓励自由的对话和讨论，增强创造力，最大限度地削弱等级制度。换言之，培养一种创造和协作的文化，并使办公空间不再与地位相联系。

然而，对开放式办公室的研究表明它也有不利之处。开放式办公室削弱了隐私感，减少了拥有自己空间的感觉，并带来了一种分散注意力的背景刺激。心理学家玛丽亚·柯尼科娃（Maria Konnikova）指出："当我们同时接触太多输入——电脑屏幕、音乐、同事对话、即时消息提醒——我们的感官就会处于超负荷状态，需要做更多工作才能获得既定的结果。"

那么，前面所描述的基于活动的混合方案是一个潜在的解决方案吗？由于其不断变化的工作空间和缺乏一致性的位置，这可能是一个比开放式办公室更不受控制的环境。然而，它确实代表一种重视个体员工选择工作环境的自主权的文化。尽管如此，缺乏一致性也会带来其他问题：员工甚至无法实现在开放式设计中个人对特定空间的适度控制。设计专家路易斯·洛斯特（Louis Lhoest）指出，在以活动为基础的办公室里，管理者"必须学会应对不让人出现在他们视线中的问题"。对于许多管理者来说，这是一个困难的转变，尤其当他们习惯了命令和控制的文化。

无论是传统的、开放的还是基于活动的设计，很难说整体上哪一个最好。也许更好的问题是："对于每个组织来说，哪一种最合适？"

◆ **问题**

1. 不同类型的办公室设计可能会如何影响员工的社交互动、协作和创造力？即使在没有创新文化的组织中也应该鼓励这些特质吗？

2. 新的办公室设计的效果可以得到客观评估吗？你如何衡量新的办公室设计是否会改善组织文化？

3. 你认为某种类型的办公室设计可以被用于创建更具道德或灵性的文化吗？为什么？如果你的回答是肯定的，那么应该如何利用办公室设计来创建道德文化呢？

资料来源：Based on B. Lanks, "Don't Get Too Cozy," *Bloomberg Businessweek*, October 30, 2014, http://www.businessweekme.com/Bloomberg/newsmid/190/newsid/271; M. Konnikova, "The Open-Office Trap," *New Yorker*, January 7, 2014, http://www.newyorker.com/business/currency/the-openoffice-trap; and N. Ashkanasy, O. B. Ayoko, and K. A. Jehn, "Understanding the Physical Environment of Work and Employee Behavior: An Affective Events Perspective," *Journal of Organizational Behavior* 35 (2014): 1169–84.

案例分析 2

活跃文化

许多成功公司的员工会以查看经济预测来作为新的一天的开始。加利福尼亚州的巴塔哥尼亚（Patagonia）的员工通过查看海浪预报来开始一天的工作，这家户外服装公司鼓励员工在工作日抽出时间到户外活动。对于巴塔哥尼亚来说，将员工与自然环境联系起来是组织文化的重要组成部分。

新员工很快就会体验这种心态。在巴塔哥尼亚创建不久，市场营销主管乔伊·霍华德（Joy Howard）就被鼓励去世界各地飞钓、冲浪和攀岩。她指出，所有这些度假活动都不只是玩耍——这是她工作的重要组成部分。“我们需要熟悉我们营销的产品。”这种做法支持以户外活动为导向的健康文化。该公司有一个现磨有机咖啡馆，以当地种植的农产品为特色。公司通过员工折扣计划鼓励各级员工在户外穿运动服，高度灵活的工作时间确保员工可以偶尔自由地利用下午时间冲浪，或者在周末外出徒步旅行。

这种组织文化对盈利是否有好处？一些企业领导者认为确实如此。正如Warby Parker眼镜公司的创始人之一尼尔·布卢门撒尔（Neil Blumenthal）观察到的那样，“他们已经证明，你可以在考虑环境、团队和社区的情况下建立一个能够盈利的企业”。巴塔哥尼亚的首席执行官罗斯·马尔卡里奥（Rose Marcario）说：“人们认为巴塔哥尼亚是一家通过更全面的视角来看待业务而非只注重利润的公司。”然而，她很快又补充道：“利润很重要，如果它不重要，你也不会和我谈论这个问题了。”

巴塔哥尼亚对部分人而言显然是一个理想的工作场所，对于不认同其价值观的人来说却并非如此。不喜欢户外活动的人可能会感到被排斥。虽然巴塔哥尼亚的特殊使命和价值观可能并不适合所有人，但考虑到它在产品和就业市场上的特定定位，这种文化就像手套一样合适。

◆ **问题**

1. 你认为巴塔哥尼亚成功的关键文化维度是什么？组织应该如何帮助培养这种文化？

2. 巴塔哥尼亚通过战略构建的文化是否可以应用于其他公司？对于那些与生活方式联系没那么紧密的公司而言，这种文化是一个有用的范式吗？为什么？

3. 巴塔哥尼亚的文化特点是什么？有时会不会是一种负担？如果是，那是在什么情况下？

资料来源：Based on J. Murphy, “At Patagonia, Trying New Outdoor Adventures Is a Job Requirement,” *Wall Street Journal*, March 10, 2015, http://www.wsj.com/articles/at-patagonia-trying-new-outdoor-adventures-is-a-job-requirement-1425918931; B. Schulte, “A Company That Profits as It Pampers Workers,” *Washington Post*, October 25, 2014, http://www.washingtonpost.com/business/a-company-that-profits-as-it-pampers-workers/2014/10/22/d3321b34-4818-11e4-b72e-d60a9229cc10_story.html; and D. Baer, “Patagonia CEO: ‘There’s No Way I Should Make One Decision Based on Quarterly Results,’” *Business Insider*, November 19, 2014, http://www.businessinsider.com/patagonia-ceo-interview-2014-11.

注 释

第17章 人力资源政策与实践

Human Resources Policies and Practices

学习目标

学完本章后，你应该能够：

1. 描述招聘方法的价值。
2. 说明初步甄选方法。
3. 指出最有效的实质甄选方法。
4. 比较主要的员工培训类型。
5. 列举绩效评估的方法。
6. 描述人力资源管理者在组织中的领导角色。

就业技能矩阵

	传言还是科学	职业目标	道德抉择	观点碰撞	体验练习	道德困境	案例分析 1	案例分析 2
批判性思维		✔	✔		✔	✔	✔	✔
沟通		✔			✔			
合作					✔			
知识应用与分析	✔	✔		✔	✔	✔	✔	✔
社会责任			✔	✔		✔	✔	✔

不寻常的福利

什么福利可以帮助科技公司吸引女性员工？带薪产假、现场日托还是推迟生育的计划能力？

科技公司面临的最大挑战之一便是如何吸引和留住女性员工。作为一个需要创造力的行业，许多硅谷公司都尝试利用性别更多元化的劳动力带来更多的创新优势。遗憾的是，即使拥有具有竞争力的产假政策，女性员工也很难在二三十岁的时候生育孩子。这可能会让职业女性陷入困境，因为她们职业生涯中最关键的阶段可能正是她们最适合生育的时间段。

脸书首席执行官马克·扎克伯格希望给予女性员工更多的选择。2014 年，脸书为成为父母的员工提供了慷慨的福利方案。即使以硅谷的标准衡量，这也算得上最慷慨的方案之一。新晋父母可以享受 4 个月的带薪产假以及 4 000 美元的奖金。准妈妈也可以使用现场护理设施来满足所有的医疗保健需求。扎克伯格认为还可以做得更多。这位脸书创始人为员工支付了提取和冷冻卵子的开支，扩大了员工的健康福利范围。通过冷冻卵子，许多以职业为目标的脸书员工可以推迟生育孩子的时间直到职业发展速度变慢，而不需要承担 30 岁后无法怀孕的风险。

正如脸书所做的许多事情一样，扎克伯格的这一声明开启了新的趋势，苹果及硅谷其他公司紧随其后，为女性员工支付冷冻卵子的费用。到 2017 年，卵子冷冻已经成为普遍选择。英国最大的生育公司之一 CARE Fertility 宣布，已经有几家英国公司与它联系为公司员工提供卵子冷冻服务。

卵子冷冻只是硅谷公司为员工提供的众多不寻常的福利之一。苹果为员工提供免费演唱会、交通工具、在线健康中心，甚至无限量供应公司的同名水果。科技初创公司 Asana 为员工提供 1 万美元用于定制自己的办公室。Dropbox 的员工可以获得免费的洗衣服务和开放酒吧提供的晚餐，公司为每个员工花费高达 25 000 美元。谷歌在员工福利方面占据了制高点，它拥有午睡舱（nap pods）、跑腿服务、免费自助餐厅和 30 多家咖啡馆。

为什么公司要削减利润来为福利买单？毕竟仅冷冻卵子就需要为每个员工支付大约 2 万美元。许多公司使用不寻常的福利来吸引人才。在劳动力短缺的地区，例如硅谷，提供这样的福利可以提高顶尖求职者接受工作的可能性。在更广的层面上，这些福利可以增强组织文化。免费晚餐可以建立同事情谊，跑腿服务和午睡舱可以减轻员工压力。一些非必要的福利（如免费用餐、定制办公室）也可以提高满意度。员工对自己的工作感到满意时更有可能留下来，有利于节省公司的离职成本。

资料来源：Based on B. Molina and E. Weise, “Apple, Facebook to Pay for Women to Freeze Eggs,” *USA Today*, October 14, 2014, https://www.usatoday.com/story/tech/2014/10/14/apple-facebook-eggs/17240953/; C. Purtill, “Silicon Valley’s Newest Trend Is Realizing Its Most Insane Perks Aren’t Sustainable,” *Quartz Media*, May 10, 2016, https://qz.com/679889/silicon-valleys-newest-trend-is-realizing-its-most-insane-perks-arent-sustainable/; A. Robinson, “Egg Freezing Offered as Perk to Female Employees,” *Sky News*, April 24, 2017, http://news.sky.com/story/egg-freezing-offered-as-perk-to-female-employees-10848413; and L. Bradford, “13 Tech Companies That Offer Cool Work Perks,” *Forbes*, July 27, 2016, https://www.forbes.com/sites/laurencebradford/2016/07/27/13-tech-companies-that-offer-insanely-cool-perks/#165aa9c679d1.

本章需要传达的是，人力资源政策与实践，比如员工招聘、甄选、培训和绩效管理会影响组织的有效性。[1] 研究表明，管理者——包括人力资源经理——通常无法确定人力资源实践中哪些是有效的，哪些是无效的。因此，他们不断尝试各种技术，从免费教学到压力面试。我们首先从招聘功能开始，讨论经过验证的新方法，以及它们对组织行为的影响。

17.1 招聘活动

任何人力资源项目的首个阶段都是招聘，紧随其后的是甄选。按照甄选制度选出来的人最多只能和招聘得到的申请者水平一样。[2] 战略性招聘已经成为许多公司的基石。招聘活动是根据长期战略目标制定的。关于对招聘中“成功”的定义，大多数研究表明，最好的系统会吸引对工作和组织有深入了解的应聘者。[3] 这类应聘者的技能与工作要求可能更契合，他们对所从事的工作会更满意。与这些发现一致的是，最有效的招聘技术包括内部推荐、实习计划等，这些方法可以为潜在的申请者提供足够的信息，以充分评估自己可能承担的角色。

越来越多的企业开始脱离外部招聘机构，在搜寻人才时依靠本公司的高管和人力资源专家。[4] 最有效的招聘人员——无论是来自内部还是外部——都对工作了若指掌，与潜在新员工沟通时效率很高，并以体贴和尊重的态度来对待新人。[5] 此外，内部招聘人员在招聘员工时采用公平公正的做法非常重要，因为公平感与工作机会的接受有关。[6] 招聘人员还会使用各种各样的在线工具来招揽求职者，包括招聘网站和社交媒体。尽管企业通过在线招聘识别人才的方式仍在发展之中，但是在线招聘已使求职者的人数呈指数级增长。[7] 社交网络服务促成了许多联系。有些组织正在开发某些独特的方式，比如以游戏的形式进行在线编程竞赛，以期找到那些具备优秀技能的人，他们可能会因此申请相应的职位。这些比赛能帮助组织成功招募到来自世界各地的求职者。[8]

17.2 甄选活动

人力资源最重要的功能之一就是招到合适的人。当公司招到合适的人时，他们的人力资本资源就得以增加。**人力资本资源**（human capital resource）指某个组织通过其员工所获得的能力。[9] 这些资源包括专业技能、集体知识、能力以及通过组织的劳动力可以获得的其他资源。

怎样才能弄清哪个应聘者是合适的人呢？甄选的目标就是通过将个体特征（能力、经验等）与工作岗位的要求进行匹配来确定谁是最佳的应聘者。[10] 如果管理层没有做出恰当的匹配，那么员工的绩效和满意度都会受到消极影响。求职者的人数从来没有像现在这样多，组织要确保采用有效的方式选出最合格的人才，这一点至关重要。遗憾的是，目前的科技水平还无法可靠地识别求职者的特质与经验，因此也就无法找出那些最有可能在工作中表现出色的人选。科技在短时间内有了很大的进步，但它在招聘中发挥的用途还没有实现流水化。通过申请表来筛选工作所需特质和经验的独特组合的技术依然不足；你正在寻找的是表现最好的人。即使只是报告应聘者在招聘过程中的状态的技术，目前也不是普遍可操作的。[11]

17.2.1 甄选过程如何发挥作用

图表 17－1 介绍了绝大多数组织的甄选过程。在决定申请一份工作之后，求职者要经历好几个阶段（图中列出三个），而在其中任何一个阶段，他们都有可能被淘汰。在实践中，组织经常会为了节约时间有选择地跳过一些阶段（例如，肉类加工厂可能会直接雇用那些来找工作的人，因为不会有很多人希望通过加工猪大肠来谋生）。大多数组织的甄选过程与此相似。下面让我们详细考察每一个阶段。

图表 17－1　组织甄选过程模型

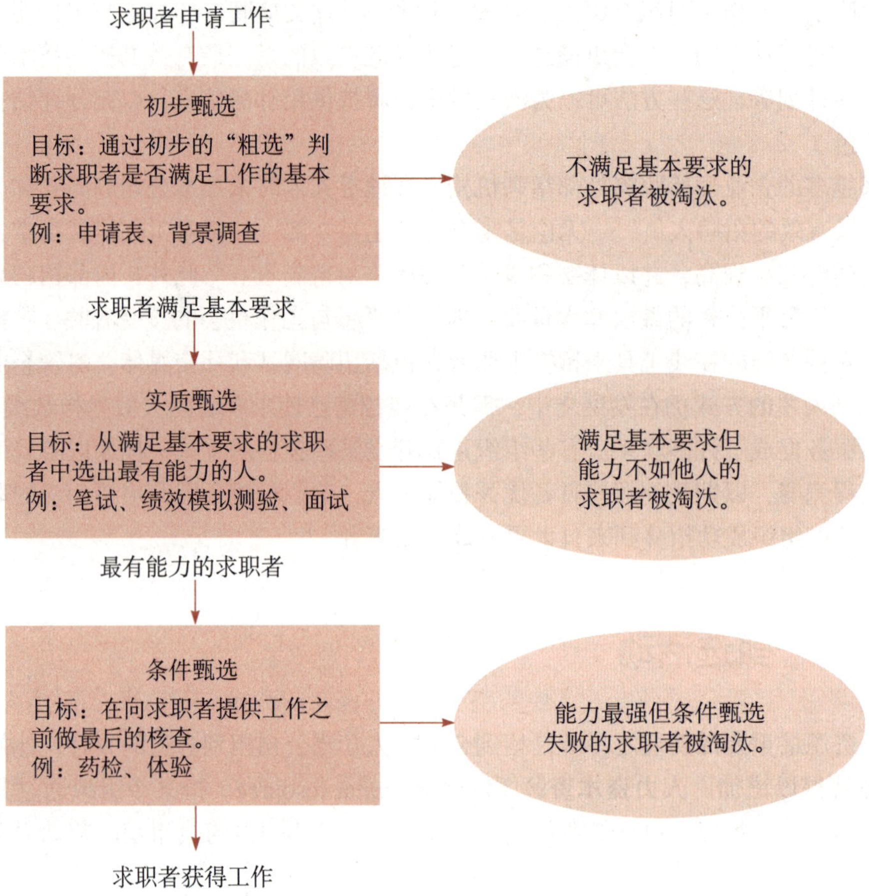

17.2.2　初步甄选

初步甄选被用于初步的“粗选”，以判断求职者是否满足工作的基本要求。申请表和简历（包括推荐信）是初步甄选的工具。背景调查既可用于初步甄选，也可用于条件甄选，这完全取决于组织的安排。有的组织喜欢先调查背景，有的喜欢在准备雇用之前进行核查。还有一些组织几乎从来不做核查，而是去招聘朋友和家人。这种做法存在争议，一定程度上是因为它阻碍了职场的多元化，而多元化已被证明可以提高组织绩效。[12]

申请表　你一定填写过工作申请表。单靠这份申请表包含的信息并不能有效预测绩效。但申请表是很好的初步筛选工具。例如，花时间面试一个没有相应资质（教育背景、证书、经验）却应聘注册护士的求职者是没有意义的。然而，管理者要慎重选择列入申请表的问题。很显然，有关种族、性别和民族的问题是不允许询问的。其他有些问题也有可能让公司面临法律风险。例如，申请表不应该询问关于婚姻状况、抚养人和家庭义务的问题。

越来越多的组织鼓励求职者在线申请。这种申请方式仅需他们花几分钟时间，而且申请表很容易就可以直接呈现给负责做出雇佣决策的考官。例如，大多数大企业的官方网站会有招聘网页，你可以在上面按照工作地点或工作类型搜索空缺职位，然后在线申请。如今，我们更多通过电子邮件发送简历或者在线上传简历，而不是邮寄，有时求职者还会制作视频简历。求职者的偏好一直都在改变。荷兰的一项研究表明，少数族裔的求职者（在这里指土耳其人和摩洛哥人）更加青睐视频简历所体现的个性化。[13]

越来越多的雇主开始要求求职者在提交申请时附上照片，有些雇主还会通过人脸识别软件来扫描这些照片，核查求职者的相貌是否与其填写的家庭住址、社会保险号、犯罪记录以及附属关系相匹配。虽然这看起来是项不错的商业操作，但专家并不建议使用，除非所涉及的工作需要在高度安全的环境中进行，否则求职者可以声称他们因为自己的面部特征受到了歧视。[14] 此外，很多少数族裔申请者可能希望隐藏自己的种族信息，以避免在甄选过程中受到歧视。事实上，除非一个组织表明重视多元化，否则会有很多少数族裔申请者让自己的简历看起来更像白人，以减少歧视。[15]

当你是应聘者时，填写在线申请表要谨慎。许多人力资源部门在面对海量的求职申请时会使用软件来进行预筛，将候选人的关键信息和工作所需的资格进行匹配。软件通常是为了筛除那些不合格的候选人，而不是甄选出优秀的候选人。你应该把所有能够精确描述你工作经验的关键词都写进去，包括有偿工作和志愿工作[16]，同时也要利用你所得到的一切提示信息把能够体现你优秀个人特征的关键词列出来，使你看起来更加符合工作要求，但注意不要夸大。[17]

背景调查　在招聘过程中，80% 的雇主都会在某个阶段对求职者进行背景调查。理由很简单：他们想知道求职者在过去工作中的表现，以及以前的雇主是否推荐雇用此人。问题是，以前的雇主提供的信息几乎没什么用处。事实上，将近 2/3 的雇主拒绝提供有关求职者的详细参考信息，因为他们担心由于对前雇员的不利言论而被起诉。虽然这种担忧通常没有什么依据（只要忠于记录在案的事实，雇主就不会有麻烦，有几个州已经颁布法律保护背景调查中的真实信息），但在这个法治社会，多数雇主还是谨言慎行，以免越界。结果就产生了一个悖论：绝大多数雇主想获得参考信息，却没有几个雇主愿意提供这类信息。雇主们确实希望申请者提供个人信息时能够更加坦诚一些。然而有研究发现，30% 的招聘经理经常发现虚假或误导性的信息。[18] 一些组织开始利用背景调查软件向求职者发送需用时 10 分钟的调查问卷，以获取相关信息。研究表明，这种新技术也许能够带来更好的（更客观的）信息。[19]

推荐信是另一种形式的背景调查。它没有想象中那么有用。求职者会选择那些为他说好话的人，因此几乎所有的推荐信上都是正面信息。最终，阅读推荐信的人要么完全忽略它，要么在“字里行间”设法寻找隐含的信息。

许多雇主通过一般的网络搜索来搜寻候选人，或者有针对性地在社交网站上进行搜索。这一做法的合法性受到了质疑，但是毫无疑问，许多雇主利用网络搜索主要是为了确定候选人是否有不良历史，以免做出不可靠的雇佣选择。对于某些有可能被雇用的人来说，脸书上流传的令人尴尬或者有着不良影响的照片可能会使找工作变得更加困难。一项研究发现，独立的评级机构在评估候选人的脸书资料时能够更加准确地判断候选人的责任心、随和性以及聪明才智，这些特质都有可能在之后的工作中转化成绩效。[20] 最近的研究发现，招聘者的打分所预测的工作绩效和离职情况并不能超出正常甄选和筛选措施（即传统的人格衡量标准）的预测。通过社交媒体得到的打分也反映了对白人和女性应聘者的偏见。[21]

有些雇主会检查信用记录。例如，银行如果要雇用出纳员，很可能希望了解求职者的犯罪记录和信用记录，但信用核查越来越多地被应用到非银行业的工作中。有些证据是支持这种做法的。研究发现，任务绩效、组织公民行为和责任心（工作绩效的一种预测指标，见第 5 章）与信用记录呈正相关。[22] 然而，这种相关性的一致性受到了质疑——研究还发现，少数族裔的信用分数相对较低；年龄和受教育程度则与信用分数呈正相关。[23] 由于对歧视方面的担忧，以及信用核查本身存在的侵犯性，雇主们必须确定是否有必要采用这种方式。

一些雇主还会进行犯罪记录方面的背景调查。目前，6 500 万（1/4）美国成年人有犯罪记录，他们中的许多人很难或者根本不可能找到工作。[24] 美国平等就业机会委员会规定，组织不得以求职者的背景调查结果为依据拒绝雇用。专家也指出，此类调查结果通常是不准确的。此外，求职者很少能够得知自己为什么遭到拒绝，也就无法得到改正的机会，因此会受到伤害。[25] 当被给予对犯罪记录进行解释的机会时，很多申请者能够挽回自己在招聘者心目中的形象。[26] 使问题更加复杂的一点是，只有当工作与犯罪内容存在关联时（组织可以因为挪用公款的记录而拒绝某人从事金融方面的工作，但不能因此拒绝他在医疗行业工作），犯罪记录的使用才是合法的。[27] 一项民权运动试图禁止雇主对求职者的犯罪记录进行调查，即便是询问也不允许。

有些企业会专门雇用那些背景不合格的求职者，比如有犯罪史的人。这些组织在其文化中很重视“第二次机会”，并向我们证明，那些获得了第二次机会的员工很多都成为组织和社会中宝贵的贡献者。然而，这种招聘并非没有风险，必须得到认真的管理。[28] 尽管表面上看最好的结果是雇主不再进行犯罪记录调查，但是不调查的话，如果有犯罪记录的员工在岗位上犯罪，组织可能要付出法律代价。

17.3 实质甄选和条件甄选

如果求职者通过了初步甄选，接下来就是实质甄选阶段。这些甄选方法是甄选过程的核心，包括笔试、绩效模拟测验和面试。我们将讨论这些测试以及条件甄选测试。条件甄选测试通常是对通过实质甄选的求职者进行测试。

17.3.1 笔试

长期以来，笔试——也称为“纸笔”测验，不过现在大多可以在线进行——是备受欢迎的甄选工具，但在 20 世纪 60 年代末到 80 年代中期，其使用率有所下降，在美国更加明显。笔试常常被认为带有歧视性，而且许多组织没有证据表明这些测验与工作相关。然而自那以后又出现了一次复兴，如今大多数组织至少会考虑使用其中一种测试。[29] 管理者认识到，有效的测验可以帮助预测谁会在工作岗位上取得成功。[30] 然而，求职者认为笔试不如面试或绩效模拟测验那么有效和公平。[31] 典型的测试包括：（1）智力或认知能力测试；（2）人格测试；（3）诚信测试。

智力或认知能力测试 有证据表明，智力 / 认知能力 / 智商（这些术语有时可以互换使用）测试、空间与机械能力测试、知觉准确性测试和运动能力测试对于预测许多技术性、半技术性和非技术性的操作工作的绩效是有效的。[32] 总的来说，对于那些需要复杂的认知能力的工作（例如在国家足球联盟学习越来越复杂的战术手册）来说，智力测试被证明是一种很好的预测手段。[33] 很多专家认为智力测试是各种工作最好的单个甄选手段，智力测试在欧盟国家与在美国一样有效。[34] 虽然认知能力测试长期以来适合被认为是衡量单一、统一的认知能力的测试，但最近的一些研究表明，这些测试可能适合基于工作要求的不同具体能力。[35] 例如，在招聘过程中分别测试数学、口语和技术能力可能会比仅依靠整体认知得分更好地预测工作绩效。

人格测试 人格测试成本低廉、简单易行，使用越来越广泛。然而，对求职者作弊的担忧依然存在，一方面是因为申请工作时人们很容易声称自己勤劳可靠、充满活力，即使这些说法并不准确；另一方面，求职者有时意识不到这些声称的内容是假的。[36] 一项针对克罗地亚大学生的研究表明，个人可以在一定程度上成功伪造出理想的人格图谱。[37] 一项研究表明，在测试中对可能出现的造假行为做出警告也许可以帮助减少此类行为。[38] 两项综述在对比了人格自评和他评的研究后发现，他评的人格能够更好地预测工作绩效和其他行为。[39] 因此，雇主也许可以考虑在人格测试中加入关于可信赖度的信息，并在筛选的过程中将求职者的人格作为就业参考信息。

诚信测试 由于组织内的道德问题日益增多，诚信测试开始盛行。这些纸笔测试测量的是诸如可靠性、细致性、责任感和诚实度等因素。有证据表明，这些测试是预测工作绩效（由主管尽可能客观地衡量）以及偷窃、违纪和过多缺勤的潜在可能性的有效手段。[40] 然而，许多现有的测试方式无法对工作绩效做出同样准确的预测。管理者必须根据组织的需要谨慎选择合适的测试方式，以确保道德测试要素与工作职责相匹配。[41]

17.3.2 绩效模拟测验

除了实际操作，难道还有更好的方法来了解求职者能否胜任一份工作？这正是绩效模拟测验背后的逻辑基础。尽管与笔试相比，绩效模拟测验的开发更复杂，实施更困难，但在过去数十年中，这种测验却日益盛行。这似乎是由于绩效模拟测验比笔试具有更高的“表面效度”（表面效度衡量的是求职者认为这些测验是否准确）。预测性的模拟通常可以通过工作抽样测验、评价中心、情境判断测验和工作预演来获得。

工作抽样测验 **工作抽样测验**（work sample test）指的是在部分或全部模拟的工作环境中，求职者实地完成各种日常工作任务。工作抽样测验的每个要素都与某项工作要素相匹配，从而比书面的潜能和人格测验更能具体地测量求职者的知识、技能和能力。[42] 工作抽样测验广泛应用于熟练工人（如焊接工、机械师、木工和电工）的招聘中。工作抽样测验越来越多地应用到各个层面的雇佣活动中。

评价中心 **评价中心**（assessment center）技术使用的是一套更精细的绩效模拟测验，特别用来评估求职者的管理潜能。通常由直线管理者、主管、训练有素的心理学家或者所有这些考官来评估求职者的表现。求职者要利用一天甚至几天的时间来完成作业，这些作业模拟了他们在工作中会遇到的真实问题。[43] 例如，求职者可能会被要求扮演一名管理者，在两个小时内对公文筐中的十份备忘录做出答复。评价中心可以很好地对绩效做出预测。然而，一些人对其有效性进行了争论，因为打分过程可能会被许多因素干扰。例如，评价中心练习的结果可能会受到申请者是否容易猜到表现良好的特征的影响，或者受角色扮演者的性格的影响。[44]

情境判断测验 为了降低工作模拟的成本，很多组织开始使用**情境判断测验**（situational judgment test）。这种测验向求职者询问他们在各种工作情境中将如何表现，然后将他们的答案与高绩效员工的答案进行比较。[45] 然而，求职者可以通过训练提高这类测验的分数，因此人们怀疑，它们反映的是真实的判断，还是求职者事先所做的准备。[46] 一项研究在对比了情境判断测验和评价中心这两种方法后发现，评价中心能更好地预测工作绩效，尽管差别并不大。[47] 最终，由于工作抽样测验和评价中心相对复杂，而情境判断测验成本较低，所以对某些组织来说，情境判断测验也许是更好的选择。

工作预演 越来越多的雇主开始将工作抽样测验方法用于甄选测试之外的其他领域，如实际工作绩效的评估。这些措施有时被称为**工作预演**（realistic job preview）或工作选拔，用来评估能力和经验之间的关系。专家发现，这种方法还能降低员工流失率，因为雇主和员工事先都知道他们将要面临的是什么。[48] 为了申请某科技公司副总裁的职位，乔治需要向公司做报告、开展研究，并与高管就公司未来的业务发展进行对话。这个过程持续了整整一周，乔治却没有得到任何报酬，他感觉这家公司是在利用他的免费劳动，但他说："你只能接受这一点，还不能表现出不满。"[49] 有些人则反对这种测验并选择中途退出，人力资源经理可能会因此失去合格的候选人。那些对组织的使命、人员或产品有认同感的人退出的可能性比较小。这表明人力资源经理应该在早期的甄选过程中努力使候选人对组织产生参与感。[50]

17.3.3 面试

对世界范围内的组织来说，面试一直是甄选员工最标准的做法。面试对录用决策的影响相当大，甚至超出正常范围。过度依赖面试会产生问题，因为有大量证据表明，印象管理技巧（见第 13 章），比如自我推销，可以对面试官的喜好产生强烈影响，即使所展示出来的特质与工作无关。[51] 相反，如果求职者在面试中表现不佳，很可能会被立即淘汰，无论他的工作经验多么丰富，测验得分有多高，推荐信中说得有多好。令人遗憾的是，一项研究发现，求职者可能会因为很小的事情（比如面部有个瑕疵）而得到比较低的评价。[52]

面试分为结构化面试和非结构化面试。常用的**非结构化面试**（unstructured interview）——简短、随意，由随机的问题组成——并不是一种非常有效的甄选工具。[53] 这种面试很容易跑题，成为无效的谈话（见组织行为民意调查）。通过它收集到的信息通常存在偏差，常常只与未来的工作绩效中度相关。然而，管理者不太愿意采用**结构化面试**（structured interview）——专门设计用于收集工作相关信息的有计划面试——代替自己最喜欢询问的问题，例如，"如果你可以变成任何动物，你会选择变成哪种动物？为什么？"结构化面试极大地限制了主观性，因此可以提供更可靠的答复。哈里·韦斯特（Harry West）是创新设计公司 Continuum 的 CEO，他会问所有的候选人同样的问题："你想做什么？你擅长什么？你不擅长什么？告诉我，你都做过什么。"这是一个很好的开端，因为这些问题在本质上都是客观的，得到的答案是开放性的，并且对所有的候选人一视同仁。[54]

组织行为民意调查

面试跑题了

面试的时候，如果面试官跑题了，你会怎么办？

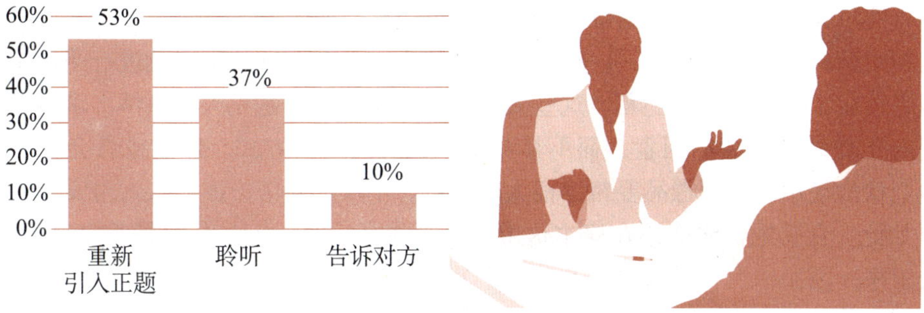

注：基于对 150 名求职者的调查。

资料来源：Based on J. Yang and P. Trap, *USA Today*, November 13, 2012, 1B.

由于缺乏结构化，面试官往往会青睐那些观点与自己相似的求职者，过多地注意消极信息，并受到求职者面试先后顺序的影响。[55] 而结构化面试降低了面试官受求职者外貌和印象管理技巧（如奉承和自我推销）影响的程度。[56] 为了减少这样的偏见和提高面试的效度，管理者应当采用一套标准化的问题，使用同一种信息记录方法，并且采用同一套标准来评估求职者的资质。培训面试官，使他们专注于与工作绩效相关的特定维度，将候选人的评估程序化，并且对面试官的表现进行反馈，使他们了解自己在多大程度上做到只关注与工作相关的特质，这些措施可以大大提高面试官评估的准确性。[57] 然而，面试开始时来自非结构化对话的最初印象依然会影响面试官的评分。[58] 如果雇主使用行为结构化面试，面试的有效性也会提高。这很可能是因为这些测验受面试官各种偏见的影响较小。[59] 这种面试要求求职者具体描述他们如何解决先前工作中的具体问题和情境，它所基于的假设是：过去的行为是预测未来行为的最佳指标。**专家组面试**（panel interview）——在共同会议上由求职者和若干专家组成员进行的结构化面试——也可以使个体偏见的影响最小化，从而得到更高的有效性。

在实践中，绝大多数组织会由于各种原因采用面试。各行各业中的组织，例如西南航空、迪士尼、美国银行（Bank of America）、微软、宝洁以及哈拉斯娱乐（Harrah's Entertainment），都利用面试来评估求职者与本组织的匹配程度。因此，除了评估与工作相关的具体技能，面试还要考察求职者的人格特点和个人价值观，以找到那些与组织的文化和形象相匹配的求职者。一些公司还将面试作为一种招聘工具，尝试向求职者"推销"工作和组织的价值观。由于劳动力市场紧张，这种策略有时可能是必要的，但也有可能会存在问题。一项研究表明，在面试中尝试推广公司的面试官在识别申请者的人格特征和甄选方面比那些只注重求职者资质的人要差得多。[60]

17.3.4 条件甄选

如果求职者通过了实质甄选，基本上离录用只有一步之遥。这一步能否跨过去取决于最终的核查。条件甄选的一种常见检查是药检。例如，大众超市为求职者提供试用期，试用期能否通过完全取决于药检结果。其他一些组织也是如此。

人们对药检的看法褒贬不一。很多求职者认为，没有合理的猜疑就进行药检是不公平的，或者侵犯了他们的个人隐私。这些人可能认为使用药物是私人的事情，求职者被测的应该是与工作绩效相关的因素，而不是与工作无关的生活方式。雇主或许会反对这种说法。他们认为使用和滥用毒品要付出极大的代价，不仅从经济方面，从人身安全的角度来看也是如此。在美国，法律站在雇主这边。美国最高法院认定，药检是"侵犯程度最小"的甄选程序，因而作为一项规定并不会侵犯个人权利。

根据《美国残疾人法案》，公司不能在录用之前要求员工进行体检。但是，公司可以在向求职者提供一份有条件的录用通知之后对求职者进行体检，以判断此人在身体和精神上是否符合工作要求。有时候，雇主也会通过体检来确定自己是否能够以及如何使工作环境适合残疾员工。对于那些对体力或心理素质要求较高的工作（如空中交通管制员或消防员）而言，体检显然是预测工作能力的重要指标。

17.4 培训与开发方案

现在胜任工作的员工不会永远胜任。员工的技能会老化或过时，他们需要学习新技能。这就是美国公司每年花费超过 700 亿元、世界各地的组织每年花费 1 300 亿美元用于培训的原因。[61]

17.4.1 培训的类型

培训与开发方案通常在人力资源部门的职权范围内。培训可以包括方方面面：向员工传授基本的阅读技能，提升领导能力，帮助员工更好地接受多元化，以及做好工作与生活的平衡（本章稍后讨论）。[62] 我们在这一节主要讨论四种技能范畴——基础技能、技术技能、问题解决技能和人际技能。另外，我们还要对文明和道德培训进行讨论。

基础技能培训 一项针对 400 名人力资源管理人员的调查表明，40% 的雇主认为高中毕业生缺乏阅读理解、写作以及数学方面的基本技能。[63] 随着工作越来越复杂，基本技能的重要性越来越明显，这就导致雇主要求的技能与当前劳动力所具备的技能之间出现差距。[64] 当然，这一问题并非美国所特有。它是一个全球性的问题，从最发达的国家到最不发达的国家都是如此。[65] 对许多不发达国家来说，普遍的文盲现象意味着几乎没有任何希望在全球化经济中参与竞争。

越来越多的组织必须向自己的员工传授基本的阅读与数学技能。这些干预措施可以为组织带来有价值的提升。一个经典的例子是，经分析，枪械制造商史密斯和威森公司（Smith & Wesson）的员工至少需要达到八年级的阅读水平才可以在工作场所中完成典型的工作任务。[66] 但是，该公司 676 名没有学位的工人当中有 30% 的人在阅读或数学方面低于八年级水平。该公司投入经费，在工作时间开展了首期基本技能课程培训。课程结束之后，70% 的参加者达到了所要求的技能水平，这使得他们可以更好地从事工作。他们使用小数和分数的能力得到提高，总体的沟通能力得到提升，能更加容易地撰写和阅读图表和板报，自信心也显著增强。

技术技能培训 大多数培训直接指向更新和提高员工的技术技能。今天，技术技能越来越受到重视有两个原因：新技术和新的组织结构设计。

由于组织结构扁平化、越来越多地运用工作团队以及传统的部门障碍被消除，员工需要从事更多的工作任务，更好地了解组织的运营。新兴技术工程等相关领域的印度企业对熟练工人的需求急剧增长，但许多刚毕业的工程专业学生都缺乏完成这些技术任务所需的最新知识。[67] 许多组织提供技术技能培训来弥补差距。像塔塔（Tata）和威普罗（Wipro）这样的公司会为新员工提供 3 个月的培训，以确保他们具备完成技术性工作所需的知识。此外，这些组织还试图与工程学院建立起伙伴关系，以确保学术课程能够满足当今雇主的需求。

问题解决技能培训 针对管理者和其他员工解决问题的能力而进行的培训包括提高他们的逻辑推理能力、界定问题的能力、因果判断能力、找到和分析各种备选方案的能力以及挑选解决方案的能力。对那些致力于推行自我管理型团队或实施质量管理计划的组织来说，对员工进行问题解决技能的培训是基本工作之一。

人际技能培训 几乎所有的员工都归属于某个工作单元，因而他们的工作绩效取决于他们与同事及上司进行有效互动的能力。有些员工具备卓越的人际技能，有些人却需要通过培训来提高倾听技能、沟通技能和团队建设技能。虽然专业人员对人际技能培训很感兴趣，但有证据表明，通过这种方式学到的技能很难应用到职场中。[68] 然而，这可能取决于培训中传授的技能的类型。例如，从专门为改善医院团队成员之间人际互动而设计的培训来看，团队培训改善了患者的治疗效果。[69]

文明培训 人力资源经理日益意识到社会行为在工作场所中的影响，于是他们更加关注组织中不文明、恃强凌弱、滥用职权的行为。一个人经历的不文明行为可能包括被他人忽视、因他人的过错而受到指责、在他人面前名誉受损，或者经历其他试图贬低或蔑视员工的行为。[70] 研究表明，这些形式的负面行为会降低工作满意度和工作绩效，加深员工对不公平待遇的感受，加剧员工的抑郁情绪，并导致员工对职场产生心理退缩。[71] 因此，组织正致力于降低这些行为的发生率，以改善工作场所并限制其责任。

人力资源部门可以通过哪些方法来尽可能地减少不文明、恃强凌弱和滥用职权的行为？一种可行的方法是对某些人进行训练，通过直接的对话来树立文明风气，持续不断地为减少不文明行为提供支持。通过训练来对员工进行干预，文明程度、尊重感、工作满意度以及信任水平都有所提升，而不文明行为、冷嘲热讽、缺勤次数都有所减少。[72] 因此，证据表明，人为地采取干预措施、改善职场氛围、培养积极的行为可以使不文明问题最小化。

道德培训 员工接受道德和价值观培训是很常见的。这种培训要么是在新员工上岗培训期间进行的，要么是作为员工开发培训的一部分，或者是作为道德准则定期强化措施。[73] 但是，对于是否能够向别人传授道德规范，目前还没有定论。[74] 批评者指出，道德规范建立在价值观的基础上，而价值观体系是个体在人生的早期阶段通过实例和榜样习得的。他们认为，在员工被雇用时，其价值观早已定型。支持这一结论的研究表明，道德培训对于员工的价值观没有显著的长期影响，而参与商学院和法学院的培训项目会削弱学生亲社会道德价值观。[75]

道德培训的支持者指出，人们在童年之后能够学习和改变价值观。即使一个人的价值观是不可改变的，道德培训也可以帮助员工认识和了解道德困境，更好地意识到自己行为背后的道德事项。另一个理由是，组织可以通过道德培训来重申自己对员工的期望：员工应当合乎道德地行事。研究已经发现，那些更了解本组织道德规范并参加更多道德培训的员工往往有更高的满意度，同时认为本组织具有更强的社会责任感。因此，道德培训确实有一些积极的影响。[76]

17.4.2 培训方法

一直以来，培训是正式的、事先规划好的，并具有结构化的形式。人力资源部门在培训中发挥了很大的作用。正式的培训和开发计划得到广泛应用，但许多工作场所中的学习是通过非正式培训完成的——无组织，无计划，很容易适应情境与个人。实际上，大多数非正式培训只不过是员工的互相帮助。他们共享信息，共同解决与工作有关的问题。因此，很多管理者现在对以前被认为是"闲聊"的做法表示支持。

在职培训 **在职培训**（on-the-job training）方法包括工作轮换、学徒制、见习以及正式的导师方案。美国公司开始利用长期工作轮换为将要从事更高职位的管理者提供培训，提高他们的协作能力。[77] 然而，这些在职培训方法最主要的缺陷是它们常常对工作场所造成干扰。为此，很多组织投资于脱产培训。我们前面提到的1 300亿美元的培训费用主要用于正规的脱产培训。这种培训包括哪些内容？最常见的依然是课堂讲座，还包括公共研讨、自学、网络课程、在线研讨、播客，以及运用角色扮演和案例分析来进行群体学习。越来越多的大型机构建立起企业大学，为正式的培训项目提供场地。除了企业大学课程所提供的正式指导，通常还有在线培训作为补充。[78]

基于电脑的培训 近年来，发展最快的培训手段是**基于电脑的培训**（computer-based training），或者称为电子化培训。[79] 电子化学习系统强调的是学员自主掌控学习内容和学习进度，允许学员通过在线论坛进行交流，并且融合了其他技术，例如情景模拟和群体讨论。能够使员工更加活跃地参与练习和答题的电子化培训比传统的课堂教学更加有效。[80] 员工可以通过定期督促学习者完成学习目标、采用有效的学习策略以及衡量学习目标的进展等方法，提高基于电脑的培训方式的有效性。[81] 有些组织开始尝试通过微课程、即时通信终端以及手机加载的学习游戏来完成电子化培训。[82]

17.4.3 评估有效性

一个培训方案的有效性指的是学员的满意度、学到的知识量、学员将学到的内容应用于工作的程度或者公司对培训的投资回报率。[83] 这些结果并不总是相关的。有些人在快乐又有趣的课堂中很积极，但是学到的知识很少；一些人学到了很多，却不知道如何在工作中应用这些知识；或者，员工行为的改变有时并没有显著到足以抵消培训费用。这意味着对多个培训结果的严格测量应该成为每项培训的一部分。

培训的成功也与个人有关。如果个体没有学习动机或者不够投入，他们的收获就会很少。什么因素会导致学习动机？人格很重要：那些责任心强、认知能力高、自信心强、内控型的人在培训中学得更多。其他个人因素，例如刻板印象的威胁，也可能对培训绩效起作用。例如少数族裔在第一次参加培训时意识到自己所在群体的成员在这类任务中表现不佳的刻板印象，实际表现确实不佳。氛围也很重要：人们需要看到所接受的培训将如何应用于自己的工作。最后，在培训之后主管和同事提供的支持会对员工是否将所学转化为新的行为产生显著影响。[84] 一个有效的培训方案不仅要传授技能，还要改变工作环境以支持这些接受培训的成员。

是否有普遍的证据可以证明培训、开发实践与组织绩效相关？研究表明，对在职培训的投资能带来生产率的提高，其价值远远大于提供培训所需的成本。[85] 研究同样表明，当人们来到新国家工作后，跨文化培训对提高绩效是有效的。但在到达新国家之前进行的培训并非如此。[86] 员工发展的氛围也与业务部门的绩效相关。[87] 例如，一项针对韩国 260 多家公司的研究发现，培训支出与企业创新呈正相关。[88] 总体而言，大部分研究表明，对培训的投资确实可以在总体上带来积极影响。

17.5 绩效评估

如果一门大学课程的评定级别只有两个：及格和不及格，另一门课程分六个等级：从 A 到 F，那么在学习这两门课程时，你会采用不同的学习方式或投入不同程度的努力吗？学生通常会告诉我们，当课程按照六个等级加以评定时，他们会更用功地学习。如果一门课程只有及格、不及格两个等级，那么他们只要努力达到及格就够了。

适用于学校环境的内容同样适用于工作环境中的员工。在本节中，我们将指出绩效评估体系的选择以及该体系实施的方式如何影响员工行为。

17.5.1 什么是绩效？

过去，大多数组织仅仅评估员工是否较好地完成工作说明书上列出的任务，而当今层级更少、更加以服务为导向的组织对其员工有更多的要求。研究者现在确定了三种主要的行为类型，这三种行为类型构成了工作绩效。

1. **任务绩效**（task performance）指履行有助于生产某种产品或服务，或者有助于管理活动的任务和职责的绩效。这些任务包括传统的工作说明书中的大部分工作任务。

2. **公民行为**（citizenship）指有益于组织心理氛围的行为绩效，例如，自愿帮助他人、支持组织目标、尊敬同事、提出建设性的意见以及宣扬工作场所中的积极事物。

3. **反生产行为**（counterproductivity）指有害于组织的行为，包括偷窃、损坏公司财物、挑衅同事以及无故缺勤。

大多数管理者认为良好的绩效意味着在前两个维度上表现出色并且避免第三类行为。[89] 在大多数组织中，一个在核心工作任务上表现出色，但是对同事粗鲁并带有攻击性的员工不会被视为一个好员工；同样，一个最积极、最令人愉悦的员工如果无法完成主要的工作任务也不会被视为一个好员工。

17.5.2 绩效评估的目的

绩效评估可以服务于多个目的。[90] 其中一个目的是帮助管理层制定常规的人力资源决策，例如晋升、工作调动以及解聘。此外，绩效评估可以用来确定培训和开发的需求，通过绩效评估可以准确发现员工当前欠缺的能力或技能，以便制定相应的弥补方案。此外，绩效评估可以向员工提供关于本组织如何看待其工作绩效的反馈，评估结果常常可以作为组织分配奖励（包括绩效工资的增加）的基础。

我们感兴趣的是组织行为，因此我们在这里把绩效评估强调为一种提供反馈和决定奖励分配的机制。

17.5.3 我们要评估什么内容？

管理层所选择的评估标准对员工行为有显著的影响。三个最常用的评估标准是个体任务结果、行为和特质。

个体任务结果 如果结果比手段重要，那么管理层就应该评估结果。例如，评估工厂经理时，评价标准可以是产量、次品量以及产品的单位成本；同样，对销售人员的评价标准可以是其管辖区域内的总销售额、销售额的增长以及新增客户数。

行为 在许多情况下，很难把一些具体的结果直接归结为员工的活动。对于咨询或支持性岗位这种工作任务嵌套在群体任务中的人员来说，这一点尤其突出。评估该群体的绩效或许非常容易，但如果难以确定每名群体成员的贡献，那么管理者常常会评估每名成员的行为。例如，在评估一名工厂管理者时，可能会依据此人提交月度报告的及时性或者此人的领导风格；而在评估一名销售员时，可能会依据此人每天业务联系电话的平均数量或者对其他销售代表的帮助程度。

请注意，被评估的行为并不仅限于与个体的生产率直接相关的行为。我们在前面（参见第1章和第3章）讨论组织公民行为时指出过，帮助他人、提供改进建议以及自愿承担额外的工作任务会使群体和组织变得更加有效。因而这种行为常常被纳入员工绩效评估之中。

特质 诸如“态度好”“自信”“可靠”“保持忙碌”“经验丰富”等特质在工作场合中可能是我们想要的，但重要的是要记住，这些特质可能与积极的任务结果不相关。然而，我们不能忽视这样一个现实，即组织仍然使用这类特质来评估员工绩效。

17.5.4 谁来进行评估？

应该由谁来评估员工的绩效？传统上，这项任务落到管理者的肩上，因为他们对下属的绩效负责。但是，其他人做这项工作或许效果更好，尤其是在人力资源部门协助的情况下。

如今很多组织使用自我管理型团队、远程办公以及其他各种拉大上下级距离的形式，因而上司对员工的绩效评估未必是最可靠的。于是，同事和下属被要求参与绩效评估过程，而且员工也参与自己的绩效评估。正如你可能会想到的那样，自我评估通常会夸大评估结果，造成自我服务偏见。而且，自我评估与主管做出的评估通常不一致。[91] 由于这些缺点，自我评估或许更适用于员工开发而不是员工评估。

我们强烈建议在绝大多数情况下使用多种评估渠道。对员工的绩效评估除了提供被评估者的信息，还可以提供评估者的信息。通过综合各位评估者做出的评估，我们可以获得更加可信、客观和准确的绩效评估结果。

最新的绩效评估方法是 360 度评估。[92] 这种方法获得的绩效反馈来自员工在日常工作中可能接触到的所有人：从下属到顾客，从上司到同事等（见图表 17－2）。评估者少则 3 ～ 4 人，多则 25 人；大多数组织为每位员工指定 5 ～ 10 名评估者。

图表 17－2　360 度评估

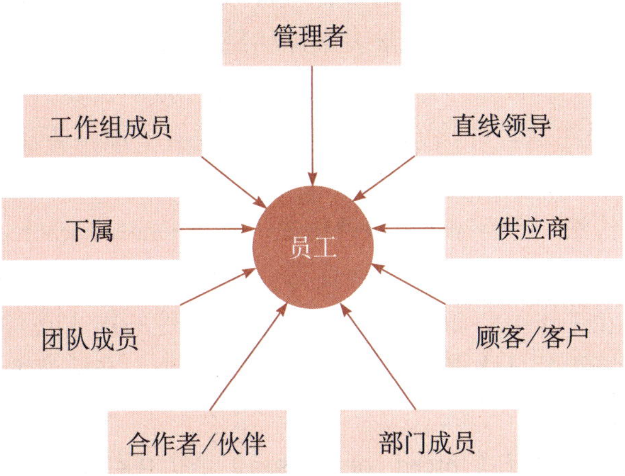

360 度评估的吸引力何在？通过利用在各种背景下非常了解该员工的人所提供的多种反馈，这些组织希望给每名员工一种参与评估的感觉，并获得更准确的绩效评估结果。

对于它的效果说法不一。[93] 360 度评估方法为员工提供了更广的视角来看待自己的绩效，但很多组织没有花时间对评估者进行培训以使他们能够给出建设性的评价。有的组织允许员工选择同事和下属来作为自己的评估者，这可能会造成人为夸大积极的反馈结果。对于那些不太了解员工实际绩效的人来说，给予他们太多的权重会带来风险。另外，处理不同评估群体间的意见分歧也存在困难。有确切的证据表明，同事之间的相互评价会比上司或下属宽松得多，在评估绩效时也容易产生更多的错误。因此，这些评估可以补充对员工一致性的理解，但不应该取代对绩效的客观评价。360 度反馈系统可能增加消极行为。例如，一项对北美和中国员工进行的研究表明，在使用 360 度反馈的公司中，被排斥的员工的自尊水平可能会下降。在这些公司中，被排斥的员工可能会有更多的偏差行为，而对同事的帮助行为减少。[94]

17.5.5　绩效评估方法

我们已经讨论了绩效评估的内容以及应当由谁来进行评估。现在的问题是：如何评估员工的绩效？也就是说，有哪些具体的评估方法？

书面报告法　也许最简单的评估方法就是写一份报告，针对员工的优缺点、以往绩效、潜力以及改进建议进行叙述。书面报告不需要复杂的格式，也不需要接受大量的培训。然而，书面绩效评估结果往往只有一半取决于员工的实际绩效水平，另一半则取决于评估者的写作技巧。不同员工的报告（或不同管理者给同一个员工出具的书面报告）很难进行比较，因为没有标准化的打分关键点。

关键事件法 **关键事件法**（critical incident）将绩效评估者的注意力集中在那些关键行为上，这些行为是被评估者能否有效完成工作的关键。评估者描述员工在某个情境中特别有效或无效的行为，只记录被评估者的具体行为。一系列这样的关键事件可以提供相当丰富的例子来展现被评估者的良好行为以及有待改进的行为。

图尺度评价法 一种最古老但又最常用的绩效评估方法是**图尺度评价法**（graphic rating scale）。评估者首先把一系列绩效要素罗列出来，如工作任务的数量和质量、知识深度、合作性、出勤率和主动性，然后使用量表来评估每个要素。通常采用的是五级量表。于是，“工作知识”这个要素可以评为 1 分（“对工作任务很不了解”）至 5 分（“对工作的所有阶段十分了解”）。虽然这种评估方法提供的信息没有书面报告法和关键事件法那样深入，但耗时少、易操作，还可以进行定量分析和比较。

行为锚定等级评价法 **行为锚定等级评价法**（behaviorally anchored rating scale，BARS）综合了关键事件法与图尺度评价法的主要成分。评估者用一个等级评价表来评估各个项目，这些项目是员工在工作中的真实事例，而不是一般性的描述或人格特质。参与者首先提供有效行为和无效行为的具体事例，然后将它们转化为一套绩效维度，接下来用等级评价表对关键事件进行评定。

强制比较法 **强制比较法**（forced comparison）是指在与他人绩效进行比较的过程中评估个体的绩效水平。这是一种相对而非绝对的测量手段。其中最常用的两种比较方法是分组排序法和个人排序法。

分组排序法（group order ranking）要求评估者把员工置于一个特定的类别中，如最好的 1/5 组，次好的 1/5 组。如果一个评估者有 20 名员工，那么只有 4 人可以排在前 1/5。当然，也必须有 4 人排在最后面的 1/5。在推荐优秀学生攻读研究生时常常采用这种方法。

个人排序法（individual ranking）是把员工从最好到最差进行排序。如果一名管理者要评估 30 名员工，这种方法首先假定，第 1 名和第 2 名的差异与第 21 名和第 22 名的差异一样大。虽然有些员工之间差异很小，但这种方法不允许名次并列。通过这种方法可以得到从绩效最高者到最低者的明确排名。

与强制比较相似的是大学里学习成绩的强制分布。如图表 17－3 所示，学生平均绩点（grade point average，GPA）的均值正在提高。[95] 虽然我们并不完全清楚为什么，但很多人认为这种提高是因为学生对教授进行评价在大学中越来越流行，已经成为衡量教授绩效的一种方式，而教授给的分数越高，学生的评价也许就越高。同时，如果教授给出的分数比较高，可以让学生在申请研究生或者找工作时更有竞争力。

为了应对分数贬值，有些学校制定了强制分布政策。政策规定，教授必须按特定的比例给学生打“A”“B”或“C”。这正是普林斯顿大学所采取的措施；每个系最多只能给 35% 的学生打“A”。

图表 17－3　GPA 中位数随学年和学历水平而发生的变化

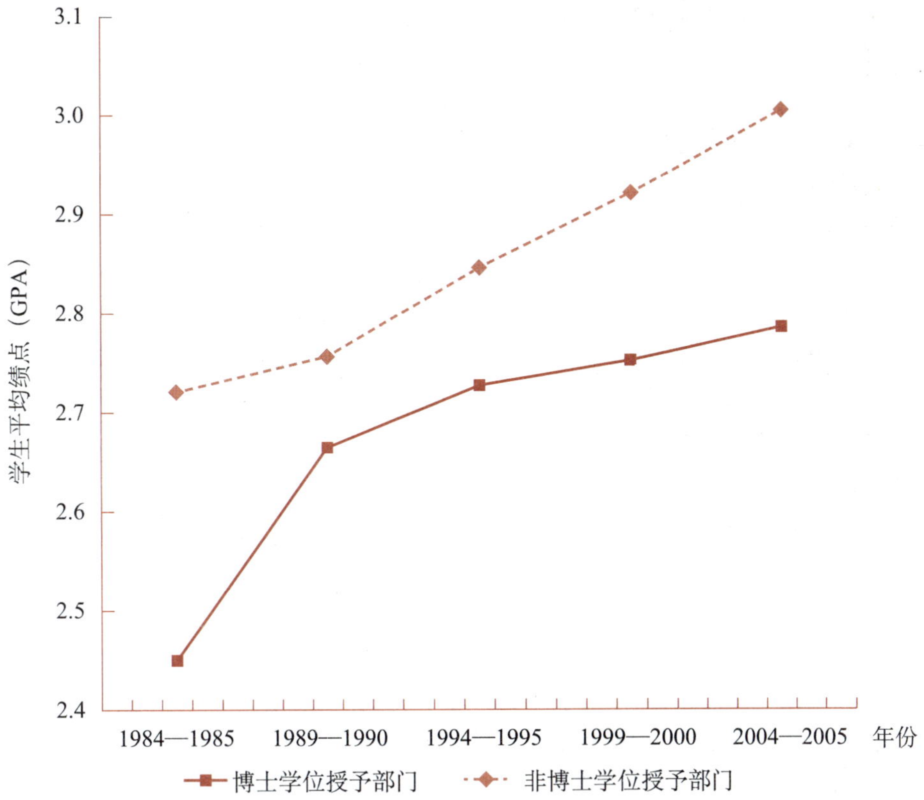

注：基于对某大型公立大学中 28 个系、1 683 门课和 3 176 名教师的调查。

资料来源：Based on R. Todd Jewell, M. A. McPherson, and M. A. Tieslau, "Whose Fault Is It? Assigning Blame for Grade Inflation in Higher Education," *Applied Economics* 45 (2013): 1185–200.

17.5.6　改进绩效评估

绩效评估过程是一个潜在的雷区。评估者可能会下意识地夸大评估（正面宽松），或者低估绩效（负面宽松），或者使对某个特点的评估过度影响对其他特点的评估（晕轮效应）。有些评估者下意识地偏向那些品质和特征与自己相似的人，因而做出有偏见的评估（相似性错误）。例如，内向的人可能会对外向的人的绩效评估较低。还有些评估者把评估过程视为一种政治机会，公然根据自己的喜好来奖励或惩罚员工。一份文献综述表明，为了维持与下属之间积极的关系，或者为了表示所有员工都表现良好，从而树立自己正面的形象，许多管理者会故意扭曲绩效评估结果。[96] 虽然不能保证获得精确的绩效评估，但下面这些建议能够使评估过程更客观公正。

使用多名评估者　随着评估者数量的增加，获得更准确信息的可能性会提高，员工接受这一反馈的可能性同样也会提高。[97] 这种方法常用在跳水、体操之类的体育比赛中。一组评估者评判一名选手，去掉最高分和最低分之后，最终得分由剩下的几个分数相加而得。多个评估者的逻辑基础也适用于组织环境。如果一位员工有 10 名主管，其中 9 名认为他很出色，只有 1 名认为他能力很差，那么我们显然可以给那个较差的评估打个折扣。

因此，通过让员工在组织内部流动以获得多个评估，或使用多个评估者（如360度评估），我们可能得到更有效且可靠的评估结果。

有选择地评价 为了提高评估者之间的一致性，评估者应在自己具备相关知识的领域进行评估。[98] 从总体上说，评估者与评估对象在组织层级上的距离越近越好。相反，评估者与评估对象之间的层级距离越远，他们观察评估对象行为的机会就越少，评估结果不准确的可能性就越大。

培训评估者 如果你找不到优秀的评估者，就应该加大培养力度。大量事实证明，对评估者进行专门培训可以使他们成为更精确的评估者。[99] 大多数培训评估者的课程都教导他们寻求办法来改变评估者的参照框架，这样就可以使组织中的每个人都以同一种方式定义"良好绩效"。一种有效的培训技术是鼓励评估者用尽量多的细节来描述员工的行为。要求提供更多细节可以促使评估者记住更多与员工绩效相关的行为，而不只是依赖于做出评估那一刻他们对员工的感觉。

为员工提供正当程序 在评估中使用正当程序可以增强员工对受到公正对待的认知。[100] 正当程序体系有三个特征：（1）组织向个体提供充分的信息，使其了解组织的期望；（2）在听证会上提交某种违规或违纪行为的所有相关证据，所涉及的个体可以进行辩护；（3）最终结果依赖于证据，不受偏见的影响。

组织可以考虑将评估结果公布到网上，这样一来员工就可以看到管理者给他们打出的确切的成绩，这也是促进正当程序的一种方式。一家公司发现，如果在绩效面谈前在线公布评估信息，员工会更加信任评价者，参与度也会提高。[101] 如果评价者知道员工可以直接看到自己的信息，他们可能就会更加谨慎地给出准确的评价。

17.5.7 提供绩效反馈

对于很多管理者来说，没有什么事情比向员工提供绩效反馈更让人不愉快了。事实上，如果不是组织政策和控制措施有要求，管理者可能会忽视这项职责。为什么他们不愿意提供绩效反馈？至少有以下三个原因。

第一，虽然几乎每个员工的工作都有尚需改善之处，但管理者往往害怕直接面对员工并向他们展示消极的反馈信息。第二，当别人指出自己的缺点时，许多员工往往会自我防卫。有些员工不是接受反馈，把它看成建设性的意见和绩效改进的基础，而是指责管理者的评估结果有问题，或将其归咎于别人。第三，员工对自己的绩效评估往往过高。从统计学角度讲，有一半员工的绩效水平必然低于平均水平。但有证据表明，有3/4的员工认为自己的绩效高于平均水平。因此，即使管理者提供的是好消息，员工也往往认为还不够好。

绩效反馈问题的解决方法不是忽视它，而是培训管理者学会运用建设性的反馈会议。一次有效的绩效反馈会议——员工觉得评估结果是公正的，管理者是真诚的，氛围是富有建设性的——应该使员工精神振奋，了解到自己有待改进的方面并下决心加以改正。[102] 如果评估是公平而全面的，那么结果应该会很完美。然而不幸的是，员工可能会觉得，在评估者感觉与员工相互依赖并因此在评估中更宽松的情况下，结果才是完美的。[103]

相比心情好的员工，心情差的员工更不容易采纳建议，这应该不会让你感到意外。[104] 评估结果还应该尽可能具体。当被问及整体工作绩效的时候，人们很有可能夸大自己的绩效。但是当反馈仅针对一个具体方面时，他们可能会变得更加客观。[105] 弄清如何改善总体绩效是十分困难的，而改善某些具体方面的绩效则容易得多。我们还应该把绩效反馈会议设计成一种咨询活动，而不是一个评判过程。通过从员工的自我评估着手，反馈会议可以取得最佳效果。

职业目标　我应该如何解雇某人？

一位归我直接管理的下属实在是没有履行自己的工作职责，我恐怕不得不让他离开。我不知道应该如何解雇他，会面才能顺利进行。解雇他的最好方法是什么呢？

——阿里安娜

亲爱的阿里安娜：

大多数主管都同意，解雇问题员工可能是管理中最困难的部分之一。一般来说，减少解雇带来的压力的首要方法是避免给人带来惊吓。管理者需要尽快告知有问题的员工他们存在问题，确保尽早记录绩效问题并让员工知道未能改进的后果。甚至可能出现这样的情况，通过启动开发战略并提供可以提高绩效的培训，管理者找出问题，打消了解雇员工的想法。

如果你已经决定要继续推进解雇，就可以开始计划解雇会面。在这个过程中，良好的人力资源指导可能是你最好的资源之一。担忧员工会有什么样的反应是很正常的，下面一些策略可以帮助你以冲突最小的方式结束雇佣关系：

1. 询问你的人力资源代表有什么推荐的替代方案和技术。许多公司都制定了相关的政策和程序，可以帮助你以专业的方式进行解雇会面。

2. 练习。与中立人士（而不是与待解雇员工或与组织有联系的人）练习会面，这样可以帮助你减轻压力，并预测会面将如何进行。

3. 确保在整个过程中尊重你的员工。如果可能，在非公开的情况下进行终止雇佣的讨论。发出明确的信号：他的工作结束了。你最不希望见到的情况是：他没有得到这样的信息，或者觉得你过于优柔寡断，以至于他可以通过争论来谋求出路。试图提供积极反馈或努力暗示坏消息等方法通常会导致困惑，并且可能会带来冗长、烦人且无效的争论。

4. 避免翻旧账。在解雇员工时，你没有理由去重复之前讨论过的旧问题，最好只是清楚地说明事情发展不顺利，并且提供包含详细信息的文档，以便将来需要时作为参考。回顾终止雇佣的原因会让员工感到被侮辱或者被冒犯。

5. 制定会面后计划。你所在的组织的政策是什么？例如，被解雇的员工是否需要被立即送出大楼？退还公司财产的政策是什么？确保政策得到遵守以达成解雇目标。

当然，以上建议都不足以消除解雇带来的所有压力。但将充分准备、尊重他人和清晰表达可以帮助你取得最好的效果。

资料来源：Based on S. R. McDonnell, “10 Steps Needed to Properly Fire Someone,” *Entrepreneur*, May 26, 2015, http://www.entrepreneur.com/article/246573; E Frauenheim, “Employee Crisis Communications 101,” *Workforce*, November 13, 2013, http://www.workforce.com/articles/20036-employee-crisis-communications-101; and R. A. Mueller-Hanson and E. D. Pulakos, “Putting the ‘Performance’ Back in Performance Management,” *SHRM-SIOP Science of HR White Paper Series*, 2015, http://www.shrm.org/Research/Documents/SHRM-SIOP%20Performance%20Management.pdf.

17.5.8 绩效评估中的国际差异

让我们根据以下几种文化维度来考察绩效评估，尤其是个人主义 / 集体主义。

个人主义文化（例如美国）对正式绩效评估体系的强调和重视程度远胜于非正式体系。它们主张定期进行书面评估，管理者要与员工分享评估结果，以此来决定薪酬水平。而亚洲国家和很多拉丁美洲国家属于集体主义文化，这种文化强调非正式的绩效评估体系——不重视正式的绩效反馈，薪酬分配和绩效评估之间无密切联系。不过，其中一些差异正在缩小。在韩国、新加坡以及日本，绩效评估的使用在过去十年间有了显著增长，虽然这一过程并非一帆风顺或毫无争议。一项针对韩国员工的调查显示，大部分员工都质疑绩效评估结果的效度。[106]

一项针对银行业的研究发现，各国在绩效评估方面存在很大的差异。[107] 高自我肯定、高不确定性规避且低群内集体主义的国家会更加频繁地使用正式的绩效评估。换句话说，高自我肯定的国家会将绩效视为一种个人责任，并希望对个人所处的位置有确切的了解，因此更有可能使用正式的绩效评估。另外，在高不确定性规避的国家中，绩效评估被更多地用于沟通和发展目的（而不是用于奖励和晋升）。有一项研究发现，权力距离高且集体主义意识强的个人倾向于更宽松的绩效评估。[108]

17.6 人力资源管理的领导角色

我们已经讨论了人力资源部门在人员招聘、甄选、培训与开发、绩效评估中所发挥的重要作用。可以说，这些是组织在管理其最有价值的资产（人力资源）时所需承担的最重要的任务。然而，从设计和实施福利项目，到开展工作态度调查，再到起草和执行雇佣政策，人力资源管理者在职场环境的方方面面发挥着关键的领导角色。在对抗性的雇佣情形下，比如工作 - 生活冲突、调解、裁员和解雇，人力资源管理者在前线发挥作用。人力资源管理者见证了员工的入职和离职，从始到终。只有人力资源部门能够同时代表员工和公司的观点和需求。因此在讨论人力资源领导的各个方面之前，我们将讨论人力资源沟通的重要性。

企业最近才认识到人力资源管理对员工绩效的潜在影响。研究人员一直在调查高绩效工作系统（high-performance work system，HPWS）的作用，HPWS 是一组由组织实施的人力资源活动，这些活动相互配合、相互加强，以达到提高组织成果的目的。这些活动可以包括增强动机的做法，如利润分享计划和其他奖励制度；也可以包括提高技能水平的做法，如培训和开发计划。此外，一项针对 163 家西班牙公司的研究表明，在具有学习文化的组织中，HPWS 对绩效的提升作用尤为明显。[109] 最近的研究表明，拥有 HPWS 可能会提高组织绩效，而通过向 HPWS 提供更多资源来加强绩效实践则可以带来更高的组织绩效。当领导不以组织目标（如改善客户服务）为导向时，HPWS 也可能对组织绩效产生更大的影响。[110]

17.6.1 人力资源活动沟通

人力资源的领导始于告知员工关于人力资源活动的信息，并对围绕这些活动可能做出的决策的含义进行解释。仅仅有活动本身是不够的，还要让员工知道。当一家公司成功地传达其整个人力资源活动系统是如何开发出来的，以及该系统所服务的功能包括哪些时，员工会觉得他们可以控制及管理自己从工作中得到的东西。[111] 我们在其他章节中已经提到，知道自己可以对工作结果产生影响能带来很好的激励效果，员工会将人力资源的原则和系统视为雇主表达关注的方式，并且因此产生积极情绪。这种积极情绪已经被证明可以提高员工的承诺度、留存率和参与度。[112]

有相当多的证据表明，沟通和感知能够提高人力资源的有效性。例如，一项针对大型餐饮服务组织内不同业务部门的研究发现，员工在工作级别上对人力资源活动的感知级别是组织公民行为、承诺度和留任意向的重要预测因素。[113] 但是，只有当员工意识到人力资源活动的作用发挥到位时，这些活动才会带来积极的结果。其他研究表明，人力资源活动会产生不同的影响，取决于员工对于这些活动的原因的看法。[114] 一些员工认为，建立人力资源活动的目的是提高绩效并使员工受益。这些员工会因此具有更高的承诺水平和绩效。有些员工认为人力资源活动的目的是剥削员工，他们不会有积极反应。

人力资源活动的有效性也取决于员工的态度。一项综述发现，当员工感觉受激励时，人力资源活动更有可能带来积极的结果。[115] 其他研究发现，对绩效管理系统的目的更了解的员工可以更有效地使用该系统来提高自己的效率和细致程度。[116] 综上所述，这些结果表明，对雇主而言仅仅组织活动是不够的，他们需要证明这些活动的目的是让公司更成功，帮助员工实现更好的结果。领导力沟通可以帮助塑造员工对人力资源活动的态度和看法。

在不同的商业文化中往往对人力资源活动有不同的看法。例如，通过学历来甄选求职者似乎是一种普遍的做法，但除此之外，不同国家所强调的甄选方法会有所不同。结构化面试在一些国家很受欢迎，在一些国家则不被接受。研究表明，在荷兰、美国、法国、西班牙、葡萄牙和新加坡，大多数求职者更喜欢面试和工作抽样测试，不喜欢个人接触和诚信测试。[117] 这些国家之间的差异非常小，换言之，即使在实践中存在国际差异，员工所认为的公平实践之间的差异也没那么大。沟通是证明人力资源目的公平性的桥梁。

17.6.2 设计和实施福利项目

正如我们在本书中看到的，为了招募并留住最好的人才，如今的雇主比以往更愿意向员工提供选择广泛的福利待遇。对于员工所面临的每一种问题——健康、育儿、赡养老人、教育、工作环境等——组织或许都需要提供相应的福利方案来满足员工的需求。在行政管理层的指示下，设计并实施组织福利项目由人力资源部门负责。

理想情况下，福利项目应与组织文化的特点相符，反映组织的价值观，具有经济上的可行性，并能长期实施下去。这样的福利项目既有利于员工的心理健康，又可以提高组织绩效。[118]

对于那些初为人母的员工来说，人力资源部门所提供的选项既可能是支持性的，也可能是缺乏包容性的。公司是否应该允许这些员工带薪休息，以便她们用母乳喂养自己的孩子？是否应该提供专门的休息室，以便这些员工能在工作之余喂奶？是否应该允许员工在工作之余吸奶，以便回家喂养孩子？该如何对待那些用奶粉喂养的母亲？除了所谓的“合理的休息时间”，美国联邦法律并不要求企业为采用母乳喂养的员工提供任何特殊待遇，一名女员工由于要求使用公司的储藏室吸奶而被解雇，得克萨斯州最初做出了不利于这名女员工的判决。[119] 上诉法庭推翻了这一判决，并声称这是一起性别歧视案件和医疗事件，随后该案在庭外达成了和解，但这个问题并没有明确。[120] 如果一家生产吸乳器的公司支持国际母乳会（La Leche League International）并雇用哺乳期的女性，那么该公司的人力资源经理也许会为女员工提供相应的福利，因为这样的政策与公司的原则是一致的。如果一家公司与此类事务没有关系，那么人力资源经理可以根据员工的具体需求提供相应的福利待遇。每个人力资源经理可能都会分析提供不同程度的福利措施所需要的费用，以及每种措施给组织带来的积极结果，以此来决定哪种福利措施能在公司中长期推行下去。当然，这只是有关福利选项的个例，而且这种福利只适用于某一群体的员工。其他类型的福利影响到的劳动力人群可能更加广泛，比如医疗保险方面的选项以及假期福利。

17.6.3 起草并执行雇佣政策

有福利就会有相应的责任，员工需要知道组织对他们的期望是什么。根据现有法律制定的高于最低法律要求的雇佣政策有利于形成积极的组织文化。各个组织的福利政策存在差异，因为政策提供的是行为指导方针，不仅仅是工作条件。公司可能会给需要照顾年幼孩子的母亲提供专门的休息室作为福利，但是公司需要制定政策来规范与此相关的行为。这些员工可以选择在公司其他地方哺乳孩子，还是只能在休息室？什么时间比较合适？挤出来的母乳应该存放在哪里？通过制定相应的政策来解决这些潜在的问题，可以帮助员工尽可能减少困惑和尴尬。

吸乳器公司的例子说明，将福利与政策结合起来，也许可以确保员工将这一福利看作雇主为了照顾她们而提供的帮助，并且懂得如何以及何时利用。然而，任何政策只有通过强制执行才能发挥作用。人力资源经理有责任确定违规的后果，并且要负责执行政策。

道德抉择　艾滋病与跨国组织

以前，确诊艾滋病相当于被判处死刑，人力资源部门所面对的道德选择主要是提供姑息缓和治疗和死亡抚恤金。对大多数人来说这已经成为历史。现在的道德选择是组织愿意给予多少关怀和支持、涵盖的员工范围以及持续的时间。“携带艾滋病病毒或患有艾滋病的员工有所增长，这种疾病从之前的致命疾病变成慢性疾病。”综合医疗研究所（Institute for Intergrated Healthcare）的兰迪·瓦根伯格（Randy Vogenberg）说。然而，员工能否继续工作还要取决于药物治疗、职场容忍度以及员工的受教育程度。大多数国家没有硬性标准，这就把制定标准的权力交给了雇主。“相关法律肯定会建立起来，只是早晚的问题。”劳动法律师彼得·皮特施（Peter Petesch）说。

据估计，美国目前有超过 110 万艾滋病病毒携带者，全球有 3 670 万，其中超过 2/3 的感染者生活在撒哈拉以南的非洲地区，且 70% 的新感染案例发生在这一区域。世界各国应对这一问题的方式并不一致。比如，美国很少有公司会制定专门针对艾滋病的政策，虽然福利政策涵盖了疾病，但对于昂贵的药物治疗，各个公司有着不同的政策，因此员工需要自己承担的费用差别很大。而在欧洲，国家医疗体系涵盖了对艾滋病的治疗。在国家医疗保健和保险不健全的情况下，一些大型非洲公司设立了诊所，但并非所有的公司都会提供保险。在印度和中国，保险公司涵盖的范围不包括艾滋病。

对于艾滋病来说，预防的重要性远胜于治疗，换句话说，预防措施可以帮企业节省很多钱。有研究发现，公司在预防疾病蔓延和治疗感染员工方面的投资，既可以省钱又可以救命。人力资源部发起了一系列活动，比如通过员工来宣传艾滋病的预防知识，提供免费的咨询服务、测试以及健康监测，这些方法在全世界收到显著成效。

“谁也不必因为这种疾病而死亡。”南非米勒啤酒公司（SABMiller）的业务发展主管珍妮·吉利斯（Jenni Gillies）说。该公司在全球 75 个国家拥有 70 000 名员工，决心通过对员工的教育和支持来消除艾滋病。但无论组织决定给予何种程度的支持，每种决策都有与之对应的成本和责任，此外，公司应该在多大程度上优先满足这一需求一直是个问题。还有些组织可能认为应该由政府和其他体系来承担责任。这是一项艰巨的任务。与此同时，管理者可以在防止歧视和宣传教育方面贡献自己的力量。

资料来源：Based on “HIV/AIDS Basic Statistics,” Center for Disease Control, http://www.cdc.gov/hiv/statistics/basics.html, accessed July 21, 2015; “U. S. Statistics,” HIV.gov, https://www.hiv.gov/hiv-basics/overview/data-and-trends/statistics, accessed June 2017; J. Mooney, “People with HIV and AIDS: Living and Working Longer,” *HR Magazine*, June 2012, 41–44; SABMiller corporate website, “Inside View” page, www.insideview.com/directory/sabmiller-plc, accessed June 18, 2013; and World Health Organization, “HIV/AIDS” fact page, http://www.who.int/mediacentre/factsheets/fs360/en/, updated June 2017.

有时，人力资源经理甚至需要在员工的直接上司不同意的情况下采取行动，尤其在涉及法律问题时。比如，娱乐行业、出版行业、营销行业的许多公司以及非营利组织让刚毕业的大学生无偿实习，这些公司认为实习生理应把工作经验当作报酬。美国劳工部规定，无偿实习生必须得到职业教育，并且他们的工作不可以为雇主盈利。实习生往往都是在帮雇主做杂活，不然的话雇主也要花钱找别人来做。如果这些公司想要继续无偿使用实习生，那么人力资源经理就需要制定政策，明确规定哪些工作可以分配给实习生来做，并确保政策得到执行。否则，这些公司就有可能面临诉讼，例如，电影《黑天鹅》(Black Swan）摄制组的实习生埃里克·格拉特（Eric Glatt）就因为剧组违反最低工资法而提起诉讼。[121] 美国地方法院的一名法官裁定，埃里克被归为实习生是不恰当的。[122] 该裁定引用了美国劳工部的标准，即无薪实习必须提供类似于在学校接受培训的工作，使实习生而非雇主受益，并且不得取代其他员工。[123] 这一裁决引发了针对 NBC 环球、福克斯（Fox）、维亚康姆（Viacom）和其他大型组织的类似索赔。这些索赔往往以庭外和解告终。这一问题还没有定论，然而，如果实习生受到了不公平的对待，他们就可能提起诉讼。参见本章末案例分析 1，你会从不同角度讨论实习生的角色。

17.6.4 管理工作－生活冲突

我们在第 1 章中介绍了工作与生活的平衡，并讨论了工作生活与个人生活之间日益模糊的界限。接下来我们更细致地讨论组织可以做些什么来帮助员工减少工作－生活冲突。

传言还是科学 24小时待命的工作场所是有害的

这种说法似乎在许多情况下都是正确的。虽然技术的发展使得员工可以随时上网，在全球范围内保持联系，但研究表明，迫使员工在任何时候检查工作并保持联系的雇主可能是在伤害自己以及员工。

越来越多的研究揭示了睡眠不足对健康的严重影响，鼓励员工每天24小时待命的工作习惯可能会让情况变得更糟。一项研究通过让员工在几天内完成关于睡眠与工作参与度的日志调查来分析深夜工作对工作成果的影响。那些在晚上使用智能手机工作的人第二天的工作参与度较低，即使考虑其他技术的使用也是如此。

从另一个角度来看，研究人员对工作狂的个人结果进行了研究。工作狂下班后会不断思考工作，并且会主动超时工作。这种习惯会带来更高水平的精力耗竭、压力和家庭问题。虽然工作狂在一定程度上是由人格因素所驱动的，但调查显示，工作场所本身的特征可能会增强这一倾向。这些特征包括过多的工作量、相互冲突的工作优先级和时间压力。工作狂自己可能无法立即察觉这些影响，因为他们经常高度投入于自己的工作，并在短期内享受工作，直到精力耗竭的情况发生。

长期保持绩效水平的关键可能在于培养心理上从工作中超脱出来的能力。一些研究展示了过度暴露于工作要求之中所带来的负面影响。除了这些研究之外，还有一些工作表明，彻底休息并避免工作责任的短而有规律的工作间歇可以为一个人补充能量。长期来看，从短期持续不断的工作需求中解脱出来实际上会让我们更有效率。因此，研究所支持的结论很明确：拔掉插头可以给我们充电。人力资源管理部门可以通过向管理者展示研究结果并且帮助确定对每个人都有利的活动和边界来支持这一努力。

资料来源：Based on K. Lanaj, R. E. Johnson, and C. M. Barnes, “Beginning the Workday yet Already Deprived? Consequences of Late-Night Smartphone Use and Sleep,” *Organizational Behavior and Human Decision Processes* 124 (May 2014): 11–23; M. A. Clark, J. S. Michel, L. Zhdanova, S. Y. Pui, and B. B. Baltes, “All Work and No Play? A Meta-Analytic Examination of the Correlates and Outcomes of Workaholism,” *Journal of Management*, February 2014, doi:10.1177/0149206314522301; and S. Sonnentag and C. Fritz, “Recovery from Job Stress: The Stressor-Detachment Model as an Integrative Framework,” *Journal of Organizational Behavior* 36 (2015): S72–S103.

20世纪80年代，工作-生活冲突引起了管理层的注意。这种冲突在很大程度上源于越来越多拥有年幼孩子的女性加入劳动力队伍。为了应对这一情况，很多大型组织采取各种措施使自己的工作场所变得更适合家庭。[124] 它们推行了一些方案，诸如在工作场所配置幼儿园、夏令营活动、弹性工作制、工作分享、放假时间配合学校的假期、远程办公，以及兼职聘用制。但是，组织很快就意识到，工作-生活冲突不仅限于有孩子的女性员工。例如，沉重的工作负荷以及越来越多的出差致使大量没有孩子的男性和女性员工难以履行工作职责和家庭职责。波士顿大学在调查了将近1 000名有孩子的男性工作者后发现，与高薪和升职机会相比，他们更加重视工作保障、灵活性，以及“家庭友好型”的日程安排。[125]

组织正在不断调整工作时间安排方案和福利，以满足多元化员工队伍的不同需求。例如，雀巢普瑞纳（NestléPurina）的员工可以带着自己的宠物狗上班。SAS软件研究所在工作场所提供育儿服务并设立了医疗保健中心和健身中心。其他一些公司会提供洗衣服务、食品、免费照看孩子等福利待遇。[126] 高露洁公司在 2015 年《福布斯》最佳工作与生活平衡公司排行榜上名列第一。该公司为被抚养人提供紧急居家护理，并提供专业咨询服务，使员工可以安心工作。[127] 图表 17 - 4 列出了组织可以用来帮助员工减少工作 - 生活冲突的一些措施。

图表 17 - 4　减少工作 - 生活冲突的方法

战略	方案或政策	具体例子
基于时间的战略	● 弹性工作制 ● 工作分享 ● 给新晋父母提供假期 ● 远程办公 ● 带薪假期	管理咨询公司科尔尼（A. T. Kearney）的“灵活带来成功”计划允许员工调整时间表、远程办公或设立“混合”职位。
		生物制药公司艾伯维（AbbVie）中有 98% 的员工采用弹性工作制。
		思科公司提供工作共享和视频会议设施，以最大限度减少离家出差的需求。
		德勤会计师事务所为员工提供 3 ～ 6 个月的休假，其间拿 40% 的工资；每年有 40 天带薪休假。
基于信息的战略	● 工作 / 生活支持 ● 搬迁援助 ● 老人护理方面的资源 ● 咨询服务	北卡罗来纳州的 Blue Cross Blue Shield 公司为远程办公的员工提供网络。
		贺曼贺卡公司每个月举办会议谈论女性员工的职业管理。
		强生公司提倡周末不收发电子邮件。
		惠普公司提供顾问、导师和每年 5 000 美元的学费援助。
基于金钱的战略	● 保险补贴 ● 灵活的福利 ● 领养补助 ● 儿童保育费用打折 ● 直接经济援助 ● 家庭伴侣福利 ● 奖学金和学费补贴	埃森哲公司（Accenture）提供 5 000 美元的领养补助福利。
		卡尔森公司（Carlson）为考入明尼苏达大学卡尔森管理学院的员工提供最多 20 000 美元的奖学金。
		花旗银行的员工每年可以在税前保健账户中存 5 000 美元。公司补贴最高达 30%。
		高露洁每年最多提供 10 000 美元与工作相关课程的学费。
		保诚公司（Prudential）有抚养义务的员工每年可以使用 100 小时的被抚养人护理和 6 小时的老年护理管理服务。
直接服务战略	● 工作场所中的托儿中心 ● 健身中心 ● 暑期托儿项目 ● 工作场所中的其他便利服务 ● 礼宾服务 ● 免费或打折的公司产品	雅培（Abbott）的托儿中心可服务 800 人，为 2 800 个日托设施提供折扣。
		美国在线和威瑞森这样的公司提供健身中心以及全国范围的健身房折扣。
		百时美施贵宝为 5 岁以下的员工子女提供全日、半日或辅助托儿服务，并为年龄大一些的儿童开办夏令营。
		特纳广播公司（Turner Broadcasting）提供看护来照顾幼儿、遛狗及陪伴老年人。
		REI 的员工在购买本公司产品时可以享受很大的折扣。

续表

战略	方案或政策	具体例子
文化变革战略	● 创建工作－生活平衡文化，对管理者进行培训，以使他们更好地帮助员工处理工作－生活冲突 ● 将管理者的收入与员工的满意度挂钩 ● 关注员工的实际绩效，而不是“表面工作时间”	美国运通公司（American Express）建立了员工社交网络以直接解决问题。
		投资公司 Robert W. Baird 的首席执行官保罗·珀赛尔（Paul Purcell）提出这样一条规则：“这里没有混蛋。”
		戈尔公司的口号是：“我们不管理人，我们希望人们管理自己。”
		培生（Pearson）开发了灵活的工作选项责任指南，培训管理人员如何让员工灵活支配工作时间。

资料来源：Based on “2014 100 Best Companies,” *Working Mother*, http://www.workingmother.com/best-company-list/156592, accessed July 21, 2015; “100 Best Companies to Work For,” *CNNMoney*, www.money.cnn.com, accessed June 18, 2013.

时间压力并不是导致工作－生活冲突的主要问题。[128] 决定性因素是工作对家庭生活的心理侵扰，反之亦然，人们在工作时担心自己的个人问题，回到家里又思考工作上的问题，从而引发冲突。这表明，组织不应该把太多精力用于帮助员工进行时间管理，而应当花更多精力帮助他们清晰地划分出自己的生活空间和区域。在这方面，以下一些措施会有所帮助：使工作负荷合理化；减少出差旅行；在工作场所提供高品质的幼儿园。增加计划也可以帮助员工减少工作与生活间的冲突。[129]

毫不奇怪，人们对各种工作时间安排方案和福利的偏好是不一样的。[130] 一些人更喜欢能够把工作与个人生活明确区分的措施，例如弹性工作制、工作分享和兼职工作，这些措施使得员工可以安排好工作时间，尽量避免与个人责任发生冲突。一些人则喜欢使工作和个人生活相融合的措施，例如体育活动以及公司举办的家庭野餐活动。总体而言，大多数人喜欢支持工作与生活平衡的组织。一项研究发现，应聘者（尤其是女性）更容易被那些在支持员工工作与生活平衡方面有着良好声誉的组织吸引。[131]

17.6.5 调解、解雇和裁员

发生不愉快的事情（如纠纷、绩效不达标、机构精简）时，人力资源部门通常会成为众矢之的。员工要相信人力专员能够始终保密并持有平衡的观点。管理者要相信人力资源部门了解法律并能代表组织的立场。人力专员应该训练有素，掌握调解的技巧，并根据公司政策找到积极的解决方案。如果员工无法与管理层达成一致以解决问题，人力资源经理就需要在解雇的过程中发挥作用。解雇的流程要符合工会劳动合同和法律的要求，这就有可能使解雇变得非常复杂。比如，在西班牙，劳动法向来保护年长的员工，他们几乎不可能被解雇。[132]

对于离职员工，人力资源部往往是他们离开组织前的最后一站。人力资源经理要给员工留下一个良好的印象，并从离职面谈中收集有用的信息和建议。当组织因为裁员而解雇员工时，这一点尤其重要。如果员工认为裁员的过程很公平，他们会向其他人推荐这家公司；如果公司要求的话，他们愿意重新回来工作。[133] 一项研究表明，在裁员中幸存下来的员工会对机构精简过程的公平性有所考量，尤其是在个人主义文化中。能够做到公平的组织更有可能实现预期的财务收益。[134]

总之，在全世界的组织中，人力资源部门的作用在不断增加，高级管理层逐渐意识到人力资源部门在建立积极文化、取得积极结果中所发挥的领导作用，优秀的企业需要通过这些来维持自身的竞争力。

本章小结

组织的人力资源政策和实践会给组织行为和重要工作成果带来极大影响。人力资源部门在组织劳动力构成方面的作用越来越重要。首先，随着越来越多的组织转向内部招聘，人力资源部门率先创建了在线网站或其他便于访问的方式，方便求职者了解组织并吸引他们申请。其次，人力资源部门参与甄选的各个阶段：初步甄选、实质甄选以及条件甄选。人力资源部门在各阶段尤其是初步甄选阶段的参与度都有很大提升。在此阶段，人力资源专业人员开发、查看并甄选大量申请。人力资源专业人员负责了解适用的法律和指引，为管理人员提供最新的信息资源。

在有效的组织中，人力资源部门会在员工就职于组织的全过程中发挥作用。人力资源部门制定并管理培训和开发计划，并与高层管理者一起制定管理绩效评估系统的政策和措施。人力资源部门具有管理能力，其职责包括定期与员工沟通、设计和管理福利计划、管理工作与生活的冲突，以及进行调解、解雇和裁员。人力资源部门应该将道德问题意识融入个人在组织中所经历的各个阶段。因此，知识渊博的人力资源专业人员对于组织的各个层面——从高层管理者到管理者再到普通员工——来说都是一种很好的资源。

对管理者的启示

- 组织的甄选活动能够发现有能力的求职者，并使他们与工作岗位和组织实现精确的匹配。使用那些最能直接评估求职者是否具备工作所需技能的方法。
- 通过培训提高员工完成工作任务所必备的技能。受到激励的员工会利用这些技能取得更高的生产率。
- 培训和开发计划提供了提升技能水平的方法，从而为组织增加价值。成功的培训和开发方案应包括道德部分。
- 利用绩效评估方法来准确地评估员工个人的绩效，并将其作为薪酬和奖励分配决策的基础，尽可能确保绩效评估的公平性。我们在第 7 章关于公平理论的讨论中指出，如果评估结果被认为是不公正的，会导致一系列消极后果，如员工努力程度降低、缺勤率上升，或者员工寻找其他工作机会。
- 为员工提供参与绩效评估的机会，促使他们理解评估标准并参与工作改进。

复习题

1. 招聘方法的价值是什么？
2. 初步甄选方法有哪些？
3. 最有效的实质甄选方法有哪些？
4. 主要的员工培训类型有哪些异同？
5. 绩效评估的方法有哪些？
6. 人力资源管理在组织领导中扮演哪些不同的角色？

观点碰撞

雇主应该调查申请者的犯罪背景吗?

正方

如果你住在某些地方，你在求职时可能被问及自己的刑事逮捕记录。即使没有直接询问你，公司也可能已经做过背景调查。调查显示，近70%的公司都对求职者进行了某种形式的犯罪背景调查。这么多企业都采取了同一种策略，一定有某种合理的理由。

公司调查犯罪记录的原因很多。最明显的原因是，没有什么因素比以往的犯罪行为更能预测未来的犯罪行为了。许多员工会将自己的工作权限和特权用于犯罪，从盗窃到攻击甚至到谋杀。调查犯罪记录可能会有助于筛选出这样的人。

正如非营利组织Sue Weaver Cause的创始人露西娅·伯恩（Lucia Bone）所说，“雇主有责任保护自己的企业、员工以及客户”。这对伯恩来说是一个非常有意义的问题。她创立的这个组织是以她的妹妹休·韦弗（Sue Weaver）命名的。她的妹妹被一名有犯罪记录的男子谋杀，该男子被授权进入她家清洁空气管道。许多招聘经理会专门调查犯罪背景，因为他们不希望由于自己不够严谨而导致类似的悲剧发生。

除了反映工作中犯罪活动的直接风险，犯罪记录可能是其他违规行为的良好指标。在某一方面违反社会惯例的人很可能在其他方面也是如此。雇主筛选使用非法药物或有商店盗窃行为的人，试图找出可能对主管撒谎或盗用钱财的人。从犯罪记录中收集的信息可能比管理者的直觉更客观准确。

反方

根据社会学家德沃夫·帕格（Devah Pager）的说法，美国的高监禁率意味着，如果雇主基于犯罪记录来做出招聘决策，将会对劳动力市场和社会产生重大影响。科克工业公司（Koch Industries）已经停止询问求职者的犯罪记录。首席执行官查尔斯·科克（Charles Koch）指出：“如果有犯罪前科的人找不到工作，得不到教育和住房，我们怎么能指望他们过上有意义的生活呢？”科克的担心是有道理的，一项研究表明，年轻人的犯罪记录和他们未来生活中较低的收入和受教育水平有关，而定罪记录和更低的水平有关。

逮捕率方面也有很大的族裔差异。男性比女性更可能有逮捕和定罪记录。平等就业机会委员会得出结论，将有犯罪记录的人排除在工作之外实际上是对非裔美国男性的歧视。

犯罪背景调查并不一定能够为雇主提供他们想要的信息。现代刑事司法的一个核心原则是，在证明有罪之前所有人都是无辜的。然而，一些调查会同时显示定罪和逮捕记录，而这是有问题的，因为只有不到一半的被逮捕者最后会被定罪。尽管很多地方会禁止使用逮捕记录，但这还远不是一个普遍通用的规则。其他调查发现，在线犯罪记录调查容易出现假阳性结果，即调查显示某人有犯罪前科，但实际上他没有。

另一个问题是缺乏与工作的相关性。虽然很多人会同意，被判人身攻击罪的人不适合需要携带武器或与弱势群体相关的工作。但轻微盗窃罪为什么会引发同样的担忧就不太清楚了。社会学家克里斯托弗·乌根（Christopher Uggen）通过观察总结道：“我们还没有真正弄清楚，对特定活动而言，什么样的犯罪可以作为取消资格的依据。”

资料来源：Based on B. Appelbaum, “Out of Trouble, but Criminal Records Keep Men out of Work,” *New York Times*, February 28, 2015, http://www.nytimes.com/2015/03/01/business/out-of-trouble-but-criminal-records-keep-men-out-of-work.html?_r=0; C. Zillman, “Koch Industries Stops Asking Job Candidates about Their Criminal Records,” *Fortune*, April 27, 2015, http://fortune.com/2015/04/27/koch-industries-stops-asking-job-candidates-about-their-criminal-records/; and G. Fields and J. R. Emshwiller,

"As Arrest Records Rise, Americans Find Consequences Can Last a Lifetime," *Wall Street Journal*, August 18, 2014, http://www.wsj.com/articles/as-arrest-records-rise-americans-find-consequences-can-last-a-lifetime-1408415402.

知识应用和就业力

人力资源政策与实践对组织的文化以及最后的成功有着巨大的影响。招聘和甄选使得组织能够增加其人力资本资源。培训也可以增加员工的知识，提升员工的能力和技能，从而改善组织绩效。人力资源实践与政策也决定了如何衡量绩效，进而指导许多重要的组织决策。在本章中，你发展了许多在工作中有用的技能。通过研究 24 小时工作场所的有害性，以及研究解雇员工的最佳方式，你学会了如何应用自己的知识。你还了解了应对艾滋病的社会责任以及雇用有犯罪记录的求职者的宝贵经验。接下来你将继续发展这些技能，同时还会将批判性思维应用于设计评价中心练习、决定是否雇用朋友、了解实习的问题以及美国所面临的现代奴隶制。

体验练习

设计虚拟评价中心考核系统

本次练习中，你将尝试创建一个绩效模拟测试，用于为数字动画工作室甄选新的角色设计主管。这一职位完全是虚拟的，接受评价的候选人来自从底特律到迪拜各个地方。为了评价来自如此多不同地理区域的求职者，招聘经理希望使用评价中心来进行甄选。正如你在本章中所学到的，评价中心练习的目的是模拟员工在工作中可能遇到的问题。由于评价中心可以异地进行，因此雇主可以创建虚拟评价中心，而求职者则在自己的计算机上参与。例如，管理职位的应聘者可能会被要求登录网站，访问虚拟的电子邮件收件箱，并通过这个虚拟收件箱进行回复。这些回复可以用于评估应聘者在规定时间段内对电子邮件或备忘录的回应方式。

这一职位的设定包括一些独特的细节。与其他使用评价中心进行甄选的职位不同，角色设计的负责人应该非常有创造力，精通技术，艺术性强。一个有竞争力的应聘者应该是一名伟大的艺术家，同时还要善于管理其他艺术家。比较典型的评价中心考核方法不适合这一职位。

步骤 1：2 ～ 3 人一组。在开始练习之前，考虑一下这个职位的员工会遇到哪些常见任务。管理其他艺术家有什么需求？为了完成这一步，查找皮克斯和梦工厂等大公司的创意总监、首席动画师和角色设计师的工作描述可能会有所帮助。列出 5 ～ 10 条本岗位员工的基本任务。

步骤 2：接下来，选择一个可以通过虚拟评价中心模拟的任务。以小组为单位撰写简短的任务描述。确保描述中包含以下事项：任务的目标、应聘者收到的指示，以及应聘者完成任务的时间。

步骤 3：创建评价中心后，考虑如何对申请者的工作进行评分。为了建立好的评分标准，首先需要确定哪些结果可以反映出表现的好坏。接下来确定在考核中需要体现出哪些特征才能取得成功。每个特征都应该通过应聘者在完成任务时可以被看到的东西或者任务的结果来衡量。创建评价量表以评价参加考核的应聘者。

在所有小组设计完评价中心考核方案及评分表后，全班一起讨论各组都做了什么。

◆ 问题

1. 为这类职位创建评价中心有什么挑战？

2. 你是如何确定这类职位的核心任务的？

3. 你能使用评价中心模型来确定应聘者是否具备完成工作所需的所有特征吗？

4. 创建一个可以在虚拟评价中心而非面对面评价中心使用的任务的难度如何？使用其他甄选应聘者的方法（如结构化面试、工作抽样测验）会更容易吗？

道德困境

社交网络招聘

在本章中，你已经了解了组织招聘人员的流程。招聘可能是一个漫长而艰难的过程。如果你曾经找人来填补某个职位空缺，当时你可能会想找到任何可能的捷径。传统上，招聘可能包括前往大学进行招聘、在网上发布职位，以及联系该地区相关的专业组织。然而，有时招聘负责人会扩充或跳过这些流程，转而通过自己的个人社交网络进行招聘。例如，餐馆老板可能会问自己的朋友，他们的孩子是否有兴趣做服务员，而不是发布招聘服务员的广告。

从朋友和家人中进行招聘有很多好处。这种方法可能比正式的招聘方法更容易、更快捷、更便宜。通过个人关系招聘有很大的吸引力，因为相对于典型的求职者，招聘负责人对自己认识的求职者会更了解。然而，通过社交网络招聘也有缺点。如果你的员工同时也是你朋友或朋友的朋友，那么你在和他们打交道时可能很难做到客观。决定升职人选时会不会有所偏袒？评估绩效时呢？如果有人招聘了自己邻居的孩子，那么当他们犯错时，主管会坦诚地告诉他们工作做得不好吗？

◆ 问题

1. 人际关系对选拔和甄选有多大影响？在甄选过程中采用在职员工推荐的方式是否可行？

2. 雇用朋友或熟人是否公平？通过自己的社交网络寻找求职者会给工作场所的多样性带来什么影响？

3. 员工是不是老板的朋友是否会影响他们的动力？为什么？

资料来源：Based on P. LeSaffre, “Why You Should Never Hire Your Friends,” *Fortune*, June 29, 2016, http://fortune.com/2016/06/29/startup-entrepreneur-hire-friends/; and S. Tobak, “5 Things to Consider When Hiring Friends,” *Entrepreneur*, June 27, 2014, https://www.entrepreneur.com/article/235194.

案例分析 1

一只脚踏进门里？

许多商科学生在校期间都会有在相关职业领域获得实习或兼职工作机会的压力。对于很多人而言，步入事业轨道最可靠的途径就是承担这些有时间限定的工作任务。实习确实为雇主提供了一种简单的方法来对潜在应聘者进行评估。他们所处的环境和他们将来所要从事的工作是一样的。与正式员工不同的是，实习生如果表现不佳就很容易被解雇。兼职或暑期员工的情况也是如此，他们有时刚接到通知就被解雇了。

实习经历是求职利器，因此一些学生接受低薪乃至无偿的实习工作。虽然这些实习工作过去主要集中于大型组织，但很多初创公司已经开始吸引这样的学生了。例如，里米·阿加米（Remy Agamy）在一家三人设计公司实习，她知道自己将来不太可能在这里工作。尽管如此，她发现就业市场上的其他雇主都热衷于了解她在此次实习中完成的任务。“我们更多地谈论这八周的实习，而非我四年的咨询经验。”她说。

然而，实习对于学生的价值一直都受到质疑。虽然可能会有学习的机会，但许多学生抱怨自己所做的只是无偿且没有技术含量的工作。克里斯蒂娜·伊斯纳迪（Christina Isnardi）是一个感觉自己被系统所剥削的学生。她描述了自己在狮门娱乐公司（Lions Gate Entertainment）的工作：每天忙碌 16 ～ 17 个小时，负责处理早餐订单，或者在远离电影场景的地方工作。伊斯纳迪认为“梦想把我们挟持在这种不公平、不道德的劳动实践当中”。伊斯纳迪的经历并不少见。MTV、华纳音乐集团（Warner Music Group）和麦迪逊广场花园（Madison Square Garden）等公司的实习生描述了类似的经历，这就是以上组织面临来自过往实习生的诉讼的原因。

还有一些实习生已经在定期有偿聘用实习生的组织中得到了听起来很棒的实习机会，但这些组织并不知道应该如何对待这些临时员工。我们认识的一名学生在大城市实习期间被鼓励充分利用时间，包括去其他地方另找一份带薪工作，如果工作时间有重叠，就通过电话保持联系！他说自己度过了一个充实的暑假，但这份实习并没有提供他所需要的学习机会。实习是否有价值仍然是一个悬而未决的问题。大多数争议确实表明，学生在同意实习安排前需要了解细节，因为并不是所有的实习岗位都能提供公平的待遇或充分的职业经验。人力资源部门需要对实习计划的监督和设计负责。

◆ **问题**

1. 如果你是狮门娱乐公司的人力资源专业人士，你会如何评价伊斯纳迪关于剥削的看法？你会如何向高层管理者和管理者提出建议？

2. 你在寻找实习的过程中会寻求哪些具体特征？

3. 你认为实习生如果觉得自己与公司之间的关系是负面的或者剥削性的，是否应该提起诉讼？为什么？哪些类型的公司行为可能会让你觉得诉讼是正当的？

资料来源：Based on R. Feintzeig and M. Korn, “Internships Go under the Microscope,” *Wall Street Journal*, April 23, 2014, B7; L. Gellman, “Diving into the Intern Pool before Starting at B-School,” *Wall Street Journal*, February 5, 2014, B7; and C. Zillman, “Unpaid Interns Have Their Day in Court—Again,” *Fortune*, January 29, 2015, http://fortune.com/2015/01/29/unpaid-internships-legal-battle/.

案例分析 2

隐藏的“奴隶主”

今天是你的生日。你先在俱乐部里享用了餐前冷盘，然后到你最喜欢的餐厅庆祝。俱乐部的工作人员对你一如既往地热情，餐厅的海鲜晚宴还是一样美味。你来过这里很多次，持有俱乐部股份，还常常会带公司客户来这边的餐厅吃饭。因此，你怎么可能不知道你和你的公司是支持“奴隶制”的？

专家认为，这可能是“眼不见为净”的心理在作怪。阿尔贝托·波齐（Alberto Pozzi）管理着迈阿密乡村海岸俱乐部（MiaMi Shores Country Club），他声称自己并不知道公司通过劳务中介找来的39名菲律宾员工其实被奴役。这家劳务中介会在饮食、住宿等方面收取费用，几乎把这些人的收入克扣得一分不剩，使他们永远还不起最初的5 000美元中介费。这些人的生存条件恶劣，无法接受医疗护理，遭受虐待是常有的事。由于签证被扣押，这些工人无法逃离。然而，阿尔贝托却说：“这些工人从来没有说过一句不满的话，也没有表现出不开心的样子。”

把P. F. Chang餐厅的招牌大鱿鱼送上餐桌的员工也被奴役，顾客对此并不知情。新西兰渔业联盟（United Fisheries）的渔民也许会抱怨自己被劳务中介奴役——没有实付工资，作业条件恶劣，债务累累，每天工作16小时，安全设备缺失——谁也不知道地球另一端的人过的是什么日子，而公司的收入大多是在这里产生的。

迈阿密乡村海岸俱乐部和渔业联盟的例子并不少见。目前，全球有超过2 700万人是贩卖人口行为的受害者，随着廉价劳动力需求越来越大，这一数字也在增长，尤其是在美国和其他西方国家。为了应对这一问题，美国法律规定，雇佣公司要对此类行为负责，即便这些公司不是直接雇主。根据美国联邦《人口贩卖受害者保护法案》（Trafficking Victims Protection Act），雇主如果对贩卖人口的行为知情或从中获利，将承担法律责任。各州也出台了相应的法案，比如加利福尼亚州的《供应链透明法案》（Transparency in Supply Chains Act）要求大型跨国公司从整个供应链着手，积极解决奴隶问题。

无论奴役工人的是公司本部还是供应商，人力资源部得首先承担责任，避免在不知情的状况下奴役工人。“你肯定知道原材料是从哪里来的，同样的道理，你肯定也知道你的员工是从哪里来的。我想负责人力资源的人已经意识到这一点。”万宝盛华的执行副总裁马拉·斯旺（Mara Swan）说。专家敦促人力专员了解相关法律，制定零容忍政策，培训员工及时发现违法行为，监督承包商和供应商，并通过加入行业组织来共享信息。

个人可以通过拒绝购买的方式来抵制奴役，而人力专员应发挥关键作用，从根源上切断不法者的财路。

◆ **问题**

1. 现代工人被奴役的两种方式是什么？你认为在道德上谁应该为这种契约奴隶负责？
2. 雇主如何确定通过中介招来的员工是否受到契约的奴役？
3. 为什么有些人被奴役后还继续待在那里？

资料来源：Based on B. DiPietro, “The Morning Risk Report: Coming to Grips with Thailand’s Slave Labor Seafood,” *The Wall Street Journal*, June 11, 2014, http://blogs.wsj.com/riskandcompliance/tag/p-f-chang/; D. Meinert, “Modern-Day Slavery,” *HR Magazine* (May 2012): 22–27; and E. B. Skinner, “The Cruelest Catch,” *Bloomberg Businessweek* (February 27–March 4, 2012): 70–76.

注　释

第18章 组织变革与压力管理

Organizational Change and Stress Management

学习目标

学完本章后，你应该能够：

1. 比较变革和有计划的变革的动力。
2. 描述克服变革阻力的方法。
3. 比较四种主要的管理组织变革的方法。
4. 阐述三种创建变革文化的方式。
5. 找出工作中潜在的环境、组织和个人压力来源，以及个体差异和文化差异的作用。
6. 指出工作压力所导致的生理、心理和行为症状。
7. 描述个人和组织的工作压力管理方法。

就业技能矩阵

	传言还是科学	职业目标	道德抉择	观点碰撞	体验练习	道德困境	案例分析 1	案例分析 2
批判性思维			✔	✔	✔	✔	✔	✔
沟通		✔			✔			✔
合作		✔	✔		✔			✔
知识应用与分析	✔			✔	✔	✔	✔	✔
社会责任		✔	✔	✔		✔	✔	✔

大人物：指引就业市场，构建职业生涯

本·卡彭特（Ben Carpenter）是格林威治资本公司（Greenwich Capital）的联合首席执行官。他和他的妻子得知女儿埃弗里（Avery）得到一份成为凯蒂·库里克（Katie Couric）脱口秀节目制

作人助理的工作时十分高兴。然而，当他收到来自女儿的电子邮件时，这份高兴变成了忧虑。邮件以“这个可以发送吗？”为题，内容是询问新老板是否可以从周一开始工作，这样她就有空去曼哈顿找工作。这种要求在新工作开始时不会给老板留下好的第一印象。本马上回复女儿“不要发送，关注以下要点”，并开始在手机上输入埃弗里要在职场上取得成功所需要理解的22个要点。这些要点很快就成为本的畅销书《大人物计划》(*The Bigs Project*)的基础。

本的书源于他自身职业生涯中的无数经历。在这些经历中，他必须处理职业道路中的一个个曲折，书中描述了他是如何处理的。变革对于年轻时的本而言是一种常态：当他上四年级时，他的父亲失去了在哈里斯信托公司(Harris Trust)的工作。从那时起，这仿佛成了一种模式：每年本的父亲都会失去工作，全家不得不因此搬家。本及其家人从伊利诺伊州搬到了新罕布什尔州，又从新罕布什尔州搬到了密苏里州，之后在本读高中期间搬到了马萨诸塞州。不断搬家带来压力和紧张感，不过本的家人很和睦，并在搬家中保持着韧性。值得注意的是，本的父亲其实工作很努力，只是选择的道路不太符合自己的长处。从这些经历中，本认识到培养对自己擅长的事的热情并做出正确的选择来构建职业生涯的重要性，以及在动荡的变革时期保持韧性的必要性。

另一个转折发生在本30多岁的时候，当时他是格林威治资本公司的债券推销员。公司创始人特德·克内兹格(Ted Knetzger)请他吃晚饭，并询问他是否想尝试交易员一职。这是本一直想做的，然而，在做交易员的两年中，本意识到自己不适合这个角色。组织的金钱损失让他在情感上筋疲力尽。特德在那些年给予他支持，甚至邀请他担任公司首席财务官。此时，本做出了他职业生涯中最正确的决定：他后退了一步，考虑自己擅长什么事情，然后决定回头去卖债券，而不是选择一份自己并不了解的工作。

然而，当本做出自己的决定时，意想不到的事情发生了：本在工作中突然感到剧烈的胸痛，不得不被送往医院。检查发现，由于某种罕见的情况，他体内的一条主动脉突然破裂。多亏了他的妻子疯狂地向医院的医生和护士求助。外科医生告诉本，他余生都不能奔跑或举重。虽然他一开始会因此心烦意乱，但随后他感到快乐和幸福，意识到“一切都会好起来的”。在这一段经历后，本决定重新开始销售债券，而非担任首席财务官。自那以后，他晋升为销售经理和首席运营官，最终成为首席执行官。

资料来源：Based on B. Carpenter, *The Bigs: The Secrets Nobody Tells Students and Young Professionals About How to: Choose a Career, Find a Great Job, Do a Great Job, Be a Leader, Start a Business, Manage Your Money, Stay out of Trouble, and Live a Happy Life* (Hoboken, NJ: Wiley, 2014); B. Carpenter, “Is Your Student Prepared for Life?,” *The New York Times*, August 31, 2014, https://www.nytimes.com/2014/09/01/opinion/is-your-student-prepared-for-life.html?_r=0; M. Gordon, “Q&A With Greenwich’s Ben Carpenter,” *Greenwich Time*, November 6, 2014, http://www.greenwichtime.com/business/article/Q-A-with-Greenwich-s-Ben-Carpenter-5876838.php; *The Bigs Project*, https://www.thebigsproject.net/, accessed April 23, 2017.

许多变革都会带来巨大的压力。正如本的经历所显示的那样，批判性思考对建立职业生涯是极其重要的：战略性地考虑职业选择、寻找磨炼自身职业技能的学习发展机会、努力工作并在处理压力来源时保持弹性和适应力。在本章中我们讲述了环境压力。我们将描述公司和个人如何在环境压力下进行变革、员工和组织拒绝变革的原因以及克服这种阻力的方法。我们将回顾如何管理组织变革的过程。接下来我们讨论压力、压力的来源和后果。最后，我们将讨论个体与组织可以通过哪些方法更好地管理压力，实现组织行为的积极成果——这毕竟是本书的目的。

18.1 变革

如今，没有哪家公司处在特别稳定的环境之中。即使那些在市场中占据支配地位的公司也必须进行变革，甚至是根本性的变革。例如，智能手机市场一直是个变动剧烈的市场。[1]2016 年第四季度，苹果手机的销量为 7 700 万部，三星手机的销量为 7 680 万部。[2]而在 2015 年第四季度，苹果手机销量明显更低（7 150 万部），三星手机的销量明显更高（8 340 部）。[3] 与此同时，中国手机公司 OPPO 及其母公司 BBK 电子公司迅速进入市场。它们的总市场占有率只比三星或苹果手机低 6 个百分点。[4] 让我们再往前看几年，诺基亚、小米或黑莓等曾经占据主导地位的公司迅速丧失市场份额。在各个市场中，参与竞争的选手在相关领域里进进出出，快速地获得或者失去市场。

18.1.1 变革的动力

"不变革则灭亡"是当今全球范围内管理者的共同呼声。[5] 图表 18－1 概括了激发变革的六种力量。

图表 18－1 变革的动力

动力	具体例子
劳动力队伍的性质	文化更加多元化
	人口老龄化
	移民数量和外包业务的增长
技术	更快、更便宜、更便于携带的电脑和手持设备
	社交网站的出现和发展
	人类遗传密码的破译
经济冲击	全球房市的起落
	金融行业的崩溃
	全球衰退
竞争	全球的竞争对手
	收购与兼并
	政府对商业的更多管制
社会潮流	环保意识的增强
	对同性恋和变性员工更宽容
	更多的接触和任务多样性
世界政治	医疗成本日益上升
	社会对企业及其高管的负面态度
	中国市场日益开放

在本书中，我们讨论了劳动力队伍的不断变化的本质。为了适应存在多种文化的工作环境、人口结构的变化、移民以及业务外包，几乎所有的组织不得不做出一些调整。而且，技术不断改变着工作和组织。不难想象，“办公室”在不久的将来会变成一个过时的概念。

经济冲击也会对组织产生重大影响。在2007—2009年经济危机期间，世界上有数百万人失去了工作，房价暴跌，许多大型的知名公司，如美林（Merrill Lynch）、美国国家金融服务公司（Countrywide Financial）和Ameriquest消失或被收购。[6] 如今，许多国家开始从衰退中复苏，随之而来的是新的就业和投资前景。希腊等国则在努力恢复自身的经济基础，这些国家目前的经济情况限制了其国内许多组织的经济活力。[7]

竞争也在发生变化。竞争对手可能来自另一个城市，也可能漂洋过海远道而来。成功的组织会紧跟时代脚步，迅速开发新产品并投放市场。换句话说，它们要有灵活性，而且需要同样灵活且反应迅速的员工队伍，这样才能适应急剧变化的环境。[8]

社会潮流也不稳定。组织必须不断调整产品和市场战略以应对变化的社会潮流，正如Instagram所做的那样：推出Instagram Stories功能，即发送一段时间后就会消失的图片、视频或文本。这一功能实际上是对Snapchat Stories功能的再创造。[9] 此外，顾客、员工和企业领导对环境问题更加敏感。“绿色”实践迅速成为理所当然而非备选的方案之一。[10]

就连全球化运动最坚定的支持者也没有预料到近年来世界政治的变化。我们见证了经济危机对全球市场的冲击，在所有工业化国家中，商业——尤其是银行和金融部门——处于新的监管之下。

18.1.2 有计划的变革

一家小型酒店的服务员与酒店的所有者针锋相对。前者的女发言人说：“我们中的很多人难以保证早七晚四的工作时间。我们每个人都有沉重的家庭负担和个人职责。这种僵化的时间安排很不适合我们，如果你们还不实行弹性工作制，我们就要去其他地方找工作了。”酒店的所有者认真听取了他们的“最后通牒”，并同意做出变革。第二天，该酒店对工人实行了弹性工作制。

一家大型汽车制造商斥资数十亿美元装配了一套最先进的机器人操作系统，能够运用这套新设备的领域之一是质量控制。精密复杂的电脑控制装置能显著提高公司发现和纠正产品缺陷的能力。这套新装置会使质量控制部门的工作发生显著变化，管理者预料到会有相当多的员工抵触这套设备，所以公司的高管正在设计一套方案来帮助员工熟悉这项变革，并尽量缓解他们可能会产生的各种焦虑。

以上两个场景都是**变革**（change）的例子，或者说让事情变得不同。但是，只有第二个场景描述的是**有计划的变革**（planned change）。[11] 许多变革类似于那家小型酒店发生的变革——它们只是发生了而已。有些组织把所有变革都视为意外出现的状况。在本章中，我们强调变革是一种有意为之、以目标为导向的活动。

有计划的变革要实现什么目标呢？主要有两个：第一，致力于提高组织适应外部环境变化的能力；第二，致力于改变员工的行为。

在组织中谁负责实施变革活动？答案是**变革推动者**（change agent）。[12] 他们能够看到组织的未来，其他人却无法看到，而且他们能够激励、创建和实施这种愿景。变革推动者可以是管理者，也可以是非管理者；可以是组织内的员工，也可以是组织外的顾问。

部分变革推动者会寻求通过改造旧行业来满足新的能力和需求。例如，Sandy Jen，Cameron Ring，Monica Lo 和 Seth Sternberg 合作，将社交市场概念应用于在线业务。拼车公司优步和众筹公司 Kickstarter 都是典型案例。变革推动者创造了一项名为 Honor 的老年护理服务。[13] 与以往通过护理设施为老年人及其家人提供方法不同，Honor 开发线上市场。护工列出自身资历以及期待的工作类型，而老年人则指定自己需要的服务类型。Honor 通过这种方式帮助大家满足了各自的需求。这一新的模式源于一群敬业的核心领导者的愿景，可能会改变整个医疗领域。

在历史悠久的组织中寻找真正的变革推动者可能会遇到特有的挑战。通用汽车希望公司的人力资源经理能够成为变革推动者，人力资源总监能够确定变革的基调。专家认为，通用汽车在变革上面临的失败一定程度上归咎于公司的全球人力资源副总裁凯瑟琳・巴克利（Kathleen Barclay）。通用汽车随后聘请马里・巴拉（Marry Barra）担任生产总监，认为巴拉可以为公司带来更好的变革。巴拉看起来确实是一个变革推动者，但 CEO 丹・埃克森（Dan Akerson）称“这是我见过的最糟糕的一次任命”。巴拉随后被任命为通用汽车的新 CEO，以替代埃克森。[14] 通用汽车接着又选择了辛西娅・布林克利（Cynthia Brinkley）作为最高人力资源领导者，因为她似乎具备成为变革推动者的各种技能。然而，她并没有人力资源方面的背景。[15] 辛西娅随后被约翰・夸特罗内（John Quattrone）取代。夸特罗内在人力资源方面有超过 25 年的经验，在通用汽车公司任职也已经超过 40 年。[16] 时间会证明一切。

很多变革推动者之所以失败，是因为组织成员抵制变革。接下来我们会讨论变革的阻力以及管理者如何克服这种阻力。

18.2 变革的阻力

人们的自我是很脆弱的，人们常常将变革视为威胁。即使向员工提供相关数据来表明需要实施变革，他们也会设法寻找各种数据来证明一切顺利，不需要进行变革。[17] 对变革持消极态度的员工通过不考虑变革、多请病假以及离职来应对变革。这些反应会大量消耗组织最需要的关键能量。[18] 变革的阻力不仅仅来自组织的底层。很多时候，尤其是在领导者更看重即时绩效的情况下，上级管理者会阻碍下属所提出的变革。相反，当领导者更看重掌控与探索时，他们会更愿意听取和采纳下属关于变革的建议。[19]

如果对变革的抵制可以带来开诚布公的讨论和辩论，那么这种阻力可能是积极的。[20] 这种反应通常比反感和沉默更好，说明组织成员参与了变革过程，从而为变革推动者提供一个对变革努力做出解释的机会。变革推动者可以通过监控变革阻力去调整变革，使其符合组织成员的偏好。

变革阻力不一定以标准化的形式表现出来。阻力可以是公开的或隐含的，即时的或延后的。[21] 公开直接的阻力最容易处理，例如抱怨、消极怠工或罢工威胁。处理隐含的或延后的变革阻力会更加困难。隐含的阻力十分微妙，也更难识别，因为它可能是忠诚度的丧失、工作积极性的下降、错误率或缺勤率的上升。同样，延后的抵制行动有时会在几周、几个月甚至几年之后才出现，因而会模糊变革与员工对变革的反应之间的关联。或者，某项单独的变革本身只有很小的影响，却可能成为压垮骆驼的最后一根稻草，这是因为对先前变革的抵制被延迟和积累起来。

图表 18-2 概括了主要的变革阻力，并根据它们的来源进行了分类。个体阻力来自基本的人类特征，如知觉、个性和需要。组织阻力来自组织自身的结构。

图表 18-2　变革阻力的来源

来自个体的阻力

- 习惯——为了应对生活的复杂性，我们依赖于习惯或程序化的反应。但是，当面临变革时，这种以惯常方式做出反应的倾向就会成为阻力的一种来源。
- 安全感——有较高安全需求的人很可能抵制变革，因为变革会威胁到他们的安全感。
- 经济因素——如果员工担心自己从事新的工作任务或工作流程时不能达到先前的水平，尤其当报酬和生产率密切相关时，那么工作任务或工作流程的变革就可能会引发他们对经济方面的担忧。
- 对未知的恐惧——变革是用未知的模糊性和不确定性代替已知。
- 选择性的信息加工——为了保持知觉的完整性，个体会对信息进行选择性加工。他们只听取自己想听的，而忽视那些对自己建构的世界形成挑战的信息。

来自组织的阻力

- 结构惰性——组织拥有产生稳定性的内在机制（如甄选程序和正式的规章制度）。当组织面临变革时，这种结构惰性就会产生反作用力，以维持原有的稳定状态。
- 有限的变革范围——组织由一系列相互依赖的子系统组成。你不可能只对一个子系统实施变革而不影响其他子系统。因此，在子系统中进行的有限变革很可能会被更大的系统抵消。
- 群体惰性——即使个体想改变自己的行为，群体规范也会充当约束力量。
- 对专业知识的威胁——组织模式的变革可能会对特殊群体的专业知识构成威胁。
- 对已有权力关系的威胁——无一例外，决策权的重新分配会威胁到组织内已经形成的权力关系。

需要指出，并不是所有的变革都是有益的。快速、彻底的变革有很大的风险，变革推动者需要仔细、全面地思考变革的影响。追求速度往往会导致很糟糕的决策。有时，发起变革的人无法充分、全面地认识到变革所导致的影响或变革的真正成本。

18.2.1　克服变革阻力

以下几种策略可以帮助变革推动者克服变革阻力。[22] 让我们简要讨论一下。

沟通　在变革期间，沟通会变得比以往任何时候都更重要。一项针对德国公司的研究显示，如果公司向员工传达一种能够平衡各方利益相关者（股东、员工、社区、客户）的利益而不是只关注股东利益的改革逻辑，变革就会取得最大成效。[23] 一项研究以菲律宾一家正在进行变革的组织为对象，结果表明，正式的信息分享可以减少员工的焦虑，提供高质量的变革信息还能增加他们对组织的承诺。[24]

参与　个体很难抵制他们参与制定的变革决策。如果参与者能够为决策做出有意义的贡献，那么利用他们的参与可以减少变革阻力，使员工获得认同并提高变革决策的质量。[25] 但是，这种策略有时也会有潜在的不足之处：它可能会产生糟糕的决策，并且很耗费时间。

提供支持和做出承诺　当管理者和员工对变革的情感承诺很低时，他们会维持现状、抵制变革。[26] 如果员工对组织有整体性的承诺，就会更愿意接受变革。[27] 因此，激发员工并增强他们对组织的承诺会帮助他们增强对变革的情感承诺而不是维持现状。当员工感到恐惧和忧虑时，给员工提供咨询和心理辅导、新技术培训、短期带薪休假有利于他们为适应变革而进行调整。

发展积极的关系 如果人们相信实施变革的管理者，他们就更愿意接受变革并认可变革的合法性。[28] 一项研究调查了荷兰一家正在实施兼并的大型房地产公司的235名员工。研究发现，那些与主管保持着积极关系的员工，以及那些认为工作环境为自己的事业发展提供了支持的员工，对变革所持的态度要积极得多。[29] 其他一些强调社会背景重要性的研究表明，当员工能感受到来自同事的支持并相信所处环境可以安全地承担风险时，即使是抵制变革的人也会更愿意接受新的不同想法，他们的压力也能得到缓解。[30] 还有一组研究发现，原本会抗拒变革的人如果信任变革推动者，就会更积极地看待变革。[31] 研究表明，如果管理者能够与员工建立起积极关系，他们也许就能克服员工（包括那些原本不喜欢变革的员工）对变革的阻力。

公平地实施变革 组织使负面影响最小化的一种方式就是确保变革实施过程是公平的。正如我们在第7章中看到的那样，当员工将一种结果视为消极结果时，程序公平尤其重要。因此最重要的事情就是使员工了解变革的理由及其进展情况，并觉得变革的实施是一视同仁且公平的。[32] 然而，对荷兰26个大型有计划变革的研究表明，接受变革的人并不总是只关注自身利益，他们也会关注变革对其同事、组织以及其他各方的影响。[33] 变革遇到一些阻力是不可避免的，当变革影响到员工的自由时更是如此，但公平观念仍然有助于减小这种阻力。[34]

操纵和收买 操纵指的是暗地里施加影响。[35] 这方面的例子有：歪曲事实以使它们显得更有吸引力；封锁不受欢迎的消息；制造谣言使员工接受变革。如果工厂的管理者威胁说倘若员工不接受全面的工资削减方案，工厂就会关闭，而实际上管理层并无这种打算，他们使用的就是操纵手段。收买则融合了操纵和参与。[36] 它通过让抵制变革的群体领导者在变革决策中承担重要角色或者征求他们的意见（并不是为了寻求更完善的决策，而是为了谋求他们的支持）来收买他们。操纵和收买的成本相对较低，并且易于获得反对派的支持，但如果对方意识到自己被欺骗或利用，这种策略可能会适得其反。一旦被识破，变革推动者会信誉扫地。

选择接受变革的人 研究表明，接受和适应变革的能力与人格有关。有些人就是会比其他人更容易接受变革。[37] 这样的人通常情绪上更稳定，核心自我评价水平高，愿意冒险，行为灵活。[38] 这似乎是一个普遍的规律。对美国、欧洲和亚洲的管理者进行的一项研究发现，那些具有积极的自我概念和高风险承受力的人能够更好地应对组织的变革。[39] 另外，心理素质强的人能更好地学习和适应工作场所中的变革。[40] 总而言之，大量证据表明，组织可以通过选择接受变革的人来促进变革的顺利实施。

除了选择愿意接受变革的人，还可以选择更有适应能力的团队。一般而言，具有强烈的动机去学习并完成任务、认知能力水平高、具有集体主义价值观的团队能更好地适应变革的环境。[41] 这表明，在推行变革的过程中，不但要考虑个人的动机，还要考虑群体的动机。一项对数百个团队进行的元分析综述表明，成员认知能力水平高且具有完成任务的动机的团队适应能力最强。[42]

强制 最后一项策略是强制，即直接对抵制者给予威胁或压力。[43] 如果员工不同意削减工资，而企业管理者下决心要关闭工厂，那么这种变革策略就带有强制色彩。其他例子包括威胁调动、不予提拔、消极的绩效评估、不好的推荐信，等等。当对部分反对者施加压力时，强制手段最有效。例如，如果某位员工被公开拒绝晋升请求，那么在其他员工心目中，阻止晋升的威胁也可能成为现实。强制方式的优缺点与操纵和收买策略相似。

18.2.2 变革的政治性

如果不提及变革的政治性，对变革阻力的讨论就是不全面的。[44] 变革无疑会威胁到现状，因此，它必定包含政治活动。

这种政治性意味着变革的推动力更可能来自组织外部的变革推动者、新加入组织的员工（他们对组织的现状投资较少），或是尚未处于关键权力结构中的管理者。那些在一个组织中投入很长时间并最终获得高级职务的管理者常常是变革的主要障碍。对于这样的人而言，变革对他们的地位和职务构成了真正的威胁。不过，他们也可能希望通过实施变革以证明自己并不是徒有其表。通过扮演变革推动者的角色，他们可以向各方人士（股东、供应商、员工、顾客）传递这样的信息：他们正在解决问题，并逐渐适应动态的环境。当然，如同你可能会猜测的那样，当被迫实施变革时，这些长期掌权的人往往会逐步实行变革，因为激进的变革通常会被认为过于危险。这一点可以解释当董事会认识到需要迅速实施激进的变革时为什么往往选择组织外部人士来领导变革。[45]

18.3 管理组织变革的方法

现在我们来看看管理组织变革的几种常用方法：勒温的三步骤模型；科特的八步骤计划模型；行动研究；组织发展。

18.3.1 勒温的三步骤模型

库尔特·勒温（Kurt Lewin）认为，成功的组织变革应该遵循以下三个步骤：解冻（unfreezing）现状、移动（movement）到新状态、重新冻结（refreezing）新变革以使之持久（如图表 18－3 所示）。[46]

图表 18－3 勒温的三步骤模型

根据定义，现状是一种均衡状态。要打破这种均衡——克服个体阻力和群体从众压力，必须先“解冻”。解冻可以通过以下三种方式中的一种来实现（如图表 18－4 所示）。第一，增加**推动力**（driving force）——引导行为脱离现状的力量；第二，减少**抑制力**（restraining force）——阻止脱离现有均衡的力量；第三，将上述两种方法结合使用。过去一直成功的公司有可能遇到抑制力，因为人们会质疑变革的必要性。[47]

图表 18－4　解冻现状

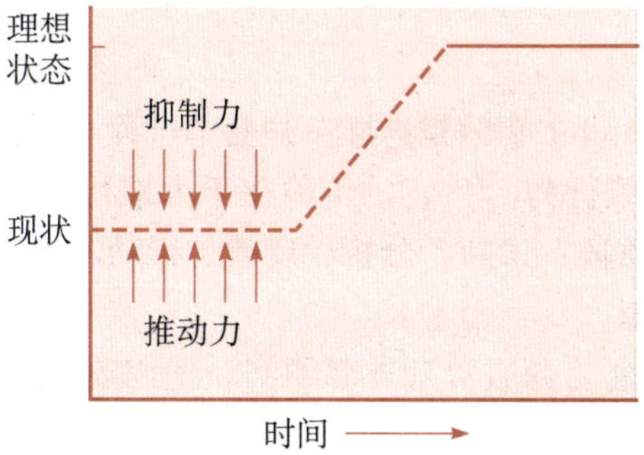

进入移动阶段后，动力的保持是很重要的。逐步实施变革的组织不如那些立即行动并快速通过移动阶段的组织变革效果好。一旦变革付诸实施，还需要重新冻结新形势，以使它长久保持下去。如果不采取最后这个步骤，变革就可能是短命的，而员工也会设法回到以前的均衡状态。因此，重新冻结的目标就是通过对推动力和抑制力二者进行平衡使新状况更为稳定。

18.3.2　科特的八步骤计划模型

哈佛商学院的约翰·科特（John Kotter）在勒温的三步骤模型的基础上创建了一种更详细的变革实施方法。[48] 科特首先罗列了管理者在发起变革时常犯的错误：他们可能没有形成一种需要变革的紧迫感、一个管理变革过程的联盟，以及一种变革愿景；他们也可能没有对愿景进行有效沟通，没有将变革融入组织文化中；他们还可能没有清除阻止愿景实现的障碍，没有提供可实现的短期目标；此外，他们还可能过早地宣布胜利。

科特创建了八个连续的步骤来解决这些问题（见图表 18－5）。

图表 18－5　科特的八步骤计划模型

1. 通过提出组织需要迫切变革的有说服力的理由来建立一种紧迫感。
2. 与拥有足够权力的人形成联盟来领导这次变革。
3. 创建一个新的愿景来指导变革，制定相关战略来实现该愿景。
4. 在整个组织中宣传该愿景。
5. 清除变革的障碍，鼓励冒险和创造性的问题解决方式，向员工授权，以使他们投身于愿景的实现。
6. 规划、实现和奖励短期“胜利”，这些胜利会推动组织不断迈向新的愿景。
7. 巩固成果，重新评估变革，在新的计划中做出必要的调整。
8. 通过证明新行为与组织成功之间的关系来强化变革。

资料来源：Based on J. Kotter, *Leading Change* (Boston, MA: Harvard Business School, 1996).

请注意科特的前四个步骤如何对应勒温的“解冻”阶段，第五至第七个步骤如何体现“移动”，以及最后一个步骤如何对应“重新冻结”。科特的贡献在于为管理者和变革推动者成功推行变革给予更具体的指导。

18.3.3 行动研究

行动研究（action research）指的是这样一种变革过程：首先系统地收集信息，然后在信息分析的基础上选定变革行为。[49] 它的价值在于为推行有计划的变革提供了科学的方法论。行动研究包括五个阶段：诊断、分析、反馈、行动和评估。你会注意到，这些步骤与科学的研究方法十分类似。

在行动研究中，变革推动者通常是外部顾问。他们首先从组织成员那里收集关于问题、担忧和所需变革的信息。这种行为类似于医生诊断病人患了什么病。在行动研究中，变革推动者提出问题，与员工面谈，翻阅各种记录，并积极倾听员工所关注的问题。

诊断之后接下来是分析。人们最关注哪些问题？这些问题以什么形式出现？变革推动者把有关信息综合成这几个方面：人们关心的主要问题、问题的范围以及可能采取的行动。行动研究还要求参与变革方案的人员帮助查找问题和确定解决办法。所以，第三步反馈是与员工共同分享前两步获得的信息。在变革推动者的帮助下，员工制定行动计划来实施必要的改革。

然后就是行动阶段，员工和变革推动者采取具体行动来解决他们发现的问题。

最后一个阶段是把最初收集到的原始资料作为标杆，对行动计划的有效性进行评估。这与行动研究的科学基础相一致。

行动研究对组织至少有两个方面的好处。第一，它侧重于问题。变革推动者客观地查找问题，而问题的类型又决定了变革行为的类型。这是一个显而易见的过程。不幸的是，实际上变革行为可能会侧重于解决方案，并因此被错误地预先确定了。即变革推动者先有一个中意的解决方案，例如实行弹性工作制、工作团队或流程再造计划，然后寻找与该解决方案相匹配的问题。

行动研究的第二个好处是减小阻力。行动研究让员工充分参与这个过程，减小了变革阻力。实际上，只要员工在反馈阶段积极参与，变革过程就有了自发的动力。

18.3.4 组织发展

组织发展（organizational development，OD）是致力于提升组织效力和员工主观幸福感的各种变革方法的集合。[50] 组织发展方法重视员工和组织的成长、合作与参与过程以及探索精神。[51] 当代的组织发展在很大程度上借鉴了后现代哲学，强调人们看待和理解其工作环境的主观方式。变革推动者可能会在组织发展中发挥其领导作用，但他们非常重视协作。

有哪些组织发展技术或措施可以用来促进变革呢？下面我们具体介绍六种方法。

敏感性训练　你可能听说过一大串名称，例如**敏感性训练**（sensitivity training）、实验室训练、交友小组或者训练小组（即T小组），其实它们指的都是通过非结构化的群体互动来改变行为的一种早期方法。[52] 目前的组织干预方法，如多元化培训、执行教练和团队建设练习，都是基于这种早期组织发展干预技术发展而来。

在经典的敏感性训练中，参与者处于一种自由、开放的环境中，讨论他们自己以及与他人的互动过程。讨论中有一位专业的行为科学家对他们稍加引导。该专家创造机会来表达观点、意见和态度，却不承担任何领导角色。这种小组以过程为导向，这意味着个体通过自己的观察和参与来进行学习，而不是让别人来告知。对于所有形式的组织发展方法，在采用时都必须谨慎，避免非结构化的小组令人恐惧、混乱并破坏工作关系。

调查反馈 **调查反馈**（survey feedback）是评估组织成员的态度、发现成员之间的认知差异并且消除这些差异的一种工具。[53]

组织中的每个人都可以参加调查反馈，最重要的是组织“家庭”（即任何一个工作单元中的管理者及直接向他汇报工作的下属）的参与。通常由组织或工作单元中的所有成员来填写调查问卷。这种方法可以让组织成员直接指出问题，或是通过访谈的方式来确定那些重要的问题。问卷主要询问员工对各个方面的认识、理解和态度，其中包括：决策实践、沟通效果、部门间的合作以及对组织、工作、同事和上司的满意度。

根据个体所属的特定组织“家庭”以及整个组织来对从问卷中获得的数据进行列表和归类，并分发给员工。这些数据就是确定问题和澄清各种事项的出发点。尤其要注意的是，在调查反馈方法中，要鼓励讨论并确保讨论对事不对人。例如，人们会不会听取这些信息？会不会产生新的观点和意见？决策、人际关系和任务分配能否得到改进？这些问题的答案应当促使该群体设法找出各种办法来解决问题。

调查反馈法可以帮助决策者了解员工对组织的态度。然而，个人在接受调查时会受到许多因素的影响，这可能会使一些调查结果不可靠。因此，使用调查反馈法的管理者应该密切关注组织当前所发生的事件以及调查的响应率。

过程咨询 管理者常常感觉到自己部门的工作绩效还可以改进，却不知道要改进哪些方面以及如何改进。**过程咨询**（process consultation，PC）的目的就是让外部顾问来帮助客户（常常是一位管理者）通过“共同破解正在发生的事件”的持续努力来建立某种关系，就下一步行动做出共同的选择。[54] 这些事件可能包括工作流程、部门成员间的非正式关系以及正式的沟通渠道，等等。

过程咨询与敏感性训练有些相似，它们都认为通过协调人际关系可以提高组织效力，而且都很重视员工的参与。但过程咨询更加以任务为导向。过程咨询中的顾问并不解决组织中的具体问题，而是作为指导和教练来帮助管理者解决问题，共同研究哪些地方需要改进。管理者会提升自己对部门内各种流程进行分析的能力，在外部顾问离开很久以后还能运用这种能力。因为管理者积极参与问题的诊断和解决方案的制定，所以他对本部门的过程及改进方案有更好的理解，更可能支持行动计划。

团队建设 我们在本书的许多地方都提到，组织越来越多地依靠工作团队来完成工作任务。**团队建设**（team building）利用高度互动的群体活动来增进团队成员之间的信任和坦诚，改进协作努力和提高团队绩效。[55] 我们在这里侧重于群体内的团队，即组织“家庭”（指挥小组）、委员会、项目团队、自我管理型团队和特别任务团队。

团队建设通常包括目标设置、团队成员间的人际关系开发、用来明确每个成员的角色和责任的角色分析以及团队过程分析。当然，团队建设可以强调或去掉某些特定的活动，这取决于团队建设的目的以及该团队面临的具体问题。不过，团队建设基本上会利用成员之间的积极互动来增进信任和坦诚。在组织日益依赖团队的时代，团队建设是一个重要的话题。

群际发展 组织发展关注的一个重要领域是不同群体之间的恶性冲突。**群际发展**（intergroup development）致力于改变不同群体对彼此的态度、观念和刻板印象。[56] 这里的培训与多元化培训十分相似，但有一点不同，群际发展并非聚焦于人口特征的差异，而是重点关注组织内的职位、部门或分工的差异。

例如，在一个组织中，工程师把会计部门的员工视为一群害羞且保守的人，把人力资源部的员工视为一群“关心作为弱势群体的员工的感情不受伤害更甚于关心公司利润的极端自由主义者”。这些刻板印象显然给各部门之间的协调带来了负面影响。

尽管在改善群际关系方面有不少方法，但最常用的方法强调解决问题。[57] 在这种方法中，首先让每个群体自己开会，列出该群体对自己的认识、对其他群体的认识以及自认为其他群体是如何看待它的。然后各群体之间共享这些信息，讨论看法之间的相似之处和不同之处。尤其要认真阐述不同之处，并寻找导致分歧的原因。各群体的目标是否不一致？有一些认知被歪曲了吗？刻板印象是在什么基础上形成的？是否有一些分歧是因为对各自意图的误解而导致的？各个群体对有些概念或术语的定义是否不一样？回答诸如此类的问题可以使它们认识到冲突的本质。

一旦找到分歧的根源，这些群体就可以进入整合阶段——制定解决方案来改进各群体之间的关系。还可以从发生冲突的各群体中抽出成员来组建亚群体，以进行更深入的诊断并找出各种选择方案。

肯定式探询 大多数组织发展方法是以问题为中心的。它们先找出一个或一系列问题，然后寻找问题的解决办法。**肯定式探询**（appreciative inquiry，AI）则强调积极方面。它不是寻找问题来加以纠正，而是发现一个组织的独特品质和特殊优势，这些因素可以成为员工改进工作绩效的基础。[58] 也就是说，它关注的焦点是组织的成功，而不是组织的问题。

肯定式探询过程由四个步骤构成，即发现、梦想、设计和命运。通常在一个大型群体会议中用两三天来完成这个过程，由一位训练有素的变革推动者进行监控和指导。第一步是发现。也就是找出大家所认为的“组织优势”。在这一步，可以请员工讲述他们认为组织最有效的时期，以及他们觉得对自己工作最满意的时刻。第二步是梦想。在发现阶段得到的信息的基础上，员工思考组织的未来是什么样子。例如，请大家展望一下组织五年内的情况。第三步是设计。基于对梦想的描述，参与者为组织的未来找到一个共同愿景，并就组织的独特品质达成共识。在第四步，参与者会尝试确定组织的命运或如何实现他们的梦想，他们通常还会制定行动计划和实施方案。

很多组织（诸如 GTE 公司、Roadway 快运、美国运通以及美国海军）已经证明肯定式探询是一项有效的变革战略。[59] 美国运通公司使用肯定式探询在精益经济中振兴了自己的组织文化。在讨论会上，员工描述他们对在美国运通公司工作感到多么骄傲，变革推动者鼓励他们通过描述更美好的未来来创造一种变革愿景。这些努力带来了一些进步。通过利用员工提供的信息，高层管理者能够改进自己进行财务预测的方法，改善公司对信息技术的投资，并且为管理者打造新的绩效管理工具。最终的结果是形成一种聚焦于优胜态度和行为的全新的组织文化。[60]

18.4 创建一种支持变革的文化

我们已经讨论过组织如何适应变革。一些组织行为学研究者近来开始关注一种更加积极主动的方法——组织如何改造自己的文化，从而积极接受变革。接下来我们会讨论三种方法：管理矛盾、激发创新文化及创建学习型组织。此外，我们还要阐述组织变革和压力的问题。

18.4.1 管理矛盾

在充满矛盾的情况下，我们需要平衡各种行动过程之间的张力。随着时间的推移，优先事项会不断发生变化，因此存在一个不断寻找平衡点的动态平衡过程。[61] 想象一下骑自行车的过程：你必须保持向前的动力，否则就会摔倒。从这个角度来看，不存在一门叫作“变革管理”的独立学科，因为所有的管理都在处理持续的变革和适应过程。

矛盾论听起来很抽象，但已经有越来越多的研究提出了更具体的概念。[62] 有几种关键的矛盾已经得到了确认。学习是一种矛盾，因为它需要建立在过去的基础上，同时又要拒绝这一基础。组织是一种矛盾，因为它既要求设定方向和领导，同时又需要授权和灵活性。执行是一种矛盾，它既需要创建组织内的共同目标以集中力量，同时又需要承认组织内外部利益相关者的不同目标。最后，归属感也是一种矛盾，我们既需要建立集体认同感，同时也有作为独立个体被承认和接受的愿望。

管理者可以从**矛盾理论**（paradox theory）中吸取一些经验。[63] 该理论指出，管理中的关键矛盾在于，一个组织并没有最终的最佳状态。[64] 首先，随着环境和组织成员的变化，不同要素的重要性也会发生改变。例如，一家公司有时需要认可过去的成功并学习其中的可取之处，但有时回顾过去只会阻碍进步。一些证据表明，从整体上思考问题并意识到平衡矛盾因素重要性的管理者可以更高效地在下属中建立适应性和创造性行为。[65]

18.4.2 激发创新文化

一个组织如何提高自己的创新能力？戈尔公司就是一个很好的例子。这家年收入高达 29 亿美元的公司以生产制造 Gore-Tex 化纤而闻名。[66] 通过开发一系列多样化的产品——其中包括吉他弦、真空吸尘器过滤器、工业密封胶和燃料电池组件——戈尔公司赢得了极高的声誉，是最具创新能力的美国公司之一。

戈尔公司成功的秘诀是什么？其他组织可以做些什么来复制它的创新成就？戈尔公司开创了一种扁平的、独特的、网格式的组织结构。这种结构现在被称为开放式分配结构。[67] 这种结构由来自组织项目组的员工来运行。[68] 戈尔公司还让每位员工每天分配 10% 的时间用于创造性任务和产生创意。[69] 尽管不存在万能公式，但是研究者在对创新组织进行研究时发现一些特征出现的频率极高：结构特征、文化特征和人力资源特征。变革推动者应当考虑把这些特征引入本组织，以形成一种创新和创造性的文化和氛围。首先我们要澄清创新的含义。

创新的定义 我们说过，变革指的是使事情发生变化。**创新**（innovation）是一种用于发明或改进一项产品、工艺或服务的更为具体的变革类型，换言之，创新的目标是更好的解决方案。[70] 因此，所有的创新都是变革，但不是所有的变革都会带来新观念或新思路，或者带来显著的改进。创新的范围很广，既可以是细微的改进，例如上网本；也可以是重大突破，例如丰田公司使用燃料电池的普锐斯汽车。

创新的来源 一个潜在的创新来源是结构变量。[71] 一篇关于组织结构 - 创新关系的综述得出以下结论。

1. 有机结构对创新有积极影响，因为纵向层级少，正规化和集权化的程度比较低，所以有机组织能够促进灵活性、适应性和互动，从而使创新更容易被采纳。[72]

2. 创新意愿的奖励对创新有积极影响。当创造力得到奖励时，公司往往会变得更具创新性。当员工在自主完成工作之外还会给自己的绩效给予反馈时更是如此。[73]

3. 丰裕的资源会孕育创新。充足的资源，包括对资源的公平分配，使组织有能力购买创新成果、承担创新费用以及承受创新失败。[74]

4. 在创新的组织中，各部门之间的沟通十分密切。这些组织较多地采用了委员会、特别任务团队、跨职能团队以及其他各种机制来促进各部门之间的互动和交流。[75]

环境与创新 创新的组织往往具有相似的文化。它们都鼓励尝试与实验。它们既奖励成功，也奖励失败。它们赞赏犯错误。[76] 遗憾的是，在太多的组织中，人们之所以获得奖励是因为没有出现失败，而不是因为获得成功。这样的文化抑制了冒险和创新。[77] 创新型组织倾向于分享共同的愿景和潜在的目标，具有共同的使命感。[78] 创新型组织也会更有凝聚力，相互支持并且鼓励创新。[79]

在人力资源管理范畴，创新型组织会积极地对员工进行培训和开发，以使他们跟上时代的步伐；它们为员工提供工作安全保障，使员工不必担心由于犯错误而被解雇；它们鼓励员工成为变革的倡导者。[80] 以上实践也应该在工作团队中得到反映。一项针对中国某高科技企业 200 多个团队 1 059 名成员的研究发现，强调对员工的承诺的工作制度可以提高团队的创造力。[81] 这些影响在具有凝聚力的团队中会表现得更加明显。

创意倡导者与创新 一旦有新想法，**创意倡导者**（idea champion）就会积极热情地宣扬该想法，提供支持，克服阻力，确保顺利推行。[82] 有证据表明，这些倡导者具有相似的人格特征[83]：非常自信、坚忍不拔、精力充沛、敢于冒险。他们通常具备一些与变革型领导相似的特质：他们会对创新产生一种愿景，并用该愿景以及自己坚定不移的使命感来鼓舞和激励他人。创意倡导者所处的情境也会影响他们成为变革力量的程度。例如，当工作角色和社会环境鼓励企业家展示自己的创造性时，企业家对变革也会有更大的热情。另外，让拥有创造性的个人负责日常管理和行政事务会削弱他们对变革的热情和执行力。[84] 创意倡导者还善于获得他人的认同和承诺。另外，创意倡导者的工作岗位一般能提供相当大的决策自主权，而这种自主权在支持性的背景下有助于他们在组织中引入和实施创新。[85]

在不同文化中，成功的创意倡导者是否以不同的方式开展工作？有证据表明，他们确实如此。[86] 一般而言，在集体主义文化中，人们更倾向于采用跨职能团队来实施创新；在高权力距离的文化中，人们更希望创意倡导者与那些位高权重的人紧密合作，以便前者在开展工作之前就能得到后者对创新活动的支持。在不确定性规避程度高的社会，创意倡导者应该在组织规章制度的许可范围内开展工作和实施创新。这些发现表明，有效的管理者应该根据不同文化的价值观来调整组织的创新策略。因此，虽然俄罗斯的创意倡导者或许能够通过忽视预算限制和绕过既定程序获得成功，但在奥地利、丹麦、德国及其他一些不确定性规避程度高的文化中，创意倡导者只有严格遵守预算和程序才会更加有效。

菲亚特克莱斯勒（Fiat Chrysler）的 CEO 塞尔焦·马尔基翁内（Sergio Marcchione）

曾经扮演过公司的创意倡导者，他的目标只有一个，实现公司产品生产流水线的升级。为了推进这一变革，他彻底废除了公司的官僚机构，拆分了克莱斯勒的组织结构，形成了以他自己为领导的更为扁平的组织结构。正因为如此，公司引进了更加创新的生产线，并计划在 2010 年重组或大幅变革 75% 的产品结构。[87]2014 年，马尔基翁内宣布了一项雄心勃勃的计划，通过产品线的创新来增加公司在美国的汽车销量。公司正努力实现他的梦想，并致力于实现他的目标。他说："我们总遇到出乎意料的事情，这令人非常不爽。"[88]

18.4.3 创建学习型组织

要想积极主动地管理变革，组织可以采用的另一种方法是成为一个学习型组织。[89]

什么是学习型组织？ 正如个体要学习一样，组织也要学习。**学习型组织**（learning organization）是一个能够持续适应和变革的组织。学习型组织问卷维度（dimensions of the learning organization questionnaire，DLOQ）在国际上已被广泛采用和修改，用以评估对学习型组织原则的承诺程度。[90]

图表 18－6 概括了学习型组织的五个基本特征。在这种组织中，成员摒弃旧的思维方式，学会以开放的心态对待彼此，理解组织真正的运作方式，形成每个人都认同的规划或愿景，并且齐心协力去实现该愿景。[91]

图表 18－6 学习型组织的特征

1. 有一个大家都认同的共同愿景。
2. 在解决问题或工作时，摒弃旧的思维方式和常规程序。
3. 成员将所有的组织流程、活动、职能以及与环境的互动视为一个相互关系系统的组成部分。
4. 成员（跨越纵向和横向界限）进行开诚布公的沟通，不必担心受到批评或惩罚。
5. 成员把自己的个人利益和狭隘的部门利益放在次要位置，愿意齐心协力去实现组织的共同愿景。

资料来源：Based on P. M. Senge, *The Fifth Discipline: The Art and Practice of the Learning Organization*, 2nd ed. (New York: Random House, 2006).

学习型组织的支持者认为它是一剂良药，可以解决传统组织中固有的三个基本问题：分割、竞争和应对。[92] 首先，基于工作专门化的分割制造了各种"城墙"和"壁垒"，它们把一个组织分割成各自为政且常常相互冲突的领域。其次，过分强调竞争常常会削弱协作。管理者展开竞争，以争论谁是正确的、谁知道得更多或者谁更有说服力；各分部在本应该相互合作和分享知识时却展开竞争；各工作团队的领导者相互竞争以表明谁是最好的管理者。最后，应对会误导管理层的注意力，使他们更注重解决问题而不是创造或创新。问题解决者尽量避免事情的发生，而创造者则努力使新事物成为现实。一味强调应对会排挤创新和持续改进，鼓励人们专注于快速解决问题。

管理学习 为了使自己的公司成为一个学习型组织，管理者能做些什么呢？

- 确定一项战略。管理层要表明自己对变革、创新和持续改进的认同和承诺。
- 重新设计组织的结构。正式结构可能会成为制约学习的严重障碍。通过以下方法可以加强相互依赖性并减少隔阂：使组织结构扁平化，取消或合并一些部门，更多地运用跨职能团队。

- 重塑组织文化。管理者要以自己的行动证明他们鼓励冒险并且允许失败，这意味着，既要奖励那些抓住机遇的人，也要奖励那些犯了错的人。他们还要鼓励良性冲突。

18.4.4 组织变革和压力

想一想你在工作中感受到的压力。我们说的不是日常那些有可能被带到工作中的压力因素，比如交通堵塞导致你上班迟到，或者咖啡机坏了导致你一早无法喝到咖啡。工作中的哪些压力会让人更加难忘并且持续的时间更长？对许多人来说，这种感受通常是由组织变革引起的。

研究人员开始研究组织变革对员工的影响。我们感兴趣的是找出引起压力的具体原因和缓和因素，以便更好地学习如何有效管理组织变革。[93] 总体的研究结果表明，组织在实行变革时如果能结合组织行为学知识，了解人们是如何应对压力源的，也许比仅凭目标设置计划来推动组织变革的方法更加有效。[94]

我们还发现，领导的作用至关重要，这一点并不让人意外。一项研究表明，变革型领导可以影响员工情感，使他们更愿意投入到组织变革中，并且不会把变革视为一种压力。[95] 其他研究表明，在制定新计划之前，员工的积极变革导向有助于减少员工在组织变革中感受到的压力，并使他们的态度更加积极。[96] 管理者可以通过不断提高员工的自我效能、对变革的态度和对不同情况的控制感来强化员工的积极变革导向。例如，他们可以通过角色澄清和持续的奖励措施来提高员工的自我效能。他们可以让员工全程参与变革的计划阶段到实施阶段，从而增强他们对变革的控制感和积极态度。还有研究表明，组织在变革的过程中需要增加与员工的沟通，通过提供社会支持来评估并提高员工的心理适应力，训练员工学会调节自己的情绪。[97] 通过这些方法，管理者可以帮助员工保持较低的压力水平和较高的组织承诺。

组织变革之所以会给员工带来压力，往往是因为员工将变革的某些方面看成威胁。这些员工更有可能辞职，一定程度上这是对压力做出的反应。为了减少对威胁的感知，员工需要在组织变革中感受到公平。研究表明，在制定变革计划之前具有积极变革导向的人不太会把变革看作是不公平或具有威胁性的。

18.5 工作压力

朋友告诉我们，他们的压力来自因组织精简规模而导致的工作负担越来越重、工作时间越来越长。父辈如今担心工作缺乏稳定性，并回忆说以前在一家大型公司工作就意味着终身就业保障。员工抱怨他们在平衡工作与家庭责任方面所承受的压力。Harris, Rothenberg International 是一家领先的 EAP 供应商，该公司发现，如今的员工发生精神崩溃的概率比以往任何时候都要大，并且更加需要专业的帮助。[98] 事实上，正如图表 18－7 所示，对于大多数人而言工作是他们在生活中所承受压力的一个主要来源。产生压力的原因是什么？压力造成的结果是什么？个体和组织如何减轻压力？

图表 18－7　压力最主要的来源

领域	给多少人带来最大压力
经济担忧	64%
工作	60%
家庭责任	47%
健康忧虑	46%

资料来源：Based on "Stress in America: Paying with Our Health," American Psychological Association, February 4, 2015, http://www.apa.org/news/press/releases/stress/2014/stress-report.pdf.

18.5.1　什么是压力？

你感到有压力吗？如果你的回答是肯定的，那么你属于大部分人（见组织行为民意调查）。**压力**（stress）是这样一种动态条件：个体面临着自己重视和渴望的机遇、要求或资源，但对于自己是否能够获得或满足却无法确定。[99] 这是一个非常复杂的定义。让我们进一步看看它的构成。

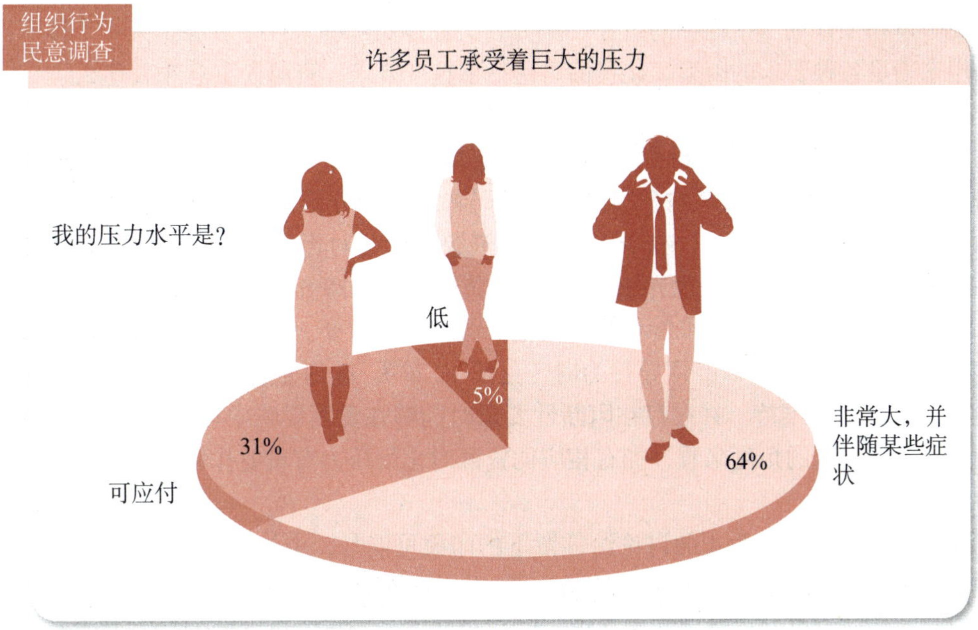

资料来源：Based on J. Hudson, "High Stress Has Employees Seeking Both Wellness and Employee Assistance Help," ComPsych Corporation press release, November 12, 2014, http://www.compsych.com/press-room/press-releases-2014/818-nov-12-2014.

尽管我们通常从负面的角度来讨论压力，但压力也有积极的作用。[100] 面对压力时，你的神经系统、下丘脑、垂体、肾上腺会释放激素帮助你应对。你会出现心跳加速、呼吸急促，由此为机体提供更多的氧气，同时肌肉处于紧张状态，以便随时采取行动。[101] 这是一个压力可以为你带来潜在利益的机会。试想一下，运动员或者舞台剧演员在“紧急关头”常常会有更佳的表现。这些人能够将压力转化为动力，发挥出自己最好的水平。同样，许多专业人士将巨大的工作量和截止日期看作积极的挑战，因为这可以提高他们的工作质量以及从工作中获得的满足感。然而，在消极情况下，压力是有害的，并且有可能干扰你身体的运转，使你血压升高，感到不适，同时心律不稳定，无法正常讲话和思考。[102]

压力源 研究者认为**挑战性压力源**（challenge stressor）——工作负载、完成任务的紧迫性或者时间紧迫性等因素造成的压力——与阻断性压力源的作用大相径庭。**阻断性压力源**（hindrance stressor）是阻碍你达成目标的压力诱发因素（例如，官僚作风、办公室政治、工作责任不清晰）。[103] 证据表明，挑战性和阻断性压力源都会导致紧张，但阻断性压力源带来的紧张程度会更高。[104] 挑战性压力源比阻断性压力源带来的动机、投入和绩效水平都更高。[105] 另外，阻断性压力源似乎比挑战性压力源对安全服从性和参与度、员工敬业度、工作满意度、组织承诺水平、绩效和退缩行为都有更多的负面影响。[106]

学者们试图弄清各类压力存在的条件。时间压力和学习要求似乎都是挑战性压力源，可以帮助员工学习并在组织中充分成长。[107] 缺乏完成工作所需资源等阻断性压力源会阻碍目标的实现，应该将其与可能导致人身伤害的威胁如惩教人员担心受到囚犯的伤害区分开来。[108]

要求和资源 一般来说，压力总是与**要求**（demand）和**资源**（resource）联系在一起。要求是个体在工作场所中面临的责任、压力、义务以及不确定性。资源是某一个体所控制的可用来满足各种要求的因素。让我们讨论一下这个要求－资源模型意味着什么。[109]

当你在学校参加考试或在工作岗位上接受年度绩效评估时，你会感受到压力，因为你面临着机会及绩效压力。一份优秀的绩效评定结果可能会导致晋升、更大的责任和更高的薪水；如果绩效评估结果差，则可能会阻碍晋升；十分糟糕的绩效评估结果还可能导致你被解雇。在这种情形下，如果你能运用资源来满足对你的要求——如为评估做好准备，正确看待评估（它不是世界末日），或者获得社会支持——你的压力就会减小。实际上，社会支持这种资源长期来看可能比其他资源都更为重要。根据最近对荷兰小学教师的研究，当校长表现出变革型领导行为时（见第12章），教师参与度在挑战性压力源存在的情况下能够得到维持，并在存在阻断性要求时能够在负面影响中得到缓冲。[110] 总体而言，从要求－资源的角度来看，拥有相应的资源对化解压力有重要作用，而要求则会增大压力。[111]

异位平衡 到目前为止的讨论给你留下的印象可能是，个体寻求的是一种稳定状态，在这种状态下，要求和资源达到了完美匹配。尽管早期研究倾向于强调这种平衡或内在平衡，但目前的研究已经弄清楚不存在单一的理想状态。相反，更准确的讨论方式是要求转移、资源转移以及解决不平衡转移的系统的异位平衡模型。[112] 在异位平衡（allostasis）模型中，我们通过改变自身行为和态度来寻求稳定性。这完全取决于异位平衡中的负载，即在给定所利用资源的情况下，压力源对我们的累积影响。[113] 例如，如果你对自己的能力特别有信心，并且得到他人的大力支持，你可能会有想要体验更多压力的意愿，以此提高自己调动资源的能力。这是一种异位平衡负载不太大的情况。在其他情况下，例如当异位平衡负载太大或持续时间过长时，我们就可能会有心理或生理上的应激症状。

对压力的偏好会呈周期变化。你可能已经经历过这种情况，有时你只是想放松和恢复，有时你却欢迎更多的刺激和挑战。与组织处于不断变革和变化的状态一样，我们通过不断适应内部和外部的压力源来应对压力过程，并且不断重新定义自身的稳定性。

18.5.2 工作中潜在的压力源

什么导致了压力？图表 18－8 中的模型表明，有三大类潜在的压力源：环境因素、组织因素和个人因素。

图表 18－8　压力模型

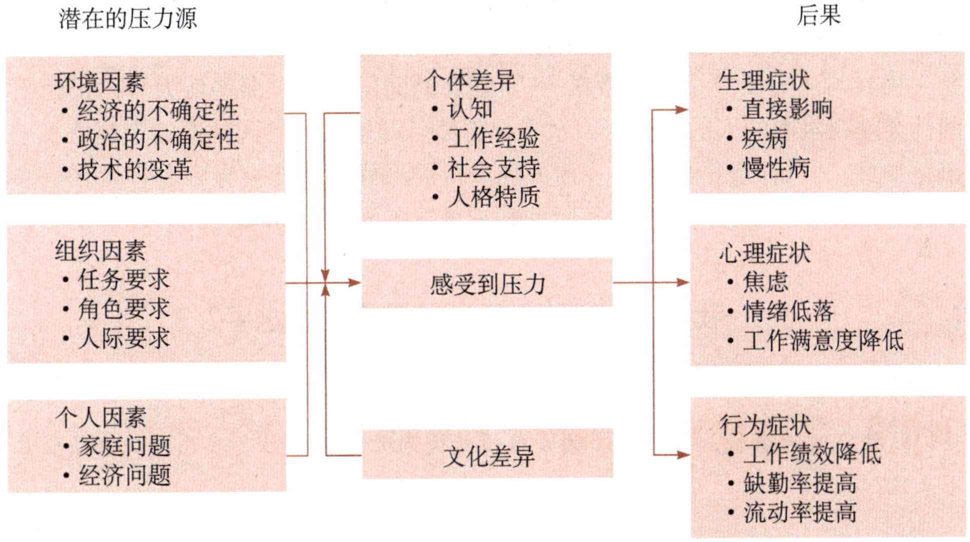

环境因素　如同环境的不确定性会影响组织结构设计一样，它也会影响组织中员工的压力程度。实际上，不确定性是人们难以适应组织变革的最主要原因。[114] 主要有三种类型的环境不确定性：经济的、政治的和技术的。

商业周期的变化造成了经济的不确定性。例如，当经济紧缩时，人们越来越担忧工作的稳定性。在美国和加拿大，政治的不确定性对员工造成的压力并不像它对海地或委内瑞拉的员工所造成的压力那样强烈。原因很明显，美国和加拿大具有更稳定的政治体制，因此变化通常是以有序的方式进行的。不过，政治变革或政治威胁在所有国家都会给人们带来压力。创新会使一个员工的技能和经验在很短的时间内变得过时，因此跟上最新的电脑程序、机器人以及其他类似的技术变革对很多员工而言是一个额外的挑战，并给他们带来压力。

组织因素　组织内部也存在诸多导致压力的因素。例如，竭力避免错误或在限定时间内完成任务、工作负载过重、一个过分挑剔而又缺乏同情心的上司、令人烦心的同事。我们把这些因素划分为任务要求、角色要求和人际要求。

任务要求与一个人的工作岗位有关。它包括工作岗位的设计（工作自主程度、任务多样性程度、自动化程度）、工作条件、工作环境等。与工作场所压力最相关的一个因素是需要完成的工作量，其次是最后期限的紧迫程度。[115] 在一个过于拥挤的屋子里或在一个总是存在各种干扰的地方办公也会使员工产生焦虑和压力。[116]

角色要求指的是在组织中扮演特定的角色而带给个体的压力。[117] 角色冲突会产生一些难以调和或满足的期望。当个体被期望做的事情太多时，就会出现角色过载；如果对某个员工的角色预期不够明确，该员工不知道他该做什么，就会出现角色模糊。不幸的是，当个体的角色面临较高的情境限制（如固定的工作时间或苛刻的工作职责）时，他们更难积极主动地采取相应行为来化解压力。[118] 当工作中遇到问题时，他们会面临更大的压力，在将来采取措施以消除压力源的可能性也更小。

人际要求指的是由其他员工带来的压力。其中有些压力是在预料之中的，但越来越多的研究表明，同事和主管的消极行为，包括打架、霸凌、虐待性监督、不文明行为、种族歧视和性骚扰，与工作压力存在非常密切的关系。[119] 人际虐待可以产生生理层面的影响。一项研究发现，在控制设置的情况下，不公平对待会引发皮质醇的释放，而皮质醇是一种参与压力反应过程的激素。[120] 随着时间的推移，那些认为自己正处于多种来源的社会歧视氛围的人的心理压力水平会更高。即使考虑不同基准的幸福感水平之后结果仍是如此。[121] 社会排斥也是一种人际虐待的形式，可能会导致心理紧张。一项研究表明，遭到排斥的经历可能会比人际冲突带来更多的负面影响。[122]

职业目标　我应该如何降低团队的整体压力水平?

我和我的同事正面临一个工作量很大的任务的截止日期的到来，因此承受着巨大的压力。我们的加班时间很长，彼此之间的紧张情绪逐渐升级为争吵。我用什么办法能让团队冷静下来呢?

——哈基姆

亲爱的哈基姆：

听起来你们正面临在工作中产生压力的一些核心问题：高要求、关键结果以及时间压力。在这种情况下，毫无疑问脾气会开始爆发。让你的团队放松或冷静下来可能做不到，但降低团队整体压力水平仍将有助于提高团队效率。幸运的是，有一些可靠的方法可以帮助降低团队压力。其中最有效的一些方法可以直接帮助员工重新加入团队：

- 让团队专注于一个共同目标可以最大限度地减少内部斗争。共同目标是在压力下减少冲突最有效的方法之一，它可以提醒大家合作才是关键。
- 回顾团队为了实现目标已经完成的工作及其步骤。当团队成员看到自己完成了那么多工作的时候，自然会感觉更好。
- 当团队的紧张感达到顶点时，让大家暂时休息一下。离开一个时间要求很高的项目可能是困难的，但让大家在最紧张和冲突最大的时间点工作往往会适得其反。一个暂停并获得新视角的机会可以帮助每个人重新恢复并集中精力。

记住，实现团队压力最小化不应该依靠降低标准和接受低质量工作，而应该减少反生产组织行为。一个积极的工作环境和成员的高参与度将会对推动团队向前发展起到很大的作用。专注、进步和新视角的结合最终会成为控制压力的最好方法。

资料来源：Based on P. M. Poortvliet, F. Anseel, and F. Theuwis, "Mastery-Approach and Mastery-Avoidance Goals and Their Relation with Exhaustion and Engagement at Work: The Roles of Emotional and Instrumental

Support," *Work & Stress* 29 (April 2015): 150–70; J. P. Trougakos, D. J. Beal, B. H. Cheng, I. Hideg, and D. Zweig, "Too Drained to Help: A Resource Depletion Perspective on Daily Interpersonal Citizenship Behaviors," *Journal of Applied Psychology* 100 (2015): 227–36; and J. P. Trougakos, I. Hideg, B. H. Cheng, and D. J. Beal, "Lunch Breaks Unpacked: The Role of Autonomy as a Moderator of Recovery during Lunch," *Academy of Management Journal* 57 (2014): 405–21.

个人因素 通常，员工每周的工作时间为 40 ～ 50 个小时。不过，在其余约 120 个小时的非工作时间内，人们的经历和问题难免会对他们的工作产生影响。因此，最后一类工作压力源是员工个人生活中的因素，主要包括家庭问题和个人经济问题，等等。

全国性的调查一致表明，人们把自己的家庭和个人关系看得很重。[123] 家庭里发生的事，哪怕是好事，都可能对个人产生很大的压力。[124] 家庭问题往往与工作 - 生活冲突密切相关。这种关系会变为恶性循环：工作 - 生活冲突影响压力水平，压力水平反过来又带来更多的工作 - 生活冲突。[125]

不论收入高低，有些人就是不善于理财，或者他们想要的东西似乎总是超出他们挣钱的能力——有的人年收入 10 000 美元，有的人年收入 2 000 美元，他们在理财方面遇到的麻烦似乎一样多。尽管最近的研究表明，年收入低于 50 000 美元的人确实会承受更多的压力。[126] 过度扩张的金融资源所带来的经济问题会产生压力并转移人们对工作的注意力。

压力源具有累加性 当我们逐项考察各种压力源时，往往容易忽视这样一个事实：压力是一种具有累加性的现象。[127] 也就是说，压力可以积累和加强。每个持续的新压力源都会增加个体的压力程度。因此，也许某个压力源相对不重要，但如果压力水平已很高，它就可能成为压垮骆驼的最后一根稻草。要想评估一个员工所承受的压力总量，就必须将该员工所有压力源及其严重程度都考虑在内。管理者应该特别注意来自组织因素的潜在压力负载，因为这些因素都不容易被量化或察觉。许多员工都愿意向关心他人的管理者表达自己在工作中感受到的压力负担。

18.5.3 个体差异

有些人在压力重重的环境中却生机勃勃，有些人面对同样的环境则萎靡不振，是什么因素致使人们在处理压力的能力上存在差异？哪些个体差异变量在调节潜在压力与实际压力之间的关系？我们发现，至少有四个因素是相关的调节变量：认知、工作经验、社会支持、人格特质。

认知 在第 6 章中我们讲过，员工的反应基于他们对现实的认知，而不是基于现实本身。认知能够调节潜在的压力条件与员工反应之间的关系。例如，当公司裁员时，某个员工会担心自己失去工作，另一个员工却可能认为这是脱离公司、发展自己事业的一个机会。那些认为带来巨大压力的事件长期来看只是小事的人（比如他们会记住诸如"都会过去的"和"时间会治愈所有伤口"之类的短语）往往比那些只看到当前情况的人能够更好地应对压力。[128] 可见，产生压力的可能性并不取决于客观条件，而是取决于员工对这些客观条件的认知。

工作经验 工作经验往往与工作压力呈负相关。为什么？这里有两种解释。[129] 第一种解释是选择性退缩。承受更大压力的人更可能会选择主动辞职，因此，在一个组织中工作时间越长的员工往往是那些抗压能力更强的人，或者是对组织的压力特征承受能力较强的人。第二种解释认为，人们最终能够发展出一种抗压机制来应对压力，但这要花一定时间。所以组织中的资深成员更可能变得更加适应，只感觉到较小的压力。

社会支持 社会支持——也就是个体与同事或上级主管的融洽关系——能够减轻压力的影响。[130] 这是有关压力的文献中记录得最充分的一种关系。它能够起到缓和剂的作用，减轻工作所带来的负面影响，即便是高度紧张的工作。

人格特质 工作中表现出来的压力症状可能源于员工的人格。[131] 在研究压力时，研究最广泛的人格特质可能就是神经质，我们在第 5 章讨论过。如你所料，神经质的个体更容易感受到心理压力。[132] 有证据表明，神经质的个体更容易在他们的工作环境中发现压力源，因此他们认为自己所处的环境是威胁性的。他们更倾向于选择消极被动的应对机制，将逃避当作处理问题的方式，而不是试图解决问题。[133]

工作狂是与压力程度相关的另一种人格特征。[134] 工作狂指的是那些沉溺于工作中的人；他们将大量时间投入工作，甚至在非工作时间也思考工作，并通过创造额外的工作职责来满足内心想做更多工作的冲动。从某些方面来说，他们看上去像完美的员工。这可能是为什么当大多数人在面试中被问到自己最大的弱点是什么时，他们会本能地回答“我工作太努力了”。然而，努力工作与强迫性地工作还是有差别的。工作狂并不一定比其他员工更高产，尽管他们付出了极大的努力。付出极大努力所导致的劳累最终会使人变得筋疲力尽，并给他们带来较多的工作－生活冲突和心理倦怠。[135]

18.5.4 文化差异

研究表明，导致压力的工作条件因文化而异。一项针对美国和中国员工的研究显示，美国员工会因为缺乏对工作的控制而感受到压力，中国员工则会因为工作评估和缺乏培训而感受到压力。[136] 虽然导致压力的工作条件因国家而异，但是看上去人格对压力的影响不因文化而异。一项针对匈牙利、意大利、英国、以色列和美国员工的研究发现，A 型人格特征能够以同种程度预测各国员工的压力。[137] 一项针对 20 个国家超过 5 000 名管理者的研究发现，与那些来自集体主义国家（亚洲和拉丁美洲的国家）的个体相比，来自美国、加拿大和英国等个人主义国家的个体会因为工作影响家庭生活而产生更大的压力。[138] 研究者提出，产生这种现象的原因可能是在集体主义文化中，加班被认为是一种有利于家庭的牺牲；而在个人主义文化中，工作被视为一种实现个人成就的方式，而这种成就需要家庭做出牺牲。

18.6 工作压力的后果

压力会以各种形式表现出来，例如高血压、溃疡、易怒、难以做出常规决策、食欲不佳以及易出事故等。参照图表 18－8，这些症状可以归纳为三大类：生理症状、心理症状和行为症状。

生理症状 对压力的大部分早期关注指向其生理症状，这是由于大多数学者都是医疗卫生领域的专家。他们通过研究得出结论，认为压力会使人们新陈代谢出现紊乱、心率和呼吸频率加快、血压升高、出现头痛、易患心脏病。[139]

如今，有明确的证据表明，压力有可能造成其他有害的生理影响，包括背疼、头痛、眼睛疲劳、睡眠障碍、头晕、疲劳、食欲不振和肠胃问题。[140] 一项针对小时工的研究表明，与上级的消极互动会导致血压升高，并且更难从工作中恢复过来，换言之，无法在下班后“充电”。[141] 一项针对加拿大白班工人的研究表明，较高水平的心理要求和过度承诺会带来皮质醇水平的显著提高。[142] 许多其他研究都有类似的结果，表明工作压力与健康状况不佳的各种指标间都具有联系。

压力与紧张对睡眠的影响（参考“传言还是科学”）格外激发研究人员的兴趣。大多数研究表明，压力对工作态度有中等水平的影响，尤其是当涉及睡眠质量而非数量问题时。[143] 各种不同类型的工作相关压力源已经被证明会损害睡眠质量。这些压力源包括未完成的工作任务。社会压力源以及兼职工作要求和学校要求之间的冲突会对大学生的睡眠造成很大的影响。[144] 更多的研究表明，除了明显的解决方案即获得更多的高质量睡眠之外，体力活动和社会支持团队的康复体验也会有所帮助。[145]

传言还是科学 为了工作可以牺牲睡眠

这种说法是错误的。睡眠不足就无法出色地完成工作。一项研究发现，每年因睡眠不足给美国公司带来的损失高达 632 亿美元，平均每个员工损失近 2 300 美元，这在一定程度上是由于生产率降低和安全问题加剧造成的。睡眠不足还是心脏病、肥胖、中风和癌症的诱因，也有可能引发严重的事故。比如，美国军方的研究报告发现，误向己方开火的主要原因之一就是睡眠不足，而 20% 的交通事故是由于司机困倦。印度航空公司（Air India）812 号航班在从迪拜飞往门格洛尔的途中，飞行员兹拉特科·格卢希察（Zlatko Glusica）睡着了，由于醒来后反应迟钝、操作失误，导致飞机冲出跑道，造成 160 名乘客死亡，这是印度航空史上最严重的空难之一。

睡眠不足影响着数以百万计的劳动者。根据研究，美国大多数行业中大约有 1/3 的人缺乏睡眠，金融和保险业的这一比例超过 1/4，这就意味着他们每晚的睡眠时间少于 6 小时（建议睡眠时间为 7 ～ 9 小时）。在美国，19 ～ 29 岁的成年人中，超过 50% 的人称工作日很少或从未得到良好的夜间休息，30 ～ 45 岁的人群中这一比例为 43%，46 ～ 64 岁的人群中这一比例为 38%。

研究表明，睡眠不足会削弱我们的学习技能和寻找解决方案的能力，这可能也是执法机构、超级碗获胜球队以及《财富》500 强中一半的企业都设置了“疲劳管理专家”的职位来为员工提供咨询服务的原因。

除了睡眠不足以外，失眠也已经成为一个日益严重的问题。挪威的研究表明，在 14 年的研究期间，如果不是因为机动车驾驶人员失眠，多达 34% 的事故造成的死亡是可以避免的。同时，管理者和员工开始越来越多地服用药物助眠、参加睡眠实验，或者大量摄取咖啡因，要么是为了改善睡眠，要么是为了减少睡眠不足对工作的影响。但这些方法往往适得其反。研究表明，安眠药只能增加 11 分钟的睡眠时间，并且会造成暂时性失忆。

睡眠实验结束后，作用很难维持下去。摄取咖啡因也许是人们使用最多的方式（74% 的美国成年人每天摄入咖啡因），由于咖啡因对人体的作用会逐渐减弱，服用者只能不断加大摄入量，因此会造成精神上的紧张不安，药效消退后服用者会感到疲惫不堪。

在你想要努力完成工作时很容易忽略睡眠，认为工作带来的压力和肾上腺素可以使你保持清醒，也容易考虑通过人为的方式来抵消睡眠不足带来的负面影响。然而，研究表明，在睡眠不足的情况下，我们无法预知究竟自己的哪些能力受到损害，更不用说提高工作绩效、减少事故了。说到底，什么也代替不了充足安稳的睡眠。

资料来源：Based on M. J. Breus, "Insomnia Could Kill You—By Accident," *The Huffington Post*, May 9, 2015, http://www.huffingtonpost. com/dr-michael-j-breus/insomnia-could-kill-you-by-accident_b_7235264.html; D. K. Randall, "Decoding the Science of Sleep," *The Wall Street Journal*, August 4–5, 2012, C1–C2; M. Sallinen, J. Onninen, K. Tirkkonen, M.-L. Haavisto, M. Harma, T. Kubo, et al., "Effects of Cumulative Sleep Restriction on Self-Perceptions While Multitasking," *Journal of Sleep Research* (June 2012): 273–81; and P. Walker, "Pilot Was Snoring before Air India Crash," *The Guardian*, November 17, 2010, www.guardian.co.uk/world/2010/nov/17/sleepy-pilot-blamed-air-india-crash.

心理症状 对工作不满意是造成压力的一个明显原因。不过，压力还在其他心理状态中反映出来，如紧张、焦虑、易怒、枯燥和拖拉等。一项针对员工生理反应的跟踪研究发现，工作负载过重所造成的压力与较低的幸福感存在关联。[146]

当工作提出多种相互冲突的要求时，或者对员工的任务、权限和职责缺乏明确的界定时，该员工的压力和不满意度都会增加。[147] 与之类似，对工作的节奏和速度越缺乏控制力，员工的压力和不满意度就越高。这一发现在 63 个国家的研究中都得到了证实。[148] 如果一项工作所提供的多样化、重要性、自主性、工作反馈和认同感均较低，那么员工的压力会增加，工作满意度会降低，对工作的投入程度会减弱。[149] 然而，并非每个人对工作自主性的反应都是相同的。对于那些具有外部控制点的员工而言，更高程度的工作自主性会增加他们感受到压力和倦怠的可能性。[150]

行为症状 多个国家在对压力和行为进行长时间的研究后发现，行为与压力之间的关系相对一致。与行为相关的压力症状包括：生产率降低；缺勤、安全事件、离职增加；饮食习惯改变；烟酒消费增多；言语速度加快；烦躁；睡眠障碍；等等。[151]

大量研究调查了压力 - 绩效关系，对于二者之间的关系，一种被提出的模式是倒 U 曲线，如图表 18 - 9 所示。[152] 这一模型的逻辑基础是，当压力处于中低水平时，它会激活机体并增强其反应能力。此时，个体的工作会做得更好、更快。但是，当给个体设置无法达到的要求或约束时，这种过高的压力会使员工的工作绩效降低。尽管倒 U 模型十分流行并且具有直观上的吸引力，但它并没有得到太多实证研究的支持。[153] 这一模型可能忽略了压力源同对压力和工作绩效的感知之间的联系。这意味着有时我们有感到压力的理由，但是由于积极的调节因素而感觉良好。压力对工作绩效的影响也许是能够避免的。[154] 例如，一项研究表明，具有高情商的个人能够减小工作压力对绩效的影响。[155] 因此，这一模型可能是一个很好的中性参考点，可以用来作为对差异进行研究的起始点。

正如我们在前面提到的，研究者开始将挑战性压力源和阻断性压力源区分开来，这表

图表 18－9 压力和工作绩效之间的倒 U 曲线关系

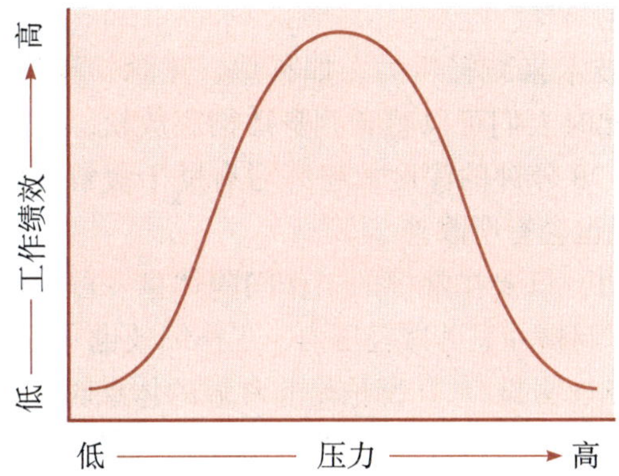

明，这两种形式的压力对工作行为尤其是工作绩效有着截然相反的影响。一项包含 35 000 多名被调查者的元分析表明，角色模糊、角色冲突、角色超载、工作不安全感、环境不确定性以及情境限制与工作绩效呈稳定的负相关关系。[156] 还有证据表明，在支持性的工作环境中，挑战性压力可以提高工作绩效，而阻断性压力在任何工作环境中都会降低工作绩效。[157]

18.7 管理压力

我们应该如何应对压力？我们需要做点什么吗？由于中低水平的压力可以是良性的并能带来较高的绩效，因此当员工承受这种水平的压力时，管理层可能并不在意。然而员工可能不喜欢低水平的压力。因此，对于"哪些内容构成工作中可接受的压力"这一问题，管理层与员工很可能持不同意见。在管理层看来，"激发肾上腺素可以产生积极的推动力"，员工却把它视为"过度的压力"。无论如何，压力可能会导致糟糕的后果，这一点是管理者应该意识到的。例如，对 35 家医院 4 000 多名护理人员进行的研究表明，在日常典型的 12 小时无间断轮班期间，洗手和安全方面的合规性降低了 8.7%。[158] 因此，当我们讨论个体和组织采用什么方法来管理压力时，要记住这个例子。[159]

18.7.1 个人途径

员工自己能够也应该采取措施来降低压力水平。已被证实有效的个体策略包括时间管理技术、体育锻炼、放松技术以及社会支持网络。[160]

很多人不善于管理自己的时间。有条理的员工如同有条理的学生一样，其完成的任务量可以达到无条理者的两倍。常用的时间管理技术有：（1）保持记录待办事项清单的习惯；（2）根据优先级而非自己的能力来安排任务；（3）首先完成困难的任务；（4）利用精力集中的时间来完成任务。这些时间管理技巧可以帮助你尽量减少拖延的状况，将精力集中在眼前的目标上，即便面对不喜欢的工作也能充满活力。[161]

专家一直在推荐一些非竞技性的体育活动，如有氧健身、散步、慢跑、游泳和骑自行车等，作为应对过高压力的方法。这些活动可以减少压力带来的有害生理反应，并使我们能够更快地从压力中恢复。[162]

个人可以自学一些技术来减轻压力，如冥想、正念、深呼吸等方法。[163] 其目的是达到深度放松的状态，此时人们可以感觉到身体彻底放松，把注意力都放在肌肉的放松上。[164] 每两天进行一次 20 分钟的深度放松练习有助于缓解紧张感，使人感到平静，心跳、血压及其他生理状况也会有所改善。[165]

越来越多的研究表明，只要在常规的工作间隔休息一段时间（如午饭间歇、公园散步）就可以有效促进心理调整并显著减轻压力，工作绩效也有可能提升，如果采用相应的放松技巧，这种效果会更加明显。[166] 哪怕是非常短的休息时间也被证明对员工的压力缓解和精力有影响。[167] 你可能会认为，完全脱离工作或者在工作与休闲生活之间划定明确界限是一件好事。然而研究表明，那些恢复中的思考者，即那些在放松活动中没有完全脱离工作并仍在思考自己在工作中需要解决的问题的人，往往既能够有较高的投入水平，同时也能体验到压力的大幅减小。[168]

我们在本章前面已经指出，当压力过大时，与朋友、家人、同事交谈会提供一个释放的出口。[169] 因此，扩大自己的社交网络是减轻压力的一种手段，它可以使你在遇到问题时找到倾诉的对象，并为相关情境提供更加客观的看法。然而，社交网络有时候会产生相反的效果。如果你没有尝试扩大自己的社交网络，而是与压力相似的朋友一起沉浸在回忆中，你可能会陷入恶性循环。[170] 这就是为什么积极主动并试图正面解决自身压力是如此重要。但是除了反省过去以外，家人、朋友或配偶的支持可以帮助你从紧张的工作中恢复过来，这对双方来说都是有益的。[171]

18.7.2 组织途径

许多能够导致工作压力的组织因素——尤其是任务要求和角色要求——是由管理层控制的。管理层可以考虑的策略包括：改进员工甄选、安置和培训；进行目标设置；重新设计工作；增加员工参与；改进组织沟通；让员工轮休；制定身心健康计划。

甄选、安置和培训 的确，某些工作岗位会比其他工作岗位压力更大，但不同员工面对同一压力情境时的反应并不相同。例如，我们知道工作经验较少的人或者具有外部控制点的人更容易产生压力。进行人员甄选和安置时应把这些因素考虑在内。当然，管理层不能因此自缚手脚，只雇用那些有工作经验并且具有内部控制点的人。不过，这样的人更适合压力较大的工作，并且工作会更有效。不幸的是，有被录用机会的临时工经常会面临不确定性和角色模糊带来压力增大的风险，而这反过来又会影响他们被录用的机会。[172] 在这种情况下，员工应该好好管理自己给人留下的印象，并训练自己对模糊性的容忍度。类似地，培训可以增强个体的自我效能，缓解工作紧张感。

目标设置 我们在第 7 章中讨论过目标设置。当员工有具体且富有挑战性的目标，而且能及时得到信息反馈以了解自己在实现目标的过程中表现如何时，他们往往会表现得更好。利用“目标”不但能够激励员工，而且可以减轻工作压力。[173] 如果员工高度认同自己的目标，并能从自己的工作中找到积极的目标，那么员工会承受更少的压力，这是因为他们更可能将压力源视为挑战而不是阻碍。目标的类型也很重要。如果在负面反馈后给出一个发展学习目标，相比于给出绩效目标，员工更容易减少紧张感并有更好的表现。[174]

员工的人格也很重要。目标设定和目标导向型的领导更容易成功减轻那些有责任心的员工的压力，但对那些情绪稳定性差的员工则效果较差。[175]

道德抉择　组织变革期间管理者与员工承受的压力

当组织处于变革阶段时，员工会感受到压力。事实上，最近一项研究表明，裁员或其他组织变革带来的工作困扰是压力的第二大成因。如何处理这种压力过去只是员工需要解决的问题，常见的应对机制分为两种：建设性的（咨询顾问、健康专家、支持系统）和破坏性的（酒精、八卦、反生产工作行为）。无法应对这些压力的员工会感到筋疲力尽，走向失业的边缘。

好的雇主会提供员工援助计划，聘请专业的咨询顾问，或者由公司的人力资源部提供咨询服务，帮助员工解决压力问题。当公司出现这样的问题需要干预时，管理者只是简单地让员工通过这些渠道寻求帮助。但这样的帮助往往不够及时，无法真正减轻压力带来的负面影响，比如生产率下降和筋疲力尽——有时它们甚至无法避免员工丢掉工作。研究表明，常见的工作压力源，比如组织变革，会降低员工的投入度，因为他们被剥夺了休息调整的时间。因此，如果管理者希望有效解决员工面临的压力问题，就要主动出击，在负面影响出现前提前应对。

管理者在道德上有减轻员工压力的义务吗？一方面，实现生产率的最大化是管理者的责任，他们清楚，组织生产率的提高意味着较少的员工要去生产更多产品、完成更多任务。另一方面，工作量过大会增加员工的压力，尤其是当组织正在经历变革的时候，如裁员或扩张。管理者可能会意识到，员工少、工作量大，劳动力成本就会降低，这样的模式可以带来短期利益，但从长远来看，过大的工作压力会给组织带来负面影响和损失，比如人员流动性增加、生产率降低。专家建议，组织需要多少员工，管理者就应当雇用多少，这样才能确保合理的工作量，并通过奖励制度来保持优秀员工的积极性，通过减少非劳动力成本来确保生产效率。一些不显眼的小举措，比如向员工传授减压技巧，通过增加绿色植物来改善办公环境，都可以起到改善的作用。管理者必须做出道德选择，要么把更多的钱花在劳动力成本和减压措施上，要么任凭员工不断积累压力，给组织造成更大的损失。

越来越多的研究表明，员工一旦开始对压力做出反应，他们和他们的组织就得为此承担相应的后果。因此，管理者必须及时帮助员工缓解压力。

资料来源：Based on E. Frauenheim, “Stressed & Pressed,” *Workforce Management* (January 2012): 18–22; J. B. Oldroyd and S. S. Morris, “Catching Falling Stars: A Human Resource Response to Social Capital’s Detrimental Effect of Information Overload on Star Employees,” *Academy of Management Review* 37 (2012): 396–418; and S. Sonnentag, E. J. Mojza, E. Demerouti, and A. B. Bakker, “Reciprocal Relations between Recovery and Work Engagement: The Moderating Role of Job Stressors,” *Journal of Applied Psychology* 97 (2012): 842–53.

重新设计工作　重新设计工作包括为员工提供更多的职责、更有意义的工作、更大的自主性和更多的信息反馈。这样做也可以减轻员工的压力，因为这些因素使员工能够更好地掌控工作活动，减少对其他人的依赖。不过，我们在讨论工作设计时已经指出，并非所有员工都喜欢内容更丰富的工作。因此，对于那些成长需求不高的员工，正确的工作再设计或许应该包括减轻职责和提高工作专门化程度。如果员工更喜欢从事结构化的例行工作，那么降低工作技能的多样化程度应当能够减少不确定性并缓解他们的压力。组织在设立能让员工 24 小时随叫随到的工作与组织结构时应该慎重。研究表明，职场中的远程工作可能会影响员工恢复精力的有效性并增加压力。[176]

员工参与 角色压力在很大程度上是有害的，因为员工对目标、期望、自己被评估的方式等事项感到不确定。如果管理层能够在那些直接关系到员工工作绩效的决策中为员工提供发言权，就能增强员工对其工作的控制，并帮助员工减轻角色压力。因此，从这个角度讲，管理者应该考虑提高员工参与决策的程度，因为有证据表明员工参与度和授权实践的增加能够减轻心理上的压力。[177]

组织沟通 增强与员工的正式组织沟通有助于减少角色模糊和角色冲突，从而降低不确定性。[178] 考虑到员工的认知在调节压力 - 反应关系时所发挥的重要作用，管理层可以运用有效的沟通来塑造员工的认知。请记住，员工对工作中的要求、机会和威胁的划分是以自己对现实的解读为基础的，而这种解读会受到管理层在沟通时所使用的符号和活动的影响。

员工轮休 有些员工需要偶尔从疯狂的工作节奏中逃离出来。近年来，诸如 Genentech、the Container Store、Recreational Equipment Inc.（REI）、普华永道、高盛、芝乐坊、VMware 以及 Adobe Systems 都开始为员工提供更长时间的无薪休假。[179] 这类轮休（短至几周，长至几个月）让员工能够外出旅行放松，做一些在平常的节假日没有足够时间来做的个人喜好的项目。一项针对大学教职员工的研究表明，休假增加了工作资源和幸福感。当员工在自己度假的方式上有更大的自主权时，效果会更好。[180]

身心健康计划 我们的最后一项建议是提供由组织资助的**身心健康计划**（wellness program）。这些项目通常通过讲习班来帮助员工戒烟、戒酒、减肥、改善饮食状况或者制定良好的锻炼计划；它们关注员工的整体身心状况。[181] 有一些项目会帮助员工改善心理健康状况。一项针对 36 个减压项目（包括健康计划）的元分析发现，如果组织采取措施来帮助员工重塑压力环境和积极应对工作压力，能够显著减轻员工的压力。[182] 一些身心健康计划还可以帮助员工专注于发展“良性”压力，以迎接工作中的挑战。[183] 大多数身心健康计划都是基于这样的假设：员工需要对自己的身心健康负责，组织仅仅是帮助他们达到目的的载体。

实施身心健康计划的大多数组织确实获得了明显的回报。强生公司报告称，它们的健康计划在 10 年内为组织节省了 2.5 亿美元的医疗保健成本。研究表明，有效的身心健康计划显著降低了大多数组织的离职率。[184] 其他一些由美国劳工部和卫生与公众服务部赞助的研究表明，组织身心健康计划可以使员工变得更健康，同时降低健康风险。[185]

本章小结

变革的必要性贯穿本书的始终。例如，请考虑一下态度、动机、工作团队、沟通、领导、组织结构、人力资源实践和组织文化。在讨论这些概念时，不谈论变革是不可能的。如果环境是高度静态的，如果员工的技术和能力水平总能适应当前条件而不会落伍，如果明天总是和今天一模一样，管理者就可以少考虑甚至不考虑组织变革问题。然而，现实世界是如此动荡，要想在竞争的环境中运作良好，组织及其成员就必须经受住动态的变革。应对这些变革可能会带来压力。但通过有效的管理，挑战可以增强参与感和满足感，进而带来高绩效。正如你在本书中所看到的那样，这是组织行为学研究的一个主要目标。

对管理者的启示

- 作为管理者，你是组织中的变革推动者。你制定的决策以及塑造的行为榜样将会塑造组织中的变革文化。
- 你的管理政策和活动将决定组织能在多大程度上了解并适应不断变化的环境因素。
- 有些压力能带来积极影响。工作中的自主性和责任感会带来越来越多的挑战。这些挑战会带来一些压力，但也会增加成就感和满足感。另外，像官僚主义和人际冲突之类的阻断性压力源则完全是消极的，应该消除。
- 通过精确匹配员工的工作量，为员工提供应对压力的资源，并积极回应员工的担忧，你可以帮助员工减轻有害的工作压力。
- 当绩效下降、流动率上升、与健康因素相关的缺勤率增加，且员工敬业度下降时，你就可以判定员工正在承受极大的压力。然而，在这些症状很明显的时候才采取措施也许太晚了，你需要积极主动地对早期的迹象保持警惕。

复习题

1. 变革和有计划的变革的动力之间有什么区别？
2. 如何克服变革阻力？
3. 四种主要的管理组织变革的方法是什么？
4. 管理者如何创建变革文化？
5. 工作中潜在的环境、组织和个人压力来源有哪些？个体差异和文化差异的作用是什么？
6. 工作压力所导致的生理、心理和行为上的症状有哪些？
7. 个人和组织管理压力的方法有哪些？

观点碰撞

企业应该鼓励减压

正方

公司对员工进行了大量的投资，因此员工的健康和福利是一个关键问题。向员工提供帮助最直接的方法之一就是提供某种减压项目。

减压项目主要的经济上的好处是降低与健康相关的成本。工作场所中的压力会导致数十种健康方面的负面影响，进而带来很高的花费。压力会削弱免疫系统，导致患病人数和病假增加。如果员工在工作中感到压力非常大，他们更有可能会带着传染性疾病上班，导致其他人也生病。从长远来看，压力水平还会导致心脏病等疾病，进而带来高昂的医疗费用。这些医疗费用会使雇主的健康保险费用增加。

减轻员工压力可以提高工作绩效。负担过重的员工很难集中注意力，在工作中容易丧失动力，并且很难想出新的创造性的想法。压力还会带来同事之间的冲突，并导致员工粗鲁甚至带有敌意地对待客户。最终，压力太大的员工可能会离职，进而带来离职的相关成本。

减压项目在道德上也是有意义的。工作场所给员工带来了很大的压力，因此员工有一定的责任去消除这种负面影响。减压项目是帮助员工感觉变好的直接方法。当雇主通过帮助减压来表达自己对员工的关心时，员工会感到更有责任感。

反方

雇主可能会从某些减压要素中获得直接的经济利益，但问题在于，投资减压项目真的是一个好主意吗？

一个是操作问题。某些减压干预措施的成本很高，需要专业的辅导人员或训练设备。这些投资可能需要很长的时间才能带来经济回报，而研究、设计并实现这些项目的前期成本是巨大的。越来越多的公司表示未能实现健康项目的预期投资回报，而且员工参加健康干预项目会减少他们工作的时间。

另一个问题在于，减压项目是带有侵入性的。你的老板或工作场所中的其他人应该告诉你自己的感受吗？许多减压项目鼓励通过公开讨论压力源来进一步深入员工的个人生活。你真的希望管理者和同事知道自己有压力的原因吗？与压力相关的敏感问题讨论得越多，工作管理的专业性就越是难以保持。

最后一个问题在于，很难在工作压力和一般的生活压力之间划清界限。公司的减压项目所针对的可能是工作负载过重或社交冲突，但这些问题往往对生活的其他方面也有影响。例如，当员工的压力源自生病的亲人、与家庭成员的冲突时，减压项目应该如何发挥作用？

组织的出发点通常是好的，但让员工保持私人生活空间可能会更加重要。

资料来源：Based on L. Vanderkam, "The Dark Side of Corporate Wellness Programs," *Fast Company*, June 8, 2015, http://www.fastcompany.com/3047115/the-dark-side-of-corporate-wellness-programs; D. R. Stover and J. Wood, "Most Company Wellness Programs Are a Bust," *Gallup Business Journal*, February 4, 2015, http://www.gallup.com/businessjournal/181481/company-wellness-programs-bust.aspx; and A. Frakt and A. E. Carroll, "Do Wellness Programs Work? Usually Not," *New York Times*, September 11, 2014, http://www.nytimes.com/2014/09/12/upshot/do-workplace-wellness-programs-work-usually-not.html.

知识应用和就业力

在本章中，你学习了变革对组织产生影响的多种方式，包括员工压力和紧张情绪的发展。了解组织变革可以提高你的竞争力，因为变革在组织中是永远存在的。学会适应并管理变革可以帮助你在工作中取得进步和成功。你可能会在某天为重大的组织变革而努力。当你处于这种情况中时，你可以利用自己掌握的组织变革管理工作的相关知识来确保变革得以顺利实施。知道如何管理自己的压力水平可以提高你的竞争力，因为你能够在压力下保持高效工作。此外，挑战性压力源和目标可以激励你，进而带来伟大的成就。如果你在某天成了管理者，那么你现在已经学会帮助员工管理自身压力水平的各种方法。在本章中，通过意识到睡眠不足的危险，考虑处理团队压力和冲突的方法，学习在组织变革期间管理压力的方式，并讨论公司是否应该参与减压项目，你提高了自己的社会责任技能。在接下来的部分中，你将反思工作中的主要事件以及它们影响你对业务的理解的方法，意识到员工的孤独所带来的负面影响和应对方式。通过这些活动，你将培养自己的社会责任技能、批判性思维以及知识应用与分析技能。

体验练习

从工作中学习

正如我们在开篇故事中提到的，本·卡彭特有一段漫长的成功之路，其中许多无法预见的事件都需要采取行动和处理技巧，以应对来自变革的压力。但是本从这些事件中学到了很多经验，并通过这些经验使自己在工作中变得更加高效灵活。例如，本为埃弗里提出的要点之一是“永远不要说自己同事的坏话”。这是一条基于他自身经历的建议，本说了同事的坏话，职业生涯几乎因此被毁。

毫无疑问，你在工作中也曾经历过一些转折点以及与组织的互动。这些事件影响了你对工作的看法以及在组织中做事的方式。现在回想一下你或身边的人在工作中面对重大变革的事件，并回答有关该事件的以下问题：

- 主要的变革事件是什么？
- 这一重大变革事件的起因是什么？
- 这一重大变革事件的结果是什么？
- 有多少人受到了影响？这些人都是谁？
- 变革事件是否给这些受影响的人带来了压力？这些压力是好还是坏？
- 从这一事件中，你是否能总结一条给未来处于类似情况的员工的建议？写下这条建议。

回答完以上问题后，全班 3 ～ 4 人为一组。每名小组成员轮流讲述自己遇到的变革事件以及吸取的教训。在听完每个故事后，小组成员应该讨论自己过去的类似经历。如果大家愿意的话还可以问一些后续问题。小组成员还应该考虑是否有不同的应对方法，以及这些方法是否会带来更好或更坏的结果。小组成员也应该考虑在其他情况下会发生什么变化，以及这些变化是否会改变人们对变革事件的看法。例如，假如受到变革事件影响的人员数量变少会如何？在和小组成员分享各自的故事后，每名成员都应该回答以下问题。

◆ 问题

1. 是否有小组成员对不同情况下的员工建议持反对意见？如果有，那么这些建议的冲突要点是什么？你能想出不同于其他小组成员的想法的替代建议吗？（例如，如果原建议是“物以类聚”，那么另一条不同的建议则是“互补吸引”。）

2. 对于你所处的情况，你或你的家人是否有什么原本应该做的事？解释你的答案。

3. 你认为组织可以通过哪些方式培训员工，使其具有更强的适应力和更大的灵活性？你认为这种方式有可能存在吗？为什么？

资料来源：Based on B. Carpenter, *The Bigs: The Secrets Nobody Tells Students and Young Professionals about How to: Choose a Career, Find a Great Job, Do a Great Job, Be a Leader, Start a Business, Manage Your Money, Stay out of Trouble, and Live a Happy Life* (Hoboken, NJ: Wiley, 2014).

道德困境

全勤要担责

迪亚查看了何塞的工作站登录记录，高兴不起来。记录显示，何塞每一周每一天都在自己的电脑前编写代码并编译用户体验数据。在科技行业中，长时间不间断的工作是意料之中的。迪亚知道她的朋友何塞正在把自己逼到筋疲力尽的地步。何塞患有原因不明的呼吸道疾病好几周了，如果得不到休息，可能无法恢复健康。但是，来自上司的压力使得何塞别无选择，只能坚持长时间工作。

旷工问题是管理者所面对的经典问题。然而最近的研究表明，缺勤问题的反面——出勤问题也会带来负面影响。与缺勤问题不同，出勤问题可能是由于管理层的推动而产生的。

员工会因为各种各样的原因出勤，正如何塞的故事所描述的，有时这是一种对工作压力的反应。那些投入大量资源来监控员工出勤率的公司往往会有更高的出勤率。换言之，经验证据表明，公司正在向员工发出要求他们出勤的信号，即使他们已经病到无法工作。

一些公司已经反其道而行之。例如，微软一直都在推动承包商向其员工提供更多的病假福利。带病上班显然是一个重要的压力来源。压力会削弱免疫反应，这意味着出勤文化最终会导致长期疾病。因此，迪亚对何塞长期健康表示担忧。当员工带病上班时，其他人被感染的概率也会增加。随着时间的推移，这会导致系统性的工作延误。

像微软这样的稳定的大型公司可能会相对容易看出阻止过高的出勤率所带来的积极结果。与何塞和迪亚工作的公司一样，一家与大型组织签订短期合同的小公司无论如何都会鼓励员工来上班。所以员工只能屈服于压力，尽己所能努力去工作。

◆ **问题**

1. 出勤率如何成为感知绩效压力的适应性反应？它是如何应对工作要求的压力的？

2. 雇主有道德义务去阻止出勤文化吗？为什么？

3. 公司应该如何改变出勤文化的态度和行为？换言之，一个有效的防范出勤率过高的计划应该是什么样的？

资料来源：Based on D. Engber, “Quit Whining about Your Sick Colleague,” *The New York Times*, December 29, 2014, http://www.nytimes.com/2014/12/30/opinion/quit-whining-about-your-sick-colleague.html; C. C. Miller, “From Microsoft, a Novel Way to Mandate Sick Leave,” *The New York Times*, March 26, 2015, http://www.nytimes.com/2015/03/26/upshot/26up-leave.html?abt=0002&abg=0; and S. Deery, J. Walsh, and C. D. Zatzick, “A Moderated Mediation Analysis of Job Demands, Presenteeism, and Absenteeism,” *Journal of Occupational and Organizational Psychology* (June 2014): 352–69.

案例分析 1

改造沃尔玛

半个世纪以来，沃尔玛一直以身为低价领军者为客户提供价值而自豪，但消费者的心态正在发生改变。如今“价值”还意味着方便，即轻松找到自己想到的东西，并在想要的时候得到它的能力。全美连锁一元店的价格往往比沃尔玛还低，因此沃尔玛的竞争优势正在逐渐消失。通过亚马逊和其他在线零售商，消费者可以随时在家购物，比较价格，并马上知道能得到什么商品。

与此形成对比的是许多沃尔玛顾客过去在进入商场时的体验——库存少、走道杂乱无章、没有工作人员提供帮助、整体氛围令人沮丧。该公司在网上的表现也大体如此。其网站的导航不清晰，搜索产品不尽如人意，有时还会徒劳无功。

2014年，道格·麦克米伦（Doug McMillon）被任命为沃尔玛首席执行官，开始着手改变这种情况。他指出："人们对公司的看法很重要。"那时，人们一想到沃尔玛，并不会想到价值和便宜。麦克米伦发布了一系列变革措施。首先，沃尔玛改变了自己对待门店员工的差名声——工资低、福利少，然而公司的利润却高达数十亿美元。因此，沃尔玛宣布提高最低工资。

其次，公司要求更加重视员工的反馈。对于着装要求、商店背景音乐甚至是商店温度等问题，公司做出回应：放宽着装要求，提供更多元的音乐，对恒温器进行调整。公司希望把员工士气转变为更好的顾客体验，从而改变自己的负面形象。

沃尔玛的网络服务是另一个重大变革目标。亚马逊是其最大的竞争对手。麦克米伦希望为客户提供更多的商品和提货选项以及满足他们需求的方式，例如在线食品杂货订购服务，这意味着一种全新的营销和库存方式。

麦克米伦能够看到不仅消费者想要的东西发生了改变，而且他们满足需求的方式也发生了变化——是从开心的员工手中拿到，还是通过简单的鼠标点击得到。问题依然没有得到解决：他的行为是否足以改变消费者对沃尔玛的看法？

◆ **问题**

1. 你认为促使沃尔玛进行变革的关键因素是什么？这些因素是否可以作为本章讨论的变革压力的例证？为什么？

2. 请预测沃尔玛的变化会带来什么样的结果。

3. 描述麦克米伦在这种情况下是如何成为变革推动者的。

资料来源：Based on S. Halzack, "Why Walmart Is Ditching Its Celine Dion Soundtrack and Getting a DJ," *Washington Post*, June 3, 2015, http://www.washingtonpost.com/news/business/wp/2015/06/03/why-Walmart-is-ditching-its-celine-dion-soundtrack-and-getting-a-deejay/; B. Ritholtz, "Walmart Learns to Live without Everyday Poverty Wages," *Bloomberg View*, June 11, 2015, http://www.bloombergview.com/articles/2015-06-11/Walmart-lives-without-everyday-poverty-wages; and B. O'Keefe, "The Man Who's Reinventing Walmart," *Fortune*, June 4, 2015, http://fortune.com/2015/06/04/walmartceo-doug-mcmillon/.

案例分析 2

孤独的员工

美国数学协会（Math for America）主席约翰·尤因（John Ewing）指出："老师们没有太多的相互交谈的机会……这是一个令人惊讶的孤独职业。"美国数学协会是一个非营利组织，旨在通过奖励那些在某一方面表现出色的人来改进科学、技术、工程和数学领域（science，technology，engineering，and math，STEM）的教学。该模式另一个突出的特点是通过建立一个在社交方面相互支持的社区来对抗孤独感，通过提供机会与其他教师建立社交网络及联系，创建出一个 STEM 学科教育专家社区。尤因希望这个社区能够包括"帮助那些八九岁孩子读书的人"。康奈尔大学高级人力资源研究中心总经理史蒂文·米兰达（Steven Miranda）表示，孤独不仅会导致离职，还会导致动力和组织公民行为不足。他说："我敢打赌，那些在工作中感到孤独和空闲的人所付出的可自由支配的努力远远少于那些拥有社会支持系统或求助对象的人。"

研究证实了米兰达和尤因的观察结果：一项对 500 多名教师的研究表明，工作场所中的孤独感对工作绩效和组织公民行为都有影响，原因在于孤独的员工没有和领导及同事进行高质量的交流。更多的研究表明，孤独不仅会对绩效产生负面影响，还会导致严重的健康问题——认知能力下降甚至是过早死亡，有人称其为一种公共卫生流行病。

孤独对于领导者来说也是一件麻烦事。Boyden（一家高管猎头公司）的总经理吉姆·赫特莱茵（Jim Hertlein）说："CEO的角色可能是企业里最孤独的……人们总是期望他们一直在状态，而不允许他们有感觉糟糕的时候。"然而，这一点可能取决于领导者拥有权力的程度。研究表明，拥有更多的权力实际上可以减少一个人的孤独感。这可能是因为当权者通常对归属感的需求较小，因此感觉并不那么孤独。

总体而言，我们可以从自身做起，对抗工作场所中的孤独感：通过联系同事和搭建桥梁，你可以建立友谊，帮助缓解孤独带来的压力。管理者和主管也可以通过优化结构和营造氛围使同事能够积极参与和相互联系，从而提供帮助。

◆ **问题**

1. 不断变化的工作环境对孤独感有什么影响？一个稳定的、在现状下不会发生改变的工作环境会如何影响孤独感？

2. 你认为孤独感给员工还是他们的主管 / 管理者 / 高管带来的问题更严重？为什么？

3. 社会在塑造孤独的全球企业文化的过程中扮演了什么角色？解释你的答案。

资料来源：Based on K. Hafner, "Reserachers Confront an Epidemic of Loneliness," *The New York Times*, September 5, 2016, https://nyti.ms/2k7a9JH; P. Korkki, "Building a Bridge to a Lonely Colleague," *The New York Times*, January 29, 2012, BU8; L. Kwoh, "Careers: When the CEO Burns Out—Job Fatigue Catches Up to Some Executives amid Mounting Expectations: No More Forced Smiles," *The Wall Street Journal*, May 8, 2013, B6; L. W. Lam and D. C. Lau, "Feeling Lonely at Work: Investigating the Consequences of Unsatisfactory Workplace Relationships," *The International Journal of Human Resource Management* 23, no. 20 (2012): 4265–82; A. Waytz, E. Y. Chou, J. C. Magee, and A. D. Galinsky, "Not So Lonely at the Top: The Relationship between Power and Loneliness," *Organizational Behavior and Human Decision Processes* 130 (2015): 69–78; and C. Zillman, "Being Lonely at Work Is bad for Business," *Fortune*, July 29, 2014, http://fortune.com/2014/07/29/worker-loneliness/.

注　释

图书在版编目（CIP）数据

组织行为学：第18版 /（美）斯蒂芬·罗宾斯，（美）蒂莫西·贾奇著；孙健敏，朱曦济，李原译. -- 北京：中国人民大学出版社，2021.1

（工商管理经典译丛）

ISBN 978-7-300-28654-9

Ⅰ. ①组… Ⅱ. ①斯… ②蒂… ③孙… ④朱… ⑤李… Ⅲ. ①组织行为学 Ⅳ. ①C936

中国版本图书馆 CIP 数据核字（2020）第 195334 号

工商管理经典译丛

组织行为学（第18版）

［美］斯蒂芬·罗宾斯 蒂莫西·贾奇 著

孙健敏 朱曦济 李 原 译

孙健敏 校

Zuzhi Xingweixue

出版发行	中国人民大学出版社		
社　　址	北京中关村大街31号	**邮政编码**	100080
电　　话	010–62511242（总编室）		010–62511770（质管部）
	010–82501766（邮购部）		010–62514148（门市部）
	010–62515195（发行公司）		010–62515275（盗版举报）
网　　址	http://www.crup.com.cn		
经　　销	新华书店		
印　　刷	涿州市星河印刷有限公司		
开　　本	787 mm×1092 mm　1/16	**版　　次**	2021 年 1 月第 1 版
印　　张	34.75　插页 1	**印　　次**	2025 年 1 月第 9 次印刷
字　　数	849 000	**定　　价**	95.00 元

Pearson

尊敬的老师：

为了确保您及时有效地获得培生整体教学资源，请您务必完整填写如下表格，加盖学院的公章后以电子扫描件等形式发给我们，我们将会在2～3个工作日内为您处理。

请填写所需教辅的信息：

采用教材			□ 中文版 □ 英文版 □ 双语版
作　者		出版社	
版　次		ISBN	
课程时间	始于　年　月　日	学生人数	
	止于　年　月　日	学生年级	□ 专　科 □ 本科 1/2 年级 □ 研究生 □ 本科 3/4 年级

请填写您的个人信息：

学　校			
院系/专业			
姓　名		职　称	□ 助教 □ 讲师 □ 副教授 □ 教授
通信地址/邮编			
手　机		电　话	
传　真			
official email（必填） （eg：×××@ruc. edu. cn）		email （eg：×××@163. com）	
是否愿意接受我们定期的新书讯息通知：　□ 是　□ 否			

系/院主任：________________（签字）

（系 / 院办公室章）

____年____月____日

资源介绍：

——教材、常规教辅资源（PPT、教师手册、题库等）：请访问 www. pearson. com/us/higher-education　（免费）

——MyLabs/Mastering 系列在线平台：适合老师和学生共同使用；访问需要 Access Code　（付费）

地址：北京市东城区北三环东路36号环球贸易中心D座1208室（100013）

Please send this form to：copub. hed@pearson. com

Website：www. pearson. com

中国人民大学出版社　管理分社

教师教学服务说明

中国人民大学出版社管理分社以出版工商管理和公共管理类精品图书为宗旨。为更好地服务一线教师，我们着力建设了一批数字化、立体化的网络教学资源。教师可以通过以下方式获得免费下载教学资源的权限：

- ★ 在中国人民大学出版社网站 www.crup.com.cn 进行注册，注册后进入“会员中心”，在左侧点击“我的教师认证”，填写相关信息，提交后等待审核。我们将在一个工作日内为您开通相关资源的下载权限。

- ★ 如您急需教学资源或需要其他帮助，请加入教师 QQ 群或在工作时间与我们联络。

中国人民大学出版社　管理分社

教师 QQ 群： 648333426（工商管理）　114970332（财会）　648117133（公共管理）
教师群仅限教师加入，入群请备注（学校＋姓名）

联系电话： 010-62515735，62515987，62515782，82501048，62514760

电子邮箱： glcbfs@crup.com.cn

通讯地址： 北京市海淀区中关村大街甲 59 号文化大厦 1501 室（100872）

管理书社　　人大社财会　　公共管理与政治学悦读坊